A FÉ EXPLICADA

Conheça nossos clubes

Conheça nosso site

@editoraquadrante
@editoraquadrante
@quadranteeditora
Quadrante

LEO J. TRESE

A FÉ EXPLICADA

Tradução
Isabel Perez

Revisão e atualização pelo
novo *Catecismo da Igreja Católica*
de Ricardo Pimentel Cintra

1ª edição

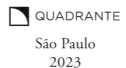

São Paulo
2023

Copyright © 1990 by Nazareth College, Indiana, USA

Título original
The Faith Explained

Capa
Douglas Catisti

Nihil obstat
São Paulo, 25 de junho de 1981
P. Frei Arnaldo Vicente Belli, OFMCap

Imprimatur
São Paulo, 25 de junho de 1981
José Thurler
Bispo Auxiliar e Vigário Geral

Dados Internacionais de Catalogação na Publicação (CIP)

Trese, Leo J.
    A fé explicada / Leo J. Trese – 1ª ed. – São Paulo : Quadrante, 2023.
    ISBN: 978-85-7465-453-9

    1. Educação cristã – Livros-textos para adultos – Igreja Católica 2. Igreja Católica – Catecismos 3. Igreja Católica – Doutrinas I. Título II. Série

CDD-238.2

Índice para catálogo sistemático:
1. Catecismos : Igreja Católica : Doutrina católica 238.2

Todos os direitos reservados a
QUADRANTE EDITORA
Rua Bernardo da Veiga, 47 - Tel.: 3873-2270
CEP 01252-020 - São Paulo - SP
www.quadrante.com.br / atendimento@quadrante.com.br

Sumário

PRIMEIRA PARTE
O CREDO

Capítulo I. O fim da existência do homem 11
Por que estou aqui? 11
Que devo fazer? 15
Quem me ensinará? 19

Capítulo II. Deus e as suas perfeições 25
Quem é Deus? 25

Capítulo III. A Unidade e a Trindade de Deus 31
Como é que são três? 31

Capítulo IV. A criação e os anjos 37
Como começou a criação? 37
O demônio é real? 41

Capítulo V. Criação e queda do homem 47
O que é o homem? 47
Como Deus nos fez? 51
O que é o pecado original? 56
E depois de Adão? 60

Capítulo VI. O pecado atual 65
A minha alma pode morrer? 65
Quais são as raízes do pecado? 69

Capítulo VII. A Encarnação 75
Quem é Maria? 75
Quem é Jesus Cristo? 80

Capítulo VIII. A Redenção 87
Como termina? 87

SUMÁRIO

Capítulo IX. O Espírito Santo e a graça ... 95
A pessoa desconhecida ... 95
O que é a graça? ... 100
A graça que vai e vem ... 104
Fonte de vida ... 108
O que é o mérito? ... 113

Capítulo X. As virtudes e os dons do Espírito Santo ... 119
O que é «virtude»? ... 119
Esperança e amor ... 124
Maravilhas interiores ... 130
As virtudes morais ... 135

Capítulo XI. A Igreja Católica ... 143
O Espírito Santo e a Igreja ... 143
Nós somos a Igreja ... 148

Capítulo XII. As notas e os atributos da Igreja ... 155
Onde a encontramos? ... 155
Una, Santa ... 159
Católica ... 162
Apostólica ... 164
A razão, a fé... e eu ... 165

Capítulo XIII. A comunhão dos santos e o perdão dos pecados ... 171
O fim do caminho ... 171

Capítulo XIV. A ressurreição da carne e a vida eterna ... 175
O fim do mundo ... 175

SEGUNDA PARTE
OS MANDAMENTOS

Capítulo XV. Dois grandes mandamentos ... 187
A fé prova-se com obras ... 187
Sublinhar o positivo ... 192
O maior bem ... 197

Capítulo XVI. O primeiro mandamento ... 201
O nosso primeiro dever ... 201
Pecados contra a fé ... 206
Esperança e caridade ... 210
Sacrilégio e superstição ... 216

Capítulo XVII. O segundo e o terceiro mandamentos ... 223
O seu nome é santo ... 223
Bendizei e não amaldiçoeis ... 227
Por que ir à Missa aos domingos? ... 231

Capítulo XVIII. O quarto e o quinto mandamentos 237
Pais, filhos e cidadãos 237
A vida é de Deus 242

Capítulo XIX. O sexto e o nono mandamentos 251
O sexto e o nono mandamentos 251

Capítulo XX. O sétimo e o décimo mandamentos 259
O meu e o teu 259

Capítulo XXI. O oitavo mandamento 265
Só a verdade 265

Capítulo XXII. Os mandamentos da Igreja 271
As leis da Igreja 271

TERCEIRA PARTE
OS SACRAMENTOS E A ORAÇÃO

Capítulo XXIII. Os sacramentos 279
Introdução aos sacramentos 279
Sete sacramentos, por quê? 283

Capítulo XXIV. O Batismo 289
O início da vida 289
A marca do cristão 293
O batizado da criança 297
Antes e depois do nascimento 301
O nascimento de uma alma 303
Quem pode batizar? 306

Capítulo XXV. A Confirmação 311
O sacramento da Confirmação 311
O significado da Confirmação 316

Capítulo XXVI. A Eucaristia 321
O maior dos sacramentos 321
Jesus mantém a sua promessa 326
Já não é pão 331
O pão, o vinho e o sacerdote 335

Capítulo XXVII. A Missa 341
Começamos a Missa 341
Que constitui um sacrifício? 345
Cada Missa é a nossa Missa 350
A Missa tem história 353
A Liturgia Eucarística 357
Por que vestir paramentos? 361
O Missal Romano 364
Participar da Missa 367

SUMÁRIO

Capítulo XXVIII. A Sagrada Comunhão 371
   Tão perto de Cristo 371
   Quem pode comungar? 376
   O jejum eucarístico 380
   Conselhos práticos para comungar 382

Capítulo XXIX. A Penitência 389
   O Sacramento da Penitência 389
   Preparação da Confissão 394

Capítulo XXX. A contrição 401
   Quando a dor é real? 401
   Agradecer a Deus pela confissão 406

Capítulo XXXI. A confissão 413
   Acusação dos pecados 413
   Pecado e castigo 419

Capítulo XXXII. A pena temporal e as indulgências 425
   As indulgências 425
   Indulgências plenárias 430

Capítulo XXXIII. A Unção dos Enfermos 433
   O Sacramento dos Enfermos 433
   Quando devemos chamar o sacerdote 437

Capítulo XXXIV. As Ordens Sagradas 443
   O que é um sacerdote? 443
   Os graus da Ordem Sagrada 448
   Os bispos e outras dignidades 451

Capítulo XXXV. O matrimônio 457
   O matrimônio foi feito por Deus 457
   O matrimônio encerra graças especiais 462
   A previsão forja matrimônios felizes 468
   Paternidade responsável 472

Capítulo XXXVI. Os sacramentais 475
   Agentes da graça 475

Capítulo XXXVII. A oração 481
   Que é a oração e por que orar? 481
   A oração que chega a Deus 486
   Por quem devemos orar? 491

Capítulo XXXVIII. O Pai-nosso 497
   A melhor oração 497

Capítulo XXXIX. A Bíblia 503
   Você lê a Bíblia? 503

Primeira parte
O CREDO

Capítulo I

O fim da existência
do homem

Por que estou aqui?

Será que o homem é um mero acidente biológico? E o gênero humano, uma simples etapa num processo evolutivo cego e sem sentido? Será que esta vida humana não passa de uma cintilação entre a longa escuridão que precede a concepção e a escuridão eterna que virá após a morte? E eu, serei apenas um grão de poeira insignificante no universo, lançado à existência pelo poder criador de um Deus indiferente, como a casca de laranja inútil que se joga fora sem pensar? Tem a vida alguma finalidade, algum plano, algum propósito? Enfim, de onde é que eu venho? E por que estou aqui?

Estas são as questões que qualquer pessoa normal levanta quando atinge idade suficiente para pensar com certa sensatez. Por isso, o Catecismo da Igreja Católica propõe-nos já no seu Prólogo a questão da nossa origem e do nosso fim: «Deus, infinitamente Perfeito e Bem-aventurado em si mesmo, num desígnio de pura bondade, criou livremente o homem para fazê-lo participar da sua vida bem-aventurada» (n. 1)[1].

É, condensada ao máximo, a resposta a todas as questões que formu-

---

(1) Pela sua frequência, as citações do Catecismo da Igreja Católica serão feitas somente pelo número. Apenas naqueles casos em que se citar outra obra é que se indicará expressamente que se trata de outra fonte.

lávamos acima, e que podem resumir-se nesta outra: «Para que nos fez Deus?»

Ao respondermos a essa pergunta, veremos que a resposta tem duas vertentes: a de Deus e a nossa. Se a considerarmos do ponto de vista de Deus, a resposta é: Deus nos fez *para mostrar a sua bondade*. Uma vez que Ele é o Ser infinitamente perfeito, a principal razão pela qual faz uma coisa deve ser uma razão infinitamente perfeita. Mas só há uma razão infinitamente perfeita para se fazer uma coisa: é fazê-la por Deus. Por isso, seria indigno de Deus, contrário à sua infinita perfeição, que Ele fizesse alguma coisa por uma razão inferior a Si mesmo.

Talvez compreendamos melhor esta verdade se a aplicarmos a nós. Mesmo para nós, a maior e melhor razão para fazermos alguma coisa é fazê-la por Deus. Se faço alguma coisa por outro ser humano – por mais nobre que seja a intenção, como alimentar um faminto – e a faço especialmente por essa razão, sem me referir a Deus de alguma forma, faço algo imperfeito. Não é uma coisa *má*, mas é menos perfeita, e isso seria assim mesmo se fosse um anjo ou a própria Virgem Santíssima quem realizassem essa ação, se prescindissem de Deus. Não existe um motivo maior para fazer uma coisa do que fazê-la por Deus, e isso é certo tanto para o que Deus faz como para o que nós fazemos.

A primeira razão, a grande razão pela qual Deus fez o universo e nos fez a nós, foi, portanto, a sua própria glória: para mostrar o seu poder e bondade infinitos. O seu infinito poder mostra-se pelo fato de existirmos. A sua infinita bondade, pelo fato de Ele nos querer fazer participar do seu amor e felicidade. E se nos parece que Deus é egoísta por fazer as coisas para sua própria honra e glória, é porque não podemos deixar de pensar nEle em termos humanos. Pensamos em Deus como se fosse uma criatura igual a nós. Mas a verdade é que não existe nada nem ninguém que mais mereça ser objeto do pensamento de Deus ou do seu amor que o próprio Deus.

No entanto, quando dizemos que Deus fez o universo (e nos fez a nós) para a sua maior glória, não queremos dizer, evidentemente, que Deus *necessitasse* dela de algum modo. A glória que dão a Deus as obras da sua Criação é a que denominamos «glória extrínseca»: é algo «fora de Deus», que não lhe acrescenta nada. Guardadas as devidas proporções, é como um artista com grande talento para a pintura e a mente repleta de imagens: se as projeta sobre a tela para que outros as vejam e admirem, isso de certa forma não lhe acrescenta nada: não o torna melhor nem mais talentoso do que era antes.

Assim, Deus nos fez primordialmente para a sua honra e glória. Daí que a primeira resposta à pergunta: «Para que nos fez Deus?» seja: «Para mostrar a sua bondade». Porém, a principal maneira de Deus demonstrar a sua bondade baseia-se em que nos criou com uma alma espiritual e imortal, capaz de participar da sua própria felicidade. Mesmo nos assuntos humanos, sentimos que a bondade de uma pessoa se manifesta pela generosidade com que compartilha a sua pessoa e as suas posses com outros. Da mesma maneira, a bondade divina manifesta-se sobretudo pelo fato de nos fazer participar da sua própria felicidade, de nos fazer participar de *Si mesmo*.

Por essa razão, ao respondermos do nosso ponto de vista à pergunta: «Para que nos fez Deus?», dizemos que nos fez *fazer-nos participar da sua vida bem-aventurada*. As duas respostas são como que as duas faces da mesma moeda, o anverso e o reverso: a bondade de Deus fez-nos participar da sua felicidade e a nossa participação na sua felicidade mostra a bondade de Deus.

Bem, e o que é essa felicidade da qual vimos falando e para a qual Deus nos fez?

Como resposta, comecemos com um exemplo: o do soldado que servia numa base estrangeira. Certo dia, ao ler um jornal da sua terra enviado pela mãe, encontra nele a fotografia de uma moça. Não a conhece, e na verdade nunca ouvira falar dela antes, mas ao ver a fotografia diz de si para si: «Como me agrada esta menina! Bem que eu gostaria de me casar com ela».

Por sorte, o jornal traz o endereço dela e o soldado decide escrever-lhe, embora sem muita esperança de receber resposta. No entanto, depois de um tempo, a resposta chega. Começam uma correspondência regular, trocam fotografias e contam um ao outro todas as suas coisas. O soldado enamora-se cada dia mais dessa moça que nunca viu.

Finalmente, recebe a sua licença e volta para casa. Durante dois anos, namorou-a a distância; o seu amor por ela fez dele um soldado melhor e melhor homem, pois procurou ser o tipo de pessoa que ela quereria que fosse. Fez as coisas como ela desejaria que as fizesse e evitou as que lhe desagradariam se chegasse a conhecê-la. Já é um anseio ardente por ela o que palpita no seu coração, e agora está voltando para casa.

Podemos imaginar a felicidade que embeberá cada fibra do seu ser quando, ao descer do trem, tomar enfim essa jovem nos seus braços? «Ah!, se este momento pudesse eternizar-se!», exclamará ao abraçá-la. A sua felicidade é a felicidade do *amor alcançado*, do amor que se encontra em completa posse da pessoa amada. Chamamos a isto *fruição* do amor. Sempre recordará esse instante – o instante em que o seu anseio foi premiado com o primeiro encontro real – como um dos momentos mais felizes da sua vida na terra.

É também o melhor exemplo que podemos dar sobre a natureza da nossa felicidade no céu. É um exemplo penosamente imperfeito, extremamente inadequado, mas o melhor que pudemos encontrar. Porque a primordial felicidade do céu consiste exatamente nisto: em que possuiremos a Deus infinitamente perfeito e seremos possuídos por Ele, numa união tão absoluta e completa que nem sequer remotamente podemos imaginar o êxtase que dela nos advirá.

E não será apenas um ser humano que possuiremos, por mais admirável que seja. Será *o próprio Deus* a quem nos uniremos de um modo pessoal e consciente; Deus que é Bondade, Verdade e Beleza infinitas; Deus que é tudo, e cujo amor infinito pode satisfazer (como nenhum amor na terra) todos os desejos e aspirações do coração humano. Conheceremos então uma felicidade tão arrebatadora que diremos dela, com palavras de São Paulo, que *os olhos não viram, nem os ouvidos ouviram, nem o coração humano imaginou, tais são os bens que Deus tem preparado para aqueles que o amam* (1 Cor 2, 9). E esta felicidade, uma vez alcançada, nunca mais se poderá perder.

Mas isto não significa que ela se vá prolongar por horas, meses e anos. O tempo é algo próprio do mundo material perecível. Quando deixarmos esta vida, deixaremos também o tempo que conhecemos. Para nós, a eternidade não será «uma temporada muito longa», pois a sucessão de momentos que experimentaremos no céu – o tipo de duração que os teólogos chamam *aevum* – não serão ciclos cronometráveis em horas e minutos. Não haverá sentimento de «espera», nem sensação de monotonia, nem expectativa do amanhã. Para nós, o «agora» será a única coisa que contará.

É nisto que consiste a maravilha do céu: não acabará nunca. Estaremos absortos na posse do maior Amor que existe, diante do qual o mais ardente dos amores humanos é uma pálida sombra. E o nosso êxtase não será perturbado pelo pensamento de que um dia terá de acabar, como acontece com todas as felicidades terrenas.

É claro que ninguém é absolutamente feliz nesta vida. Às vezes, muitos pensam que o seriam se pudessem alcançar todas as coisas que desejam. Mas quando o conseguem – saúde, riqueza e fama; uma família carinhosa e amigos leais –, acham que ainda lhes falta alguma coisa. Ainda não são sinceramente felizes. Sempre falta algo que o seu coração deseja.

Há pessoas mais sábias, que sabem que o bem-estar material é uma fonte de felicidade que a longo prazo decepciona. Com frequência, os bens materiais são como a água salgada para o sedento: em vez de satisfazerem a ânsia de felicidade, intensificam-na. Esses sábios descobriram que não há felicidade tão profunda e permanente como a que brota de uma fé viva em Deus e de um ativo e frutífero amor de Deus. Mas mesmo esses sábios percebem que a sua felicidade nesta vida nunca é perfeita, nunca é completa. Mais ainda, são eles, mais do que ninguém, quem sabe como a felicidade deste mundo é inadequada, e é precisamente nisso – no fato de nenhum humano jamais ser perfeitamente feliz nesta vida – que encontramos uma das provas da existência da felicidade eterna, que nos aguarda após a morte.

Deus, que é infinitamente bom, não poria nos corações humanos esta ânsia de felicidade perfeita se não houvesse algum modo de satisfazê-la; Deus não tortura com a frustração as almas que criou. Mas, mesmo que as riquezas materiais ou espirituais desta vida *pudessem* satisfazer todos os desejos humanos, permaneceria a certeza de que um dia a morte nos tirará tudo – e a nossa felicidade seria incompleta. No céu, pelo contrário, não só seremos felizes com a máxima capacidade do nosso coração, mas teremos, além disso, a perfeição final da felicidade, por sabermos que nada no-la poderá arrebatar. Está assegurada para sempre.

Que devo fazer?

Temo que muitas pessoas encarem o céu como um lugar onde encontrarão os entes queridos falecidos, mais do que o lugar onde encontrarão a

Deus. É verdade que no céu veremos as pessoas queridas e que a sua presença nos alegrará. Quando estivermos com Deus, estaremos com todos os que estão com Ele, e nos alegrará saber que os nossos entes queridos estão ali, como também Deus se alegra de que estejam. Quereremos também que aqueles que aqui deixamos alcancem o céu, como Deus quer que o alcancem.

Mas o céu é algo mais do que uma reunião de família. Para todos os que o alcançam, é Deus quem importa. Numa escala infinitamente maior, será como uma audiência com o Santo Padre. Cada membro da família que visita o Vaticano sente-se contente de que os demais estejam ali. Mas, quando o Papa entra na sala de audiências, é para ele, principalmente, que se dirigem os olhos de todos. De modo semelhante, todos nós nos conheceremos e nos amaremos no céu, mas nos conheceremos e nos amaremos *em Deus*.

Nunca se ressaltará o bastante que a felicidade do céu consiste essencialmente na amorosa visão intelectual de Deus – na posse final e completa de Deus, a quem nesta terra desejamos e amamos debilmente e de longe. E se este há de ser o nosso destino – estarmos eternamente unidos a Deus pelo amor –, segue-se daí que temos de começar a amá-lO aqui nesta vida.

Deus não pode elevar à plenitude o que nem sequer existe. Se não há um princípio de amor de Deus em nosso coração aqui na terra, não pode haver a fruição do amor na eternidade. Foi para isso que Deus nos colocou na terra: para que, amando-o, estabeleçamos os alicerces necessários para a nossa felicidade no céu.

Falamos antes do soldado que, servindo numa base longínqua, viu o retrato de uma moça num jornal e se enamorou dela. Começou a escrever-lhe e, quando regressou ao lar, conseguiu por fim fazê-la sua. É evidente que, se logo de início o rapaz não se tivesse impressionado com a fotografia, ou se após umas poucas cartas tivesse perdido o interesse por ela, pondo fim à correspondência, essa jovem não teria significado nada para ele no momento do seu regresso. E mesmo que a encontrasse na estação, à chegada do trem, para ele o seu rosto teria sido como outro qualquer na multidão. O seu coração não se sobressaltaria ao vê-la.

Do mesmo modo, se não começamos a amar a Deus nesta vida, não haverá maneira de nos unirmos a Ele na eternidade. Para aquele que entra na eternidade sem amor de Deus em seu coração, o céu *simplesmente não existirá.* Assim como um homem sem olhos não poderia ver a beleza do mundo que o rodeia, um homem sem amor de Deus não poderá ver a Deus; entra na eternidade cego. Não é que Deus diga ao pecador impenitente (o pecado não é senão uma negativa ao amor de Deus): «Como tu não me amas, não quero nada contigo. Vai para o inferno!» O homem que morre sem amor a Deus, ou seja, sem arrepender-se do seu pecado, fez a sua própria escolha. Deus está ali, mas ele não pode vê-lO, assim como o sol brilha, mas o cego não o pode ver.

É evidente que não podemos amar o que não conhecemos. Isto leva-nos a outro dever que temos nesta vida: aprender tudo o que pudermos sobre Deus, para podermos amá-lO, manter vivo o nosso amor e fazê-lo crescer. Voltando ao nosso soldado imaginário: se esse rapaz não tivesse visto a fotografia da moça, é claro que nunca teria chegado a amá-la. Não poderia ter-se enamorado de alguém de quem nem sequer tivesse ouvido falar. E se, mesmo depois de ver a fotografia da jovem, não lhe tivesse escrito e chegado assim a conhecer o seu atrativo, o primeiro impulso de interesse nunca se teria transformado em amor ardente.

É por isso que «estudamos religião». Por isso temos aulas de catecismo na escola ou na paróquia e cursos de religião no ensino médio. Por isso ouvimos homilias aos domingos e lemos livros e revistas de doutrina cristã. Por isso procuramos adquirir um conhecimento doutrinal apropriado ao nosso nível de cultura através de círculos de estudo, palestras, etc. São parte do que poderíamos chamar a nossa «correspondência» com Deus. São parte do nosso esforço por conhecê-lO melhor, para que o nosso amor por Ele possa crescer, desenvolver-se e conservar-se.

Há, evidentemente, uma única pedra de toque para provarmos o nosso amor por alguém: é fazer o que agrada à pessoa amada, o que ela gostaria que fizéssemos. Servindo-nos uma vez mais do exemplo do nosso caro soldado: se, ao mesmo tempo que dissesse amar a sua namorada e querer casar-se com ela, se dedicasse a gastar o seu tempo e dinheiro com prostitutas e em bebedeiras, seria um mentiroso de primeira classe. O seu amor não seria sincero se não procurasse ser o tipo de homem que ela quereria que fosse.

De modo semelhante, só há uma maneira de provarmos o nosso amor a Deus: é fazer o que Ele quer que façamos, sendo o tipo de ser humano que Ele quer que sejamos. O amor a Deus não está sobretudo nos sentimentos: amar a Deus não significa que o nosso coração deva dar saltos cada vez que pensamos nEle. Algumas pessoas *poderão* sentir o seu amor a Deus de modo emotivo, mas não é isso o essencial. Porque o amor a Deus reside na *vontade*. Provamos o nosso amor a Deus não pelo que *sentimos por Ele*, mas pelo que *estamos dispostos a fazer por Ele*.

E quanto mais fizermos por Deus aqui neste mundo, tanto maior será a nossa felicidade no céu. Talvez pareça um paradoxo afirmar que no céu uns serão mais felizes do que outros, quando acabamos de dizer que no céu todos serão *perfeitamente* felizes. Mas não há contradição. Aqueles que mais tiverem amado a Deus nesta vida serão mais felizes quando esse amor se consumar no céu. Um homem que ame a sua noiva só um pouco será feliz ao casar-se com ela; mas outro que ame mais a sua, será mais feliz que o primeiro na consumação do seu amor. Da mesma maneira, quando cresce o nosso amor a Deus (e a nossa obediência à sua vontade), cresce a nossa capacidade de sermos felizes em Deus.

Em consequência, embora seja certo que cada bem-aventurado será perfeitamente feliz, também é verdade que uns terão maior *capacidade* de felicidade que outros. Para citar um antigo exemplo: uma garrafa de um quarto e uma garrafa de um litro podem estar igualmente cheias, mas a garrafa de um litro contém mais que a de um quarto. Ou, para servir-nos de outra comparação: seis pessoas ouvem uma sinfonia; todas estão absortas na música, mas haverá seis graus diferentes de saboreá-la, que dependerão dos conhecimentos e da capacidade de apreciar a música de cada um.

É tudo isto o que o Catecismo da Igreja Católica nos diz quando afirma que «desde sempre e em todo o lugar, (Deus) está perto do homem. Chama-o e ajuda-o a procurá-lo, a conhecê-lo e a amá-lo com todas as suas forças» (n. 1). Esta última ação, «amar», é a palavra-chave, essencial. Mas o amor não se dá sem prévio conhecimento: é indispensável conhecer a Deus para poder amá-lO. E não é amor verdadeiro aquele que não se manifesta em obras, fazendo o que o amado quer. Assim, devemos também *servir a Deus*.

Mas antes de darmos por concluída a nossa resposta à pergunta: «Que devo fazer?», convém recordar que Deus não nos deixa abandonados à nossa humana debilidade na tarefa de conhecê-lO, amá-lO e servi-lO. A felicidade do céu é uma felicidade intrinsecamente sobrenatural. Não é algo a que tenhamos direito: é uma felicidade *sobrenatural*, que ultrapassa a nossa natureza humana. Mesmo amando a Deus, ser-nos-ia impossível contemplá-lO no céu se Ele não nos desse um poder especial.

Este poder especial que Deus dá aos bem-aventurados – que não faz parte da nossa natureza humana e a que não temos direito – chama-se *lumen gloriae.* Se não fosse por essa «luz da glória», a felicidade mais alta a que poderíamos aspirar seria a felicidade natural. Seria uma felicidade muito semelhante àquela de que goza o santo nesta vida, quando está em união próxima e extática com Deus, mas sem chegar a vê-lO.

A felicidade do céu é, pois, uma felicidade *sobrenatural*. Para alcançá--la, Deus oferece-nos os auxílios sobrenaturais a que chamamos «graças». Se Ele nos deixasse entregues somente às nossas forças, jamais conseguiríamos o tipo de amor que nos faria merecer o céu. É um tipo especial de amor, a que chamamos «caridade», e cuja semente Deus implanta em nossa vontade no Batismo. Se cumprirmos a nossa parte, procurando, aceitando e utilizando as graças com que Deus nos provê, este amor sobrenatural crescerá em nós e dará fruto.

O céu é uma recompensa sobrenatural que alcançamos vivendo a vida sobrenatural, e essa vida sobrenatural é conhecer, amar e servir a Deus sob o impulso da sua graça. Este é todo o plano e toda a filosofia de uma vida autenticamente cristã.

Quem me ensinará?

Observemos uma cenazinha que bem poderia acontecer: o diretor de uma fábrica leva um de seus operários para junto de uma nova máquina que acaba de ser instalada. É enorme e complicada. O diretor diz ao operário: «Você está nomeado encarregado desta máquina. Se fizer um bom trabalho com ela, terá uma bonificação de cinco mil dólares no fim do ano. Mas, como é uma máquina de grande valor, se você a estragar, será despedido. Aqui está um folheto com as instruções de funcionamento. E agora, ao trabalho!»

– «Um momento – dirá certamente o operário. – Se isto significa ganhar um montão de dinheiro ou então ficar sem trabalho, preciso de algo mais do que um simples livrinho. É muito fácil entender mal um livro. Além disso, a um manual não se podem fazer perguntas. Não seria melhor chamar alguém da assistência técnica autorizada, ou até alguém lá da matriz da fábrica? Esses, sim, é que poderiam explicar-me tudo e certificar-se de que entendi bem».

Seria um pedido razoável. Da mesma forma, quando nos dizem que toda a nossa tarefa na terra consiste em «conhecer, amar e servir a Deus», e que toda a nossa felicidade eterna depende de fazermos isso bem feito, poderemos com razão perguntar: «E quem me explicará a maneira de cumprir essa tarefa? Quem me dirá o que preciso saber?»

Deus antecipou-se à nossa pergunta, e não só não se limitou a pôr um livro em nossas mãos, e depois que nos arranjássemos o melhor que pudéssemos para interpretá-lo, como enviou Alguém «lá da matriz» para que nos dissesse o que precisamos saber para decidir o nosso destino. Deus enviou nada menos que *o seu próprio Filho*, na Pessoa de Jesus Cristo. Jesus não veio à terra unicamente para morrer numa cruz e redimir os nossos pecados; veio também para ensinar com a palavra e com o exemplo. Veio para nos ensinar as verdades sobre Deus que nos levam a amá-lO, e para nos *mostrar* o modo de vida que prova o nosso amor.

Jesus deixou de estar fisicamente presente entre nós quando subiu ao céu quarenta dias após a Ressurreição. Mas concebeu o modo de permanecer conosco como Mestre até o fim dos tempos. Servindo-se dos seus doze apóstolos como núcleo e base, modelou um novo tipo de Corpo. É um Corpo *Místico*, mais do que físico, pelo qual permanece na terra. Trata-se de um corpo semelhante ao corpo social, à sociedade, cujas células são as pessoas. A sua Cabeça é o próprio Jesus, e a Alma é o Espírito Santo; a Voz deste Corpo é a do próprio Cristo, que nos fala continuamente para nos ensinar e guiar. A este Corpo, o Corpo Místico de Cristo, chamamos *Igreja*.

É isto o que o Catecismo da Igreja Católica nos ensina ao recordar que «[Deus] convoca todos os homens, dispersos pelo pecado, para a unidade da sua família, que é a Igreja. Faz isto através do Filho, que enviou como Redentor e Salvador quando os tempos se cumpriram» (n. 1). E para que tenhamos bem à mão as principais verdades ensinadas por Jesus Cristo, a

Igreja resumiu-as numa declaração de fé a que chamamos *Credo* ou *Símbolo dos Apóstolos*. Nele estão as verdades fundamentais sobre as quais se baseia uma vida cristã.

O Credo dos Apóstolos é uma oração antiquíssima, e ninguém sabe exatamente quando se enunciou com as palavras atuais. Data dos primeiros dias dos começos do cristianismo; o mais provável é que os Apóstolos, depois do Pentecostes e antes de começarem as suas viagens missionárias por todo o mundo, tenham formulado uma espécie de sumário das verdades essenciais que Cristo lhes havia confiado. Com ele, todos ficavam com a certeza de abrangerem essas verdades essenciais nas suas pregações. Serviria também como declaração de fé para os possíveis conversos, antes de se incorporarem ao Corpo Místico de Cristo pelo Batismo. Assim, podemos estar bem certos de que, quando entoamos o «Creio em Deus Pai todo-poderoso...», recitamos a mesma profissão de fé que os primeiros convertidos ao cristianismo – Cornélio e Apolo, Áquila, Priscila e os outros – tão orgulhosamente recitaram e com tanta alegria selaram com o seu sangue.

Algumas das verdades do Credo dos Apóstolos, nós mesmos as poderíamos ter encontrado desde que estivéssemos nas condições ideais. Tais são, por exemplo, a existência de Deus, a sua onipotência, o fato de ser o Criador do céu e da terra. Outras, nós as conhecemos só porque Deus no-las ensinou, como o fato de Jesus Cristo ser o Filho de Deus, ou de haver três Pessoas em um só Deus. Ao conjunto de verdades que Deus nos ensinou (algumas compreensíveis para nós e outras acima do alcance da nossa razão), ou seja, às verdades reveladas por Deus, chamamos *Revelação divina* (*revelar* vem de uma palavra latina que significa «retirar o véu»).

Deus começou a «retirar o véu» que o encobria aos nossos olhos com as verdades que o nosso primeiro pai, Adão, nos deu a conhecer. No decorrer dos séculos, continuou a retirar o véu pouco a pouco. Fez revelações sobre Si mesmo – e sobre nós – aos patriarcas, como Noé e Abraão; a Moisés e aos profetas que vieram depois dele, como Jeremias e Daniel. As verdades reveladas por Deus desde Adão até o advento de Cristo chamam-se *revelação pré-cristã*. Foram preparação paulatina para a grande manifestação da verdade divina que Deus nos faria por seu Filho Jesus Cristo. As verdades dadas a conhecer diretamente por Nosso Senhor, por meio dos seus Apóstolos e sob a inspiração do Espírito Santo, chamam-se *Revelação cristã*.

Por meio de Jesus Cristo, Deus completou a revelação de Si mesmo à humanidade. Já nos disse tudo o que precisamos saber para cumprirmos o nosso fim e alcançarmos a eterna união com Ele. Consequentemente, após a morte do último Apóstolo (São João), não há «novas» verdades que a virtude da fé exija que creiamos.

Com o passar dos anos, os homens usarão da inteligência que Deus lhes deu para examinar, comparar e estudar as verdades reveladas por Cristo. O depósito da verdade cristã, como uma flor em botão que se abre, ir-se-á desdobrando ante a meditação e o exame das grandes inteligências de cada geração. Como é natural, nós no século XX *compreendemos* muito melhor os ensinamentos de Cristo que os cristãos do século I. Mas a fé não depende da plenitude da compreensão: no que concerne às verdades de fé, nós cremos exatamente nas mesmas verdades em que creram os primeiros cristãos, nas verdades que eles receberam de Cristo e dos seus porta-vozes, os Apóstolos.

Quando o sucessor de Pedro, o Papa, define solenemente um dogma – como o da Assunção de Nossa Senhora aos céus –, não é que apresente uma «nova verdade» para ser crida; simplesmente nos dá pública notícia de que se trata de uma verdade que data do tempo dos Apóstolos e na qual, por conseguinte, devemos crer.

Desde o tempo de Cristo, houve muitas ocasiões em que Deus fez revelações a determinados santos e a outras pessoas. Estas mensagens denominam-se revelações «privadas». Diferentemente das revelações «públicas» dadas por Jesus Cristo e seus Apóstolos, estas só exigem o assentimento dos que as recebem. Mesmo aparições tão famosas como as de Lourdes e Fátima, ou a do Sagrado Coração a Santa Margarida Maria, não são o que chamamos «matéria de fé divina». Se uma evidência clara e certa nos diz que essas aparições são autênticas, seria uma estupidez duvidar delas, mas se mesmo assim as negássemos, não incorreríamos em heresia. As revelações privadas não fazem parte do «depósito da fé».

Agora que tratamos do tema da Revelação divina, seria bom indicar o livro que nos guardou muitas dessas revelações: a *Sagrada Bíblia*. Chamamos à Bíblia «Palavra de Deus» porque foi o próprio Deus quem inspirou os autores dos diferentes «livros» que a compõem. Deus os inspirou a escrever o que Ele queria que se escrevesse, *e nada mais*. Por sua ação direta sobre a mente e a vontade do escritor (seja este Isaías ou Ezequiel, Mateus ou Lucas), Deus Espírito Santo ditou o que queria que se escrevesse. Foi, naturalmente, um ditado interno e silencioso. O escritor redigiria segundo o seu estilo de expressão próprio, mas, mesmo sem se dar conta do que o levava a registrar as coisas que escrevia, mesmo sem perceber que estava escrevendo sob a influência da inspiração divina, era o Espírito Santo quem guiava cada traço da sua pena.

É, pois, evidente que a Bíblia está livre de erros não porque a Igreja disse, após um exame minucioso, que nela não há erros, mas porque o seu autor é o próprio Deus, e o escritor humano um mero instrumento de Deus. A tarefa da Igreja foi dizer-nos *quais* os escritos antigos que são inspirados, conservá-los e interpretá-los.

Sabemos, por outro lado, que nem tudo o que Jesus ensinou está na Bíblia, que muitas das verdades que constituem o depósito da fé nos vieram pelo ensinamento oral dos Apóstolos e foram transmitidas de geração em geração por intermédio dos bispos, sucessores dos Apóstolos. É o que chamamos *Tradição da Igreja:* as verdades transmitidas através dos tempos pela viva Voz de Cristo na sua Igreja.

Nesta única fonte – a Bíblia e a Tradição – encontramos a Revelação divina completa, todas as verdades em que *devemos* crer.

Capítulo II

Deus e as suas perfeições

Quem é Deus?

Certa vez, li que um catequista pretendia ter perdido a fé quando uma criança lhe perguntou: «Quem fez Deus?», e ele percebeu subitamente que não tinha resposta para lhe dar. Custa-me crer nisso, porque alguém com inteligência suficiente para ensinar numa catequese teria que saber que a resposta é: «Ninguém».

A principal prova da existência de Deus está em que nada sucede a não ser que alguma coisa o cause. Os biscoitos não desaparecem do vasilhame a não ser que os dedos de alguém os levem. Uma nogueira não brota do solo sem antes cair ali uma noz. Os filósofos enunciam este princípio dizendo que «cada efeito deve ter uma causa».

Assim, se recuarmos até as origens da evolução do universo físico (dois bilhões de anos, ou quatro, ou vinte, ou o que os cientistas quiserem), chegaremos por fim a um ponto em que precisaremos perguntar: «Ótimo, mas quem o pôs em movimento? *Alguém* teve que fazê-lo, ou não haveria universo. Do nada, nada vem». Os bebês vêm de seus pais e as flores vêm das sementes, mas tem que haver um ponto de partida. Há de haver alguém não feito por outro, há de haver alguém que tenha existido *sempre,* alguém que não teve começo. Há de haver alguém com poder e inteligência sem limites, cuja própria *natureza* seja existir.

Esse alguém existe e esse Alguém é exatamente Aquele a quem chamamos Deus. Deus é aquele que existe por natureza própria. A única descrição exata que podemos dar de Deus é dizer que é «Aquele que é». Por isso, a resposta ao menino perguntador seria simplesmente: «Ninguém fez Deus. Deus existiu sempre e sempre existirá».

Expressamos o conceito de Deus como *origem* de todos os seres, acima e além de tudo o que existe, dizendo que Ele é o Ser Supremo. Daí resulta que não pode haver senão *um* Deus. Falar de dois (ou mais) seres supremos seria uma contradição. A própria palavra «supremo» significa «acima dos demais». Se houvesse dois deuses igualmente poderosos, um ao lado do outro, nenhum deles seria supremo. Nenhum teria o infinito poder que Deus deve ter por natureza. O «infinito» poder de um anularia o «infinito» poder do outro. Cada um seria limitado pelo outro. Como diz Santo Atanásio: «Falar de vários deuses igualmente onipotentes é falar de vários deuses igualmente impotentes».

> O Catecismo diz-nos a este respeito: «A confissão da Unicidade de Deus, que tem sua raiz na Revelação Divina da Antiga Aliança, é inseparável da confissão da existência de Deus, e igualmente fundamental. Deus é único, só existe um Deus. "A fé cristã confessa que há Um só Deus, por natureza, por substância e por essência" (Cat. Rom. 1, 2, 2)» (n. 200).

Há um só Deus, que é *Espírito*. Para entendê-lo, precisamos saber que os filósofos distinguem duas espécies de substâncias: as espirituais e as físicas. Substância física é a que é feita de partes. O ar que respiramos, por exemplo, é composto de nitrogênio e oxigênio; estes, por sua vez, de moléculas, e as moléculas, de átomos, de nêutrons e prótons e elétrons. Cada pequeno fragmento do universo material é feito de substâncias físicas. Essas substâncias trazem em si os elementos da sua própria destruição, já que as suas partes podem separar-se por corrupção ou destruição.

Pelo contrário, uma substância espiritual não tem partes. Não tem nada que possa quebrar-se, corromper-se, separar-se ou dividir-se. Isto se expressa em filosofia dizendo que uma substância espiritual é uma substância *simples*. Esta é a razão pela qual as substâncias espirituais são imortais: a não ser por um ato direto de Deus, jamais deixarão de existir.

Conhecemos três espécies de substâncias espirituais. Em primeiro lugar, a do próprio Deus, que é Espírito infinitamente perfeito. Depois, a dos anjos e, por último, a das almas humanas. Nos três casos há uma inteligência que não depende de nenhuma substância *física* para atuar. É verdade que, nesta vida, a nossa alma está unida a um corpo físico e que depende dele para as suas atividades. Mas não é uma dependência *absoluta* e permanente. Quando se separa do corpo pela morte, a alma continua a atuar. Continua a conhecer, a querer e a amar, até mais livremente do que nesta vida mortal.

> «A pessoa humana, criada à imagem de Deus, é um ser ao mesmo tempo corporal e espiritual. O relato bíblico exprime esta realidade com uma linguagem simbólica, ao afirmar que: "O Senhor Deus modelou o homem com a argila do solo, insuflou em suas narinas um hálito de vida e o homem se tornou um ser vivente" (Gen 2, 7)» (n. 362).

Se queremos imaginar como é um espírito (tarefa difícil, pois «imaginar» significa compor uma imagem, e aqui não há imagem que possamos formar), se queremos fazer uma ideia do que é um espírito, devemos pensar como seríamos se o nosso corpo se evaporasse subitamente. Ainda conservaríamos todo o conhecimento que possuímos, todos os nossos afetos. Ainda seríamos um «eu», mas sem corpo. Seríamos, pois, espírito.

Se «espírito» é uma palavra difícil de compreender, *infinito* o é ainda mais. «Infinito» significa «não finito» e, por sua vez, «finito» quer dizer «limitado». Uma coisa é limitada quando tem um limite ou capacidade que não pode ultrapassar. Todo o criado é finito de algum modo: a água que o Oceano Pacífico pode conter tem limites, a energia do átomo de hidrogênio tem limites, a própria santidade da Virgem Maria tem limites. Mas em Deus *não há limites de nenhum gênero*; Deus não está limitado em nenhum sentido.

O Catecismo da Igreja Católica diz-nos que Deus é «infinitamente perfeito» (n. 48), o que significa que não há nada de bom, apetecível e valioso que não se encontre em Deus, em grau absolutamente ilimitado. Talvez o expressemos melhor se invertermos a frase e dissermos que nada há de bom, apetecível ou valioso no universo que não seja reflexo (uma pequena faísca, poderíamos dizer) dessa mesma qualidade segundo existe incomensuravelmente em Deus. A beleza de uma flor, por exemplo, é um reflexo minúsculo da Beleza sem limites de Deus, assim como um fugaz raio de lua é um pálido reflexo da cegante luz solar.

«Em todas as suas obras Deus mostra sua benevolência, bondade, graça, amor, mas também sua confiabilidade, constância, fidelidade» (n. 214).

As perfeições de Deus são da mesma *substância* de Deus. Se quiséssemos expressar-nos com perfeita exatidão, não diríamos que «Deus é bom», mas sim que «Deus é a Bondade». Deus, falando com propriedade, não é sábio: é a Sabedoria.

Não podemos entreter-nos aqui a expor todas as maravilhosas perfeições divinas, mas, ao menos, daremos uma olhada em algumas. Já tratamos de uma das perfeições de Deus: a sua eternidade. Homens e anjos podem ser qualificados de «eternos», já que nunca morrerão, mas tiveram princípio e estão sujeitos a mudanças. Só Deus é eterno em sentido absoluto; não somente não morrerá nunca, como também jamais houve um tempo em que não existisse. Ele será como sempre foi, sem mudança alguma.

Deus é, como dissemos, a *bondade infinita.* Não há limites à sua bondade, a tal ponto que ver a Deus será amá-lO com um amor irresistível. E essa bondade derrama-se continuamente sobre nós.

Alguém poderá perguntar: «Se Deus é tão bom, por que permite tantos sofrimentos e males no mundo? Por que deixa que haja crimes, doenças e misérias?» Escreveram-se bibliotecas inteiras sobre o problema do mal, e não se poderá pretender que tratemos aqui deste tema como merece. Não obstante, o que podemos é mencionar que o mal, tanto físico como moral, na medida em que afeta os seres humanos, veio ao mundo como consequência do pecado do homem. Deus, que deu ao homem o livre-arbítrio e pôs em marcha o seu plano para a humanidade, não anda interferindo continuamente para arrebatar-lhe esse dom da liberdade. Com esse livre-arbítrio que Deus nos deu, temos que lavrar o nosso destino até o final – até a felicidade eterna, se a escolhermos como meta e se quisermos aceitar e utilizar o auxílio da graça divina –, mas livres até o fim.

O mal é ideia do homem, não de Deus. E se o inocente e o justo têm que sofrer a maldade dos maus, a sua recompensa no final será maior; os seus sofrimentos e lágrimas nada serão em comparação com a felicidade vindoura. E, enquanto não chega esse momento, Deus guarda sempre os que O guardam em seu coração.

«A fé em Deus Pai Todo-Poderoso pode ser posta à prova pela experiência do mal e do sofrimento. Por vezes, Deus pode parecer ausente e incapaz de impedir o mal. Ora, Deus Pai revelou sua Onipotência da maneira mais misteriosa no rebaixamento voluntário e na Ressurreição de seu Filho, pelos quais venceu o mal» (n. 272).

A seguir, vem a realidade do infinito conhecimento, da *onisciência* de Deus. Todo o tempo, passado, presente e futuro; todas as coisas, as que são e as que poderiam ser; todo o conhecimento possível – tudo isso é o que poderíamos chamar «um único grande pensamento» da mente divina. A mente de Deus contém todos os tempos e toda a criação, assim como o ventre materno contém toda a criança.

Deus sabe o que farei amanhã? Sim. E na próxima semana? Também. Mas isso não significa então que *terei* de fazê-lo? Se Deus sabe que na terça-feira irei de visita à casa da tia Beatriz, como posso não fazê-lo?

Esta aparente dificuldade, que um momento de reflexão nos resolverá, nasce de confundirmos Deus *conhecedor* com Deus *causador*. Que Deus *saiba* que irei ver a minha tia Beatriz não é a *causa* que me faz ir. Pelo contrário, é a minha decisão de ir à casa da tia que permite que Deus o saiba. Mesmo que o meteorologista, estudando os seus mapas, saiba que choverá amanhã, isso não é a causa da chuva. É ao contrário: aquilo mesmo que fará chover amanhã é o que proporciona ao meteorologista a base para saber que amanhã choverá.

Para sermos teologicamente exatos, convém dizer aqui que, falando *em termos absolutos,* Deus é a causa de tudo o que acontece. Deus é por natureza a Primeira Causa. Isto quer dizer que nada existe nem nada acontece que não tenha a sua origem no poder infinito de Deus. No entanto, não há necessidade de entrar aqui na questão filosófica da causalidade. Para o nosso propósito, basta saber que a presciência divina não me obriga a fazer o que eu livremente decido fazer.

Outra perfeição de Deus é que não há limites à sua presença; dizemos dEle que é *onipresente*. Está sempre em toda a parte. E como poderia ser de outro modo, se não há lugares fora de Deus? Ele está neste escritório em que escrevo, está no quarto em que você me lê. Se algum dia uma astronave chegar a Marte ou a Vênus, o astronauta não estará só ao alcançar o planeta; Deus estará ali.

Note-se que a presença sem limites de Deus nada tem a ver com o tamanho. O tamanho é algo que pertence à matéria física. «Grande» e «pequeno» não têm sentido se aplicados a um espírito, e menos ainda a Deus. Não, não é que uma parte de Deus esteja num lugar e outra noutro. *Todo* o Deus está em *toda parte*. Tratando-se de Deus, espaço é palavra tão sem significado como tamanho.

Outra perfeição divina é o seu poder infinito. Deus pode fazer tudo: é *onipotente*. Mas pode fazer um círculo quadrado? Não, porque um círculo quadrado não é algo, é nada, é uma contradição nos seus próprios termos, como dizer «luz do dia noturna». Deus pode pecar? Não, de novo, porque o pecado é nada, é uma falha na obediência devida a Deus. Enfim, Deus pode fazer tudo menos o que é não ser, nada.

Deus é também *infinitamente sábio*. Foi Ele quem fez tudo, de tal modo que, evidentemente, sabe qual é a melhor maneira de usar as coisas que fez, qual é o melhor plano para as suas criaturas. Alguém que se queixe: «Por que Deus faz isto?», ou «por que Deus não faz isto e aquilo?», deveria lembrar-se de que uma formiga tem mais direito a criticar Einstein do que o homem, na sua limitada inteligência, a pôr em dúvida a infinita sabedoria de Deus.

Não é preciso ressaltar a *infinita santidade* de Deus. A beleza espiritual dAquele em quem tem origem toda a santidade humana é evidente. Sabemos que a própria santidade sem mancha de Santa Maria, ante o esplendor radiante de Deus, seria como a chama de um fósforo comparada com o fulgor do sol.

E Deus é *todo misericórdia*. Perdoa tantas vezes quantas nos arrependemos. Há um limite para a minha paciência e para a daquele outro, mas não para a infinita misericórdia de Deus. Mas Ele é também infinitamente justo. Deus não é uma vovozinha indulgente que fecha os olhos aos nossos pecados. Se nos recusarmos a amá-lO – e para amá-lO é que existimos –, embora Ele nos queira no céu, a sua misericórdia não anulará a sua justiça.

É tudo isto e mais o que queremos significar quando dizemos: «Deus é um espírito infinitamente perfeito».

Capítulo III

A Unidade e a Trindade de Deus

Como é que são três?

Estou certo de que nenhum de nós se daria ao trabalho de explicar um problema de física nuclear a uma criança de cinco anos. E, não obstante, a distância que há entre a inteligência de uma criança de cinco anos e os últimos avanços da ciência é nada em comparação com a que existe entre a mais brilhante mente humana e a verdadeira natureza de Deus. Há um limite para o que a mente humana – mesmo em condições ótimas – pode captar e entender. Sendo Deus um ser infinito, nenhum intelecto pode alcançar as suas profundidades.

Por isso, ao revelar-nos a verdade sobre Si mesmo, Deus tem que se contentar com enunciar-nos simplesmente qual é essa verdade. O «como» dela está tão longe das nossas faculdades nesta vida que nem o próprio Deus trata de no-lo explicar.

Uma dessas verdades é que, havendo um só Deus, existem nEle três Pessoas divinas – Pai, Filho e Espírito Santo. Há uma só natureza divina, mas três Pessoas divinas. No plano humano, «natureza» e «pessoa» são praticamente uma e a mesma coisa. Se num quarto há três pessoas, três naturezas humanas estão lá presentes; se estivesse presente uma só natureza humana, haveria uma só pessoa. Assim, quando procuramos pensar em Deus como três Pessoas com uma só e a mesma natureza, é como se estivéssemos dando cabeçadas contra um muro.

Por isso, às verdades de fé como esta da Santíssima Trindade chamamos «mistérios de fé». Cremos nelas porque Deus no-las manifestou, e Ele é infinitamente sábio e veraz. Mas, para sabermos como é que isso pode ser, temos que esperar que Ele nos manifeste a Si mesmo por inteiro, no céu.

> «O mistério da Santíssima Trindade é o mistério central da fé e da vida cristã. É o mistério de Deus em si mesmo. É, portanto, a fonte de todos os outros mistérios da fé, é a luz que os ilumina» (n. 234).

Os teólogos podem, é claro, dar-nos alguns pequenos esclarecimentos. Assim, explicam que a distinção entre as três Pessoas divinas tem por base a *relação* que existe entre elas.

Temos *Deus Pai*, que se contempla na sua mente divina e se vê como realmente é, formulando um pensamento sobre Si mesmo. Você e eu, muitas vezes, fazemos o mesmo. Concentramos o olhar no nosso interior e formamos um pensamento sobre nós mesmos. Este pensamento se expressa nas palavras silenciosas «João Pereira» ou «Maria das Neves».

Mas há uma diferença entre o nosso conhecimento próprio e o de Deus sobre Si mesmo. O nosso conhecimento próprio é imperfeito, incompleto (os nossos amigos podem dizer-nos coisas sobre nós que nos surpreenderiam, e nem vale a pena pensar no que poderiam dizer os nossos inimigos!). Mas ainda que nos conhecêssemos perfeitamente, ainda que o conceito que temos acerca de nós, ao enunciarmos em silêncio o nosso nome, fosse completo, ou seja, uma perfeita reprodução de nós mesmos, seria apenas um pensamento que não sairia do nosso interior: sem existência independente, sem vida própria. O pensamento deixaria de existir, mesmo na minha mente, tão logo eu voltasse a minha atenção para outra coisa. A razão é que a existência e a vida não são algo de absolutamente necessário. Houve um tempo em que eu não existia em absoluto, e hoje eu voltaria imediatamente ao nada se Deus não me mantivesse na existência.

Mas com Deus as coisas são muito diferentes. Existir é próprio da natureza divina. Não há outra maneira de conceber Deus adequadamente senão dizendo que é o Ser que nunca teve princípio, que sempre foi e sempre será. A única definição real que podemos dar de Deus é dizer que é *Aquele que é*. Assim se definiu Ele a Moisés, como recordamos: «Eu sou Aquele que é» (Ex 3, 14).

«Ao revelar seu nome misterioso de Iahweh, "Eu sou Aquele que é" ou "Eu Sou Aquele que SOU" ou também "Eu sou Quem sou", Deus declara quem Ele é e com que nome se deve chamá-lo. Este nome divino é misterioso como Deus é mistério. Ele é ao mesmo tempo um nome revelado e como que a recusa de um nome, e é por isso mesmo que exprime da melhor forma a realidade de Deus como ele é, infinitamente acima de tudo o que podemos compreender ou dizer» (n. 206; cf. também n. 214).

Se o conceito que Deus tem de Si mesmo deve ser um pensamento infinitamente completo e perfeito, tem que incluir a existência, já que a existência é própria da natureza de Deus. A imagem que Deus vê de Si mesmo, a Palavra silenciosa com que eternamente se expressa a Si mesmo, deve ter uma existência própria, distinta. A este Pensamento vivo em que Deus se expressa perfeitamente a Si mesmo chamamos *Deus Filho*. Deus Pai é Deus conhecendo-se a Si mesmo; Deus Filho é a expressão do conhecimento que Deus tem de Si. Assim, a segunda Pessoa da Santíssima Trindade é chamado Filho precisamente porque é *gerada* desde toda a eternidade, gerada na mente divina do Pai. Também a chamamos *Verbo de Deus*, porque é a «Palavra mental» em que a mente divina expressa o pensamento sobre Si mesmo.

Depois, Deus Pai (Deus conhecendo-se a Si mesmo) e Deus Filho (o conhecimento de Deus sobre Si mesmo) contemplam a natureza que ambos possuem em comum. Ao verem-se (falamos, naturalmente, em termos humanos), contemplam nessa natureza tudo o que é belo e bom – quer dizer, tudo o que produz amor – em grau infinito. E assim a vontade divina origina um ato de amor infinito para com a bondade e a beleza divinas. Uma vez que o amor de Deus por Si mesmo, tal como o conhecimento de Deus sobre Si mesmo, é da própria natureza divina, tem que ser um amor vivo. Este amor infinitamente perfeito, infinitamente intenso, que eternamente flui do Pai e do Filho é o que chamamos *Espírito Santo,* «que procede do Pai e do Filho». É a terceira Pessoa da Santíssima Trindade.

Resumindo:

– Deus Pai é Deus conhecendo-se a Si mesmo.

– Deus Filho é a expressão do conhecimento de Deus sobre Si mesmo.

– Deus Espírito Santo é o resultado do amor de Deus por Si mesmo.

Esta é a Santíssima Trindade: *três Pessoas divinas em um só Deus, uma só natureza divina.*

Um pequeno exemplo poderia esclarecer-nos a respeito da relação que existe entre as três Pessoas divinas: Pai, Filho e Espírito Santo.

Suponha que você se olha num espelho de corpo inteiro. Você vê uma imagem perfeita de si mesmo, com uma exceção: não é senão um reflexo no espelho. Mas se a imagem saísse dele e se pusesse ao seu lado, viva e palpitante como você, então, sim, seria a sua imagem perfeita. Mas não haveria dois *vocês,* e sim um só *Você,* uma única natureza humana. Haveria duas «pessoas», mas só uma mente e uma vontade, compartilhando o mesmo conhecimento e os mesmos pensamentos.

Depois, já que o amor de si (o bom amor de si mesmo) é natural em todo o ser inteligente, haveria uma corrente de amor ardente e mútuo entre você e a sua imagem. Agora, dê asas à sua fantasia e pense na existência desse amor como uma parte tão de você mesmo, tão profundamente enraizado na sua própria natureza, que chegasse a ser uma reprodução viva e palpitante de você mesmo. Este amor seria uma «terceira pessoa» (mas, mesmo assim, nada mais que um *Você,* lembre-se; uma só natureza humana), uma terceira pessoa que estaria entre você e a sua imagem, e os três unidos, de mãos dadas: três pessoas numa só natureza humana.

Talvez este voo da imaginação possa ajudar-nos a entender confusamente a relação que existe entre as três Pessoas da Santíssima Trindade: Deus Pai «olhando-se» a Si mesmo na sua mente divina e mostrando ali a Imagem de Si, tão infinitamente perfeita que é uma imagem viva: Deus Filho; e Deus Pai e Deus Filho amando com um amor vivo a natureza divina que ambos possuem em comum: Deus Espírito Santo. Três Pessoas divinas, uma natureza divina.

Se o exemplo que utilizei não nos ajuda nada a formar o nosso conceito da Santíssima Trindade, não temos por que sentir-nos frustrados. Estamos perante um mistério de fé, e ninguém, nem o maior dos teólogos, poderá aspirar a compreendê-lo realmente. O máximo a que se pode chegar é a diferentes graus de ignorância.

Ninguém deve sentir-se frustrado por haver mistérios de fé. Só uma pessoa que sofra de uma consumada soberba intelectual pretenderá abarcar o infinito, a insondável profundidade da natureza de Deus. Mais que sentir com amargura as nossas limitações humanas, temos de encher-nos de agradecimento, porque Deus se dignou dizer-nos tanto sobre Si mesmo, sobre a sua natureza íntima.

Ao pensarmos na Santíssima Trindade, temos que estar em guarda contra um erro: não podemos pensar em Deus Pai como aquele que «vem primeiro», em Deus Filho como aquele que vem depois, e em Deus Espírito Santo como aquele que vem ainda um pouco mais tarde. Os três são igualmente eternos porque possuem a mesma natureza divina; o Verbo de Deus e o Amor de Deus são tão sem tempo como a Natureza de Deus. E Deus Filho e Deus Espírito Santo não estão subordinados ao Pai de modo algum; nenhuma das Pessoas é mais poderosa, mais sábia, maior que as demais. As três têm igual perfeição infinita, igualmente baseada na única natureza divina que as três possuem.

> «Toda a economia divina é obra comum das três pessoas divinas. Pois da mesma forma que a Trindade não tem senão uma única e mesma natureza, assim também não tem senão uma única e mesma operação» (n. 258).

Não obstante, atribuímos a cada Pessoa divina certas «obras», certas atividades que manifestam ou refletem melhor as propriedades desta ou daquela Pessoa divina. Por exemplo, atribuímos a Deus Pai a obra da Criação, já que pensamos nEle como o «gerador», o instigador, o motor de todas as coisas, a sede do infinito poder que Deus possui.

Do mesmo modo, como Deus Filho é o Conhecimento ou a Sabedoria do Pai, atribuímos-lhe as obras de sabedoria; foi Ele que veio à terra para nos dar a conhecer a verdade e transpor o abismo entre Deus e o homem.

Finalmente, sendo o Espírito Santo o amor infinito, apropriamos-lhe as obras de amor, especialmente a santificação das almas, que resulta da habitação do Amor de Deus em nossa alma.

Deus Pai é o *Criador,* Deus Filho é o *Redentor,* Deus Espírito Santo é o *Santificador.* E, não obstante, o que Um faz, Todos o fazem; onde Um está, estão os Três.

Este é o mistério da Santíssima Trindade: a infinita variedade na unidade absoluta, cuja beleza nos inundará no céu.

CAPÍTULO IV

A criação e os anjos

Como começou a criação?

Às vezes, um costureiro, um pasteleiro ou um perfumista se gabam de lançar uma nova «criação». Quando isso ocorre, usam a palavra «criação» num sentido muito amplo. Por mais nova que seja uma moda, terá que se basear num tecido de algum tipo. Por mais agradável que seja uma sobremesa ou um perfume, têm que se basear em alguma espécie de ingrediente.

«Criar» significa «fazer do nada». Falando com propriedade, só Deus, cujo poder é infinito, pode criar.

Há cientistas que se afanam hoje em dia tentando «criar» vida em tubos de ensaio nos seus laboratórios. Uma vez e outra, após repetidos fracassos, misturam os seus ingredientes químicos e combinam as suas moléculas. Não sei se algum dia conseguirão ter êxito ou não. Mas, ainda que a sua paciência seja recompensada, não se poderá dizer que chegaram a «criar» uma nova vida. Terão trabalhado todo o tempo com materiais que Deus lhes proporcionou.

Quando Deus cria, não necessita de materiais ou utensílios para poder trabalhar. Simplesmente, *quer* que alguma coisa seja, e pronto, essa coisa surge. *Faça-se a luz,* disse Ele no princípio, *e a luz foi feita... Faça-se um firmamento entre as águas,* disse Deus, *e assim se fez* (Gen 1, 3-8).

> «Cremos que Deus não precisa de nada preexistente nem de nenhuma ajuda para criar. A criação também não é uma emanação necessária da substância divina» (n. 296).

A vontade criadora de Deus não só chamou todas as coisas à existência, como as *mantém* nela. Se Deus retirasse o sustentáculo da sua vontade de qualquer criatura, esta deixaria de existir naquele mesmo instante; voltaria ao nada do qual saiu.

As primeiras obras da criação divina são os *anjos*. Um anjo é um espírito, quer dizer, um ser com inteligência e vontade, mas sem corpo, sem dependência alguma da matéria.

> «A existência dos seres espirituais, não corporais, que a Sagrada Escritura chama habitualmente de anjos, é uma verdade de fé. O testemunho da Escritura a respeito é tão claro quanto a unanimidade da Tradição» (n. 328).

A alma humana também é um espírito, mas nunca será anjo, nem sequer durante o tempo em que, separada do corpo pela morte, esperar a ressurreição. A alma foi feita para estar unida a um corpo físico. Dizemos que tem «afinidade» para um corpo. Uma pessoa humana, composta de alma e corpo, será incompleta sem corpo. Falaremos mais extensamente disto quando tratarmos da ressurreição da carne. Mas, de momento, queremos apenas salientar o fato de que um anjo sem corpo é uma pessoa completa, e que um anjo é muito superior ao ser humano.

Na literatura e no cinema existem muitas histórias sobre habitantes de outros planetas, geralmente representados como mais inteligentes e poderosos que nós, pobres mortais ligados à terra. Mas nem o mais engenhoso dos escritores de ficção científica poderá fazer justiça à beleza deslumbrante, à inteligência poderosa e ao formidável poder de um anjo. Se isto é assim na ordem inferior das hostes celestiais – na ordem dos anjos propriamente chamados assim –, que não dizer das ordens ascendentes de espíritos puros que se encontram acima dos anjos? Na Sagrada Escritura enumeram-se os arcanjos, os principados, as potestades, as virtudes, as dominações, os tronos, os querubins e os serafins. É muito possível que um arcanjo esteja a tanta distância de um anjo, em perfeição, como este de um homem.

Aqui embaixo, evidentemente, sabemos bem pouco sobre os anjos, sobre a sua natureza íntima ou os graus de distinção que há entre eles[2].

---

(2) O Catecismo da Igreja Católica resume as principais aparições angélicas contidas no Antigo e no Novo Testamento nos números 331-333.

Nem sequer sabemos quantos são, mesmo que a Bíblia indique que o seu número é muito grande. *Milhares de milhares O servem e mil milhões mais estão diante dEle*, diz o livro de Daniel (7, 10).

Só nos foram dados a conhecer os nomes de três anjos: Gabriel, «Fortaleza de Deus»; Miguel, «Quem como Deus?»; e Rafael, «Remédio de Deus». É como se Deus se tivesse contentado com deixar-nos vislumbrar apenas a magnificência e as maravilhas que nos aguardam no mundo para além do tempo e do espaço. Como as linhas de perspectiva de um quadro conduzem a atenção para o assunto central, assim os coros ascendentes dos espíritos puros levam irresistivelmente a nossa atenção para a suprema Majestade de Deus, de um Deus cuja infinita perfeição é incomensuravelmente superior à do mais excelso dos serafins.

E recordemos que não estamos falando de um mundo de fantasia e imaginação. É um mundo muito mais real que todos os planetas de todas as galáxias, mais substancial que o chão que pisamos. Mas o melhor de tudo é que podemos ir para esse mundo sem a ajuda de naves interplanetárias. É um mundo para o qual iremos, se quisermos.

Quando Deus criou os anjos, dotou cada um de uma *vontade* que o faz supremamente livre. Sabemos que para se alcançar o céu é necessário amar a Deus. É pelos seus atos de amor a Deus que um espírito, seja anjo ou alma humana, fica habilitado a ir para o céu. E este amor tem que ser provado pelo único modo como o amor *pode* ser provado: pela livre e voluntária submissão da vontade criada por Deus, por aquilo que chamamos comumente um «ato de obediência» ou um «ato de lealdade».

Deus dotou os anjos de livre-arbítrio para que fossem capazes de fazer o seu ato de amor por Ele, de escolhê-lO. Só depois é que O veriam face a face; só então poderiam entrar nessa união eterna com Ele a que chamamos «céu».

Deus não nos deu a conhecer a espécie de *prova* a que submeteu os anjos. Muitos teólogos pensam que deu aos anjos uma visão prévia de Jesus Cristo, o Redentor da raça humana, e lhes mandou que O adorassem...: Jesus Cristo em todas as suas humilhações, uma criança no estábulo, um criminoso na cruz. Segundo esta teoria, alguns anjos se teriam rebelado ante a perspectiva de terem que adorar ao Deus encarnado. Conscientes da sua própria magnificência espiritual, da sua beleza e dignidade, não quiseram fazer o ato de submissão que a adoração a Jesus Cristo lhes pedia. Sob a chefia de um dos anjos mais dotados, Lúcifer, «Portador da luz», o pecado de orgulho afastou de Deus muitos anjos, e o terrível grito *non serviam*, «não servirei», percorreu os céus.

> «A Escritura fala de um *pecado* desses anjos. Esta "queda" consiste na opção livre desses espíritos criados, que *rejeitaram* radical e irrevogavelmente a Deus e seu Reino. Temos um reflexo desta rebelião nas palavras do Tentador ditas a nossos primeiros pais: *"E vós sereis como deuses"* (Gen 3, 5). O Diabo é *"pecador desde o princípio"* (1 Jo 3, 8), *"pai da mentira"* (Jo 8, 44)» (n. 392).

E assim começou o *inferno*. Porque o inferno é, essencialmente, a rebelião de um espírito que se separa de Deus.

Quando a raça humana pecou na pessoa de Adão, Deus ofereceu ao gênero humano uma segunda oportunidade. Mas não houve segunda oportunidade para os anjos rebeldes. Dadas a perfeita clareza da sua mente angélica e a desimpedida liberdade da sua vontade angélica, nem a infinita misericórdia de Deus podia encontrar desculpa para o pecado dos anjos: eles compreendiam (num grau a que Adão jamais poderia chegar) quais seriam as consequências do seu pecado, e não houve neles «tentação» no sentido em que ordinariamente entendemos a palavra. O seu pecado foi o que poderíamos chamar um pecado «a sangue frio». Por terem rejeitado a Deus deliberada e plenamente, as suas vontades permaneceram fixas contra Deus, fixas para sempre. Neles não é possível o arrependimento, pois não querem arrepender-se. Fizeram a sua escolha por toda a eternidade. Neles arde um ódio perpétuo contra Deus e contra todas as suas obras.

Não sabemos quantos anjos pecaram; Deus não quis informar-nos acerca disso. Pelas referências da Sagrada Escritura, inferimos que os anjos caídos (os «demônios», como comumente os chamamos) são numerosos. Mas o mais provável é que a maioria das hostes celestiais tenha permanecido fiel a Deus, tenha feito o seu ato de submissão a Deus e esteja com Ele no céu.

Frequentemente chama-se «Satanás» ao demônio. É uma palavra hebraica que significa «adversário». Os diabos são, claro está, os adversários, os inimigos dos homens. No seu ódio inextinguível a Deus, é natural que odeiem também a sua criatura, o homem. O seu ódio torna-se ainda mais compreensível à luz da crença de que Deus criou os homens precisamente para substituir os anjos que pecaram, para preencher o vazio que deixaram com a sua deserção.

Ao pecarem, os anjos rebeldes não perderam nenhum dos seus dons naturais. O diabo possui uma acuidade intelectual e um poder sobre a natureza incomparavelmente superiores aos dos seres humanos. Toda a sua inteligência e todo o seu poder concentram-se agora em afastar do céu as almas a ele destinadas. Os seus esforços encaminham-se agora incansavelmente no sentido de arrastar o homem ao seu mesmo caminho de rebelião contra Deus. Em consequência, dizemos que os demônios nos tentam ao pecado.

Não conhecemos o limite exato do seu poder. Ignoramos até que ponto podem influir sobre a natureza humana, até que ponto podem dirigir o curso normal dos acontecimentos para induzir-nos à tentação, para levar--nos ao ponto em que devemos decidir entre a vontade de Deus e a nossa vontade pessoal. Mas sabemos que o demônio nunca poderá forçar-nos a pecar. Não pode destruir a nossa liberdade de escolha. Não pode, por assim dizer, forçar-nos a um «sim» quando realmente queremos dizer «não». Mas é um adversário a quem é muito saudável temer.

O demônio é real?

Alguém disse que o mais encarniçado dos pecadores dedica mais tempo a fazer coisas boas ou indiferentes do que coisas más. Em outras palavras, que sempre há algum bem, mesmo no pior dos homens.

É isto o que torna tão difícil compreender a real natureza dos demônios. Os anjos caídos são espíritos puros sem corpo. São absolutamente imateriais. Quando fixaram a sua vontade contra Deus no seu ato de rebelião, abraçaram o mal (que é a rejeição de Deus) com toda a sua natureza. Um demônio é cem por cento mau; cem por cento ódio, sem que se possa achar um mínimo resto de bem em parte alguma do seu ser.

A inevitável e constante convivência da alma com estes espíritos, cuja maldade sem paliativos é uma força viva e ativa, não será o menor dos horrores do inferno. Nesta vida sentimos desgosto, mal-estar, quando encontramos alguém manifestamente depravado. Com dificuldade suportaremos, pois, a ideia do que será estar agrilhoado por toda a eternidade à maldade viva e absoluta, cuja força de ação ultrapassa incomensuravelmente a do homem mais corrompido. Dificilmente suportaremos pensar nisso, mas devemos fazê-lo de vez em quando. O nosso grande perigo aqui na terra é *esquecer que o demônio é uma força viva e atuante*.

Mais perigoso ainda é deixarmo-nos influir pela *soberba intelectual* dos incrédulos. Se nos dedicássemos a ler livros «científicos» e a escutar «especialistas» que pontificam que o diabo é «uma superstição medieval» há muito superada, insensivelmente acabaríamos por pensar que se trata de uma figura retórica, de um símbolo abstrato do mal, sem substância real. Seria um erro fatal. Nada convém mais ao diabo do que esquecermo-nos dele, ou não lhe prestarmos atenção e, principalmente, não acreditarmos nele. Um inimigo de cuja presença não suspeitamos, que pode atacar emboscado, é duplamente perigoso. As possibilidades de vitória de um inimigo aumentam em proporção à cegueira ou inadvertência da vítima.

O que Deus faz, não o desfaz. O que Deus dá, não o tira. Ele deu aos anjos inteligência e poder de ordem superior, e não os revoga, nem mesmo no caso dos anjos rebeldes. Se um simples ser humano pode induzir-nos a pecar, se um companheiro pode dizer: «Vem cá, José, vamos sair de farra esta noite»; se uma vizinha pode dizer: «Por que você não experimenta tal e tal método anticoncepcional, Rosa? Você também tem o direito de descansar e de não ter mais filhos por algum tempo», o demônio pode dizê-lo com muito mais poder de convicção, colocando-nos perante *tentações* sutis e muito menos claras.

Mas não pode fazer-nos pecar. Não há poder na terra ou no inferno que nos possa obrigar a pecar. Sempre temos o nosso livre-arbítrio; sempre nos fica a capacidade de escolher, e essa decisão, ninguém a pode impor-nos. José pode dizer «Não!» ao companheiro que lhe propôs a noite de farra, Rosa pode dizer «Não!» à vizinha que lhe recomendou o anticoncepcional. E todas as tentações que o demônio possa apresentar-nos no nosso caminho, por mais fortes que sejam, podem ser repelidas com a mesma firmeza. Não há pecado a não ser que e até que a nossa vontade se afaste de Deus e escolha um bem inferior em seu lugar. Ninguém jamais poderá dizer de verdade: «Pequei porque não pude evitá-lo».

É evidente que nem todas as tentações vêm do diabo. Muitas vêm do mundo que nos rodeia, até de amigos e conhecidos, como no exemplo anterior. Outras procedem de forças interiores profundamente arraigadas em nós – a que chamamos paixões –, forças imperfeitamente controladas e, com frequência, rebeldes, que são o resultado do pecado original. Mas seja qual for a origem da tentação, sabemos que, se quisermos, podemos dominá-la.

Deus não pede a ninguém o impossível. Ele não nos pediria amor constante e lealdade absoluta se nos fosse impossível dá-los. Então, devemos angustiar-nos ou assustar-nos porque virão tentações? Não; é precisamente vencendo a tentação que adquirimos mérito diante de Deus; pelas tentações encontradas e vencidas, crescemos em santidade. Teria pouco mérito sermos bons, se fosse fácil. Os grandes santos não foram homens e mulheres sem tentações; na maioria dos casos, sofreram tentações terríveis e, vencendo-as, santificaram-se.

> «O poder de Satanás não é infinito. Ele não passa de uma criatura, poderosa pelo fato de ser puro espírito, mas sempre criatura: não é capaz de impedir a edificação do Reino de Deus. Embora Satanás atue no mundo por ódio contra Deus e seu Reino em Jesus Cristo, e embora a sua ação cause graves danos – de natureza espiritual e, indiretamente, até de natureza física – para cada homem e para a sociedade, esta ação é permitida pela Divina Providência, que com vigor e doçura dirige a história do homem e do mundo. A permissão divina da atividade diabólica é um grande mistério, mas "nós sabemos que Deus coopera em tudo para o bem daqueles que o amam" (Rm 8, 28)» (n. 395).

É claro que não podemos vencer essas batalhas sozinhos. Temos de ter o auxílio de Deus para reforçar a nossa vontade enfraquecida. *Sem Mim, nada podeis fazer,* diz-nos o Senhor. O seu auxílio, a sua graça está à nossa disposição em abundância ilimitada, se a desejarmos, se a procurarmos. A confissão frequente, a comunhão e a oração habituais (especialmente à hora da tentação) tornar-nos-ão imunes à tentação, se fizermos o que está ao nosso alcance.

Mas não temos também o direito de esperar que Deus faça tudo. Se não evitarmos os perigos desnecessários, se, na medida em que pudermos, não evitarmos as circunstâncias – as pessoas, lugares ou coisas que possam induzir-nos à tentação –, não estaremos cumprindo com a nossa parte. Se andarmos buscando o perigo, ataremos as mãos de Deus. Afogaremos a graça na sua própria fonte.

Às vezes, dizemos de uma pessoa cujas ações são especialmente maldosas: «Deve estar possuída pelo demônio». A maioria das vezes, quando qualificamos alguém de «possesso», não queremos ser literais; simplesmente indicamos um grau anormal de maldade.

Mas a *possessão diabólica* existe, real e literalmente. Como mencionamos antes, desconhecemos a extensão total dos poderes do demônio sobre o universo criado, no qual se inclui a humanidade. Sabemos que nada pode existir sem que Deus o permita. Mas também sabemos que Deus, ao realizar os seus planos para a criação, não tira normalmente (nem dos anjos nem dos homens) nenhum dos poderes que concedeu originalmente.

Em qualquer caso, tanto a Bíblia como a história, além da contínua experiência da Igreja, mostram com clareza meridiana que a possessão diabólica existe, ou seja, que o diabo penetra no corpo de uma pessoa e controla as suas atividades físicas: a sua palavra, os seus movimentos e ações. Mas o diabo não pode controlar a alma; a liberdade da alma humana permanece inviolável, e nem todos os demônios do inferno juntos podem forçá-la. Na possessão diabólica, a pessoa perde o controle das suas ações físicas, que passam para um poder mais forte, o do demônio. O que o corpo faz, é o demônio que o faz, não a pessoa.

O demônio pode exercer outro tipo de influência. É a *obsessão diabólica*. Nela, mais que do interior da pessoa, o diabo ataca de fora. Pode agarrar um homem e derrubá-lo; pode tirá-lo da cama, atormentá-lo com ruídos horríveis e manifestar-se de inúmeras formas. São João Batista Vianney, o amado Cura d'Ars, teve que sofrer muito por essa espécie de influência diabólica.

Tanto a possessão diabólica como a obsessão raras vezes se encontram hoje em terras cristãs; é como se o Sangue redentor de Cristo houvesse aprisionado o poder de Satá. Mas são ainda frequentes em terras pagãs, como muitas vezes testemunham os missionários, ainda que não tanto como antes do Sacrifício redentor de Cristo.

O rito religioso para expulsar um demônio de uma pessoa possessa ou obsessa chama-se *exorcismo*. No ritual da Igreja existe uma cerimônia especial para este fim, na qual o Corpo Místico de Cristo recorre à sua Cabeça, o próprio Jesus, para que quebre a influência do demônio sobre determinada pessoa. A função de exorcista é própria de todo sacerdote, mas só se pode exercê-la oficialmente com licença especial do Bispo, e sempre que uma cuidadosa investigação tenha demonstrado que se trata de um caso autêntico de possessão, não de uma simples doença mental.

Evidentemente, nada impede que um sacerdote utilize o seu poder de exorcista de forma privada, não oficial. Sei de um sacerdote que ouvia num trem uma torrente de blasfêmias que lhe dirigia um passageiro sentado à sua frente. Por fim, o sacerdote disse interiormente: «Em nome de Jesus Cristo, Filho de Deus vivo, ordeno-te que voltes para o inferno e deixes tranquilo este homem». As blasfêmias cessaram instantaneamente.

Em outra ocasião, esse mesmo sacerdote usou do mesmo exorcismo privado diante de um casal que discutia encarniçadamente, e na hora se lhes amainou a ira. O demônio está presente e atua com frequência: não apenas em casos extremos de possessão ou obsessão.

Falamos dos anjos caídos com certa extensão por causa do grave perigo que se corre de encarar com leviandade a sua presença e o seu poder (que Deus nos defenda da cilada mais sutil do demônio: a de negar a sua existência por não estar na moda acreditar nele). Parece mais fácil e agradável acreditar na realidade dos anjos bons e no seu poder para o bem, que é, evidentemente, muito maior que o de Satanás para o mal.

Os anjos que permaneceram fiéis a Deus estão com Ele no céu, em amor e adoração perpétuos, o que (Deus o queira) será também o nosso destino. A sua vontade é agora a de Deus. Os anjos, como a nossa Mãe Santa Maria e os santos, estão intensamente interessados no nosso bem, em ver-nos no céu. Intercedem por nós e utilizam o poder angélico (cuja extensão também desconhecemos) para ajudar aqueles que querem e aceitam a sua ajuda.

Que os anjos nos ajudam, é matéria de fé. Se não cremos nisso, também não cremos na Igreja e nas Sagradas Escrituras. Que cada um tem um anjo da guarda pessoal, não é matéria de fé, mas crença comumente aceita por todos os católicos. E, assim como honramos a Deus com a nossa devoção aos seus amigos e heróis – os santos –, cometeríamos um grande erro se não honrássemos e invocássemos as suas primeiras obras-primas, os anjos, que povoam o céu e protegem a terra.

Capítulo V
Criação e queda do homem

O que é o homem?

O homem é uma ponte entre o mundo do espírito e o da matéria (naturalmente, quando nos referimos ao «homem», designamos todos os componentes do gênero humano, os homens e as mulheres).

A alma do homem é espírito, de natureza similar ao anjo; o seu corpo é matéria, similar em natureza aos animais. Porém, o homem não é nem anjo nem animal; é um ser à parte por direito próprio, um ser com um pé no tempo e outro na eternidade. Os filósofos definem o homem como «animal racional»; «racional» indica a sua alma espiritual; e «animal», o seu corpo físico.

Conhecendo a inclinação que nós, os homens, temos para o orgulho e para a vaidade, é de surpreender a pouca atenção que damos ao fato de sermos uns seres tão maravilhosos. Só o corpo já é suficiente para nos deixar espantados. A pele que o cobre, por exemplo, valeria milhões para quem fosse capaz de reproduzi-la artificialmente. É elástica, renova-se por si, impede a entrada do ar, da água e de outras matérias e, não obstante, permite que saiam. Mantém o corpo a uma temperatura constante, independentemente do tempo ou da temperatura exterior.

Mas, se voltarmos a vista para o nosso interior, veremos maravilhas ainda maiores. Tecidos, membranas e músculos compõem os órgãos: o coração, os pulmões, o estômago, etc. Cada órgão é formado por uma galáxia de partes semelhantes às concentrações de estrelas, e cada parte, cada célula, dedica a sua operação à função desse órgão particular: circulação do sangue, respiração do ar, a sua absorção ou a dos alimentos. Os diversos órgãos mantêm-se em atividade vinte e quatro horas por dia, sem que haja pensamentos ou orientações conscientes da nossa mente. Por outro lado – e isto é o mais espantoso! – mesmo que cada órgão esteja aparentemente ocupado na sua função própria, na realidade trabalha constantemente pelo bem dos outros e de todo o corpo.

O suporte e a proteção de todo esse organismo a que chamamos corpo é o esqueleto. Dá-nos a rigidez necessária para estarmos erguidos, sentar-nos ou andar. Os ossos dão apoio aos músculos e tendões, tornando possível o movimento e a ação. Dão também proteção aos órgãos mais vulneráveis: o crânio protege o cérebro; as vértebras, a medula espinal; as costelas, o coração e os pulmões. Além de tudo isso, as extremidades dos ossos longos contribuem para a produção dos glóbulos vermelhos do sangue.

Outra maravilha do nosso corpo é o processo de «manufaturação» em que está ocupado todo o tempo. Introduzimos alimentos e água na boca e nos esquecemos do assunto: o corpo continua sozinho a tarefa. Por um processo que a biologia explica, o aparelho digestivo transforma o pão, a carne e as bebidas num líquido de células vivas que banha e nutre constantemente cada parte do nosso corpo. Este alimento líquido, a que chamamos sangue, contém açúcares, gorduras, proteínas e outros elementos. Flui até os pulmões e recolhe oxigênio, que transporta junto com o alimento para cada canto do corpo.

O sistema nervoso é também objeto de admiração. Na realidade, há dois sistemas nervosos: o motor, pelo qual o meu cérebro controla os movimentos do corpo (o meu cérebro ordena «anda» e os meus pés obedecem e se levantam ritmicamente), e o sensitivo, pelo qual sentimos dor (essa sentinela sempre alerta às doenças e lesões) e pelo qual trazemos o mundo exterior ao nosso cérebro através dos órgãos dos sentidos: a vista, o olfato, a audição, o paladar e o tato. E esses órgãos também são, por sua vez, um prodígio de desenho e precisão.

A ladainha das maravilhas do nosso corpo poderia prolongar-se indefinidamente; aqui só mencionamos algumas de passagem. Se alguém pudesse fazer um passeio turístico pelo seu próprio corpo, o guia poderia indicar-lhe mais maravilhas que admirar do que as que há em todos os centros de atração turística do mundo juntos.

E o nosso corpo é apenas «metade» do homem, e, de longe, a metade menos valiosa. Mas é um dom que temos de apreciar, um dom que devemos agradecer, a morada idônea para a alma espiritual, que é a que lhe dá vida, poder e sentido.

> «O *corpo* do homem» – diz-nos o Catecismo, aprofundando e expandindo essa ideia – «participa da dignidade da "imagem de Deus": ele é corpo humano precisamente porque é animado pela alma espiritual, e é a pessoa humana inteira que está destinada a tornar-se, no Corpo de Cristo, o Templo do Espírito» (n. 364).

O homem tem corpo, mas é mais que um animal. Como os anjos, tem um *espírito imortal*, mas é menos que um anjo. No homem, encontram-se o mundo da matéria e o do espírito: alma e corpo se fundem numa substância completa que é o ente humano.

> «A pessoa humana, criada à imagem de Deus, é um ser ao mesmo tempo corporal e espiritual. O relato bíblico exprime esta realidade com uma linguagem simbólica, ao afirmar que: "O Senhor Deus modelou o homem com a argila do solo, insuflou em suas narinas um hálito de vida e o homem se tornou um ser vivente" (Gen 2, 7). Portanto, o homem em sua totalidade é *querido* por Deus» (n. 362).

O corpo e a alma não se unem de modo circunstancial. O corpo não é como que um instrumento da alma, algo parecido com um carro para o seu condutor. A alma e o corpo *foram feitos* um para o outro. Fundem-se, compenetram-se tão intimamente que, ao menos nesta vida, uma parte não pode existir sem a outra. Se soldarmos um pedaço de zinco a um pedaço de cobre, teremos um pedaço de metal. Esta união seria uma mera união «acidental», pois não teríamos uma substância nova. Saltaria à vista que era um pedaço de zinco pegado a outro de cobre. Mas se o cobre e o zinco se fundem e se misturam, surgirá uma nova substância a que chamamos bronze. O bronze já não é zinco nem cobre; é uma substância nova composta de ambos. De modo semelhante (nenhum exemplo é perfeito), o corpo e a alma se unem numa substância a que chamamos homem.

> «A unidade da alma e do corpo é tão profunda que se deve considerar a alma como a "forma" do corpo; ou seja, é graças à alma espiritual que o corpo constituído de matéria é um corpo humano e vivo; o espírito e a matéria no homem não são duas naturezas unidas, mas a união deles forma uma única natureza» (n. 365).

O caráter desta união torna-se evidente pela maneira como alma e corpo atuam um sobre o outro. Se corto um dedo, não é só o meu corpo que sofre: também a minha alma sofre. *Todo o meu eu* sente a dor. E se a minha alma é afligida por preocupações, isso repercute no meu corpo, e podem sobrevir úlceras e outros transtornos. Se o medo ou a ira sacodem a minha alma, o corpo reflete a emoção, empalidece ou se ruboriza, e o coração bate mais depressa; de muitas maneiras diferentes o corpo participa das emoções da alma.

Não se deve menosprezar o corpo humano como mero acessório da alma, mas, ao mesmo tempo, devemos reconhecer que a parte mais importante da pessoa completa é a alma. A alma é a parte imortal, e é essa imortalidade da alma que libertará o corpo da morte que lhe é própria.

> «Muitas vezes o termo *alma* designa na Sagrada Escritura a *vida* humana ou a *pessoa* humana inteira. Mas designa também o que há de mais íntimo no homem e o que há nele de maior valor, aquilo que mais particularmente o faz ser imagem de Deus: "alma" significa o *princípio espiritual* no homem» (n. 363).

Esta maravilhosa obra do poder e da sabedoria de Deus que é o nosso corpo, no qual milhões de minúsculas células formam diversos órgãos, todos juntos trabalhando numa harmonia prodigiosa para o bem de todo o corpo, pode dar-nos uma pálida ideia de como deve ser magnífica a obra do engenho divino que é a nossa *alma*. Sabemos que é um espírito. Ao falarmos da natureza de Deus, expusemos a natureza dos seres espirituais. Um espírito, víamos, é um ser inteligente e consciente, que não só é invisível (como o ar), mas também absolutamente imaterial, quer dizer, não foi feito de matéria. Um espírito não tem moléculas, nem há átomos na alma.

Também não se pode medi-lo; um espírito não tem comprimento, largura ou profundidade, nem muito menos peso. Por esta razão, toda a alma pode estar em todas e em cada uma das partes do corpo ao mesmo tempo; não está uma parte na cabeça, outra nas mãos, outra nos pés. Se perdemos um braço ou uma perna, num acidente ou numa operação cirúrgica, não perdemos uma parte da alma. Simplesmente, a nossa alma deixa de estar no que não é senão uma parte do meu corpo vivo. E, por fim, quando o nosso corpo estiver tão prostrado pela doença ou pelas lesões que não possa continuar a sua função, a alma o abandonará e seremos declarados mortos. Mas a alma não morre. Sendo absolutamente imaterial (o que os filósofos chamam uma «substância simples»), não há nela nada que possa ser destruído ou danificado. Não constando de partes, não tem elementos básicos em que possa desagregar-se, não pode decompor-se ou deixar de ser o que é.

Não sem fundamento dizemos que Deus nos fez *à Sua imagem e semelhança*. Enquanto o nosso corpo, com todas as suas obras, reflete o poder e a sabedoria divinos, a nossa alma é de um modo especialíssimo um retrato do seu Autor. É um retrato em miniatura e bastante imperfeito, mas esse espírito que nos dá vida e substância é imagem do Espírito infinitamente perfeito que é Deus. O poder da nossa inteligência, pelo qual conhecemos e compreendemos verdades, raciocinamos e deduzimos novas verdades e fazemos juízos sobre o bem e o mal, reflete o Deus que tudo sabe e tudo conhece. O poder da nossa livre vontade, pela qual deliberadamente decidimos fazer uma coisa ou não, é um eco da liberdade infinita que Deus possui. E, evidentemente, a nossa imortalidade é uma centelha da imortalidade absoluta de Deus.

Como a vida íntima de Deus consiste em conhecer-se a Si mesmo (Deus Filho) e amar-se a Si mesmo (Deus Espírito Santo), tanto mais nos aproximamos da divina Imagem quanto mais utilizamos a nossa inteligência em conhecer a Deus – agora, pela razão e pela graça da fé; e na eternidade, pela «luz da glória» – e aplicamos a nossa vontade livre em amar o Dador dessa liberdade.

> «Por ser à imagem de Deus, o indivíduo humano tem a dignidade de *pessoa*: ele não é apenas alguma coisa, mas alguém. É capaz de conhecer-se, de possuir-se e de doar-se livremente e entrar em comunhão com outras pessoas, e é chamado, por graça, a uma aliança com seu Criador, a oferecer-lhe uma resposta de fé e de amor que ninguém mais pode dar em seu lugar» (n. 357).

Como Deus nos fez?

Todos os homens descendem de um homem e de uma mulher. Adão e Eva foram os primeiros pais de toda a humanidade. Não há na Sagrada Escritura verdade mais claramente ensinada do que esta. O livro do Gênesis estabelece conclusivamente a nossa comum descendência desse único casal.

O que acontece então com a teoria da evolução na sua formulação mais extrema: que a humanidade evoluiu de uma forma de vida animal inferior, de algum tipo de macaco?

Não é esta a ocasião para um exame detalhado da teoria da evolução, a teoria que estabelece que tudo o que existe – o mundo e o que nele se contém – evoluiu a partir de uma massa informe de matéria primigênia. No que concerne ao mundo em si, o mundo dos minerais, das rochas e da matéria inerte, há uma sólida evidência científica de que sofreu um processo lento e gradual, que se estendeu durante um período de tempo muito longo.

Não há nada de contrário à Bíblia ou à fé nessa teoria. Se Deus preferiu formar o mundo criando inicialmente uma massa de átomos e estabelecendo ao mesmo tempo as leis naturais pelas quais, passo a passo, essa massa evoluiria até chegar ao universo como hoje o conhecemos, poderia muito bem tê-lo feito assim. Continuaria a ser o Criador de todas as coisas.

Por outro lado, um desenvolvimento gradual do seu plano, realizado por meio de causas segundas, refletiria melhor o seu poder criador do que se o universo que conhecemos tivesse sido feito num instante. O fabricante que faz os seus produtos ensinando supervisores e capatazes mostra melhor os seus talentos do que o patrão que tem de intervir pessoalmente em cada passo do processo.

A esta fase do processo criativo, ao desenvolvimento da matéria inerte, chama-se «evolução inorgânica». Se aplicamos a mesma teoria à matéria viva, temos a chamada teoria da «evolução orgânica». No entanto, o quadro aqui não é tão claro, nem de longe; a evidência apresenta muitas lacunas, até por se tratar de um tema imensamente mais vasto e complexo. Ao contrário do que se pensa vulgarmente, a teoria da evolução orgânica está longe de ser uma disciplina ordenada e completa, cujas afirmações teriam sido comprovadas pela ciência: muita coisa permanece em discussão ou está por descobrir, e o clássico desenho que representa a transição de um macaco que anda sobre as quatro patas até o homem moderno está totalmente desqualificado hoje em dia. Existem bons livros que poderão proporcionar ao leitor interessado um exame equilibrado de toda esta questão[3].

Mas, para todos os efeitos práticos, as descobertas científicas acerca de possíveis ancestrais humanos têm um interesse bastante relativo. No que diz respeito à fé, principalmente, não têm nenhuma relevância. Deus pode ter moldado o corpo do homem por meio de um processo evolutivo, se assim o quis; pode ter dirigido o desenvolvimento de uma determinada espécie de macaco até fazê-la alcançar a perfeição desejada. Teria então criado almas espirituais para um macho e uma fêmea dessa espécie, e assim teríamos o primeiro homem e a primeira mulher, Adão e Eva. Mas, mesmo nesse caso, seria igualmente certo que Deus criou o homem do barro.

O que devemos crer e o que o Gênesis ensina sem especificações é que *o gênero humano descende de um único casal original*, e que *as almas* de Adão e Eva (como cada uma das nossas) *foram direta e imediatamente criadas por Deus*. A alma é espírito; não pode «evoluir» da matéria, e também não pode ser herdada dos nossos pais. Marido e mulher cooperam com Deus na formação do corpo humano. Mas a alma espiritual que faz desse corpo um ser humano tem de ser criada diretamente por Deus e infundida no corpo embrionário.

A busca da origem biológica do ser humano continuará, e os cientistas católicos continuarão a participar dela. Sabem que, como toda a verdade vem de Deus, não pode haver conflito entre um dado religioso e outro científico. Enquanto isso, nós, os demais católicos, continuaremos imperturbáveis. Seja qual for a forma que Deus tenha escolhido para fazer o nosso corpo, o que mais importa é a alma. É a alma que levanta do chão os olhos do animal. É a alma que levanta os nossos olhos até às estrelas, para que vejamos a beleza, conheçamos a verdade e amemos o bem.

> Na Encíclica *Humani generis*, o Papa Pio XII indica-nos a cautela necessária na investigação destas matérias científicas. «O Magistério da Igreja não proíbe que, nas investigações e disputas entre os homens mais competentes de ambos os campos, seja objeto de estudo a doutrina do *evolucionismo*, na medida em que busca a origem do corpo humano numa matéria viva preexistente, mas a fé católica manda defender que as almas são criadas imediatamente por Deus. Porém,

---

(3) Sobre este tema, pode-se ver por exemplo Francisco Javier Novo, *A Evolução: para quem tem fé e outros céticos*, Quadrante, São Paulo, 2020.

tudo isso se deve fazer de maneira que as razões de uma e outra opinião – quer dizer, a que defende e a que é contrária ao evolucionismo – sejam examinadas e julgadas séria, moderada e temperadamente; e de tal modo que todos se mostrem dispostos a submeter-se ao juízo da Igreja, a quem Cristo conferiu a missão de interpretar autenticamente as Sagradas Escrituras e defender os dogmas da Fé».

Há pessoas que gostam de falar dos seus antepassados. E se na árvore genealógica aparece um nobre, um grande estadista ou um personagem de algum modo famoso, gostam de dar-se ares de importância.

Se quiséssemos, cada um de nós poderia gabar-se dos antepassados da sua árvore genealógica: Adão e Eva. Ao saírem das mãos de Deus, eram pessoas esplêndidas. Deus não os fez humanos comuns, submetidos às leis ordinárias da natureza, como as da inevitável decadência e da morte final, uma morte a que se seguiria uma simples felicidade natural, sem visão beatífica. Também não os fez sujeitos às normais limitações da natureza humana, como são a necessidade de adquirir conhecimentos por meio do estudo e de pesquisas laboriosas, e a de manter o controle do espírito sobre a carne por uma esforçada vigilância.

Com os dons que Deus conferiu a Adão e Eva no primeiro instante da sua existência, os nossos primeiros pais eram imensamente ricos. Primeiro, contavam com os dons que denominamos *preternaturais* para distingui-los dos *sobrenaturais*. São dons que não pertencem por direito à natureza humana e, no entanto, não está inteiramente fora da capacidade da natureza humana recebê-los e possuí-los.

Para usar um exemplo caseiro relativo a uma ordem inferior da criação, digamos que, se a um cavalo fosse dado o poder de voar, essa habilidade seria um dom preternatural. Voar não é próprio da natureza do cavalo, mas há outras criaturas capazes de fazê-lo. A palavra «preternatural» significa, pois, «fora ou além do curso ordinário da natureza».

Mas se a um cavalo se desse o poder de *pensar* e de compreender verdades abstratas, isso não seria preternatural; seria, de certo modo, sobrenatural. Pensar não só está para além da natureza do cavalo, mas absoluta e inteiramente *acima* da sua natureza. Este é exatamente o significado da palavra «sobrenatural»: algo que está totalmente «sobre» a natureza da criatura; não só de um cavalo ou de um homem, mas de *qualquer* criatura.

Talvez este exemplo nos ajude um pouco a entender os dois gêneros de dons que Deus concedeu a Adão e Eva. Primeiro, tinham os dons preternaturais, entre os quais se incluíam uma sabedoria de ordem imensamente superior, um conhecimento natural de Deus e do mundo, claro e sem obstáculos, que de outro modo só poderiam adquirir com uma investigação e estudo penosos. Depois, contavam com uma elevada força de vontade e o perfeito controle das paixões e dos sentidos, que lhes proporcionavam perfeita tranquilidade interior e ausência de conflitos pessoais. No plano espiritual, estes dois dons preternaturais eram os mais importantes de que estavam dotados a sua mente e a sua vontade.

No plano físico, as suas grandes dádivas eram a ausência de dor e de morte. Tal como Deus os havia criado, Adão e Eva teriam vivido na terra, pelo tempo previsto, livres da dor e do sofrimento que, de outro modo, seriam inevitáveis num corpo físico num mundo físico. Quando tivessem acabado os seus anos de vida temporal, entrariam na vida eterna em corpo e alma, sem experimentar a terrível separação de alma e corpo a que chamamos morte.

Maior que os preternaturais era, porém, o dom sobrenatural que Deus conferiu a Adão e Eva: nada menos que a participação na própria vida divina. De uma maneira maravilhosa, que não poderemos compreender inteiramente até O contemplarmos no céu, Deus permitiu que o seu amor (que é o Espírito Santo) fluísse até as almas de Adão e Eva e as inundasse. É, evidentemente, um exemplo muito inadequado, mas agrada-me imaginar esse fluxo do amor de Deus até a alma como o do sangue numa transfusão. Assim como o paciente de certa forma se une ao doador pelo sangue deste, as almas de Adão e Eva estavam unidas a Deus pelo seu amor.

A nova espécie de vida que Adão e Eva possuíam como resultado da sua união com Deus era a vida sobrenatural a que chamamos *graça santificante*. Mais adiante trataremos dela extensamente, pois também desempenha uma função de importância absoluta na nossa vida espiritual. Mas já nos é fácil deduzir que, se Deus se dignou a fazer a nossa alma participar da sua própria vida nesta terra temporal, é porque quer também que ela participe eternamente da sua vida no céu.

Como consequência do dom da graça santificante, Adão e Eva já não estavam destinados a uma felicidade meramente natural, ou seja, a uma felicidade baseada no simples conhecimento natural de Deus, a quem continuariam sem ver. Com a graça santificante, Adão e Eva, uma vez concluída a sua vida na terra, poderiam conhecer Deus tal como é, face a face. E, ao vê-lO face a face, amá-lO-iam com um êxtase de amor de tal intensidade que nunca o homem teria podido aspirar a ele por sua própria natureza.

> O Catecismo relaciona os dons preternaturais com o dom sobrenatural da graça: «Pela irradiação desta graça [sobrenatural], todas as dimensões da vida do homem eram fortalecidas. Enquanto permanecesse na intimidade divina, o homem não devia nem morrer nem sofrer. A harmonia interior da pessoa humana, a harmonia entre o homem e a mulher e, finalmente, a harmonia entre o primeiro casal e toda a criação constituíam o estado denominado "justiça original".
>
> «O "domínio" do mundo que Deus havia outorgado ao homem desde o início realizava-se antes de tudo no próprio homem como *domínio de si mesmo.* O homem estava intacto e ordenado em todo o seu ser, porque livre da tríplice concupiscência que o submete aos prazeres dos sentidos, à cobiça dos bens terrestres e à autoafirmação contra os imperativos da razão» (ns. 376-377).

Esta é a espécie de antepassados que você e eu tivemos. Foi assim que Deus fez Adão e Eva.

O que é o pecado original?

Um bom pai não se satisfaz cumprindo apenas os deveres essenciais para com os filhos. Não lhe basta alimentá-los, vesti-los, dar-lhes o mínimo de educação que a lei prescreve. Um pai amoroso tratará, além disso, de lhes dar tudo o que possa contribuir para o seu bem-estar e formação; dar-lhes-á tudo o que as suas possibilidades lhe permitirem.

Assim também Deus não se contentou simplesmente com dar à sua criatura, o homem, os dons que lhe são próprios por natureza. Não lhe bastou dotá-lo de um corpo, por maravilhoso que seja pela sua estrutura; e uma alma, por prodigiosa que seja pela sua inteligência e livre vontade. Deus foi muito mais longe, e deu a Adão e Eva os dons preternaturais que os livraram do sofrimento e da morte, e o dom sobrenatural da graça santificante. No «plano original» de Deus, se assim podemos chamá-lo, estes dons teriam passado de Adão para os descendentes, e você e eu poderíamos estar gozando deles hoje.

Para confirmá-los e assegurá-los à sua posteridade, Deus exigiu de Adão uma única coisa: que, por um ato de livre escolha, desse irrevogavelmente seu amor a Deus. Foi para este fim que Ele criou os homens: para que, com o seu amor, lhe dessem glória. Desse modo, em certo sentido, teria também a garantia de que alcançariam o seu destino sobrenatural de se unirem a Deus face a face no céu.

É da natureza do amor autêntico a entrega completa de si mesmo ao amado. Nesta vida, só há um meio de provar o amor a Deus, que é fazer a sua vontade, obedecer-lhe. Por esta razão, Deus deu a Adão e Eva uma ordem, uma única ordem: que não comessem do fruto de certa árvore. O mais provável é que esse fruto não fosse diferente (exceto pelos seus efeitos) de qualquer outro que Adão e Eva pudessem colher. Mas tinha de haver um mandamento para que pudesse haver um ato de obediência; e tinha de haver um ato de obediência para que pudesse haver uma prova de amor: escolherem livre e deliberadamente Deus, preferindo-o a si próprios.

> «Deus criou o homem à sua imagem e o constituiu em sua amizade. Criatura espiritual, o homem só pode viver esta amizade como livre submissão a Deus. É o que exprime a proibição, feita ao homem, de comer da árvore do conhecimento do bem e do mal, *"pois, no dia em que dela comeres, terás de morrer"* (Gen 2, 17). *"A árvore do conhecimento do bem e do mal"* (Gen 2, 17) evoca simbolicamente o limite intransponível que o homem, como criatura, deve livremente reconhecer e respeitar com confiança. O homem depende do Criador, está submetido às leis da criação e às normas morais que regem o uso da liberdade» (n. 396).

Sabemos o que se passou. Adão e Eva falharam na prova. Cometeram o primeiro pecado, quer dizer, o *pecado original.* E este pecado não foi simplesmente uma desobediência. Foi um pecado de soberba, como o dos anjos caídos. O tentador sussurrou-lhes ao ouvido que, se comessem desse fruto, seriam tão grandes como Deus, seriam deuses.

Sim, sabemos que Adão e Eva pecaram. Mas já nos é mais difícil convencermo-nos da enormidade do seu pecado. Hoje encaramos esse pecado como algo que, tendo em conta a ignorância e a fraqueza humanas, parece até certo ponto inevitável; o pecado é algo lamentável, sim, mas não surpreendente. Tendemos, porém, a esquecer-nos de que antes da queda não havia ignorância ou fraqueza. Adão e Eva pecaram com total clareza de mente e absoluto domínio das paixões pela razão. Não havia circunstâncias atenuantes. Não havia desculpa alguma. Adão e Eva escolheram a si mesmos – em lugar de Deus – de olhos bem abertos, poderíamos dizer.

E, ao pecar, derrubaram o templo da criação sobre as suas cabeças. Num instante perderam todos os dons especiais que Deus lhes havia concedido: a elevada sabedoria, o domínio perfeito de si mesmos, a imunidade à doença e à morte e, sobretudo, o laço de união íntima com Deus, que é a graça santificante. Ficaram reduzidos ao mínimo essencial que lhes pertencia pela sua natureza humana.

> «A Escritura mostra as consequências dramáticas desta primeira desobediência. Adão e Eva perdem de imediato a graça da santidade original. Têm medo deste Deus, do qual fizeram uma falsa imagem, a de um Deus enciumado de suas prerrogativas.
>
> «A harmonia na qual estavam, estabelecida graças à justiça original, está destruída; o domínio das faculdades espirituais da alma sobre o corpo é rompido; a união entre o homem e a mulher é submetida a tensões; suas relações serão marcadas pela cupidez e pela dominação. A harmonia com a criação está rompida: a criação visível tornou-se para o homem estranha e hostil. Por causa do homem, a criação está submetida *"à servidão da corrupção"* (Rm 8, 20). Finalmente, vai realizar-se a consequência explicitamente anunciada para o caso de desobediência: o homem *"voltará ao pó do qual é formado"* (Gen 3, 19). *A morte entra na história da humanidade»* (ns. 399-400).

O trágico é que não foi um pecado só de Adão. Como todos nós estávamos potencialmente presentes no nosso pai comum, todos sofremos com esse pecado. Por decreto divino, Adão era o embaixador plenipotenciário de todo o gênero humano. O que ele fez, todos o fizemos. Teve a oportunidade de colocar-nos a nós, sua família, num caminho fácil; recusou-se a fazê-lo, e todos sofremos as consequências. A nossa natureza humana perdeu a graça na sua própria *origem*, e por isso dizemos que nascemos *em estado de pecado original.*

Quando eu era criança e ouvi falar pela primeira vez da «mancha do pecado original», a minha mente infantil imaginava esse pecado como uma grande mancha negra na alma. Tinha visto muitas manchas em toalhas, peças de roupa e cadernos, manchas de café, morangos ou tinta, de modo que me era fácil imaginar uma feia mancha negra numa bonita alma branca.

Quando cresci, aprendi (como todos) que o espírito não pode manchar-se. Compreendi que a palavra «mancha» aplicada ao pecado original é uma simples metáfora e que, além do fato de um espírito não poder manchar-se, a nossa herança do pecado original não é algo que esteja «sobre» a alma ou «dentro» dela. Ao contrário, é a *carência* de algo que deveria estar ali, da vida sobrenatural a que chamamos graça santificante.

Noutras palavras, o pecado original não é uma coisa: é a falta de alguma coisa, como a escuridão é a falta de luz. Não podemos colocar um pedaço de escuridão num frasco e levá-lo para casa para vê-lo bem debaixo da luz. Quando o sol sai, desaparece a escuridão da noite.

De modo semelhante, quando dizemos que «nascemos em estado de pecado original», queremos dizer que, ao nascer, a nossa alma está espiritualmente às escuras, é uma alma inerte no que se refere à vida sobrenatural. Quando somos batizados, a luz do amor de Deus derrama-se nela caudalosamente, e ela torna-se radiante e formosa, vibrantemente viva, com a vida sobrenatural que procede da nossa união com Deus e a sua habitação dentro de nós: com essa vida a que chamamos graça santificante.

Ainda que o Batismo nos devolva o maior dos dons que Deus deu a Adão, o dom sobrenatural da graça santificante, não restaura os dons preternaturais, como o de estarmos livres do sofrimento e da morte: perderam-se para sempre nesta vida. Mas isso não nos deve inquietar. Devemos antes alegrar-nos, considerando que Deus nos devolveu o dom que realmente importa, o grande dom da vida sobrenatural. Se a sua justiça infinita não se equilibrasse com a sua misericórdia infinita, Deus poderia ter dito facilmente, depois do pecado de Adão: «Lavo as mãos em relação ao gênero humano. Vocês tiveram a sua oportunidade. Agora, arranjem-se como puderem!»

Uma vez, fizeram-me esta pergunta: «Por que tenho eu que sofrer pelo que Adão fez? Se eu não cometi o pecado original, por que tenho de ser castigado por ele?»

Basta um momento de reflexão e a pergunta se responde por si mesma. Nenhum de nós «perdeu» algo a que «tivesse direito». Esses dons sobrenaturais e preternaturais que Deus conferiu a Adão não nos eram devidos por natureza. Eram dons muito acima do que nos é próprio, eram dádivas de Deus que Adão podia ter-nos transmitido se tivesse feito o devido ato de amor, mas neles não há nada que possamos reclamar por direito.

Se, antes de eu nascer, um homem rico tivesse oferecido a meu pai um milhão de dólares em troca de um pequeno trabalho, e meu pai tivesse recusado a oferta, na verdade eu não poderia culpar o milionário pela minha pobreza. A culpa seria de meu pai, não do milionário. Do mesmo modo, se vim a este mundo despossuído dos bens que Adão poderia ter ganho para mim tão facilmente, não posso culpar a Deus pela falta de Adão. Pelo contrário, tenho que bendizer a sua misericórdia infinita porque, apesar de tudo, restaurou em mim o maior dos seus dons pelos méritos do seu Filho.

De Adão para cá, um único ser humano (sem contar Cristo) possui uma natureza humana em perfeita ordem: a Santíssima Virgem Maria. Quando foi escolhida para ser a Mãe do Filho de Deus – e porque repugna que Deus tivesse o menor contato, por mais indireto que fosse, com o pecado –, Maria foi preservada *desde o primeiro instante da sua existência* da escuridão espiritual do pecado original.

Desde o primeiro momento da sua concepção no seio de Ana, Maria esteve em união com Deus, a sua alma esteve cumulada de amor por Ele: teve o estado de graça santificante. A este privilégio exclusivo de Maria, primeiro passo na nossa redenção, chamamos a *Imaculada Conceição de Maria.*

> «Para ser a Mãe do Salvador, Maria "foi enriquecida por Deus com dons dignos para tamanha função" (LG 56). No momento da Anunciação, o anjo Gabriel a saúda como *"cheia de graça"* (Lc 1,28). Efetivamente, para poder dar o assentimento livre de sua fé ao anúncio de sua vocação era preciso que ela estivesse totalmente sob a moção da graça de Deus.
>
> «Ao longo dos séculos, a Igreja tomou consciência de que Maria [...] foi redimida desde a sua concepção. É isso que confessa o dogma da Imaculada Conceição, proclamado em 1854 pelo papa Pio IX: "A beatíssima Virgem Maria, no primeiro instante de sua Conceição, por singular graça e privilégio de Deus onipotente, em vista dos méritos de Jesus Cristo, Salvador do gênero humano, foi preservada imune de toda mancha do pecado original" (DS 2803)» (ns. 490-491).

E depois de Adão?

Certa vez, um homem passeava por uma pedreira abandonada. Distraído, aproximou-se demasiado da beira de um poço que se tinha formado lá e caiu de cabeça na água. Tentou sair, mas as paredes eram tão lisas e verticais que não conseguia encontrar um ponto onde apoiar a mão ou o pé. Era bom nadador, mas sem dúvida ter-se-ia afogado por cansaço se um transeunte não o tivesse visto em apuros e o tivesse resgatado com uma corda. Já fora, sentou-se para esvaziar os sapatos de água, enquanto filosofava um pouco: «É surpreendente ver quanto me custou sair dali e o pouco que me custou entrar».

A historieta ilustra bastante bem a infeliz condição da humanidade depois de Adão. Sabemos que, quanto maior é a dignidade de uma pessoa, mais séria é uma injúria que se cometa contra ela: se alguém atira um tomate podre no seu vizinho, certamente não sofrerá mais consequências que um olho roxo, mas se o arremessa contra o Presidente dos Estados Unidos, será apanhado num instante pelos agentes do FBI e deixará de aparecer na sua casa por um bom tempo. Fica claro, pois, que a gravidade de uma ofensa depende até certo ponto da dignidade do ofendido. Sendo ilimitada a dignidade de Deus – Ele é o Ser infinitamente perfeito –, qualquer ofensa contra Ele terá uma malícia infinita, será um mal sem medida.

Foi por isso que o pecado de Adão deixou a humanidade numa situação semelhante à do homem no poço. Ali no fundo estávamos nós, sem possibilidade de sair por nossos próprios meios. Tudo o que o homem pode fazer tem um valor finito e mensurável; se o maior dos santos desse a sua vida em reparação pelo pecado, o valor do seu sacrifício continuaria a ser limitado. Também é claro que, se todos os componentes do gênero humano, desde Adão até o último homem sobre a terra, oferecessem as suas vidas em pagamento da dívida contraída com Deus pela humanidade, o pagamento seria insuficiente. Está fora do alcance do homem fazer algo de valor infinito.

O nosso destino após o pecado de Adão seria irremissível se ninguém tivesse vindo lançar-nos uma corda; o próprio Deus teve que resolver o dilema. O dilema era que, como somente Deus é infinito, somente Ele era capaz de um ato de reparação de valor infinito pela infinita malícia do pecado. Mas quem fosse pagar pelo pecado do homem deveria ser humano, se realmente tinha de arcar com os nossos pecados, se de verdade ia ser o nosso representante.

A solução que Deus escolheu já é para nós uma velha história, mas nunca será uma história trilhada ou mortiça. O homem de fé nunca acaba de admirar-se com o infinito amor e a infinita misericórdia que Deus nos mostrou ao decretar desde toda a eternidade que o seu próprio Filho divino viesse a este mundo, assumindo uma natureza humana como a nossa, para pagar o preço devido pelos nossos pecados.

Sendo *verdadeiro homem* como nós, o Redentor poderia representar-nos e agir realmente por nós. Sendo também *verdadeiro Deus,* a mais insignificante das suas ações teria um valor infinito, suficiente para reparar todos os pecados cometidos ou que viriam a cometer-se.

Precisamente no início da história do homem, quando expulsou Adão e Eva do Jardim do Éden, Deus disse a Satanás: *Porei ódio entre ti e a mulher, entre a tua descendência e a dela. Esta te ferirá a cabeça, e tu ferirás o calcanhar* (Gen 3, 15). Muitos séculos tiveram que transcorrer até que o Filho de Maria, Jesus Cristo, esmagasse a cabeça da serpente. Mas o raio de esperança da promessa brilharia constantemente como uma luz distante nas trevas.

Contudo, a história não terminou depois que Adão pecou e Cristo, o «segundo Adão», reparou o seu pecado. A morte de Cristo na Cruz não significou que, a partir de então, o homem seria necessariamente bom. A reparação de Cristo não arrebatou a liberdade da vontade humana. Se temos de poder provar o nosso amor a Deus pela obediência, temos de conservar a liberdade de escolha que essa obediência requer.

Além do pecado original, a cuja sombra nascemos, temos de enfrentar outro tipo de pecado: o que nós mesmos cometemos. Este pecado, que não herdamos de Adão, mas que é nosso, chama-se *atual.* O pecado atual pode ser *mortal* ou *venial* segundo o seu grau de malícia.

Sabemos que há graus de gravidade na desobediência. Quando um filho desobedece a seus pais em pequenas coisas ou é indelicado com eles, não é necessariamente por falta de amor por eles. O seu amor pode ser menos perfeito, mas existe. Não obstante, se esse filho lhes desobedece deliberadamente em assuntos de grave importância, em coisas que os firam e aflijam gravemente, há bons motivos para concluir que não os ama. Ou, pelo menos, que ama a si mesmo mais do que a eles.

O mesmo ocorre nas nossas relações com Deus. Se desobedecemos a Deus em matérias de menor importância, isso não implica necessariamente que lhe neguemos o nosso amor. Esse ato de desobediência em matéria não grave é o pecado venial. Por exemplo, se dizemos uma mentira que não prejudica ninguém – «Onde você esteve ontem à noite?» «Fui visitar um amigo», quando na realidade fiquei em casa vendo televisão –, cometemos um pecado venial.

Mesmo em matéria grave, o meu pecado pode ser venial se tiver havido *ignorância*[4] ou *falta de consentimento pleno*. Por exemplo, é pecado mortal mentir sob juramento. Mas se eu *penso* que o perjúrio é um pecado venial, e o cometo, para mim isso será um pecado venial. Ou se juro falsamente porque a pergunta me colheu de surpresa e me sobressaltou (falta de reflexão suficiente), ou porque o medo às consequências diminuiu minha liberdade de opção (falta de consentimento pleno), terei cometido também um pecado venial.

Em todos estes casos, podemos ver que falta a malícia de um desprezo por Deus consciente e deliberado. Em nenhum deles se evidencia a ausência do amor a Deus.

Estes pecados chamam-se *veniais* (do latim *venia*, que significa «perdão»). Deus perdoa prontamente os pecados veniais, mesmo que não se recorra ao sacramento da Penitência; um sincero ato de contrição e o propósito de emenda bastam para o seu perdão.

Mas isto não implica que o pecado venial seja de pouca importância. Qualquer pecado é, ao menos, uma falha parcial no amor, um ato de ingratidão para com Deus, que nos ama tanto. Em toda a criação, não há maior mal do que um pecado venial, à exceção do pecado mortal. O pecado venial não é, de maneira nenhuma, uma fraqueza inócua. Cada um deles acarreta um castigo aqui ou no purgatório. Cada pecado venial diminui um pouco o amor a Deus em nosso coração e debilita a nossa resistência às tentações.

Por numerosos que sejam os pecados veniais, a sua soma nunca acaba por resultar num pecado mortal, porque o número não modifica a espécie do pecado, embora o acúmulo de matéria de muitos pecados veniais possa, sim, chegar a ser mortal. Em qualquer caso, dar habitualmente pouca

---

(4) «A *ignorância involuntária* pode diminuir ou até escusar a imputabilidade de uma falta grave, mas supõe-se que ninguém ignora os princípios da lei moral inscritos na consciência de todo o ser humano» (n. 1860).

atenção ao pecado venial abre a porta ao pecado mortal. Se vamos dizendo «sim» a pequenas infidelidades, acabaremos dizendo «sim» à tentação grande, quando esta se apresentar. Quem ama sinceramente a Deus tem o propósito habitual de evitar todo o pecado deliberado, seja este venial ou mortal.

Também é conveniente sublinhar que, assim como um pecado objetivamente mortal pode ser subjetivamente venial, devido a especiais condições de ignorância ou à falta de plena consciência, um pecado que, à primeira vista, parece venial pode tornar-se mortal em circunstâncias especiais. Por exemplo, se penso que é pecado mortal roubar algumas moedas, e apesar disso as roubo, para mim será um pecado mortal. Ou se tiro essa pequena quantia de um cego vendedor de jornais, correndo o risco de prejudicar o meu bom nome ou da minha família, esta potencialidade de mal que tem o meu ato converte-o em pecado mortal. Ou se continuo a roubar pequenas quantias até atingir uma soma considerável, digamos o salário de um dia daquela pessoa, o meu pecado será mortal.

Lembremo-nos, porém, de que, se queremos obedecer em tudo a Deus, não temos motivo para nos preocuparmos com estas coisas.

Capítulo VI

O pecado atual

A minha alma pode morrer?

Se um homem crava uma faca no seu próprio coração, morre fisicamente. Se um homem comete um pecado mortal, morre espiritualmente. A descrição de um pecado mortal é tão simples e tão real como isso.

Pelo Batismo, fomos resgatados da morte espiritual em que o pecado de Adão nos submergiu (cf. ns. 977-978). No Batismo, Deus uniu a Si a nossa alma. O Amor de Deus – o Espírito Santo – derramou-se nela, preenchendo o vazio espiritual que o pecado original havia produzido. Como consequência desta íntima união com Deus; a nossa alma se eleva a um novo tipo de vida, a vida sobrenatural que se chama *graça santificante* e que é nossa obrigação preservar, e não só preservar como também incrementar e intensificar.

Deus, depois de unir-nos a Si pelo Batismo, jamais nos abandona. Após o Batismo, o único modo de nos separarmos dEle é repeli-lO deliberadamente. E isto acontece quando, com plena consciência, deliberada e livremente, nos recusamos a obedecer a Deus em matéria grave. Neste caso, cometemos um *pecado mortal*, que, como a palavra indica, causa a morte da alma.

> «O *pecado mortal* destrói a caridade no coração do homem por uma infração grave da lei de Deus; desvia o homem de Deus, que é seu fim último e sua bem-aventurança, preferindo um bem inferior» (n. 1855).

Esta desobediência a Deus consciente e voluntária em matéria grave é, ao mesmo tempo, a rejeição de Deus. Secciona a nossa união com Ele tão completamente como um alicate que cortasse o cabo que liga a instalação elétrica da nossa casa aos geradores da companhia elétrica: se você o fizesse, a sua casa mergulharia instantaneamente na escuridão. A mesma coisa se passaria com a nossa alma depois de um pecado mortal, porém com consequências muito mais terríveis, porque a nossa alma não mergulharia na escuridão, mas na morte.

É uma morte tanto mais pavorosa quanto não se manifesta exteriormente: não há o fedor da corrupção nem a frigidez rígida. É uma morte em vida, pela qual o pecador fica nu e isolado no meio do amor e abundância divinos. A graça de Deus flui ao seu redor, mas não pode entrar nele; o amor de Deus toca-o, mas não o penetra. Perdem-se todos os méritos sobrenaturais que o pecador havia adquirido antes do seu pecado. Todas as boas obras feitas, todas as orações pronunciadas, todas as Missas oferecidas, os sofrimentos padecidos por amor a Cristo, absolutamente tudo é varrido no momento em que se peca.

Esta alma em pecado mortal *perdeu sem dúvida o céu;* se morresse assim, separada de Deus, não poderia ir para lá, pois não há modo de restabelecer a união com Deus depois da morte.

O fim essencial da nossa vida é provarmos a Deus o nosso amor pela obediência. A morte encerra o tempo da nossa prova, da nossa oportunidade. Depois, não há maneira de mudarmos o coração. A morte fixa a alma para sempre no estado em que se encontra: amando a Deus ou rejeitando-o.

Se se perde o céu, não resta nenhuma alternativa à alma a não ser o inferno. Quando morremos, desaparecem as exterioridades, e o pecado mortal que, ao ser cometido, se apresentava como uma «pequena concessão» ao eu, mostra-se à luz fria da justiça divina tal como na realidade é: um ato de soberba e rebeldia, como ato de ódio a Deus que está implícito em todo o pecado mortal. E na alma irrompem as terríveis, ardentes e torturantes sede e fome de Deus, desse Deus para quem a alma foi criada, desse Deus que ela nunca encontrará. Essa alma está no inferno.

E isto é o que significa – ou, antes, é um pouco do que significa – desobedecer a Deus voluntária e conscientemente em matéria grave, cometer um pecado mortal.

> O Catecismo complementa esta ideia sob alguns outros ângulos: «O pecado é uma falta contra a razão, a verdade, a consciência reta; é uma falta ao amor verdadeiro para com Deus e para com o próximo, por causa de um apego perverso a certos bens. Fere a natureza do homem e ofende a solidariedade humana. Foi definido como "uma palavra, um ato ou um desejo contrários à lei eterna" (Sto. Agostinho, *Contra Fausto,* 22: FL 42, 418)» (n. 1849).

Pecar é recusar a Deus a nossa obediência, o nosso amor. Dado que cada «pedacinho» nosso pertence a Deus e que todo o fim da nossa existência é amá-lO, torna-se evidente que cada pedacinho nosso deve obediência a Deus. Assim esta obrigação de obedecer aplica-se não só às *obras ou palavras exteriores,* como também aos *desejos e pensamentos mais íntimos.*

É evidente que podemos pecar não só fazendo o que Deus proíbe *(pecado de ação),* como deixando de fazer o que Ele ordena *(pecado de omissão).* É pecado roubar, mas também é pecado não pagar as dívidas justas. É pecado trabalhar servil e desnecessariamente aos domingos, mas também o é não prestar a Deus o culto devido, faltando à Missa nos dias de preceito.

A pergunta «o que é que torna boa ou má uma ação?» quase poderia parecer insultante pela sua simplicidade. E, não obstante, formulei-a algumas vezes a crianças e mesmo a gente com curso superior, sem receber a resposta correta. É a Vontade de Deus. Uma ação é *boa* se for o que Deus quer que façamos; é *má* se for algo que Deus não quer que façamos. Algumas crianças me responderam que esta ou aquela ação é má «porque foram o padre, o catecismo, a Igreja ou as Escrituras que o disseram».

Não é, pois, despropositado mostrar aos pais a necessidade de que os filhos adquiram este princípio tão logo alcancem a idade suficiente para distinguir o bem do mal, e saibam que a bondade ou maldade de alguma coisa depende de que Deus a queira ou não; e que fazer o que Deus quer é o nosso modo, o nosso único modo, de provarmos o nosso amor a Deus. Esta ideia será tão sensata para uma criança como o é para nós. E ela obedecerá a Deus com uma disposição e uma alegria muito maiores do que se tivesse que fazê-lo a um simples pai, sacerdote ou livro.

É verdade que conhecemos a Vontade de Deus pela Sagrada Escritura

(Palavra escrita de Deus) e pela Igreja (Palavra viva de Deus). Mas nem as Sagradas Escrituras nem a Igreja causam a Vontade de Deus. Mesmo os chamados «mandamentos da Igreja» não são mais do que aplicações particulares da Vontade de Deus, interpretações detalhadas dos nossos deveres, que, de outro modo, poderiam não nos parecer tão claros e evidentes.

Os pais devem ter o cuidado de não exagerar aos seus filhos as dificuldades da virtude. Se aumentam cada faltazinha da criança até torná-la um pecado muito feio e muito grande, se lhe caem em cima, dizendo-lhe que cometeu um pecado mortal e que Deus já não a ama só por ter soltado um «palavrão» que ouviu ou por dizer «não quero», é muito provável que essa criança cresça com a ideia de que Deus é um preceptor muito severo e arbitrário. Se cada faltazinha lhe é descrita como um pecado muito grande, crescerá desanimada ante a clara impossibilidade de ser boa, e deixará de tentá-lo. E isto acontece.

Para que uma coisa seja pecado mortal, sabemos que são necessárias *três condições*. Se falta qualquer delas, não haverá pecado mortal.

Em primeiro lugar e antes de mais nada, *a matéria deve ser grave*, seja por pensamentos, palavras ou obras. Não é pecado mortal dizer uma mentira infantil, mas já o é prejudicar a reputação alheia com uma mentira. Não é pecado mortal roubar uma maçã ou uma moeda, mas já o é roubar uma quantia apreciável ou tocar fogo numa casa.

Em segundo lugar devo *saber* que o que faço é errado, muito errado. Não posso pecar por ignorância. Se não sei que é pecado mortal participar do culto protestante, para mim não seria pecado ir com um amigo protestante à sua capela. Se esqueci que hoje é dia de abstinência e como carne, para mim não haverá pecado. Isto pressupõe, é claro, que essa ignorância não seja por minha culpa. Se não quero informar-me de certa coisa por medo de que atrapalhe os meus planos, sou culpado desse pecado.

Finalmente, não posso cometer um pecado mortal se não *resolvo livremente* praticar determinada ação (ou omissão) que é contra a Vontade de Deus. Se, por exemplo, alguém mais forte que eu me força a lançar uma pedra contra uma vitrina, não me faz cometer um pecado mortal. Também não posso pecar mortalmente por acidente, como quando tropeço involuntariamente com alguém, e este cai e fratura o crânio. Não posso pecar dormindo, por mais maldosos que se apresentem os meus sonhos.

Exatamente o mesmo ensinamento é recolhido pelo novo Catecismo: «Para que um *pecado* seja *mortal* requerem-se três condições ao mesmo tempo: "É pecado mortal todo pecado que tem como objeto uma matéria grave, e que é cometido com plena consciência e deliberadamente".

«A *matéria grave é* precisada pelos Dez mandamentos, segundo a resposta de Jesus ao jovem rico: *"Não mates, não cometas adultério, não roubes, não levantes falso testemunho, não defraudes ninguém, honra teu pai e tua mãe"* (Mc 10,19). A gravidade dos pecados é maior ou menor: um assassinato é mais grave que um roubo. A qualidade das pessoas lesadas é levada também em consideração. A violência exercida contra os pais é em si mais grave que contra um estranho.

«O pecado mortal requer *pleno conhecimento e pleno consentimento.* Pressupõe o conhecimento do caráter pecaminoso do ato, de sua oposição à lei de Deus. Envolve também um consentimento suficientemente deliberado para ser uma escolha pessoal. A ignorância afetada e o endurecimento do coração não diminuem, antes aumentam, o caráter voluntário do pecado» (ns. 1857-1859).

É importante que tenhamos ideias claras sobre isto, e é importante que os nossos filhos as tenham na medida adequada à sua capacidade. O pecado mortal, a completa separação de Deus, é demasiado horrível para que possamos tomá-lo com leviandade, utilizá-lo como arma na educação das crianças ou reduzi-lo ao nível da irreflexão ou das travessuras infantis.

Quais são as raízes do pecado?

É fácil dizer se tal ou qual ação é pecaminosa. Não o é tanto dizer se tal ou qual pessoa pecou. Se alguém se esquece, por exemplo, de que hoje é festa de preceito e não vai à Missa, o seu pecado é apenas externo. Interiormente, não teve intenção de comportar-se mal. Neste caso, dizemos que cometeu um pecado *material*, mas não um pecado *formal.* Existe aí uma obra má, mas não má intenção. Seria supérfluo e inútil mencioná-lo na confissão.

Mas também é verdade o contrário. Uma pessoa pode cometer interiormente um pecado sem realizar um ato pecaminoso. Usando o mesmo exemplo, se alguém pensa que hoje é dia de preceito e voluntariamente decide não ir à Missa sem razão suficiente, é culpado do pecado de omissão dessa Missa, mesmo que esteja enganado e não seja dia de preceito. Ou, para dar outro exemplo, se um homem rouba uma grande quantia de dinheiro e depois percebe que roubou o seu próprio dinheiro, interiormente cometeu um pecado de roubo, ainda que realmente não tenha roubado. Em ambos os casos dizemos que não houve pecado *material*, mas *formal*. E, naturalmente, esses dois pecados têm que ser confessados.

Vemos, pois, que é a *intenção* na mente e na vontade de uma pessoa o que determina em última análise a malícia de um pecado. Há pecado quando a intenção quer alguma coisa contra o que Deus quer.

> Com efeito, é a intenção o que determina a malícia; mas o Catecismo precisa: «É errado [...] julgar a moralidade dos atos humanos considerando *só* a intenção que os inspira [...]. Existem atos que *por si mesmos e em si mesmos*, independentemente das circunstâncias e intenções, são sempre gravemente ilícitos, em virtude de seu objeto: a blasfêmia e o perjúrio, o homicídio e o adultério. Não é permitido praticar um mal para que dele resulte um bem» (n. 1756).

Por esta razão, sou culpado de pecado *no momento em que decido cometê-lo*, mesmo que não tenha oportunidade de praticá-lo ou mesmo que depois mude de opinião. Se decido mentir sobre um assunto quando me perguntarem, e a ninguém ocorre fazer a pergunta, continuo a ser culpado de uma mentira por causa da minha má intenção. Se decido roubar umas ferramentas da oficina em que trabalho, mas me despedem antes de poder fazê-lo, interiormente já cometi o roubo, ainda que não tenha tido ocasião de praticá-lo, e sou culpado disso. Estes pecados seriam reais e, se a matéria fosse grave, teria que confessá-los.

Mesmo uma mudança de decisão não pode apagar o pecado. Se um homem decide hoje que amanhã irá fornicar e amanhã muda de ideia, continuará a ter sobre a sua consciência o pecado de ontem. A boa decisão de hoje não pode apagar o mau propósito de ontem.

É evidente que aqui falamos de uma pessoa cuja vontade tenha tomado essa *decisão*. Não nos referimos à pessoa em grave *tentação*, que luta consigo mesma, talvez durante horas ou até dias. Se essa pessoa alcança, por fim, a vitória sobre si mesma e diz um «não» decidido à tentação, não cometeu pecado. Antes pelo contrário, mostrou grande virtude e adquiriu grande mérito diante de Deus. Não há motivo para sentir-se culpada, ainda que a tentação tenha sido violenta ou persistente. Não. A pessoa de quem falávamos antes é a que resolve cometer um pecado, mas é impedida de fazê-lo por falta de ocasião ou por ter mudado de ideia.

Isto não quer dizer que o *ato exterior* não tenha importância. Seria um grande erro inferir que, já que alguém tomou a decisão de cometer um pecado, tanto faz levá-la à prática ou não. Muito pelo contrário, realizar a má intenção e praticar o ato aumenta a gravidade desse pecado, intensifica a sua malícia. E isto é especialmente assim quando esse pecado externo prejudica um terceiro, como no roubo; ou causa o pecado de outrem, como nas relações sexuais ilícitas.

E já que estamos falando de «intenção», vale a pena mencionar que *não podemos tornar boa ou indiferente uma ação má com uma boa intenção.* Se roubo de um rico para dar a um pobre, isso continua a ser um roubo e é pecado. Se digo uma mentira para tirar um amigo de apuros, isso continua a ser uma mentira, e eu peco. Se uns pais usam anticoncepcionais para que os filhos que já têm disponham de mais meios, esse ato continua a ser pecaminoso. Em resumo, *um fim bom nunca justifica meios maus.* Não podemos forçar e retorcer a vontade de Deus para fazê-la coincidir com a nossa.

> «Uma intenção boa (por exemplo, ajudar o próximo) não torna bom nem justo um comportamento desordenado em si mesmo (como a mentira e a maledicência). O fim não justifica os meios. Assim, não se pode justificar a condenação de um inocente como meio legítimo de salvar o povo. Por sua vez, acrescentada uma intenção má (como, por exemplo, a vanglória), o ato em si bom (como a esmola) torna-se mau» (n. 1753).

Da mesma maneira que o pecado consiste em opormos a nossa vontade à de Deus, a *virtude* não é senão o esforço sincero por identificarmos a nossa vontade com a de Deus. Não é difícil consegui-lo a não ser que confiemos somente nas nossas próprias forças, em vez de confiarmos na graça de Deus. Assim o diz um velho axioma teológico: «Deus não nega a sua graça a quem faz o que pode».

Se fazemos «o que podemos» – rezando cada dia regularmente; confessando-nos e comungando com frequência; considerando uma e outra vez que o próprio Deus habita na nossa alma em graça (que alegria saber que, seja qual for o momento em que Ele nos chame, estaremos preparados para contemplá-lO por toda a eternidade!, mesmo que tenhamos de passar previamente pelo purgatório); ocupando-nos num trabalho útil e em diversões sadias, evitando as pessoas e lugares que possam pôr à prova a nossa humana debilidade –, então não há dúvida da nossa vitória.

É também muito útil conhecermos as nossas *fraquezas*. Você se conhece bem? Ou, para dizê-lo de uma forma negativa, sabe qual é o seu principal defeito?

Pode ser que você tenha muitos defeitos; a maioria de nós os tem. Mas fique certo de que há um que se destaca mais que os outros e que é o seu maior obstáculo para o crescimento espiritual. Os autores espirituais descrevem esse defeito como *defeito dominante*.

Antes de mais nada, convém esclarecer a diferença entre um defeito e um pecado. Um defeito é o que poderíamos chamar «o ponto fraco» que nos faz facilmente cometer certos pecados e torna mais difícil praticar certas virtudes. Um defeito é (até que o eliminemos) uma fraqueza do nosso caráter, mais ou menos permanente, ao passo que o pecado é algo eventual, um fato isolado que deriva do nosso defeito. Se compararmos o pecado a uma planta nociva, o defeito será a raiz que o sustenta.

Todos sabemos que, quando se cultiva um jardim, dá pouco resultado aparar as plantas daninhas rente ao chão. Se não se arrancam as raízes, crescerão outra vez. O mesmo ocorre na nossa vida com certos pecados: continuarão a aparecer continuamente se não arrancarmos as suas raízes, esse defeito do qual nascem.

Os teólogos estabeleceram uma lista de sete defeitos ou fraquezas principais, que estão na base de quase todos os pecados atuais. Chamam-se, ordinariamente, os sete *vícios* ou *pecados capitais*. A palavra «capital» neste contexto significa que esses defeitos são os mais relevantes ou os mais frequentes, não necessariamente os maiores ou os piores.

> «Os vícios podem ser classificados segundo as virtudes que contrariam, ou ainda ligados aos *pecados capitais* que a experiência cristã distinguiu seguindo S. João Cassiano e S. Gregório Magno. São chamados capitais porque geram outros pecados, outros vícios» (n. 1866).

Bem, e quais são esses sete vícios dominantes da natureza humana? O primeiro é a *soberba*, que poderíamos definir como a procura desordenada da nossa própria honra e excelência, ou como um *amor-próprio* desordenado que leva a preferir-nos sempre a Deus e aos outros, ou ainda, a largos traços, como aquilo a que hoje chamamos *egoísmo*. Seria muito longa a lista de todos os pecados que nascem da soberba: a ambição excessiva, a jactância em relação às nossas forças espirituais, a vaidade, o orgulho, eis aí uns poucos. Ou, para usar expressões contemporâneas, a soberba é a causa dessa atitude cheia de amor-próprio que nos leva a «manter o *status*, para que os vizinhos não falem mal de nós», à ostentação, à ambição de escalar postos e brilhar socialmente, de estar na «crista da onda», e outras coisas do mesmo jaez.

O segundo pecado capital é a *avareza* ou o desejo imoderado de bens temporais. Daqui nascem não só os pecados de roubo e fraude, como também os menos reconhecidos de injustiça entre patrões e empregados, práticas abusivas nos negócios, mesquinhez e indiferença ante as necessidades dos pobres, e isso para mencionar só uns poucos exemplos.

O seguinte na lista é a *luxúria* ou impureza. É fácil perceber que os pecados evidentes contra a castidade têm a sua origem na luxúria; mas esta também produz outros: há muitos atos desonestos, falsidades e injustiças que se podem atribuir à luxúria; a perda da fé e o desespero da misericórdia divina são frutos frequentes da luxúria.

Depois vem a *ira*, que é um estado emocional desordenado que nos incita a desforrar-nos dos outros, a opor-nos insensatamente a pessoas ou coisas. Os homicídios, as desavenças e as injúrias são consequências evidentes da ira, como também o são o ódio, a murmuração e o dano à propriedade alheia.

A *gula* é outro pecado capital. É a atração desordenada pela comida ou bebida. Parece o mais ignóbil dos vícios; no glutão, há algo de animal. Prejudica a saúde, produz o linguajar soez e blasfemo, injustiças contra a própria família e outras pessoas, e uma legião de males demasiado evidentes para necessitarem de enumerações.

A *inveja* é também um vício dominante. É necessário sermos muito humildes e sinceros conosco próprios para admitir que a temos. A inveja não consiste em desejar o nível de vida dos outros: esse é um sentimento perfeitamente natural, a não ser que nos leve a extremos de cobiça. Não, a inveja é antes a tristeza causada pelo fato de haver quem esteja numa situação melhor que a nossa, é o sofrimento pela melhor sorte dos outros. Desejamos ter aquilo que um outro tem, e desejamos que ele não o tenha; pelo menos, desejaríamos que não o tivesse, se nós não podemos tê-lo também. A inveja leva-nos ao estado mental do clássico «cachorro do hortelão», que nem aproveita o que tem nem deixa que os outros o aproveitem, e produz o ódio, a calúnia, a difamação, o ressentimento e outros males semelhantes.

Finalmente, temos a *preguiça* ou acídia, que não é o simples desagrado perante o trabalho; há muita gente que não acha agradável o seu trabalho. A preguiça consiste, antes de tudo, em fugir do trabalho pelo esforço que implica. É o desgosto – e a recusa – causado pela necessidade de cumprirmos os nossos deveres, especialmente os nossos deveres para com Deus. Se nos contentamos com um nível baixo na nossa procura da santidade, especialmente se nos conformamos com a mediocridade espiritual, é quase certo que a sua causa é a preguiça. Omitir a assistência à Missa aos domingos e dias de preceito, desleixar-se na oração, fugir das obrigações familiares e profissionais, tudo isso são consequências da preguiça.

Estes são, pois, os sete pecados capitais: soberba, avareza, luxúria, ira, gula, inveja e preguiça. Nós, que temos sem dúvida o louvável costume de examinar a nossa consciência antes de nos deitarmos e – evidentemente – antes de nos confessarmos, lucraríamos muito se de hoje em diante nos perguntássemos não só «que pecados cometi e quantas vezes», mas também «por que», isto é, qual foi a raiz – o pecado capital – que esteve na origem de cada uma dessas nossas faltas.

Capítulo VII

A Encarnação

Quem é Maria?

A 25 de março celebramos o grande acontecimento que conhecemos por *Anunciação*: a notícia, levada pelo Arcanjo Gabriel a Maria, de que Deus a havia escolhido para ser mãe do Redentor.

No dia da Anunciação, Deus eliminou a infinita distância que havia entre Ele e nós. Por um ato do seu poder infinito, Deus fez o que à nossa mente humana parece impossível: uniu a sua própria natureza divina a uma verdadeira natureza humana, a um corpo e alma como os nossos. E o que nos deixa ainda mais admirados é que dessa união não resultou um ser com duas personalidades, a de Deus e a de um homem; ao contrário, as duas naturezas uniram-se numa só Pessoa, a de Jesus Cristo, Deus e homem.

Esta união do divino e do humano numa Pessoa é tão singular, tão especial, que não admite comparação com outras experiências humanas e, portanto, está fora da nossa capacidade de compreensão. Como a Santíssima Trindade, é um dos grandes mistérios da nossa fé, a que chamamos *o mistério da Encarnação*.

Lemos no Evangelho de São João que «o Verbo se fez carne», ou seja, que a segunda Pessoa da Santíssima Trindade, Deus Filho, se encarnou, se fez homem. Esta união de duas naturezas numa só pessoa recebe um nome especial: chama-se *união hipostática* (do grego *hipóstasis,* que significa «o que está debaixo»).

76 A ENCARNAÇÃO

Para dar ao Redentor uma natureza humana, Deus escolheu uma virgem judia de quinze anos, chamada *Maria,* descendente do grande rei Davi, que vivia obscuramente com seus pais na aldeia de Nazaré. Sob o impulso da graça, Maria tinha oferecido a Deus a sua virgindade, coisa que fazia parte do desígnio divino sobre ela.

> «*"Deus enviou Seu Filho* (Gl 4, 4), mas, para *"formar-lhe um corpo"* (cf. Heb 10, 5), quis a livre cooperação de uma criatura. Por isso, desde toda a eternidade, Deus escolheu, para ser a Mãe de Seu Filho, uma filha de Israel, uma jovem judia de Nazaré na Galileia, *"uma virgem desposada com um varão chamado José, da casa de Davi, e o nome da virgem era Maria"* (Lc 1, 26-21)» (n. 488).

Era um novo dom para a alma que havia recebido uma graça extraordinária já no seu começo. Quando Deus criou a alma de Maria, eximiu-a da lei universal do pecado original no mesmo instante em que a Virgem foi concebida no seio de Ana. Maria recebeu a herança perdida por Adão: desde o início do seu ser, esteve unida a Deus. Aquela cujo Filho esmagaria a cabeça de Satanás nem por um instante se encontrou sob o domínio deste.

Ainda que tivesse feito o que hoje chamaríamos um voto de *castidade perpétua,* Maria estava prometida a um artesão chamado *José.* Há dois mil anos, não havia «mulheres independentes» nem «mulheres com a sua própria vida profissional». Num mundo estritamente masculino, qualquer moça honrada necessitava de um homem que a tutelasse e protegesse. Mais ainda, não estava dentro do plano de Deus que, para ser mãe do seu Filho, a jovem de Nazaré tivesse que sofrer o estigma das mães solteiras. E assim, atuando discretamente por meio da sua graça, Deus procurou que Maria tivesse um esposo.

O jovem escolhido por Deus para esposo de Maria e guardião de Jesus era, de per si, um santo. O Evangelho no-lo descreve dizendo simplesmente que era um «varão justo». O vocábulo «justo» significa, na sua conotação hebraica, um homem cheio de todas as virtudes. É o equivalente à nossa palavra atual «santo».

Não nos surpreende, pois, que José, a pedido dos pais de Maria, aceitasse gozosamente ser o esposo legal e verdadeiro de Maria, ainda que conhecesse a sua promessa de virgindade e soubesse que esse casamento nunca seria consumado. Maria permaneceu virgem não só ao dar à luz

Jesus, mas durante toda a sua vida. Quando o Evangelho menciona «os irmãos e irmãs» de Jesus, devemos lembrar-nos de que é uma tradução grega do original hebraico e de que neste caso essas palavras significam simplesmente «parentes consanguíneos», mais ou menos o mesmo que a nossa palavra «primos».

> «O aprofundamento de sua fé na maternidade virginal levou a Igreja a confessar a virgindade real e perpétua de Maria, mesmo no parto do Filho de Deus feito homem. Com efeito, o nascimento de Cristo "não lhe diminuiu, mas sagrou a integridade virginal" de sua Mãe (LG 57). A Liturgia da Igreja celebra Maria como a "Aeirparthenos" (pronunciem "áeiparthénos"), "sempre virgem".
>
> «A isto objeta-se por vezes que a Escritura menciona irmãos e irmãs de Jesus (cf. Mc 3, 31-35). A Igreja sempre entendeu que essas passagens não designam outros filhos da Virgem Maria: com efeito, Tiago e José, "irmãos de Jesus" (Mt 13, 55), são filhos de uma Maria discípula de Cristo (cf. Mt 27, 56) que significativamente é designada como "a outra Maria" (Mt 28, 1). Trata-se de parentes próximos de Jesus, consoante uma expressão conhecida do Antigo Testamento (cf. Gen 13, 8; 14, 16; 29, 15; etc.)» (ns. 499-500).

A aparição do anjo ocorreu quando Maria ainda morava com os seus pais, antes de ir viver com José. Assim como o pecado veio ao mundo por uma livre decisão de Adão, assim Deus quis que a livre decisão de Maria trouxesse ao mundo a salvação. E o Deus dos céus e da terra aguardava o consentimento de uma mulher.

Quando, recebida a mensagem angélica, Maria inclinou a cabeça e disse: «Faça-se em mim segundo a tua palavra», Deus Espírito Santo (a quem se atribuem as obras de amor) gerou no seio de Maria o corpo e a alma de uma criança a quem Deus Filho se uniu no mesmo instante.

> «Ao anúncio de que, sem conhecer homem algum, ela conceberia o Filho do Altíssimo pela virtude do Espírito Santo, Maria respondeu com a "obediência da fé" (Rom 1, 5), certa de que "nada é impossível a Deus": "Eu sou a serva do Senhor, faça-se em mim segundo a tua palavra" (Lc 1, 37-38). Assim, dando à Palavra de Deus o seu consentimento, Maria se tornou Mãe de Jesus e, abraçando de todo o coração, sem que nenhum pecado a retivesse, a vontade divina de salvação, entregou-se ela mesma totalmente à pessoa e à obra de seu Filho, para servir, na dependência dele e com Ele, pela graça de Deus, ao Mistério da Redenção» (n. 494).

Por ter aceitado voluntariamente ser Mãe do Redentor, e por ter participado livremente (e de um modo tão íntimo!) na sua Paixão, Maria é aclamada pela Igreja como Corredentora do gênero humano. É este momento transcendental da aceitação de Maria e do começo da nossa salvação o que nós comemoramos sempre que recitamos o *Ângelus.*

E não surpreende que Deus preservasse da corrupção do sepulcro o corpo do qual tomou o seu próprio. No quarto mistério glorioso do Rosário, e anualmente na festa da Assunção, celebramos o fato de o corpo de Maria, depois da morte, se ter reunido à sua alma no céu.

Talvez algum de nós tenha exclamado em momentos de trabalho excessivo: «Quereria ser dois para poder dar conta de tudo». É uma ideia interessante, que pode levar-nos a fantasiar um pouco, mas com proveito. Imaginemos que eu pudesse ser dois, que tivesse dois corpos, duas almas e uma só personalidade, que seria eu. Ambos os corpos trabalhariam juntos harmoniosamente em qualquer tarefa em que me ocupasse: seria especialmente útil para transportar uma escada de mão ou uma mesa. E as duas mentes aplicar-se-iam juntas a solucionar qualquer problema que eu tivesse de enfrentar, o que seria especialmente agradável para resolver preocupações e tomar decisões.

É uma ideia total e claramente sem pés nem cabeça. Sabemos que, de acordo com os planos de Deus, só há uma natureza humana (corpo e alma) para cada pessoa humana (a minha identidade consciente, que me separa de qualquer outra pessoa). Mas esta fantasia talvez nos ajude a entender um pouquinho melhor a *personalidade de Jesus.* A união hipostática, a união de uma natureza humana e uma natureza divina numa Pessoa – Jesus Cristo – é um mistério de fé, o que significa que não podemos compreendê-lo cabalmente. Isto não quer dizer, porém, que não sejamos capazes de compreender um pouco.

Como segunda Pessoa da Santíssima Trindade, Deus Filho existiu desde toda a eternidade. E por toda a eternidade é gerado na mente do Pai. Depois, num ponto determinado do tempo, uniu-se, no seio da Virgem Maria, não só a um corpo como o nosso, mas a um corpo e a uma alma, a uma natureza humana completa. O resultado foi *uma só Pessoa,* que atua sempre em harmonia, sempre unida, sempre como uma só identidade. O Filho de Deus não «levava» simplesmente uma natureza humana, como um operário leva para cá e para lá o seu carrinho de mão. Em e com a sua natureza humana, o Filho de Deus tinha (e tem) uma personalidade tão indivisa e singular como a teríamos nós em e com as duas naturezas humanas que imaginamos na nossa fantasia.

Jesus mostrou claramente a sua *dualidade de naturezas* ao fazer, por um lado, aquilo que só Deus poderia fazer, como ressuscitar mortos pelo seu próprio poder, e por outro realizar as ações mais vulgares dos homens, como comer, beber e dormir. E é bom ter presente que Jesus não aparentava simplesmente comer, beber, dormir e sofrer. Quando comia, era porque realmente tinha fome; quando dormia, era porque realmente estava fatigado; quando sofria, realmente sentia dor, angústia ou tristeza.

Com igual clareza, Jesus mostrou também a *unidade da sua personalidade*. Em todas as suas ações havia uma completa unidade de Pessoa. Por exemplo, não disse ao filho da viúva: «A parte de Mim que é divina te diz: "Levanta-te!"» Jesus manda simplesmente: «Eu te digo: Levanta-te». Na Cruz, Jesus não disse: «A Minha natureza humana tem sede», mas exclamou: «Tenho sede».

Pode ser que nada do que estamos dizendo nos ajude muito a compreender as duas naturezas de Cristo. No melhor dos casos, será sempre um mistério. Mas pelo menos recordar-nos-á, ao dirigirmo-nos a Maria com o seu glorioso título de «Mãe de Deus», que não estamos utilizando uma simples imagem. Com efeito, o Catecismo quis confirmar expressamente esta verdade: «Maria é verdadeiramente "Mãe de Deus", pois é a Mãe do Filho eterno de Deus feito homem, que é ele mesmo Deus» (n. 509).

Às vezes, os nossos amigos não católicos escandalizam-se daquilo que chamam a «excessiva» glorificação de Maria. Não têm inconveniente algum em chamar a Maria «mãe de Cristo», mas prefeririam morrer a chamá-la «Mãe de Deus». E, não obstante, a não ser que nos disponhamos a negar a divindade de Cristo (e neste caso deixaríamos de ser cristãos), não existem razões para distinguir entre «Mãe de Cristo» e «Mãe de Deus». Afinal de contas, uma mãe não é só mãe do corpo físico de seu filho; é mãe da pessoa inteira que traz no seu seio, e a Pessoa completa concebida por Maria é Jesus Cristo, verdadeiro Deus e verdadeiro homem.

Qualquer pessoa que tenha um amigo que goste de cachorros sabe a verdade que há no ditado inglês: «Se me amas, ama o meu cão», o que poderá parecer tolo à nossa mentalidade. Mas estou certo de que qualquer homem ou mulher subscreveria esta outra afirmação: «Se me amas, ama a minha mãe».

Como pode, então, alguém afirmar que ama Jesus Cristo verdadeiramente se não ama também a sua Mãe? Os que objetam que a honra prestada a Maria subtrai a que é devida a Deus; os que dizem que os católicos «adicionam» uma segunda mediação ao *único Mediador entre Deus e o homem, Jesus Cristo, Deus encarnado* (1 Tim 2, 5), mostram que compreenderam muito pouco da verdadeira humanidade de Jesus Cristo. Porque Jesus ama a Virgem Maria não com o mero amor imparcial que Deus tem por todas as almas, não com o amor especial que Ele tem por todas as almas santas; Jesus ama Maria com o amor humano perfeito que só o Homem Perfeito pode ter por uma Mãe perfeita. Quem menospreza Maria não presta um serviço a Jesus. Muito ao contrário, quem rebaixa a honra de Maria, reduzindo-a ao nível de «uma boa mulher», rebaixa a honra de Deus numa das suas mais nobres obras de amor e misericórdia.

Quem é Jesus Cristo?

O maior dom da nossa vida é a fé cristã. A nossa vida inteira e a própria cultura de todo o mundo ocidental estão baseadas na firme convicção de que Jesus Cristo viveu, morreu e ressuscitou. O normal seria que procurássemos empenhar-nos em conhecer o mais possível sobre a vida dAquele que influiu tanto em nossas pessoas como no mundo.

E, não obstante, há católicos que leram extensas biografias de qualquer personagem mais ou menos famoso, mas nunca abriram um livro sobre a vida de Jesus Cristo. Sabendo a importância que Ele tem para nós, dá pena que o nosso conhecimento de Jesus se limite, em muitos casos, aos fragmentos de Evangelho que se ouvem aos domingos na Missa.

Pelo menos, devemos ler a história completa de Jesus, tal como a contam Mateus, Marcos, Lucas e João, no Novo Testamento. E quando o tivermos feito, a narração dos Evangelhos adquirirá maior relevo se a completarmos com um bom livro sobre a biografia de Jesus; há muitos nas livrarias e bibliotecas públicas. Os seus autores apoiam-se no douto conhecimento que têm da época em que Jesus viveu, para dar corpo à concisa narração evangélica. Para o nosso propósito, bastará aqui uma breve exposição de alguns pontos mais destacados da vida terrena de Jesus Cristo, Filho de Deus e Filho do homem.

Após o nascimento de Jesus na gruta de Belém – o primeiro Natal –, o acontecimento seguinte foi a vinda dos Magos do Oriente, guiados por uma estrela, para adorar o Rei recém-nascido. Foi um acontecimento de grande significado para nós, que não somos judeus. Foi o meio que Deus utilizou para mostrar, pública e claramente, que o Messias, o Prometido, não vinha salvar somente os judeus. Segundo a crença geral entre estes, o Messias que deveria vir pertenceria exclusivamente aos filhos de Israel e levaria a sua nação à grandeza e à glória. Mas, com a sua chamada aos Magos para que acorressem a Belém, Deus manifestou que Jesus vinha salvar tanto os gentios ou não judeus como o seu povo eleito. Por isso, a vinda dos Magos é conhecida pelo nome grego de *Epifania,* que significa «manifestação». Por isso também, este acontecimento tem tanta importância para você e para mim. Ainda que a festa da Epifania não seja dia santo de guarda em alguns países, por dispensa da lei geral, a Igreja concede-lhe a mesma e até maior dignidade que à festa do Natal.

> «A *epifania* é a manifestação de Jesus como Messias de Israel, Filho de Deus e Salvador do mundo. Com o Batismo de Jesus no Jordão e com as bodas de Caná, ela celebra a adoração de Jesus pelos *"magos"* vindos do Oriente (Mt 2, 1). Nesses "magos", representantes das religiões pagãs circunvizinhas, o Evangelho vê as primícias das nações que acolhem a Boa Nova da salvação pela Encarnação. A vinda dos magos a Jerusalém para *"adorar ao Rei dos Judeus"* (Mt 2, 2) mostra que eles procuram em Israel, à luz messiânica da estrela de Davi, aquele que será o Rei das nações. Sua vinda significa que os pagãos só podem descobrir Jesus e adorá-lo como Filho de Deus e Salvador do mundo voltando-se para os judeus e recebendo deles sua promessa messiânica, tal como está contida no Antigo Testamento. A Epifania manifesta que "a plenitude dos pagãos entra na família dos patriarcas" e adquire a "dignidade israelítica"» (n. 528).

Depois da visita dos Magos e da consequente fuga da Sagrada Família para o Egito, a fim de escapar do plano de morte de Herodes, e após o seu retorno a Nazaré, a ocasião seguinte em que vemos Jesus é acompanhando Maria e José a Jerusalém para celebrar a grande festa judaica da Páscoa. A história de Jesus perdido e achado no Templo, três dias mais tarde, é bem conhecida de todos nós. Depois, o evangelista São Lucas deixa cair um véu de silêncio sobre a adolescência e juventude de Jesus, que resume numa curta frase: *Jesus crescia em estatura, em sabedoria e graça, diante de Deus e dos homens* (Lc 2, 52).

Esta frase, «Jesus crescia em sabedoria», levanta uma questão que vale a pena considerarmos por um momento: será que Jesus, enquanto crescia, teve de aprender as coisas como as demais crianças? Para respondermos a este ponto, lembremo-nos mais uma vez de que Jesus tinha duas naturezas, a humana e a divina. Por isso, tinha dois tipos de conhecimento: o *infinito*, isto é, o conhecimento de tudo, que evidentemente, como Deus, possuía desde o princípio da sua existência no seio de Maria; e o conhecimento *humano*, que lhe cabia pela sua condição de homem. Por sua vez, este conhecimento humano era de três espécies.

Jesus, em primeiro lugar, possuía o *conhecimento beatífico* desde o momento da sua concepção, como consequência da união da sua natureza humana com uma natureza divina. Este conhecimento era similar ao que você e eu teremos quando virmos a Deus no céu. Depois, possuía também a *ciência infusa,* um conhecimento completo das coisas criadas – como o que têm os anjos e tiveram Adão e Eva –, conferido diretamente por Deus, e que não se tem de adquirir por raciocínios laboriosos, partindo dos dados colhidos pelos sentidos. Além disso, Jesus possuía o *conhecimento experimental* – o conhecimento pela experiência –, que ia adquirindo à medida que crescia e se desenvolvia.

Graças aos seus mapas e instrumentos, um navegante sabe que encontrará determinada ilha num ponto do oceano. Mas, ao encontrá-la, acrescenta o conhecimento experimental ao seu prévio conhecimento teórico. De modo semelhante, Jesus sabia desde o começo, por exemplo, o que é andar. Mas só adquiriu o devido conhecimento experimental quando as suas pernas ficaram suficientemente fortes para sustentá-lo... E assim por diante.

São Lucas nos deixa o Menino oculto em Nazaré, por mais dezoito anos, a partir dos doze. Poderá ocorrer-nos perguntar por que Jesus Cristo «desperdiçou» tantos anos da sua vida na humilde obscuridade de Nazaré. Dos doze aos trinta anos, o Evangelho não nos diz absolutamente nada de Jesus, exceto que *crescia em estatura, em sabedoria e graça diante de Deus e dos homens.*

Depois, ao considerá-lo mais devagar, vemos que Jesus, com esses anos ocultos em Nazaré, nos ensina uma das lições mais importantes de que o homem pode necessitar. Deixando transcorrer tranquilamente ano após ano, o que Ele fez foi ensinar-nos que, diante de Deus, não existe pessoa alguma sem importância nem trabalho algum que seja trivial.

> «Durante a maior parte de sua vida, Jesus compartilhou a condição da imensa maioria dos homens: uma vida cotidiana sem grandeza aparente, vida de trabalho manual, vida religiosa judaica submetida à Lei de Deus, vida na comunidade. De todo este período é-nos revelado que Jesus era "submisso" a seus pais e que *crescia em sabedoria, em estatura e em graça diante de Deus e diante dos homens"* (Lc 2, 52). [...]
>
> «A vida oculta de Nazaré permite a todo homem estar unido a Jesus nos caminhos mais cotidianos da vida: "Nazaré é a escola na qual se começa a compreender a vida de Jesus: a escola do Evangelho... Primeiramente, uma lição de *silêncio*. Que nasça em nós a estima do silêncio, esta admirável e indispensável condição do espírito... Uma lição de *vida familiar*. Que Nazaré nos ensine o que é a família, sua comunhão de amor, sua beleza austera e simples, seu caráter sagrado e inviolável... Uma lição de *trabalho*. Nazaré, ó casa do 'Filho do Carpinteiro', é aqui que gostaríamos de compreender e celebrar a lei severa e redentora do trabalho humano...; assim como gostaríamos finalmente de saudar aqui todos os trabalhadores do mundo inteiro e mostrar-lhes seu grande modelo, seu irmão divino" (Paulo VI, *Discurso*, 5.01.1964, em Nazaré)» (ns. 531-533).

Deus não nos mede pela importância do nosso trabalho, mas pela fidelidade com que procuramos cumprir o que pôs em nossas mãos, pela sinceridade com que nos dedicamos a fazer nossa a sua Vontade. Com efeito, os silenciosos anos que Jesus passou em Nazaré são tão redentores como os três de vida ativa com que concluiu o seu ministério. Quando cravava pregos na oficina de José, Jesus redimia-nos tão realmente como no Calvário, quando outros lhe atravessaram as mãos com eles.

«Redimir» significa recuperar algo perdido, vendido ou oferecido. Pelo pecado, o homem tinha perdido – lançado fora – o seu direito de herança à união eterna com Deus, à felicidade perene no céu. O Filho de Deus feito homem assumiu a tarefa de recuperar esse direito para nós. Por isso o chamamos *Redentor* e, à tarefa que realizou, *Redenção*.

E do mesmo modo que a traição do homem a si mesmo se realiza pela recusa em dar o seu amor a Deus (recusa manifestada pelo ato de desobediência que é o pecado), assim a tarefa redentora de Cristo assumiu a forma de um ato de amor infinitamente perfeito, expresso no ato de obediência infinitamente perfeita que abrangeu toda a sua vida na terra. A morte de Cristo na Cruz foi a culminância do seu ato de obediência; mas o que precedeu o Calvário e o que a ele se seguiu é também parte do seu Sacrifício.

Tudo o que Deus faz tem valor infinito. Por ser Deus, o menor dos sofrimentos de Cristo era suficiente para pagar o repúdio de Deus pelos homens. O mais leve calafrio que o Menino Jesus sofresse na gruta de Belém bastaria para reparar todos os pecados que os homens pudessem empilhar no outro prato da balança.

Mas, no plano de Deus, isso não era o bastante. O Filho de Deus levaria o seu ato de obediência infinitamente perfeita ao extremo de «aniquilar-se» totalmente e morrer no Calvário. O Calvário – ou Gólgota, que significa «Lugar da Caveira» – foi o ápice, a *culminância do ato redentor*. Tanto Nazaré como Belém fazem parte do caminho que a ele conduz. Ao superarem de forma inaudita o preço realmente necessário para satisfazer pelo pecado, a paixão e a morte de Cristo tornaram patente de um modo inesquecível as duas lições paralelas da infinita maldade do pecado e do infinito amor que Deus nos tem.

Quando Jesus tinha trinta anos de idade, empreendeu a fase da sua missão que conhecemos comumente por *vida pública*. Teve começo com o primeiro milagre público nas bodas de Caná, e desenvolveu-se nos três anos seguintes. Durante esses anos, Jesus viajou de norte a sul e de leste a oeste pelo território palestino, pregando ao povo, ensinando as verdades que todos deviam conhecer e as virtudes que deviam praticar se quisessem beneficiar-se da sua Redenção[5].

Enquanto viajava e pregava, operou inúmeros *milagres*, não só movido pela sua infinita compaixão, mas também (e principalmente) para provar o seu direito de falar tal como o fazia. Pedir aos seus ouvintes que cressem nEle como Filho de Deus era pedir muito. Por isso, ao fazer com que O

---

(5) Ainda que os sofrimentos de Cristo bastem para pagar por todos os pecados de todos os homens, isto não quer dizer que cada um de nós fique automaticamente liberado do pecado. Ainda é necessário que cada qual, individualmente, aplique a si os méritos do sacrifício redentor de Cristo, ou, no caso das crianças, que outro lhos aplique pelo Batismo.

vissem curar os leprosos, devolver a vista aos cegos e ressuscitar mortos, não lhes deixava lugar a dúvidas sinceras.

> «Jesus acompanha suas palavras com numerosos *"milagres, prodígios e sinais"* (At 2, 22) que manifestam que o Reino está presente nele. Atestam que Jesus é o Messias anunciado.
>
> «Os sinais operados por Jesus testemunham que o Pai o enviou. Convidam a crer nele. Aos que a Ele se dirigem com fé, concede o que pedem. Assim, os milagres fortificam a fé naquele que realiza as obras de seu Pai: testemunham que Ele é o Filho de Deus. Eles podem também ser *"ocasião de escândalo"* (Mt 11, 6). Não se destinam a satisfazer a curiosidade e os desejos mágicos. Apesar de seus milagres tão evidentes, Jesus é rejeitado por alguns; acusam-no até de agir por intermédio dos demônios» (ns. 547-548).

Além disso, durante esses três anos, Jesus lembrava-lhes continuamente que o *Reino de Deus* estava próximo. Este reino de Deus na terra – que nós denominamos Igreja – seria a preparação do homem para o reino eterno do céu. A velha religião judaica, estabelecida por Deus para preparar a vinda de Cristo, ia terminar. A velha lei do temor ia ser substituída pela nova lei do amor.

Muito no começo da sua vida pública, Jesus escolheu os doze homens que iriam ser os primeiros a reger o seu reino, os primeiros bispos e sacerdotes da sua Igreja (cf. n. 551). Durante três anos, instruiu e preparou os seus doze Apóstolos para a tarefa de que os ia incumbir: estabelecer solidamente o reino que Ele estava fundando.

Capítulo VIII
A Redenção

Como termina?

Há dois mil anos, os imperadores romanos conseguiram o que muitos povos já tentaram realizar. Com efeito, os exércitos de Roma conquistaram o mundo inteiro, embora fosse um mundo muito mais reduzido do que o que conhecemos hoje. Compreendia os países conhecidos do sul da Europa, do norte da África e do ocidente da Ásia.

Roma tinha a mão menos pesada com os seus países satélites que muitos impérios posteriores com os seus. Enquanto se portavam bem e pagavam os seus impostos a Roma, quase não eram incomodados. Uma guarnição de soldados romanos, sob as ordens de um procônsul ou governador, permanecia de vigília em cada país. Mas, fora isso, permitia-se às nações conservarem o seu próprio governo local e seguirem as suas próprias leis e costumes.

Tal era a situação da Palestina nos tempos de Nosso Senhor Jesus Cristo. Roma era o chefe supremo, mas os judeus tinham o seu próprio rei, Herodes, e eram governados pelo seu próprio parlamento ou conselho, chamado Sinédrio. Não tinham partidos políticos como os que conhecemos hoje, mas algo muito parecido à nossa «máquina política» moderna. Essa máquina política compunha-se dos sacerdotes judeus, para quem política e religião eram a mesma coisa; dos fariseus, que eram os «de sangue azul» do seu tempo; e dos escribas, que eram os homens de leis. Com certas exceções, a maioria desses homens pertencia ao tipo dos

88 A REDENÇÃO

que hoje chamamos «políticos aproveitadores». Tinham empregos cômodos e agradáveis, e enchiam os bolsos à custa do povo, a quem oprimiam de mil maneiras.

Assim andavam as coisas na Judeia e na Galileia quando Jesus percorria os seus caminhos e atalhos pregando a mensagem do amor de Deus ao homem e da esperança do homem em Deus. Enquanto fazia os seus milagres e falava do reino de Deus que vinha estabelecer, muitos dos seus ouvintes, tomando as suas palavras literalmente, pensavam em termos de um reino político, em vez de espiritual. Aqui e ali falavam de fazer de Jesus o seu rei, um rei que expulsaria os odiados romanos.

Tudo isso chegou ao conhecimento dos sacerdotes, escribas e fariseus, e esses homens corrompidos começaram a temer que o povo pudesse arrebatar-lhes as suas cômodas e lucrativas posições. Esse temor converteu-se em ódio exacerbado quando Jesus os condenou publicamente pela sua avareza, hipocrisia e dureza de coração.

> O Catecismo da Igreja Católica explica ainda que «desde o início do ministério público de Jesus, fariseus e adeptos de Herodes, com sacerdotes e escribas, mancomunaram-se para matá-lo. Por causa de certos atos por ele praticados (expulsão de demônios, perdão dos pecados, curas em dia de sábado, interpretação original dos preceitos de pureza da Lei, familiaridade com os publicanos e com os pecadores públicos), Jesus pareceu a alguns mal-intencionados, suspeito de possessão demoníaca. Ele é acusado de blasfêmia e de falso profetismo, crimes religiosos que a Lei punia com a pena de morte sob forma de apedrejamento» (n. 574).

Começaram então a pensar de que modo podiam fazer calar esse Jesus de Nazaré que lhes tirava a tranquilidade. Várias vezes enviaram sicários para matá-lO, apedrejando-o ou lançando-o a um precipício. Mas, de cada vez, Jesus (não havia chegado ainda a sua hora) escapou facilmente do cerco dos que pretendiam assassiná-lO. Finalmente, começaram a procurar um traidor, alguém suficientemente íntimo de Jesus para que pudesse entregá-lO às suas mãos sem falhar, um homem cuja lealdade pudesse ser comprada.

Judas Iscariotes era o homem e, infelizmente para ele, dessa vez tinha chegado a hora de Jesus. A sua tarefa de revelar as verdades divinas aos homens estava concluída, e Ele encerrara a preparação dos seus Apóstolos. Agora esperava a chegada de Judas prostrado no seu próprio suor de sangue. Um suor que o conhecimento divino da agonia que o esperava lhe arrancava do organismo físico angustiado (cf. n. 612).

Porém, mais do que a presciência da sua Paixão, a angústia que o fazia suar sangue era produzida pelo conhecimento de que, para muitos, esse sangue seria derramado em vão. No *Horto de Getsêmani,* Jesus concedeu à sua natureza humana que provasse e conhecesse, como só Deus pode, a infinita maldade do pecado e todo o seu tremendo horror.

Judas chega e os inimigos de Jesus levam-no a um julgamento que havia de ser uma paródia da justiça. A sentença de morte já tinha sido acertada pelo Sinédrio, antes mesmo de certas testemunhas subornadas e contraditórias terem prestado declarações. A acusação era bem simples: Jesus proclamava-se Deus, e isso era uma blasfêmia. E como a blasfêmia era castigada com a morte, para a morte devia ir. Do Sinédrio seria conduzido a Pôncio Pilatos, o governador romano que devia confirmar a sentença, já que não se permitia às nações subjugadas ditarem uma sentença capital; só Roma podia tirar a vida a um homem.

Quando Pilatos se negou a condenar Jesus à morte, os chefes judeus ameaçaram-no de criar-lhe dificuldades, denunciando-o a Roma por incompetência. Após algumas vãs tentativas de aplacar a sede de sangue da população, o pusilânime Pilatos sucumbiu à chantagem, começou por permitir que açoitassem brutalmente Jesus e o coroassem de espinhos. Meditamos nestes acontecimentos ao recitarmos os mistérios dolorosos do Rosário ou ao fazermos a Via-Sacra. Também meditamos no que aconteceu no dia seguinte, por volta do meio-dia, quando ressoou no Calvário o golpear dos martelos e o torturado Jesus pendeu da Cruz, durante três horas, morrendo finalmente, para que nós pudéssemos viver, nessa Sexta--feira que chamamos Santa.

Enquanto Jesus não morresse na Cruz em resgate pelos pecados dos homens, nenhuma alma podia entrar no céu; ninguém podia ver Deus face a face. Como, não obstante, tinham existido muitos homens e mulheres que haviam crido em Deus e na sua misericórdia e guardado as suas leis, essas almas não haviam merecido o inferno e permaneciam (até aquele momento) num estado de felicidade puramente natural, sem visão direta de Deus. Eram muito felizes, mas com a felicidade que nós poderíamos alcançar na terra, se tudo nos corresse perfeitamente bem.

90 A REDENÇÃO

A essas almas Jesus apareceu enquanto o seu corpo jazia na sepultura, para lhes anunciar a boa-nova da sua redenção; para, poderíamos dizer, acompanhá-las e apresentá-las pessoalmente a Deus Pai como suas primícias. A isto nos referimos quando rezamos no Credo que Jesus «desceu à mansão dos mortos».

> «A Escritura denomina a Morada dos Mortos, para a qual Cristo morto desceu, de os Infernos, o *sheol* ou o *Hades,* visto que os que lá se encontram estão privados da visão de Deus. Este é, com efeito, o estado de todos os mortos, maus ou justos, à espera do Redentor – o que não significa que a sorte deles seja idêntica, como mostra Jesus na parábola do pobre Lázaro recebido no *"seio de Abraão"* (cf. Lc 16, 22-26). "São precisamente essas almas santas, que esperavam seu Libertador no seio de Abraão, que Jesus libertou ao descer aos Infernos" (Cat. Rom. 1, 6, 3). Jesus não desceu aos infernos para ali libertar os condenados nem para destruir o Inferno da condenação, mas para libertar os justos que o haviam precedido» (n. 633).

Como a morte de Jesus foi real, foi a sua alma que apareceu ali; o seu corpo inerte, do qual a alma se havia separado, jazia no sepulcro. Durante todo esse tempo, no entanto, a sua Pessoa divina permanecia unida tanto à alma como ao corpo, disposta a reuni-los de novo ao terceiro dia.

Segundo havia prometido, Jesus *ressuscitou dentre os mortos* ao terceiro dia. Havia prometido também que retornaria à vida pelo seu próprio poder, não pelo de outro. Com esse milagre, daria a prova indiscutível e concludente de que era Deus.

O relato da Ressurreição, acontecimento que celebramos no Domingo de Páscoa, é sobejamente conhecido. A cega obstinação dos chefes judeus imaginava derrotar os planos de Deus colocando os seus guardas junto do sepulcro, a fim de manterem o corpo de Jesus encerrado e seguro. Porém, sabemos do estupor que se apossou dos guardas nessa madrugada e como rolou a pedra que fechava a entrada do sepulcro, quando Jesus saiu.

Jesus ressuscitou dentre os mortos com um *corpo glorificado,* idêntico ao que teremos quando ressuscitarmos. Era um corpo «espiritualizado», livre das limitações impostas pelo mundo físico. Era (e é) um corpo que não pode sofrer ou morrer; um corpo que irradiava a luminosidade e a beleza de uma alma unida a Deus; um corpo que a matéria não podia interceptar, podendo passar através das paredes como se não existissem; um corpo que não precisava caminhar com passos laboriosos, mas que podia deslocar-se de um lugar para outro com a velocidade do pensamento; um corpo livre de necessidades orgânicas como comer, beber ou dormir.

> «Jesus ressuscitado estabelece com seus discípulos relações diretas, em que estes o apalpam e com Ele comem. Convida-os, com isso, a reconhecer que Ele não é um espírito, mas sobretudo a constatar que o corpo ressuscitado com o qual Ele se apresenta a eles é o mesmo que foi martirizado e crucificado, pois ainda traz as marcas de sua Paixão. Contudo, este corpo autêntico e real possui, ao mesmo tempo, as propriedades novas de um corpo glorioso: não está mais situado no espaço e no tempo, mas pode tornar-se presente a seu modo, onde e quando quiser, pois sua humanidade não pode mais ficar presa à terra, mas já pertence exclusivamente ao domínio divino do Pai. Por esta razão também Jesus ressuscitado é soberanamente livre de aparecer como quiser: sob a aparência de um jardineiro ou *"de outra forma"* (Mc 16, 12), diferente das que eram familiares aos discípulos, e isto precisamente para suscitar-lhes a fé» (n. 645).

Ao ressuscitar dentre os mortos, Jesus *não subiu imediatamente ao céu*, como seríamos levados a pensar. Se o tivesse feito, os céticos que não acreditassem na sua Ressurreição (e que ainda estão entre nós) teriam sido mais difíceis de convencer. Foi em parte por este motivo que Jesus decidiu permanecer quarenta dias na terra. Durante esse tempo, apareceu a Maria Madalena, aos discípulos a caminho de Emaús e, várias vezes, aos seus Apóstolos. Podemos assegurar que houve mais aparições, além das mencionadas nos Evangelhos: a pessoas (à sua Santíssima Mãe, certamente) e a multidões (São Paulo menciona uma delas, em que havia mais de quinhentas pessoas presentes). Ninguém jamais poderá perguntar com sinceridade: «Como sabemos que ressuscitou? Quem o viu?»

> «Diante desses testemunhos é impossível interpretar a Ressurreição de Cristo fora da ordem física e não reconhecê-la como um fato histórico. Os fatos mostram que a fé dos discípulos foi submetida à prova radical da paixão e morte na cruz de seu Mestre, anunciada antecipadamente por Ele. O abalo provocado pela Paixão foi tão grande que os discípulos (pelo menos alguns deles) não creram de imediato na notícia da ressurreição. Longe de nos falar de uma comunidade tomada de exaltação mística, os Evangelhos nos apresentam os discípulos abatidos, *"com o rosto sombrio"* (Lc 24, 17) e assustados. Por isso não acreditaram nas santas mulheres que voltavam do sepulcro, e *"as palavras delas pareceram-lhes um desvario"* (Lc 24, 11). Quando Jesus se manifesta aos onze na tarde da Páscoa, *"censura-lhes a incredulidade e a dureza de coração, porque não haviam dado crédito aos que tinham visto o Ressuscitado"* (Mc 16, 14).

92 A REDENÇÃO

> «Mesmo confrontados com a realidade de Jesus ressuscitado, os discípulos ainda duvidam, a tal ponto que o fato lhes parece impossível: pensam estar vendo um espírito. *"Por causa da alegria, não podiam acreditar ainda e permaneciam perplexos"* (Lc 24, 41). Tomé conhecerá a mesma provação da dúvida e, quando da última aparição na Galileia, contada por Mateus, *"alguns, porém, duvidavam"* (Mt 28, 17). Por isso, a hipótese segundo a qual a ressurreição teria sido um "produto" da fé (ou da credulidade) dos apóstolos carece de consistência. Muito pelo contrário, a fé que tinham na Ressurreição nasceu – sob a ação da graça divina – da experiência direta da realidade de Jesus ressuscitado» (ns. 643-644).

Além de provar a sua Ressurreição, Jesus tinha outra finalidade a cumprir nesses quarenta dias: *completar a preparação e missão dos seus Apóstolos.* Na Última Ceia, na noite da Quinta-feira Santa, tinha-os ordenado sacerdotes. Agora, na noite do Domingo de Páscoa, complementa-lhes o sacerdócio, dando-lhes o poder de perdoar os pecados. Quando lhes aparece em outra ocasião, cumpre a promessa feita a Pedro e faz dele o chefe da sua Igreja. Explica-lhes o Espírito Santo, que será o Espírito dador de vida na sua Igreja. Traça-lhes as linhas gerais do ministério que terão de exercer. E, finalmente, no monte das Oliveiras, no dia em que comemoramos a Quinta-feira da *Ascensão,* dá-lhes a missão final de ir e pregar ao mundo inteiro; abençoa-os pela última vez e sobe aos céus.

> «A última aparição de Jesus termina com a entrada irreversível da sua humanidade na glória divina, simbolizada pela nuvem e pelo céu, onde a partir de então está sentado à direita de Deus. Só de modo excepcional e único é que mostrará a Paulo *como que a um aborto* (1 Cor 15, 8), numa última aparição que o constitui Apóstolo.
>
> «O caráter velado da glória do Ressuscitado durante este tempo transparece na sua palavra misteriosa a Maria Madalena: *Ainda não subi para o Pai. Mas vai aos meus irmãos e dize-lhes: Eis que subo para meu Pai e vosso Pai, meu Deus e vosso Deus* (Jo 20, 17). Isto indica uma diferença de manifestação entre a glória de Cristo ressuscitado e a de Cristo exaltado à direita do Pai. O acontecimento, ao mesmo tempo histórico e transcendente, da Ascensão marca a transição de uma para a outra» (ns. 659-60).

No céu, *está sentado à direita de Deus Pai.* Sendo Ele mesmo Deus, é igual ao Pai em tudo; como homem, está mais perto de Deus do que todos os santos, pela sua união com Deus Pai, e detém a suprema autoridade como Rei de todas as criaturas. À semelhança dos raios de luz que se concentram numa lente, assim toda a criação converge para Ele, é dEle, desde que assumiu como própria a nossa natureza humana. Por meio da sua Igreja, é Ele que rege todas as questões espirituais; e mesmo em matérias puramente civis ou temporais, a sua vontade e a sua lei têm a primazia. E o seu título de governante supremo dos homens está duplamente ganho por tê-los redimido e resgatado com o seu precioso Sangue.

> «A partir de agora, Cristo *está sentado à direita do Pai*: "Por direita do Pai entendemos a glória e a honra da divindade, onde aquele que existia como Filho de Deus antes de todos os séculos como Deus e consubstancial ao Pai se sentou corporalmente depois de encarnar-se e de sua carne ser glorificada" (S. João Damasceno, *De fide orthodoxa*, 4, 2, 2; PG 94, 1104D).
>
> «O sentar-se à direita do Pai significa a inauguração do Reino do Messias, realização da visão do profeta Daniel no tocante ao Filho do Homem: "*A Ele foram outorgados o império, a honra e o reino, e todos os povos, nações e línguas o serviram. Seu império é um império eterno que jamais passará, e seu reino jamais será destruído* (Dn 7, 14). A partir desse momento, os apóstolos se tornaram as testemunhas do "Reino que não terá fim" (Símbolo niceno-constantinopolitano)» (ns. 663-664).

Depois da sua Ascensão ao Pai, a próxima vez em que aparecerá à humanidade será no dia do fim do mundo. Veio uma vez no desamparo de Belém; no final dos tempos, virá em gloriosa majestade para julgar o mundo que seu Pai lhe deu e que Ele mesmo comprou por tão grande preço. «Virá julgar os vivos e os mortos!» (cf. n. 679).

Capítulo IX
O Espírito Santo e a graça

A pessoa desconhecida

Lemos nos Atos dos Apóstolos (19, 2) que São Paulo foi à cidade de Éfeso, na Ásia, e ali encontrou um pequeno grupo que já cria nos ensinamentos de Jesus. Paulo perguntou-lhes: «Recebestes o Espírito Santo quando crestes?» E eles responderam: «Nem sequer sabíamos que havia Espírito Santo».

Hoje em dia, nenhum de nós desconhece o Espírito Santo. Sabemos que é uma das três Pessoas divinas que, com o Pai e o Filho, constituem a Santíssima Trindade[6]. Sabemos também que é designado por outros nomes: Ele é o *Paráclito* (palavra grega que significa «Consolador»), o *Advogado* (que defende a causa dos homens diante de Deus), o *Espírito de Verdade*, o *Espírito de Deus* e o *Espírito de Amor*. Sabemos ainda que vem a nós quando nos batizamos e que continua a morar em nossa alma enquanto não o rejeitamos pelo pecado mortal. E isto é tudo o que muitos católicos sabem sobre o Espírito Santo.

No entanto, não poderemos ter senão uma compreensão superficial

---

(6) «A Trindade é um mistério de fé em sentido estrito, um dos "mistérios escondidos em Deus, que não podem ser conhecidos se não forem revelados do alto" (Conc. Vaticano I: DS 3015). Sem dúvida, Deus deixou vestígios do seu Ser trinitário na obra da Criação e na sua revelação ao longo do Antigo Testamento. Mas a intimidade do seu Ser como Santíssima Trindade constitui um mistério inacessível à pura razão e até mesmo à fé de Israel, antes da Encarnação do Filho de Deus e da missão do Espírito Santo» (n. 237).

do processo interior da nossa santificação se desconhecermos a função do Espírito Santo no plano divino.

A existência do Espírito Santo – e, evidentemente, a doutrina acerca da Santíssima Trindade – era desconhecida antes de Cristo nos ter revelado essa verdade. Nos tempos do Antigo Testamento, os judeus estavam rodeados de nações idólatras, e mais de uma vez chegaram a trocar o culto ao Deus único, que os havia constituído como Povo Eleito, pelo culto aos muitos deuses dos seus vizinhos. Em consequência, Deus, por meio dos seus profetas, inculcava-lhes insistentemente a ideia da *unidade divina*. Não quis, pois, complicar as coisas revelando ao homem pré-cristão que existem três Pessoas em Deus. Havia de ser Jesus Cristo quem nos comunicasse este vislumbre maravilhoso da natureza íntima da Divindade.

Antes de começarmos a estudar o Espírito Santo em particular, é oportuno recordarmos aqui brevemente a essência da natureza divina, na medida em que temos capacidade para entendê-la. Sabemos que o conhecimento que Deus tem de Si mesmo é um conhecimento infinitamente perfeito. Quer dizer, a «imagem» que Deus tem de Si na sua mente divina é uma representação *perfeita* de Si mesmo. Porém, essa representação não seria *perfeita* se não fosse uma representação *viva*. Viver, existir, é próprio da natureza divina. Uma imagem mental de Deus que não vivesse não seria uma representação perfeita.

A imagem viva de Si mesmo que Deus tem na sua mente, a ideia de Si que Deus gera desde toda a eternidade na sua mente divina, chama-se Deus Filho. Poderíamos dizer que Deus Pai é Deus no ato eterno de «pensar-se a Si mesmo»; Deus Filho é o «pensamento» vivo (e eterno) que se gera nesse ato de pensar. E ambos, o Pensador e o Pensado, existem na mesma e única natureza divina. Há um só Deus, mas em duas Pessoas.

Mas não acaba aqui. Deus Pai e Deus Filho contemplam a amabilidade infinita um do outro. E flui assim entre essas duas Pessoas um Amor divino. É um amor tão perfeito, de tão infinito ardor, que é um amor *vivo*, a que chamamos Espírito Santo, a terceira Pessoa da Santíssima Trindade. Como dois vulcões que trocam entre si uma mesma corrente de fogo, o Pai e o Filho correspondem-se eternamente por meio dessa Chama Viva de Amor. Por isso dizemos no Credo niceno que o Espírito Santo procede do Pai *e* do Filho.

Esta é a vida interior da Santíssima Trindade: Deus que conhece, Deus conhecido e Deus que ama e é amado. Três Pessoas divinas, cada uma distinta das outras duas na sua relação com elas e, ao mesmo tempo, possuidora da mesma e única natureza divina em absoluta e perfeita unidade. Possuindo por igual a natureza divina, não há subordinação de uma Pessoa a outra. Deus Pai não é mais sábio que Deus Filho, Deus Filho não é mais poderoso que Deus Espírito Santo (cf. n. 245).

Devemos precaver-nos também para não imaginar a Santíssima Trindade em termos temporais. Deus Pai não «veio» em primeiro lugar, e depois, um pouco mais tarde, Deus Filho, e por último Deus Espírito Santo. Este processo de conhecimento e amor que constitui a vida íntima da Trindade existe desde toda a eternidade; não teve princípio.

Há outro ponto que convém ter presente: as três Pessoas divinas não somente estão unidas numa natureza divina, mas estão unidas *umas às outras*[7]. Cada uma está em cada uma das outras, numa unidade inseparável, de certo modo igual à das três cores primárias do espectro, que estão (por natureza) inseparavelmente unidas na radiação una e incolor a que chamamos luz. É possível, certamente, fraccionar um raio de luz por meios artificiais, como um prisma, e fazer um arco-íris. Mas se deixarmos o raio tal como é, o vermelho está no azul, o azul no amarelo e o vermelho nos dois: é um só raio de luz.

Nenhum exemplo pode ser adequado se o aplicarmos a Deus. Mas, por analogia, poderíamos dizer que, assim como cada uma das três cores do espectro está inseparavelmente presente nas outras duas, na Santíssima Trindade o Pai está no Filho, o Filho no Pai e o Espírito Santo em ambos. Onde está um, estão os três. Para o caso de alguém estar interessado em conhecer os termos teológicos, a inseparável unidade das três Pessoas divinas chama-se *circuminsessão*[8].

Muitos de nós estudamos fisiologia e biologia na escola, e temos portanto uma noção bastante boa do que se passa no nosso corpo. Mas as ideias não são tão claras quanto ao que se passa na nossa alma. Referimo-nos com facilidade à graça – atual e santificante –, à vida sobrenatural, ao crescimento em santidade. Mas como é que responderíamos se nos perguntassem o *significado* destes termos?

Para dar uma resposta adequada, temos de compreender antes a função que o Espírito Santo desempenha na santificação de uma alma. Sabemos que o Espírito Santo é o Amor infinito que flui eternamente entre o Pai e o Filho. É o Amor em pessoa, um amor vivo. E tendo sido o amor de Deus pelos homens o que o induziu a fazer-nos participar da sua vida divina, é natural que atribuamos ao Espírito de Amor – ao Espírito Santo – as operações da graça na alma.

---

(7) «*A Trindade é una*. Não professamos três deuses, mas um só Deus em três Pessoas: "a Trindade consubstancial" (II Conc. de Constantinopla em 553: DS 421). As Pessoas divinas não dividem entre si a única Divindade, mas cada uma delas é Deus por inteiro: "O Pai é aquilo que é o Filho, o Filho é aquilo que é o Pai, o Espírito Santo é aquilo que são o Pai e o Filho, isto é, um só Deus quanto à natureza" (XI Conc. de Toledo em 675: DS 530). "Cada uma das três Pessoas é esta realidade, isto é, a substância, a essência ou a natureza divina" (IV Conc. Lateranense em 1215: DS 804)» (n. 253).

(8) Esta compenetração e intercomunicação entre as três pessoas divinas foi enunciada pelo Conc. de Florença em 1442: «O Pai está todo inteiro no Filho, todo inteiro no Espírito Santo; o Filho está todo inteiro no Pai, todo inteiro no Espírito Santo; o Espírito Santo, todo inteiro no Pai, todo inteiro no Filho» (DS 1331; cf. ns. 255-256).

Não obstante, devemos ter novamente presente que as três Pessoas divinas são inseparáveis. Em termos humanos (mas teologicamente não exatos), diríamos que, «fora» da natureza divina, nenhuma das três Pessoas atua separadamente ou sozinha.

«Toda a economia divina é obra comum das três pessoas divinas. Pois da mesma forma que a Trindade não tem senão uma única e mesma natureza, assim também não tem senão uma única e mesma operação. "O Pai, o Filho e o Espírito Santo não são três princípios das criaturas, mas um só princípio" (Conc. de Florença em 1442: DS 1331). Contudo, cada pessoa divina cumpre a obra comum segundo sua propriedade pessoal. Assim a Igreja confessa, na linha do Novo Testamento: "Um Deus e Pai do qual são todas as coisas, um Senhor Jesus Cristo mediante o qual são todas as coisas, um Espírito Santo em quem são todas as coisas" (II Conc. de Constantinopla: DS 421). São sobretudo as *missões* divinas da Encarnação do Filho e do dom do Espírito Santo que manifestam as propriedades das pessoas divinas» (n. 258).

«Dentro dela», dentro de Deus, cada Pessoa tem a sua atividade própria, a sua própria *relação* particular com as outras. Deus Pai é Deus que se conhece a Si mesmo, que «se vê» a Si mesmo; Deus Filho é a imagem viva de Deus em Si; e Deus Espírito Santo é o amor de Deus por Si mesmo. Mas «fora de Si mesmo» (se é possível expressar-nos assim), Deus atua somente na sua perfeita unidade; nenhuma Pessoa divina faz coisa alguma sozinha. O que uma Pessoa divina faz, as três o fazem. Fora da natureza divina, quem atua é sempre a Santíssima Trindade.

Utilizando um exemplo muito caseiro e inadequado, diríamos que o único lugar em que o meu cérebro, coração e pulmões atuam por si mesmos é dentro de mim; cada um desenvolve ali a sua função em benefício dos outros. Mas, *fora* de mim, cérebro, coração e pulmões atuam inseparavelmente juntos. Para onde quer que eu vá, faça o que fizer, os três funcionam em unidade. Nenhum se ocupa numa atividade à parte.

Mas muitas vezes falamos como se o fizessem. Dizemos que um homem tem «bons pulmões», como se a sua voz dependesse só deles; que está «descoroçoado», como se a coragem e a energia fossem coisa exclusiva do coração; que tem «boa cabeça», como se o cérebro nela contido pudesse funcionar sem sangue e oxigênio. Atribuímos uma função a um órgão determinado, quando quem a realiza são todos eles juntos.

Agora podemos dar o tremendo salto que nos eleva da nossa limitada natureza humana às três Pessoas vivas que constituem a Santíssima Trindade. Talvez compreendamos um pouquinho melhor por que se atribui ao Espírito Santo a tarefa de *santificar* as almas.

Já que Deus Pai é a origem do princípio da atividade divina que atua na Santíssima Trindade (a atividade de conhecer e amar), é considerado o começo de tudo. Por esta razão atribuímos ao Pai a Criação, embora na realidade seja a Santíssima Trindade quem cria, tanto o universo como as almas individuais. O que faz uma Pessoa divina, fazem-no as três. Mas *apropriamos* ao Pai o ato da criação porque, pela sua relação com as outras duas Pessoas, a função de criar lhe convém melhor.

Depois, como Deus uniu a Si uma natureza humana – na Pessoa de Jesus Cristo – por meio da segunda Pessoa, atribuímos a tarefa da Redenção a Deus Filho, Sabedoria viva de Deus Pai. O Poder infinito (o Pai) decreta a Redenção; a Sabedoria infinita (o Filho) realiza-a. No entanto, quando nos referimos a Deus Filho como Redentor, não perdemos de vista que Deus Pai e Deus Espírito Santo estavam também inseparavelmente presentes em Jesus Cristo. Falando em termos absolutos, foi a Santíssima Trindade quem nos redimiu. Mas *apropriamos* ao Filho o ato da Redenção.

Finalmente, como o trabalho de santificação das almas é eminentemente um trabalho do amor divino (enquanto diferente das tarefas de poder ou de sabedoria), atribuímos a obra da Santificação ao Espírito Santo. Afinal de contas, Ele é o Amor divino personificado. Basicamente, quem nos santifica é Deus, a Santíssima Trindade. Mas *apropriamos* a ação da graça ao Espírito Santo.

Acabo de grifar a palavra «apropriar», porque esta é a palavra exata utilizada pela ciência teológica para descrever a forma de «dividir» as atividades da Santíssima Trindade entre as três Pessoas divinas. O que uma Pessoa faz, as três o fazem. E, no entanto, certas atividades parecem mais *apropriadas* a uma Pessoa que às outras. Em consequência, os teólogos dizem que Deus Pai é o Criador, por apropriação; Deus Filho, por apropriação, o Redentor; e Deus Espírito Santo, por apropriação, o Santificador.

Tudo isto poderá parecer desnecessariamente técnico ao leitor médio, mas ajuda-nos a entender o que quer dizer o Catecismo quando, por exemplo, afirma: «A graça é antes de tudo e principalmente o dom do Espírito que nos justifica e nos santifica» (n. 2003). O Amor de Deus realiza esta atividade, mas a sua Sabedoria e o seu Poder também estão presentes.

O que é a graça?

A palavra «graça» tem muitos significados. Pode significar «encanto», quando dizemos: «Ela movimentava-se pela sala com graça». Pode significar «benevolência», se dizemos: «É uma graça que espero alcançar da sua bondade». Pode significar «agradecimento», como na «ação de graças» das refeições. E ainda se podem acrescentar meia dúzia mais de exemplos em que se usa habitualmente a palavra «graça».

Na ciência teológica, porém, *graça* tem um significado muito estrito e definido. Antes de mais nada, designa um *dom de Deus*. Não qualquer tipo de dom, mas um que é muito especial. A própria vida é um dom divino. Para começar, Deus não tinha obrigação de criar a humanidade e muito menos de criar-nos a você e a mim como indivíduos. E tudo o que acompanha a vida é também dom de Deus. O poder de ver e falar, a saúde, os talentos que possamos ter – cantar, desenhar ou cozinhar um prato –, absolutamente tudo é dom de Deus. Mas são dons que chamamos *naturais*. Fazem parte da nossa natureza humana. Existem certas qualidades que têm de acompanhar necessariamente uma criatura humana, tal como Deus a designou. E propriamente não se podem chamar *graças*.

Em teologia, reserva-se a palavra «graça» para descrever os dons a que o homem não tem direito, nem sequer remotamente, dons a que a sua natureza humana não lhe dá acesso. Usa-se para nomear os dons que estão «sobre» a natureza humana. Por isso dizemos que a graça é um dom *sobrenatural* de Deus.

Mas a definição ainda está incompleta. Há dons de Deus que são sobrenaturais, mas, em sentido estrito, não se podem chamar graças. Por exemplo, uma pessoa com um câncer incurável pode curar-se milagrosamente em Lourdes. Neste caso, a saúde dessa pessoa será um dom sobrenatural, pois foi-lhe restituída por meios que ultrapassam a natureza. Mas, se quisermos falar com precisão, essa cura não é uma *graça*. Há também outros dons que, sendo sobrenaturais na sua origem, não podem ser qualificados como graças. Por exemplo, a Sagrada Escritura, a Igreja ou os sacramentos são dons sobrenaturais de Deus. Mas este tipo de dons, por sobrenaturais que sejam, atuam fora de nós. Não seria incorreto chamá-los «graças externas». A palavra «graça», porém, quando utilizada em sentido simples e por si, refere-se àqueles dons *invisíveis* que residem e operam na alma. Assim, precisando um pouco mais a nossa definição, diremos que graça é um *dom sobrenatural e interior de Deus*.

Mas isto levanta-nos imediatamente outra questão. Às vezes, Deus dá a alguns eleitos o poder de predizer o futuro. É um dom sobrenatural e interior. Chamaremos graça ao dom de *profecia?* Mais ainda, um sacerdote tem o poder de mudar o pão e o vinho no corpo e no sangue de Cristo e de perdoar os pecados. São, certamente, dons sobrenaturais e interiores. Serão graças? A resposta é «não» a ambas as perguntas. Estes poderes, ainda que sejam sobrenaturais e interiores, são dados para benefício de outros, não daquele que os possui. O poder que tem um sacerdote de oferecer a Missa não lhe foi dado para si mesmo, mas para o Corpo Místico de Cristo. Um sacerdote pode estar em pecado mortal, e no entanto a sua Missa será válida e obterá graças para os outros. Pode estar em pecado mortal, mas as suas palavras de absolvição perdoarão aos outros os seus pecados. Isto leva-nos a acrescentar outro elemento à nossa definição de graça: é um dom sobrenatural e interior de Deus, concedido *para a nossa própria salvação*.

Uma última questão: se a graça é um dom de Deus, a que não temos absolutamente nenhum direito, por que nos é concedida? As primeiras criaturas (conhecidas) a quem se concedeu a graça foram os anjos e Adão e Eva. Não nos surpreende que, sendo a bondade infinita, Deus tenha dado a sua graça aos anjos e aos nossos primeiros pais. Não a *mereceram*, é certo, mas, embora não tivessem *direito* a ela, não eram positivamente indignos desse dom.

Não obstante, depois que Adão e Eva pecaram, eles (e nós, seus descendentes) não só não mereciam a graça, como eram *indignos* (e com eles, nós) de qualquer dom além dos naturais ordinários, próprios da natureza humana. Como se pôde satisfazer a justiça infinita de Deus, ultrajada pelo pecado original, para que a sua bondade infinita pudesse atuar de novo em benefício dos homens?

A resposta arredondará a definição de graça. Sabemos que foi Jesus Cristo quem, pela sua vida e morte, prestou à justiça divina a satisfação devida pelos pecados da humanidade. Foi Jesus Cristo quem nos ganhou e mereceu a graça que Adão, com tanta precipitação, havia perdido. E assim completamos a nossa definição dizendo: *A graça é um dom de Deus, sobrenatural e interior, que nos é concedido pelos méritos de Jesus Cristo para nossa salvação* (cf. n. 2000).

Uma alma, ao nascer, está às escuras e vazia, sobrenaturalmente morta. Não existe nenhum laço de união que a ligue a Deus. Não têm comunicação. Ainda que alcançássemos o uso da razão sem o Batismo e morrêssemos sem cometer um só pecado pessoal (uma hipótese puramente imaginária, virtualmente impossível), não mereceríamos ir para o céu.

> A título de esclarecimento, o Catecismo da Igreja Católica recorda: «Todo homem que, desconhecendo o Evangelho de Cristo e sua Igreja, procura a verdade e pratica a vontade de Deus segundo seu conhecimento dela pode ser salvo. Pode-se supor que tais pessoas teriam *desejado explicitamente o Batismo* se tivessem tido conhecimento da necessidade dele» (n. 1260).

Este ponto merece ser repetido: por natureza, nós, seres humanos, não temos *direito* à visão direta de Deus, que é a felicidade essencial do céu. Nem sequer Adão e Eva, antes da sua queda, tinham *direito* algum à glória. Com efeito, no estado que poderíamos chamar puramente natural, a alma humana não tem o poder de ver a Deus; simplesmente, não tem capacidade para uma união íntima e pessoal com Deus.

Mas Deus não deixou o homem no seu estado puramente natural. Quando criou Adão, dotou-o de tudo o que é próprio de um ser humano. Mas foi mais longe, e deu também à alma de Adão certa qualidade ou poder que lhe permitia viver em íntima (ainda que invisível) união com Ele nesta vida. Esta qualidade especial da alma – este poder de união e intercomunicação com Deus – está *acima* dos poderes *naturais* da alma, e por esta razão chamamos à graça uma qualidade *sobrenatural* da alma, um dom sobrenatural.

O modo que Deus teve de comunicar esta qualidade ou poder especial à alma de Adão foi a sua própria inabitação nela. De uma maneira maravilhosa, que será para nós um mistério até o dia do Juízo, Deus «fixou morada» na alma de Adão. E, assim como o sol comunica luz e calor à atmosfera que o rodeia, Deus comunicou à alma de Adão esta qualidade sobrenatural que é nada menos que a *participação*, até certo ponto, *na própria vida divina*. A luz solar não é o sol, mas é o resultado da sua presença. A qualidade sobrenatural de que falamos é distinta de Deus, mas flui dEle e é o resultado da sua presença na alma.

Esta qualidade sobrenatural da alma produz ainda um outro efeito. Não só nos torna capazes de alcançar uma íntima união e comunicação com Deus nesta vida, como também prepara a alma para outro dom que Deus lhe acrescentará após a morte: o dom da *visão beatífica, o poder de ver Deus face a face, tal como Ele é realmente.*

O leitor já terá reconhecido nessa «qualidade sobrenatural da alma» de que falamos acima o dom de Deus a que os teólogos chamam *graça santificante*; descrevi-a antes de nomeá-la, na esperança de que o nome tivesse mais plena significação quando chegássemos a ele. E no dom acrescentado da visão sobrenatural após a morte, aquilo a que os teólogos chamam em latim *lumen gloriae*, isto é, «luz da glória». Ora bem, a graça santificante é a preparação necessária, um pré-requisito para esta luz da glória. Como uma lâmpada elétrica se tornaria inútil se não houvesse uma tomada onde ligá-la, assim a luz da glória não poderia aplicar-se a uma alma que não possuísse a graça santificante.

Mencionei atrás a graça santificante referida a Adão. Deus, no mesmo ato em que o criou, colocou-o acima do simples nível natural, elevou-o a um destino sobrenatural conferindo-lhe a graça santificante. Pelo pecado original, Adão perdeu essa graça para si e para nós. Jesus Cristo, pela sua morte na cruz, transpôs o abismo que separava o homem de Deus. O destino sobrenatural do homem foi restaurado. A graça santificante é comunicada a cada homem individualmente no sacramento do Batismo.

> «A graça de Cristo é o dom gratuito que Deus nos faz de sua vida infundida pelo Espírito Santo em nossa alma, para curá-la do pecado e santificá-la; trata-se da *graça santificante* ou *deificante,* recebida no Batismo. Em nós, ela é a fonte da obra santificadora» (n. 1999).

Quando nos batizamos, recebemos a graça santificante pela primeira vez. Deus (o Espírito Santo, por «apropriação») estabelece a sua morada em nós. Com a sua presença, comunica à alma essa qualidade sobrenatural que faz com que – de uma maneira grande e misteriosa – Ele se veja em nós e, consequentemente, nos ame. E já que esta graça santificante nos foi conquistada por Jesus Cristo, por ela estamos unidos a Ele, compartilha-mo-la com Cristo – e Deus, por conseguinte, nos vê como vê o seu Filho – e cada um de nós se torna *filho de Deus.*

Às vezes, a graça santificante é chamada também *graça habitual,* porque tem por finalidade ser a condição habitual, permanente, da alma. Uma vez unidos a Deus pelo Batismo, deveríamos conservar sempre essa união, invisível aqui, visível na glória.

A graça que vai e vem

Deus criou-nos para a visão beatífica, para essa união pessoal que é a essência da felicidade do céu. Para nos tornar capazes de vê-lO diretamente, dar-nos-á um poder sobrenatural a que chamamos luz da glória. Esta luz da glória, no entanto, não poderá ser concedida senão à alma já unida a Deus pelo dom prévio a que chamamos graça santificante. Se entrássemos na eternidade sem a graça santificante, teríamos perdido a Deus para sempre.

Uma vez recebida a graça santificante no Batismo, é questão de vida ou morte conservarmos esse dom até o fim. E se fôssemos atingidos por essa catástrofe voluntária que é o pecado mortal, seria de uma terrível urgência recuperarmos o precioso dom que o pecado nos arrebatou, o dom da vida espiritual que é a graça santificante e que teríamos matado na nossa alma.

É também importante que incrementemos a graça santificante dentro de nós: ela *pode* crescer. Quanto mais uma alma se purifica de si, melhor corresponde à ação de Deus. Na medida em que o «eu» egoísta e egocêntrico se reduz, aumenta a graça santificante. E o *grau* da nossa graça santificante determinará o grau da nossa felicidade no céu. Duas pessoas podem contemplar o teto da Capela Sistina e ter um prazer completo à vista da obra-mestra de Michelangelo. Mas a que tiver melhor formação artística obterá um prazer maior que a outra, de gosto menos cultivado, embora também a de menor gosto artístico fique totalmente satisfeita; nem sequer perceberá que perde algo, ainda que esteja perdendo muito. De um modo semelhante, todos seremos perfeitamente felizes no céu. Mas o *grau* da nossa felicidade dependerá da acuidade espiritual da nossa visão. E esta, por sua vez, depende do grau em que a graça santificante tiver impregnado a nossa alma.

Estas são, pois, as três condições em relação à graça santificante: primeiro, que a conservemos permanentemente até o fim; segundo, que a recuperemos imediatamente se a perdemos pelo pecado mortal; terceiro, que procuremos crescer em graça, com a ânsia de quem vê o céu como meta.

Mas nenhuma destas condições é fácil de cumprir, nem sequer possível. Como a vítima de um bombardeio que vagueia desfalecida e obnubilada por entre as ruínas, assim a natureza humana se tem arrastado através dos séculos, desde a explosão provocada pela rebelião do pecado original: com o juízo permanentemente distorcido, a vontade permanentemente debilitada. Custa tanto reconhecer o perigo a tempo! É tão difícil aderir sinceramente ao maior bem que devemos praticar! É tão duro afastar o olhar da hipnótica sugestão do pecado!

Por estas razões, a graça santificante, como um rei rodeado de servidores, faz-se preceder e acompanhar por um conjunto de auxílios especiais de Deus: são as *graças atuais* (cf. n. 2000). Uma graça atual é um *impulso* transitório e momentâneo, uma descarga de energia espiritual, com que Deus toca a alma para mantê-la em movimento: algo de parecido com a pancada que um mecânico dá à roda com a mão.

Uma graça atual pode atuar sobre a mente ou sobre a vontade, normalmente sobre as duas. E Deus concede-a sempre para um dos três fins que mencionamos acima: preparar o caminho para infundir a graça santificante (ou restaurá-la se a perdemos), para conservá-la na alma ou para incrementá-la. Podemos esclarecer o modo como opera descrevendo a sua ação numa pessoa imaginária que tivesse perdido a graça santificante pelo pecado mortal.

Primeiro, Deus ilumina a mente do pecador para que veja o mal que cometeu. Se este aceita essa graça, admitirá no seu íntimo: «Ofendi a Deus em matéria grave; cometi um pecado mortal». Pode, evidentemente, repelir essa primeira graça e dizer: «Isto que fiz não foi tão mau; muita gente faz coisas piores». Se o fizer, provavelmente não terá uma segunda graça. No curso normal da providência divina, uma graça gera a seguinte. Este é o significado das palavras de Jesus: *Dar-se-á ao que tem e terá em abundância. Mas ao que não tem, tirar-se-á mesmo aquilo que julga ter* (Mt 25, 29).

Suponhamos, porém, que o pecador aceita a primeira graça. Então virá a segunda. Desta vez, será um fortalecimento da vontade que lhe permitirá fazer um ato de contrição: «Meu Deus – gemerá ele por dentro –, se eu morresse assim, perderia o céu e iria para o inferno. Com que ingratidão paguei o teu amor! Meu Deus, não farei isto nunca mais!» Se a sua contrição for perfeita – se o seu motivo principal for o amor a Deus –, a graça santificante retornará imediatamente à sua alma; Deus reatará imediatamente a união com essa alma. Se for imperfeita, baseada principalmente no temor à justiça divina, haverá um novo impulso da graça. Com a mente iluminada, o pecador dirá: «*Preciso* confessar-me». A sua vontade fortalecida decidirá: «*vou* confessar-me». E no sacramento da Penitência a sua alma recobrará a graça santificante. Está aqui um exemplo concreto de como opera a graça atual.

Sem a ajuda de Deus, não poderíamos alcançar o céu. É assim tão simples a função da graça. Sem a graça santificante, não seremos *capazes* da visão beatífica. Sem a graça atual, não seremos *capazes* de nos manter em graça santificante por um longo período de tempo. Sem a graça atual, não poderemos recuperar a graça santificante no caso de virmos a perdê-la.

Dada a absoluta necessidade da graça, é reconfortante recordar outra verdade que também é matéria de fé: que Deus dá a cada alma a graça suficiente para alcançar o céu. Ninguém se condena a não ser por culpa própria, por não *utilizar* as graças que Deus lhe dá.

Porque podemos, sem dúvida, repelir a graça. A graça de Deus atua em e por meio da vontade humana; não destrói a nossa liberdade de escolha. É verdade que é ela que faz quase todo o trabalho, mas Deus requer a nossa cooperação. Da nossa parte, o que devemos fazer é não levantar obstáculos à sua ação na nossa alma.

> «A livre iniciativa de Deus pede a *livre resposta do homem*, pois Deus criou o homem à sua imagem, conferindo-lhe, com a liberdade, o poder de conhecê--Lo e amá-Lo. A alma só pode entrar livremente na comunhão do amor. Deus toca imediatamente e move diretamente o coração do homem. Ele colocou no homem uma aspiração à verdade e ao bem que somente Ele pode satisfazer plenamente» (n. 2002).

Referimo-nos principalmente às graças atuais, a esses impulsos divinos que nos inclinam a conhecer o bem e a realizá-lo. Talvez um exemplo possa ilustrar a relação da graça com o livre-arbítrio.

Suponhamos que uma doença me reteve na cama por longo tempo. Já estou convalescente, mas tenho que aprender a andar de novo. Se tentar fazê-lo sozinho, cairei de bruços. Por isso, um bom amigo trata de ajudar-me. Passa-me o braço pela cintura e eu me apoio firmemente no seu ombro. Suavemente, passeia-me pelo quarto. Já ando outra vez! É verdade que quem realiza quase todo o trabalho é o meu amigo, mas há uma coisa que ele não pode fazer por mim: que os meus pés se levantem do chão. Se eu não tentasse pôr um pé diante do outro, se não fizesse mais do que pendurar-me do ombro do amigo como um peso morto, o seu esforço seria inútil. Apesar da sua ajuda, eu não andaria.

Do mesmo modo, podemos fazer com que muitas graças de Deus se desperdicem. A nossa indiferença ou indolência ou, pior ainda, a nossa resistência voluntária, podem frustrar a ação da graça divina na nossa alma. Evidentemente, se Deus quiser, pode dar-nos tanta graça que a nossa vontade humana se veja arrebatada por ela e quase não tenha de fazer esforço algum. Esta graça é a que os teólogos chamam *eficaz*, para distingui-la da graça meramente suficiente. A graça eficaz sempre alcança o seu objetivo. Não só é suficiente para as nossas necessidades espirituais, como, além disso, é poderosa o bastante para vencer a fraqueza ou o endurecimento que poderiam levar-nos a descurar ou a resistir à graça.

Estou certo de que todos nós tivemos alguma vez experiências como esta: encontramo-nos numa violenta tentação; talvez saibamos por experiência que tentações deste tipo nos vencem ordinariamente. Murmuramos uma oração, mas com pouca convicção; nem sequer estamos certos de *querer* ser ajudados. Porém, num instante, a tentação desaparece. Depois, ao refletirmos sobre isso, não podemos dizer honestamente que *vencemos* a tentação, pois foi como se se tivesse evaporado.

Também já sabemos o que é realizar uma ação que, dado o nosso modo de ser, nos surpreende pela sua abnegação, generosidade ou desprendimento. Experimentamos uma sensação agradável. Mas não temos outro remédio senão admitir: «Realmente, eu não sou assim».

Em ambos os exemplos, as graças recebidas não eram apenas *suficientes,* mas também *eficazes*. As graças destes exemplos são de um tipo bem mais relevante, mas, ordinariamente, sempre que fazemos o bem ou nos abstemos de um mal, a nossa graça foi eficaz, cumpriu o seu fim. E isto é verdade mesmo quando sabemos que nos esforçamos, mesmo quando sentimos que acabamos de travar uma batalha.

Penso que, na verdade, uma das nossas maiores surpresas no dia do Juízo será descobrir *o pouco* que fizemos pela nossa salvação. Ficaremos atônitos ao saber como a graça de Deus nos rodeou, contínua e completamente, e nos acompanhou ao longo da nossa vida, sem que muitas vezes tivéssemos reconhecido a mão de Deus. Há certamente ocasiões em que não podemos deixar de reconhecer: «A graça de Deus esteve comigo», mas, no dia do Juízo, veremos que, por cada graça que tenhamos notado, houve outras cem ou dez mil que nos passaram totalmente despercebidas.

E a nossa surpresa se misturará com um sentimento de vergonha. Fomos passando a vida felicitando-nos pelas nossas pequenas vitórias: o copo de vinho a mais a que dissemos «não»; os planos para sair com aquela pessoa que nos era ocasião de pecado, e a que soubemos renunciar; a réplica mordaz e irada que não deixamos escapar da boca; o saber vencer-nos para saltar da cama e ir à Missa, quando o nosso corpo cansado nos gritava os seus protestos...

No dia do Juízo, teremos a primeira visão objetiva de nós mesmos. Possuiremos um quadro completo da ação da graça na nossa vida e veremos que pouco contribuímos para as nossas decisões heroicas e para as nossas ações presumivelmente nobres. Quase podemos imaginar o nosso Pai Deus, com um sorriso nos lábios, amoroso e divertido ao ver a nossa confusão, enquanto nos ouve exclamar envergonhados: «Meu Deus, mas se sempre e em tudo eras Tu!»

Fonte de vida

Sabemos bem que há duas fontes de graça divina: a *oração* e os *sacramentos*. Uma vez recebida pelo Batismo, a graça santificante cresce na alma mediante a oração e os outros seis sacramentos. Se a perdêssemos pelo pecado mortal, recuperá-la-íamos por meio da oração (que nos prepara para receber o perdão) e do sacramento da Penitência.

Pode-se definir a oração como «uma elevação da mente e do coração a Deus para adorá-lO, dar-Lhe graças e pedir-Lhe o que necessitamos». Podemos elevar a nossa mente e coração mediante o uso de palavras e dizer: «Meu Deus, arrependo-me dos meus pecados», ou «Meu Deus, amo-te», falando com Deus com toda a naturalidade, com as nossas próprias palavras ou utilizando palavras escritas por outros, fazendo por *entender* o que dizemos.

Estas «fórmulas estabelecidas» podem ser orações compostas privadamente (embora com aprovação oficial), como as que encontramos num devocionário ou numa estampa; ou podem ser *litúrgicas,* quer dizer, orações oficiais da Igreja, do Corpo Místico de Cristo, como as orações da Missa, do breviário ou de várias funções sagradas. A maioria destas orações, como os Salmos e os Cânticos, foram tiradas da Bíblia, e por isso são palavras inspiradas pelo próprio Deus.

> «Davi é por excelência o rei "segundo o coração de Deus", o pastor que ora por seu povo e em seu nome, aquele cuja submissão à vontade de Deus, cujo louvor e arrependimento serão o modelo da oração do povo. Como ungido de Deus, sua oração é adesão fiel à promessa divina, confiança cheia de amor e alegria naquele que é o único Rei e Senhor. Nos Salmos, Davi, inspirado pelo Espírito Santo, é o primeiro profeta da oração judaica e cristã. A oração de Cristo, verdadeiro Messias e filho de Davi, revelará e realizará o sentido dessa oração».
>
> «Os Salmos alimentam e exprimem a oração do povo de Deus como assembleia, por ocasião das grandes festas em Jerusalém e cada sábado nas sinagogas. Esta oração é inseparavelmente pessoal e comunitária; refere-se aos que oram e a todos os homens; sobe da Terra Santa e das comunidades da Diáspora, mas abrange toda a criação; lembra os acontecimentos salvíficos do passado e se estende até a consumação da história; recorda as promessas de Deus já realizadas e aguarda o Messias que as realizará definitivamente. Rezados e realizados em Cristo, os Salmos são sempre essenciais à oração de Sua Igreja» (ns. 2579 e 2586. Cf. também os ns. 2571-2585 e 2588-2589).

Podemos, pois, rezar com as nossas próprias palavras ou com as de outros. Podemos usar orações privadas ou litúrgicas. Seja qual for a origem das palavras que utilizamos, enquanto estas forem predominantes em nossa oração, serão *oração vocal.* E serão oração vocal mesmo que não as pronunciemos em voz alta, mesmo que as digamos silenciosamente para nós mesmos. Não é o tom da voz, mas o uso de palavras que define a oração vocal. É um tipo de oração utilizado universalmente, quer pelos muito santos, quer pelos que não o são tanto.

Mas há outro tipo de oração que se chama *mental.* Neste caso, a mente e o coração fazem todo o trabalho sem recorrer a palavras. Quase todo o mundo, numa ocasião ou noutra, ora desta maneira, normalmente sem o perceber. Se eu vejo um crucifixo e me vem ao pensamento o muito que Jesus sofreu por mim, ou como são pequenas as minhas contrariedades comparadas com os seus padecimentos, e resolvo ter mais paciência de hoje em diante, estou fazendo oração mental.

Esta oração, em que a mente considera alguma verdade divina – talvez algumas palavras ou ações de Cristo – e, como consequência, o coração (na realidade, a *vontade*) é movido a um maior amor e fidelidade a Deus, chama-se também usualmente meditação. Ainda que seja verdade que quase todos os católicos praticantes fazem alguma oração mental, ao menos de vez em quando, convém ressaltar que normalmente não poderá haver um crescimento espiritual apreciável se não se dedicar parte do tempo da oração a fazer regularmente uma oração mental. Tanto é assim, que o Código de Direito Canônico da Igreja aconselha que todo sacerdote faça oração mental diariamente (cân. 276, par. 2). A maioria das ordens religiosas prescreve para os seus membros pelo menos uma hora diária de oração mental.

Para um fiel comum, uma maneira muito simples e frutuosa de fazer oração mental será ler um capítulo do Evangelho todos os dias. Terá que procurar uma hora e um lugar livres de ruídos e distrações, e proceder à leitura numa meditação pausada. Depois, dedicará alguns minutos a ponderar na sua mente o que leu, fazendo que cale fundo e aplicando-o à sua vida pessoal, o que o levará ordinariamente a formular algum propósito.

Além da meditação, existe outra forma de oração mental – uma forma mais elevada de oração –, que se chama *contemplação*. Estamos acostumados a ouvir que os santos foram «contemplativos», e o mais comum é que pensemos que a contemplação é coisa reservada a conventos e mosteiros. No entanto, a contemplação é algo a que todo o cristão deveria tender. É uma forma de oração a que a nossa meditação nos conduzirá gradualmente, se nos aplicarmos a ela *regularmente*.

É difícil descrever a oração contemplativa, porque há muito pouco que descrever. Poderíamos dizer que é o tipo de oração em que a mente e o coração se elevam a Deus e nEle descansam. A mente ao menos está inativa. Os movimentos que possa haver são só do coração (ou vontade) para Deus. Se há «trabalho», é feito pelo próprio Deus, que agora pode agir com toda a liberdade no coração que tão firmemente aderiu a Ele.

Antes que alguém exclame: «Eu nunca poderei contemplar!», deixem que lhes pergunte: «Alguma vez vocês se ajoelharam (ou sentaram) numa igreja silenciosa, talvez depois da Missa ou ao sair do trabalho, e permaneceram ali alguns minutos, sem pensamentos conscientes, talvez apenas olhando o sacrário, sem meditar, unicamente com uma espécie de ânsia; e saíram da Igreja com uma sensação desacostumada de fortaleza, decisão e paz?» Se foi assim, *praticaram* a oração de contemplação, quer o soubessem ou não. Então, não digamos que a oração de contemplação está fora das nossas possibilidades. É o tipo de oração que Deus quer que *todos* nós alcancemos; é o tipo de oração a que as demais – a vocal (tanto privada como litúrgica) e a mental – tendem a conduzir-nos. É o tipo de oração que mais contribui para o nosso crescimento em graça.

Esta nossa maravilhosa vida interior – esta participação na própria vida de Deus que é a graça santificante – cresce com a oração. Cresce também com os sacramentos que se seguem ao Batismo. A vida de um bebê desenvolve-se com cada inspiração que faz, com cada grama de alimento que toma, com cada movimento dos seus músculos informes. Assim também os outros seis sacramentos constroem sobre a primeira graça que o Batismo infundiu na alma.

E isso também é verdade com relação ao sacramento da *Penitência*. Ordinariamente, pensamos que o sacramento da Confissão é o sacramento que devolve a vida quando se perdeu a graça santificante pelo pecado mortal. Não há dúvida de que esse é o fim primário da Penitência. Mas, além de ser remédio que devolve a vida, é remédio que a revigora. Imaginar que se trata de um sacramento exclusivamente reservado ao perdão dos pecados mortais seria um erro sumamente infeliz. A Confissão tem um fim secundário: para a alma que já está em estado de graça, é um sacramento tão dador de vida como o é a Sagrada Eucaristia. Por isso o recebem com frequência os que não querem conformar-se com uma vida espiritual medíocre.

No entanto, o sacramento que é fonte de vida por excelência é o da *Sagrada Eucaristia*. Mais que nenhum outro, enriquece e intensifica a vida da graça em nós. A própria forma do sacramento no-lo diz. Na Sagrada Eucaristia, Deus vem a nós, não pela limpeza de uma lavagem com água, não por uma confortadora unção com azeite, não por uma imposição de mãos transmissora de poder, mas como alimento e bebida sob as aparências do pão e do vinho.

«*Eucaristia e penitência*. A conversão e a penitência cotidiana encontram sua fonte e seu alimento na Eucaristia, pois nela se torna presente o sacrifício de Cristo que nos reconciliou com Deus; por ela são nutridos e fortificados aqueles que vivem da vida de Cristo: "ela é o antídoto que nos liberta de nossas faltas cotidianas e nos preserva dos pecados mortais" (Conc. de Trento; DS 1638-388)» (n. 1436).

Esta vida dinâmica que nos arrebata para o alto, e a que chamamos graça santificante, é o resultado da união da alma com Deus, da inabitação pessoal de Deus na nossa alma. Não há sacramento que nos una tão direta e intimamente a Deus como a Sagrada Eucaristia. E isto é verdade, quer pensemos nela em termos da Santa Missa como da Comunhão.

Na *Missa,* a nossa alma ergue-se, como a criança que busca o peito de sua mãe, até o seio da Santíssima Trindade. Quando nos unimos a Cristo na Missa, Ele junta o nosso amor por Deus ao seu amor infinito. Fazemo-nos parte do dom de Si mesmo que Cristo oferece ao Deus Uno e Trino nesse Calvário perene. Poderíamos dizer que Cristo nos toma consigo e nos introduz nessa profundidade misteriosa que é a vida eterna de Deus. A Missa leva-nos tão perto de Deus que não é de surpreender que seja para nós fonte e multiplicador eficacíssimo da graça santificante.

Mas o fluxo de vida não para aí, pois na *Comunhão* tocamos a Divindade. O processo torna-se reversível, e nós, que com Cristo e em Cristo tínhamos chegado até Deus, recebemo-lo quando, por sua vez, em Cristo e por Cristo Ele desce até nós. Numa união misteriosa, que deve deixar atônitos os próprios anjos, Deus vem a nós. Agora não usa água ou óleo, gestos ou palavras, como veículo da sua graça. Agora é o próprio Jesus Cristo, o Filho de Deus real e pessoalmente presente sob as aparências de pão, *quem faz subir vertiginosamente o nível da graça santificante em nós.*

Só a Missa, mesmo sem Comunhão, já é uma fonte de graça sem limites para o membro do Corpo Místico de Cristo que esteja espiritualmente vivo. Em cada um de nós, as graças da Missa crescem à medida que consciente e ativamente nos unimos ao oferecimento que Cristo faz de Si mesmo. Quando as circunstâncias tornam impossível comungar, uma comunhão espiritual sincera e fervorosa fará crescer mais ainda a graça que a Missa nos obtém. Cristo pode transpor perfeitamente os obstáculos que não tenhamos erguido voluntariamente.

Porém, é de notória evidência que o católico sinceramente interessado no crescimento da sua vida interior deverá completar o ciclo da graça recebendo a Sagrada Eucaristia. «Cada Missa, uma Missa de comunhão», deveria ser o lema de todos. Há um triste desperdício da graça nas Missas daquele que, por indiferença ou apatia, não abre o coração ao dom de Si mesmo que Deus lhe oferece. E é um equívoco, que beira a estupidez, considerar a Sagrada Comunhão como um «dever» periódico que precisa ser cumprido uma vez por ano.

Neste poder de dar vida, próprio da oração e dos sacramentos, há um ponto que merece ser destacado. Fizemos finca-pé na afirmação de que a graça, em todas as suas formas, é um *dom gratuito* de Deus. Tanto no começo da santidade, pelo Batismo, como no seu crescimento pela oração e demais sacramentos, até a mínima participação na graça é obra de Deus. Por muito heroicas que sejam as ações que eu realize, nunca poderia salvar-me sem a graça.

E, não obstante, isto não me deve levar a pensar que a oração e os sacramentos sejam fórmulas mágicas que possam salvar-me ou santificar-me apesar de mim. Se eu pensasse assim, seria culpado desse «formalismo» religioso de que tantas vezes se acusa os católicos. O formalismo religioso aparece quando uma pessoa pensa que se torna «santa» simplesmente por realizar certos gestos, recitar certas orações ou assistir a certas cerimônias.

Esta acusação, quando feita contra os católicos em geral, é sumamente injusta, mas verdadeira se aplicada a determinados católicos cuja vida espiritual se limita a uma recitação maquinal e rotineira de orações fixas, sem cuidar de elevar a mente e o coração a Deus; a uma recepção dos sacramentos por costume ou por falso sentido do dever, sem *luta* consciente por unir-se mais a Deus. Em resumo: Deus pode penetrar na alma só até onde o nosso *eu* o deixar.

O que é o mérito?

Certa vez, li na seção de pequenas notícias de um jornal que um homem construiu uma casa para a sua família. Ele mesmo executou quase todas as obras, investindo todas as suas economias nos materiais. Quando a terminou, verificou com horror que se tinha enganado de propriedade e que a tinha construído no terreno de um vizinho. Este, tranquilamente, apossou-se da casa, enquanto o construtor não pôde fazer outra coisa senão chorar o dinheiro e o tempo perdidos.

Por lamentável que nos pareça a história deste homem, não chega a ter importância se a compararmos com a da pessoa que vive sem a graça santificante. Por nobres e heroicas que sejam as suas ações, não têm valor aos olhos de Deus. Se não recebeu o Batismo ou está em pecado mortal, essa alma separada de Deus vive os seus dias em vão. As suas dores e tristezas, os seus sacrifícios e bondades, tudo está desprovido de valor eterno, desperdiça-se diante de Deus. Não existe mérito no que faz. Então, o que é esse *mérito*?

O mérito foi definido como *aquela propriedade de uma obra boa que habilita quem a realiza a receber uma recompensa*. Estou certo de que todos concordamos em afirmar que, em geral, agir bem exige certo esforço. É fácil ver que alimentar um faminto, cuidar de um doente ou fazer um favor ao próximo requer certo sacrifício pessoal. Vê-se facilmente que estas ações têm um *valor,* e que por isso merecem, ao menos potencialmente, um reconhecimento, uma recompensa. Mas esta recompensa não pode ser pedida a Deus se Ele não teve parte nessas ações, se não existe comunicação entre Deus e aquele que as faz. Se um operário não quer que o incluam na folha de pagamento, não poderá exigir o seu salário por mais que trabalhe.

Por isso, só a alma que *está em graça santificante* pode adquirir méritos pelas suas ações. É esse *estado* que dá valor de eternidade a uma ação. As ações humanas, se são puramente humanas, não têm nenhuma significação sobrenatural. Só adquirem valor divino quando se tornam obras do próprio Deus. E as nossas ações *são* em certo sentido obra de Deus quando Ele está presente numa alma pela graça santificante.

> «Diante de Deus, em sentido estritamente jurídico, não há mérito da parte do homem. Entre Ele e nós a diferença é infinita, pois dele tudo recebemos, dele, que é nosso criador. [...] O próprio mérito do homem cabe, aliás, a Deus, pois suas boas ações procedem, em Cristo, das inspirações e do auxílio do Espírito Santo. [...]
>
> «A caridade de Cristo em nós constitui a fonte de todos os nossos méritos diante de Deus. A graça, unindo-nos a Cristo com um amor ativo, assegura a qualidade sobrenatural de nossos atos e, por conseguinte, seu mérito (desses nos-

sos atos) diante de Deus, como também diante dos homens. Os santos sempre tiveram viva consciência de que seus méritos eram pura graça» (ns. 2007 e 2011; cf. também os ns. 2571-85 e 2588-9).

E isto é tão verdadeiro que a *menor* das nossas ações adquire valor sobrenatural quando a fazemos em união com Deus. Tudo o que Deus faz, ainda que o faça através de instrumentos livres, tem valor divino. Isto permite que a menor das nossas obras, desde que moralmente boa, seja meritória enquanto tivermos a intenção, ao menos habitual, de fazer tudo por Deus.

Se o mérito é «a propriedade de uma obra boa que habilita quem a realiza a receber uma recompensa», a pergunta imediata e lógica será: Que recompensa? As nossas ações sobrenaturalmente boas merecem, mas merecem *o quê?* A recompensa é tripla: primeiro, um aumento de graça santificante; segundo, a vida eterna; e, terceiro, maior glória no céu. Sobre a segunda parte desta recompensa – a vida eterna –, é interessante ressaltar um aspecto: para a criança batizada, o céu é uma herança que lhe cabe pela sua adoção como filha de Deus, incorporada em Cristo; mas para o cristão no uso da razão, o céu é tanto herança como recompensa que Deus promete aos que o servem.

Quanto ao terceiro elemento do prêmio – uma maior glória no céu –, vemos que é consequência do primeiro. O nosso grau de glória dependerá do grau de união com Deus, da medida em que a graça santificante tiver empapado a nossa alma. A nossa capacidade de glória no céu crescerá tanto quanto crescer a graça em nós.

No entanto, para alcançarmos a vida eterna e o grau de glória que tenhamos merecido, devemos, é claro, morrer em estado de graça. O pecado mortal arrebata todos os nossos méritos, como a falência de um banco arruína as economias de toda uma vida. E não há maneira de adquirir méritos depois da morte, nem no purgatório, nem no inferno, nem sequer no céu. Esta vida – e só esta vida – é o tempo de prova, o tempo de merecer.

Mas é consolador saber que os méritos que podemos perder pelo pecado mortal se restauram tão logo a alma se reconcilia com Deus por um ato de contrição perfeita ou por uma confissão bem feita. Os méritos revivem no momento em que a graça santificante volta à alma. Em outras palavras, o pecador contrito não tem que começar de novo: o seu tesouro anterior de méritos não está perdido para sempre.

Para você e para mim, que significa, na prática, *viver* em estado de graça santificante? Para responder à questão, observemos dois homens que trabalham juntos no mesmo escritório (na mesma fábrica, loja ou fazenda). Para quem os observe casualmente, os dois são muito parecidos. Têm a mesma categoria de trabalho, ambos são casados e têm família, ambos levam essa vida que poderíamos qualificar como «respeitável». Um deles, porém, é o que poderíamos chamar «indiferente». Não pratica nenhuma religião, e poucas vezes, para não dizer nenhuma, pensa em Deus. A sua filosofia é que a felicidade de cada qual depende dele mesmo, e por isso deve procurar tirar da vida tudo o que esta pode oferecer. «Se eu não o consigo – diz ele –, ninguém o fará por mim».

Não é um mau homem. Pelo contrário, em muitas coisas desperta admiração. Trabalha como um escravo porque quer triunfar na vida e dar à família tudo o que haja de melhor. Dedica-se sinceramente aos seus: orgulhoso da mulher, a quem considera uma companheira encantadora e generosa, devotado aos filhos, nos quais vê uma prolongação de si mesmo. «Eles são a única imortalidade que me interessa», diz ele aos seus amigos. É um bom amigo, apreciado por todos os que o conhecem, moderadamente generoso e consciente dos seus deveres cívicos. A sua laboriosidade, sinceridade, honradez e delicadeza não se baseiam em princípios religiosos: «Isso é *decente* ou *honesto* – explica –, tenho que fazê-lo por respeito a mim mesmo e aos outros».

Temos aqui em breves traços o retrato do homem «naturalmente» bom. Todos nós tropeçamos com ele alguma vez e, ao menos externamente, enchemo-nos de vergonha pensando em mais de uma pessoa que se chama cristã, mas parece encontrar-se muito abaixo na escala moral. E, apesar disso, sabemos que esse homem falha no mais importante. *Não* faz o que é decente, *não* se comporta com respeito por si mesmo e pelos outros, porque ignora a única coisa realmente necessária, o fim para que foi criado: amar a Deus e provar esse amor cumprindo a Vontade divina. Precisamente por ser tão bom em coisas menos transcendentais, a nossa compaixão por ele é maior, a nossa oração por ele mais compassiva.

Dirijamos agora a nossa atenção ao outro homem, esse que trabalha sentado à mesa, diante de um computador ou no balcão contíguo. À primeira vista, parece uma cópia do primeiro; não há diferença: em posição, família, trabalho e personalidade. Mas existe uma diferença incalculável que os olhos não podem apreciar facilmente, porque reside na *intenção*. A vida do segundo não se baseia no «decente» ou no «respeito por si mesmo», ou, pelo menos, não *principalmente*. Os afetos e aspirações naturais, que partilha com todo o gênero humano, nele se transformam em afetos e aspirações mais altos: o amor a Deus e o desejo de cumprir a sua Vontade.

A sua esposa não é apenas a companheira no lar; é também companheira no altar. Ele e ela estão associados a Deus e ajudam-se mutuamente a caminhar para a santidade, cooperam com Deus na criação de novos seres humanos destinados à glória eterna. O amor que dedica aos filhos não é a mera extensão do amor por si mesmo; vê-os como uma solene prova de confiança que Deus lhe dá, considera-se como simples administrador que um dia terá que prestar contas dessas almas. O seu amor por eles, como o amor à mulher, é parte do seu amor a Deus.

O seu trabalho é mais do que uma oportunidade de ganhar a vida e progredir. É parte da sua paternidade sacerdotal, é meio para atender às necessidades materiais da sua família e parte do plano querido por Deus para ele. Realiza assim o melhor que pode o seu trabalho, porque compreende que ele próprio é um instrumento nas mãos de Deus para completar a obra da Criação no mundo.

> «O *trabalho humano* procede imediatamente das pessoas criadas à imagem de Deus e chamadas a prolongar, ajudando-se mutuamente, a obra da criação, dominando a terra. O trabalho é, pois, um dever: *"Quem não quer trabalhar também não há de comer"* (2Ts 3,10). O trabalho honra os dons do Criador e os talentos recebidos. Também pode ser *redentor*. Suportando a pena do trabalho unido a Jesus, o artesão de Nazaré e o crucificado do Calvário, o homem colabora de certa maneira com o Filho de Deus em sua obra redentora. Mostra-se discípulo de Cristo carregando a cruz, cada dia, na atividade que é chamado a realizar. O trabalho pode ser um meio de santificação e uma animação das realidades terrestres no Espírito de Cristo» (n. 2427).

A Deus só pode oferecer o melhor, e este pensamento acompanha-o ao longo do dia. A sua cordialidade natural está impregnada de espírito de caridade; a sua generosidade, aperfeiçoada pelo desprendimento; a sua delicadeza, imbuída da compaixão de Cristo. Talvez não pense frequentemente nestas coisas, mas também não passa o dia pendente de si mesmo e das suas virtudes. Começou a jornada com o ponto de mira bem centrado: em Deus e longe de si. «Meu Deus – disse ele –, ofereço-te todos os meus pensamentos, palavras e ações, e as contrariedades de hoje...» Talvez tenha dado ao seu dia o melhor dos começos assistindo à Missa.

Mas existe outra coisa que é imprescindível para fazer deste homem um homem autenticamente *sobrenatural*. A reta intenção é necessária, mas não basta. O seu dia deve não só dirigir-se a Deus, como deve ser vivido em união com Ele, para que tenha valor eterno. Em outras palavras, esse homem deve viver em estado de graça santificante.

Em Cristo, a mais insignificante das ações tinha valor infinito, porque a sua natureza humana estava unida à sua natureza divina. Tudo o que Jesus fazia, Deus o fazia. De modo semelhante – mas só semelhante –, o mesmo se passa conosco. Quando estamos em graça, não *possuímos* a natureza divina, mas *participamos* da natureza de Deus, *compartilhamos* a vida divina de uma maneira especial. Em consequência, qualquer coisa que façamos – exceto o pecado –, Deus o faz por nós. Deus, presente na nossa alma, vai dando valor eterno a tudo o que fazemos. Até a mais caseira das ações – limpar o nariz da criança ou trocar uma lâmpada – merece um aumento de graça santificante e um grau mais alto de glória no céu, se a nossa vida está centralizada em Deus. Eis o que significa viver em estado de graça santificante, eis o que significa ser um homem *sobrenatural*.

CAPÍTULO X

As virtudes e os dons do Espírito Santo

O que é «virtude»?

Você é virtuoso? Se lhe fizessem esta pergunta, a sua modéstia o faria responder: «Não, não especialmente». E, no entanto, se você é batizado e vive em estado de graça santificante, possui as três virtudes mais altas: as virtudes divinas da fé, da esperança e da caridade. Se cometesse um pecado mortal, perderia a caridade (ou o amor de Deus), mas ainda lhe ficariam a fé e a esperança.

Mas, antes de prosseguir, talvez seja conveniente repassar o significado da palavra «virtude». Em religião, define-se a virtude como «o hábito ou qualidade permanente da alma que lhe dá inclinação, felicidade e prontidão para conhecer e praticar o bem e evitar o mal». Por exemplo, se você tem o hábito de dizer sempre a verdade, possui a virtude da veracidade ou sinceridade. Se tem o hábito de ser rigorosamente honesto com os direitos dos outros, possui a virtude da justiça.

O Catecismo apresenta uma definição equivalente: «A virtude é uma disposição habitual e firme para fazer o bem. Permite à pessoa não só praticar atos bons, mas dar o melhor de si. Com todas as suas forças sensíveis e espirituais, a pessoa virtuosa tende ao bem, procura-o e escolhe-o na prática» (n. 1803).

Se adquirimos uma virtude por esforço próprio, desenvolvendo conscientemente um hábito bom, chamamos a essa virtude uma virtude *natural*. Suponha que decidimos desenvolver a virtude da veracidade. Vigiaremos as nossas palavras, cuidando de nada dizer que altere a verdade. A princípio, talvez nos custe, especialmente quando dizer a verdade nos causa inconvenientes ou nos envergonha. Um hábito (seja bom ou mau) consolida-se pela repetição de atos. Pouco a pouco se nos torna mais fácil dizer a verdade, mesmo que as suas consequências nos contrariem. Chega um momento em que dizer a verdade é para nós como que uma segunda natureza, e, para mentir, temos que fazer força. Quando for assim, poderemos dizer sinceramente que adquirimos a virtude da veracidade. E porque a conseguimos com o nosso próprio esforço, essa virtude chama-se *natural*.

Mas Deus pode infundir diretamente uma virtude na alma, sem esforço da nossa parte. Pelo seu poder infinito, pode conferir a uma alma o poder e a inclinação para realizar certas ações sobrenaturalmente boas. Uma virtude deste tipo – o hábito infundido na alma diretamente por Deus – chama-se *sobrenatural*. Entre estas virtudes, as mais importantes são as três a que chamamos *teologais*: fé, esperança e caridade. E chamam-se teologais (ou divinas) porque dizem respeito diretamente a Deus: cremos em Deus, em Deus esperamos e a Ele amamos.

Estas três virtudes, junto com a graça santificante, são infundidas na nossa alma pelo sacramento do Batismo. Mesmo uma criança, se estiver batizada, possui as três virtudes, ainda que não seja capaz de praticá-las enquanto não chegar ao uso da razão. E, uma vez recebidas, não se perdem facilmente. A virtude da caridade, a capacidade de amar a Deus com amor sobrenatural, só se perde pelo pecado mortal. Mas mesmo que se perca a caridade, a fé e a esperança permanecem. A virtude da esperança só se perde por um pecado direto contra ela, pelo desespero de não confiar mais na bondade e na misericórdia divinas. E, é claro, se perdemos a fé, perdemos também a esperança, pois é evidente que não se pode confiar em Deus se não se crê nEle. E a fé, por sua vez, perde-se por um pecado grave contra ela, quando nos recusamos a crer no que Deus revelou.

Além das grandes virtudes a que chamamos teologais ou divinas, existem outras quatro virtudes sobrenaturais que, juntamente com a graça santificante, são infundidas na alma pelo Batismo.

Como estas virtudes não dizem respeito diretamente a Deus, mas sim às pessoas e coisas em relação a Deus, chamam-se virtudes morais. As quatro virtudes morais sobrenaturais são: *prudência, justiça, fortaleza e temperança*.

Possuem um nome especial: virtudes *cardeais*. O adjetivo «cardeal» deriva do substantivo latino *cardo,* que significa «gonzo», e são assim chamadas por serem virtudes «gonzo», pois delas dependem as demais virtudes morais. Se um homem é espiritualmente prudente, justo, forte e moderado, podemos afirmar que possui também as outras virtudes morais. Poderíamos dizer que estas quatro virtudes contêm a semente das demais. Por exemplo, a virtude da religião, que nos inclina a prestar a Deus o culto devido, emana da virtude da justiça. E, de passagem, diremos que a virtude da religião é a mais alta das virtudes morais.

> O Catecismo confirma também este ensinamento: «Quatro virtudes têm um papel de "dobradiça" (que, em latim, se diz *"cardo, cardinis"*). Por esta razão são chamadas "cardeais": todas as outras se agrupam em torno delas. São a prudência, a justiça, a fortaleza e a temperança. *"Ama-se a retidão? As virtudes são seus frutos; ela ensina a temperança e a prudência, a justiça e a fortaleza"* (Sb 8, 7). Estas virtudes são louvadas em numerosas passagens da Escritura sob outros nomes» (n. 1805).

É interessante mencionar duas diferenças notáveis entre a virtude natural e a sobrenatural. Uma virtude natural, precisamente porque se adquire pela prática frequente e pela autodisciplina habitual, torna-nos *mais fáceis* os atos dessa virtude. Chegamos a um ponto em que, para dar um exemplo, se nos torna mais agradável ser sinceros que insinceros. Mas uma virtude sobrenatural, que é diretamente infundida e não adquirida pela repetição de atos, não torna necessariamente *mais fácil* a prática da virtude. Não é difícil imaginar uma pessoa que, possuindo a virtude da fé em grau eminente, tenha tentações de dúvida durante toda a vida.

Outra diferença entre a virtude natural e a sobrenatural é a forma como cada uma cresce. Uma virtude natural, como a paciência adquirida, aumenta com a prática repetida e perseverante. Uma virtude sobrenatural, porém, só aumenta pela ação de Deus, e esse aumento é concedido por Deus em proporção com a bondade moral das nossas ações. Por outras palavras, tudo o que aumenta a graça santificante aumenta também as virtudes infusas. Crescemos em virtude tanto quanto crescemos em graça.

Que queremos dizer exatamente quando afirmamos «creio em Deus», «espero em Deus» ou «amo a Deus»? Nas nossas conversas habituais, é fácil usarmos estas expressões com pouca precisão; é bom recordar de vez em quando o sentido estrito e original das palavras que utilizamos.

Comecemos pela *fé*. Das três virtudes teologais infundidas pelo Batismo, a fé é a fundamental. É evidente que não podemos esperar num Deus nem amar um Deus em quem não cremos.

A fé divina define-se como «a virtude pela qual cremos firmemente em todas as verdades que Deus revelou, baseados na autoridade do próprio Deus, que não pode enganar-se nem enganar-nos».

> O Catecismo exprime a mesma verdade de outra maneira: «A fé é primeiramente uma *adesão pessoal do homem a Deus*; é, ao mesmo tempo e inseparavelmente, *o assentimento livre a toda a verdade que Deus revelou*. Como adesão pessoal a Deus e assentimento à verdade que ele revelou, a fé cristã é diferente da fé em uma pessoa humana. É justo e bom entregar-se totalmente a Deus e crer absolutamente no que ele diz. Seria vão e falso pôr tal fé em uma criatura» (n. 150; cf. também os ns. 151-171 e 1814-1816).

Há nessas definições alguns pontos-chave que merecem ser examinados.

Em primeiro lugar, crer significa *admitir algo como verdadeiro*. Cremos quando damos o nosso assentimento definitivo e inquestionável a determinada afirmação. Já vemos a pouca precisão dos nossos modos de falar quando dizemos: «Creio que vai chover», ou «creio que foi o dia mais agradável do verão», pois em ambos os casos expressamos simplesmente uma opinião: *supomos* que choverá; *temos a impressão* de que hoje foi o dia mais agradável do verão. Convém ter presente este ponto: uma *opinião* não é uma crença. A fé implica *certeza*.

Mas nem toda a certeza é fé. Não digo que creio em alguma coisa se a vejo e compreendo claramente. Não creio que dois e dois sejam quatro porque é algo evidente; posso compreendê-lo e prová-lo satisfatoriamente. O tipo de conhecimento que se refere a fatos que posso perceber e demonstrar é *compreensão* e não crença.

Crença – ou fé – é a aceitação de algo como verdadeiro, baseando-nos *na autoridade de outro*, por *adesão pessoal* a ele. Eu nunca estive na China, mas muitas pessoas que lá estiveram asseguram-me que esse país existe; e, porque confio neles, creio que a China existe. Igualmente sei muito pouco de física e absolutamente nada de fissão nuclear. E apesar de nunca ter visto um átomo, creio na fissão nuclear porque confio na competência dos que me asseguram que isso se pode fazer e se tem feito.

Este tipo de conhecimento é o da fé: afirmações que se aceitam pela autoridade de outros em quem confiamos e a quem aderimos pessoalmente. Havendo tantas coisas na vida que não compreendemos, e tão pouco tempo livre para comprová-las pessoalmente, é fácil ver que a maior parte dos nossos conhecimentos se baseia na fé. Se não tivéssemos confiança nos nossos semelhantes, a vida pararia. Se a pessoa que diz: «Se não vejo, não creio», ou «se não entendo, não creio», atuasse de acordo com essas palavras, bem pouco poderia fazer na vida.

A este tipo de fé – a nossa aceitação de uma verdade baseados na palavra de outro – chamamos fé *humana*. O adjetivo «humana» distingue-a da fé que aceita uma verdade pela autoridade de Deus. Quando a nossa mente adere a uma verdade porque Deus a manifestou, a nossa fé chama--se *divina*. Vê-se claramente que a fé divina implica um conhecimento muito mais seguro que a fé meramente humana. Não é comum, mas é possível que todas as autoridades humanas se enganem em determinada afirmação, como aconteceu, por exemplo, com o ensinamento universal de que a terra era plana. Não é comum, mas é possível que todas as autoridades humanas procurem enganar, como acontece, por exemplo, com muitos sistemas totalitários.

Mas Deus não pode enganar-se a si mesmo nem enganar os outros; Ele é a Sabedoria infinita e a Verdade infinita. Nunca poderá haver nem sombra de dúvida nas verdades que Deus nos revelou, e, por isso, a Verdadeira fé é sempre uma fé firme. Andar com dúvidas sobre uma verdade de fé é duvidar da sabedoria infinita de Deus ou da sua infinita veracidade. Especular se haverá três Pessoas em Deus, ou se Jesus está realmente presente na Eucaristia, é questionar a credibilidade de Deus ou negar a sua autoridade. Na realidade, é rechaçar a fé divina.

Pela mesma razão, a verdadeira fé deve ser *completa*. Seria uma estupidez pensar que podemos escolher e ficar com as verdades que nos agradam dentre as que Deus revelou. Dizer: «Eu creio no céu, mas não no inferno», ou «creio no Batismo, mas não na Confissão», é o mesmo que dizer: «Deus pode enganar-se». A conclusão que logicamente se seguiria seria esta: «Então, por que crer em Deus?»

A fé de que falamos é fé *sobre*, é a fé que surge da virtude divina infusa. É possível ter uma fé puramente *natural* em Deus ou em muitas das suas verdades. Esta fé pode basear-se na natureza, que dá testemunho de um Ser Supremo, de poder e sabedoria infinitos; pode basear-se também na aceitação do testemunho de inúmeras pessoas grandes e sábias, ou na atuação da Providência divina na nossa vida pessoal. Uma fé *natural* deste tipo é uma preparação para a autêntica fé sobrenatural, que nos é infundida junto com a graça santificante na pia batismal. Mas é só esta fé sobrenatural, esta virtude da fé divina, que nos é infundida no Batismo, aquela que nos dá condições para crer firme e inteiramente em *todas* as verdades, mesmo as mais inefáveis e misteriosas, que Deus nos revelou. Sem esta fé, os que alcançaram o uso da razão não poderiam salvar-se. A *virtude* da fé salva a criança batizada, mas, quando se adquire o uso da razão, deve haver também *atos* de fé.

Esperança e amor

É doutrina da nossa fé cristã que Deus dá a cada alma que cria a graça suficiente para que alcance o céu. A virtude da *esperança,* infundida na alma pelo Batismo, baseia-se neste ensinamento da Igreja de Cristo e dele se nutre e se desenvolve com o decorrer do tempo.

A esperança define-se como «a virtude sobrenatural pela qual confiamos que Deus, que é todo-poderoso e fiel às suas promessas, nos concederá a vida eterna e os meios necessários para alcançá-la». Por outras palavras, ninguém perde o céu senão por culpa própria. Por parte de Deus, a nossa salvação é certa. É somente a nossa parte – a nossa cooperação com a graça de Deus – o que a torna incerta.

> «A esperança é a virtude teologal pela qual desejamos como nossa felicidade o Reino dos Céus e a Vida Eterna, pondo nossa confiança nas promessas de Cristo e apoiando-nos não em nossas forças, mas no socorro da graça do Espírito Santo [...].

«A virtude da esperança responde à aspiração de felicidade colocada por Deus no coração de todo homem; assume as esperanças que inspiram as atividades dos homens; purifica-as, para ordená-las ao Reino dos Céus; protege contra o desânimo; dá alento em todo esmorecimento: dilata o coração na expectativa da bem-aventurança eterna. O impulso da esperança preserva do egoísmo e conduz à felicidade da caridade» (ns. 1817-1818; cf. também ns. 1819-1821).

Esta confiança que temos na bondade divina, no seu poder e fidelidade, suaviza os contratempos da vida. Se a prática da virtude nos exige às vezes autodisciplina e abnegação, talvez mesmo a autoimolação e o martírio, vamos encontrar a nossa fortaleza e coragem na certeza da vitória final.

A virtude da esperança é implantada na alma no Batismo, juntamente com a graça santificante. Mesmo um recém-nascido, se for batizado, possui a virtude da esperança. Mas devemos acautelar-nos. Ao chegarmos ao uso da razão, esta virtude deve traduzir-se no *ato* de esperança em Deus e nas suas promessas. O ato de esperança deveria ocupar um lugar proeminente nas nossas orações diárias. É uma forma de oração especialmente grata a Deus, já que manifesta ao mesmo tempo a nossa completa dependência dEle e a nossa absoluta confiança no seu amor por nós.

É evidente que o ato de esperança é absolutamente necessário para nos salvarmos. Nutrir dúvidas sobre a fidelidade de Deus em manter as suas promessas ou sobre a eficácia da sua graça em superar as nossas fraquezas humanas é um insulto blasfemo a Deus. Nessas condições, ser-nos-ia impossível superar os rigores da tentação e praticar a caridade abnegada. Em resumo, não poderíamos viver uma vida autenticamente cristã se não tivéssemos confiança no resultado final. Quão poucos teriam a fortaleza suficiente para perseverar no bem, se só tivessem uma possibilidade em um milhão de ir para o céu!

Daqui se segue que a nossa esperança deve ser *firme*. Uma esperança fraca amesquinha Deus no seu poder infinito ou na sua bondade ilimitada. Isto não significa que não devamos manter um saudável temor de perder a alma. Mas este temor deve proceder da falta de confiança em nós, não da falta de confiança em Deus. Se Lúcifer pôde rejeitar a graça, nós também estamos expostos a fracassar, mas este fracasso não seria imputável a Deus. Só um néscio se lembraria de dizer, ao arrepender-se do seu pecado: «Ó meu Deus, tenho tanta vergonha de ser tão fraco!» Quem tem esperança dirá: «Meu Deus, tenho tanta vergonha de ter esquecido como sou fraco!» Pode-se definir um santo como aquele que desconfia absolutamente de si mesmo e confia absolutamente em Deus.

Também é bom não perder de vista que o fundamento da esperança cristã se aplica aos outros, tanto quanto a nós mesmos. Deus não quer só a *minha* salvação, mas a de todos os homens. Esta verdade levar-nos-á a não nos cansarmos de pedir pelos pecadores e descrentes, especialmente pelos mais próximos por relações de parentesco ou de amizade. Os teólogos católicos ensinam que Deus nunca retira completamente a sua graça, nem sequer aos pecadores mais empedernidos. Quando a Bíblia diz que Deus endurece o seu coração para com o pecador (como, por exemplo, diz do Faraó que se opôs a Moisés), não é senão um modo figurado de descrever a reação do pecador. É este quem endurece o seu coração ao resistir à graça de Deus.

E se falecesse um ser querido, aparentemente sem arrependimento, também não deveríamos desesperar-nos e «afligir-nos como os que não têm esperança». Enquanto não chegarmos ao céu, não saberemos que torrente de graças pôde Deus derramar sobre o pecador recalcitrante no seu último segundo de consciência, graças que a nossa oração confiante terá obtido.

Embora a *confiança na Providência divina* não seja exatamente o mesmo que a virtude divina da esperança, está suficientemente ligada a ela para atrair agora a nossa atenção. Confiar na Providência divina significa que cremos que Deus nos ama a cada um de nós com um amor infinito, um amor que não poderia ser mais direto e pessoal se fôssemos a única alma sobre a terra. A esta fé junta-se a convicção de que Deus só quer o que é para nosso bem, e que, na sua sabedoria infinita, conhece melhor o que é bom para nós e no-lo dá pelo seu infinito poder.

> «A criação tem sua bondade e sua perfeição próprias, mas não saiu completamente acabada das mãos do Criador. Ela é criada "em estado de caminhada" (*"in statu viae"*) para uma perfeição última a ser ainda atingida [...]. Chamamos de divina providência as disposições pelas quais Deus conduz sua criação para esta perfeição [...]. O testemunho da Escritura é unânime: a solicitude da divina providência é *concreta* e *direta*, toma cuidado de tudo, desde as mínimas coisas até os grandes acontecimentos do mundo e da história [...].
>
> «Jesus pede uma entrega filial à providência do Pai Celeste, que cuida das mínimas necessidades de seus filhos: *"Por isso, não andeis preocupados, dizendo:*

Que iremos comer? Ou, que iremos beber?... Vosso Pai celeste sabe que tendes necessidade de todas essas coisas. Buscai, em primeiro lugar, o Reino de Deus e sua justiça, e todas essas coisas vos serão acrescentadas (Mt 6, 31-33)» (ns. 302-303 e 305; cf. também os ns. 309-314).

Ao confiarmos no sólido apoio do amor, cuidado, sabedoria e poder de Deus, estamos seguros. Não caímos num estado de ânimo sombrio quando «as coisas correm mal». Se os nossos planos se entortam, os nossos sonhos se frustram e o fracasso aparenta acossar-nos a cada passo, sabemos que Deus fará que tudo contribua para o nosso bem definitivo. Mesmo a ameaça de uma guerra atômica não nos altera, porque sabemos que Deus fará com que até os males que o homem produz se encaixem de algum modo nos seus planos providenciais.

Esta confiança na divina Providência é a que vem em nossa ajuda quando somos tentados (e quem não o é, uma vez ou outra?) a pensar que somos mais espertos que Deus, que sabemos melhor do que Ele o que nos convém em certas circunstâncias concretas. «Pode ser que seja pecado, mas não podemos permitir-nos nenhum filho mais»; «Pode ser que não seja muito honesto, mas nos negócios todos fazem o mesmo»; «Já sei que parece um pouco escuso, mas a política é assim». Quando nos vierem estas desculpas à boca, devemos desfazê-las com a nossa confiança na providência de Deus. «Se fizer o que é correto, pode ser que sofra muitos desgostos», devemos dizer, «mas Deus conhece todas as circunstâncias. Sabe mais do que eu. E ocupa-se de mim. Não me afastarei nem um milímetro da sua Vontade».

A única virtude que permanecerá sempre conosco é a *caridade*. No céu, a fé cederá lugar ao conhecimento: não haverá necessidade de «crer» em Deus quando o virmos. A esperança também desaparecerá, já que possuiremos a felicidade que esperávamos. Mas a caridade não só não desaparecerá, como só alcançará a plenitude da sua capacidade no momento extático em que virmos a Deus face a face. Então, o nosso amor a Deus, tão obscuro e fraco nesta vida, brilhará como um sol em explosão. Quando nos virmos unidos a esse Deus infinitamente amável, que é o único capaz de satisfazer os anseios de amor do coração humano, a nossa caridade expressar-se-á eternamente num ato de amor.

A caridade divina, virtude implantada na nossa alma no Batismo, juntamente com a fé e a esperança, define-se como «a virtude pela qual amamos a Deus por Si mesmo, sobre todas as coisas, e ao próximo como a nós mesmos, por amor a Deus». É chamada a rainha das virtudes, porque as outras, tanto as teologais como as morais, nos *conduzem* a Deus, mas a caridade é a que nos *une* a Ele. Onde houver caridade, *estarão* também as demais virtudes. «Ama a Deus e faz o que quiseres», disse um santo. É evidente que, se amarmos de verdade a Deus, nos será grato fazer somente o que for do seu agrado.

> «Jesus fez da caridade o *novo mandamento*. Amando os seus *até o fim* (Jo 13, 1), manifesta o amor que recebe do Pai. Amando-se uns aos outros, os discípulos imitam o amor que também recebem de Jesus. Por isso diz Jesus: *Assim como o Pai me amou, também eu vos amei. Permanecei no meu amor* (Jo 15, 9). E ainda: *Este é o meu preceito: que vos ameis uns aos outros como eu vos amei* (Jo 15, 12).
>
> «Fruto do Espírito e plenitude da lei, a caridade guarda os *mandamentos* de Deus e do seu Cristo: *Permanecei no meu amor. Se observardes os meus mandamentos, permanecereis no meu amor* (Jo 15, 9-10)» (ns. 1823-1824).

Evidentemente, o que se infunde na nossa alma pelo Batismo é a *virtude* da caridade. E quando alcançamos o uso da razão, a nossa principal tarefa é fazer atos de amor. O Batismo confere-nos o poder de fazer esses atos de amor, fácil e sobrenaturalmente.

Uma pessoa pode amar a Deus com um amor natural. Ao contemplar a bondade e a misericórdia divinas, os intermináveis benefícios que nos concede, podemos sentir-nos inclinados a amá-lO como se ama qualquer pessoa amável. Certamente, uma pessoa que não teve ocasião de ser batizada (ou que está em pecado mortal e não tem possibilidade de se confessar) não poderá salvar-se a não ser que faça um ato de amor perfeito a Deus, isto é, um ato de amor desinteressado: amor a Deus por Ele ser infinitamente amável, amor a Deus só por Ele mesmo. Para um ato de amor assim, também precisamos da ajuda divina sob a forma da graça atual, mas ainda assim estamos em face de um amor *natural*.

Só pela inabitação de Deus na alma, pela graça sobrenatural a que chamamos graça santificante, é que nos tornamos capazes de um ato de amor sobrenatural a Deus. A razão pela qual o nosso amor se torna sobrenatural está em que *realmente é o próprio Deus que ama a Si mesmo através de nós*. Para entendermos melhor o que isto significa, podemos servir-nos do exemplo de um filho que compra um presente de aniversário para seu pai, e paga-o utilizando o cartão de crédito do pai (com autorização deste). Ou como a criança que escreve uma carta à mãe, com a própria mãe guiando a sua mão inexperiente. De modo semelhante, é a vida divina em nós que nos torna capazes de amar a Deus adequadamente, proporcionadamente, com um amor digno de Deus e também *agradável* a Deus, apesar de ser, de certo modo, o próprio Deus quem realiza a ação de amar.

Esta mesma virtude da caridade (que acompanha sempre a graça santificante) torna possível *amar o próximo* com um amor sobrenatural. Amamos alguém não com um mero amor natural, simplesmente por ser uma pessoa agradável, por termos ambos a mesma índole, por nos darmos bem ou porque de alguma maneira essa pessoa atrai a nossa simpatia. Este amor natural não é mau, mas não há nele nenhum mérito sobrenatural. Pela virtude divina da caridade, tornamo-nos veículo, instrumento pelo qual Deus, *através de nós,* pode amar o nosso próximo. O nosso papel consiste apenas em oferecermo-nos a Deus, em não levantar obstáculos ao fluxo do amor de Deus. O nosso papel consiste em ter boa vontade para com o próximo, por amor de Deus, porque sabemos que é isto o que Deus quer. O nosso próximo, diremos de passagem, inclui todas as criaturas de Deus: os anjos e os santos do céu (coisa fácil), as almas do purgatório (coisa fácil), e todos os seres humanos vivos, mesmo os *nossos inimigos* (uf!).

É precisamente neste ponto que tocamos o coração do cristianismo. É precisamente aqui que provamos a realidade ou a falsidade do nosso amor a Deus. É fácil amar a família e os amigos. Não é muito duro amar «todo o mundo» de uma maneira vaga e geral, mas querer bem (e rezar e estar disposto a ajudar) à pessoa do escritório ao lado que lhe passou uma rasteira, à vizinha da frente que fala mal de você, ou àquele criminoso que saiu nos jornais por ter violentado e matado uma menina de seis anos...; se perdoá-los já é bastante duro, como será amá-los? Com efeito, de um ponto de vista meramente natural, *não somos capazes de fazê-lo.* Mas com a divina virtude da caridade, podemos; mais ainda, *devemos* fazê-lo, ou o nosso amor a Deus será uma falsidade e uma ficção.

Mas tenhamos presente que o amor sobrenatural, seja a Deus ou ao nosso próximo, não tem que ser necessariamente *emotivo.* O amor sobrenatural reside principalmente na *vontade*, não nas emoções. Podemos ter um profundo amor por Deus, conforme prova a nossa fidelidade aos seus preceitos, e não *senti-lo* de modo especial. Amar a Deus significa simplesmente que estamos dispostos a *qualquer coisa* antes que ofendê-lO com um pecado mortal.

Da mesma maneira, podemos ter um sincero amor sobrenatural pelo próximo, e no plano natural sentir uma marcada repulsa por ele. Eu perdoo a alguém, por amor a Deus, o mal que me fez? Rezo por ele e confio em que alcance as graças necessárias para salvar-se? Estou disposto a ajudá-lo se estiver em necessidade, apesar da minha natural resistência? Se é assim, amo-o sobrenaturalmente. Se é assim, a virtude divina da caridade atua no meu interior, e posso fazer atos de amor (que deveriam ser frequentes cada dia) sem hipocrisia nem ficção.

Maravilhas interiores

Um jovem que eu acabava de batizar dizia-me pouco depois: «Sabe, padre, não notei nenhuma das maravilhas que o senhor dizia que experimentaria ao batizar-me. Sinto um alívio especial em saber que os meus pecados foram perdoados e alegro-me de saber que sou filho de Deus e membro do Corpo Místico de Cristo, mas isso da inabitação de Deus na alma, da graça santificante, mais as virtudes da fé, da esperança e da caridade, e os dons do Espírito Santo... bem, não os *senti* de maneira nenhuma».

Assim é. Não *sentimos* nenhuma dessas coisas; pelo menos, não é comum senti-las. A espantosa transformação que ocorre no Batismo não se localiza no corpo – no cérebro, no sistema nervoso ou nas emoções –, mas no mais íntimo do nosso ser, na nossa alma, fora do alcance da análise intelectual ou da reação emocional. Porém, se por um milagre pudéssemos dispor de umas lentes que nos permitissem ver a alma como é quando está em graça santificante e adornada de todos os dons sobrenaturais, tenho a certeza de que andaríamos de um lado para outro como que em transe, deslumbrados e em estado perpétuo de assombro, ao ver a superabundância com que Deus nos equipa para enfrentarmos esta vida e nos prepara para a outra.

«Sendo de ordem sobrenatural, a graça *escapa à nossa experiência* e só pode ser conhecida pela fé. Não podemos, portanto, nos basear em nossos sentimentos ou em nossas obras para daí deduzir que estamos justificados e salvos. No entanto, segundo a palavra do Senhor: "*É pelos seus frutos que os reconhecereis*" (Mt 7,20), a consideração dos benefícios de Deus em nossa vida e na dos santos nos oferece uma garantia de que a graça está operando em nós e nos incita a uma fé sempre maior e a uma atitude de pobreza confiante: "Acha-se uma das mais belas ilustrações desta atitude na resposta de Sta. Joana d'Arc a uma pergunta capciosa de seus juízes eclesiásticos. Interrogada se sabe se está na graça de Deus, responde: 'Se não estou, que Deus me queira pôr nela; se estou, que Deus nela me conserve'" (Joana d'Arc, Proc. 227)» (n. 2005).

No riquíssimo dote que acompanha a graça santificante, estão incluídos os *sete dons do Espírito*. Estes dons – sabedoria, entendimento, conselho, fortaleza, ciência, piedade e temor de Deus – são qualidades que se comunicam à alma e que a tornam sensível aos movimentos da graça e lhe facilitam a prática da virtude. Diz-nos o Catecismo: «A vida moral dos cristãos é sustentada pelos dons do Espírito Santo. São disposições permanentes que tornam o homem dócil aos impulsos do mesmo Espírito» (n. 1830). Despertam-nos a atenção para ouvirmos a silenciosa voz de Deus no nosso interior, tornam-nos dóceis aos delicados toques da mão divina. Poderíamos dizer que os dons do Espírito Santo são o «lubrificante» da alma, enquanto a graça é a energia.

O primeiro dom é o da *sabedoria,* que nos concede o adequado sentido de proporção para sabermos apreciar as coisas de Deus; damos ao bem e à virtude o seu verdadeiro valor e encaramos os bens do mundo como degraus para a santidade, não como fins em si. O homem que, por exemplo, perde o seu fim de semana para assistir a um retiro espiritual foi conduzido pelo dom da sabedoria, mesmo que não o saiba.

Depois vem o dom do *entendimento*. Dá-nos a percepção espiritual necessária para entendermos as verdades da fé em consonância com as nossas necessidades. Em igualdade de condições, um sacerdote prefere cem vezes explicar um ponto de doutrina a quem está em graça santificante do que a alguém que esteja em pecado. O primeiro possui o dom do entendimento, e por isso compreenderá com muito mais rapidez o ponto em questão.

O terceiro dom, o dom de *conselho,* aguça o nosso juízo. Com a sua ajuda, percebemos – e escolhemos – a decisão que será para maior glória de Deus e nosso bem espiritual. Tomar em estado de pecado mortal uma decisão de importância, quer seja sobre a vocação, a profissão, os problemas familiares ou sobre qualquer outra matéria das que devemos enfrentar continuamente, é um passo perigoso. Sem o dom de conselho, o juízo humano é demasiado falível.

O dom de *fortaleza* mal requer comentários. Uma vida cristã tem de ser necessariamente, em algum grau, uma vida heroica. E sempre palpita nela o heroísmo oculto da vitória sobre os nossos próprios defeitos. Às vezes, pede-se-nos um heroísmo maior: quando fazer a Vontade de Deus acarreta o risco de perder amigos, bens ou saúde; temos também o heroísmo mais alto dos mártires, que sacrificaram a própria vida por amor a Deus. Não é em vão que Deus robustece a nossa debilidade humana com o seu dom de fortaleza.

O dom de *ciência* comunica-nos a faculdade de «saber fazer», a destreza espiritual. Torna-nos aptos para reconhecer o que nos é espiritualmente útil ou prejudicial. Está intimamente unido ao dom de conselho. Este move-nos a *escolher* o útil e a repelir o nocivo, mas, para escolher, devemos antes *conhecer*. Por exemplo, se percebo que excessivas leituras frívolas estragam o meu gosto pelas coisas espirituais, o dom de ciência induz-me a deixar de comprar tantas publicações desse tipo e inspira-me a começar uma leitura espiritual regular.

O dom de *piedade* é frequentemente mal entendido pelos que a representam de mãos juntas, olhos baixos e orações intermináveis. A palavra «piedade», no seu sentido original, diz respeito à atitude de uma criança para com seus pais: uma combinação de amor, confiança e reverência. Se essa é a nossa disposição habitual para com o nosso Pai-Deus, estamos vivendo o dom de piedade. O *dom* de piedade incita-nos a praticar a *virtude*, a manter uma atitude de confiante intimidade com Deus.

Finalmente, o dom do *temor de Deus*, que equilibra o dom de piedade. É muito bom contemplarmos a Deus com olhos de amor, confiança e terna reverência, mas é também muito bom nunca esquecer que Ele é o Juiz de justiça infinita, diante de quem um dia teremos que responder pelas graças que nos concedeu. Esta lembrança dar-nos-á um santo temor de ofendê-lO pelo pecado.

Sabedoria, entendimento, conselho, fortaleza, ciência, piedade e temor de Deus: são esses os auxiliares das graças, os seus «lubrificantes». São predisposições para a santidade que, junto com a graça santificante e as virtudes teologais e morais, o Batismo infunde na nossa alma.

Os *frutos do Espírito Santo* são os *resultados* da graça santificante e das virtudes e dos dons que a acompanham. Esses frutos exteriores da vida interior são «perfeições que o Espírito Santo modela em nós como primícias da glória eterna. A Tradição da Igreja enumera doze: *caridade, alegria, paz, paciência, longanimidade, bondade, benignidade, mansidão, fidelidade, modéstia, continência e castidade* (Gál 5, 22-23 vulg.)» (n. 1832). É lógico e necessário que sejam mencionados. Se um professor de biologia começa a explicar o que é uma macieira, descreverá naturalmente as raízes e o tronco, e dirá que o sol e a umidade a fazem crescer. Mas não concluirá a sua explicação sem descrever o fruto da árvore, a maçã, como uma parte importante da sua aula.

Utilizando outra figura, poderíamos dizer que esses doze frutos são as grandes pinceladas que perfilam o retrato do cristão autêntico. Talvez o mais simples seja ver como é esse retrato, como é a pessoa que vive habitualmente em graça santificante e procura com perseverança subordinar o seu ser à ação da graça.

Antes de mais nada, essa pessoa é generosa. Vê Cristo no seu próximo, e trata-o invariavelmente com consideração, está sempre disposta a ajudá-lo, mesmo à custa de transtornos e aborrecimentos. É a *caridade*.

Depois, é uma pessoa alegre e otimista. Parece irradiar um resplendor interior que a faz ser notada em qualquer reunião. Quando está presente, é como se o sol brilhasse com um pouco mais de luz: a gente sorri com mais facilidade, fala com maior delicadeza. É a *alegria*.

É uma pessoa serena e tranquila. Os psicólogos diriam dela que tem uma «personalidade equilibrada». A sua fronte poderá franzir-se com preocupações, mas nunca por uma aflição ou angústia. É equânime, e portanto a pessoa idônea a quem se recorre em casos de emergência. É a *paz*.

Não se irrita facilmente: não guarda rancor pelas ofensas, não se perturba nem fica desapontada quando as coisas lhe correm mal ou as pessoas se comportam mesquinhamente. Poderá fracassar seis vezes, e recomeçará a sétima sem ranger os dentes nem culpar a sua sorte. É a *paciência*.

Não se revolta com o infortúnio e o fracasso, com a doença e a dor.

Desconhece a autocompaixão: levantará ao céu os olhos cheios de lágrimas, mas nunca cheios de revolta. É a *longanimidade*.

Defende com firmeza a verdade e o direito, mesmo que todos a deixem só. Não está orgulhosa de si própria nem julga os outros; é lenta em criticar e mais ainda em condenar; suporta a ignorância e as fraquezas dos outros, mas jamais compromete as suas convicções, jamais contemporiza com o mal. Na sua vida interior, é invariavelmente generosa com Deus, sem procurar a atitude mais cômoda. É a *bondade*.

É amável. Todos a procuram nos seus problemas e encontram nela o confidente sinceramente interessado; saem aliviados simplesmente por terem conversado com ela, pois tem uma consideração especial pelas crianças e anciãos, pelos aflitos e atribulados. É a *benignidade*.

É delicada e está cheia de recursos. Entrega-se totalmente a qualquer tarefa que surja, mas sem a menor sombra da agressividade do ambicioso. Nunca procura dominar os outros. Sabe raciocinar com persuasão, mas jamais chega à polêmica. É a *mansidão*.

Sente-se orgulhosa de ser membro do Corpo Místico de Cristo, mas não pretende coagir os outros a seguir a sua religião. Por outro lado, menos ainda sente respeitos humanos por causa das suas convicções. Não oculta a sua piedade e defende a verdade com prontidão, quando esta é atacada na sua presença; a religião é para ela o mais importante da vida. É a *fidelidade*.

O seu amor a Jesus Cristo fá-la estremecer ante a mera ideia de atuar como cúmplice do diabo, de ser ocasião de pecado para alguém. No seu comportamento, modo de vestir e linguagem, há uma decência que a faz – a ela ou a ele – fortalecer a virtude dos outros, jamais enfraquecê-la. É a *modéstia*.

É uma pessoa moderada, com as paixões firmemente controladas pela razão e pela graça. Quer coma ou beba, trabalhe ou se divirta, em tudo mostra um domínio admirável de si. É a *continência*.

Sente uma grande reverência pela faculdade de procriar que Deus lhe deu, por Deus ter querido compartilhar o seu poder criador com os homens. Vê o sexo como algo precioso e sagrado, um vínculo de união, para ser usado unicamente dentro do âmbito matrimonial e para os fins estabelecidos por Deus; nunca como divertimento ou como fonte de prazer egoísta. É a *castidade*.

E aqui temos o retrato do homem e da mulher cristãos: caridade, alegria, paz, paciência, longanimidade, bondade, benignidade, mansidão, fidelidade, modéstia, continência e castidade. Podemos conferir o nosso perfil com o do retrato e ver onde nos separamos dele.

As virtudes morais

Um axioma da vida espiritual diz que a graça aperfeiçoa a natureza, o que significa que, quando Deus nos dá a sua graça, não aniquila antes a nossa natureza humana para colocar a graça em seu lugar. Deus *acrescenta* a sua graça ao que já somos. Os efeitos da graça em nós, o uso que dela fizermos, está condicionado em grande parte pela nossa constituição pessoal: física, mental e emocional. A graça não faz de um idiota um gênio, nem endireita as costas de um corcunda, nem normalmente transforma um neurótico numa pessoa equilibrada.

Portanto, cada um de nós tem a responsabilidade de fazer tudo o que estiver ao seu alcance para *tirar os obstáculos à ação da graça*. Não falamos aqui de obstáculos morais, como o pecado ou o egoísmo, cuja ação nociva à graça é evidente. Referimo-nos agora ao que poderíamos chamar obstáculos *naturais*, como a ignorância, os defeitos do caráter e os maus hábitos adquiridos. E claro que é um obstáculo à graça reduzirmos o nosso panorama intelectual a jornais ou revistas populares; que a nossa agressividade, se nos conduz facilmente à ira, é outro obstáculo à graça; que também são obstáculo à graça a nossa moleza e a nossa falta de pontualidade, na medida em que, por causarem inconvenientes aos outros, supõem uma falta de caridade.

Estas considerações são especialmente oportunas quando se estudam as virtudes morais. Por virtudes morais, distintas das teologais, entendemos as virtudes que nos inclinam a levar uma vida moral íntegra, ajudando-nos a tratar as pessoas e as coisas com retidão, quer dizer, de acordo com a Vontade de Deus. Possuímos estas virtudes na sua forma sobrenatural quando estamos em graça santificante, pois neste caso beneficiamos de uma certa predisposição, certa *facilidade* para a sua prática, juntamente com o mérito sobrenatural correspondente ao seu exercício. Esta facilidade é semelhante à que uma criança adquire para ler e escrever ao chegar

136 AS VIRTUDES E OS DONS DO ESPÍRITO SANTO

a certa idade. A criança ainda não possui a técnica da leitura e da escrita, mas o organismo já está preparado; a faculdade já está aí.

Talvez se compreenda melhor o que acabamos de dizer se examinar-mos mais em detalhe algumas das virtudes morais. Sabemos que as quatro principais são aquelas a que chamamos cardeais: prudência, justiça, forta-leza e temperança.

Prudência é a faculdade de julgar retamente. Uma pessoa tempera-mentalmente impulsiva, propensa a ações precipitadas, a juízos instantâ-neos, terá de enfrentar a tarefa de tirar essas barreiras para que a virtude da prudência possa atuar nela efetivamente. É também evidente que, em qualquer circunstância, o conhecimento e a experiência pessoais facili-tam o exercício desta virtude. Uma criança possui a virtude da prudência em germe; por isso, em assuntos relativos ao mundo dos adultos, não se pode esperar dela que faça juízos prudentes, porque carece de conheci-mento e experiência.

> O Catecismo complementa esta descrição: «A *prudência* é a virtude que dis-põe a razão prática a discernir, em qualquer circunstância, nosso verdadeiro bem e a escolher os meios adequados para realizá-lo. "*O homem sagaz discerne os seus passos*" (Pr 14, 15). "*Sede prudentes e sóbrios para vos entregardes às orações*" (1 Pe 4, 7). A prudência é a "*regra certa da ação*", escreve Sto. Tomás citando Aristóteles. Não se confunde com a timidez ou o medo, nem com a duplicidade ou a dissimulação. É chamada "*auriga virtutum*" ("cocheiro", isto é, "portadora das virtudes"), porque conduz as outras virtudes, indicando-lhes a regra e a me-dida. É a prudência que guia imediatamente o juízo da consciência. O homem prudente decide e ordena sua conduta seguindo este juízo. Graças a esta virtu-de, aplicamos sem erro os princípios morais aos casos particulares e superamos as dúvidas sobre o bem a praticar e o mal a evitar» (n. 1806).

A segunda virtude cardeal é a *justiça,* que aperfeiçoa a nossa vontade (como a prudência aperfeiçoa a inteligência) e salvaguarda os direitos dos nossos semelhantes à vida e à liberdade, à santidade do lar, ao bom nome e à honra, aos bens materiais. Um dos obstáculos à justiça que salta à vista é o preconceito de cor, raça, nacionalidade ou religião, que nega ao homem os seus direitos humanos ou dificulta o seu exercício. Outro obstáculo pode ser a mesquinhez natural, que é um defeito resultante talvez de uma infância cheia de privações. É nosso dever tirar semelhantes barreiras, se queremos que a virtude sobrenatural da justiça atue em plenitude no nosso interior.

> «A justiça é a virtude moral que consiste na vontade constante e firme de dar a Deus e ao próximo o que lhes é devido. A justiça para com Deus chama-se "virtude da religião". Para com os homens, leva-o a respeitar os direitos de cada um e a estabelecer nas relações humanas a harmonia que promove a equidade em prol das pessoas e do bem comum. O homem justo, tantas vezes evocado nas Escrituras, distingue-se pela retidão habitual dos seus pensamentos e da sua conduta para com o próximo. *Não favoreças o pobre nem prestigies o poderoso. Julga o próximo conforme a justiça* (Lev 19, 15). *Senhores, dai aos vossos servos o que é justo e equitativo, sabendo que também vós tendes um Senhor no céu* (Col 4, 1)» (n. 1807).

A *fortaleza*, terceira virtude cardeal, inclina-nos a fazer o bem apesar das dificuldades. A perfeição da fortaleza revela-se nos mártires, que preferem morrer a pecar. Poucos de nós teremos de enfrentar uma decisão que requeira tal grau de heroísmo. Mas a virtude da fortaleza não poderá atuar, nem mesmo nas pequenas situações que exijam coragem, se não tirarmos as barreiras levantadas por um conformismo exagerado, pelo desejo de não aparecer, de ser «da multidão». Estas barreiras são o temor irracional à opinião pública (a que chamamos respeitos humanos), o medo de sermos criticados, menosprezados ou, pior ainda, ridicularizados.

> «A *fortaleza* é a virtude moral que dá segurança nas dificuldades, firmeza e constância na procura do bem. Ela firma a resolução de resistir às tentações e superar os obstáculos na vida moral. A virtude da fortaleza nos torna capazes de vencer o medo, inclusive da morte, de suportar a provação e as perseguições. Dispõe a pessoa a aceitar até a renúncia e o sacrifício de sua vida para defender uma causa justa. *"Minha força e meu canto é o Senhor* (Sl 118, 14). *"No mundo tereis tribulações, mas tende coragem: eu venci o mundo* (Jo 16, 33)» (n. 1808).

A quarta virtude cardeal é a *temperança*, que nos ajuda a dominar os nossos desejos e, em especial, a usar dignamente das coisas que agradam aos sentidos. É necessária especialmente para moderar o uso dos alimentos e bebidas, para regular o prazer sexual na vida de casado. Não suprime a atração pelo álcool; por isso, para alguns, a única temperança verdadeira será a abstinência. Não elimina os desejos, mas regula-os. Neste caso, tirar obstáculos consistirá principalmente em evitar as circunstâncias que poderiam despertar desejos que, em consciência, não podem ser satisfeitos.

«A *temperança* é a virtude moral que modera a atração pelos prazeres e procura o equilíbrio no uso dos bens criados. Assegura o domínio da vontade sobre os instintos e mantém os desejos dentro dos limites da honestidade. A pessoa temperante orienta para o bem seus apetites sensíveis, guarda uma santa discrição e "não se deixa levar a seguir as paixões do coração" (Eclo 5, 2). A temperança é muitas vezes louvada no Antigo Testamento: *"Não te deixes levar por tuas paixões e refreia os teus desejos"* (Eclo 18, 30)» (n. 1809).

Além das quatro virtudes cardeais, existem outras virtudes morais. Só mencionaremos algumas e, se formos sinceros conosco mesmos, cada um descobrirá o seu obstáculo pessoal. Temos a piedade filial (e, por extensão, o patriotismo), que nos leva a honrar, amar e respeitar os nossos pais e a pátria. Temos a obediência, que nos leva a cumprir a vontade dos superiores como manifestação da Vontade de Deus. Temos a veracidade, a liberalidade, a paciência, a humildade, a castidade, e muitas mais. Mas, em princípio, se formos prudentes, justos, fortes e temperados, essas outras virtudes haverão de acompanhar-nos necessariamente, como os filhos pequenos acompanham o pai e a mãe.

O que significa, pois, ter *espírito cristão*? Não é uma expressão fácil de definir. Significa, evidentemente, ter o espírito de Cristo, o que, por sua vez, quer dizer ver o mundo como Cristo o vê; reagir perante as circunstâncias da vida como Cristo reagiria. O genuíno espírito cristão em nenhum lugar está melhor compendiado do que nas oito *Bem-aventuranças* com que Jesus deu início ao incomparavelmente belo Sermão da Montanha.

De passagem, diremos que o Sermão da Montanha é um trecho do Novo Testamento que todos nós deveríamos ler por inteiro de vez em quando. Encontra-se nos capítulos 5, 6 e 7 do Evangelho de São Mateus, e contém um verdadeiro resumo dos ensinamentos do Salvador[9].

Com efeito, o Catecismo diz-nos: «As bem-aventuranças estão no cerne da pregação de Jesus [...]. Traçam a imagem de Cristo e descrevem sua caridade; exprimem a vocação dos fiéis associados à glória de sua Paixão e Ressurreição; iluminam as ações e atitudes características da vida cristã; são promessas paradoxais

---

(9) Para uma análise detalhada e profunda das Bem-aventuranças, pode-se ver também a obra de Georges Chevrot, *O sermão da Montanha*, Quadrante, São Paulo, 1988.

que sustentam a esperança nas tribulações; anunciam as bênçãos e recompensas já obscuramente adquiridas pelos discípulos; são iniciadas na vida da Virgem Maria e de todos os santos.

«As bem-aventuranças respondem ao desejo natural de felicidade. Este desejo é de origem divina: Deus o colocou no coração do homem, a fim de atraí-lo a si, pois só ele pode satisfazê-lo» (ns. 1716-1718; cf. também os ns. 1719-1729). O nome «bem-aventuranças» deriva da palavra latina *beatus,* que significa «feliz».

Bem-aventurados os que têm espírito de pobreza, diz-nos Cristo, *porque deles é o reino dos céus,* Esta bem-aventurança, a primeira das oito, lembra-nos que o céu é para os humildes. Têm espírito de pobreza os que nunca esquecem que tudo o que são e possuem lhes vem de Deus. Sejam talentos, saúde, bens ou filhos, nada, absolutamente nada, têm como próprio. Por essa pobreza em espírito, pela voluntariedade com que se dispõem a entregar a Deus qualquer dos seus dons que Ele decida levar, a própria adversidade, se vier, clama a Deus e obtém-lhes graças e mérito. É uma garantia de que Deus, a quem apreciam acima de todas as coisas, será a sua recompensa perene. Dizem com Jó: *O Senhor deu, o Senhor tirou: bendito seja o nome do Senhor!* (1, 21).

Jesus sublinha este ensinamento repetindo a mesma consideração na segunda e na terceira bem-aventuranças. *Bem-aventurados os mansos,* diz, *porque possuirão a terra.* A terra a que Jesus se refere é, evidentemente, uma singela imagem poética para designar o céu. E isto é assim em todas as bem-aventuranças: em cada uma delas se promete o céu sob uma linguagem figurada. Os «mansos» de que Jesus fala na segunda bem-aventurança não são os caracteres pusilânimes, sem nervo nem sangue, que o mundo designa com essa palavra. Os verdadeiros mansos não são de maneira nenhuma personalidades fracas. É necessária uma grande fortaleza interior para aceitar decepções, reveses, mesmo desastres, e manter em todo o momento o olhar fixo em Deus e a esperança incólume.

Bem-aventurados os que choram, continua Jesus na terceira bem-aventurança, *porque serão consolados.* De novo, como nas duas bem-aventuranças anteriores, impressiona-nos a infinita compaixão de Jesus pelos pobres, pelos infelizes, pelos aflitos e atribulados. Os que sabem ver na dor a justa sorte da humanidade pecadora, e sabem aceitá-la sem rebeliões nem queixas, unidos à própria cruz de Cristo, encontram um lugar de predileção na mente e no coração de Jesus. São os que dizem com São Paulo: *Tenho para mim que os sofrimentos da presente vida não têm proporção alguma com a glória futura que nos deve ser manifestada* (Rom 8, 18).

Porém, por excelente que seja levarmos as nossas cargas cheios de ânimo e esperança, não o é aceitarmos indiferentemente as injustiças que se fazem aos outros. Por muito generosos que sejamos em entregar a Deus a nossa felicidade terrena, estamos obrigados, por um paradoxo divino, a promover a felicidade dos outros. A injustiça não se limita a destruir a felicidade temporal de quem a padece: põe também em perigo a felicidade eterna de quem a comete. E isto é verdade quer se trate de uma injustiça econômica que oprime o pobre (o emigrante sem recursos, o subempregado, o favelado, são exemplos que ocorrem facilmente), como de uma injustiça racial que desagrada ao nosso próximo (o que é que *você* pensa dos negros e da segregação?), ou de uma injustiça moral que afoga a ação da graça (você não fica perturbado por ver certas publicações na biblioteca de um amigo?). Devemos ter zelo pela justiça, quer se trate da justiça no relacionamento com os outros, quer da justiça mais elevada com Deus. São estas algumas das implicações da quarta bem-aventurança: *Bem-aventurados os que têm fome e sede de justiça, porque serão saciados* – saciados no céu, nunca aqui na terra.

Bem-aventurados os misericordiosos, continua Cristo, *porque alcançarão misericórdia*. É tão difícil perdoar a quem nos ofende, tão duro acolher com paciência o fraco, o ignorante e o antipático! Mas aqui está a própria essência do espírito cristão. Não poderá haver perdão para quem não perdoa.

Bem-aventurados os puros de coração, porque verão a Deus. A sexta bem-aventurança não se refere principalmente à castidade, como muitos pensam, mas ao esquecimento próprio, à necessidade de ver tudo do ponto de vista de Deus, e não do nosso. Quer dizer unidade de fins: primeiro Deus, sem hipocrisias nem malabarismos.

Bem-aventurados os pacíficos, porque serão chamados filhos de Deus. Ao ouvir estas palavras de Cristo, tenho de perguntar a mim mesmo se sou foco da paz e harmonia no meu lar, centro de boa vontade na minha comunidade, apaziguador de discórdias no meu trabalho. É caminho direto para o céu.

Bem-aventurados os que sofrem perseguição pela justiça, porque deles é o reino dos céus. E, com a oitava bem-aventurança, baixamos a cabeça, envergonhados pela pouca generosidade com que enfrentamos os insignificantes sacrifícios que a nossa religião nos exige, em comparação com os de tantas almas e irmãos nossos que ao longo da história, e também no século XX, foram torturados e mortos por serem fiéis a Cristo.

CAPÍTULO XI

A Igreja Católica

O Espírito Santo e a Igreja

Quando o sacerdote instrui um possível converso, geralmente nas primeiras etapas das suas explicações, ensina-lhe o significado do perfeito amor a Deus. Explica-lhe o que quer dizer fazer um ato de contrição perfeita. Ainda que esse converso deva esperar vários meses até receber o Batismo, não há razão para que viva esse tempo em pecado. Um ato de perfeito amor a Deus – que inclui o desejo de batizar-se – purifica-lhe a alma antes do Batismo.

O possível converso, naturalmente, alegra-se de sabê-lo, e eu estou certo de ter derramado a água batismal na cabeça de muitos adultos que já possuíam o estado de graça santificante. Por haverem feito um ato de perfeito amor a Deus, tinham recebido o batismo de desejo. E, não obstante, em todos e em cada um dos casos, o converso manifestou uma grande alegria e alívio ao receber o sacramento, porque até esse momento não podia ter a *certeza* de que os seus pecados estavam perdoados. Por muito que nos esforcemos por fazer um ato perfeito de amor a Deus, nunca poderemos estar certos de tê-lo conseguido. Mas quando a água salvífica lhe é derramada sobre a cabeça, o neófito passa a ter a certeza de que Deus veio a ele.

São Paulo diz-nos que ninguém, nem sequer o melhor de nós, pode ter a *certeza absoluta* de estar em estado de graça santificante. Mas tudo o que pedimos é *certeza moral*, o tipo de certeza que temos quando somos batizados ou quando recebemos a absolvição no sacramento da Penitência. A paz da alma, a gozosa confiança que esta certeza proporciona, é uma das razões pelas quais Jesus Cristo instituiu uma Igreja visível. As graças que Ele nos adquiriu no Calvário, podia tê-las aplicado a cada alma direta e invisivelmente, sem recorrer a sinais externos ou cerimônias. No entanto, como conhecia a nossa necessidade de uma segurança visível, preferiu canalizar as suas graças através de símbolos sensíveis. Instituiu os *sacramentos*, para que pudéssemos saber quando, como e que espécie de graça recebemos. E uns sacramentos visíveis necessitam de um agente visível no mundo, que os guarde e distribua. Este agente visível é a Igreja instituída por Jesus Cristo.

A necessidade de uma Igreja não se limita, evidentemente, à guarda dos sacramentos. Ninguém pode *querer* os sacramentos se não os *conhece*. Como ninguém pode *crer* em Cristo se antes não lhe *falaram* dEle. Para que a vida e a morte de Cristo não sejam em vão, tem que existir uma voz viva no mundo que transmita os ensinamentos de Cristo através dos séculos. Deve haver uma voz audível, deve haver um porta-voz visível, cuja autoridade todos os homens de boa vontade possam reconhecer. Consequentemente, Jesus fundou a sua Igreja não só para santificar a humanidade por meio dos sacramentos, mas, antes de tudo, para *ensinar* aos homens as verdades que Jesus Cristo ensinou, as verdades necessárias à salvação. Basta um momento de reflexão para nos darmos conta de que, se Jesus não tivesse fundado uma Igreja, até mesmo o nome de Jesus Cristo nos seria hoje desconhecido.

Porém, não nos basta ter à nossa disposição a graça dos sacramentos visíveis da Igreja visível, nem nos basta ter a verdade proclamada pela voz viva da Igreja docente. Precisamos também saber o que *devemos* fazer por Deus; necessitamos de um guia seguro que nos indique o caminho que devemos seguir de acordo com a verdade que conhecemos e as graças que recebemos. Da mesma maneira que seria inútil para os cidadãos de um país ter uma Constituição se não houvesse um governo para interpretá-la e fazê-la observar mediante uma legislação adequada, o conjunto da Revelação cristã precisa de uma instância que o interprete de modo apropriado. Como fazer-se membro da Igreja e como permanecer nela? Quem pode receber este ou aquele sacramento, quando e como? Quando a Igreja promulga as suas leis, responde a perguntas como essas, cumprindo sob Cristo o seu terceiro dever, além dos de ensinar e santificar: *governar*.

Conhecemos a definição clássica da Igreja como «a congregação de todos os batizados, unidos na mesma fé verdadeira, no mesmo sacrifício e nos mesmos sacramentos, sob a autoridade do Sumo Pontífice e dos bispos em comunhão com ele». Uma pessoa torna-se membro da Igreja quando recebe o sacramento do Batismo, e continua a sê-lo enquanto dela não se separar por cisma (negação ou contestação da autoridade papal), por heresia (negação de uma ou mais verdades de fé proclamadas pela Igreja), ou por excomunhão (exclusão da Igreja por certos pecados graves sem arrependimento). Mas mesmo essas pessoas, se foram batizadas validamente, permanecem basicamente súditos da Igreja, e estão obrigadas a cumprir as suas leis, a não ser que delas sejam dispensadas especificamente.

Com tudo isto, vê-se bem que consideramos a Igreja de um ponto de vista apenas externo. Assim como um homem é mais do que o seu corpo físico, assim a Igreja é infinitamente mais do que a mera organização exterior visível. O que torna o homem um ser humano é a alma. E é a alma da Igreja o que a torna, além de uma organização, um *organismo vivo*. Assim como a inabitação das três Pessoas divinas dá à alma a vida sobrenatural a que chamamos graça santificante, assim a inabitação da Santíssima Trindade dá à Igreja a sua vida inextinguível, a sua perene vitalidade. Já que a tarefa de santificar-nos (que é própria do Amor divino) se atribui ao Espírito Santo por apropriação, é Ele quem nós designamos por *alma* da Igreja, desta Igreja cuja Cabeça é Cristo.

> «"O que é o nosso espírito, isto é, a nossa alma em relação a nossos membros, assim é o Espírito Santo em relação aos membros de Cristo, ao corpo de Cristo que é a Igreja" (Santo Agostinho, *Serm. 267*, 4: PL 38, 1231D). "A este Espírito de Cristo, em princípio invisível, deve-se atribuir também a união de todas as partes do Corpo tanto entre si como com sua Cabeça, pois ele está todo na Cabeça, todo no Corpo e todo em cada um de seus membros" (Pio XII, Enc. *Mystici corporis*: DS 3808). O Espírito Santo faz da Igreja "*o Templo do Deus Vivo*" (2 Cor 6, 16)» (n. 797; cf. também o n. 798).

Deus modelou Adão do barro da terra e depois, segundo a bela imagem bíblica, insuflou uma alma nesse corpo, e Adão se converteu em ser vivo. Deus criou a Igreja de uma maneira muito semelhante. Primeiro desenhou o Corpo da Igreja na Pessoa de Jesus Cristo. Esta tarefa estendeu-se por três anos, desde o primeiro milagre público de Jesus, em Caná, até a sua ascensão ao céu. Durante esse tempo, Jesus escolheu os seus doze Apóstolos, destinados a serem os primeiros bispos da sua Igreja. Durante três anos, instruiu-os e treinou-os nos seus deveres, na missão de estabelecer o reino de Deus. Nesse mesmo período de tempo, desenhou também os sete «canais», os sete sacramentos, pelos quais fluiriam às almas dos homens as graças que Ele ganharia na cruz.

Ao mesmo tempo, Jesus confiou aos Apóstolos uma tríplice missão, que é a tríplice missão da Igreja. Ensinar: *Ide, pois, e ensinai a todas as nações* [...]. *Ensinai-as a observar tudo o que vos prescrevi* (Mt 28, 19-20). Santificar: *Batizai-as em nome do Pai, do Filho e do Espírito Santo* (Mt 28, 19); *Isto é o meu corpo* [...]; *fazei isto em memória de mim* (Lc 22, 19); *Àqueles a quem perdoardes os pecados, ser-lhes-ão perdoados; àqueles a quem os retiverdes, ser-lhes-ão retidos* (Jo 20, 23). E governar em seu nome: *Se recusa ouvi-los, dize-o à Igreja. E se recusar ouvir também a Igreja, seja ele para ti como um pagão e um publicano.* [...] *tudo o que ligardes sobre a terra será ligado no céu, e tudo o que desligardes sobre a terra será também desligado no céu* (Mt 18, 17-18); *Quem vos ouve, a mim ouve, e quem vos rejeita, a mim rejeita* (Lc 10, 16).

> «Para manter a Igreja na pureza da fé transmitida pelos apóstolos, Cristo quis conferir à sua Igreja uma *participação em sua própria infalibilidade,* ele que é a Verdade. Pelo "sentido sobrenatural da fé", o Povo de Deus "se atém indefectivelmente à fé", sob a guia do Magistério vivo da Igreja (cf. LG 12, DV 10).
>
> «A missão do Magistério está ligada ao caráter definitivo da Aliança instaurada por Deus em Cristo com seu Povo; deve protegê-lo dos desvios e dos afrouxamentos e garantir-lhe a possibilidade objetiva de professar sem erro a fé autêntica. O ofício pastoral do Magistério está, assim, ordenado ao cuidado para que o Povo de Deus permaneça na verdade que liberta. Para executar este serviço, Cristo dotou os pastores do carisma de infalibilidade em matéria de fé e de costumes» (ns. 889-890; cf. também ns. 888 e 891-892).
>
> «O Bispo e os presbíteros *santificam* a Igreja por sua oração e seu trabalho, pelo ministério da palavra e dos sacramentos. Santificam-na por seu exemplo, *"não agindo como senhores daqueles que vos couberam por sorte, mas, antes, como modelos do rebanho"* (1 Pe 5, 3)» (n. 893).
>
> «"Os Bispos *dirigem* as suas Igrejas particulares como vigários e delegados de Cristo com conselhos, exortações e exemplos, mas também com autoridade e com poder sagrado" (LG 27), o qual, porém, devem exercer para edificar, no

espírito de serviço que caracteriza o de seu Mestre» (n. 894; cf. também os ns. 895-896).

Outra missão de Jesus, ao formar o Corpo da sua Igreja, foi a de prover uma *autoridade* para o seu Reino na terra. Atribuiu esta tarefa ao Apóstolo Simão, filho de Jonas, e, ao fazê-lo, impôs-lhe um nome novo, Pedro, que quer dizer pedra. A promessa foi esta: *Feliz és, Simão, filho de Jonas* [...]. *E eu te declaro: tu és Pedro, e sobre esta pedra edificarei a minha Igreja; as portas do inferno não prevalecerão contra ela. Eu te darei as chaves do Reino dos céus* (Mt 16, 17-19). E Jesus cumpriu essa promessa depois de ressuscitar, segundo lemos no capítulo 21 do Evangelho de São João. Após obter de Pedro uma tríplice manifestação de amor *(Simão, filho de Jonas, tu me amas?)*, fez dele o pastor supremo do seu rebanho. *Apascenta os meus cordeiros,* disse-lhe Jesus, *apascenta as minhas ovelhas.* Todo o rebanho de Cristo – ovelhas e cordeiros; bispos, sacerdotes e fiéis – foi posto sob a jurisdição de Pedro e dos seus sucessores, porque, é evidente, Jesus não veio à terra para salvar só as almas contemporâneas dos Apóstolos. Jesus veio para salvar todas as almas, enquanto houver almas que salvar.

> «O *Papa*, Bispo de Roma e sucessor de S. Pedro, "é o perpétuo e visível princípio e fundamento da unidade, quer dos Bispos, quer da multidão dos fiéis" (LG 23). "Com efeito, o Pontífice Romano, em virtude de seu múnus de Vigário de Cristo e de Pastor de toda a Igreja, possui na Igreja poder pleno, supremo e universal. E ele pode exercer sempre livremente este seu poder" (LG 22)» (n. 882; cf. também os ns. 880-881 e 883-887).

O tríplice dever (e poder) dos Apóstolos – ensinar, santificar e governar – foi por eles transmitido a outros homens, a quem, pelo sacramento da Ordem, ordenariam e consagrariam para continuarem a sua missão. Os bispos atuais são sucessores dos Apóstolos. Cada um deles recebeu o seu poder episcopal de Cristo, por meio dos Apóstolos, em continuidade ininterrupta. E o poder supremo de Pedro, a quem Cristo constituiu cabeça de *tudo,* reside hoje no bispo de Roma, a quem chamamos com amor o Santo Padre. Isto é assim porque, pelos desígnios da Providência, Pedro foi a Roma e lá morreu como primeiro bispo da cidade. Consequentemente, quem for bispo de Roma será automaticamente o sucessor de Pedro e, portanto, possui o especial poder de Pedro de ensinar e governar toda a Igreja.

Este é, pois, o Corpo da Igreja de Cristo, tal como Ele a criou: não uma mera irmandade invisível de homens unidos pelos laços da graça, mas uma *sociedade visível* de homens subordinada a uma cabeça investida em autoridade e governo. É o que chamamos uma sociedade *hierárquica,* com as sólidas e admiráveis proporções de uma pirâmide. No cume o Papa, com suprema autoridade espiritual. Imediatamente abaixo, formando com o Papa o Colégio Episcopal, do qual o Sumo Pontífice é a cabeça, os outros bispos, cuja jurisdição, cada um na respectiva diocese, procede da sua união com o sucessor de Pedro. Mais abaixo, os sacerdotes que, como cooperadores dos bispos, em virtude do sacramento da Ordem, são consagrados para pregar o Evangelho, apascentar os fiéis e celebrar o culto divino. Finalmente, está a ampla base do povo de Deus, as almas de todos os batizados, para quem os outros existem.

Este é o Corpo da Igreja tal como Jesus o constituiu nos seus três anos de vida pública. Como o corpo de Adão, jazia à espera da alma. Esta alma havia sido prometida por Jesus quando disse aos seus Apóstolos antes da Ascensão: *descerá sobre vós o Espírito Santo e vos dará força; e sereis minhas testemunhas em Jerusalém, em toda a Judéia e Samaria e até os confins do mundo* (At 1, 8). Conhecemos bem a história do Domingo de Pentecostes, décimo dia depois da Ascensão e quinquagésimo depois da Páscoa (Pentecostes significa «quinquagésimo»): *Apareceu-lhes então uma espécie de línguas de fogo que se repartiram e pousaram sobre cada um deles. Ficaram todos cheios do Espírito Santo* (At 2, 3-4). E, nesse momento, o Corpo tão maravilhosamente desenhado por Jesus durante três pacientes anos aflorou subitamente à vida. O Corpo Vivo levanta-se e começa a sua expansão. Nasceu a Igreja de Cristo.

Nós somos a Igreja

O que é um ser humano? Poderíamos dizer que é um animal que anda ereto sobre as suas extremidades posteriores, e pode raciocinar e falar. A nossa definição seria correta, mas não completa. Dir-nos-ia apenas o que é o homem visto de fora, mas omitiria a sua parte mais maravilhosa: o fato de possuir uma alma espiritual e imortal.

O que é a Igreja? Também poderíamos responder dando uma visão externa da Igreja. Poderíamos defini-la (e, de fato, frequentemente o fazemos) como a sociedade dos batizados, unidos na mesma fé verdadeira, sob a autoridade do Papa, sucessor de São Pedro.

Mas, ao descrevê-la nestes termos, enquanto organização hierárquica composta pelo Papa, bispos, sacerdotes e leigos, devemos ter presente que estamos descrevendo o que se chama a Igreja *jurídica*. Quer dizer, encaramos a Igreja como uma *organização*, como uma sociedade pública cujos membros e dirigentes estão ligados entre si por laços de união visíveis e legais. De certo modo, é algo semelhante à maneira como os cidadãos de uma nação estão unidos entre si por laços de cidadania, visíveis e legais. Os Estados Unidos da América, por exemplo, são uma sociedade *jurídica*.

Jesus Cristo, evidentemente, estabeleceu a sua Igreja como uma sociedade jurídica. Para cumprir a sua missão de ensinar, santificar e reger os homens, a Igreja devia ter uma organização visível. O Papa Pio XII, na sua encíclica sobre o Corpo Místico de Cristo, apontou-nos esse aspecto. E o mesmo fez a constituição *Lumen gentium* («Luz dos povos») do Concílio Vaticano II, que ensina que «a Igreja é constituída e organizada neste mundo como uma sociedade». E, como tal, é a sociedade jurídica mais perfeita que existe, pois tem o mais nobre dos fins: a santificação dos seus membros para a glória de Deus.

Mas a Igreja é muito mais que uma organização jurídica. É o próprio Corpo de Cristo, um corpo tão especial, que deve ter um nome especial: o *Corpo Místico de Cristo*. Cristo é a Cabeça do Corpo: cada batizado é uma parte viva, um *membro* desse Corpo, cuja alma é o Espírito Santo.

Trata-se de um mistério oculto, que durante este exílio terreno só podemos enxergar obscuramente. Mas procuremos fazê-lo, ainda que seja à meia-luz. Sabemos que o nosso corpo físico é composto de milhões de células individuais, todas trabalhando conjuntamente para o bem de todo o corpo, sob a direção da cabeça. As diferentes partes do corpo não se ocupam em fins próprios e privados. Os olhos, os ouvidos e os demais sentidos captam conhecimentos para a utilidade de todo o corpo. Os pés levam o corpo inteiro para onde ele queira ir; as mãos levam o alimento à boca, o intestino absorve a nutrição necessária a todo o corpo; o coração e os pulmões enviam sangue e oxigênio a todas as partes da anatomia. Todos vivem e atuam para todos.

E a alma dá vida e unidade a todas as diferentes partes, a cada uma das células individuais. Quando o aparelho digestivo transforma o alimento em substância corporal, as novas células não se agregam ao corpo de forma eventual, como o esparadrapo à pele. As novas células tornam-se parte do corpo vivo, porque a alma se torna presente nelas, do mesmo modo que no resto do corpo.

Apliquemos agora esta analogia ao Corpo Místico de Cristo. Quando somos batizados, o Espírito Santo toma posse de nós, de maneira muito semelhante àquela com que a nossa alma toma posse das células que se vão formando no corpo. Este mesmo Espírito Santo é por sua vez o Espírito de Cristo, que «se compraz em morar na amada alma do nosso Redentor como no seu santuário mais estimado; é o Espírito que Cristo nos mereceu na cruz, pelo derramamento do seu sangue [...]. Porém, após a exaltação de Cristo na cruz, o seu espírito derrama-se superabundantemente sobre a Igreja, a fim de que ela e os seus membros individuais possam tornar-se dia a dia mais semelhantes ao seu Salvador» (Pio XII). Pelo Batismo, o Espírito de Cristo torna-se também o nosso Espírito. «A Alma da Alma» de Cristo torna-se também Alma da nossa alma.

Assim é, pois, a Igreja vista por «dentro». É uma sociedade jurídica, sim, com uma organização visível dada pelo próprio Cristo. Mas é muito mais, é um *organismo vivo*, um Corpo que vive, cuja Cabeça é Cristo, cujos membros somos nós, os batizados, e cuja alma é o Espírito Santo. É um Corpo vivo do qual podemos separar-nos por heresia, cisma ou excomunhão, do mesmo modo que um dedo é extirpado pelo bisturi do cirurgião. É um Corpo em que o pecado mortal – como um torniquete aplicado a um dedo – pode interromper temporariamente o fluxo vital, até que seja retirado pelo arrependimento. É um Corpo em que cada membro se beneficia de cada Missa que se celebra, de cada oração que se oferece, de cada boa obra que se faz por cada um dos outros membros, em qualquer lugar do mundo. É o Corpo Místico de Cristo.

Sociedade e Corpo Místico são, porém, *uma só realidade*, como explica a *Lumen gentium:* «A sociedade provida de órgãos hierárquicos e o Corpo Místico de Cristo, a assembleia visível e a comunidade espiritual, a Igreja terrestre e a Igreja enriquecida de bens celestes, não devem ser consideradas duas coisas, mas uma só realidade complexa, em que se fundem o elemento divino e o humano».

A Igreja é o Corpo Místico de Cristo. *Eu sou membro desse Corpo*. Que representa isto para mim? Sei que no corpo humano cada parte tem uma função a realizar: os olhos, ver; o ouvido, ouvir; a mão, apanhar; o coração, impulsionar o sangue. Há no Corpo Místico de Cristo uma função que *me* esteja designada? Todos sabemos que a resposta a esta pergunta é *sim*. Sabemos também que há três sacramentos pelos quais Cristo nos marca os nossos deveres.

Primeiro, o sacramento do *Batismo*, pelo qual nos tornamos membros do Corpo Místico de Cristo. Dissemos que, pelo Batismo, somos *incorporados* em Cristo. Esta palavra «incorporado» deriva do latim *corpus* e significa «feito parte do corpo». O alimento é incorporado quando se converte em células vivas e se torna parte do nosso corpo. É isto, analogamente, o que se passa conosco quando somos batizados; somos *incorporados* em Cristo.

> «Os crentes que respondem à Palavra de Deus e se tornam membros do Corpo de Cristo ficam estreitamente unidos a Cristo: "Neste corpo, a vida de Cristo se difunde por meio dos crentes que os sacramentos, de forma misteriosa e real, unem a Cristo sofredor e glorificado" (LG 7). Isto é particularmente verdade com relação ao Batismo, pelo qual somos unidos à morte e à Ressurreição de Cristo» (n. 790).

Ao unir-nos a Ele com essa intimidade, Jesus compartilha conosco, na medida das limitações humanas, tudo quanto é e tudo quanto tem. Especialmente, faz-nos participar do seu sacerdócio eterno. Compartilhamos com Ele a tremenda tarefa de oferecer à Santíssima Trindade um culto adequado. O cristão batizado, quando exerce conscientemente o sacerdócio comum que compartilha com Cristo, participa da Missa de uma maneira que uma pessoa não batizada jamais poderá alcançar.

Mas, além da Missa, adoramos a Deus de outras maneiras: pela oração, pelo sacrifício e pela prática das virtudes da fé, da esperança e da caridade, *especialmente* da caridade. Caridade significa amor a Deus e amor às almas que Deus criou e pelas quais Jesus morreu. A nossa condição de membros do Corpo Místico de Cristo e a nossa participação no seu sacerdócio eterno incita-nos a trabalhar ativamente com Cristo na obra da Redenção. Para sermos fiéis à nossa vocação de batizados, devemos sentir *zelo pelas almas;* todos e cada um de nós devemos ser apóstolos e, se fazemos parte do laicato, devemos ser apóstolos leigos.

São duas palavras que vêm do grego. Nessa língua, *apóstolo* significa «enviado». Os doze homens que Jesus enviou ao mundo para estabelecer a sua Igreja são os Doze Apóstolos, assim, com maiúsculas. Mas não haviam de ser os únicos apóstolos. Na pia batismal, Jesus envia-nos, a cada um, a continuar o que os Doze Apóstolos iniciaram. Nós também somos apóstolos, com «a» minúsculo.

Quanto à palavra *leigo*, também provém do grego e significa simplesmente «povo». Sabemos que há na Igreja três amplas categorias de membros: os *clérigos*, termo que abrange os bispos, os sacerdotes e os diáconos; os *religiosos*, homens e mulheres que vivem em comunidade e fazem voto de pobreza, castidade e obediência; e finalmente os *leigos*, os cristãos comuns. Este termo compreende todos os batizados que não sejam clérigos nem religiosos.

> «"Sob o nome de leigos entendem-se [...] todos os cristãos, exceto os membros das Sagradas Ordens ou do estado religioso reconhecido na Igreja, isto é, os fiéis que, incorporados a Cristo pelo Batismo, constituídos em Povo de Deus e a seu modo feitos participantes da função sacerdotal, profética e régia de Cristo, exercem, em seu âmbito, a missão de todo o Povo cristão na Igreja e no mundo" (LG 31)» (n. 897).

Juntas, as três categorias de membros compõem o Corpo Místico de Cristo. Não apenas os clérigos, nem os clérigos com os religiosos, mas os clérigos, os religiosos e os leigos, todos unidos num Corpo, num só Povo de Deus, constituem a Igreja de Cristo. Nesse Corpo, cada categoria tem a sua função própria. Mas todos têm em comum, independentemente da categoria a que pertençam, a chamada – recebida no momento em que receberam o Batismo – para serem apóstolos, cada um segundo o seu estado.

Jesus compartilha conosco o seu sacerdócio eterno pelo Batismo e, de forma mais completa, pela Confirmação. No *Batismo*, compartilha a sua função de adoração da Trindade e, na *Confirmação*, a função «profética», a função docente. Assim como no Batismo fomos marcados com um selo indelével como membros do Corpo de Cristo e partícipes do seu sacerdócio, na Confirmação somos marcados de novo com o selo indelével de canais da verdade divina. Agora temos direito a qualquer graça de que possamos necessitar para ser fortes na fé, e a quaisquer luzes de que precisemos para tornar a nossa fé inteligível aos outros, sempre partindo da base, é claro, de que fazemos o que está ao nosso alcance para aprender as verdades da fé e nos deixamos guiar pela autoridade docente da Igreja, que reside no Papa e nos bispos. Uma vez confirmados, temos como que uma *dupla* responsabilidade de ser apóstolos e uma dupla fonte de graça e fortaleza para cumprir esse dever.

Finalmente, o terceiro dos sacramentos que fazem participar do sacerdócio é a *Ordem*. Desta vez, Cristo compartilha *plenamente* o seu sacerdócio: completamente nos bispos e em grau subordinado nos sacerdotes. No sacramento da Ordem, não há apenas uma chamada, não há apenas uma graça, mas há, além disso, um *poder*. O sacerdote recebe o poder de consagrar e perdoar, de santificar e abençoar. O bispo, além disso, recebe o poder de ordenar outros bispos e sacerdotes, e a jurisdição de governar as almas e de definir as verdades de fé. Este poder de definir verdades de fé reside no Colégio Episcopal – todos os bispos do mundo juntos – quando, em união com o Papa, exerce o seu supremo magistério.

> «"O *colégio ou corpo episcopal* não tem autoridade se nele não se considerar incluído, como chefe, o Romano Pontífice". Como tal, este colégio é "também ele detentor do poder supremo e pleno sobre a Igreja inteira. Todavia, este poder não pode ser exercido senão com o consentimento do Romano Pontífice" (LG 22)» (n. 883).

Mas *todos somos chamados a ser apóstolos*. Todos recebemos a missão de ajudar o Corpo Místico de Cristo a crescer e a manter-se são. Cristo espera que cada um de nós contribua para a salvação do mundo, da pequena parcela do mundo em que vive: o seu lar, o seu ambiente de trabalho e de lazer, as suas relações sociais, etc. Espera que, por meio das nossas vidas, O tornemos visível àqueles com quem trabalhamos. Espera que sintamos um pleno sentido de responsabilidade para com as almas dos que nos cercam, que os seus pecados nos penalizem, que a sua incredulidade nos preocupe. Cristo espera de cada um de nós que participemos, cada um de acordo com a sua vocação, da única missão salvadora da Igreja. Diz o Concílio Vaticano II que «é específico dos leigos, por sua própria vocação, procurar o Reino de Deus exercendo funções temporais e ordenando-as segundo Deus». E acrescenta que é nas condições ordinárias da vida familiar e social que os leigos devem contribuir, a modo de fermento, para a santificação do mundo.

Há, além disso, a possibilidade de se inscreverem em associações de natureza apostólica que tenham uma clara finalidade de santificação pessoal e alheia, sem deixarem por isso de ser leigos.

> «Uma vez que, como todos os fiéis, os leigos são encarregados por Deus do apostolado em virtude do Batismo e da Confirmação, têm a obrigação e gozam do direito, individualmente ou agrupados em associações, de trabalhar para que a mensagem divina da salvação seja conhecida e recebida por todos os homens e por toda a terra» (n. 900).

Capítulo XII

As notas e os atributos da Igreja

Onde a encontramos?

«Não é produto genuíno se não traz esta marca». Encontramos com frequência este lema nos anúncios dos produtos. Talvez não acreditemos em toda a tagarelice sobre os «produtos de qualidade» e «os entendidos o recomendam», mas, quando vão fazer compras, muitos insistem em que lhes sirvam determinada marca, e quase ninguém compra um artigo de prata sem lhe dar a volta para verificar se traz o selo que garante que é prata de lei, e muito poucos compram um anel sem antes olhar a marca dos quilates.

Sendo a sabedoria de Cristo a própria sabedoria de Deus, era de esperar que, ao estabelecer a sua Igreja, tivesse Ele previsto alguns meios para reconhecê-la, não menos inteligentes que os dos modernos comerciantes; umas «marcas» para que todos os homens de boa vontade pudessem reconhecê-la facilmente. Era de esperar que o fizesse, especialmente tendo em conta que Jesus fundou a sua Igreja à custa da sua própria vida. Jesus não morreu na cruz por gosto. Não deixou aos homens a escolha de pertencer ou não à Igreja, segundo as suas preferências. A sua Igreja é a Porta do Céu, pela qual todos (ao menos com um desejo implícito) devem entrar.

Ao constituir a Igreja como pré-requisito para a nossa felicidade eterna, o Senhor não deixou de estampar nela, claramente, a sua marca, o sinal da sua origem divina, e tão à vista que não pudéssemos deixar de

156   AS NOTAS E OS ATRIBUTOS DA IGREJA

reconhecê-la no meio da miscelânea de mil seitas, confissões e religiões do mundo atual. Podemos dizer que a «marca» da Igreja é um quadrado, e que o próprio Jesus Cristo nos disse que devíamos olhar para cada lado desse quadrado.

Primeiro, a *unidade*: *Tenho ainda outras ovelhas que não são deste aprisco. Preciso conduzi-las também, e ouvirão a minha voz e haverá um só rebanho e um só pastor* (Jo 10, 16). E também: *Pai santo, guarda-os em teu nome, que me encarregaste de fazer conhecer, a fim de que sejam um como nós* (Jo 17, 11).

Depois, a *santidade*: *Santifica-os pela verdade.* [...] *Santifico-me por eles para que também eles sejam santificados pela verdade* (Jo 17, 17.19). Esta foi a oração do Senhor pela sua Igreja, e São Paulo recorda-nos que Jesus Cristo *se entregou por nós, a fim de nos resgatar de toda a iniquidade, nos purificar e nos constituir seu povo de predileção, zeloso na prática do bem* (Ti 2, 14).

O terceiro lado do quadrado é a *catolicidade* ou *universalidade*. A palavra «católico» vem do grego, como a palavra «universal» vem do latim, mas ambas significam o mesmo: «tudo». *Todo* o ensinamento de Cristo a *todos* os homens, em *todos* os tempos e em *todos* os lugares. Escutemos as palavras do Senhor: *Este Evangelho do Reino será pregado pelo mundo inteiro para servir de testemunho a todas as nações* (Mt 24, 14). *Ide por todo o mundo e pregai o Evangelho a toda criatura* (Mc 16, 15). *Sereis minhas testemunhas em Jerusalém, em toda a Judeia, e Samaria e até os confins do mundo* (At 1, 8).

O quadrado completa-se com a nota da *apostolicidade*. Esta palavra parece um pouco complicada de se pronunciar, mas significa simplesmente que a Igreja que proteste ser de Cristo deve ser capaz de remontar a sua linhagem, em linha ininterrupta, até os Apóstolos. Deve ser capaz de mostrar a sua legítima descendência de Cristo por meio dos Apóstolos. De novo fala Jesus: *E eu te declaro: tu és Pedro, e sobre esta pedra edificarei a minha Igreja; as portas do inferno não prevalecerão contra ela* (Mt 16, 18). E, dirigindo-se a todos os Apóstolos: *Toda autoridade me foi dada no céu e na terra. Ide, pois, e ensinai a todas as nações; batizai-as em nome do Pai, do Filho e do Espírito Santo. Ensinai-as a observar tudo o que vos prescrevi. Eis que estou convosco todos os dias, até o fim do mundo* (Mt 28, 18-20). São Paulo sublinha este sinal da apostolicidade quando escreve aos Efésios: *já não sois hóspedes nem peregrinos, mas sois concidadãos dos santos e membros da família de Deus, edificados sobre o fundamento dos apóstolos e profetas, tendo por pedra angular o próprio Cristo Jesus* (Ef 2, 19-20).

Qualquer igreja que reclame ser de Cristo deve mostrar essas quatro notas. Há muitas «igrejas» no mundo de hoje que se chamam cristãs. Abreviemos o nosso trabalho de escrutínio examinando a nossa própria igreja, a Igreja Católica, e se encontrarmos nela a marca de Cristo, não precisaremos examinar as outras.

Por muito errado que você esteja sobre alguma coisa, sempre é desagradável que alguém lho diga sem rodeios. E enquanto esse alguém lhe for explicando cuidadosamente *por que* está enganado, é provável que você se mostre mais e mais obstinado. Talvez nem sempre suceda isso consigo, ou talvez você seja muito santo e nunca tenha essa reação. Mas, em geral, nós, os homens, somos assim. Todos devemos estar dispostos a expor a nossa religião em qualquer ocasião; mas nunca a discutir sobre ela. No momento em que dissermos a alguém: «A sua religião é falsa e eu lhe direi por quê», fecharemos com uma batida de porta a mente dessa pessoa, e nada do que dissermos depois conseguirá abri-la.

Por outro lado, devemos ver que, se conhecermos bem a nossa religião, poderemos explicá-la, inteligente e amavelmente, ao vizinho que não é católico ou que não pratica: haverá bastantes esperanças de que nos escute. Se pudermos demonstrar-lhe que a Igreja Católica é a verdadeira Igreja estabelecida por Jesus Cristo, não há razão para dizer-lhe que a «Igreja» dele é falsa. Poderá ser que seja teimoso, mas não será estúpido, e é de confiar que tire as suas próprias conclusões. Tendo isto em mente, examinemos agora a Igreja Católica para ver se apresenta a marca de Cristo, se Jesus a indicou como sua, sem possibilidades de erro.

Primeiro, vejamos a *unidade*, que o Senhor estabeleceu como característica do seu rebanho. Observemos esta unidade em suas três dimensões: unidade de credo, unidade de culto e unidade de autoridade.

> «A unidade da Igreja peregrinante é também assegurada por vínculos visíveis de comunhão:
> — «a profissão de uma única fé recebida dos Apóstolos;
> — «a celebração comum do culto divino, sobretudo dos sacramentos;
> — «a sucessão apostólica, por meio do Sacramento da Ordem, que mantém a concórdia fraterna da família de Deus» (n. 815).

Sabemos que os membros da Igreja de Cristo devem manifestar *unidade de credo*. As verdades em que cremos são as que foram dadas a conhecer pelo próprio Cristo; são verdades que procedem diretamente de Deus. Não há verdades mais «verdadeiras» que a mente humana possa conhecer e aceitar do que as reveladas por Deus. Deus *é* a verdade; sabe tudo e não pode errar; é infinitamente verdadeiro e não pode mentir. É mais fácil crer, por exemplo, que não existe sol em pleno dia do que pensar que Jesus tenha podido enganar-se ao dizer-nos que existem três Pessoas num só Deus.

Por este motivo, consideramos o princípio do «juízo privado» como absolutamente ilógico. Há pessoas que estendem o princípio do juízo privado às questões religiosas. Admitem que Deus nos deu a conhecer certas verdades, mas dizem que cada homem tem de interpretar essas verdades de acordo com o seu critério. Que cada um leia a sua Bíblia, e aquilo que chegue a pensar que a Bíblia significa, esse *é o significado para ele*. Não está em nossas mãos escolher e acomodar a revelação de Deus às nossas preferências ou às nossas conveniências.

Essa teoria do «juízo privado» levou, naturalmente, a dar um passo mais: a negar *toda* a verdade absoluta. Hoje, muita gente pretende que a verdade e a bondade são termos *relativos*. Uma coisa será verdadeira enquanto a maioria dos homens pensar que é útil, enquanto parecer que essa coisa «funciona». Se crer em Deus ajuda você, então creia em Deus; mas, se você pensa que essa crença dificulta a marcha do progresso, deve estar disposto a afastá-la. E o mesmo se passa com a bondade. Uma coisa ou uma ação é boa se contribui para o bem-estar e a felicidade do homem. Mas se a castidade, por exemplo, parece que refreia o avanço de um mundo que está sempre evoluindo, então a castidade deixa de ser boa.

Em resumo, bom ou verdadeiro é apenas o que, aqui e agora, é útil para a comunidade, para o homem como elemento construtivo da sociedade, e é bom ou verdadeiro *somente enquanto* continua a ser útil. Esta filosofia tem o nome de *pragmatismo*. É muito difícil dialogar com um pragmático sobre a verdade, porque minou o terreno que você pisa começando por negar a existência de qualquer verdade real e absoluta. Tudo o que um homem de fé pode fazer por ele é rezar e demonstrar-lhe com uma vida cristã autêntica que o cristianismo «funciona».

Talvez nos tenhamos desviado um pouco do nosso tema principal: o de que não há igreja que possa dizer que é de Cristo se todos os seus membros não creem nas mesmas verdades, já que essas verdades são de Deus, eternamente imutáveis, as mesmas para todos os povos. Sabemos que na Igreja Católica *todos cremos* nas mesmas verdades: bispos, sacerdotes ou crianças; norte-americanos, franceses e japoneses; brancos ou negros; cada católico, esteja onde estiver, diz exatamente o mesmo quando recita o Credo dos Apóstolos.

Estamos unidos também no *culto,* como nenhuma outra igreja. Temos um só altar, sobre o qual Jesus Cristo renova, todos os dias, o seu oferecimento na cruz. Só um católico pode dar a volta ao mundo sabendo que, aonde quer que vá – à África ou à Índia, à Alemanha ou à América do Sul –, se encontrará sempre em casa, do ponto de vista religioso. Em toda a parte, a mesma Missa; em toda a parte, os mesmos sete sacramentos.

Não estamos unidos entre nós apenas pelo que cremos e pelo que celebramos, mas também por estarmos *sob a mesma autoridade.* Jesus Cristo designou São Pedro como pastor supremo do seu rebanho, e tomou as medidas necessárias para que os sucessores do Apóstolo até o fim dos tempos fossem a cabeça da sua Igreja e quem guardasse as suas verdades. A lealdade ao bispo de Roma, a quem chamamos carinhosamente Santo Padre, será sempre o centro obrigatório da Igreja de Cristo: «Onde está Pedro, ali está a Igreja».

Uma fé, um culto, uma cabeça. Esta é a unidade pela qual Cristo orou, a unidade que estabeleceu como um dos sinais que identificariam perpetuamente a sua Igreja. É uma unidade que só pode ser encontrada na Igreja Católica.

Una, Santa

O argumento mais forte contra a Igreja Católica é a vida dos maus católicos e dos católicos relaxados. Se perguntássemos a um católico tíbio: «Não será que tanto faz uma igreja como outra?», certamente nos responderia indignado: «Claro que não! Há uma só Igreja verdadeira, a Igreja Católica». E pouco depois passaria por mentiroso aos olhos dos seus amigos não católicos ao contar as mesmas piadas imorais que eles, ao embebedar-se nas mesmas reuniões, ao colaborar com eles em mexericos maliciosos, ao comprar os mesmos anticoncepcionais e até, talvez, ao mostrar-se menos escrupuloso que eles nos seus negócios ou na sua atuação política.

Sabemos que estes homens e mulheres são a minoria, ainda que já fosse excessivo que houvesse um só. Também sabemos que não nos pode surpreender que na Igreja de Cristo haja membros indignos. O próprio Jesus comparou a sua Igreja à rede que apanha peixes maus e bons (cf. Mt 13, 47-50); ao campo, onde o joio cresce entre o trigo (cf. Mt 13, 24-30); à festa de casamento, em que um dos convidados se apresenta sem a veste nupcial (cf. Mt 22, 11-14).

Sempre haverá pecadores: até o fim dos tempos serão a cruz que Jesus Cristo deve carregar aos ombros do seu Corpo Místico. E, não obstante, Jesus sublinhou a *santidade* como uma das notas distintivas da sua Igreja. *Pelos seus frutos os conhecereis,* disse Ele. *Porventura colhem-se uvas dos espinhos ou figos dos abrolhos? Assim toda a árvore boa dá bons frutos, e toda a árvore má dá maus frutos* (Mt 7, 16-17).

O Catecismo da Igreja Católica ensina que «"a Igreja [...] é, aos olhos da fé, indefectivelmente santa. Pois Cristo, Filho de Deus, que com o Pai e o Espírito é proclamado o 'único Santo', amou a Igreja como sua Esposa. Por ela se entregou com o fim de santificá-la. Uniu-a a si como seu corpo e cumulou-a com o dom do Espírito Santo, para a glória de Deus" (LG 39). A Igreja é, portanto, "o Povo santo de Deus" (LG 12), e seus membros são chamados *"santos"*» (n. 823).

Todas e cada uma destas palavras são verdade, mas não são um ponto fácil de aceitar para o nosso amigo não católico, especialmente se na noite anterior esteve de farra com um católico e se, além disso, sabia que esse seu amigo pertence à Confraria de Nossa Senhora das Dores da paróquia de São Pafúncio. *Sabemos* que Jesus Cristo fundou a Igreja e que as outras comunidades que se autodenominam «igrejas» foram fundadas por homens. Mas o luterano, provavelmente, zombará da nossa afirmação de que Martinho Lutero fundou uma nova igreja, e dirá que ele nada fez senão purificar a antiga Igreja dos seus erros e abusos. O anglicano, sem dúvida, dirá algo parecido: Henrique VIII e Thomas Cranmer não iniciaram uma nova igreja; simplesmente, separaram-se do «ramo romano» e estabeleceram o «ramo inglês» da Igreja cristã original. Os presbiterianos dirão o mesmo de John Knox, e os metodistas de John Wesley, e assim sucessivamente em toda a longa lista das seitas protestantes. Todas elas sem exceção proclamam Jesus Cristo como seu fundador.

Acontecerá o mesmo quando, como prova da sua origem divina, afirmarmos que a Igreja ensina uma doutrina santa. «A minha igreja também ensina uma doutrina santa», responderá o nosso amigo não católico. «Concordo sem reservas», podemos responder. «Penso, evidentemente, que a sua igreja está a favor do bem e da virtude. Mas também creio que não há igreja que promova a caridade cristã e o ascetismo tão plenamente como a Igreja Católica». Com toda a certeza, o nosso amigo continuará impassível e porá de lado a questão da «santidade da doutrina» como questão de opinião.

Mas não poderíamos ao menos apontar os santos como prova de que a santidade de Cristo continua a operar na Igreja Católica? Sim, porque é uma evidência difícil de se ignorar. Os milhares e milhares de homens, mulheres e jovens que levaram uma vida de santidade eminente, e cujos nomes estão inscritos no santoral, são algo que se torna bastante difícil de não ver, como também que as outras igrejas não têm coisa parecida, nem de longe. Não obstante, se o nosso interlocutor possui um verniz de psicologia moderna, poderá tentar derrubar os santos com palavras como «neurose», «sublimação de instintos básicos»... E, de qualquer maneira, dir-nos-á que esses santos estão só nos livros e que não podemos mostrar-lhe um santo aqui mesmo, agora.

Bem, e agora, que podemos dizer? Só ficamos você e eu. O nosso amigo perguntador (esperemos que pergunte com interesse sincero) pode proclamar Cristo como seu fundador, pode atribuir uma doutrina santa à sua igreja e pode qualificar os santos como um tema discutível. Porém, não *nos* pode ignorar a *nós*; não pode permanecer surdo e cego ao testemunho de nossas vidas. Se cada católico que o nosso inquiridor imaginário encontrasse fosse uma pessoa de eminentes virtudes cristãs – amável, paciente, abnegado e amistoso; casto, delicado e reverente na palavra; honrado, sincero e simples; generoso, sóbrio, leal e puro na conduta –, com que impressão você pensa que ele ficaria? Que testemunho arrasador daríamos da santidade da Igreja de Cristo!

Temos de recordar-nos uma e mil vezes de que *somos* os guardiões do nosso irmão. Não podemos tolerar as nossas pequenas debilidades, o nosso egoísmo, pensando que tudo se resolve sacudindo o pó numa confissão. Teremos de responder diante de Cristo não só pelos nossos pecados, mas também pelos pecados das almas que poderão ir para o inferno por nossa culpa. Esqueçamo-nos de todos os restantes católicos e concentremo-nos exclusivamente, agora mesmo, você em si e eu em mim. Então a nota de santidade da Igreja Católica se tornará evidente ao menos na pequena área em que você e eu vivemos e nos movemos.

Católica

«Em *todos* os tempos, *todas* as verdades, em *todos* os lugares». Esta frase descreve de uma forma condensada a terceira das quatro notas da Igreja. É o terceiro lado do quadrado que constitui a «marca» de Cristo e que nos prova a origem divina da Igreja. É o selo da autenticidade que só a Igreja Católica possui.

A palavra *católica* significa que abrange tudo, e provém do grego, como dissemos antes; e significa o mesmo que a palavra «universal», que vem do latim.

> O Catecismo complementa e precisa a definição da universalidade: «A palavra "católico" significa "universal" no sentido de "segundo a totalidade" ou "segundo a integridade". A Igreja é católica em duplo sentido:
>
> «Ela é católica porque nela Cristo está presente: "Onde está Cristo Jesus, está a Igreja católica" (Santo Inácio de Antioquia, *Smym.* 8, 2). Nela subsiste a plenitude do Corpo de Cristo unido à sua Cabeça, o que implica que ela recebe dele "a plenitude dos meios de salvação" (AG 6) que ele quis: confissão de fé correta e completa, vida sacramental integral e ministério ordenado na sucessão apostólica. Neste sentido fundamental, a Igreja era católica no dia de Pentecostes e o será sempre, até o dia da Parusia.
>
> «Ela é católica porque é enviada em missão por Cristo à universalidade do gênero humano: "Todos os homens são chamados a pertencer ao novo Povo de Deus. Por isso este Povo, permanecendo uno e único, deve estender-se a todo o mundo e por todos os tempos, para que se cumpra o desígnio da vontade de Deus, que no início formou uma só natureza humana e finalmente decretou congregar seus filhos que estavam dispersos [...]. Este caráter de universalidade que marca o Povo de Deus é um dom do próprio Senhor, pelo qual a Igreja Católica, de maneira eficaz e perpétua, tende a *recapitular toda a humanidade* com todos os seus bens sob Cristo Cabeça, na unidade do seu Espírito" (LG 13)» (ns. 830-831).

Quando dizemos que a Igreja Católica (com «C» maiúsculo) é católica (com «c» minúsculo) ou universal, queremos dizer antes de mais nada que existiu *todo o tempo* desde o Domingo de Pentecostes até os nossos dias. As páginas de qualquer livro de história darão fé disto, e não é necessário sequer que seja um livro escrito por um católico. A Igreja Católica tem uma existência ininterrupta de mais de mil e novecentos anos, e é a *única* Igreja que pode dizê-lo de verdade.

Digam o que quiserem as outras «igrejas» sobre a purificação da primitiva Igreja ou os «ramos» da Igreja, o certo é que, nos primeiros séculos da história cristã, não houve outra Igreja além da Católica. As comunidades cristãs não católicas mais antigas são as nestorianas, as monofisitas e as ortodoxas. A ortodoxa grega, por exemplo, teve o seu começo no século IX, quando o arcebispo de Constantinopla recusou a comunhão ao imperador Bardas, que vivia publicamente em pecado. Levado pelo despeito, o imperador separou a Grécia da sua união com Roma, e assim nasceu a confissão ortodoxa.

A confissão protestante mais antiga é a luterana, que começou a existir no século XVI, quase mil e quinhentos anos depois de Cristo. Teve a sua origem na rebelião de Martinho Lutero, um frade católico de personalidade magnética, e ficou devendo a sua rápida difusão ao apoio dos príncipes alemães, que se insurgiram contra o poder do Papa de Roma. A tentativa de Lutero de corrigir os abusos da Igreja (e não há dúvida de que havia abusos) acabou num mal muito maior: a divisão da Cristandade. Lutero abriu um primeiro furo no dique, e atrás dele veio a inundação. Já mencionamos Henrique VIII, John Knox e John Wesley. Mas as primeiras confissões protestantes subdividiram-se e proliferaram (especialmente nos países de língua alemã e inglesa), dando lugar a centenas de seitas diferentes, num processo que ainda não terminou. Mas nenhuma delas existia antes de 1517, ano em que Lutero afixou as suas famosas 95 *teses* na porta da igreja de Wittenberg, na Alemanha.

A Igreja Católica não só é a única cuja história não se interrompe desde os tempos de Cristo, como também é a única que ensina *todas as verdades* que Jesus ensinou e como Ele as ensinou. Os sacramentos da Penitência e Unção dos Enfermos, a Missa e a Presença Real de Jesus Cristo na Eucaristia, a supremacia espiritual de Pedro e seus sucessores, os

164 AS NOTAS E OS ATRIBUTOS DA IGREJA

Papas, a eficácia da graça e a possibilidade de o homem merecer a graça e o céu – são pontos que nem todas as igrejas não católicas aceitam. Há hoje comunidades que pretendem ser «igrejas cristãs» e chegam até a duvidar da divindade de Jesus Cristo. Em contrapartida, não há uma só verdade revelada por Jesus Cristo (pessoalmente ou pelos seus Apóstolos) que a Igreja Católica não proclame e ensine.

Além de ser universal no tempo (*todos* os dias desde o Pentecostes) e universal na doutrina (*todas* as verdades ensinadas por Jesus Cristo), a Igreja Católica levou a mensagem de salvação a todas as latitudes e longitudes da face da terra, lá onde houvesse almas que salvar. A Igreja Católica não é uma igreja «alemã» (como os luteranos) ou «inglesa» (como os anglicanos), ou «escocesa» (os presbiterianos), ou «holandesa» (a Igreja Reformada), ou «norte-americana» (centenas de seitas distintas). A Igreja Católica está em todos esses países e, além disso, em todos aqueles que permitiram entrada aos seus missionários[10]. Mas não é propriedade de nenhuma nação ou raça. Acha-se em casa em qualquer parte, sem ser propriedade de ninguém. Foi assim que Cristo a quis. A sua Igreja é para *todos* os homens; deve abranger o mundo inteiro. A Igreja Católica é a única a cumprir esta condição, a única que está em toda a parte, por todo o mundo.

Apostólica

A quarta nota da autêntica Igreja de Cristo, a que «completa o quadrado», é a *apostolicidade,* que significa, simplesmente, que a igreja que pretenda ser de Cristo deverá provar a sua legítima descendência dos Apóstolos, alicerce sobre o qual Jesus edificou a sua Igreja.

---

(10) «É ao *amor* de Deus por todos os homens que, desde sempre, a Igreja vai buscar a obrigação e o vigor do seu ardor missionário: *Porque o amor de Cristo nos impele...* (2 Cor 5, 14). Com efeito, *Deus quer que todos os homens se salvem e cheguem ao conhecimento da verdade* (1 Tim 2, 4). Deus quer a salvação de todos, mediante o conhecimento da *verdade*. A salvação está na verdade. Os que obedecem à moção do Espírito de Verdade estão já no caminho da salvação, mas a Igreja, a quem a mesma verdade foi confiada, deve ir ao encontro do seu desejo para levá-la a eles. É por acreditar no desígnio universal da salvação que a Igreja deve ser missionária» (n. 851; cf. também os ns. 849-50 e 852-6).

«A Igreja é apostólica por ser fundada sobre os apóstolos, e isto em um tríplice sentido:

– «ela foi e continua sendo construída sobre "o *fundamento dos apóstolos*" (Ef 2,20; At 21,14), testemunhas escolhidas e enviadas em missão pelo próprio Cristo;

– «ela conserva e transmite, com a ajuda do Espírito Santo que nela habita, o ensinamento, o depósito precioso, as salutares palavras ouvidas da boca dos apóstolos;

– «ela continua a ser ensinada, santificada e dirigida pelos apóstolos, até a volta de Cristo, graças aos que a eles sucedem na missão pastoral: o colégio dos bispos, "assistido pelos presbíteros, em união com o sucessor de Pedro, pastor supremo da Igreja" (AG 5)» (n. 857; cf. também os ns. 858-862).

Que a Igreja Católica passa pela prova da apostolicidade é coisa muito fácil de demonstrar. Temos a lista dos bispos de Roma, que remonta numa linha contínua do Papa atual até São Pedro. E os outros bispos da Igreja Católica, verdadeiros sucessores dos Apóstolos, são os elos atuais na ininterrupta cadeia que se estende por mais de vinte séculos. Desde o dia em que os Apóstolos impuseram as mãos sobre Timóteo e Tito, Marcos e Policarpo, o poder episcopal transmitiu-se pelo sacramento da Ordem Sagrada de geração em geração, de bispo para bispo.

E com isto, fechamos o «quadrado». Na Igreja Católica distingue-se com toda a clareza a «marca» de Cristo: *una, santa, católica* e *apostólica*. Não somos tão ingênuos a ponto de esperar que os convertidos acorram aos montões agora que lhes mostramos essa marca. Os preconceitos humanos não cedem tão facilmente à razão. Mas ao menos tenhamos a prudência de vermos nós essa marca com lúcida segurança.

A razão, a fé... e eu

Deus concedeu ao homem a faculdade de raciocinar, e Ele deseja que a utilizemos. Existem duas maneiras de abusar dessa faculdade. Uma é não utilizá-la. Caso típico da pessoa que não aprendeu a usar da razão é, por exemplo, o daquela que toma como verdade do Evangelho tudo o que lê nos jornais e nas revistas, por mais absurdo que seja. Essa pessoa aceita ingenuamente as mais extravagantes afirmações de vendedores e anunciantes, uma arma sempre pronta a ser empunhada por publicitários espertos. Deslumbra-a o prestígio; se um famoso cientista ou industrial diz que Deus não existe, para ela é claro que não há Deus. Noutras palavras, este não pensante não possui senão opiniões pré-fabricadas. Nem sempre é a preguiça intelectual a que produz um não pensante. Às vezes, infelizmente, são os pais e os mestres os causadores desta apatia mental, quando reprimem a natural curiosidade dos jovens e afogam os normais «porquês» com os seus «porque eu o digo e pronto».

No outro extremo está o homem que faz da razão um autêntico deus. É aquele que não crê em nada que não veja e compreenda por si mesmo. Para ele, os únicos dados certos são os que vêm dos laboratórios científicos. Nada é verdade a não ser que ele assim o ache, a não ser que, já e agora, produza resultados práticos. O que dá resultado é verdade; o que é útil, é bom. Este tipo de pensador é o que conhecemos por «positivista» ou «pragmático». Mas, no fundo, não é que recuse qualquer verdade que se baseie na autoridade: crerá cegamente na autoridade de um Einstein e aceitará a teoria da relatividade, mesmo que não a entenda; crerá na autoridade dos físicos nucleares, ainda que continue a não entender nada; mas a palavra «autoridade» produz-lhe uma repulsa automática quando se refere à autoridade da Igreja.

O pragmático respeita as declarações das autoridades humanas porque acha que elas devem saber o que dizem, confia na sua competência. Mas esse mesmo pragmático olhará com um desdém impaciente o católico que, pela mesma razão, respeita as declarações da Igreja, confiado em que a Igreja sabe o que está dizendo através da pessoa do Papa e dos bispos.

É verdade que nem todos os católicos têm uma compreensão inteligente da sua fé. Para muitos, a fé é uma aceitação *cega* das verdades religiosas baseada na autoridade da Igreja. Esta aceitação sem raciocínio poderá ser devida à falta de estudo ou até, infelizmente, à preguiça mental. Para as crianças e as pessoas sem instrução, as crenças religiosas devem ser desse gênero, sem provas, como a sua crença na necessidade de certos alimentos e a nocividade de certas substâncias é uma crença sem provas. O pragmático que afirma: «Eu creio no que diz Einstein porque não há dúvida de que ele sabe do que está falando», deverá também achar lógico que uma criança diga: «Creio porque papai diz», e que uma pessoa já mais crescida diga: «Creio porque assim o diz o padre», e não poderá estranhar que um adulto sem instrução afirme: «É o Papa que o diz, e para mim basta».

Não obstante, para um católico que raciocina, a aceitação das verdades da fé deve ser uma aceitação raciocinada, uma aceitação inteligente. É certo que a virtude da fé em si mesma – a *faculdade* de crer – é uma graça, um dom de Deus. Mas a fé adulta edifica-se sobre a razão; não é uma frustração da razão. O católico instruído considera suficiente a clara evidência histórica de que Deus falou, e de que o fez por meio de seu Filho, Jesus Cristo; de que Jesus constituiu a Igreja como seu porta-voz, como sua manifestação visível à humanidade; de que a Igreja Católica *é* a mesma que Jesus estabeleceu; de que aos bispos dessa Igreja, como sucessores dos Apóstolos (e especialmente ao Papa, sucessor de São Pedro), Jesus Cristo deu o poder de ensinar, santificar e governar espiritualmente em seu nome. À competência da Igreja para falar em nome de Cristo sobre matérias de fé doutrinal ou de ação moral, para administrar os sacramentos e exercer o governo espiritual, chamamos a *autoridade* da Igreja. O homem que, pelo uso da sua razão, vê com clareza satisfatória que a Igreja Católica possui este atributo de autoridade, não vai contra a razão, mas, pelo contrário, *segue-a* quando afirma: «Creio em tudo o que a Igreja Católica ensina».

De igual modo, o católico segue tanto a razão como a fé quando aceita a doutrina da *infalibilidade*. Este atributo significa simplesmente que a Igreja (seja na pessoa do Papa ou de todos os bispos juntos sob o Papa) não pode errar quando proclama solenemente que certa matéria de fé ou de conduta foi revelada por Deus e deve ser aceita e seguida por todos. A promessa de Cristo: *Eis que estou convosco todos os dias até o fim do mundo* (Mt 28, 20), não teria sentido se a sua Igreja não fosse infalível.

Cristo certamente não estaria com a sua Igreja se lhe permitisse cair em erro em matérias essenciais à salvação. O católico sabe que o Papa pode pecar, como qualquer homem; sabe que as opiniões pessoais do Papa têm a força que a sua sabedoria humana lhes possa dar. Mas também sabe que, quando o Papa declara *pública e solenemente* que certas verdades foram reveladas por Cristo, seja pessoalmente ou por meio dos seus Apóstolos, não *pode* errar. Jesus não estabeleceu uma Igreja que pudesse desencaminhar os homens.

O direito de falar em nome de Cristo e de ser escutada é o atributo (ou qualidade) da Igreja Católica a que chamamos *autoridade*. A certeza de estar livre de erro quando proclama solenemente as verdades de Deus é o atributo a que chamamos *infalibilidade*.

Existe uma terceira qualidade característica da Igreja Católica. Jesus não disse só: *Quem vos ouve, a mim ouve; e quem vos rejeita, a mim rejeita* (Lc 10, 16) – autoridade. Não disse só: *Eis que estou convosco todos os dias, até o fim do mundo* (Mt 28, 20) – infalibilidade. Também disse: *Sobre esta pedra edificarei a minha Igreja; as portas do inferno não prevalecerão contra ela* (Mt 16, 18), e com estas palavras indicou a terceira qualidade inerente à Igreja Católica: a *indefectibilidade.*

O atributo de indefectibilidade significa simplesmente que a Igreja permanecerá até o fim dos tempos como Jesus a fundou, que não é perecível, que continuará a existir enquanto houver almas a salvar. «Permanência» seria um bom sinónimo de indefectibilidade, mas parece que os teólogos sempre se inclinam pelas palavras mais longas.

Seria um grande equívoco que o atributo da indefectibilidade nos induzisse a um falso sentimento de segurança. Seria trágico que permanecêssemos impassíveis ante o perigo que representam nos nossos dias o materialismo, o hedonismo e o relativismo, pensando que nada de realmente mau pode acontecer-nos porque Cristo está na sua Igreja. Se desonrarmos a nossa exigente vocação de cristãos – e, por isso, de apóstolos –, a Igreja de Cristo poderá reduzir-se cada vez mais a um pequeno grupo clandestino, cercado por uma cultura anticristã, e muitas pessoas correrão o risco de condenar-se. Os meios de comunicação proclamam com tanto zelo um modo de vida indiferente a Deus e, no entanto, como nos mostramos apáticos – e até indiferentes – em levar a verdade aos outros!

«Quantas pessoas converti?» Ou, pelo menos, «quanto me preocupei, quanta dedicação pus na conversão dos outros?» É uma pergunta que cada um de nós deveria fazer a si mesmo de vez em quando. Pensar que teremos de apresentar-nos diante de Deus, no dia do Juízo, de mãos vazias, deveria fazer-nos estremecer. «Onde estão os seus frutos, onde estão as suas almas?», perguntar-nos-á Deus, e com razão. E o perguntará tanto aos cristãos comuns como aos sacerdotes e aos religiosos.

Não podemos desfazer-nos desta obrigação pagando o dízimo à igreja. Isso está bem, é necessário, mas é apenas o começo. Também temos que rezar. As nossas orações quotidianas ficariam lamentavelmente incompletas se não pedíssemos pelas obras de apostolado, para que seja abundante a eficácia de todos os que se dedicam a aproximar os outros da fé, sejam sacerdotes, sejam homens e mulheres comuns entre os seus familiares e amigos. Mais ainda: rezamos todos os dias pedindo o dom da fé para os vizinhos da porta do lado, se não são católicos ou não praticam? Rezamos pelo companheiro de trabalho que está no escritório ao lado? Com que frequência convidamos um amigo não católico a assistir à Missa conosco, dando-lhe previamente um livrinho que explique as cerimônias? Temos em casa alguns bons livros que expliquem a fé católica, uma boa coleção de folhetos, que damos ou emprestamos à menor oportunidade, a qualquer um que mostre um pouco de interesse? Se fazemos tudo isto, combinando até, para esses amigos uma entrevista com um sacerdote com quem possam conversar e, chegado o momento, abeirar-se do sacramento da confissão, então estamos cumprindo uma parte, pelo menos, da nossa responsabilidade para com Cristo, pelo tesouro que nos confiou.

Naturalmente, nenhum de nós pensa que todos os não católicos vão para o inferno, assim como não pensamos que chamar-se católico seja suficiente para introduzir-nos no céu. A sentença «fora da Igreja não há salvação» significa que não há salvação para os que se acham fora da Igreja *por culpa própria*. Alguém que seja católico e abandone a Igreja deliberadamente não poderá salvar-se se não retornar; a graça da fé não se perde a não ser por culpa própria. Um não católico que, sabendo que a Igreja Católica é a verdadeira, permanece fora por sua culpa, não poderá salvar-se. Um não católico cuja ignorância da fé católica seja voluntária, com cegueira deliberada, não poderá salvar-se.

Mas aqueles que se encontram fora da Igreja sem culpa própria, e que fazem tudo o que podem conforme o seu reto entender, fazendo bom uso das graças que Deus certamente lhes dará em vista da sua boa vontade, esses *poderão* salvar-se. Deus não pede o impossível a ninguém; recompensará cada um segundo o uso que tenha feito do que lhe foi concedido. Mas isto não quer dizer que nós possamos eludir a nossa responsabilidade dizendo: «Afinal, já que o meu vizinho pode ir para o céu sem se fazer católico, por que me vou preocupar?» Também não quer dizer que «tanto faz uma igreja como outra».

Deus quer que todos pertençam à Igreja que Ele fundou. Jesus Cristo quer «um só rebanho e um só Pastor». E nós *devemos* desejar que os nossos parentes, amigos e conhecidos alcancem essa maior confiança na salvação de que gozamos na Igreja de Cristo; maior plenitude de certeza; mais segurança em saber o que está certo e o que é errado; os inigualáveis auxílios que a Santa Missa e os sacramentos nos oferecem. Levamos pouco a sério a nossa fé se convivemos com os outros, dia após dia, sem nunca nos perguntarmos: «Que posso fazer para ajudar esta pessoa a reconhecer a verdade da Igreja Católica e a unir-se a mim no Corpo Místico de Cristo?» O Espírito Santo vive na Igreja permanentemente, mas com frequência tem que esperar por mim para achar um modo de entrar na alma daquele que está ao meu lado.

Capítulo XIII

A comunhão dos santos
e o perdão dos pecados

O fim do caminho

Se alguém nos chamasse «santos», o mais provável é que estivesse brincando conosco. Somos demasiado conscientes das nossas imperfeições para aceitarmos esse título. E, não obstante, todos os fiéis do Corpo Místico de Cristo na Igreja primitiva se chamavam santos. É o termo favorito que São Paulo utiliza para se dirigir aos que compunham as comunidades cristãs. Escreve *a todos os santos que estão em Éfeso* (Ef 1, 1) e *todos os santos que há por toda a Acaia* (2 Cor 1, 1). Os Atos dos Apóstolos, que contêm a história da Igreja nascente, chamam também santos aos seguidores de Cristo.

> «Depois de ter confessado "a santa Igreja católica", o Símbolo dos Apóstolos acrescenta "a comunhão dos santos". Este artigo é, de certo modo, uma explicitação do anterior: "Que é a Igreja, se não a assembleia de todos os santos?" (Nicetas, *Expl. symb*. 10: PL 52, 871B)» (n. 946).

A palavra *santo*, derivada do latim, descreve a alma cristã que, incorporada em Cristo pelo Batismo, é morada do Espírito Santo (enquanto permanece em estado de graça santificante). Essa alma é um santo no sentido original da palavra. Atualmente, limitou-se o seu significado àqueles que estão no céu, mas a palavra é empregada na sua acepção primitiva quando, ao recitarmos o Credo dos Apóstolos, dizemos: «Creio... na comunhão dos santos».

A palavra *comunhão* significa, como é evidente, «união com», e com ela queremos indicar que existe uma união, uma comunicação entre as almas em que o Espírito Santo, o Espírito de Cristo, tem a sua morada. Esta comunicação refere-se em primeiro lugar a nós mesmos, que somos membros da Igreja na terra. O nosso «ramo» da comunhão dos santos chama-se *Igreja militante,* quer dizer, a Igreja que ainda luta com o pecado e o erro. Se caíssemos em pecado mortal, não deixaríamos de pertencer à comunhão dos santos, mas seríamos membros mortos do Corpo Místico e cortaríamos a comunhão com os outros membros enquanto continuássemos a excluir o Espírito Santo da nossa alma.

As almas do purgatório são também membros da comunhão dos santos. Estão confirmadas na graça para sempre, ainda que tenham que purificar-se dos seus pecados veniais e das suas dívidas de penitência. Não podem ver a Deus ainda, mas o Espírito Santo está com elas e nelas, e nunca o poderão perder. Frequentemente designamos este ramo da Igreja como *padecente.*

Finalmente, está a *Igreja triunfante,* composta pelas almas dos bem-aventurados que se encontram no céu. É a Igreja eterna, a que absorverá tanto a Igreja militante como a padecente depois do Juízo Final.

Mas, na prática, que significa para mim a comunhão dos santos? Significa que todos nós que estamos unidos em Cristo – os santos do céu, as almas do purgatório e os que ainda vivemos na terra – devemos ter consciência das necessidades dos outros.

Os *santos do céu* não estão tão absorvidos na sua própria felicidade que se esqueçam das almas que deixaram atrás. Ainda que quisessem, não o poderiam fazer. O seu perfeito amor a Deus deve incluir um amor a todas as almas em que Ele mora e pelas quais Jesus morreu. Em resumo, os santos *devem* amar as almas que Jesus ama, e o amor que os santos do céu têm pelas almas do purgatório e pelas almas da terra não é um amor passivo. Os santos estão *ansiosos* por ajudar essas almas, cujo valor infinito estão agora em condições de apreciar como antes não podiam, a caminhar para a glória. E se a oração de um homem bom na terra pode mover o coração de Deus, como não será a força das orações que os santos oferecem por nós! Eles são os heróis de Deus, seus amigos íntimos, seus familiares.

> «*A intercessão dos santos*. "Pelo fato de os habitantes do Céu estarem unidos mais intimamente com Cristo, consolidam com mais firmeza na santidade toda a Igreja. Eles não deixam de interceder por nós ao Pai, apresentando os méritos que alcançaram na terra pelo único mediador de Deus e dos homens, Cristo Jesus. Por conseguinte, pela fraterna solicitude deles, nossa fraqueza recebe o mais valioso auxílio" (LG 49)» (n. 956).

Os santos do céu oram pelas almas do purgatório e por nós. Nós, da nossa parte, devemos venerar e honrar os santos. Não só porque podem e querem interceder por nós, mas porque o nosso amor a Deus assim o exige. Quando se elogia a obra de um artista, honra-se o artista. Os santos são as obras-primas da graça de Deus; quando os honramos, honramos Aquele que os fez, o seu Redentor e Santificador. A honra que se presta aos santos não é subtraída a Deus. Ao contrário, é uma honra que lhe tributamos de uma maneira que Ele mesmo pediu e deseja. Vale a pena recordar que, ao honrarmos os santos, honramos também muitos seres queridos que já se acham com Deus na glória. Não só os canonizados, mas *cada* alma que está no céu é um santo. Por esta razão, além das festas especiais dedicadas a alguns dos santos canonizados, a Igreja dedica um dia do ano a honrar toda a Igreja triunfante; é a festa de *Todos os Santos*, no dia primeiro de novembro.

Como membros da comunhão dos santos, nós que ainda estamos na terra devemos orar, além disso, pelas *benditas almas do purgatório*. Agora, elas não podem ajudar-se: o seu tempo de merecer passou. Mas nós, sim, podemos fazê-lo, pedindo para elas o favor de Deus. Podemos aliviar os seus sofrimentos e abreviar o seu tempo de espera do céu com as nossas orações, com as Missas que oferecemos ou fazemos oferecer por elas, com as indulgências que para elas ganhamos (todas as indulgências concedidas pela Igreja podem ser aplicadas às almas do purgatório, se as oferecemos por essa intenção). Não sabemos se as almas do purgatório podem interceder por nós ou não, mas sabemos que, quando estiverem entre os santos do céu, se recordarão certamente daqueles que se lembraram delas nas suas necessidades, e serão suas especiais intercessoras diante de Deus.

174 A COMUNHÃO DOS SANTOS E O PERDÃO DOS PECADOS

«*A comunhão com os falecidos*. "Reconhecendo cabalmente esta comunhão de todo o corpo místico de Jesus Cristo, a Igreja terrestre, desde os tempos primevos da religião cristã, venerou com grande piedade a memória dos defuntos [...] e, "*já que é um pensamento santo e salutar rezar pelos defuntos para que sejam perdoados de seus pecados*" (2 Mac 12, 46), também ofereceu sufrágios em favor deles" (LG 50). Nossa oração por eles pode não somente ajudá-los, mas também tornar eficaz sua intercessão por nós» (n. 958).

É evidente que os que estamos ainda na terra devemos rezar também uns pelos outros, se quisermos ser fiéis à nossa obrigação como membros da comunhão dos santos. Devemos ter uns pelos outros um sincero amor sobrenatural, praticar a virtude da caridade fraterna por pensamentos, palavras e obras, especialmente mediante o exercício das obras de misericórdia corporais e espirituais. Se queremos assegurar a nossa *permanente* participação na comunhão dos santos, não podemos menosprezar a nossa responsabilidade neste campo.

Capítulo XIV

A ressurreição da carne
e a vida eterna

O fim do mundo

Vivemos e lutamos durante poucos ou muitos anos, e depois morremos. Bem sabemos que esta vida é um tempo de prova e de luta; é o campo de provas da eternidade. A felicidade do céu consiste essencialmente na plenitude do amor. Se não entrarmos na eternidade com amor a Deus no nosso coração, seremos absolutamente incapazes de gozar da felicidade da glória. A nossa vida aqui em baixo é o tempo que Deus nos dá para adquirirmos e provarmos o amor que lhe guardamos no nosso coração, um amor que devemos provar ser maior que o amor por qualquer dos bens por Ele criados, como o prazer, a riqueza, a fama ou os amigos. Devemos provar que o nosso amor resiste à investida dos males criados pelo homem, como a pobreza, a dor, a humilhação ou a injustiça. Quer estejamos numa posição alta ou baixa, em qualquer momento devemos dizer: «Meu Deus, eu te amo», e prová-lo com as nossas obras. Para alguns, o caminho será curto; para outros, longo. Para uns, suave; para outros, abrupto. Mas acabará para todos. Todos morreremos.

A *morte* é a separação da alma e do corpo. Pelo desgaste da velhice ou da doença, ou por um acidente, o corpo decai, e chega um momento em que a alma deixa de operar por seu intermédio. Então abandona-o, e dizemos que tal pessoa morreu. Raras vezes se pode determinar o instante exato em que isso ocorre. O coração pode cessar de bater, a respiração parar, mas a alma pode ainda estar presente, como se vê quando algumas vezes pessoas aparentemente mortas revivem pela respiração artificial ou por outros meios. Se a alma não estivesse presente, seria impossível que revivessem. Isto permite que a Igreja autorize os seus sacerdotes a dar a absolvição e a unção dos enfermos condicionais até duas horas depois da morte aparente, para o caso de a alma ainda estar presente. No entanto, uma vez que o sangue começa a coagular e aparece o *rigor mortis*, sabemos com certeza que a alma deixou o corpo.

E o que acontece então? No exato momento em que a alma abandona o corpo, é julgada por Deus. Quando os que estão junto ao leito do defunto se ocupam ainda de fechar-lhe os olhos e cruzar-lhe as mãos, a alma já foi julgada; já sabe qual vai ser o seu destino eterno. O juízo individual da alma imediatamente após a morte chama-se *Juízo Particular*. É um momento terrível para todos, o momento para o qual fomos vivendo todos estes anos na terra, o momento para o qual toda a vida esteve orientada. É o dia da retribuição para todos.

Onde é que tem lugar esse Juízo Particular? Provavelmente no mesmo local em que morremos, para falar humanamente. Depois desta vida, não há «espaço» ou «lugar» no sentido ordinário destas palavras. A alma não tem que «ir» a nenhum lugar para ser julgada. Quanto à forma como se realiza este Juízo Particular, só podemos fazer conjeturas: a única coisa que Deus nos revelou é que *haverá* Juízo Particular. Descrevê-lo como um juízo terreno, em que a alma se acha de pé ante o trono de Deus, com o diabo de um lado como acusador e o anjo da guarda do outro como defensor, é, evidentemente, servir-se de uma mera imagem. Os teólogos conjeturam que provavelmente o que acontece é que a alma se vê como Deus a vê, em estado de graça ou em pecado, e, consequentemente, sabe qual será o seu destino segundo a infinita justiça divina. Este destino é irrevogável. O tempo de prova e de preparação terminou. A misericórdia divina fez tudo quanto podia; agora prevalece a justiça de Deus.

«A morte é o fim da peregrinação terrena do homem, do tempo da graça e da misericórdia que Deus lhe oferece para realizar a sua vida terrena segundo o plano divino e para decidir o seu destino último. Quando acabar "a nossa vida sobre a terra, que é só uma" (LG 48), não voltaremos a outras vidas terrestres. *Os homens morrem uma só vez* (Heb 9, 27). Não existe "reencarnação" depois da morte» (n. 1013; cf. também os ns. 1006-12 e 1014).

E que acontece depois? Bem, consideremos primeiro o caso mais desagradável. Vejamos a sorte da alma que se escolheu a si mesma em vez de escolher a Deus e morreu sem se reconciliar com Ele; por outras palavras, a sorte da alma que morre em pecado mortal. Tendo-se afastado deliberadamente de Deus nesta vida, tendo morrido sem o vínculo de união com Ele que é a graça santificante, fica sem possibilidade de restabelecer a comunicação com Deus. Perdeu-o para sempre. Está no *inferno*. Para esta alma, morte, juízo e condenação são simultâneos.

> «O ensinamento da Igreja afirma a existência e a eternidade do inferno. As almas dos que morrem em estado de pecado mortal descem imediatamente após a morte aos infernos, onde sofrem as penas do Inferno, "o fogo eterno" (Cf. DS 76). A pena principal do inferno consiste na separação eterna de Deus, o Único em quem o homem pode ter a vida e a felicidade para as quais foi criado e às quais aspira» (n. 1035; cf. também os ns. 1033-1034 e 1036-1037).

Como é o inferno? Ninguém o sabe com certeza, porque ninguém de lá voltou para no-lo contar. Sabemos que há nele fogo inextinguível, porque Jesus no-lo disse. Sabemos também que não é o fogo que vemos nos nossos fornos e caldeiras: esse fogo não poderia afetar uma alma, porque é espírito. Tudo o que sabemos é que no inferno há uma *pena de sentido,* segundo a expressão dos teólogos, e que é de tal natureza que não há melhor maneira de descrevê-la em linguagem humana que com a palavra «fogo».

Mas o mais importante não é a «pena de sentido», e sim a *pena de dano.* É esta pena – separação eterna de Deus – a que constitui o pior sofrimento do inferno. Suponho que, dentro do âmbito das verdades reveladas, cada qual imagina o inferno a seu modo. Para mim, o que mais me abala quando penso nele é a sua terrível solidão. Vejo-me de pé, despido e só, numa solidão imensa, cheia exclusivamente de ódio, ódio a Deus e a mim mesmo, desejando morrer e sabendo que é impossível, sabendo também que este é o destino que eu escolhi livremente a troco de um prato de lentilhas, ouvindo continuamente, cheia de escárnio, a voz da minha própria consciência: «É para sempre... sem descanso... sem alívio... para sempre... para sempre...» Mas não existem palavras ou pincel que possam descrever o horror do inferno na sua realidade. Que Deus nos livre dele a todos!

Certamente, há muito poucos tão otimistas que esperem que o Juízo Particular os apanhe livres de todo o vestígio de pecado, o que significaria estarem limpos não só de pecados mortais, mas também de toda a pena temporal ainda por satisfazer, de toda a dívida de reparação ainda não paga a Deus pelos pecados perdoados. Custa-nos pensar que possamos morrer com a alma imaculadamente pura e, não obstante, não há razão que nos impeça de confiar nisso, pois foi para isso – para limpar a alma das relíquias do pecado – que se instituiu o sacramento da Unção dos Enfermos; é para isso que se concedem as indulgências, especialmente a plenária para o momento da morte, que a Igreja concede aos moribundos com a Última Bênção.

Suponhamos que morremos assim: confortados pelos últimos sacramentos e com uma indulgência plenária bem ganha no momento da morte. Suponhamos que morremos sem a menor mancha nem vestígio do pecado na nossa alma. O que nos espera? Se for assim, a morte, que o instinto de conservação nos faz parecer tão temível, será o momento da nossa mais brilhante vitória: mesmo que o corpo resista a deixar que se desate o vínculo que o une ao espírito que lhe deu a vida e a dignidade, o juízo da alma será a imediata visão de Deus.

Visão beatífica é o gélido termo teológico que designa a resplandecente realidade que ultrapassa qualquer imaginação ou descrição humana: o Céu. Não é apenas uma «Visão» no sentido de «ver» a Deus; designa também a nossa união com Ele: Deus que toma posse da alma e a alma que possui a Deus, numa unidade tão inteiramente arrebatadora que supera sem medida a do amor humano mais perfeito. Enquanto a alma «entra» no céu, o impacto do Amor Infinito que é Deus é uma sacudidela tão forte que aniquilaria a alma se o próprio Deus não lhe desse a força necessária para suster o peso da felicidade que é Ele. Se fôssemos capazes de afastar por um instante o nosso pensamento de Deus, os sofrimentos e as provas da terra haveriam de parecer-nos insignificantes e ridículo o preço pago por essa felicidade arrebatadora, deslumbrante, inesgotável, infinita que nos invade! É, além disso, uma felicidade que nada poderá arrebatar-nos. É um instante de ventura absoluta, que jamais terminará. É a felicidade para sempre: assim é a essência da glória eterna.

> «Por sua Morte e Ressurreição, Jesus Cristo nos "abriu" o Céu. A vida dos bem-aventurados consiste na posse em plenitude dos frutos da redenção operada por Cristo, que associou à sua glorificação celeste os que creram nele e que ficaram fiéis à sua vontade. O céu é a comunidade bem-aventurada de todos os que estão perfeitamente incorporados a Ele.
>
> «Este mistério de comunhão bem-aventurada com Deus e com todos os que estão em Cristo supera toda compreensão e toda imaginação. A Escritura fala-nos dele em imagens: vida, luz, paz, festim de casamento, vinho do Reino, casa do Pai, Jerusalém celeste, Paraíso: *"O que os olhos não viram, os ouvidos não ouviram e o coração do homem não percebeu, isso Deus preparou para aqueles que o amam"* (1 Cor 2, 9)» (ns. 1026-1027; cf. também os ns. 1023-1025 e 1028-1029).

Haverá também outras alegrias, outros *gozos acidentais* que se derramarão sobre nós. Teremos a ventura de gozar da presença do nosso glorificado Redentor Jesus Cristo e da nossa Mãe Santa Maria, cujo doce amor tanto admiramos à distância. Teremos a dita de ver-nos em companhia dos anjos e dos santos, entre os quais estarão membros da nossa família e amigos que nos precederam na glória. Mas estas alegrias serão como o tilintar de umas campainhas ante a sinfonia esmagadora que será o amor de Deus derramando-se sobre nós.

Mas o que acontecerá se, ao morrermos, o Juízo Particular não nos encontrar separados de Deus pelo pecado mortal, mas também não com a perfeita pureza de alma que a união com o Santo dos Santos requer? O mais provável é que seja este o nosso caso, se nos conformamos com um nível espiritual medíocre: calculistas na oração, pouco generosos na mortificação, em barganhas com o mundo. Os nossos pecados mortais, se os cometemos, foram perdoados pelo sacramento da Penitência (não dizemos no Símbolo dos Apóstolos: «creio na remissão dos pecados?»); mas, se a nossa religião foi cômoda, não será mais lógico que, no último momento, não sejamos capazes de fazer esse perfeito e desinteressado ato de amor a Deus que a indulgência plenária exige? E eis-nos no Juízo: não merecemos o céu nem o inferno; que será de nós?

180 A RESSURREIÇÃO DA CARNE E A VIDA ETERNA

Aqui se põe de manifesto como é razoável a doutrina sobre o *purgatório*. Mesmo que esta doutrina não tivesse sido transmitida pela Tradição desde Cristo e os Apóstolos, a simples razão nos diria que deve haver um processo de purificação final que lave até a menor imperfeição que se interponha entre a alma e Deus. Esta é a função do estado de sofrimento temporário que chamamos purgatório.

> «A Igreja denomina *Purgatório* esta purificação final dos eleitos, que é completamente distinta do castigo dos condenados. [...] Fazendo referência a certos textos da Escritura (por exemplo, 1 Cor 3, 15; 1 Pe 1, 7), a tradição da Igreja fala de um fogo purificador: "No que concerne a certas faltas leves, deve-se crer que existe antes do juízo um fogo purificador, segundo o que afirma aquele que é a Verdade, dizendo que, se alguém tiver pronunciado uma blasfêmia contra o Espírito Santo, não lhe será perdoada nem no presente século nem no século futuro (Mt 12,32). Desta afirmação podemos deduzir que certas faltas podem ser perdoadas no século presente, ao passo que outras, no século futuro" (S. Gregório Magno, Dial. 4, 39)» (n. 1031; cf. também os ns. 1030-1032).

No purgatório, como no inferno, há uma *pena de sentido*, mas, assim como o sofrimento essencial do inferno é a perpétua separação de Deus, o sofrimento essencial do purgatório será a penosíssima agonia que a alma tem que sofrer ao ver *adiada*, mesmo por um instante, a sua união com Deus. Recordemos que a alma foi *feita* para Deus. Como o corpo atua nesta vida, digamos assim, como isolante da alma, esta não sente a tremenda atração de Deus. Alguns santos a experimentam ligeiramente, mas a maioria de nós não a sente ou sente-a pouco. Não obstante, no momento em que a alma abandona o corpo, encontra-se exposta à força plena desse impulso e experimenta uma fome tão intensa de Deus que se lança contra a barreira das suas imperfeições ainda presentes, até que, com a agonia da separação, purga as imperfeições, quebra a barreira e encontra-se com Deus.

É consolador recordar que o sofrimento das almas do purgatório é um sofrimento gozoso, ainda que seja tão intenso que não possamos imaginá-lo deste lado do Juízo. A grande diferença que existe entre o sofrimento do inferno e o do purgatório é que no inferno há a certeza da separação eterna e no purgatório a certeza da libertação. A alma do purgatório não quer aparecer diante de Deus no seu estado de imperfeição, mas tem a felicidade de saber, no meio da sua agonia, que no fim se reunirá a Ele.

É evidente que ninguém sabe quanto «tempo» dura o purgatório para uma alma. Pus a palavra tempo entre aspas porque, embora haja *duração* depois da morte, não há «tempo» no sentido em que o conhecemos: não há dias ou noites, horas ou minutos. No entanto, se medirmos o purgatório quer em termos de duração ou de intensidade (um instante de tortura pode ser pior que um ano de ligeiros incômodos), o certo é que a alma do purgatório não pode diminuir ou encurtar os seus sofrimentos. Nós, os que ainda vivemos na terra, sim, podemos ajudar essas almas, pela misericórdia divina; a frequência e a intensidade da nossa oração, seja por uma determinada alma ou por todos os fiéis defuntos, dar-nos-á a medida do nosso amor.

Se de alguma coisa estamos certos, é de desconhecer quando acabará o mundo. Poderá ser amanhã ou dentro de um bilhão de anos. O próprio Jesus, segundo lemos no capítulo 24 do Evangelho de São Mateus, descreveu alguns dos prodígios que precederão o fim do mundo. Haverá guerras, fome e pestes; virá o reino do Anticristo; o sol e a lua se obscurecerão e as estrelas cairão do céu; aparecerá a cruz no firmamento. Só depois destes acontecimentos veremos *o Filho do homem vir sobre as nuvens do céu com grande poder e majestade* (Mt 24, 30). Mas tudo isto nos diz bem pouco; já houve guerras e pestes. Nos nossos dias, houve quem visse na dominação comunista o reino do Anticristo, e os espetáculos celestiais poderiam acontecer em qualquer momento. Por outro lado, as guerras, as fomes e as pestes que o mundo conheceu poderão não ser nada em comparação com as que precederão o final do mundo. Não o sabemos. Só podemos preparar-nos.

Durante séculos, o capítulo 20 do Apocalipse de São João (o chamado «Livro das Revelações» para os protestantes) foi para os estudiosos da Bíblia uma fonte de material fascinante. Nele, São João descreve uma visão profética e diz-nos que o diabo será acorrentado e ficará preso durante mil anos, e que nesse tempo os mortos ressuscitarão e reinarão com Cristo; ao fim desses mil anos, o diabo será solto e definitivamente vencido; então virá a segunda ressurreição. Alguns, como as Testemunhas de Jeová, interpretam esta passagem literalmente, o que é um modo sempre perigoso de interpretar as imagens que tanto abundam no estilo profético. Os que tomam esta passagem literalmente e pensam que Jesus virá reinar na terra durante mil anos antes do fim do mundo, chamam-se *milenaristas,* do latim *millennium,* que significa «mil anos». Esta interpretação, no entanto, não se harmoniza com as profecias de Cristo, e o milenarismo é rejeitado pela Igreja Católica como herético.

Alguns exegetas católicos acham que «mil anos» é um modo de falar que indica um longo período anterior ao fim do mundo, em que a Igreja gozará de grande paz e Cristo reinará nas almas dos homens. Mas a interpretação mais comum dos peritos bíblicos católicos é que esse milênio representa todo o tempo que se segue ao nascimento de Cristo, em que Satanás foi certamente acorrentado. Os justos que tenham vivido nesse tempo terão uma «primeira ressurreição» pela graça santificante, isto é, reinarão com Cristo enquanto permanecerem em estado de graça, e terão uma «segunda ressurreição», corporal, no fim do mundo. Paralelamente, a «primeira morte» é o pecado, e a «segunda morte» é o inferno.

Detivemo-nos neste breve comentário sobre o milênio porque é um ponto que poderá surgir nas nossas conversas com amigos não católicos. Mas têm mais interesse prático as coisas que conhecemos com *certeza* sobre o fim do mundo.

Uma das coisas que sabemos com certeza sobre o fim do mundo é que, quando a história dos homens acabar, os corpos de todos os que viveram se levantarão dos mortos para unir-se novamente às suas almas: é a *Ressurreição da carne*. Já que foi o homem *inteiro,* corpo e alma, quem amou a Deus e o serviu, mesmo à custa da dor e do sacrifício, é justo que seja o homem *inteiro*, alma e corpo, quem goze da união eterna com Deus, que é a recompensa do amor. E já que é o homem inteiro quem rejeita a Deus ao morrer em pecado, impenitente, é justo que o corpo partilhe com a alma a separação eterna de Deus, que o homem como um todo escolheu.

O nosso corpo ressuscitado será constituído de tal maneira que ficará livre das limitações físicas que o caracterizam neste mundo. Já não precisará de alimento ou bebida, e, de certo modo, será *espiritualizado*. Além disso, o corpo dos bem-aventurados será *glorificado*; possuirá uma beleza e perfeição que será participação da beleza e perfeição da alma unida a Deus.

Como o corpo da pessoa em que a graça habitou foi certamente templo de Deus, a Igreja sempre mostrou uma grande reverência pelos corpos dos fiéis defuntos: sepulta-os com orações cheias de afeto e reverência, em túmulos bentos especialmente para este fim. A única pessoa dispensada da corrupção do túmulo foi a Mãe de Deus. Pelo especial privilégio de sua *Assunção*, o corpo da Bem-aventurada Virgem Maria, unido à sua alma imaculada, foi glorificado e assunto ao céu. O seu divino Filho, que dela tomou a sua carne, levou-a consigo para o céu. Este acontecimento é comemorado no dia 15 de agosto – ou no domingo seguinte a esta data –, festa da Assunção de Maria.

O mundo acaba, os mortos ressuscitam, e depois vem o *Juízo Universal*. Esse Juízo verá Jesus no trono da justiça divina, que substitui a cruz, trono da sua infinita misericórdia. O Juízo Final não oferecerá surpresas em relação ao nosso eterno destino. Já teremos passado pelo Juízo Particular; a nossa alma já estará no céu ou no inferno.

> «O Juízo final acontecerá por ocasião da volta gloriosa de Cristo. Só o Pai conhece a hora e o dia desse Juízo, só Ele decide de seu advento. Por meio de seu Filho, Jesus Cristo, Ele pronunciará então sua palavra definitiva sobre toda a história. Conheceremos então o sentido último de toda a obra da criação e de toda a economia da salvação, e compreenderemos os caminhos admiráveis pelos quais sua providência terá conduzido tudo para seu fim último. O Juízo final revelará que a justiça de Deus triunfa de todas as injustiças cometidas por suas criaturas e que seu amor é mais forte que a morte» (n. 1040; cf. também os ns. 1038-9 e 1041).

O escopo do Juízo Final é, como vemos por esta citação do Catecismo, dar glória a Deus, manifestando a toda a humanidade a sua justiça, sabedoria e misericórdia. O conjunto da vida – que com tanta frequência nos parece um emaranhado esquema de acontecimentos sem relação entre si, às vezes duros e cruéis, às vezes mesmo estúpidos e injustos – desenrolar-se-á diante dos nossos olhos. Veremos que a minúscula parte da vida que conhecemos se encaixa no magno conjunto do plano salvífico de Deus para os homens. Veremos que o poder e a sabedoria de Deus, o seu amor e a sua misericórdia, foram sempre o motor do conjunto. «Por que Deus permite que isto aconteça?», queixamo-nos frequentemente. «Por que Deus faz isto ou aquilo?», perguntamo-nos. Nesse momento conheceremos as respostas.

A sentença que recebemos no Juízo Particular será confirmada publicamente. Todos os nossos pecados – e todas as nossas virtudes – serão expostos diante de todos. O sentimentaloide superficial que afirmava «eu não creio no inferno» ou «Deus é demasiado bom para permitir que uma alma sofra eternamente» verá então que, afinal de contas, Deus não é uma vovozinha complacente. A justiça de Deus é tão infinita como a sua misericórdia. As almas dos condenados, apesar deles mesmos, glorificarão eternamente a justiça de Deus, assim como as almas dos justos glorificarão para sempre a sua misericórdia. Quanto ao resto, abramos o Evangelho de São Mateus no capítulo 25 (versículos 34 a 46) e deixemos que o próprio Jesus nos diga como preparar-nos para esse dia terrível.

E assim termina a história da salvação do homem, essa história que a terceira Pessoa da Santíssima Trindade, o Espírito Santo, escreveu. Com o fim do mundo, a ressurreição dos mortos e o Juízo Final, acaba a obra do Espírito Santo. O seu trabalho santificador começou com a criação da alma de Adão. Para a Igreja, o princípio foi o dia de Pentecostes. Para ti e para mim, o dia do nosso batismo. Quando terminar o tempo e só permanecer a eternidade, a obra do Espírito Santo encontrará a sua consumação na comunhão dos santos, agora um conjunto reunido na glória sem fim.

Segunda parte

OS MANDAMENTOS

CAPÍTULO XV

Dois grandes mandamentos

A fé prova-se com obras

«Sim, creio na democracia, creio que um governo constitucional de cidadãos livres é o melhor possível»: alguém que dissesse isto e ao mesmo tempo não votasse, nem pagasse os seus impostos, nem respeitasse as leis do seu país, ficaria em evidência pelas suas próprias ações, que o condenariam como mentiroso e hipócrita.

É igualmente evidente que qualquer pessoa que manifeste crer nas verdades reveladas por Deus e não se empenhe em observar as leis de Deus, será absolutamente insincera. É muito fácil dizer «Creio»; mas as nossas obras devem ser a prova irrefutável da nossa fé. *Nem todo aquele que me diz: Senhor, Senhor, entrará no Reino dos céus, mas sim aquele que faz a vontade de meu Pai que está nos céus* (Mt 7, 21). Não se pode dizê-lo mais claramente: se cremos em Deus, temos de fazer o que Deus nos pede: devemos guardar os seus mandamentos.

Convençamo-nos de uma vez de que a lei de Deus não se compõe de arbitrários «faça isto» e «não faça aquilo», com o objetivo de nos aborrecer. É verdade que a lei de Deus põe à prova a fortaleza da nossa fibra moral, mas não é esse o seu objetivo primordial. Deus não é um ser caprichoso. Não estabeleceu os seus mandamentos como quem coloca obstáculos numa corrida. Deus não está postado à espreita do primeiro dos mortais que caia de bruços, para fazê-lo sentir o peso da sua ira.

Muito pelo contrário, a lei de Deus é a expressão do seu amor e sabedoria infinitos (cf. n. 2067). Quando adquirimos um aparelho doméstico, seja de que tipo for, se temos senso comum, utilizá-lo-emos segundo as instruções do seu fabricante. Consideramos evidente que quem o fez sabe melhor do que nós como usá-lo para que funcione bem e dure. Da mesma forma, se temos senso comum, confiaremos em que Deus conhece muito melhor do que nós o que é mais apropriado à nossa felicidade pessoal e à da humanidade. Poderíamos dizer que a lei de Deus é simplesmente um folheto de instruções que acompanha o nobre produto de Deus que é o homem. Mais estritamente, diremos que *a lei de Deus é a expressão da divina sabedoria dirigida ao homem, para que este alcance o seu fim e a sua perfeição*. A lei de Deus regula «o uso» que o homem há de fazer de si mesmo, tanto nas suas relações com Deus como com o próximo.

Basta considerarmos como seria o mundo se todos obedecessem à lei de Deus, para compreendermos que esta se destina a promover a felicidade e o bem-estar do homem. Não haveria delitos e, em consequência, não haveria necessidade de juízes, polícia e cadeias. Não haveria cobiça ou ambição e, em consequência, não haveria necessidade de guerras, exércitos ou armadas. Não haveria lares desmanchados, nem delinquência juvenil, nem hospitais para alcoólatras.

Sabemos que, como consequência do pecado original, este mundo belo e feliz jamais existirá. Mas, individualmente, *pode* existir para cada um de nós. Nós, como a humanidade no seu conjunto, encontraríamos a verdadeira felicidade, mesmo neste mundo, se identificássemos a nossa vontade com a de Deus. Fomos feitos para amar a Deus aqui e na eternidade. Este é o fim da nossa existência, nisso encontramos a nossa felicidade. E Jesus dá-nos as instruções para conseguirmos essa felicidade com simplicidade absoluta: *Se me amais, guardareis os meus mandamentos* (Jo 14, 15).

A lei de Deus que rege a conduta humana chama-se lei *moral*, do latim *mores*, que significa modo de agir. A lei moral é diferente das leis *físicas*, pelas quais Deus governa o resto do universo.

As leis da astronomia, da física, da reprodução e do crescimento obrigam *necessariamente* a natureza criada. Não há modo de fugir a elas, não há liberdade de escolha. Se você dá um passo sobre o precipício, a lei da gravidade atua fatalmente e você se despenca, a menos que a neutralize por outra lei física – a da pressão do ar – e utilize um paraquedas. Mas a lei moral obriga-nos de modo diferente: atua dentro do marco do *livre arbítrio*. Não *devemos* desobedecer à lei moral, mas *podemos* fazê-lo. Por isso dizemos que a lei moral obriga *moralmente* mas não *fisicamente*. Se não fôssemos fisicamente livres, não poderíamos ter mérito. Se não tivéssemos liberdade, a nossa obediência não poderia ser um ato de amor.

Ao considerarem a lei divina, os moralistas distinguem entre lei *natural* e lei *positiva*. A reverência dos filhos para com os pais, a fidelidade matrimonial, o respeito à pessoa e à propriedade alheias pertencem à própria *natureza* humana. Esta conduta, que a consciência do homem – o seu juízo guiado pela justa razão – aplaude, chama-se lei natural. Comportar-se assim seria bom, e o contrário, mau, ainda que Deus não no-lo tivesse declarado expressamente. Mesmo que não existisse o sexto mandamento, o adultério seria mau. Uma violação da lei natural é má *intrinsecamente*, quer dizer, má por sua própria natureza. Já era má antes que Deus desse a Moisés os Dez Mandamentos no Monte Sinai.

Além da lei natural, existe a lei divina positiva, que agrupa todas aquelas ações que são boas porque Deus as mandou para o nosso bem, e más porque Ele as proibiu igualmente para o nosso bem. São as ações cuja necessidade para sermos bons não está na própria raiz da natureza humana, mas que foram ordenadas por Deus para aperfeiçoar o homem segundo os seus desígnios. Um exemplo simples da lei divina positiva é a obrigação que temos de receber a Sagrada Eucaristia por indicação explícita de Cristo.

Quer consideremos uma ou outra lei, a nossa felicidade depende da obediência a Deus (cf. n. 2052). *Se queres entrar na vida*, disse Jesus, *observa os mandamentos* (Mt 19, 17).

Amar significa não ter em conta o que as coisas custam. Uma mãe jamais pensa em medir os esforços e desvelos que dedica aos seus filhos; um esposo não leva em conta a fadiga que lhe causa velar pela esposa doente. Amor e sacrifício são termos quase sinônimos. Por essa razão, obedecer à lei de Deus não é um sacrifício para quem o ama. Por essa razão, Jesus resumiu toda a Lei de Deus em dois grandes mandamentos de amor.

E um deles, doutor da lei, fez-lhe esta pergunta para pô-lo à prova: Mestre, qual é o maior mandamento da lei? Respondeu Jesus: Amarás o Senhor teu Deus de todo teu coração, de toda tua alma, de todo teu espírito. Este é o maior e o primeiro mandamento. E o segundo, semelhante a este, é: Amarás o teu próximo como a ti mesmo. Nesses dois mandamentos se resumem toda a lei e os profetas (Mt 22, 35-40).

Na realidade, o segundo mandamento está contido no primeiro, porque, se amamos a Deus com todo o coração e com toda a alma, amaremos aqueles que, atual ou potencialmente, possuem uma participação na bondade divina, e quereremos para eles o que Deus quer. Também nos amaremos retamente a nós mesmos, querendo para nós o que Deus quer. Quer dizer, acima de tudo, quereremos crescer em amor a Deus, que é o mesmo que crescer em santidade; e, mais que tudo, quereremos ser felizes com Deus no céu. Nada que se interponha entre Deus e nós terá valor. E como o amor por nós é a medida do nosso amor ao próximo (que se estende a todos, exceto aos demônios e aos condenados do inferno), desejaremos para o nosso próximo o que desejamos para nós. Quereremos que o próximo cresça em amor a Deus, que cresça em santidade. Quereremos também que alcance a felicidade eterna para a qual Deus o criou.

Isto significa, por sua vez, que teremos que odiar qualquer coisa que separe o próximo de Deus. Odiaremos as injustiças e os males feitos pelo homem, que podem ser obstáculos para o seu crescimento em santidade. Odiaremos a injustiça social, as moradias inadequadas, os salários insuficientes, a exploração dos fracos e ignorantes. Amaremos e procuraremos tudo o que contribua para a bondade, felicidade e perfeição do nosso próximo.

Deus facilitou-nos o trabalho ao apontar-nos, nos *Dez Mandamentos,* os nossos principais deveres para com Ele, para com o nosso próximo e para conosco próprios. Os três primeiros mandamentos declaram os nossos deveres para com Deus; os outros sete indicam os principais deveres para com o nosso próximo e, indiretamente, para conosco próprios. Os Dez Mandamentos foram dados originalmente por Deus a Moisés no Monte Sinai, gravados em duas tábuas de pedra, e foram ratificados por Jesus Cristo, Nosso Senhor: *Não julgueis que vim abolir a lei ou os profetas. Não vim para os abolir, mas sim para levá-los à perfeição* (Mt 5, 17).

> «Visto que exprimem os deveres fundamentais do homem para com Deus e para com o próximo, os dez mandamentos revelam, em seu conteúdo primordial, obrigações *graves*. São essencialmente imutáveis, e sua obrigação vale sem-

pre e em toda parte. Ninguém pode dispensar-se deles. Os dez mandamentos estão gravados por Deus no coração do ser humano» (n. 2072).

Mas Jesus aperfeiçoa a Lei de duas maneiras. Em primeiro lugar, fixa-nos alguns deveres concretos para com Deus e para com o próximo. Estes deveres, dispersos nos Evangelhos e nas Epístolas, são os que se relacionam nas *obras de misericórdia corporais e espirituais*. Em segundo lugar, Jesus esclarece esses deveres dando à sua Igreja o direito e o dever de interpretar e aplicar na prática a lei divina, o que se concretiza nos denominados *mandamentos da Igreja*.

Devemos ter em conta que os mandamentos da Igreja não são novas cargas adicionais que nos obriguem por cima e para além dos mandamentos divinos. As leis da Igreja não são mais do que interpretações e aplicações concretas da lei de Deus. Por exemplo. Deus ordena que dediquemos algum tempo ao seu culto. Nós poderíamos dizer: «Sim, quero fazê-lo, mas como?» E a Igreja responde: «Indo à Missa aos domingos e dias de guarda». Este fato, o fato de as leis da Igreja não serem senão aplicações práticas das leis divinas, é um ponto que merece ser destacado. Há pessoas, até católicas, que raciocinam distinguindo as leis de Deus das leis da Igreja, como se Deus pudesse estar em oposição consigo mesmo.

Aqui temos, pois, as diretrizes divinas que nos dizem como aperfeiçoar a nossa natureza, como cumprir a nossa vocação de almas redimidas: os Dez Mandamentos de Deus, as sete obras de misericórdia corporais e as sete espirituais, e os mandamentos da Igreja de Deus. Todos eles, é claro, prescrevem somente um mínimo de santidade: fazer a Vontade de Deus em matérias obrigatórias. Mas não deveríamos pôr limites, *não há* limites no nosso crescimento em santidade. O autêntico amor a Deus supera a letra da lei, indo ao seu espírito. Devemos esforçar-nos por fazer não só o que é bom, mas o que é perfeito. Aos que não têm medo de voar alto, o Senhor propõe a observância dos chamados *conselhos evangélicos:* pobreza voluntária, castidade perpétua e obediência perfeita.

Falaremos de cada um deles – dos Mandamentos de Deus e da sua Igreja, das obras de misericórdia e dos conselhos evangélicos – a seu devido tempo. E, dado que o lado positivo é menos conhecido que as proibições, comecemos com as obras de misericórdia.

Sublinhar o positivo

É pena que, para muita gente, levar uma vida cristã não signifique senão «guardar-se do pecado». Com efeito, «guardar-se do pecado» é apenas um lado da moeda da virtude. É algo necessário, mas não suficiente. Talvez essa visão negativa da religião, que se contempla como uma série de proibições, explique a falta de alegria de muitas almas bem-intencionadas. Guardar-se do pecado é o começo básico, mas o amor a Deus e ao próximo vai muito mais longe.

Para começar, temos as *obras de misericórdia corporais*[11]. Chamam-se assim porque dizem respeito ao bem-estar físico e temporal do próximo. Respigadas das Sagradas Escrituras, são sete: (1) *visitar e cuidar dos enfermos*; (2) *dar de comer a quem tem fome;* (3) *dar de beber a quem tem sede*; (4) *dar pousada aos peregrinos;* (5) *vestir os nus;* (6) *redimir os cativos;* (7) *enterrar os mortos*. Na sua descrição do Juízo Final (Mt 25, 34-40), Nosso Senhor estabelece o seu cumprimento como prova do nosso amor por Ele.

Quando nos detemos a examinar a maneira de cumprir as obras de misericórdia corporais, vemos que são três as vias pelas quais podemos dirigir os nossos esforços. Primeiro, temos o que se poderia chamar a «caridade organizada». Nas nossas cidades modernas, é muito fácil esquecer o pobre e desgraçado, perdido entre a multidão. Mais ainda, algumas necessidades são demasiado grandes para que possam ser remediadas por uma só pessoa. E assim contamos com muitos tipos de organizações para as mais diversas atenções sociais, a que os necessitados podem recorrer. Temos hospitais, orfanatos, asilos, instituições para crianças abandonadas e subnormais, para mencionar algumas. Quando as ajudamos, quer dire-

---

(11) «"Sob as suas múltiplas formas: pobreza material, opressão injusta, doenças físicas e psíquicas, e finalmente a morte, a *miséria humana* é o sinal manifesto da condição original de fraqueza em que o homem se encontra, desde o primeiro pecado, e da necessidade de salvação. Foi por isso que atraiu a compaixão de Cristo Salvador, que quis tomá-la sobre Si e identificar-Se com os 'mais pequeninos de entre os Seus irmãos'. E por isso os que se sentem acabrunhados por ela são objeto de *um amor preferencial* por parte da Igreja que, desde as origens, apesar das falhas de muitos dos seus membros, nunca deixou de trabalhar por aliviá-los, defendê-los e libertá-los; fê-lo através de inúmeras obras de beneficência, que continuam indispensáveis, sempre e em toda a parte" (CDF, instr. *Libertatis conscientia,* 68)» (n. 2448; cf. também os ns. 2447 e 2449).

tamente, quer por meio de coletas ou campanhas, cumprimos uma *parte* das nossas obrigações para com o próximo, mas não todas.

Outro modo de praticar as obras de misericórdia corporais é colaborar em movimentos pela promoção cívica e social. Se nos preocupamos em melhorar a habitação das famílias pobres; se trabalhamos para atenuar as injustiças que pesam sobre os migrantes do campo; se apoiamos os justos esforços dos operários para obter um salário adequado e segurança econômica; se prestamos a nossa cooperação ativa a organizações cujo objetivo é tornar a vida do próximo um pouco menos pesada, estamos praticando as obras de misericórdia corporais.

Mas, evidentemente, tudo isto não nos livra da obrigação de prestar ajuda *direta e pessoal* aos nossos irmãos sempre que se apresente a oportunidade – ou, melhor dito, o *privilégio*. Não posso dizer ao necessitado que conheço: «Já dei a tal associação de caridade; procure-a». Tenhamos presente que Cristo se apresenta sob muitos disfarces. Se somos demasiado «prudentes» na nossa generosidade, avaliando cientificamente o «mérito» de uma necessidade, chegará necessariamente um momento em que Cristo nos encontrará adormecidos.

Jesus falou muitas vezes dos pobres, mas nem uma só mencionou «os pobres que merecem sê-lo». Damos por amor a Cristo, e o mérito ou demérito do pobre não nos deve preocupar excessivamente. Não podemos fomentar a vadiagem dando esmolas com *imprudência*; mas devemos ter em conta que negar a nossa ajuda a uma família necessitada por ser «uma coleção de inúteis», porque «o pai bebe» ou a mãe «não é boa dona de casa» (o que equivale a castigar as crianças pelos defeitos dos pais), é pôr em perigo a salvação da nossa alma. A verdade não é menos exigente que isso.

Além de proporcionar alimentos, roupas ou meios econômicos urgentes aos necessitados, existem, evidentemente, outras maneiras de praticar as obras de misericórdia. No mundo de hoje, não é tão fácil *redimir os cativos* ou sequer visitar os presos como o era nos tempos do Senhor; muitos presos têm as visitas limitadas aos parentes próximos. Mas podemos comunicar-nos com os capeláes das prisões ou das penitenciárias e perguntar-lhes como poderíamos ser úteis aos presos: material de leitura ou de recreio?, assistência jurídica?, interesse pelos filhos que deixaram cá fora? (Facilmente poderíamos ser você e eu quem estivesse atrás das grades!).

Muito melhor que visitar os presos, porém, é procurar que não cheguem a essa situação. Tudo o que possamos fazer para melhorar a nossa vizinhança – proporcionando instalações para que a juventude tenha diversões saudáveis e atividades formativas; estendendo a mão ao jovem que vacila à beira da delinquência, etc. – tudo isso nos assemelha a Cristo.

Visitar os enfermos. Como são afortunados os médicos e as enfermeiras que dedicam toda a sua vida à sexta obra de misericórdia corporal! (sempre que o façam movidos pelo amor a Deus, e não por motivos «humanitários» ou econômicos). Mas a enfermidade do irmão é um desafio para todos os cristãos sem exceção. Cristo acompanha-nos de cada vez que visitamos um dos seus membros doentes: são visitas que não curam, mas que confortam e animam. O tempo que empregamos em ler alguma coisa a um convalescente ou a um cego, em aliviar por umas horas o trabalho de uma dona de casa, substituindo-a na atenção ao marido ou ao filho doente, tem um mérito muito grande. Um simples bilhete expressando o nosso desejo de que o doente melhore, enviado por amor de Deus, ganhar-nos-á o sorriso divino.

Enterrar os mortos. Já ninguém no nosso país tem que construir um caixão ou cavar uma sepultura a serviço do próximo. Mas, quando vamos a um velório, honramos Cristo, cuja graça santificou o corpo ao qual oferecemos os nossos últimos respeitos. Quem acompanha um enterro pode dizer com razão que, na pessoa do próximo, está acompanhando Cristo à sepultura.

Quando nos empenhamos, por meio das obras de misericórdia corporais, em diminuir as necessidades do próximo – doença, pobreza, tribulação –, o céu sorri-nos. Mas a sua felicidade *eterna* tem uma importância infinitamente maior que o bem-estar físico e temporal. Por isso, as *obras de misericórdia espirituais* são mais urgentes para o cristão que as corporais.

As obras de misericórdia espirituais são tradicionalmente sete: (1) *ensinar a quem não sabe; (2) dar bom conselho a quem dele necessita; (3) corrigir a quem erra; (4) perdoar as injúrias; (5) consolar o triste; (6) sofrer com paciência os defeitos do próximo; (7) rogar a Deus pelos vivos e pelos mortos.*

Ensinar a quem não sabe. O intelecto humano é um dom de Deus, e Ele quer que o utilizemos. Toda a verdade, tanto humana como sobrenatural, reflete a infinita perfeição de Deus. Em consequência, todo aquele que contribui para o desenvolvimento da mente, formando-a na verdade, realiza uma obra autenticamente cristã, se o faz por amor de Deus e do próximo. Aqui os pais têm o papel mais importante, e logo a seguir os mestres, incluídos os que ensinam matérias do conhecimento humano, porque *toda* a verdade é de Deus. Não é difícil ver a razão pela qual o ensino se torna uma vocação tão nobre, uma vocação que pode ser estrada real para a santidade.

Naturalmente, o conhecimento de maior dignidade é o conhecimento religioso. Os que dão aulas de catecismo praticam essa obra de misericórdia na sua forma mais plena. Como também os que ajudam a construir e a sustentar escolas católicas e centros catequéticos compartilham o mérito que deriva de «ensinar a quem não sabe».

Dar bom conselho a quem dele necessita é uma obra de misericórdia que dispensa comentários. A maioria das pessoas gosta de dar a sua opinião. Quando tivermos que aconselhar, temos de estar seguros de que o nosso conselho é cem por cento sincero, desinteressado e baseado nos princípios da fé; de que não escolhemos o caminho fácil de dar a quem nos escuta o conselho que quer ouvir, sem ter em conta o seu valor.

Corrigir a quem erra é um dever que recai principalmente sobre os pais e, um pouco abaixo – mas só um pouco –, sobre os mestres e demais educadores da juventude. Este dever é muito claro; o que nem sempre enxergamos com a mesma clareza é que o exemplo é sempre mais convincente que as admoestações. Se no lar há intemperança ou uma preocupação excessiva pelo dinheiro ou pelos êxitos mundanos; se há críticas maliciosas ou os pais brigam diante dos filhos; se o pai fanfarroneia e a mãe mente sem escrúpulos ao telefone, então, que Deus se compadeça desses filhos a quem os pais educam no pecado.

Mas «corrigir a quem erra» não é uma obrigação exclusiva de pais e mestres. A responsabilidade de conduzir os outros para a virtude é algo que nos toca a todos, de acordo com a nossa maior ou menor autoridade. É um dever que temos de exercer com prudência e inteligência. Às vezes, ao ser corrigido, um pecador obstina-se mais no seu pecado, especialmente porque a correção é feita em tom santarrão ou paternalista («Não estou bêbado; deixe-me em paz. Garçom, traga-me outro copo»). É essencial que façamos a nossa correção com delicadeza e com carinho, tendo bem presentes as nossas próprias faltas e fraquezas.

Mas prudência não quer dizer covardia. Se sei que um amigo meu usa «camisinha», ou comete infidelidades conjugais, ou está a ponto de fazer vasectomia ou de concordar com a laqueadura de trompas da sua esposa, ou pensa em casar-se fora da Igreja, ou de outro modo põe em perigo a sua salvação eterna, o amor a Deus me *exige* que faça tudo o que está ao meu alcance para dissuadi-lo do seu suicídio espiritual. É uma covardia da pior espécie procurar eximir-se dizendo: «Bem, ele sabe tão bem como eu o que está certo e o que está errado; já tem idade para saber o que faz; não é assunto meu dizer-lhe o que tem que fazer». Se eu o visse apontando uma pistola à cabeça, certamente consideraria assunto meu detê-lo, por muito que protestasse pela minha intromissão. E é evidente que a sua vida espiritual deve preocupar-me mais do que a sua vida física. Ouçamos qual será a nossa recompensa: *Meus irmãos, se alguém fizer voltar ao bom caminho algum de vós que se afastou para longe da verdade, saiba: aquele que fizer um pecador retroceder do seu erro, salvará sua alma da morte e fará desaparecer uma multidão de pecados* (Ti 5, 19-20).

Perdoar as injúrias e *sofrer com paciência os defeitos do próximo*. Ah! Aqui é que as coisas ficam pretas. Tudo o que temos de humano, tudo o que nos é natural se subleva contra o motorista imprudente que nos fecha a passagem, contra o amigo que nos atraiçoa, contra o vizinho que espalha mentiras sobre nós, contra o comerciante que nos engana. É aqui que tocamos o nervo mais sensível do amor-próprio. Custa tanto dizer com Cristo na cruz: *Pai, perdoa-lhes porque não sabem o que fazem!* Mas temos que fazê-lo, se de verdade somos de Cristo. É aqui que o nosso amor a Deus passa pela prova máxima e se vê se o nosso amor ao próximo é autenticamente sobrenatural.

Consolar os tristes é algo que surge espontaneamente em muitos de nós. Se somos seres humanos normais, sentimo-nos naturalmente compadecidos dos aflitos. Mas é essencial que o consolo que oferecemos seja mais do que meras palavras e gestos sentimentais. Se podemos *fazer* alguma coisa para confortar uma pessoa que sofre, não podemos deixar de fazê-lo porque isso nos vai causar aborrecimentos ou sacrifícios. As nossas palavras de consolo serão mil vezes mais eficazes se forem acompanhadas de obras.

Por fim, *rogar a Deus pelos vivos e pelos mortos é* algo que certamente todos fazemos, conscientes do que significa ser membro do Corpo Místico de Cristo e da Comunhão dos Santos. Mas aqui também pode meter-se o egoísmo, se as nossas orações se limitam às necessidades da nossa família e dos amigos mais íntimos. A nossa oração, como o amor de Deus, deve abarcar o mundo.

O maior bem

«Se me amas», diz Deus, «o que *deves* fazer é isto»: e dá-nos os seus mandamentos. «Se me amas *muito», acrescenta* Ele, «eis o que *poderias* fazer», e dá-nos os *conselhos evangélicos,* um convite à prática da pobreza voluntária, da castidade perpétua e da obediência perfeita. Chamam-se «evangélicos» porque é nos Evangelhos que encontramos o convite que Jesus nos dirige para que os pratiquemos.

Vale a pena recordar na sua totalidade o patético incidente que São Mateus nos conta no seu Evangelho: *Um jovem aproximou-se de Jesus e lhe perguntou: Mestre, que devo fazer de bom para ter a vida eterna? Disse-lhe Jesus: Por que me perguntas a respeito do que se deve fazer de bom? Só Deus é bom. Se queres entrar na vida, observa os mandamentos. Quais?, perguntou ele. Jesus respondeu: Não matarás, não cometerás adultério, não furtarás, não dirás falso testemunho, honra teu pai e tua mãe, amarás teu próximo como a ti mesmo. Disse-lhe o jovem: Tenho observado tudo isto desde a minha infância. Que me falta ainda? Respondeu Jesus: Se queres ser perfeito, vai, vende teus bens, dá-os aos pobres e terás um tesouro no céu. Depois, vem e segue-me! Ouvindo estas palavras, o jovem foi embora muito triste, porque possuía muitos bens* (Mt 19, 16-22).

Sentimos uma grande pena desse jovem que esteve tão perto de ser um dos primeiros discípulos do Senhor, mas perdeu a sua gloriosa oportunidade porque não teve generosidade. Não há dúvida de que hoje também Jesus bate à porta de uma multidão de almas. Falta tanto da sua obra por realizar, são precisos tantos operários! Se o número de operários é insuficiente (e sempre o é), não é porque Jesus não os chame. Pode acontecer que não se queira ouvir a sua voz, ou que, como ao jovem do Evangelho, falte generosidade para segui-lO. Por isso é essencial que todos, pais e filhos, compreendam a natureza dos conselhos evangélicos e a natureza da vocação para a vida religiosa.

De todos os conselhos e diretrizes que se dão no Evangelho, os chamados *conselhos evangélicos* são os mais perfeitos. A sua observância liberta-nos – na medida em que a natureza humana pode ser livre – dos obstáculos que se opõem ao nosso crescimento em santidade, em amor a Deus. Quem abraça esses conselhos renuncia a uns bens valiosos, mas menores, que no quadro da nossa natureza decaída competem frequentemente com o amor a Deus.

Ao desposarmos voluntariamente a *pobreza,* manietamos a cobiça e a ambição, que são as instigadoras de tantos pecados contra Deus e contra o próximo. Ao oferecermos a Deus a *castidade perfeita,* subjugamos a carne para que o espírito possa elevar-se sem amarras nem divisões até Deus. Ao aderirmos à *obediência,* fazemos a mais custosa das renúncias, entregamos o que é mais caro ao homem, mais que a ambição de possuir ou o poder de procriar: renunciamos ao domínio da nossa própria vontade. Esvaziados de nós mesmos tão completamente quanto possa sê-lo um homem – sem bens, sem família, sem vontade própria –, ficamos livres ao máximo dos nossos condicionalismos, para abrir-nos à ação da graça; estamos no chamado caminho de perfeição.

Se queremos progredir em santidade, o *espírito* dos conselhos é imprescindível a todos nós. A todos, casados ou solteiros, religiosos ou fiéis comuns, é necessário o desprendimento dos bens deste mundo, a sobriedade na satisfação dos gostos e necessidades, a partilha generosa dos bens com outros menos afortunados, em atitude de agradecimento a Deus pelo que nos dá e de exercício para o caso de Ele nos pedir que lho devolvamos. É o que confirma o Catecismo: «Os conselhos evangélicos são, na sua multiplicidade, propostos a todos os discípulos de Cristo» (n. 915).

A castidade, por exemplo, é uma virtude imprescindível para todo cristão, mas para cada um *segundo o seu estado*. Para o *solteiro*, quer seja religioso, quer não (tenha ou não feito um voto de castidade) deve ser *absoluta*. Certamente, é uma das glórias da nossa religião que tantos vivam a castidade perfeita, fora e dentro de um mundo cujas seduções são tão abundantes e onde as ocasiões de fraquejar são tão frequentes. Há heroísmo autêntico na pureza dos jovens que dominam o imperioso instinto sexual até que a idade e as circunstâncias lhes permitam casar-se. Há um heroísmo menos chamativo, mas não menos real, nos solteiros de mais idade cuja situação é tal que não lhes permite casar-se, talvez para sempre. Há um nobre heroísmo na continência daqueles que fizeram a opção de permanecer solteiros no mundo, para poderem dar-se mais plenamente ao serviço dos outros: há nestes leigos que preferiram o celibato uma profunda reverência pela faculdade sexual, que encaram como um maravilhoso dom de Deus, reservado para os fins que Ele designou, e que neles deve manter-se impoluto para garantir a plena e exclusiva dedicação das suas energias afetivas e físicas a Deus e ao próximo.

Também dentro da *vida conjugal* se deve viver a castidade, a formosíssima castidade dos esposos cristãos, para os quais a união física não é uma diversão ou um meio de satisfação egoísta, mas a feliz expressão da união interior e espiritual de um com o outro e com Deus, a fim de assegurarem o cumprimento da sua Vontade, sem pôr limites aos filhos que Ele queira enviar, abstendo-se de usar do sexo sempre que isso sirva melhor aos fins de Deus.

Também a virtude da *obediência* deve ser vivida no mundo, quer se tenha feito um voto, quer não: é a submissão da vontade ao que o verdadeiro amor a Deus e ao próximo reclamam, muitas vezes obrigatoriamente. Esta obediência não implica somente a submissão à voz de Deus na sua Igreja e à Vontade de Deus nas circunstâncias da vida que muitas vezes são fonte de contrariedades. Implica a submissão diária da vontade e o controle dos próprios desejos para que se possa viver em paz e caridade com os outros: o esposo com a esposa, o vizinho com o vizinho, o empregado com o superior ou com o colega.

Sim, não há dúvida de que o espírito dos conselhos evangélicos – pobreza, castidade e obediência – não se encerra dentro dos muros dos conventos e mosteiros. Este espírito é essencial a toda vida autenticamente cristã. A maioria dos cristãos é chamada a vivê-lo de acordo com as suas circunstâncias, embora só se peça a sua observância absoluta a uns poucos. O Corpo Místico de Cristo *é* um corpo, e não apenas alma. Por isso tem que haver pais cristãos que perpetuem os membros desse Corpo. Mais ainda, se o espírito de Cristo deve impregnar o mundo, deve haver exemplos de Cristo em todas as situações da vida, deve haver homens e mulheres cristãos em todos os ofícios, profissões e estados.

É evidente que há muita gente que vive «no mundo» e é muito mais santa que outros que vivem «em religião», afastados do mundo. É igualmente evidente que ninguém deve pensar que está condenado a uma vida «imperfeita» porque não se tornou frade ou freira. Para cada indivíduo, a vida mais perfeita é aquela para a qual Deus o chama. Há santas na cozinha como as há no claustro; há santos no comércio como no convento.

O importante é que cada qual – após uma infância e uma adolescência vividas no esforço por adquirir uma sólida vida cristã – se pergunte à hora de fazer a opção fundamental da sua vida: «Que quer Deus de mim? Que me case e realize a minha vocação de serviço a Deus através da vida de casado, ou que me dedique a Ele por completo, numa ordem religiosa ou permanecendo no mundo, mediante o celibato apostólico?» É importante *propor-se* esta pergunta, *aconselhar-se* com um bom sacerdote e sobretudo cultivar a virtude da *generosidade com Deus*, que pode pedir-nos tudo só para Ele.

Tendo em conta as prementes necessidades atuais, podemos ter a certeza de que Deus chama muitas almas que não aceitam o seu convite. Talvez não deem ouvidos à sua voz – Ele fala sempre com suavidade –; talvez a ouçam, mas se assustem com a dificuldade, sem levarem em conta que quem as chama é Deus e que Ele dará a fortaleza necessária; talvez ouçam e tenham a suficiente generosidade, mas são dissuadidas pelos pais, que, talvez com boas intenções, aconselham cautela e fazem adiar a decisão, até que conseguem calar a voz de Deus e malograr a vocação. Como se fosse necessário ter «cautela» com Deus! Uma das intenções constantes de nossas orações deveria ser pedir para que todos aqueles a quem Deus chama escutem a sua voz e respondam afirmativamente; e para que aqueles que o fizeram tenham a graça de perseverar nesse dom heroico até o fim dos seus dias.

CAPÍTULO XVI

O primeiro mandamento

O nosso primeiro dever

O supremo destino do homem é dar honra e glória a Deus. Para isso fomos feitos. Qualquer outro motivo para nos criar teria sido indigno de Deus. É, pois, correto dizer que Deus nos fez para sermos eternamente felizes com Ele. Mas a nossa felicidade é uma razão secundária do nosso existir; é a *consequência* de cumprirmos o fim primário para o qual fomos destinados: *glorificar a Deus*.

Não é de surpreender, pois, que o primeiro dos Dez Mandamentos nos recorde essa obrigação. *Eu sou o Senhor teu Deus*, escreveu Deus nas tábuas de pedra de Moisés. *Não terás outros deuses diante de minha face.* É uma forma resumida do primeiro mandamento que, tal como aparece no livro do Êxodo (20, 2-6), é bem longo: *Eu sou o Senhor teu Deus, que te fez sair do Egito, da casa da servidão. Não terás outros deuses diante da minha face. Não farás para ti escultura, nem figura alguma do que está em cima, nos céus, ou embaixo, sobre a terra, ou nas águas, debaixo da terra. Não te prostrarás diante delas e não lhes prestarás culto. Eu sou o Senhor, teu Deus, um Deus zeloso que vingo a iniquidade dos pais nos filhos, nos netos e nos bisnetos daqueles que me odeiam, mas uso de misericórdia até a milésima geração com aqueles que me amam e guardam os meus mandamentos.* Este é o primeiro mandamento na sua forma completa.

Pode ser de interesse mencionar aqui que os mandamentos, segundo Deus os deu, não estão claramente numerados de um a dez. A sua disposição em dez divisões, para ajudar a memorizá-los, é coisa humana. Antes que a invenção da imprensa tendesse a padronizar as coisas, os mandamentos numeravam-se umas vezes de uma maneira, outras de outra. Frequentemente, o primeiro mandamento, tão extenso, dividia-se em dois: «Eu sou o Senhor teu Deus..., não terás outros deuses diante da minha face», era o primeiro; e o segundo era: «Não farás para ti escultura nem figura alguma... Não te prostrarás diante delas e não lhes prestarás culto». Depois, para manter exatamente o número de dez, os dois últimos mandamentos – «Não cobiçarás a casa do teu próximo» e «Não desejarás a mulher do teu próximo... nem nada do que lhe pertence» – se juntaram num só. Quando Martinho Lutero deu origem à primeira confissão protestante, escolheu este sistema de numeração. O outro sistema, que nos é tão familiar, tornou-se comum na Igreja Católica, o que fez com que o nosso segundo mandamento seja para muitos protestantes o terceiro, o nosso terceiro o quarto, e assim sucessivamente. Num catecismo protestante, é o sétimo mandamento e não o sexto que proíbe o adultério. Em ambos os casos, os mandamentos são os mesmos; há apenas diferentes sistemas de numeração.

Já mencionamos que o número dez não é senão uma ajuda mnemônica. Vale a pena recordar que os mandamentos em si são também ajudas que Deus proporciona à nossa memória, seja qual for o sistema de numeração. No Monte Sinai, Deus – à exceção de ter destinado um dia específico para Ele – não impôs *novas* obrigações à humanidade. Desde Adão, a lei natural exigia do homem a prática do culto a Deus, da justiça, da veracidade, da castidade e das demais virtudes morais. Deus apenas gravou em tábuas de pedra o que a lei natural já exigia do homem.

Mas, no Monte Sinai, Deus também não nos entregou um tratado exaustivo de lei moral. Limitou-se a proporcionar uma lista dos pecados mais graves contra as virtudes mais importantes: idolatria contra religião, profanação contra reverência, homicídio e roubo contra justiça, perjúrio contra veracidade e caridade; e deixou ao homem essas virtudes como guias onde enquadrar os deveres de natureza similar. Poderíamos dizer que os Dez Mandamentos são como dez «cabides» onde podemos pendurar ordenadamente as nossas obrigações morais.

Mas voltemos agora à consideração particular do primeiro mandamento. Podemos dizer que poucos de nós se acham em situação de cometer um pecado de *idolatria* em sentido literal. Mas já se poderia falar figurativamente daqueles que rendem culto ao falso deus de si mesmo: aos que colocam as riquezas, os negócios, o êxito social, o prazer mundano ou o bem-estar físico acima dos seus deveres para com Deus. No entanto, esses pecados de autoidolatria enquadram-se, em geral, em mandamentos diferentes do primeiro.

Admitindo que o pecado de idolatria não é problema para nós, poderemos dirigir a nossa atenção para o significado *positivo* do primeiro mandamento. Dele se pode afirmar – como de quase todos os outros – que a forma negativa em que se expressa é uma fórmula literária para ressaltar sinteticamente os nossos deveres positivos. Assim, o primeiro mandamento ordena que ofereçamos *unicamente a Deus* o culto supremo, culto que lhe é devido como Criador e fim nosso, e essa obrigação positiva abrange muito mais coisas do que a mera abstenção da idolatria.

Nunca se insistirá suficientemente na ideia de que levar uma vida virtuosa é muito mais que a simples abstenção do pecado. A virtude, como as moedas, tem anverso e reverso. Abster-se do mal é apenas uma face da moeda. A outra é a necessidade de fazer *boas* obras, que são o contrário das más a que renunciamos. Assim, pois, não basta passar diante de um ídolo pagão e não tirar o chapéu; devemos prestar ativamente ao verdadeiro Deus o culto que lhe é devido.

O Catecismo da Igreja Católica resume os deveres a esse respeito com estas palavras:

> «O homem tem a vocação de manifestar Deus agindo em conformidade com sua criação "à imagem e semelhança de Deus" [...]. "O primeiro preceito abrange a *fé*, a *esperança* e a *caridade*. Com efeito, quando se fala de Deus, fala-se de um ser constante, imutável, sempre o mesmo, fiel, perfeitamente justo. Daí decorre que nós devemos necessariamente aceitar suas palavras e ter nele uma fé e uma confiança plenas. Ele é todo-poderoso, clemente, infinitamente inclinado a fazer o bem. Quem poderia deixar de pôr nele todas as suas esperanças? E quem poderia deixar de amá-lo, contemplando os tesouros de bondade e de ternura que ele derramou sobre nós?" (*Cat. Rom.* 3, 2, 4)» (ns. 2085-2086).

Na religião, tudo se baseia na fé. Sem ela, não há nada. Por isso devemos começar por concentrar a atenção na *virtude da fé*. Sabemos que essa virtude é infundida na nossa alma, juntamente com a graça santificante, no momento do batismo, mas sabemos também que ficaria anquilosada na nossa alma se não a vitalizássemos mediante *atos de fé*. Fazemos um ato de fé de cada vez que assentimos conscientemente às verdades reveladas por Deus; não precisamente por as compreendermos plenamente; não precisamente por nos terem sido demonstradas, e a prova nos ter convencido cientificamente; mas sim, primordialmente, porque Deus as revelou. Deus, por ser infinitamente sábio, não pode enganar-se. Deus, por ser infinitamente verdadeiro, não pode mentir. Em consequência, quando diz que uma coisa é assim e não de outra maneira, não se pode pedir certeza maior. A palavra divina contém mais certeza que todos os tubos de ensaio e arrazoados lógicos do mundo.

É fácil ver a razão por que um ato de fé é um ato de culto a Deus. Quando digo: «Meu Deus, creio nestas verdades porque Vós as revelastes, e Vós não podeis enganar-vos nem enganar-me», estamos honrando a Sabedoria e a Veracidade infinitas de Deus do modo mais prático possível, aceitando-as com base na sua palavra.

Este dever de dar culto a Deus pela fé impõe-nos umas obrigações concretas. Deus não faz as coisas sem motivo. É evidente que, se nos deu a conhecer certas verdades, é porque de algum modo elas nos seriam úteis para alcançarmos o nosso fim, que é dar-lhe glória pelo conhecimento, pelo amor e pelo serviço. Assim, saber que verdades são essas converte-se numa responsabilidade para nós, segundo a nossa capacidade e oportunidades.

Para um não católico, isto significa que, mal começa a suspeitar que não possui a verdadeira religião revelada por Deus, está obrigado imediatamente a procurá-la. Quando a encontra, está obrigado a abraçá-la, a fazer o seu ato de fé. Nós não podemos julgar ninguém, pois só Deus lê os corações, mas todo sacerdote, no decurso do seu ministério, encontra pessoas que parecem estar convencidas de que a fé católica é a verdadeira e, contudo, não pedem para ser admitidos na Igreja. É como se o preço lhes parecesse excessivamente elevado: perda de amigos, de negócios ou de prestígio. Às vezes, o obstáculo é o temor de desgostar os pais segundo a carne, como se a lealdade para com eles tivesse precedência sobre essa lealdade superior que devemos ao nosso Pai Deus.

Quanto a nós, que já possuímos a fé, temos que ver se não dormimos sobre os louros. Não podemos estar tranquilos pensando que, por termos frequentado um colégio onde nos ensinaram o catecismo na juventude, já sabemos tudo o que precisamos sobre religião. Uma mente adulta necessita de uma compreensão de adulto das verdades divinas. Ouvir com atenção sermões e práticas, ler livros e revistas de doutrina cristã, participar de cursos ou círculos de estudo sobre temas de fé e de vida cristã não são simples questões de gosto, coisas em que nos ocupamos se nos dá na veneta. Não são práticas «piedosas» para «almas devotas». É um *dever essencial* procurarmos um *adequado* grau de conhecimento da nossa fé, e esse dever resulta do primeiro dos mandamentos. Não podemos fazer atos de fé sobre uma verdade ou verdades que nem sequer conhecemos. Muitas tentações sobre a fé, se as temos, desapareceriam se nos déssemos ao trabalho de estudar um pouco mais as verdades da nossa fé.

O primeiro mandamento não nos obriga apenas a procurar conhecer as verdades divinas e a aceitá-las. Também nos pede que façamos *atos de fé*, que prestemos culto a Deus pela adesão explícita da nossa mente às suas verdades, uma vez alcançado o uso da razão.

Quando *devo* fazer atos de fé? Com frequência, mas sobretudo quando chega ao meu conhecimento uma verdade de fé que ignorava anteriormente. *Devo* fazer um ato de fé quando se apresenta uma tentação contra esta virtude ou contra outra qualquer em que a fé esteja implicada. *Devo* fazer um ato de fé muitas vezes na vida, para que a virtude não fique inativa por falta de exercício. A prática habitual do bom cristão é fazer atos de fé diariamente, como parte das orações da manhã e da noite.

Não é suficiente procurar conhecer a verdade, nem podemos limitar--nos a prestar-lhe o nosso assentimento interior. O primeiro mandamento requer que, além disso, façamos *profissão externa da nossa fé*. Esta obrigação passa a ser imperativa sempre que a honra de Deus ou o bem-estar do próximo o requeiram. A honra de Deus exige-o quando omitir essa profissão de fé equivaleria a negá-la.

Esta obrigação não se aplica somente aos casos extremos, em que nos pedem que neguemos expressamente a nossa fé, como na antiga Roma ou nos países onde o catolicismo é perseguido, mas também à vida ordinária de cada um. Podemos ter reparos em expressar a nossa fé por medo de que prejudique os nossos negócios, por medo de chamar a atenção, por medo das ironias ou do ridículo. O católico que assiste a um congresso, o católico que estuda na Universidade, a católica que participa em reuniões sociais, pode encontrar-se em situações em que ocultar a sua fé equivalha a negá-la, em prejuízo da honra devida a Deus.

E muitas vezes, quando fugimos de professar a nossa fé por covardia, o próximo sofre também. Muitas vezes um irmão ou irmã de fé mais fraca observa a nossa conduta antes de decidir a sua forma de agir. Realmente, enfrentaremos muitas situações em que a necessidade concreta de dar testemunho da nossa fé surgirá da obrigação de fortalecermos com o nosso exemplo a fé dos outros.

Pecados contra a fé

O primeiro mandamento obriga-nos a conhecer o que Deus revelou e a crer nessas verdades firmemente. Isto é o que significa praticar a virtude da fé. Sempre que deixamos de fazê-lo, pecamos contra a fé.

Mas há certos pecados graves e concretos contra esta virtude que merecem uma menção especial, e o primeiro de todos é o pecado de *apostasia*. A palavra «apóstata» soa de modo parecido a «apóstolo», mas significa quase o contrário. Apóstolo é aquele que propaga a fé. Apóstata é aquele que a abandona completamente. Encontram-se apóstatas em quase todos os ambientes: pessoas que dirão que foram católicas, mas que já não creem em nada. Com frequência, a apostasia é consequência de um mau casamento. Começa com um casamento realizado fora da Igreja ou com uma pessoa que não pratica. Excluindo-se desse modo do fluxo da graça divina, a fé do católico definha e morre, e no final do processo a pessoa se vê sem fé nenhuma.

Não são a mesma coisa apostasia e *relaxamento*. Pode haver um católico relaxado que não vá à Missa nem comungue há dez ou mais anos. Ordinariamente, a raiz desta negligência é simplesmente a preguiça. «Trabalho muito toda a semana e tenho o direito de descansar aos domingos», dirá certamente esse homem. Se lhe perguntarmos qual é a sua religião, responderá: «Católico, naturalmente». Em geral, defender-se-á dizendo que é melhor católico do que «muitos que vão à Missa todos os domingos». É uma desculpa típica, que todos nós temos de ouvir vez por outra.

Um católico relaxado não é ainda um apóstata. De forma vaga, pretende voltar num futuro impreciso à prática da sua religião. Se morre antes de fazê-lo, não lhe será necessariamente negado o enterro cristão, se o pároco puder encontrar nele qualquer sinal de que ainda conservava a fé e de que se arrependeu à hora da morte. É uma ideia errônea supor que a Igreja nega enterro cristão aos que não cumprem o chamado preceito pascal.

É verdade que a Igreja toma este aspecto como evidência de que uma pessoa possui a verdadeira fé: se consta que comunga pela Páscoa, não será preciso mais nada. Mas, como Mãe amorosa que é para os seus filhos extraviados, basta à Igreja a menor prova para que conceda enterro cristão a um defunto, supondo que este conservava a fé e se arrependeu dos seus pecados, quer dizer, sempre que não tenha morrido excomungado ou publicamente impenitente. Um enterro cristão não garante, de modo algum, que determinada alma vá para o céu, mas a Igreja não quer aumentar a dor dos parentes negando o enterro cristão, contanto que possa encontrar uma desculpa válida para autorizá-lo.

Um católico relaxado não é necessariamente um católico apóstata, se bem que, muito frequentemente, o relaxamento conduza à apostasia. Ninguém pode ir vivendo de costas para Deus, mês após mês, ano após ano, ou estar indefinidamente em pecado mortal, rejeitando constantemente a graça de Deus, sem que afinal se encontre sem fé. A fé é um dom de Deus, e tem que chegar um momento em que Deus, que é infinitamente justo como é infinitamente misericordioso, não possa permitir que o seu dom continue a ser desprezado e se continue a abusar do seu amor. Quando a mão de Deus se retira, a fé morre.

Outra causa de apostasia, além do relaxamento, é a *soberba intelectual.* É um perigo a que se expõe quem se aventura imprudentemente a ultrapassar os seus limites intelectuais e espirituais. É o caso do jovem que entra na Universidade e começa a descurar a oração, a Missa e os sacramentos. Assim que abandona a sua vida espiritual, sente-se ofuscado pela atitude de desdenhosa superioridade deste ou daquele professor para com «as superstições superadas», entre as quais inclui a religião. Em vez de aceitar o desafio da irreligião superficialoide em que tropeça nas aulas e estudar as respostas, esse jovem estudante troca a autoridade de Deus e da Igreja pela autoridade do professor. Isto não quer dizer que a maioria dos professores universitários sejam ateus ou coisa parecida, mas apenas que é possível encontrar casos desses com alguma facilidade: professores que, levados pela sua própria insegurança, tentam afirmar o seu «eu» menosprezando as mentes superiores à sua. Um homem assim pode causar danos irreparáveis a estudantes impressionáveis e contagiá-los com a sua soberba intelectual.

As *leituras imprudentes* são outro perigo frequente para a fé. Uma pessoa afetada de pobreza intelectual pode ser presa fácil das areias movediças de autores refinados e engenhosos, cuja atitude para com a religião seja de suave ironia ou altivo desprezo. Ao ler tais autores, é provável que a mente superficial comece a pôr em dúvida as suas crenças religiosas. Se não sabe sopesar as provas e pensar por conta própria, se não tem presente o ditado inglês de que «um tolo pode fazer mais perguntas numa hora do que um sábio responder num ano», esse leitor incauto acaba por trocar a sua fé pelos sofismas brilhantes e pelos absurdos impenetráveis que vai lendo.

Finalmente, a apostasia pode ser resultado do *pecado habitual*. Um homem não pode viver em contínuo conflito consigo mesmo. Se as suas ações contradizem a sua fé, uma das duas partes tem que ceder. Se negligencia a graça, é fácil que jogue pela janela a sua fé ao invés do seu pecado. Muitos justificam a perda da fé por dificuldades intelectuais, quando na realidade tratam de encobrir desse modo o conflito mais íntimo e menos nobre que têm por causa das suas paixões.

Além da rejeição total da fé, que é o pecado de apostasia, existe a rejeição parcial, que é o pecado de *heresia*, e quem o comete chama-se herege. Herege é um batizado que se recusa a crer numa ou mais verdades reveladas por Deus e ensinadas pela Igreja Católica. Uma verdade revelada por Deus e proclamada solenemente pela Igreja denomina-se *dogma* de fé. A concepção virginal de Jesus – Jesus não teve pai humano – é um exemplo de dogma de fé; a infalibilidade do sucessor de Pedro, do Papa, quando ensina verdades de fé e moral a toda a Cristandade, é também dogma de fé; outro é o da Imaculada Conceição, que nos leva a crer firmemente que Deus criou a alma de Maria livre do pecado original.

São alguns exemplos dos dogmas que, entrelaçados, formam a tapeçaria da fé católica. Rejeitar um deles é rejeitar todos. Se Deus, que fala pela sua Igreja, pode errar num ponto de doutrina, não há razão nenhuma para crer nos demais. Não pode haver ninguém que esteja «ligeiramente herético», como também não pode haver ninguém que esteja «ligeiramente morto». Às vezes, poderíamos pensar que os anglicanos da *High Church* estão muito perto da Igreja porque creem em quase tudo o que nós cremos, têm cerimônias parecidas à nossa Missa, confessionários e paramentos litúrgicos nos seus templos, e queimam incenso. Mas não é assim: dizer que alguém é «quase católico» é tão absurdo como dizer que alguém está «quase vivo».

Deve-se ter em conta que no pecado de heresia, como em qualquer pecado, se distingue entre pecado *material* e pecado *formal*. Se uma pessoa faz alguma coisa objetivamente errada, mas o ignora sem culpa própria, dizemos que cometeu um pecado material, mas não formal. Um católico que rejeita uma verdade de fé, que decide, por exemplo, não crer no inferno, é culpado de heresia formal e material. Já o protestante que crê sinceramente nos ensinamentos da religião em que foi educado e que não teve oportunidade de conhecer a verdadeira fé, é apenas um herege material; não é *formalmente* culpado do pecado de heresia.

Há outro tipo de heresia especialmente comum e especialmente perigoso: o erro do *indiferentismo*. O indiferentismo sustenta que todas as religiões são igualmente gratas a Deus, que uma é tão boa como qualquer outra, e que é questão de preferência ou de educação professar determinada religião ou até não ter nenhuma. O erro básico do indiferentismo está em imaginar que o erro e a verdade são igualmente gratos a Deus; ou em pensar que a verdade absoluta não existe, que a verdade é o que cada um crê. Se aceitássemos que uma religião é tão boa como outra qualquer, logicamente o passo seguinte seria concluir que nenhuma vale a pena, visto não haver nenhuma que tenha sido estabelecida e aprovada por Deus.

A heresia do indiferentismo está especialmente enraizada nos países que se gabam de ter «mentalidade aberta». Confundem o indiferentismo com a democracia. A democracia pede coisas que a caridade cristã também exige, isto é, o respeito à consciência do próximo, às suas convicções sinceras, mesmo que se saiba que são erradas. Mas a democracia *não nos pede* que digamos que o erro não tem importância, não nos exige que o ponhamos no mesmo pedestal que a verdade. Resumindo, o católico que baixa a cabeça quando alguém afirma: «Não interessa em que coisas você crê, o que interessa são as suas obras», é culpado de um pecado contra a fé.

O indiferentismo pode ser pregado tanto por palavras como por ações. É por este motivo que se torna má a participação de um católico em cerimônias não católicas, por exemplo, a assistência aos serviços religiosos protestantes, fora dos casos prescritos pela Igreja, dentro das normas sobre o ecumenismo. Participar ativamente de tais cerimônias – por exemplo, receber a comunhão num culto protestante – é um pecado contra a virtude da fé. Nós *sabemos* como Deus quer que lhe prestemos culto e, por isso, é gravemente pecaminoso fazê-lo segundo formas criadas pelos homens, em vez de observarmos as que Ele mesmo ditou.

É evidente que isto não significa que os católicos não possam *orar* com pessoas de outra fé. Mas, quando se trata de cerimônias públicas ecumênicas ou sem denominação específica, os católicos devem seguir as diretrizes que forem dadas pelo seu bispo a esse respeito. Um católico pode, naturalmente, assistir (sem participar ativamente) a um serviço religioso não católico, sempre que haja razão suficiente. Por exemplo, a caridade justifica a nossa assistência às exéquias ou ao casamento de um parente, de um amigo ou vizinho não católico. Em ocasiões assim, todos sabem a razão da nossa presença.

Para muitos, torna-se difícil entender a firme atitude que nós, católicos, adotamos nesta questão da não participação. Não é raro que os ministros protestantes de diferentes denominações se revezem entre si no culto. A recusa do sacerdote católico em participar, por exemplo, nas celebrações ou cultos eucarísticos de algumas igrejas protestantes, é muito provável que a tomem como uma espécie de intolerância. Ou que o vizinho não católico diga: «Acompanhei você à Missa do Galo no Natal; por que não pode vir agora comigo ao meu serviço de Páscoa?» A nossa recusa, por delicada que seja, pode levá-los a pensar que não jogamos limpo, que somos intolerantes. E não é fácil explicar a nossa posição a críticos assim, e fazê--los ver a coerência da nossa atitude. Se alguém está convencido de possuir a verdade religiosa, não pode em consciência transigir com um erro religioso. Quando um protestante, um judeu ou um muçulmano presta culto a Deus no seu templo, cumpre o que ele acha que é vontade de Deus, e, por mais errado que esteja, faz uma coisa agradável a Deus. Mas *nós* não podemos agradar a Deus se com a nossa participação proclamamos que o erro não tem a menor importância.

Esperança e caridade

«Papai dará um jeito; ele pode fazer tudo». «Perguntarei a papai; ele sabe tudo». Quantas vezes os pais se comovem ante a confiança absoluta do filho no poder e saber ilimitados de seus papais! Ainda que, às vezes, essa confiança seja causa de apuros, quando os pais não sabem como estar à altura do que deles se espera. Mas o pai que não se sente interiormente alegre com os manifestos atos de confiança absoluta de seus filhos é realmente um pai muito estranho.

Torna-se assim muito fácil compreender por que um ato de *esperança* é um ato de culto a Deus: expressa a nossa confiança total nAquele que é Pai amoroso, onisciente e todo-poderoso. Quer se trate de um ato de esperança interior ou da sua exteriorização por meio de palavras, com ele louvamos o poder, a fidelidade e a misericórdia infinitos de Deus. Realizamos um ato de verdadeiro culto. Cumprimos um dos deveres do primeiro mandamento.

Quando fazemos um ato de esperança, afirmamos a nossa convicção de que o amor de Deus é tão grande que Ele se obrigou por promessa solene a levar-nos para o céu (...«confiando no vosso poder e misericórdia infinitos e nas vossas promessas»). Afirmamos também a nossa convicção de que a sua misericórdia sem limites ultrapassa as fraquezas e extravios humanos («Com a ajuda da vossa graça, confio obter o perdão dos meus pecados e a vida eterna»). Para isso, uma só condição é necessária, uma condição que se pressupõe, ainda que não se chegue a expressar num ato de fé formal: «Sempre que, da minha parte, faça razoavelmente tudo o que possa». Não tenho que fazer tudo o que possa absolutamente, coisa que muito poucos – para não dizer ninguém – conseguem. Mas é necessário que eu faça razoavelmente tudo o que estiver ao meu alcance.

Por outras palavras, ao fazer um ato de esperança reconheço e recordo que não perderei o céu a não ser por culpa minha. Se for para o inferno, não será por «má sorte», não será por acidente, não será porque Deus me falte. Se perco a minha alma, será por ter preferido a minha vontade à de Deus. Se me vejo separado dEle por toda a eternidade, será por dEle me ter separado deliberadamente, de olhos bem abertos, aqui e agora.

Com o conhecimento do que é um ato de esperança, torna-se fácil deduzir quais são os pecados contra essa virtude. Podemos pecar contra ela esquecendo a «cláusula silenciosa» do ato de esperança, quer dizer, esperando de Deus *tudo*, em vez de *quase* tudo. Deus dá a cada um as graças de que necessita para ir para o céu, mas espera que cooperemos com elas. Como o bom pai provê os seus filhos de alimento, casa e cuidados médicos, mas espera que ao menos levem a colher à boca e comam, que vistam a roupa que lhes proporciona, que voltem para casa quando chove e se mantenham longe de lugares perigosos – como um lamaçal profundo ou um incêndio –, Deus também espera de cada um que utilize as graças que lhe concede e se mantenha longe de perigos desnecessários.

Se *não* fazemos o que está ao nosso alcance, se assumimos a cômoda posição de evitar esforços, pensando que, como Deus quer que vamos para o céu, é assunto seu conduzir-nos até lá, independentemente de que a nossa conduta seja esta ou aquela, então somos culpados do pecado de *presunção*, um dos dois pecados contra a esperança.

Vejamos uns exemplos simples do pecado de presunção. Um homem sabe que, cada vez que entra em certo bar, acaba bêbado; esse lugar é, pois, para ele ocasião de pecado, e ele está consciente de que deve afastar--se dali. Mas, ao passar em frente, diz: «Entrarei só por um momento, só para cumprimentar os companheiros e, se for o caso, tomarei apenas uma dose. Desta vez não me embebedarei». Só por se pôr desnecessariamente em ocasião de pecado, procura arrancar de Deus uma graça a que não tem direito: não faz o que depende de si. E mesmo que desta vez *não acabe* bêbado, é culpado de um pecado de presunção, porque se expôs imprudentemente ao perigo.

Outro exemplo seria o da moça que sabe que, sempre que sai com determinado rapaz, peca. Mas pensa: «Bem, hoje sairei com ele, mas farei com que desta vez se porte bem». Mais um perigo desnecessário, mais um pecado de presunção. Um último exemplo poderia ser o da pessoa que, submetida a fortes tentações, sabe que deve orar mais e receber os sacramentos com mais frequência, pois essas são as ajudas que Deus nos dá para vencermos as tentações. Mas essa pessoa desleixa culposamente as suas orações e é muito irregular na recepção dos sacramentos. De novo um pecado de presunção, agora por omissão.

Além da presunção, há outro tipo de pecado contra a virtude da esperança: o *desespero*, que é o oposto da presunção. Enquanto neste último caso se espera demasiado de Deus, naquele espera-se demasiado pouco. O exemplo clássico do pecado de desespero é o daquele que diz: «Pequei excessivamente toda a minha vida para pretender que Deus me perdoe agora. Não pode perdoar os que são como eu. É inútil pedir-lhe». A gravidade deste pecado está no insulto que se faz à infinita misericórdia e ao amor ilimitado de Deus. Judas Iscariotes, balançando ao vento com uma corda no pescoço, é a imagem perfeita do pecador desesperado, que tem remorsos mas não contrição.

Para a maioria das pessoas, o desespero constitui um perigo remoto; é-nos mais fácil cair no pecado de presunção. Mas, de cada vez que pecamos para evitar um mal real ou imaginário – dizer uma mentira para sair de uma situação embaraçosa, usar anticoncepcionais para evitar ter outro filho –, está implícita nisso certa dose de *falta de esperança*. Não estamos completamente convencidos de que, se fizermos o que Deus quer, tudo será para bem, que podemos confiar em que Ele cuidará das consequências.

Honramos a Deus com a nossa fé nEle, honramo-lO com a nossa esperança nEle. Mas, acima de tudo, honramo-lO com o nosso *amor*. Fazemos um ato de amor de Deus sempre que manifestamos – interiormente com a mente e o coração, ou externamente com palavras ou obras – o fato de amarmos a Deus sobre todas as coisas e por Ele mesmo.

«Por Ele mesmo» é uma frase-chave. A verdadeira caridade ou amor de Deus não tem por motivo o que Ele possa fazer por nós. A caridade autêntica consiste em amar a Deus somente (ou, ao menos, principalmente) porque Ele é bom e infinitamente amável em si mesmo. O genuíno amor a Deus, como o amor de um filho por seus pais, não é mercenário ou egoísta.

É certo que um filho deve muito a seus pais e espera muito deles. Mas o verdadeiro amor filial ultrapassa essas razões interesseiras. Um filho normal continua a amar os seus pais, mesmo que estes percam todos os seus bens e nada possam fazer por ele materialmente. De igual maneira, o nosso amor a Deus eleva-se por cima das suas dádivas e mercês (ainda que estas sejam o ponto de partida) e dirige-se à amabilidade infinita de Deus em si mesmo.

Convém notar que o amor a Deus reside primariamente na vontade, não nas emoções. É perfeitamente natural que alguém se sinta frio para com Deus num nível puramente emotivo e, no entanto, possua um amor profundo por Ele. O que constitui o verdadeiro amor a Deus é a firmeza da vontade. Se temos o desejo habitual de fazer tudo o que Ele nos pede (simplesmente porque Ele o quer) e a determinação de evitar tudo o que

Ele não quer (simplesmente porque não o quer), então *temos* amor a Deus, independentemente de que o *sintamos* ou não.

Se o nosso amor a Deus é sincero e verdadeiro, é natural que *amemos todos os que Ele ama*. Isto quer dizer que devemos amar todas as almas que Ele criou e pelas quais Cristo morreu, com a única exceção dos condenados.

Se amamos o nosso próximo (quer dizer, a todos) por amor de Deus, não tem especial importância que esse próximo seja *naturalmente* amável ou não. Ajuda, e muito, se o é, mas então o nosso amor tem menos mérito. O nosso amor a Deus leva-nos a desejar que *todos* alcancem o céu, sejam simpáticos ou não, mesquinhos ou nobres, atraentes ou repulsivos, porque é isso o que Deus quer. E nós temos que fazer tudo o que pudermos para ajudar todos e cada um a consegui-lo.

É fácil ver que o amor sobrenatural ao próximo, tal como o amor a Deus, não reside nas emoções. Podemos sentir naturalmente uma forte antipatia por uma pessoa determinada e, no entanto, ter por ela um sincero amor sobrenatural. Este amor sobrenatural ou caridade manifesta-se em desejar-lhe o bem, especialmente a sua salvação eterna, em recomendá-la ao Senhor nas nossas orações, em perdoar-lhe as injúrias que possa infligir-nos, em repelir qualquer pensamento de rancor ou vingança contra ela.

Ninguém sente prazer quando abusam dele, quando o enganam ou lhe mentem, e Deus não pede isso. Mas pede que, seguindo o seu exemplo, desejemos a salvação do pecador, embora sintamos desgosto pelos seus pecados.

Quais são, pois, os principais pecados contra a caridade? Um deles é omitir conscientemente o *ato caridade* sempre que tenhamos o dever de fazê-lo. O dever de fazer atos de caridade nasce, em primeiro lugar, quando se nos apresenta a obrigação de amar a Deus por Ele mesmo, e ao nosso próximo por amor a Deus. Temos também o dever de fazer um ato de caridade quando nos assaltam tentações que só desse modo podem ser vencidas, como por exemplo as tentações de ódio. Temos obrigação de fazer frequentes atos de caridade ao longo da nossa vida (porque são parte do culto devido a Deus) e sobretudo na hora da nossa morte, quando nos preparamos para ver Deus face a face.

Vejamos agora alguns pecados concretos contra a caridade e, em primeiro lugar, o pecado de ódio. Como já vimos, odiar não é o mesmo que sentir desgosto por uma pessoa, nem sentir-nos magoados quando abusam de nós de uma forma ou de outra. O ódio é um espírito de rancor, de vingança. Odiar é desejar mal a outrem, é sentir prazer com a desgraça alheia.

A pior espécie de ódio é, evidentemente, o *ódio a Deus*: o desejo (certamente absurdo) de fazer-lhe mal, a disposição de frustrar a sua Vontade, o prazer diabólico em pecar por ser um insulto a Deus. Os demônios e os condenados odeiam a Deus, mas, felizmente, não acontece assim habitualmente com os homens, já que se trata do pior de todos os pecados; embora, às vezes, tudo leve a suspeitar que certos ateus declarados, mais do que não crer em Deus, o que fazem é odiá-lO.

O *ódio ao próximo* é muito mais frequente. É desejar-lhe o mal e alegrar-se com qualquer desgraça que caia sobre ele. Se chegássemos a desejar a alguém um mal *grave,* como a doença ou a falta de trabalho, o nosso pecado seria mortal. Desejar-lhe um mal leve, como, por exemplo, que perca o ônibus ou que a mulher grite com ele, é um pecado venial. Não é pecado, no entanto, desejar a alguém um mal para que obtenha um bem maior. Podemos retamente desejar que o vizinho bêbado tenha tal ressaca que nunca mais volte a beber, que o delinquente seja preso para que deixe de fazer o mal, que o tirano morra para que o seu povo viva em paz. Sempre que, como é lógico, o nosso desejo inclua o bem espiritual e a salvação eterna dessa pessoa.

Outro pecado contra a caridade é a *inveja.* Consiste num ressentimento contra a boa sorte do próximo, como se esta fosse uma forma de nos roubar. Mais grave ainda é o pecado de *escândalo,* pelo qual, com as nossas palavras ou o nosso exemplo, induzimos uma pessoa a pecar ou a colocamos em ocasião de pecado, mesmo que este não se siga necessariamente. Trata-se de um pecado de que os pais, como modelos de seus filhos, devem guardar-se a qualquer preço.

Finalmente, temos o pecado de *acídia* ou *tibieza,* um pecado contra o amor a Deus e o amor sobrenatural que devemos a nós mesmos. A acídia é uma preguiça espiritual pela qual desprezamos os bens espirituais (como a oração ou os sacramentos) pelo esforço que trazem consigo.

Sacrilégio e superstição

Não é fácil perder a fé. Se apreciamos e cultivamos o dom da fé que Deus nos outorgou, não cairemos na apostasia ou na heresia. Apreciar e cultivar esse dom significa, entre outras coisas, fazer frequentes atos de fé, manifestando assim o nosso agradecido reconhecimento a Deus por crermos nEle e em tudo o que Ele nos revelou. Deveríamos incluir um ato de fé nas nossas orações diárias.

Apreciar e cultivar a fé significa, além disso, não interromper a formação doutrinal – de modo a termos uma melhor compreensão daquilo que cremos – e, por conseguinte, prestar atenção a práticas e instruções, ler livros e revistas de sã doutrina para aumentar o conhecimento da fé. Sempre que houvesse ocasião, deveríamos participar de algum curso ou ciclo de palestras sobre temas religiosos.

Apreciar e cultivar a fé significa, sobretudo, *vivê-la*, quer dizer, que a nossa vida esteja de acordo com os princípios que professamos. Um ato de fé torna-se mero ruído de palavras sem sentido na boca de quem proclama com a sua conduta diária: «Não há Deus; ou, se há, pouco me importa».

Consequentemente, no seu aspecto negativo, apreciar e cultivar a fé exige que evitemos as companhias que constituam um perigo para ela. Não é o anticatólico declarado quem nós devemos temer, por mais amargos que sejam os seus ataques à fé. O maior perigo provém sobretudo do descrente culto e refinado, da sua condescendência amável para com as nossas «ingênuas» crenças, das suas ironias sorridentes. Preocupamo-nos tanto com o que as pessoas pensam de nós e com a possibilidade de nos tomarem por antiquados que as suas insinuações podem acovardar-nos.

O apreço que temos pela nossa fé levar-nos-á também a afastar para longe a literatura que possa ameaçá-la. Por muito que os críticos elogiem determinada obra, por muito culta que uma revista nos pareça, se se opõem à fé católica, não são para nós. Uma consciência bem formada não sentirá a falta do «índice de Livros Proibidos» (o *Index),* hoje suprimido, como guia das suas leituras. Bastará a sua consciência para alertá-lo e mantê-lo longe de muitas publicações.

Algumas pessoas que se julgam intelectuais podem estranhar estas restrições que os católicos fazem às leituras. «Por que é que vocês têm medo?», dizem. «Temem por acaso que lhes façam ver que estavam enganados? Não tenham uma mente tão estreita. Vocês têm que ver sempre os dois lados de uma questão. Se a fé que vocês têm é firme, podem ler tudo sem medo de que lhes faça mal».

A estas objeções devemos responder, com toda a sinceridade, que sim, que *temos* medo. Não é o medo de que nos demonstrem que a nossa fé é errônea; é *medo da nossa fraqueza*. O pecado original obscureceu a nossa razão e debilitou a nossa vontade. Viver a fé implica sacrifício, e um sacrifício muitas vezes heroico. Com frequência, o que Deus quer é algo que humanamente nós não quereríamos, algo que nos custa, e o diabinho do amor-próprio sempre está pronto para sussurrar-nos ao ouvido que a vida seria mais agradável se não tivéssemos fé. Sim, com toda a sinceridade, *temos medo* de topar com algum escritor engenhoso que inche o nosso eu a tal ponto que, como Adão, decidamos ser os nossos próprios deuses. E sabemos que, quer a censura de certos livros venha da Igreja ou da nossa consciência, não nega a liberdade. Recusar o veneno para a mente não é uma limitação, exatamente como não o é recusar o veneno para o estômago. Para provarmos que o nosso aparelho digestivo é bom, não é preciso que bebamos um copo de ácido sulfúrico.

Se a nossa fé é profunda, viva e cultivada, não há o perigo de cairmos em outro pecado contra o primeiro mandamento que emana da falta de fé: o pecado de *sacrilégio*. É sacrilégio maltratar pessoas, lugares ou coisas sagradas. Na sua forma mais leve, procede de uma falta de reverência para o que é de Deus; na sua gravidade máxima, vem do ódio a Deus e a tudo o que é dEle. O nosso tempo viu desoladores exemplos dos piores sacrilégios na conduta dos nazistas e comunistas: gado estabulado em igrejas, religiosos e sacerdotes encarcerados e torturados, a Sagrada Eucaristia espezinhada.

Estes exemplos, diga-se de passagem, correspondem aos três tipos de sacrilégio que os teólogos distinguem. Os maus tratos infligidos a uma *pessoa* consagrada a Deus, por pertencer ao estado clerical ou religioso, chamam-se *sacrilégio pessoal*. Profanar ou aviltar um lugar dedicado ao culto divino pela Igreja é um *sacrilégio local* (do latim *locus,* que significa «lugar»). O mau uso de coisas consagradas, como os sacramentos, a Bíblia, os vasos e paramentos sagrados, enfim, de tudo o que é consagrado e bento para o culto divino ou para a devoção religiosa, é um *sacrilégio real* (do latim *realis,* que significa «pertencente às coisas»).

Se o ato sacrílego for plenamente deliberado e em matéria grave, como receber indignamente um sacramento, é pecado mortal. Fazer, por exemplo, uma má confissão ou receber a Eucaristia em pecado mortal é um sacrilégio de natureza grave. Este sacrilégio, no entanto, é apenas venial se não tiver havido consentimento ou deliberação plenos. Um sacrilégio pode ser também pecado venial pela irreverência que implica, como seria o caso de quem manipulasse descuidadamente e sem respeito um cálice consagrado.

Contudo, se a nossa fé é sã, o pecado de sacrilégio não se dará na nossa vida. Para a maioria de nós, o que mais nos deve preocupar é manifestar a devida reverência pelos objetos religiosos que usamos habitualmente: guardar a água benta num recipiente limpo e em lugar apropriado; manusear os evangelhos com reverência e tê-los em lugar de honra na casa; queimar os escapulários e terços estragados, em vez de jogá-los na lata do lixo; passar por alto as fraquezas e defeitos dos sacerdotes e religiosos que nos desagradam, e falar deles com respeito por ver neles alguém que pertence a Deus; comportar-nos com respeito na igreja, especialmente nos casamentos e batizados, quando o aspecto social poderia facilmente levar-nos a descuidá-lo. Esta reverência é a roupagem externa da fé.

Você leva uma figa no pescoço? Trata de tocar em madeira quando ocorre algo que «dá» má sorte? Incomoda-se quando são treze as pessoas sentadas à mesa? Se se cruza com um gato preto no seu caminho, anda depois com mais cuidado que normalmente? Se você pode responder «não» a estas perguntas e também não dá importância a superstições populares semelhantes, então pode ter a certeza de ser uma pessoa bem equilibrada, com a fé e a razão em firme controle das suas emoções.

A *superstição* é um pecado contra o primeiro mandamento porque atribui a pessoas ou coisas criadas uns poderes que só pertencem a Deus. A honra que devia dirigir-se a Ele desvia-se para uma das suas criaturas. Por exemplo, tudo o que de bom nos acontece, vem *de Deus*, não de uma pata de coelho ou de uma ferradura. Da mesma forma, nada de mau sucede se Deus não o permite, e só o permite de modo que possa contribuir para o nosso último fim, a santificação; nem derramar sal, nem quebrar um espelho, nem um número treze atrairá a má sorte sobre a nossa cabeça. Deus não dorme nem deixa o campo livre ao demônio.

«A superstição é o desvio do sentimento religioso e das práticas que ele impõe. Pode afetar também o culto que prestamos ao verdadeiro Deus, por exemplo, quando atribuímos uma importância de alguma maneira mágica a certas práticas, em si mesmas legítimas ou necessárias. Atribuir eficácia exclusivamente à materialidade das orações ou dos sinais sacramentais, sem levar em conta as disposições interiores que elas exigem, é cair na superstição» (n. 2111).

Da mesma maneira, *só Deus conhece de modo absoluto o futuro contingente*, sem ressalvas nem acasos. Todos somos capazes de predizer acontecimentos pelos dados que conhecemos: sabemos a que horas nos levantaremos amanhã (sempre que não nos esqueçamos de pôr o despertador); sabemos o que faremos no domingo (se não ocorrer nenhum imprevisto); os astrônomos podem predizer a hora exata em que nascerá e se porá o sol no dia 15 de fevereiro de 2497 (se o mundo não acabar antes). Mas só Deus pode conhecer o futuro com certeza absoluta, tanto nos eventos que dependem dos seus decretos eternos como nos que procedem da livre vontade dos homens.

Por essa razão, acreditar em *adivinhos* ou *espíritos* é um pecado contra o primeiro mandamento, porque é uma desonra a Deus. Os adivinhos sabem combinar a psicologia com a lei das probabilidades e, com um pouco de vigarice, talvez sejam capazes de confundir até as pessoas inteligentes. Os médiuns espíritas combinam a sua anormalidade («histeria autoinduzida», chamam-lhe alguns psiquiatras) com a sugestionabilidade humana e, frequentemente, com a trapaça declarada, e podem preparar cenas capazes de impressionar muitos que se dão ares de pessoas ilustradas. A questão de saber se alguns adivinhos ou médiuns estão ou não em contato com o demônio não foi resolvida satisfatoriamente. O grande ilusionista Houdini se gabava de que não existia sessão de espiritismo que ele não fosse capaz de reproduzir por meios naturais – truques – e assim o provou em muitas ocasiões.

Pela sua natureza, a superstição é um pecado mortal. No entanto, na prática, muitos desses pecados são veniais por não haver plena deliberação, especialmente nos casos de arraigadas superstições populares que tanto abundam na nossa sociedade materialista: dias nefastos e números de sorte, tocar em madeira e outras coisas do gênero.

Contudo, em matéria declaradamente grave, é pecado mortal acreditar em poderes sobrenaturais, adivinhos e espíritas. Mesmo sem acreditar neles, é pecado consultá-los profissionalmente ou por simples curiosidade, porque damos mau exemplo e cooperamos com o pecado alheio. Mas não é pecado predizer a sina consultando as cartas ou lendo a palma da mão numa festa, quando todos sabem que é um jogo para divertir-se, que nada tem de sério. Já a consulta a adivinhos profissionais é coisa bem diferente.

> «Todas as formas de *adivinhação* hão de ser rejeitadas: recurso a Satanás ou aos demônios, evocação dos mortos ou outras práticas que erroneamente se supõe "descobrir" o futuro. A consulta aos horóscopos, a astrologia, a quiromancia, a interpretação de presságios e da sorte, os fenômenos de visão, o recurso a médiuns escondem uma vontade de poder sobre o tempo, sobre a história e, finalmente, sobre os homens, ao mesmo tempo que um desejo de ganhar para si os poderes ocultos. Essas práticas contradizem a honra e o respeito que, unidos ao amoroso temor, devemos exclusivamente a Deus» (n. 2116).

Às vezes, os nossos amigos não católicos suspeitam que pecamos contra o primeiro mandamento pelo culto que rendemos aos *santos*. Esta acusação seria fundada se lhes prestássemos o culto chamado de *latria,* de adoração, que se deve a Deus e só a Deus. Mas não é assim; não somos tão loucos. O próprio culto que tributamos a Maria, a Santíssima Mãe de Deus, um culto que ultrapassa o dos anjos e santos canonizados, é de natureza muito diferente do culto de adoração que prestamos – e só se pode prestar – a Deus.

Quando rezamos à nossa Mãe e aos santos do céu (como temos que fazer) e lhes pedimos ajuda, sabemos que o que fizerem por nós, não o farão pelo seu próprio poder, como se fossem divinos. O que fazem por nós, é Deus quem o faz *intercessão* deles. Se damos valor às orações dos nossos amigos da terra, é muito lógico pensar que as orações dos nossos amigos do céu serão muito mais eficazes. Os santos são os amigos seletos de Deus, seus heróis na lide espiritual. Agrada a Deus que queiramos imitá-los, e Ele gosta de mostrar o seu valor dispensando as suas graças por meio deles. E também neste caso a honra que lhes tributamos não diminui a honra devida a Deus: os santos são as obras-primas da graça e, quando os honramos, é a Deus – que foi quem lhes deu essa perfeição – que nós honramos; a maior honra que se pode prestar a um artista é elogiar a obra das suas mãos.

É verdade que honramos as estátuas e pinturas dos santos e veneramos as suas relíquias. Mas não *adoramos* essas representações e relíquias, assim como o profissional sério, que todas as manhãs coloca flores frescas junto à fotografia da sua boa mãe, não «adora» esse retrato nem corre perigo de confundi-lo com a pessoa da sua mãe. Se rezamos diante de um crucifixo ou da imagem de um santo, é para que nos ajudem a fixar a mente no que estamos fazendo. Não somos tão estúpidos (assim o espero) que pensemos que uma imagem de madeira ou de barro tem em si algum poder para nos ajudar. Acreditar nisso seria um pecado contra o primeiro mandamento, que proíbe a fabricação de imagens para adorá-las, coisa que, evidentemente, não fazemos.

Capítulo XVII

O segundo e o terceiro mandamentos

O seu nome é santo

«Que é um nome? Por acaso, a rosa, com outro nome, não teria a mesma fragrância?» Estas conhecidas palavras do *Romeu e Julieta* de Shakespeare são apenas uma meia-verdade. Um nome, seja de pessoa ou de coisa, adquire com o uso certas conotações emotivas. Torna-se algo mais que uma simples combinação de letras do alfabeto; converte-se na representação da pessoa que o usa. Os sentimentos que a palavra «rosa» desperta são bem diferentes dos da palavra «cebola». É suficiente que um namorado ouça o nome da sua amada, mesmo que tenha sido mencionado casualmente por um estranho, para que o seu pulso se acelere. Alguém que tenha sofrido uma grande injúria às mãos de uma pessoa chamada Brutus conservará sempre uma inconsciente aversão por esse nome. Muitos mataram – e morreram – em defesa do seu «bom nome». Famílias inteiras sentiram-se desonradas porque algum dos seus membros «manchou» o sobrenome familiar. Em resumo, um nome é a *representação* de quem o usa, e a nossa atitude para com esse nome é um reflexo dos sentimentos que nutrimos pela pessoa.

Tudo isto é bem sabido, mas recordá-lo ajudar-nos-á a compreender por que é um pecado usar o nome de Deus em vão. Se amamos a Deus, amaremos o seu nome e jamais o mencionaremos com falta de respeito ou de reverência, como exclamação de ira, de impaciência ou de surpresa: evitaremos tudo o que possa desonrá-lo. Este amor pelo nome de Deus estender-se-á também ao de Maria, sua Mãe, e ao dos seus amigos, os santos. Para que não esqueçamos nunca este aspecto do nosso amor por Ele, Deus estabeleceu-nos o *segundo*: «Não tomarás o nome de Deus em vão».

> «O segundo mandamento *proíbe o abuso do nome de Deus*, isto é, todo uso inconveniente do nome de Deus, de Jesus Cristo, da Virgem Maria e de todos os santos» (n. 2146).

Há muitas formas de atentar contra a reverência devida ao nome de Deus. A mais habitual é o simples pecado de *falta de respeito*: usar o seu santo nome para desafogarmos os nossos sentimentos. «Não, pelo amor de Deus!»; «Garanto, por Deus, que você vai se arrepender deste dia!»; «Minha Nossa Senhora!» etc. Raramente se passa um dia sem que ouçamos frases como estas, às vezes sem haver sequer a desculpa da emoção momentânea. Todos conhecemos pessoas que usam o nome de Deus com a mesma sem-cerimônia com que falariam de alhos e cebolas, coisa que sempre é uma prova certa da superficialidade do seu amor a Deus.

Em geral, este gênero de irreverência é pecado venial, porque falta a intenção deliberada de desonrar a Deus ou de desprezar o seu nome; se existisse essa intenção, o pecado converter-se-ia em mortal; de ordinário, é um modo de falar devido à leviandade e ao descuido, mais do que à malícia. Pode também tornar-se mortal se for ocasião de escândalo grave, por exemplo se com isso um pai destrói nos filhos o respeito devido ao nome de Deus.

Esta falta de respeito por Deus é o que muita gente chama erroneamente "jurar". Jurar é coisa bem diferente. É um erro acusar-se em confissão de "ter jurado", quando, na realidade, o que se quer dizer é que se pronunciou o nome de Deus sem respeito.

Jurar é tomar Deus por testemunha da verdade do que se diz ou se promete. Se exclamo: «Por Deus!», é uma irreverência; se digo: «Juro por Deus que é verdade», é um juramento. Confirma-o o Catecismo: «O segundo mandamento *proíbe jurar em falso*. Fazer um juramento [...] é invocar a veracidade divina como garantia da nossa própria veracidade. Portanto, o juramento compromete o nome do Senhor. *Ao Senhor, teu Deus, adorarás, só a Ele servirás, e só pelo seu nome jurarás* (Deut 6, 13)» (n.

2150). Vemos, assim, que jurar não é necessariamente um pecado; antes pelo contrário, um juramento reverente é um ato de culto grato a Deus, se se reúnem três condições.

A primeira é que haja *razão suficiente,* pois não se deve invocar frivolamente a Deus como testemunha. Às vezes, é até necessário jurar, por exemplo quando temos que depor como testemunhas em juízo ou somos nomeados para um cargo público. Outras vezes, a própria Igreja pede que se jure, como no caso dos padrinhos de uma pessoa batizada cujo registro batismal se tenha perdido. Outras, não é que *se tenha de fazer* um juramento, mas garantir a verdade do que dizemos com um juramento pode servir para um fim bom, que contribua para a honra de Deus ou o bem do próximo. Mas jurar sem motivo ou necessidade, salpicar a conversa com frases como «juro pela minha vida», «juro por Deus que é verdade» e outras parecidas, é pecado. Normalmente, se dizemos a verdade, esse pecado será venial, porque, como no caso anterior, é produto da irreflexão e não da malícia.

Mas, se o que dizemos é falso e sabemos que o é, esse pecado é mortal. Esta é a segunda condição para um legítimo juramento: que, ao fazê-lo, digamos a *verdade estrita,* tal como a conhecemos. Invocar a Deus como testemunha de uma mentira é uma desonra grave que lhe fazemos. É o pecado de *perjúrio,* e o perjúrio deliberado é sempre pecado mortal.

Para que um juramento seja meritório e um ato agradável a Deus, deve ter um terceiro elemento, se se trata do que chamamos um juramento *promissório.* Se nos obrigamos a fazer alguma coisa sob juramento, devemos ter a certeza de que o que prometemos é *bom, útil e possível.* Se alguém jura, por exemplo, vingar-se de uma injúria recebida, é evidente que tal juramento é mau e é mau cumpri-lo. É obrigatório *não* cumpri-lo. Mas se o juramento promissório é bom, então é necessário ter a sincera determinação de fazer o que se jurou.

Podem surgir circunstâncias que anulem a obrigação contraída por um juramento. Por exemplo, se o filho mais velho jura diante do pai gravemente doente que cuidará do irmão caçula e o pai se restabelece, o juramento fica anulado (o motivo deixou de existir); ou, se esse irmão mais velho adoece e perde todos os recursos econômicos, a obrigação cessa (porque cessam as condições em que fez o juramento, a sua possibilidade); se o irmão menor chega à maioridade e tem com que sustentar-se, a obrigação cessa também (o objeto da promessa mudou substancialmente). Há outros fatores ainda que podem desligar da obrigação contraída, como a dispensa concedida por aquele a quem se fez a promessa; ou a descoberta de que o objeto do juramento (quer dizer, a coisa a fazer) é inútil ou até pecaminosa; ou a anulação do juramento (ou a sua dispensa) por uma autoridade competente, como o confessor.

Que diferença há entre juramento e voto? Quando juramos, invocamos Deus como testemunha de que dizemos a verdade tal como a conhecemos. Se juramos como testemunhas, temos um *juramento de afirmação*. Se juramos fazer alguma coisa para alguém no futuro, temos um *juramento promissório*. Em ambos os casos, apenas pedimos a Deus, Senhor da verdade, que seja testemunha da nossa veracidade e do nosso propósito de fidelidade. Não lhe prometemos nada que seja diretamente para Ele.

Mas, se o que fazemos é um *voto*, prometemos algo a Deus com intenção de nos obrigarmos. Prometemos algo especialmente grato a Deus sob pena de pecado. Nesse caso, Deus não é mera testemunha, é também o destinatário do que prometemos fazer.

Um voto pode ser *privado* ou *público*. Por exemplo, uma pessoa pode fazer voto de ir ao santuário de Nossa Senhora Aparecida em agradecimento por se ter curado de uma doença; outra, que é solteira, pode fazer voto de castidade mesmo sem pertencer a uma ordem ou congregação religiosa. Mas é necessário sublinhar que estes *votos privados* jamais podem ser feitos levianamente. Um voto obriga sob pena de pecado, ou então não é voto nenhum. Violar um voto será pecado mortal ou venial conforme a intenção de quem o faz e a importância da matéria (ninguém pode obrigar-se a uma coisa sem importância sob pena de pecado mortal). Mas ainda que esse alguém queira obrigar-se unicamente sob pena de pecado venial, é uma obrigação demasiado séria para ser tomada levianamente. Ninguém deveria fazer voto privado algum sem antes consultar o seu confessor.

Voto público é o que se faz perante um representante oficial da Igreja, como um bispo ou um superior religioso, que o aceita em nome da Igreja. Os votos públicos mais conhecidos são os que obrigam uma pessoa à plena observância dos conselhos evangélicos de pobreza, castidade e obediência dentro de uma comunidade religiosa. Daquele que faz estes três votos publicamente, diz-se que «entra em religião», que abraçou o *estado religioso*. É assim que uma mulher se torna freira, monja ou irmã leiga, e um homem frade, monge ou irmão leigo. Se um religioso recebe, além disso, o sacramento da Ordem, será um religioso sacerdote.

Há uma distinção que às vezes não se sabe fazer: é a que existe entre os *sacerdotes seculares* e os *religiosos*. Obviamente, não é preciso dizer que esta distinção não significa que uns sejam religiosos e outros irreligiosos... Significa que os sacerdotes religiosos, além de sentirem uma chamada para a vida religiosa, sentiram a vocação para o sacerdócio. Entraram para uma ordem religiosa, como a dos beneditinos, dos dominicanos ou redentoristas; fizeram o noviciado religioso e pronunciaram os três votos de pobreza, castidade e obediência. Depois de se terem tornado religiosos, estudaram teologia e receberam o sacramento da Ordem. Chamam-se *religiosos* sacerdotes porque abraçaram o estado religioso e vivem como membros de uma ordem ou congregação de religiosos.

Há jovens que se sentem chamados por Deus ao sacerdócio, mas não a uma vida em religião, como membros de uma ordem de religiosos. Um jovem assim manifesta o seu desejo ao bispo da diocese e, se possui as condições necessárias, o bispo envia-o ao seminário diocesano, onde fará estudos de grau médio e, a seguir, estudará teologia. A seu tempo, se persevera e é idôneo, receberá a ordenação, far-se-á sacerdote, e será um sacerdote *secular* (secular deriva da palavra latina *saeculum*, que significa «mundo»), porque não viverá numa comunidade religiosa, mas no mundo, entre as pessoas que serve. Também se chama sacerdote *diocesano*, porque pertence a uma diocese e não a uma ordem de religiosos. O seu «chefe» é o bispo da diocese e não o superior de uma comunidade religiosa. Quando é ordenado, promete obediência ao bispo e, normalmente, enquanto viver, a sua atividade se desenvolverá dentro dos limites da sua diocese. E faz o compromisso de castidade perpétua, ao ordenar-se como diácono, que é o primeiro passo importante para o altar.

Bendizei e não amaldiçoeis

Bendizei os que vos perseguem, bendizei-os, e não os amaldiçoeis, diz São Paulo na sua Epístola aos Romanos (12, 14). *Amaldiçoar* significa desejar o mal a uma pessoa, lugar ou coisa. Uma maldição frequente na boca dos que têm pouco respeito pelo nome de Deus é «Deus te amaldiçoe», que é a mesma coisa que dizer «Deus te mande para o inferno». É evidente que uma maldição desse estilo seria pecado mortal se fosse proferida a sério. Pedir a Deus que condene uma alma que Ele criou e pela qual Cristo morreu, é ato grave de desonra a Deus, ao nosso Pai infinitamente misericordioso. É também um pecado grave contra a caridade, que nos obriga a desejar e a pedir a *salvação* de todas as almas, não a sua condenação eterna.

Normalmente, uma maldição assim surge da ira, da impaciência ou do ódio, e não a sangue-frio; quem a profere não o faz a sério. Se não fosse assim, seria pecado mortal, mesmo com a desculpa da ira. Ao considerar os abusos para com o nome de Deus, convém, pois, ter presente que, mais do que as palavras ditas, o pecado real é o ódio, a ira ou a impaciência. Ao confessar-nos, é mais correto dizer: «Irritei-me e, levado pela irritação, amaldiçoei alguém» ou «Irritei-me e fui irreverente com o nome de Deus», do que simplesmente confessar-nos de ter amaldiçoado ou blasfemado.

Além dos exemplos mencionados, há certamente outras maneiras de amaldiçoar. Cada vez que desejo mal a alguém, sou culpado de ter amaldiçoado. «Morra e deixe-me em paz», «Oxalá você quebre a cabeça!», «Que vão para o diabo que os carregue, ele e todos os seus». Nestas ou em outras frases parecidas (geralmente proferidas sem deliberação), falta-se contra a caridade e a honra de Deus.

O princípio geral é que, se o mal que desejamos é grave, e o desejamos a sério, o pecado é mortal. Se desejamos um mal pequeno («Gostaria que lhe amassassem o carro e lhe dessem uma lição»), o pecado será venial. E, como já se disse, um mal grave desejado a alguém é apenas pecado venial quando falta premeditação.

Se nos recordarmos de que Deus ama tudo o que saiu das suas mãos, compreenderemos que é uma desonra a Deus amaldiçoar qualquer das suas criaturas, ainda que não sejam seres humanos. No entanto, os animais e as coisas inanimadas têm um valor incomparavelmente inferior, pois não possuem alma imortal. E assim, o fã das corridas de cavalos que grita: «Oxalá esse cavalo quebre as pernas!», ou o encanador que amaldiçoa com um «O diabo que te carregue!» o cano entupido que não consegue consertar, não comete necessariamente um pecado.

Mas é útil recordar aqui aos pais a importância de *formar retamente as consciências dos filhos* nesta matéria da má língua. Nem tudo o que chamamos palavrão é um pecado, e não se deve dizer às crianças que é pecado aquilo que não o é. Por exemplo, as palavras como «diabos» ou «maldito» não são em si palavras pecaminosas. O homem que exclama: «Esqueci-me de levar ao correio a maldita carta», ou a mulher que diz: «Maldito seja!, outro copo quebrado!», utilizam uma linguagem que alguns acharão pouco elegante, mas que não é certamente linguagem pecaminosa. E isto se aplica também aos palavrões, de uso tão frequente em certos ambientes, que descrevem partes e processos corporais. Essas palavras serão grosseiras, mas não são pecado.

Quando o menino vem da rua com um palavrão recém-aprendido nos lábios, os seus pais cometem um grande erro se se mostram gravemente escandalizados e lhe dizem muito sérios: «Essa palavra é um grande pecado, e Jesus não amará você se voltar a dizê-la». Dizer isso a uma criança é ensinar-lhe uma ideia distorcida de Deus e confundi-la na formação da sua consciência, talvez para sempre. O pecado é um mal suficientemente grave e terrível para ser utilizado como bicho-papão no ensino das boas maneiras aos meninos. Basta dizer-lhes com calma: «Joãozinho, você disse uma palavra muito feia; não é pecado, mas os meninos bem educados não dizem essas coisas. Mamãe ficará muito contente se você não a disser mais». Isto será suficiente para quase todas as crianças. Mas, se alguma não se emenda e continua a usá-la, convirá explicar-lhe então que há aí um pecado de desobediência. Mas, na educação moral dos filhos, é preciso manter-se sempre na verdade.

Na *blasfêmia*, há diversos graus. Às vezes, é a reação não premeditada de contrariedade, dor ou impaciência perante um contratempo: «Se Deus é bom, como permite isto?», «Se Deus me amasse, não me deixaria sofrer tanto». Outras vezes, blasfema-se por frivolidade: «Este é mais esperto que Deus», «Se Deus o leva para o céu, é que não sabe o que está fazendo». Mas também pode ser claramente antirreligiosa e até proceder do ódio a Deus: «Os Evangelhos são um conto de fadas», «A Missa é uma conversa», e chegar a afirmar: «Deus é um mito, uma fábula». Neste último tipo de blasfêmia há, além disso, um pecado de heresia ou infidelidade. Sempre que uma expressão blasfema implica em negação de uma determinada verdade de fé, como, por exemplo, a virgindade de Maria ou o poder da oração, além do pecado de blasfêmia, há um pecado de heresia (uma negação da fé, em geral, dentro das condições que vimos acima, é um pecado grave de infidelidade).

Por natureza, a blasfêmia é sempre pecado mortal, porque sempre supõe uma grave desonra a Deus. Só quando não há suficiente premeditação ou consentimento é que é venial, como seria o caso de proferi-la sob uma dor ou uma angústia grandes.

Com o pecado da blasfêmia completamos o catálogo das ofensas ao segundo mandamento: pronunciar sem respeito o nome de Deus, jurar desnecessária ou falsamente, fazer votos frivolamente ou quebrá-los, amaldiçoar e blasfemar. Quando se estudam os mandamentos, é preciso ver o seu lado negativo para adquirir uma consciência retamente formada.

No entanto, neste mandamento, como em todos os outros, abster-se de pecado é apenas a metade do quadro. Não podemos limitar-nos a evitar o que desagrada a Deus; também *devemos fazer* o que lhe agrada. De outro modo, a nossa religião seria como um homem sem perna nem braço direitos.

Assim, do ponto de vista positivo, devemos *honrar o nome de Deus* sempre que tenhamos que fazer um juramento necessário. Nestas condições, um juramento é um ato de culto agradável a Deus e meritório. E o mesmo ocorre com os votos; a pessoa que se obriga com um voto prudente, sob pena de pecado, a fazer algo grato a Deus, faz um ato de culto divino, um ato da virtude da religião. E cada ato derivado desse voto é também um ato de religião.

As ocasiões de honrar o nome de Deus não se limitam, evidentemente, a juramentos e votos. Existe, por exemplo, o louvável costume de fazer uma discreta reverência sempre que se pronuncia ou se ouve pronunciar o nome de Jesus. Ou o excelente hábito de fazer um ato de reparação sempre que se falta ao respeito devido ao nome de Deus ou de Jesus na nossa presença, dizendo interiormente: «Louvado seja Deus», ou «Louvado seja o nome de Jesus». Há também o ato público de reparação que fazemos sempre que nos unimos aos louvores que se costumam rezar depois da Bênção com o Santíssimo Sacramento.

Honra-se publicamente o nome de Deus em *procissões, peregrinações* e outras reuniões de pessoas organizadas em ocasiões especiais. São testemunhos públicos de cuja participação não nos deveríamos retrair. Quando a divindade de Cristo ou a glória de sua Mãe é a razão primordial dessas manifestações públicas, a nossa participação ativa honra a Deus e o seu santo nome, e Ele a abençoa.

Mas o essencial é que, se amamos a Deus de verdade, amaremos o seu nome e, consequentemente, nunca deixaremos de pronunciá-lo com amor, reverência e respeito. Se tivermos o hábito infeliz de usá-lo profanamente, pediremos a Deus esse amor que nos falta e que tornará o uso irreverente do seu nome amargo como o quinino nos nossos lábios.

A nossa reverência pelo nome de Deus levar-nos-á, além disso, a encontrar um gosto especial nessas orações essencialmente de louvor, como são o «Glória ao Pai, ao Filho e ao Espírito Santo» que deveríamos dizer com muita frequência, o «Glória» e o «Santo, Santo, Santo» da Missa. Às vezes, deveríamos sentir-nos movidos a utilizar o Livro dos Salmos para a nossa oração, esses belos hinos em que Davi canta repetidas vezes os seus louvores a Deus, como o Salmo 112, que começa assim:

Aleluia. Louvai, ó servos do Senhor, louvai o nome do Senhor.
Bendito seja o nome do Senhor, agora e para sempre.
Desde o nascer ao pôr do sol, seja louvado o nome do Senhor.

Por que ir à Missa aos domingos?

Uma canção muito popular durante a I Guerra Mundial dizia no seu estribilho: «Como é agradável levantar-se de manhã, / mas mais agradável ainda é ficar na cama», ou algo parecido. Raro é o católico que não tenha experimentado vez por outra sentimentos parecidos, enquanto se aconchega entre os lençóis num domingo de manhã, e que, ao deixar a cama em obediência ao terceiro mandamento de Deus: «Santificarás o dia do Senhor», não o faça com a sensação de realizar uma proeza.

Que haja um *dia do Senhor* é uma consequência lógica da lei natural (quer dizer, da obrigação de nos comportarmos de acordo com a nossa natureza de criaturas de Deus), que exige que reconheçamos a nossa absoluta dependência de Deus e agradeçamos a sua bondade para conosco. Sabemos que, na prática, é impossível ao homem médio manter-se em constante atitude de adoração, e por isso é natural que se determine o tempo ou tempos de cumprir esse dever absolutamente necessário. De acordo com essa necessidade, estabeleceu-se um dia em cada sete para que todos os homens, em todos os lugares, rendam a Deus essa homenagem consciente e deliberada que lhe cabe por direito.

Sabemos que, nos tempos do Antigo Testamento, esse dia do Senhor era o sétimo da semana, o *Sabat.* Deus assim ordenou a Moisés no Monte Sinai: *Lembra-te de santificar o dia de sábado* (Ex 20, 8). No entanto, quando Cristo estabeleceu a Nova Aliança, a velha lei litúrgica caducou. A Igreja primitiva determinou que o dia do Senhor fosse o primeiro da semana, o nosso domingo. Que a Igreja tenha o direito de estabelecer essa lei é verdade por muitas passagens do Evangelho em que Jesus lhe confere o poder de prescrever leis em seu nome.

A razão desta mudança do dia do Senhor do sábado para o domingo reside em que, para a Igreja, o primeiro dia da semana é duplamente santo. É o dia em que Jesus venceu o pecado e a morte e nos assegurou a glória futura. É, além disso, o dia que Jesus escolheu para nos enviar o Espírito Santo, o dia do nascimento da Igreja. Pode também ter havido uma razão psicológica para que a Igreja tenha feito essa mudança: a de que o culto dos hebreus do Antigo Testamento, que era preparação para o advento do Messias, havia caducado. A religião cristã não era uma simples «revisão» do culto da sinagoga; a religião cristã era o plano definitivo de Deus para a salvação do mundo, e assim caiu sobre o sábado judaico o pano final. Os cristãos não seriam uma «seita» a mais dos judeus: seriam um povo novo, com uma Lei nova e um novo Sacrifício.

«O domingo se distingue expressamente do sábado, [...] cuja prescrição de caráter ritual substitui, para os cristãos. Leva à plenitude, na Páscoa de Cristo, a verdade espiritual do sábado judeu e anuncia o repouso eterno do homem em Deus. Pois o culto da lei preparava o mistério de Cristo e o que nele se praticava prefigurava, de alguma forma, algum aspecto de Cristo» (n. 2175).

No Novo Testamento, não se diz nada da mudança do dia do Senhor de sábado para domingo. Sabemo-lo exclusivamente pela tradição da Igreja. Por essa razão, é muito pouco lógica a atitude de muitos não católicos que afirmam não aceitar nada que não esteja na Bíblia e, no entanto, continuam a manter o domingo como dia do Senhor, baseados na tradição da Igreja Católica.

«Santificarás o dia do Senhor». «Sim», dizemos, «mas como?» Na sua função legisladora divinamente instituída, a Igreja responde à nossa pergunta dizendo que santificaremos o dia do Senhor sobretudo assistindo ao *santo Sacrifício da Missa.* A Missa é o ato de culto *perfeito* que Jesus nos deu para que, com Ele, pudéssemos oferecer a Deus a honra adequada.

«O mandamento da Igreja determina e especifica a lei do Senhor: "Aos domingos e nos outros dias de festa de preceito, os fiéis têm a obrigação de participar da Missa" (CDC, cân. 1247). "Satisfaz ao preceito de participar da Missa quem assiste à Missa celebrada segundo o rito católico no próprio dia de festa ou à tarde do dia anterior" (CDC, cân. 1248).

«A Eucaristia do domingo fundamenta e sanciona toda a prática cristã. Por isso os fiéis são obrigados a participar da Eucaristia nos dias de preceito, a não ser por motivos muito sérios (por exemplo, uma doença, cuidado com bebês) ou se forem dispensados pelo próprio pastor. Aqueles que deliberadamente faltam a esta obrigação cometem pecado grave» (ns. 2180-2181; cf. também o n. 2182).

Dizíamos que a Missa é um *sacrifício*. Em sentido religioso, sacrifício é a oferenda a Deus de uma coisa que de algum modo se destrói, ofertada em benefício de um grupo por alguém que tem o direito de representá-lo. Desde o começo da humanidade e entre todos os povos, o sacrifício foi a maneira natural que o homem achou para prestar culto a Deus. O grupo podia ser uma família, uma tribo, uma nação. O sacerdote podia ser o pai, o patriarca ou o rei; ou, como indicou Deus aos hebreus, os descendentes de Aarão. A vítima (o dom oferecido) podia ser pão, vinho, trigo, frutos ou animais. Mas todos esses sacrifícios tinham um grande defeito: nenhum era digno de Deus, porque nenhum deles tinha grandeza nem valor divinos, mas apenas humanos.

Mas, com o sacrifício da Missa, Jesus nos deu uma oferenda realmente digna de Deus, um dom perfeito de valor adequado a Deus: o dom do próprio Filho de Deus, igual ao Pai. Jesus, o Grande Sacerdote, ofereceu--se a Si mesmo como Vítima no Calvário de uma vez para sempre, ao ser morto pelos seus verdugos. No entanto, você e eu não podíamos estar ao pé da cruz, para nos unirmos a Jesus na sua oferenda a Deus. Por isso Jesus proporcionou-nos o santo Sacrifício da Missa, no qual o pão e o vinho se transformam no seu próprio Corpo e Sangue, separados ao morrer no Calvário, e pelo qual Ele renova incessantemente o dom de Si mesmo ao Pai, *proporcionando-nos a maneira de nos unirmos a Ele no seu oferecimento,* dando-nos a oportunidade de entrar a fazer parte da Vítima que é oferecida sobre o altar. Na verdade, não pode haver melhor modo de santificar o dia do Senhor e de santificar os outros seis dias da semana.

O nosso tempo, como nós mesmos, pertence a Deus. Mas Deus e a sua Igreja são muito generosos conosco. Dão-nos seis dias em cada sete para nosso uso, um total de 144 horas em que trabalhar, distrair-nos e dormir. A Igreja é muito generosa mesmo com o dia que reserva para Deus. Do que pertence totalmente a Deus, pede-nos somente uma hora (e nem sequer completa): a que se requer para assistir ao santo Sacrifício da Missa. As outras 23, Deus no-las dá de volta para nosso uso e descanso;

agradece que destinemos mais tempo exclusivamente a Ele e ao seu serviço, mas a única obrigação estrita em matéria de culto é assistir à Santa Missa aos domingos e festas de guarda. Na prática, temos, pois, obrigação de reservar para Deus, como algo seu, uma hora das 168 que Ele nos dá em cada semana.

Se tivermos isto em conta, compreenderemos a razão pela qual *faltar à Missa dominical deliberadamente* é um pecado mortal. Compreenderemos a radical ingratidão que existe na atitude de certas pessoas «muito ocupadas» ou «muito cansadas» para ir à Missa, para dedicar a Deus essa única hora que Ele nos pede; dessas pessoas que, não satisfeitas com as 167 horas que já têm, roubam a Deus os sessenta minutos que Ele reservou para Si. Vê-se claramente a falta total de amor e, mais ainda, de um mínimo de decência, que mostra aquele que nem sequer tem a generosidade de reservar uma hora da sua semana para unir-se a Cristo e adorar adequadamente a Santíssima Trindade de Deus, agradecer-lhe os seus benefícios durante a semana transcorrida e pedir a sua ajuda para a semana que começa.

Não temos obrigação apenas de assistir à Missa, mas de assistir a uma *Missa inteira*. Se omitirmos uma parte importante da Missa – toda a Liturgia da Palavra, a Consagração ou a Comunhão do celebrante –, será quase o mesmo que omitir a Missa toda, e o pecado será mortal se a nossa falta tiver sido deliberada, ou seja, devida a má vontade ou negligência consciente. Omitir uma parte menor da Missa – por exemplo, chegar depois da segunda ou terceira leitura ou sair antes da bênção final – é pecado venial, a não ser que o atraso seja involuntário (um engarrafamento inesperado) ou a saída antes da bênção se deva a alguma obrigação importante. É uma coisa de que devemos lembrar-nos, se temos tendência a demorar em vestir-nos para ir à Missa ou a sair antes de terminar para evitar ter de esperar que a multidão se disperse. A Missa é a nossa oferenda semanal a Deus, e a Deus não se pode oferecer algo incompleto ou defeituoso. Jamais nos passará pela cabeça dar como presente de casamento uns pratos rachados, uns talheres oxidados ou um jogo de toalhas desbotado. E por Deus devemos ter pelo menos um respeito igual.

Para cumprir essa obrigação, temos que estar fisicamente presentes na Missa, a fim de nos integrarmos na comunidade. Não se pode satisfazer esse dever seguindo a Missa pela televisão ou da calçada oposta à igreja, quando há lugar dentro. Às vezes, em alguns lugares, pode acontecer que a igreja esteja tão repleta que os fiéis não caibam e se juntem na calçada em frente à porta. Neste caso, *assistimos* à Missa porque *tomamos parte* na assembleia, estamos fisicamente presentes e tão perto quanto nos é possível.

Não devemos estar presentes apenas fisicamente, mas também *mentalmente*. Quer dizer, devemos ter intenção – ao menos implícita – de assistir à Missa, e ter também certa ideia do que se está celebrando. Quem deliberadamente se prepara para dormir durante a Missa ou nem sequer está atento às partes principais, comete um pecado mortal. As distrações menores ou as faltas de atenção, se forem deliberadas, constituem pecado venial. As distrações involuntárias não são pecado.

Mas o nosso amor a Deus levar-nos-á a colocar o nível em que assistimos à Missa acima do que é pecado. Levar-nos-á a chegar à igreja antes de que comece e a permanecer no lugar até que o sacerdote se tenha retirado. Fará que nos unamos a Cristo Vítima e que pronunciemos ou acompanhemos atentamente as orações da Missa. Faltaremos à Missa unicamente por uma razão grave: por doença, tanto própria como de alguém de quem devamos cuidar; pela excessiva distância ou por falta de meios de locomoção, por uma situação imprevista e urgente que tenhamos de enfrentar.

O terceiro mandamento, além da obrigação de assistir à Missa, exige que aos domingos *nos abstenhamos de trabalhos desnecessários*. A Igreja fez do domingo um dia de descanso, em primeiro lugar para preservar a santidade desse dia e para dar aos homens o tempo necessário para render culto a Deus e orar. Mas também porque ninguém melhor do que ela conhece as limitações dos seus filhos, criaturas de Deus; a necessidade que têm de um descanso que os alivie da monotonia quotidiana, de um tempo para poderem desfrutar deste mundo que Deus nos deu, cheio de beleza, conhecimentos, companheirismo e atividade criadora.

> «Durante o domingo e os outros dias de festa de preceito, os fiéis se absterão de se entregar aos trabalhos ou atividades que impedem o culto devido a Deus, a alegria própria ao dia do Senhor, a prática das obras de misericórdia e o descanso conveniente do espírito e do corpo. As necessidades familiares ou uma grande utilidade social são motivos legítimos para dispensa do preceito de repouso dominical. Os fiéis cuidarão para que dispensas legítimas não acabem introduzindo hábitos prejudiciais à religião, à vida familiar e à saúde. [...]

«Os cristãos que dispõem de lazer devem lembrar-se de seus irmãos que têm as mesmas necessidades e os mesmos direitos, mas não podem repousar por causa da pobreza e da miséria. O domingo é tradicionalmente consagrado pela piedade cristã às boas obras e aos humildes serviços de que carecem os doentes, os enfermos, os idosos. Os cristãos santificarão ainda o domingo dispensando à sua família e aos parentes o tempo e a atenção que dificilmente podem dispensar nos outros dias da semana. O domingo é um tempo de reflexão, de silêncio, de cultura e de meditação, que favorecem o crescimento da vida interior cristã» (ns. 2185-2186).

Ocupar-se em trabalhos desnecessários aos domingos pode ser pecado mortal ou venial, conforme o tempo que lhe dediquemos seja curto ou considerável. Trabalhar desnecessariamente três ou quatro horas seria pecado mortal. Para determinar se este ou aquele trabalho concreto é permitido num domingo, devemos perguntar-nos em que medida é uma atividade fatigante ou poderia ser feita em outro dia da semana. Para discernirmos se é permitido escrever, desenhar, bordar, estudar, alimentar o gado, fazer as camas ou lavar a louça, não precisamos ser peritos em leis; basta sermos sinceros. Se se trata de algo feito com temperança e caridade, então é permitido fazê-lo aos domingos.

Capítulo XVIII
O quarto e o quinto mandamentos

Pais, filhos e cidadãos

Tanto os pais como os filhos têm necessidade de examinar periodicamente a sua fidelidade ao quarto mandamento de Deus. Nele, Deus dirige-se explicitamente aos filhos: «Honrarás pai e mãe», mandando-os amar e respeitar os pais, obedecer-lhes em tudo o que não seja uma ofensa a Deus e atendê-los nas suas necessidades. Mas, enquanto se dirige a eles, olha os pais por cima do ombro dos filhos, mandando-os implicitamente ser *dignos* do amor e respeito que pede aos filhos.

As obrigações estabelecidas pelo quarto mandamento, tanto as dos pais como as dos filhos, derivam de que toda autoridade procede de Deus. Tanto a autoridade do pai como a de um poder civil ou a de um superior religioso são, em última análise, a autoridade de Deus, que Ele se digna a compartilhar com algumas pessoas. A obediência que, dentro dos limites de uma reta capacidade, lhes é devida, é obediência a Deus, e assim deve ser considerada. Daí que as pessoas constituídas em autoridade tenham, como agentes e delegados de Deus, obrigação grave de ser leais à confiança que nelas foi depositada. De maneira especial para os pais, deve ser um incentivo considerar que um dia terão que prestar contas a Deus da alma dos seus filhos.

Trata-se de um ponto que deve ser lembrado à mãe que, sem necessidade, decide trabalhar fora do lar; ao pai ambicioso que descarrega sobre a família a tensão nervosa acumulada durante a jornada. É um ponto que deve ser lembrado aos pais que abandonam os filhos ao cuidado das empregadas domésticas ou das funcionárias de uma creche por causa das suas múltiplas ocupações ou distrações; aos pais que reúnem em casa amigos bebedores e de língua solta; aos pais que discutem frequentemente diante dos filhos. Com efeito, é um ponto a ser recordado a *todos* os pais que esquecem que o *negócio* mais importante da sua vida é criar os filhos num lar cheio de carinho, alegria e paz, centrado em Cristo.

Quais são em detalhe os principais *deveres dos pais para com os filhos?* Em primeiro lugar, é claro, os cuidados materiais: alimento, roupa, casa e assistência médica. A seguir, o dever de educá-los para fazer deles bons cidadãos: úteis, economicamente suficientes, honrados e patriotas inteligentes. Depois, têm o dever de proporcionar-lhes os meios necessários para que se desenvolvam intelectualmente, na medida em que os talentos dos filhos e a situação econômica dos pais o permitam. E como não pode haver desenvolvimento intelectual completo sem um conhecimento adequado (e crescente, segundo a idade) das verdades da fé, têm o dever de enviá-los a centros de ensino onde se dê boa educação religiosa. É um dever – não se esqueçam – que obriga em consciência.

E com isto passamos das necessidades naturais dos filhos – materiais, cívicas e intelectuais – às necessidades espirituais e sobrenaturais. É evidente que, como o fim dos filhos é alcançarem a vida eterna, tocamos o mais importante de todos os deveres paternos. E assim, em primeiro lugar, os pais têm obrigação de *batizar os filhos* o mais cedo possível depois do nascimento, normalmente dentro das duas semanas seguintes ou, quando muito, dentro do mês. Depois, quando a mente infantil começa a abrir-se, surge o dever de *falar-lhes de Deus*, especialmente da sua bondade e providência amorosa, e da obediência que lhe devemos. E mal começam a falar, é preciso *ensiná-los a rezar*, muito antes de terem idade para ir à escola.

> «Pela graça do sacramento do matrimônio, os pais receberam a responsabilidade e o privilégio de *evangelizar os filhos*. Por isso os iniciarão desde tenra idade nos mistérios da fé, da qual são para os filhos os "primeiros arautos" (LG 11). Associá-los-ão desde a primeira infância à vida da Igreja. A experiência da vida em família pode alimentar as disposições afetivas que por toda a vida constituirão autênticos preâmbulos e apoios de uma fé viva» (n. 2225).

Se por desgraça não houve possibilidade de enviá-los a uma escola em que se dê boa formação religiosa, deve-se procurar que assistam regularmente a aulas de catecismo, e que aquilo que o menino aprende nessas aulas seja multiplicado pelo exemplo que vê em casa. É especialmente neste ponto que os pais podem realizar o seu trabalho mais frutífero, porque uma criança assimila muito mais o que *vê* do que o que lhe dizem. É por esta razão que a melhor escola católica não pode suprir o mal causado por um lar relaxado.

> «A *educação para a fé* por parte dos pais deve começar desde a mais tenra infância. Ocorre já quando os membros da família se ajudam a crescer na fé pelo testemunho de uma vida cristã de acordo com o Evangelho. A catequese familiar precede, acompanha e enriquece as outras formas de ensinamento da fé. Os pais têm a missão de ensinar os filhos a orar e a descobrir sua vocação de filhos de Deus» (n. 2226).

À medida que a criança cresce, os pais hão de manter uma atitude vigilante em relação aos colegas dos filhos, às suas leituras e diversões, sem interferir inoportunamente, mas aconselhando-os ou chegando a adotar uma firme atitude negativa, se for o caso. A criança deverá aprender a amar a Missa dominical e a frequentar a confissão e a comunhão, não por ser «mandada», mas porque acompanhará os pais espontânea e orgulhosamente no cumprimento dessas normas de piedade.

Tudo isto representa uma longa lista de deveres, mas, felizmente, Deus dá aos bons esposos a sabedoria de que necessitam para cumpri-los. E, ainda que pareça um contrassenso, ser bom pai ou mãe não começa com os filhos, mas com o amor mútuo e verdadeiro que marido e mulher têm entre si. Os psicólogos afirmam que os esposos que dependem dos filhos para satisfazerem a sua necessidade de carinho raras vezes conseguem uma adequada relação de afeto com eles. Quando os esposos não se amam o suficiente, é muito possível que o seu amor de pais seja esse amor possessivo e ciumento, que busca a satisfação própria mais do que o verdadeiro bem dos filhos. E amores assim tornam os filhos egoístas e mimados.

Mas os pais que se amam um ao outro em Deus, e amam os filhos como dons de Deus, podem ficar tranquilos: têm tudo aquilo de que necessitam para educá-los bem, ainda que jamais tenham lido um só livro de psicologia infantil (embora ler esses livros, se forem bons, seja certamente uma coisa aconselhável). Poderão cometer muitos erros, mas não causarão aos filhos nenhum mal permanente, porque num lar assim o filho se sente amado, *querido,* seguro; crescerá equânime de caráter e forte de espírito.

Todos nós sem exceção temos *obrigações para com os nossos pais.* Se já faleceram, os nossos deveres são simples: recordá-los nas nossas orações e na Missa, e oferecer periodicamente alguma Missa pelo descanso de suas almas. Se ainda vivem, esses deveres dependerão da nossa idade e situação, e da deles. Talvez seja mais apropriado dizer que a maneira de *cumprir* estas obrigações varia com a idade e a situação, mas o que é certo é que o dever essencial de amar e respeitar os pais obriga a *todos,* mesmo aos filhos casados e com uma família própria.

Esta dívida de amor – se a mãe e o pai forem como devem ser – não é normalmente uma obrigação dura de cumprir. Mas, mesmo nos casos em que não seja fácil estimá-los humanamente, é um dever que obriga em consciência, ainda que, por exemplo, o pai seja um brutamontes ou a mãe tenha abandonado o lar. Os filhos devem amar os pais com esse amor sobrenatural que Cristo manda ter também pelos que são difíceis de amar naturalmente, como os inimigos. Devemos desejar o bem-estar e a salvação eterna dos pais, e rezar por eles. Seja qual for o mal que nos tenham causado, devemos estar prontos a estender a nossa mão em sua ajuda, sempre que nos seja possível.

Com o progressivo aumento da média de vida, os filhos casados encontram-se cada vez mais em face do problema dos pais anciãos e dependentes. Que é que pede o amor filial nessas circunstâncias? É um dever estrito tê-los em casa, ainda que esta esteja cheia de crianças e a esposa já tenha mais trabalho que o que pode realizar? Não é uma questão que possa ser resolvida com um simples sim ou não. Nunca há dois casos iguais, e o filho ou a filha que enfrente esse dilema deve aconselhar-se com o seu diretor espiritual ou com um católico de reto critério.

O que devemos fazer notar é que, ao longo de toda a história do homem, se observa que Deus abençoa com uma bênção especial os filhos e as filhas que provam o seu amor filial e desinteressado com a abnegação. A obrigação dos filhos de manter os pais indigentes ou impossibilitados é muito clara: obriga em consciência. Mas que esse dever deva ser cumprido no lar dos filhos ou num asilo ou em outra instituição semelhante, é coisa que dependerá das circunstâncias pessoais. O que realmente conta é a sinceridade do amor com que se toma a decisão.

O respeito que devemos aos pais converte-se espontaneamente em amor num lar verdadeiramente cristão: tratamo-los com reverência, procuramos satisfazer os seus desejos, aceitar as suas correções sem insolência, e procuramos o seu conselho em decisões importantes, como a escolha do estado de vida ou a idoneidade de um possível casamento. Em assuntos que concernem aos direitos naturais dos filhos, os pais podem aconselhar, mas não mandar. Por exemplo, os pais não podem obrigar um filho a casar-se, se prefere ficar solteiro; também não podem obrigá-lo a casar-se com determinada pessoa, nem proibir que se faça sacerdote ou abrace a vida religiosa.

Quanto ao dever de respeitar os pais, o período mais difícil na vida de um filho é a adolescência. São os anos do «esticão», quando um rapaz se encontra dividido entre a necessidade de depender dos pais e o nascente impulso para a independência. Os pais prudentes devem temperar a sua firmeza com a compreensão e a paciência.

Nem vale a pena lembrar que odiar os pais, bater-lhes, ameaçá-los, insultá-los, ridicularizá-los seriamente, amaldiçoá-los ou recusar-lhes ajuda se estão em grave necessidade, ou fazer qualquer outra coisa que lhes cause grande dor ou ira, é pecado mortal. Estas coisas já o são se feitas a um estranho; feitas aos pais, são pecados de dupla malícia. Mas, em geral, a desobediência de um filho é pecado venial (ou talvez nem seja pecado), a não ser que a matéria seja grave, como evitar más companhias, ou a desobediência se deva ao desprezo pela autoridade paterna. A maior parte das desobediências filiais se devem a esquecimentos, descuidos ou indelicadeza e, portanto, não atingem o grau de consciência e deliberação necessário para haver pecado ou, pelo menos, pecado grave.

Não se pode terminar um estudo sobre o quarto mandamento sem mencionar a obrigação que nos impõe de *amar a pátria* (que é a nossa família em maior escala), de interessar-nos sinceramente pela sua prosperidade, de respeitar e obedecer às autoridades legítimas. Talvez tenhamos que sublinhar aqui a palavra «legítimas», porque os cidadãos têm o direito de se defender da tirania, quando esta ameaça os direitos humanos fundamentais. Nenhum governo pode interferir com as suas leis no direito do indivíduo (ou da família) de amar e prestar culto a Deus, de receber a instrução e os serviços da Igreja. Um governo – como um pai – não tem o direito de mandar o que Deus proíbe ou de proibir o que Deus ordena.

Mas, excetuados estes casos, um bom católico será necessariamente um bom cidadão. Consciente de que a reta razão exige que trabalhe pelo bem da sua nação, cumprirá exemplarmente todos os seus deveres cívicos; obedecerá às leis do seu país e pagará os impostos justos como justa contribuição para os gastos de um bom governo; defenderá a pátria em caso de guerra justa (como defenderia a sua própria família se fosse atacada injustamente), mediante o serviço das armas se a isso for chamado, considerando justa a causa da sua nação, a não ser que haja evidência adequada e indiscutível do contrário. E fará tudo isso não somente por motivos de patriotismo natural, mas porque a sua consciência de católico lhe diz que o respeito e a obediência à legítima autoridade do seu governo são serviço prestado a Deus, de quem procede toda a autoridade.

> «O *dever dos cidadãos* é contribuir, com os poderes civis, para o bem da sociedade, num espírito de verdade, de justiça, de solidariedade e de liberdade. O amor e o serviço da *pátria* derivam do dever de reconhecimento e da ordem da caridade. A submissão às autoridades legítimas e o serviço do bem comum exigem dos cidadãos que cumpram o seu papel na vida da comunidade política» (n. 2239; cf. também os ns. 2238 e 2240-3).

A vida é de Deus

Só Deus dá a vida; só Deus pode tomá-la. Cada alma é individual e pessoalmente criada por Deus, e só Deus tem o direito de decidir quando o seu tempo de permanência na terra terminou.

O quinto mandamento, «não matarás», refere-se *exclusivamente à vida humana*. Os animais foram dados por Deus ao homem para seu uso e conveniência. Não é pecado matar animais por causa justificada, como, por exemplo, eliminar pragas, prover de alimentos a população ou fazer experiências científicas. Seria injusto ferir ou matar animais sem razão; no entanto, se houvesse pecado, não seria contra o quinto mandamento, mas de abuso dos dons de Deus.

O fato de a vida humana pertencer a Deus é tão evidente que a gravidade do *homicídio* – que é tirar injustamente a vida a outrem – é conhecida pela simples lei da razão entre os homens de boa vontade de todos os lugares e todos os tempos. A gravidade do pecado de *suicídio* – que é tirar deliberadamente a própria vida – é também evidente. E como o suicida morre no preciso momento em que está cometendo um pecado mortal, não pode receber sepultura cristã. Na prática, é muito raro que um católico tire a sua própria vida em pleno uso das suas faculdades mentais; e, quando há indícios de que o suicídio pode ter resultado de uma alienação mental, mesmo temporária, jamais se recusa a sepultura cristã ao suicida.

> «Não se deve desesperar da salvação das pessoas que se mataram. Deus pode, por caminhos que só Ele conhece, dar-lhes ocasião de um arrependimento salutar. A Igreja ora pelas pessoas que atentaram contra a própria vida» (n. 2283; cf. também os ns. 2280-2282).

Há algum caso em que seja lícito matar alguém? Sim, em *defesa própria*. Se um agressor injusto ameaça a minha vida ou a de um terceiro, e matá-lo é a única maneira de detê-lo, posso fazê-lo. Também é lícito matar um criminoso que ameaça tomar ou destruir bens de grande valor e não há outra maneira de pará-lo. Daqui se segue que os guardiões da lei não violam o quinto mandamento quando, não podendo dissuadir o delinquente de outra maneira, lhe tiram a vida.

Um duelo, no entanto, não pode ser qualificado como defesa própria. O duelo, hoje praticamente inexistente, era um combate com armas letais, preestabelecido entre duas pessoas, normalmente em defesa – real ou imaginária – da «honra». O duelo foi um pecado muito comum na Europa e mais raro na América. No seu esforço por erradicar esse mal, a Igreja excomungava todos os que participavam de um duelo, não só os contendores, como também os padrinhos, as testemunhas e os espectadores voluntários que não fizessem tudo o que estivesse ao seu alcance para evitá-lo.

Deve-se ter em conta que o princípio de defesa própria só se aplica quando se é vítima de uma *agressão injusta*. Nunca é lícito tirar a vida de um inocente para salvar a própria. Se naufrago com outra pessoa e só há alimentos para uma, não posso matá-la para salvar a minha vida.

Muito menos se pode matar diretamente a criança que ainda se encontra no útero materno para salvar a vida da mãe, pois, nesta situação,

244 O QUARTO E O QUINTO MANDAMENTOS

a criança não é agressora injusta da mãe e tem o direito de viver todo o tempo que Deus lhe conceda. Destruir direta e deliberadamente a sua vida através do *aborto* é um pecado de suma gravidade, um assassinato, e tem, além disso, a malícia redobrada de enviar uma alma para a eternidade sem lhe dar oportunidade de ser batizada. É outro pecado que a Igreja procura conter impondo a *excomunhão* a todos os que tomam parte nele voluntariamente: não só à mãe, mas também ao pai que dê o seu consentimento e aos médicos ou enfermeiras que o realizem.

«A vida humana deve ser respeitada e protegida de maneira absoluta *a partir do momento da concepção*. Desde o primeiro momento de sua existência, o ser humano deve ver reconhecidos os seus direitos de pessoa, entre os quais o direito inviolável de todo ser inocente à vida. *"Antes mesmo de te formares no ventre materno, eu te conheci; antes que saísses do seio, eu te consagrei"* (Jer 1, 5) [...].

«Desde o século I, a Igreja afirmou a maldade moral de todo aborto provocado. Este ensinamento não mudou. Continua invariável. O aborto direto, quer dizer, querido como um fim ou como um meio, é gravemente contrário à lei moral. [...] "Deus, senhor da vida, confiou aos homens o nobre encargo de preservar a vida, para ser exercido de maneira condigna ao homem. Por isso a vida deve ser protegida com o máximo cuidado desde a concepção. O aborto e o infanticídio são crimes nefandos" (GS 51, 3).

«A cooperação formal para um aborto constitui uma falta grave. A Igreja sanciona com uma pena canônica de excomunhão este delito contra a vida humana. "Quem provoca aborto, seguindo-se o efeito, incorre em excomunhão *latae sententiae"*, "pelo próprio fato de cometer o delito" e nas condições previstas pelo Direito. Com isso, a Igreja não quer restringir o campo da misericórdia. Manifesta, sim, a gravidade do crime cometido, o prejuízo irreparável causado ao inocente morto, a seus pais e a toda a sociedade.

«O inalienável direito à vida de todo indivíduo humano inocente é um *elemento constitutivo da sociedade civil e de sua legislação:*

«"Os direitos inalienáveis da pessoa devem ser reconhecidos e respeitados pela sociedade civil e pela autoridade política. Os direitos do homem não dependem nem dos indivíduos, nem dos pais, e também não representam uma concessão da sociedade e do Estado: pertencem à natureza humana e são inerentes à pessoa em razão do ato criador do qual esta se origina. Entre estes direitos fundamentais é preciso citar o direito à vida e à integridade física de todo ser humano, desde a concepção até a morte. No momento em que uma lei positiva priva uma categoria de seres humanos da proteção que a legislação civil lhes deve dar, o Estado nega a igualdade de todos perante a lei. Quando o Estado não coloca sua força a serviço dos direitos de todos os cidadãos, particularmente dos mais fracos, os próprios fundamentos de um estado de direito estão ameaçados [...]. Como consequência do respeito e da proteção que devem ser garantidos à criança desde o momento de sua concepção, a lei deverá prever sanções penais apropriadas para toda violação deliberada dos direitos dela" (CDF, Instr. *Donum vitae, 3*).

«Visto que deve ser tratado como uma pessoa desde a concepção, o embrião deverá ser defendido em sua integridade, cuidado e curado, na medida do possível, como qualquer outro ser humano:

"O *diagnóstico pré-natal* é moralmente lícito 'se respeitar a vida e a integridade do embrião e do feto humano, e se está orientado para sua salvaguarda ou sua cura individual [...]. Está gravemente em oposição com a lei moral quando prevê, em função dos resultados, a eventualidade de provocar um aborto. Um diagnóstico não deve ser o equivalente de uma sentença de morte" (*Donum vitae*, 1, 2).

"Devem ser consideradas lícitas as intervenções sobre o embrião humano quando respeitam a vida e a integridade do embrião e não acarretam para ele riscos desproporcionados, mas visam à sua cura, à melhora de suas condições de saúde ou à sua sobrevivência individual. [...]

"*É imoral produzir embriões humanos destinados a serem explorados como material biológico disponível*" (*Donum vitae*, 1, 3 e 5)» (ns. 2270-5).

"Certas tentativas de *intervenção sobre o patrimônio cromossômico ou genético* não são terapêuticas, mas tendem à produção de seres humanos selecionados segundo o sexo e outras qualidades preestabelecidas. Essas manipulações são contrárias à dignidade pessoal do ser humano, à sua integridade e à sua identidade" única, não reiterável (cf. *Donum vitae*, 1, 6)» (n. 2275).

O princípio de defesa própria estende-se às nações tanto como aos indivíduos. Em consequência, o soldado que combate pelo seu país numa *guerra justa* não peca se matar. Mas é preciso ter em conta que uma guerra só é justa se se derem *ao mesmo tempo* os seguintes elementos: a) que o dano infligido pelo agressor à nação ou à comunidade de nações seja durável, grave e certo; b) que se recorra a ela *em último extremo*, uma vez esgotados todos os outros meios de pôr fim a esse dano; c) que haja condições sérias de êxito, e d) que o emprego das armas não acarrete males e desordens mais graves do que o mal a eliminar. Além disso, é preciso que essa guerra seja levada a cabo *segundo os ditames das leis natural e internacional* e que se suspenda tão logo a nação agressora ofereça a satisfação devida (cf. ns. 2312-7).

Na prática, torna-se às vezes muito difícil para o cidadão médio dizer se a guerra em que a sua nação se empenha é justa ou não. Raras vezes o homem da rua conhece todos os meandros de uma situação internacional. Mas, assim como os filhos devem dar a seus pais o benefício da dúvida em assuntos pouco claros, também o cidadão deve conceder ao seu governo o benefício da dúvida quando não for evidente que se trata de uma guerra injusta. Mas, mesmo numa guerra justa, pode-se pecar pelo uso injusto dos meios bélicos, como nos casos de bombardeio direto ou indiscriminado de civis em objetivos desprovidos de valor militar. Neste ponto é preciso levar seriamente em conta o poderio dos atuais meios de destruição.

O Catecismo recorda-nos, entretanto, que «por causa dos males e das injustiças que toda guerra acarreta, a Igreja insta cada um a orar e agir para que a Bondade divina nos livre da antiga escravidão da guerra. Cada cidadão e cada governante deve agir de modo a evitar as guerras» (ns. 2307-2308).

A nossa vida não é nossa. É um dom de Deus, de quem somos administradores. Por esse motivo, temos a obrigação de usar de todos os meios razoáveis para preservar tanto a nossa vida como a do próximo. É claramente evidente que pecamos se causamos deliberadamente um mal físico a outrem; e o pecado torna-se mortal se o mal for grave. Por isso, agredir alguém é um pecado contra o quinto mandamento, além de ser um pecado contra a virtude da caridade; e, dado que a ira, o ódio e a vingança levam a causar um mal físico ao próximo, são também pecados contra o quinto mandamento, além de serem pecados contra a caridade. Quando se tem que defender um castelo (a vida, neste caso), devemos defender também os seus acessos. Em consequência, o quinto mandamento proscreve *tudo* o que leve a tirar injustamente a vida ou a causar injustamente um mal físico.

Daqui se deduzem algumas consequências práticas. É evidente que quem dirige deliberadamente o seu carro de forma *imprudente* é réu de pecado grave, pois expõe a sua vida e a de outros a um perigo desnecessário. Isto também se aplica ao motorista cujas faculdades estejam diminuídas pelo álcool: é um criminoso, além de pecador. Mais ainda, a própria *embriaguez* é um pecado contra o quinto mandamento, mesmo que não exista a agravante de se dirigir um carro nesse estado.

Beber em excesso, como comer excessivamente, é um pecado porque prejudica a saúde e porque a *intemperança* produz facilmente outros efeitos nocivos. O pecado de embriaguez torna-se mortal quando afeta de tal modo o bebedor que este já não sabe o que faz. Mas beber um pouco além da conta também pode ser um pecado mortal, se traz más consequências: se prejudica a saúde, se causa escândalo ou se leva a descurar os deveres para com Deus ou para com o próximo. Quem habitualmente bebe em excesso e se julga livre de pecado porque ainda conserva a noção do tempo, em geral engana-se a si mesmo; raras vezes a bebida habitual deixa de produzir um mal grave à própria pessoa ou aos outros.

Somos responsáveis diante de Deus pela vida que Ele nos deu, e por isso temos obrigação de cuidar da nossa saúde dentro de limites razoáveis. Expor-se a perigos deliberados ou desnecessários, não consultar o médico quando sabemos ou suspeitamos de uma doença que tem cura, é faltarmos aos nossos deveres como administradores de Deus. Evidentemente, há pessoas que se preocupam *demasiado* com a sua saúde, que não se sentem felizes se não tomam algum remédio. São os hipocondríacos. O mal destas pessoas está na mente, mais do que no corpo, e temos que compadecer--nos delas, pois os seus males são muito reais para elas.

A vida de *todo* o corpo é mais importante que a de qualquer das suas partes; em consequência, é lícito *extirpar um órgão* para conservar a vida. Não há dúvida, pois, de que a amputação de uma perna gangrenada ou de um ovário canceroso é moralmente reta.

Em consequência, também o *transplante de órgãos é* moralmente lícito desde que o doador ou os seus representantes legais tenham dado para isso o seu explí- cito consentimento. «O *transplante de órgãos* é conforme à lei moral se os riscos e os danos físicos e psíquicos a que se expõe o doador são proporcionais ao bem que se busca para o destinatário. [...] É moralmente inadmissível provocar dire- tamente mutilação que venha a tornar alguém inválido ou provocar diretamente a morte, mesmo que seja para retardar a morte de outras pessoas» (n. 2296).

As atuais *pesquisas médicas* incorrem com certa frequência em infrações do quinto mandamento. É preciso ter em conta, na sua realização, que «a ciência e a técnica são recursos preciosos postos a serviço do homem e promovem seu desenvolvimento integral em benefício de todos; contudo, não podem indicar sozinhas o sentido da existência e do progresso humano. A ciência e a técnica estão ordenadas para o homem, do qual provêm sua origem e seu crescimento; portanto, encontram na pessoa e em seus valores morais a indicação de sua fina- lidade e a consciência de seus limites.

«É ilusório reivindicar a neutralidade moral da pesquisa científica e de suas aplicações. Além disso, os critérios de orientação não podem ser deduzidos nem da simples eficácia técnica nem da utilidade que possa derivar daí para uns em detrimento dos outros, e muito menos das ideologias dominantes. A ciência e a técnica exigem, por seu próprio significado intrínseco, o respeito incondicional dos critérios fundamentais da moralidade; devem estar a serviço da pessoa hu- mana, de seus direitos inalienáveis, de seu bem verdadeiro e integral, de acordo com o projeto e a vontade de Deus.

«*As pesquisas ou experiências no ser humano não podem legitimar atos em si mesmos contrários à dignidade das pessoas e à lei moral.* O consentimento even- tual dos sujeitos não justifica tais atos. A experiência em seres humanos não é moralmente legítima se fizer a vida ou a integridade física e psíquica do sujeito correrem riscos desproporcionais ou evitáveis. A experiência em seres humanos não atende aos requisitos da dignidade da pessoa se ocorrer sem o consentimento explícito do sujeito ou de seus representantes legais» (ns. 2293-2295).

É pecado *mutilar* o corpo desnecessariamente; e será pecado mortal se a mutilação for séria em si ou nos seus efeitos. O homem ou mulher que se submete voluntariamente a uma operação dirigida diretamente a causar a esterilidade, como a laqueadura de trompas ou a vasectomia, comete um pecado mortal, bem como o cirurgião que a realiza. Alguns países têm leis que determinam a esterilização dos loucos e débeis mentais. Tais leis opõem-se à lei de Deus, já que nenhum governo tem o direito de mutilar um inocente. A chamada *eutanásia* é sempre pecado grave, mesmo que o próprio doente a peça e a lei a autorize. *A vida é de Deus.* Se um doente incurável é parte da providência de Deus para mim, nem eu nem ninguém tem o direito de distorcer esse plano.

> «Aqueles cuja vida está diminuída ou enfraquecida necessitam de um respeito especial. As pessoas doentes ou deficientes devem ser amparadas, para levar uma vida tão normal quanto possível.
>
> «Sejam quais forem os motivos e os meios, a *eutanásia direta* consiste em pôr fim à vida de pessoas deficientes, doentes ou moribundas. É moralmente inadmissível.
>
> «"Assim, uma ação ou uma omissão que, em si ou na intenção, gera a morte a fim de suprimir a dor constitui um assassinato gravemente contrário à dignidade da pessoa humana e ao respeito pelo Deus vivo, seu Criador. O erro de juízo no qual se pode ter caído de boa-fé não muda a natureza deste ato assassino, que sempre deve ser condenado e excluído"» (n. 2276-2277).
>
> No entanto, «a interrupção de procedimentos médicos onerosos, perigosos, extraordinários ou desproporcionais aos resultados esperados pode ser legítima. É a rejeição da "obstinação terapêutica". Não se quer dessa maneira provocar a morte; aceita-se não poder impedi-la. As decisões devem ser tomadas pelo paciente, se tiver a competência e a capacidade para isso; caso contrário, pelos que têm direitos legais, respeitando sempre a vontade razoável e os interesses legítimos do paciente» (n. 2278; cf. também o n. 2279).

Se passamos do mundo da ação para o do pensamento, vemos que o *ódio* (o ressentimento amargo que deseja o mal ao próximo e se regozija com o seu infortúnio) e a *vingança* (procurar a desforra por uma injúria sofrida) são quase sempre pecados mortais. Teoricamente, podemos odiar «um pouquinho» ou vingar-nos «um pouquinho». Mas, na prática, não é tão fácil controlar esse «pouquinho».

A gravidade do pecado de *ira* é fácil de ver. A ira causada por uma má ação e não dirigida à pessoa que a cometeu (sempre que a ira não seja excessiva) não é pecado. É o que poderíamos chamar uma *ira reta*. Um bom exemplo é o do pai irado (lembre-se, não em excesso!) por uma malandragem de um filho. O pai ainda ama o *filho*, mas está aborrecido com a sua má *conduta*. Mas a ira dirigida a pessoas – normalmente à que feriu o nosso amor-próprio ou contrariou os nossos interesses –, e não contra as más ações, é uma ira pecaminosa. Em geral, pode-se dizer que, quando nos iramos pelo que nos fizeram e não pelo que fizeram a Deus, a nossa ira não é reta. Na maioria destas irritações, não há deliberação – «ferveu-nos o sangue» – e, portanto, pecado grave. Mas se percebemos que a nossa ira é pecaminosa e a alentamos e atiçamos deliberadamente, o nosso pecado torna-se grave. Ou, se temos um caráter irascível, e o sabemos, e não fazemos nenhum esforço para controlá-lo, é muito fácil que cometamos um pecado mortal.

Há um último ponto nos atentados ao quinto mandamento: o *mau exemplo*. Se é pecado matar ou ferir o corpo do próximo, matar ou ferir a sua alma é um pecado maior. Cada vez que as minhas más palavras ou ações incitam alguém ao pecado, faço-me réu de um pecado de *escândalo*, e o pecado de dar mau exemplo torna-se mortal se o mal que dele se segue for grave. Tanto espiritual como fisicamente, *sou* o guardião do meu irmão.

> «O escândalo é a atitude ou o comportamento que leva outrem a praticar o mal. Aquele que escandaliza torna-se o tentador do próximo. Atenta contra a virtude e a retidão; pode arrastar seu irmão à morte espiritual» (n. 2284; cf. também os ns. 2285-7).

Capítulo XIX

O sexto e o nono mandamentos

O sexto e o nono mandamentos

Há duas atitudes errôneas sobre o sexo, as duas bastante comuns. Uma é a do moderno *hedonista*, daquele cuja máxima aspiração na vida é o prazer. O hedonista vê a capacidade sexual como um objeto pessoal, de que não tem que prestar contas a ninguém. Para ele (ou ela), a finalidade dos órgãos genitais é a sua satisfação pessoal e a sua gratificação física, e nada mais. Essa atitude é a do solteiro «farrista» ou a da solteira «fácil», que têm ligações amorosas, mas jamais amor. É também uma atitude que se encontra com frequência entre os separados e os divorciados, sempre em busca de novos mundos de prazer a conquistar.

A outra atitude errônea é a daquele que pensa que tudo o que é sexual é baixo e feio, um mal necessário que manchou a raça humana. Sabe, é claro, que a faculdade de procriar deve ser usada para perpetuar a humanidade, mas, para ele, a união física entre marido e mulher continua a ser algo sujo, algo que mesmo em pensamento mal pode ser tolerado.

Esta infeliz atitude mental é adquirida geralmente na infância, por uma educação errada dos pais e mestres. Na sua ânsia de formá-los na pureza, os adultos incutem nas crianças a ideia de que as partes íntimas do corpo são em essência más e vergonhosas, em vez de ensinar-lhes que são dons de Deus, dons que elas devem apreciar e reverenciar. A criança adquire assim a noção turva de que o sexo é algo que as pessoas bem educadas jamais mencionam, nem sequer em casa e aos próprios pais. A pior característica deste estado mental é que tende a perpetuar-se: a criança assim deformada transmitirá por sua vez essa deformação aos seus. Esta ideia errada do sexo derruba muitos casamentos que, de outros pontos de vista, seriam felizes.

O certo é que o poder de procriar é um *dom maravilhoso* com que Deus dotou a humanidade. Deus não era obrigado a dividi-la em homens e mulheres. Podia tê-la formado com seres assexuados, dando origem a cada corpo (como faz com a alma) por um ato direto da sua vontade. Em vez disso, na sua bondade, dignou-se fazer com que a humanidade participasse do seu poder criador, para que pudessem existir as belas instituições do matrimônio, da paternidade e da maternidade, através das quais poderíamos compreender melhor a paternidade divina, a sua justiça, a sua providência, e através da maternidade humana, a ternura maternal de Deus, a sua misericórdia e compaixão; desse modo preparava também o caminho para a santa maternidade de Maria e para que no futuro entendêssemos melhor a união entre Cristo e a sua Esposa, a Igreja.

Todas estas razões e muitas outras ocultas na profundidade da sabedoria de Deus levaram-no a criar a humanidade dividida em homens e mulheres. Situando-se como vértice, Deus estabeleceu uma trindade criadora composta de esposo, esposa e Ele mesmo; os esposos atuam como instrumentos de Deus na formação de um novo corpo humano e Ele próprio se coloca de certa maneira à disposição de marido e mulher para criar a alma imortal desse minúsculo corpo que, sob os cuidados de Deus, eles geram pelo amor.

> «A fecundidade é um dom, um *fim do Matrimônio*, porque o amor conjugal tende naturalmente a ser fecundo. O filho não vem de fora acrescentar-se ao amor mútuo dos esposos; surge no próprio âmago dessa doação mútua, da qual é fruto e realização. A Igreja, que "está do lado da vida" (FC 30), ensina que "qualquer ato matrimonial deve permanecer aberto à transmissão da vida" (HV 11)» (n. 2366).

Assim é o sexo, *assim* é o matrimônio. Sendo obra de Deus, o sexo é por natureza bom, santo, sagrado. Não é uma coisa má, não é uma coisa vil e sórdida; torna-se mau e turvo somente quando é arrancado do marco divino da paternidade e da maternidade potenciais e do matrimônio. O poder de procriar e os órgãos genitais não trazem o estigma do mal; o mal provém da vontade pervertida, que os desvia dos seus fins, que os usa como mero instrumento de prazer e satisfação, como um bêbado que se empanturra de cerveja sorvendo-a de um cálice consagrado para o altar.

O exercício da *faculdade de procriar* pelos esposos (os únicos a quem cabe esse exercício) não é pecado, como também não o é procurar e gozar o prazer do abraço conjugal. Pelo contrário, Deus uniu um grande prazer físico a esse ato para garantir a perpetuação do gênero humano. Se não surgisse esse impulso de desejo físico nem houvesse a gratificação do prazer imediato, os esposos poderiam mostrar-se renitentes em usar essa faculdade dada por Deus ante a perspectiva de terem que enfrentar as cargas de uma possível paternidade. O mandamento divino «crescei e multiplicai-vos» poderia frustrar-se. Sendo um prazer *dado* por Deus, desfrutá-lo não é pecado para o esposo e a esposa, sempre que não se exclua dele, voluntariamente, o fim divino.

> Uma responsabilidade peculiar que incumbe aos pais é a de *aceitarem com generosidade os frutos da sua união*, os filhos. O Catecismo observa que, «por *justas razões*, os esposos podem querer espaçar os nascimentos de seus filhos. Cabe-lhes verificar que seu desejo não provém do egoísmo, mas está de acordo com a justa generosidade de uma *paternidade responsável*. Além disso, regularão seu comportamento segundo os critérios objetivos da moral. [...]
>
> «A continência periódica, os métodos de regulação da natalidade baseados na auto-observação e no recurso aos períodos infecundos estão de acordo com os critérios objetivos da moralidade. Estes métodos respeitam o corpo dos esposos, animam a ternura entre eles e favorecem a educação de uma liberdade autêntica. Em compensação, é *intrinsecamente má* "toda ação que, ou em previsão do ato conjugal, ou durante a sua realização, ou também durante o desenvolvimento de suas consequências naturais, se proponha, como fim ou como meio, tornar impossível a procriação" (HV 14)» (ns. 2368 e 2370). O uso de qualquer *meio anticoncepcional*, como a pílula, o DIU ou os preservativos, mesmo entre casados, constitui pecado grave, porque desvincula o sexo de um dos seus aspectos centrais, a possibilidade de gerar filhos. Em muitos casos, além disso, esses meios podem ser abortivos, o que faz as pessoas que lançam mão deles incorrer também numa infração do quinto mandamento.

Para muita gente – e em algumas ocasiões para a maioria –, esse prazer dado por Deus pode, porém, converter-se em pedra de tropeço. Por causa do pecado original, o controle perfeito que a razão deveria exercer sobre o corpo e seus desejos está gravemente debilitado. Sob o impulso veemente da carne rebelde, surge uma ânsia de prazer sexual que prescinde dos fins de Deus e das coordenadas que Ele estabeleceu (dentro do matrimônio cristão) para o ato sexual. Em outras palavras, somos tentados contra a *virtude da castidade*.

Esta é a virtude que Deus nos pede no sexto e no nono mandamentos: «Não cometerás adultério» e «não desejarás a mulher do teu próximo». Rememoremos que a «lista dos mandamentos» nos foi dada como ajuda para a memória: uns compartimentos pelos quais distribuir os diferentes deveres para com Deus. Cada mandamento menciona especificamente apenas um dos pecados mais graves contra a virtude a praticar («não matarás», «não furtarás»), e sob esse encabeçamento são agrupados todos os pecados e todos os deveres de natureza semelhante. Assim, é pecado não só matar, como também travar um duelo ou odiar; é pecado não só furtar, como também danificar a propriedade alheia ou cometer fraude.

Do mesmo modo, é pecado não só cometer *fornicação* – a relação carnal entre duas pessoas solteiras –, como também praticar qualquer ação deliberada, como tocar-se a si mesmo ou tocar outra pessoa, com o propósito de despertar o apetite sexual fora da relação conjugal. É pecado não só *desejar a mulher do próximo*, como alimentar pensamentos ou desejos desonestos com relação a qualquer pessoa.

> Inclui-se aqui a questão bastante atual da moralidade das relações homossexuais. O Catecismo esclarece: «A homossexualidade designa as relações entre homens e mulheres que sentem atração sexual, exclusiva ou predominante, por pessoas do mesmo sexo. A homossexualidade se reveste de formas muito variáveis ao longo dos séculos e das culturas. Sua gênese psíquica continua amplamente inexplicada. Apoiando-se na Sagrada Escritura, que os apresenta como depravações graves, a tradição sempre declarou que "os atos de homossexualidade são intrinsecamente desordenados" (CDF, decl. *Persona humana*, 8). São contrários à lei natural. Fecham o ato sexual ao dom da vida. Não procedem de uma complementaridade afetiva e sexual verdadeira. Em caso algum podem ser aprovados» (n. 2357).

A *castidade* – ou *pureza* – é definida como a *virtude moral que regula retamente toda a expressão voluntária de prazer sexual dentro do casamento e a exclui totalmente fora do estado matrimonial*. Os pecados contra esta virtude diferem dos que atentam contra a maioria das demais virtudes num ponto muito importante: os pensamentos, palavras e ações contra a virtude da castidade, se forem plenamente deliberados, são *sempre* pecado mortal. Uma pessoa pode violar outras virtudes, mesmo deliberadamente, e, no entanto, pecar venialmente, se se trata de matéria leve. Uma pessoa pode ser ligeiramente intemperante, insincera ou desonesta. Mas ninguém pode cometer um pecado leve contra a castidade se violar a virtude da pureza com pleno consentimento. Tanto nos pensamentos como nas palavras ou ações, não há «matéria leve»; não há matéria irrelevante quanto a esta virtude.

A razão é muito clara. O poder de procriar é o mais sagrado dos dons físicos do homem, o que mais diretamente se liga a Deus. Este caráter sagrado faz com que a sua transgressão tenha maior malícia. Se a isso acrescentamos que o ato sexual é fonte da vida humana, compreendemos que, se se envenena a fonte, envenena-se a humanidade. Este é o motivo por que Deus rodeou o ato sexual de uma muralha alta e sólida, com cartazes bem visíveis para todos: *Proibida a passagem!* Deus empenha-se em que o seu plano para a criação de novas vidas humanas não lhe seja tirado das mãos e se degrade ao nível de instrumento de prazer e de excitação perversos. A única ocasião em que um pecado contra a castidade pode ser venial é quando falta plena deliberação ou pleno consentimento.

A matéria desta virtude difere da que é própria da virtude da *modéstia.* A modéstia não é castidade, mas é a sua guardiã, a sentinela que protege os acessos à fortaleza. A modéstia é uma *virtude que nos leva a abster-nos de ações, palavras ou olhares que possam despertar o apetite sexual ilícito em nós mesmos ou em outros.* As ações podem ser beijos, abraços ou carícias imprudentes; podem ser formas de vestir atrevidas ou leituras de escabrosos romances «modernos». As palavras podem ser relatos sugestivos de cores fortes, canções obscenas ou de duplo sentido. Os olhares podem ser os que seguem banhistas de uma praia ou os que se concentram numa janela indiscreta, a contemplação mórbida de fotografias ou desenhos em revistas ou folhinhas. É certo que «tudo é limpo para os limpos», mas também quem é limpo deve evitar tudo aquilo que ameace a sua pureza.

Diferentemente dos pecados contra a castidade, os pecados contra a modéstia podem ser veniais. Os atentados contra esta virtude, que se proponham diretamente despertar um apetite sexual ilícito, são sempre pecado mortal. Excluindo estes, a gravidade dos pecados contra a modéstia depende da intenção do pecador, do grau em que a sua modéstia excite os movimentos sexuais, da gravidade do escândalo causado.

Um aspecto que todos devemos ter muito em conta é que Deus, ao estabelecer os meios para perpetuar a espécie humana, fez do homem varão o princípio ativo do ato procriador. Por essa razão, os desejos masculinos acendem-se normalmente com muito mais facilidade do que na mulher. Pode acontecer que uma moça, com toda a inocência, faça umas meiguices carinhosas que para ela não serão mais do que uma expansão romântica à luz da lua, mas que para o seu jovem companheiro serão ocasião de pecado mortal. Na mesma linha de ignorante inocência, uma mulher pode atentar sem má intenção contra a modéstia no vestir, simplesmente por medir a força dos instintos sexuais masculinos pela sua própria.

A nossa cultura contemporânea apresenta diversos pontos fracos que nos devem chamar a atenção em se tratando da virtude da castidade. Um é a prática de saírem habitualmente «turmas» de moços e moças. Já nos primeiros anos do ensino médio, formam-se pares que costumam sair juntos regularmente, trocam presentinhos, estudam e divertem-se juntos. Estas situações prolongadas (sair frequentemente com a mesma pessoa do sexo contrário por períodos de tempo consideráveis) são sempre um perigo para a pureza. Para aqueles que têm idade suficiente para contrair casamento, esse perigo está justificado; um noivado razoável é necessário para se encontrar o companheiro idôneo para o casamento. Mas, para os adolescentes, que ainda não têm condições para casar-se, essa *companhia constante* é pecado, porque proporciona ocasiões de pecado injustificadas, umas ocasiões que alguns pais «bobos» até fomentam, pensando que essa relação tem a sua «graça».

Outra forma de companhia constante que, por sua própria natureza, é pecaminosa é a de avistar-se com pessoas separadas ou divorciadas. Um encontro com um divorciado (ou uma divorciada) pode ser suficiente para que o coração se apegue e se chegue facilmente a um pecado de adultério ou, pior ainda, a uma vida permanente de adultério ou a um «casamento» fora da Igreja.

Às vezes, em momentos de grave tentação, podemos pensar que este dom maravilhoso de procriar que Deus nos deu é uma bênção discutível. Em momentos assim, temos que recordar duas coisas: primeiro, que não há virtude autêntica nem bondade verdadeira sem esforço. Uma pessoa que nunca sofresse tentações não poderia jamais ser chamada *virtuosa* no sentido comum (não no teológico) da palavra. Deus pode, naturalmente, conceder a alguém um grau excelso de virtude sem a prova da tentação, como foi o caso de Nossa Senhora. Mas o normal é que uma pessoa se torne virtuosa e adquira méritos para o céu precisamente pelas suas vitórias sobre fortes tentações.

Também devemos lembrar-nos de que, quanto maior for a tentação, maior será a graça que Deus nos dará para resistir-lhe, se a pedirmos e aceitarmos, se lutarmos por todos os meios ao nosso alcance. Deus nunca permite que sejamos tentados acima da nossa capacidade de resistência (com a sua graça). Ninguém pode dizer: «Pequei porque não pude resistir». O que está ao nosso alcance é evitar os perigos desnecessários; orar com constância, especialmente nos momentos de fraqueza; frequentar a Missa e a Sagrada Comunhão; ter uma profunda e sincera devoção por Maria, Mãe Puríssima[12].

---

(12) Para complementar o que se diz neste capítulo, é preciso ver André Léonard, *Cristo e o nosso corpo,* 2ª ed., Quadrante, São Paulo, 2017, e Rafael Llano Cifuentes, *270 perguntas e respostas sobre sexo e amor,* 2ª ed., Quadrante, São Paulo, 2017.

Capítulo XX

O sétimo e o décimo mandamentos

O meu e o teu

É pecado que um faminto furte um pão? E se tiver de quebrar uma vitrina para fazê-lo? É pecado que um operário furte ferramentas da oficina em que trabalha, se todos o fazem? Se uma mulher encontra um anel de diamantes e ninguém o reclama, pode ficar com ele? É imoral comprar pneus a um preço de pechincha, se se suspeita que são roubados? O sétimo mandamento da lei de Deus diz: «Não roubarás», e parece um mandamento muito claro à primeira vista. Mas logo começam a chegar os «mas» e os «ainda que», e já nada parece tão claro.

Antes de começarmos a examinar este mandamento, podemos tratar do décimo – «Não cobiçarás os bens alheios» – muito rapidamente. O décimo mandamento é companheiro do sétimo, como o nono o é do sexto. Em ambos os casos, proíbe-se que se faça em pensamento o que é proibido fazê-lo por ações. Assim, não só é pecado roubar como também é pecado *querer* roubar, desejar tirar e conservar o que pertence ao próximo.

Tudo o que digamos sobre a natureza e a gravidade das ações contra este mandamento aplica-se também ao desejo correspondente, exceto que neste caso – o de não termos levado à prática esse desejo – não se nos exige *restituição*. Este ponto deve ser tido em conta em todos os mandamentos: que o pecado se comete no momento em que deliberadamente se deseja ou se decide cometê-lo. Realizar a ação agrava a culpa, mas o pecado já foi cometido no instante em que se tomou a decisão ou se consentiu no desejo. Por exemplo, se decido roubar uma coisa assim que se apresente a ocasião, e esta nunca aparece, impedindo-me de levar avante o meu propósito, esse pecado de intenção de roubar pesará sobre a minha consciência.

Portanto, a que obriga o sétimo mandamento? A praticar a *virtude da justiça*, que se define como a *virtude moral que obriga a dar a cada um o que é seu, o que lhe é devido*. Pode-se violar esta virtude de muitas maneiras. Em primeiro lugar, pelo pecado de *roubo*, que é classicamente chamado *furto* quando se tiram os bens alheios ocultamente, e *rapina* se se tomam com violência e manifestamente.

Roubar é tirar ou reter voluntariamente, contra o direito e a razoável vontade do próximo, aquilo que lhe pertence. «Contra o direito e a razoável vontade do próximo» é uma cláusula importante. A vida é mais importante que a propriedade. Não é razoável recusarmo-nos a dar a alguém algo de que precisa para salvar a sua vida. Assim, o faminto que toma um pão, não rouba. O fugitivo que se apossa de um carro ou de um barco para escapar dos perseguidores que lhe ameaçam a vida ou a liberdade, não rouba.

Esta cláusula distingue também roubar de *tomar emprestado*. Se o meu vizinho não está em casa e pego da sua garagem umas ferramentas para reparar o meu automóvel, sabendo que ele não faria objeção, é claro que não roubo. Mas é igualmente claro que é imoral tomar emprestada uma coisa quando sei que o seu proprietário se oporia a isso. O empregado que toma emprestado o dinheiro da caixa, ainda que pense devolver algum dia esse «empréstimo», é réu de pecado.

Seguindo o princípio de que tudo o que seja privar alguém, contra a sua vontade, do que lhe pertence, se for feito deliberadamente, é pecado, já vemos que, além de roubar, há muitas maneiras de violar o sétimo mandamento. Não cumprir um contrato ou um acordo de negócios, se causa prejuízos à outra parte contratante, é pecado. Também o é assumir dívidas sabendo que não se poderão pagar: é um pecado muito comum nestes tempos, em que tanta gente vive acima das suas possibilidades. Igualmente, é pecado danificar ou destruir deliberadamente a propriedade alheia.

A seguir, vêm os pecados de *fraude: privar alguém do que lhe pertence, usando de engano*. Incluem-se neste grupo as práticas por meio das quais se rouba no peso, nas medidas ou no troco, ou se vendem produtos de qualidade inferior sem reduzir o preço, ou se ocultam defeitos de uma mercadoria (os vendedores de carros de segunda mão, bem como todos os vendedores, devem precaver-se contra isto), ou se vende com margens de lucro exorbitantes, ou se passa um cheque sem fundos ou moeda sabidamente falsa, ou se vendem produtos adulterados: numa palavra, são pecado todos os sistemas de tornar-se rico do dia para a noite, que tanto abundam na sociedade moderna. Outra forma de fraude é *não pagar o salário justo*, recusando aos trabalhadores e empregados o salário suficiente para viverem, aproveitando-se de que o excesso de mão de obra no mercado permite ao patrão dizer: «Se você não gosta de trabalhar aqui, desapareça». E também pecam os operários que *defraudam* um salário justo, se deliberadamente desperdiçam os materiais ou o tempo da empresa, ou não rendem um justo dia de trabalho pelo justo salário que recebem.

Os empregados públicos são outra categoria de pessoas que necessitam de precaução neste mandamento. Estes empregados são escolhidos e pagos para executar as leis e administrar assuntos públicos com imparcialidade e prudência, para o bem comum de todos os cidadãos. Um empregado público que aceite *subornos* – por muito habilmente que os disfarce – em troca de favores políticos atraiçoa os concidadãos que o elegeram ou designaram e peca contra o sétimo mandamento. Também peca quem *exige presentes* de empregados inferiores.

Duas novas ofensas contra a justiça completam o quadro dos pecados mais comuns contra o sétimo mandamento. Uma é a *receptação:* aceitar bens que sabemos serem roubados, quer os recebamos de graça ou pagando. Nesta matéria, uma suspeita fundada equivale ao conhecimento; aos olhos de Deus, quem recebe bens roubados é tão culpado como o ladrão. Também é pecado ficar com objetos *achados* sem fazer um esforço razoável para encontrar o proprietário. A medida deste esforço (perguntar e anunciar) dependerá, é claro, do valor da coisa; e o proprietário, se aparecer, tem obrigação de reembolsar quem encontrou o objeto de todos os gastos que as suas diligências lhe tenham ocasionado.

Não se pode medir o dano moral com uma fita métrica, nem obter o seu total numa máquina de somar. Assim, quando alguém pergunta: «A partir de quanto um pecado é mortal?», não há uma resposta preparada e instantânea. Não podemos dizer: «Se o roubo só chega a 99 reais, é pecado venial: de 100 para cima, já é pecado mortal». Só se pode falar em geral e dizer que o roubo de algo de pouco valor será pecado venial e que roubar algo valioso será pecado mortal (quer esse grande valor seja *relativo* ou *absoluto)*. Isto, como é natural, aplica-se tanto ao furto propriamente dito como aos demais pecados contra a propriedade: rapina, fraude, receptação de bens roubados, etc.

Quando falamos do valor *relativo* de uma coisa, referimo-nos ao seu valor consideradas as circunstâncias. Para um operário que tem de manter a família, a perda do valor equivalente a um dia de trabalho será normalmente uma perda considerável; roubá-lo ou enganá-lo nessa quantia poderia ser facilmente pecado mortal. A gravidade de um pecado contra a propriedade mede-se, pois, tanto pelo dano que causa ao proprietário como pelo valor real do objeto em questão.

Mas, ao apreciarmos o valor de um objeto (ou de uma soma de dinheiro), chegaremos a um ponto em que todas as pessoas razoáveis concordarão no que é um valor considerável, independentemente de a pessoa que sofre a perda ser pobre ou rica. Este valor é o que denominamos *absoluto*, um valor que não depende das circunstâncias. E neste ponto a fronteira entre pecado mortal e pecado venial é conhecida somente por Deus. Podemos dizer com certeza que roubar um real é pecado venial e que roubar mil, ainda que o proprietário seja a General Motors, é pecado mortal, mas ninguém pode dizer exatamente onde traçar a linha divisória. Há alguns anos, os teólogos estavam de acordo em afirmar que o roubo de três ou quatro mil cruzeiros era matéria grave absoluta, e que uma injustiça por essa importância era geralmente pecado mortal; mas as moedas mudam de denominação, a inflação diminui o valor do dinheiro e os livros de teologia não podem ser revisados a cada seis meses segundo os índices do «custo de vida». A conclusão evidente é que, se formos escrupulosamente honrados no nosso relacionamento com o próximo, nunca teremos que perguntar: «Isto é pecado mortal ou venial?» Para quem peque contra a justiça, outra conclusão também evidente é que deve arrepender-se do seu pecado, confessá-lo, reparar a injustiça e não tornar a cometê-lo.

E isto traz a lume a questão da *restituição*, quer dizer, a necessidade de ressarcir os prejuízos causados pelo que adquirimos ou danificamos injustamente. O verdadeiro arrependimento dos pecados cometidos contra o sétimo mandamento deve incluir sempre a intenção de reparar, tão logo seja possível (*aqui* e *agora*, se se pode), todas as consequências da nossa injustiça. Sem essa sincera intenção por parte do penitente, o sacramento da Penitência é impotente para perdoar um pecado de injustiça. Se o pecado foi mortal e o ladrão ou aproveitador morre sem ter feito nenhuma tentativa de restituir o alheio, embora pudesse fazê-lo, morre em estado de pecado mortal. Malbaratou a sua felicidade eterna, trocando-a pelos seus lucros injustos.

Mesmo os pecados veniais de injustiça não podem ser perdoados se não se restitui ou não se faz o propósito sincero de restituir. Quem morre sem reparar os seus pequenos furtos ou fraudes verificará que o preço que as suas velhacarias lhe custarão no purgatório excede de longe os benefícios ilícitos que teve na vida. E, a este propósito, será bom mencionar de passagem que mesmo os pequenos furtos podem constituir pecado mortal se se cometem numa série contínua durante um período de tempo relativamente longo, de modo que o total seja considerável. Uma pessoa que se apodera injustamente de 1 a 2 reais cada semana será réu de pecado mortal quando a importância total, somadas todas as parcelas, chegar a ser matéria pecaminosa grave.

Há certos princípios fundamentais que regem as questões de restituição. O primeiro deles é que a restituição deve ser feita *à pessoa que sofreu a perda* ou aos seus herdeiros, se aquela faleceu. E, supondo que não se pôde encontrar a pessoa e que os seus herdeiros sejam desconhecidos, aplica-se outro princípio: ninguém pode beneficiar-se com a injustiça. Se o proprietário é desconhecido ou não pôde ser encontrado, a restituição deverá ser feita doando os benefícios ilícitos a instituições beneficentes, apostólicas, etc.

Mas não se exige que quem restitui dê a conhecer a sua injustiça e com isso arruíne a sua reputação: pode restituir anonimamente, pelo correio, por meio de um terceiro ou por qualquer outro sistema que proteja o seu bom nome. Também não se exige que, para efetuar essa restituição, se prive a si mesma ou prive a família dos meios para atender às necessidades ordinárias da vida. Seria uma péssima conduta esbanjar dinheiro em luxos ou caprichos e não fazer a restituição, mas isto também não quer dizer que a pessoa seja obrigada a viver de ar e a dormir debaixo de um viaduto até ter feito a restituição.

Outro princípio é que, se se roubou um objeto, é esse mesmo objeto que deve ser devolvido ao proprietário, junto com qualquer outro ganho natural que dele tiver resultado: os bezerros, por exemplo, se o que se roubou foi uma vaca... Só se esse objeto já não existir ou estiver estragado e não for possível repará-lo é que se pode fazer a restituição entregando o seu valor em dinheiro.

Talvez se tenha dito já o suficiente para fazermos uma ideia destas questões de justiça e direitos, que às vezes podem tornar-se complicadas. Por isso não nos devemos surpreender se até o sacerdote tiver que consultar os seus livros de teologia nestas matérias.

Capítulo XXI
O oitavo mandamento

Só a verdade

O quinto mandamento, além do homicídio, proíbe muitas coisas. O sexto aplica-se a muitos outros pecados, além da infidelidade conjugal. O sétimo abrange muitas ofensas contra a propriedade, além do simples roubo. O enunciado dos mandamentos, sabemos, é uma ajuda para a memória. Cada um deles menciona um pecado específico contra a virtude a que o referido mandamento se aplica, e espera-se de nós que utilizemos esse enunciado como uma espécie de cabide onde pendurar os restantes pecados contra a mesma virtude.

Assim, não nos surpreende que o oitavo mandamento siga o mesmo esquema. «Não levantarás falso testemunho» proíbe explicitamente o pecado de *calúnia:* prejudicar a reputação do próximo mentindo sobre ele. No entanto, além da calúnia, há outros modos de pecar contra a virtude da verdade e contra a virtude da caridade por palavras e obras (cf. n. 2477).

A calúnia é um dos piores pecados contra o oitavo mandamento, porque combina um pecado contra a verdade (mentir) com um pecado contra a justiça (ferir o bom nome alheio) e a caridade (falhar no amor devido ao próximo). A calúnia fere o próximo onde mais dói: na sua reputação. Se roubamos dinheiro a um homem, este pode irar-se ou entristecer-se, mas, normalmente, acabará por refazer-se dessa perda. Quando manchamos o seu bom nome, roubamos-lhe algo que todo o trabalho do mundo não lhe poderá devolver. É fácil ver, pois, que o pecado de calúnia é mortal se com ele prejudicamos *seriamente* a honra do próximo, ainda que seja na consideração de uma só pessoa e mesmo que esse próximo não tenha notícia do mal que lhe causamos.

Isto é certo também quando deliberada e injustamente causamos um prejuízo sério à reputação do próximo na nossa própria mente. É o *juízo temerário*, um pecado em que incorre muita gente e que talvez não examinemos suficientemente a fundo quando nos preparamos para a confissão. Se alguém inesperadamente (para mim) realiza uma boa ação, e eu me surpreendo pensando: «A quem estará tentando bajular?» cometo um pecado de juízo temerário. Se alguém pratica um ato de generosidade, e eu digo para mim mesmo: «*Aí* está esse fulano bancando o herói», peco contra o oitavo mandamento. Talvez não seja um pecado mortal, mas pode sê-lo facilmente se a reputação dessa pessoa sofre *seriamente* no meu juízo acerca dela, por causa da minha suspeita injusta.

A *detração* ou *difamação* – que o Catecismo da Igreja Católica designa por *maledicência* – é outro pecado contra o oitavo mandamento. Consiste em prejudicar a reputação alheia manifestando sem justo motivo pecados e defeitos alheios que são *verdade,* mas não são comumente conhecidos: por exemplo, quando conto aos amigos ou vizinhos as terríveis brigas que tem o casal do lado, ou lhes revelo que o marido chega bêbado a casa todos os sábados. Pode ser que haja ocasiões em que, para corrigir ou prevenir, seja necessário revelar a um pai as más companhias do filho; ou que convenha informar a polícia de que certa pessoa saía furtivamente da loja que foi roubada. Pode ser necessário prevenir os pais da vizinhança de que o novo vizinho tem antecedentes de incomodar sexualmente as crianças. Mas, habitualmente, quando começamos por dizer: «Acho que deveria contar-lhe...», o que no fundo queremos dizer é: «Morro de vontade de contar-lhe, mas não quero reconhecer que adoro falar mal dos outros».

Ainda que, por assim dizer, uma pessoa fira ela mesma a sua própria fama por uma conduta imoral, será sempre pecado para mim dar a conhecer sem necessidade o seu mau comportamento. É de certo modo o mesmo que roubar um ladrão: ainda que seja um ladrão, se eu o roubo, peco. É claro que não é pecado referir fatos que são do conhecimento geral, como, por exemplo, um crime cometido por alguém que foi condenado por um tribunal público. Mas, mesmo nestes casos, a caridade deve levar-nos a condenar o pecado, não o pecador, e a rezar por ele.

O oitavo mandamento proíbe não apenas pecados de *palavra* e de *mente,* mas também de *ouvido.* Pecamos quando escutamos com agrado a calúnia e a difamação, ainda que não digamos uma só palavra. Esse mesmo silêncio fomenta que se difundam murmurações maliciosas. Se o nosso gosto em escutar se deve a mera curiosidade, o pecado será venial. Mas se a atenção que prestamos for devido ao ódio à pessoa difamada, o pecado será mortal. Se se ataca a fama de alguém na nossa presença, temos o dever de cortar a conversa, ou, pelo menos, de mostrar pela nossa atitude que o tema não nos interessa.

O *insulto pessoal* (os teólogos preferem chamá-lo *contumélia*) é outro pecado contra o oitavo mandamento, que se comete contra o próximo na sua presença, e que se reveste de muitas formas. Por palavras ou obras, podemos recusar-lhe as manifestações de respeito e amizade que lhe são devidas, como, por exemplo, voltar-lhe as costas ou ignorar a mão que nos estende, falar-lhe de modo grosseiro ou desconsiderado, dirigir-lhe apelidos pejorativos. Um pecado parecido de grau menor é esse *criticismo depreciativo,* que encontra faltas em tudo e que, para muitas pessoas, parece constituir um hábito profundamente arraigado.

A *intriga* é também um pecado contra o oitavo mandamento. É o pecado do mexeriqueiro que semeia discórdia, que corre a dizer ao Pedro o que o João comentou dele. Também neste caso a intriga se faz preceder geralmente de um «acho que lhe conviria saber...», quando, muito pelo contrário, seria melhor que Pedro *ignorasse* essa alusão que João fez acerca dele, uma alusão que talvez lhe tenha escapado por descuido ou num momento de irritação. «Bem-aventurados os pacíficos, porque serão chamados filhos de Deus»: eis uma boa citação para recordar nessas ocasiões.

Uma *mentira* simples, que não causa prejuízo nem se diz sob juramento, é pecado venial. Costumam ser deste tipo as que se ouvem dos fanfarrões (e, muitas vezes, dos apaixonados pela pesca...). Como também as mentiras que se dizem para evitar uma situação embaraçosa para a própria pessoa ou para outros. Também se incluem aqui as que são contadas pelos brincalhões zombeteiros. Mas, seja qual for a motivação de uma mentira, não dizer a verdade é sempre pecado. Deus concedeu-nos

268
O OITAVO MANDAMENTO

o dom de podermos comunicar os nossos pensamentos para que manifestemos sempre a verdade. De cada vez que, por palavras ou ações, divulgamos uma falsidade, abusamos de um dom divino e pecamos.

Daqui se segue que não existem «mentirinhas brancas» nem mentiras inócuas. Um mal moral, mesmo o mal moral de um pecado venial, é maior que qualquer mal físico. Não é lícito cometer um pecado venial, nem mesmo para salvar da destruição o mundo inteiro. No entanto, deve-se também mencionar que posso *não dizer a verdade* sem pecar quando *injustamente* procuram averiguar por meu intermédio alguma coisa sobre mim. O que eu venha a dizer neste caso poderá ser falso, mas não é uma mentira: é um meio lícito de autodefesa quando não resta alternativa. Também não há obrigação de dizer sempre *toda* a verdade. Infelizmente, há muitos xeretas neste mundo, que perguntam o que não têm o direito de saber. É perfeitamente legítimo dar a tais pessoas uma resposta evasiva.

Há frases convencionais que aparentemente são mentiras, mas não o são na realidade porque qualquer pessoa inteligente sabe o que significam. «Não sei» é um exemplo dessas frases. Qualquer pessoa de inteligência média sabe que dizer «não sei» pode significar duas coisas: que *realmente* se desconhece aquilo que perguntam, ou que *não se está em condições* de revelá-lo. É a resposta do sacerdote – do médico, do advogado ou do parente –, quando alguém procurar tirar-lhe uma informação confidencial. Outra frase similar é: «Não está em casa». «Não estar em casa» pode significar que a pessoa saiu efetivamente ou que não recebe visitas. Se a menina, ao abrir a porta, diz ao visitante que a mãe não está em casa, não mente; não há por que dizer que mamãe está no banho ou lavando a roupa. Quem se engana com frases como essa (ou outras parecidas de uso corrente) não é enganado: engana-se a si mesmo.

O mesmo princípio se aplica a quem aceita como verídica uma história contada como piada, que qualquer pessoa com um pouco de talento percebe imediatamente. Por exemplo, se afirmo que na minha terra o milho cresce tanto que a colheita tem que ser feita de helicóptero, quem o tome literalmente está-se enganando a si mesmo. No entanto, essas mentiras jocosas podem tornar-se verdadeiras mentiras se não fica claro para as pessoas que a história contada é uma brincadeira.

Outro possível pecado contra o oitavo mandamento é *revelar os segredos* que nos foram confiados. A obrigação de guardar um segredo pode surgir de uma promessa feita, da própria profissão (médicos, advogados, jornalistas, etc.) ou simplesmente do dever de, por caridade, não divulgar o que pode ofender ou ferir o próximo. As únicas circunstâncias que permitem revelar segredos sem pecar são aquelas que tornam necessário fazê-lo para prevenir um mal maior à comunidade, a um terceiro inocente ou à própria pessoa que nos comunicou o segredo. Inclui-se neste tipo de pecados ler a correspondência alheia sem licença ou procurar ouvir conversas privadas. Nestes casos, a gravidade do pecado será proporcional ao mal ou ofensa causados.

Antes de encerrarmos o tema do oitavo mandamento, devemos ter presente que este mandamento, como o sétimo, *nos obriga a reparar*. Se prejudiquei um terceiro por calúnia, difamação, insulto ou revelação de segredos que me foram confiados, o meu pecado não será perdoado se não procurar reparar o melhor que possa o mal causado. E isto é assim mesmo que essa reparação exija que me humilhe ou cause prejuízos a mim próprio. Se caluniei, devo proclamar que me tinha enganado redondamente; se falei mal de alguém, tenho de compensar a minha difamação com elogios justos que movam à caridade; se insultei, devo pedir desculpas, publicamente, se o insulto foi público; se violei um segredo, devo reparar o mal causado da forma que puder e o mais depressa possível.

Tudo isto deve levar-nos a renovar a determinação sobre os propósitos que, sem dúvida, fizemos há tempos: o de não abrir a boca senão para dizer o que estritamente pensamos ser verdade; o de nunca falar do próximo – ainda que digamos «umas quantas verdades» sobre ele –, a não ser para elogiá-lo; e, se temos que dizer de certa pessoa algo pejorativo para ela, o de fazê-lo obrigados por uma grave razão.

Capítulo XXII

Os mandamentos da Igreja

As leis da Igreja

Às vezes, tropeçamos com pessoas que dão a impressão de imaginar que as leis da Igreja obrigam menos que as de Deus. «Bem, é somente uma lei da Igreja», dizem talvez. «É somente uma lei da Igreja» é uma frase tola. As leis da Igreja são praticamente o mesmo que as leis de Deus, porque são *a sua aplicação*.

Uma das razões pelas quais Jesus estabeleceu a sua Igreja foi precisamente esta: a promulgação de todas as leis necessárias para corroborar os seus ensinamentos em bem das almas. Para comprová-lo, basta recordar as palavras do Senhor: *Quem vos ouve, a mim ouve, e quem vos rejeita, a mim rejeita* (Lc 10, 16). Cristo falava à Igreja na pessoa dos seus Apóstolos. Assim, pois, as leis da Igreja têm toda a autoridade de Cristo. Violar deliberadamente uma lei da Igreja é tão pecado como violar um dos Dez Mandamentos.

Quantas leis da Igreja há? A maioria responderá «cinco» ou «seis», porque esse é o número que tradicionalmente nos dão os catecismos. A verdade é que são muitíssimas mais – como mostra o Código de Direito Canônico –, mas, apesar de serem tão numerosas, seis delas são as fundamentais e por isso as chamamos habitualmente os *Mandamentos da Igreja,* a saber: (1) *assistir à Missa inteira todos os domingos e festas de guarda* (2) *confessar os pecados mortais ao menos uma vez ao ano* e em perigo de morte ou se se tem de comungar; (3) *comungar pela Páscoa da*

OS MANDAMENTOS DA IGREJA

Ressurreição; (4) *jejuar e abster-se de comer carne quando manda a Santa Madre Igreja;* (5) *ajudar a Igreja nas suas necessidades;* e (6) *observar as leis da Igreja sobre o matrimônio.*

A obrigação de *assistir à Missa* aos domingos e festas de guarda – obrigação que começa para cada católico quando completa os sete anos – já foi tratada aqui ao comentarmos o terceiro mandamento do Decálogo. Não vamos repetir o que já se disse, mas pode ser oportuno mencionar alguns aspectos sobre os dias de preceito.

Na sua função de guia espiritual, a Igreja tem o dever de procurar que a nossa fé seja uma fé *viva,* de tornar vivas e reais para nós as pessoas e os eventos que constituem o Corpo Místico de Cristo. Por essa razão, a Igreja marca uns dias por ano e declara-os dias sagrados. Neles recorda-nos acontecimentos importantes da vida de Jesus, da sua Mãe e dos santos, e realça essas festas periódicas equiparando-as ao dia do Senhor e obrigando-nos, sob pena de pecado mortal, a ouvir Missa e abster-nos do trabalho quotidiano na medida em que nos seja possível.

O calendário da Igreja fixou dez desses dias, que são guardados na maioria dos países católicos. Em alguns países não oficialmente católicos – em que o calendário de trabalho não reconhece essas festas –, estes dias, além dos domingos, reduzem-se a uns poucos. Assim, por exemplo, no Brasil são santos de guarda: a solenidade da *Santíssima Mãe de Deus* (1º de janeiro), que comemora o dogma da Maternidade divina de Maria, fonte de todos os seus privilégios; o dia do *Corpus Christi,* solenidade do *Santíssimo Corpo e Sangue de Cristo* (quinta-feira depois do domingo da Santíssima Trindade), em que a Igreja adora a Presença Real de Cristo no sacramento da Eucaristia; a *Imaculada Conceição de Maria* (8 de dezembro), que celebra a criação da alma de Maria livre do pecado original, o primeiro dos passos da nossa redenção; e o dia de *Natal* (25 de dezembro), em que comemoramos o nascimento de Nosso Senhor.

Algumas solenidades que, no calendário geral da Igreja, têm uma data que não costuma coincidir com um feriado foram transferidas para o domingo mais próximo, normalmente para o domingo seguinte. Encontram-se neste caso: a solenidade da *Epifania* ou *Manifestação do Senhor* (antigamente no dia 6 de janeiro), que, na vocação dos Magos, os primeiros pagãos chamados ao conhecimento de Jesus, comemora as primícias da nossa vocação para a fé; a *Ascensão do Senhor* (antigamente na quinta-feira, seguinte aos quarenta dias após a Páscoa), que comemora a subida gloriosa de Jesus aos céus; a *Assunção de Maria* (antigamente no dia 15 de agosto), em que nos alegramos com a entrada da nossa Mãe em corpo e alma na glória do céu; o dia de *Todos os Santos* (antes no dia 1º de novembro), ocasião em que honramos *todos* os santos do céu, incluídos os nossos entes queridos que já se encontram gozando de Deus. Além disso, há outros dois dias que, no calendário geral da Igreja, são de guarda, mas não o são no Brasil nem foram transferidos para o domingo: a solenidade de *São José* (19 de março), em que honramos o glorioso Patriarca, esposo da Virgem Maria, pai nutrício de Jesus e padroeiro da Igreja universal: e a solenidade dos *Apóstolos São Pedro e São Paulo* (29 de junho), dedicada especialmente a São Pedro, príncipe dos Apóstolos, constituído por Cristo cabeça de toda a Igreja e o primeiro dos Papas.

Além destas festas, há outros dias de especial relevo para os católicos: são os dias de *jejum* e os dias de *abstinência*. Ao lermos os Evangelhos, teremos notado a frequência com que Nosso Senhor recomenda que façamos penitência. E podemos perguntar-nos: «Sim, mas como?» A Igreja, cumprindo a sua obrigação de ser guia e mestra, fixou um mínimo para todos, uma penitência que todos – com certos limites – devemos fazer. Este mínimo estabelece uns dias de abstinência (em que não podemos comer carne) e outros de jejum *e* abstinência (em que devemos abster-nos de carne e tomar uma só refeição completa).

Como Cristo Nosso Salvador morreu numa Sexta-feira, a Igreja estabeleceu todas as sextas-feiras do ano – e também a Quarta-feira de Cinzas – como dias obrigatórios de penitência. O preceito geral da Igreja obriga a abster-se de carne todas as sextas-feiras do ano, mas o papa Paulo VI, na constituição *Paenitemini,* deu às Conferências episcopais dos diversos países a faculdade de trocar a abstinência de carne por outras práticas de penitência cristã, como a oração, a esmola, outras mortificações, etc. De acordo com essa faculdade, os bispos do Brasil determinaram que nas sextas-feiras do ano, mesmo nas da Quaresma e incluídas a Quarta-feira de Cinzas e a Sexta-feira Santa, a abstinência de carne pode ser substituída, à escolha de cada um, por outras formas de penitência, principalmente por obras de caridade e exercícios de piedade, isto é, por algumas orações. Para quem optar pelo cumprimento da obrigação do jejum e da abstinência nesses dias, basta que tome uma só refeição *completa*, e até duas outras desde que, juntas, não formem uma refeição completa; além disso, nenhuma dessas refeições deverá incluir carne.

Tomar deliberadamente carne ou caldo de carne num dia de abstinência é pecado grave, se envolve desprezo do preceito e a quantidade que se toma é considerável. Mesmo uma quantidade pequena, tomada de modo deliberado, seria um pecado venial. Também seria pecado quebrar voluntariamente o jejum, fazendo – nos dias em que deve ser observado – duas ou mais refeições completas.

Os doentes que precisam de alimento, os que se ocupam em trabalhos pesados ou os que comem o que podem ou quando podem (os muito pobres) estão dispensados das leis de jejum e abstinência. Aqueles para quem jejuar ou abster-se de carne possa constituir um problema sério podem obter dispensa do seu pároco. A lei da abstinência obriga os que tenham completado catorze anos e dura toda a vida; a obrigação de jejuar começa quando se fazem dezoito anos e termina quando se entra nos sessenta.

A lei relativa à *confissão anual* significa que todo aquele que deva confessar explicitamente um pecado mortal torna-se réu de um novo pecado mortal se deixa passar mais de um ano sem receber outra vez o sacramento da Penitência. Evidentemente, a Igreja não quer dizer-nos com isso que seja suficiente uma confissão por ano para os católicos praticantes. O sacramento da Penitência reforça a nossa resistência à tentação e faz-nos crescer em virtude, se o recebemos com frequência. É um sacramento tanto para os santos como para os pecadores.

No entanto, a Igreja quer garantir que ninguém viva indefinidamente em estado de pecado mortal, com perigo para a sua salvação eterna. Por isso, exige de todos aqueles que tenham consciência de ter cometido um pecado mortal que o confessem explicitamente (ainda que esse pecado já tenha sido perdoado por um ato de contrição perfeita), recebendo o sacramento da Penitência dentro do ano.

A mesma preocupação pelas almas faz com que a Igreja estabeleça um mínimo absoluto de *uma vez por ano* para *receber a Sagrada Eucaristia*. O próprio Jesus disse: *Se não comerdes a carne do Filho do Homem, e não beberdes o seu sangue, não tereis a vida em vós mesmos* (Jo 6, 53), e disse-o sem paliativos: ou nós, os membros do Corpo Místico de Cristo, recebemos a Sagrada Comunhão, ou não iremos para o céu. Naturalmente, vem logo a pergunta: «Com que frequência devo comungar?», e Cristo, por meio da sua Igreja, responde-nos: «Com a frequência que você puder; semanal ou diariamente. Mas a obrigação absoluta é receber a Comunhão uma vez por ano, por ocasião da Páscoa». Se não damos a Jesus esse mínimo de amor, tornamo-nos culpados de pecado mortal.

Contribuir para a *sustentação da Igreja* é outra das obrigações que surgem da nossa natureza de membros do Corpo Místico de Cristo. No Batismo, e de novo na Crisma, Jesus associa-nos à sua tarefa de salvar almas. Não seríamos verdadeiramente de Cristo se não tratássemos com sinceridade de ajudá-lO – com meios econômicos tanto como com obras e orações – a levar a cabo a sua missão. Normalmente, atendemos a esta obrigação de ajuda material prestando a nossa colaboração às diversas coletas organizadas pela paróquia ou pela diocese, com a generosidade que os nossos meios permitem. E devemos ajudar não só a nossa diocese ou paróquia, mas também o Papa, para que atenda às necessidades da Igreja universal, em missões e obras de beneficência. Se perguntamos: «Quanto devo dar?», não há resposta nenhuma além de recordar que Deus jamais se deixa vencer em generosidade.

Jesus, para poder permanecer sempre conosco com a força da sua graça, entregou-nos os sete sacramentos, cuja guarda confiou à Igreja e a quem deu a autoridade e o poder de estabelecer as leis necessárias para regulamentar a sua recepção e concessão. O *Matrimônio* é um deles. É importante que nos demos conta de que as leis da Igreja que governam a recepção do sacramento do Matrimônio não são leis meramente humanas: são preceitos do próprio Cristo, dados pela sua Igreja.

A lei básica que rege o sacramento do Matrimônio é que se deve recebê-lo *na presença de um sacerdote autorizado e de duas testemunhas*. Por sacerdote «autorizado» entendemos o bispo, o pároco ou um sacerdote que tenha obtido delegação do pároco. Um diácono ou outra «testemunha qualificada», sem essa delegação do bispo ou de um pároco, não pode oficiar um casamento católico; o matrimônio é um compromisso demasiado sério para que se possa contraí-lo batendo à porta da primeira sacristia que nos aparecer. O sacramento do Matrimônio pode ser celebrado em qualquer tempo litúrgico, mas a Igreja admoesta os esposos a evitarem demasiada pompa quando se celebra nos tempos de Advento e Quaresma, que não são os mais apropriados.

Para a recepção válida do sacramento do Matrimônio, o esposo deve ter pelo menos *dezesseis anos* de idade e a esposa *catorze*. No entanto, se as leis civis estabelecem uma idade superior, a Igreja as respeita, ainda que não esteja estritamente obrigada a fazê-lo. A preparação dos jovens que vão assumir a responsabilidade de uma família tem o maior interesse tanto civil como espiritualmente. Quanto aos efeitos civis do casamento, a Igreja reconhece o direito do Estado de estabelecer a necessária legislação.

Além de contar com a idade suficiente, os futuros esposos não devem ser parentes com laços de sangue mais próximos que os de primos em segundo grau (cf. CDC, cân. 1091). No entanto, se há graves razões, a Igreja concede dispensa para que primos irmãos possam contrair matrimônio. A Igreja também dispensa, quando há razão suficiente, dos impedimentos resultantes do Batismo (casamento entre padrinho e madrinha e afilhada ou afilhado) ou do Matrimônio (casamento de um viúvo com a cunhada ou de uma viúva com o cunhado).

A Igreja também determina que um católico despose uma católica, embora conceda dispensa para que um católico se case com uma não católica. Nestes casos, os contraentes devem seguir as leis da Igreja relativas aos casamentos mistos. O contraente católico deve comprometer-se a dar bom exemplo ao cônjuge não católico, levando uma vida exemplarmente católica. Deve também estar absolutamente disposto a fazer tudo o que estiver ao seu alcance para que a prole seja educada na fé católica. Infelizmente, os casamentos mistos conduzem com certa frequência ao enfraquecimento ou à perda da fé no esposo católico; à perda da fé nos filhos, que veem os seus pais divididos em matéria religiosa; ou à ausência de uma felicidade completa na vida do lar por falta de um ingrediente básico: a unidade de fé. A Igreja mostra-se relutante em conceder essas dispensas, dada a triste experiência de uma Mãe que conta com vinte séculos de vida.

O casamento entre católicos deve ser celebrado perante um sacerdote autorizado. A Santa Sé estabeleceu, no cânon 1127, par. 3º, do Código de Direito Canônico, que se deve evitar absolutamente qualquer celebração de matrimônio ante um sacerdote católico e um ministro não católico que façam simultaneamente o rito de cada um. Da mesma forma, não é lícito celebrar perante o sacerdote católico e – antes ou depois – procurar um ministro não católico para prestar ou renovar o consentimento matrimonial.

Sem uma autorização expressa do bispo – sem obter a dispensa da «forma canônica» de que fala o Código nesse cânon (par. 2º) –, se um católico se casasse só civilmente ou perante um pastor protestante, não estaria casado de modo algum aos olhos de Deus, que é a única coisa que realmente conta. Se o bispo dispensar da «forma canônica», isto é, da celebração realizada diante do bispo, do pároco ou de um delegado dos mesmos, em caso de graves dificuldades (por exemplo, um dos noivos se recusa a ir a uma igreja católica), deve haver alguma «forma pública» de celebração que a Igreja aprove para que esse casamento seja válido.

TERCEIRA PARTE

OS SACRAMENTOS
E A ORAÇÃO

Capítulo XXIII

Os sacramentos

Introdução aos sacramentos

A Teologia, ciência que trata de Deus e das relações do homem com Deus, abrange três grandes campos. O primeiro é o *das verdades em que devemos crer,* verdades reveladas por Deus por meio dos seus profetas e, especialmente, por meio do seu Filho, Nosso Senhor Jesus Cristo, e dos seus Apóstolos; verdades que Cristo nos ensina através da sua Igreja e que estão resumidas no Credo dos Apóstolos.

Mas não é suficiente crer com uma fé meramente passiva. Se a nossa fé tem realmente valor para nós, levar-nos-á a agir. O segundo grande campo da teologia abrange, pois, *o que devemos fazer* à luz do que cremos. Examina os nossos deveres para com Deus, para conosco e para com o próximo, deveres que o próprio Deus nos impôs nos seus mandamentos e nas obrigações estabelecidas pela sua Igreja.

Ao chegarmos a este ponto no exame da religião, poderíamos deixar-nos dominar pelo desânimo, vendo como a sublimidade das verdades divinas ultrapassa a inteligência humana, e como o código moral da grande Lei do Amor choca com o egoísmo da débil natureza humana.

Mas o nosso desânimo esfuma-se ao entrarmos no terceiro grande campo da teologia e descobrirmos *as ajudas que Deus nos dá* para podermos crer e agir. É nele que veremos os meios que Deus nos preparou, através dos sacramentos, para nos aplicar a sua graça. Nele conheceremos o que podemos fazer, por meio da oração, da penitência e da esmola, para aumentar essa graça. É o campo da teologia que trata dos sacramentos e da oração.

Sabemos que Deus, tendo-nos dotado de livre-arbítrio, o respeitará até o fim. A morte de Jesus na Cruz para nos redimir do pecado não quer dizer que, como consequência, todos *terão* de ir para o Céu, quer queiram, quer não. Não quer dizer que Deus nos tirará a nossa liberdade, de modo a *termos* que ser bons contra a nossa vontade. O que a morte de Jesus na Cruz significa é que foi oferecida a infinita reparação pelo mal infinito da rebelião do homem contra Deus; e que foi pago um preço infinito para assegurar o fluxo ilimitado da graça que permite ao homem retornar a Deus e permanecer em união com Ele durante toda esta vida e a eterna.

O problema que se levanta é, pois, o dos *meios* a utilizar. Como é que Jesus aplicaria às almas individuais essa superabundância de graças que nos reconcilia com Deus e nos mantém unidos a Ele apesar da fraqueza humana? Seria por um sistema totalmente invisível? Daria Ele a cada pessoa de boa vontade uma simples convicção silenciosa e interna da sua salvação? E cada vez que sentíssemos a necessidade da ajuda divina, bastaria pedi-la para imediatamente a sentirmos brotar em nós como uma fonte de força espiritual?

Deus, é claro, podia ter estabelecido desse modo o seu plano se tivesse querido, pois ninguém é capaz de limitar o poder divino. Mas neste ponto quis atuar no interior do homem em coerência com a maneira pela qual o havia criado: unindo o material e o espiritual, o corpo e a alma. Somos cidadãos de dois mundos, vivemos agora no mundo das coisas visíveis, pelas quais nos vem todo o conhecimento, mesmo o conhecimento de Deus; e, no entanto, somos também cidadãos de um mundo invisível, que é onde temos a nossa morada permanente. Jesus estabeleceu o seu sistema de aplicação da graça de acordo com esse duplo aspecto da nossa natureza. A graça seria *invisível*, como corresponde à sua natureza; mas viria a nós por meio das *coisas visíveis* de uso corrente.

Há outra razão – na verdade, são duas – para que Deus, na sua sabedoria, tivesse decidido conceder-nos a sua graça de modo visível. Por um lado, *protegia-nos contra a ilusão* de pensar que recebíamos a sua graça quando, na realidade, não a estávamos recebendo; por outro, *proporcionava-nos a certeza* tranquilizadora de que recebíamos a graça quando no-la tivesse concedido realmente. Podemos imaginar a tortura que seria caminharmos pela vida sempre com uma dúvida asfixiante sobre o estado das nossas relações com Deus e as nossas perspectivas quanto à eternidade.

Por isso, Deus tomou as coisas ordinárias do nosso mundo – coisas que podemos tocar, saborear e sentir, palavras que podemos ouvir, gestos que podemos entender – e as fez veículos da sua graça. Chegou até a imprimir nelas um sinal do fim para o qual nos conferia a sua graça: a água, para a graça que limpa; as aparências de pão e vinho, para a graça que nos alimenta e faz crescer; o azeite, para a graça que nos fortalece. A essa combinação de sinais externos e graça interna que Cristo estabeleceu, a Igreja dá o nome latino de *sacramentum* ou coisa sagrada.

Muito bem. Uma vez terminado este preâmbulo, podemos começar a nossa incursão pelo reino da *teologia dos sacramentos*.

Às vezes, podemos chegar a compreender melhor uma coisa separando as suas partes e examinando-as uma por uma. É um processo pouco aconselhável para relógios ou automóveis, se não somos mecânicos experientes, mas, no que diz respeito aos sacramentos, temos a certeza de poder colocar depois todas as peças no seu lugar.

A definição exata de *Sacramento* é: *um sinal sensível e eficaz da graça, instituído por Jesus Cristo para santificar as nossas almas*. Vemos imediatamente que esta breve definição contém três ideias distintas. «Um sinal sensível» é a primeira delas; «instituído por Jesus Cristo», a segunda; e «da graça», a terceira. Para o nosso exame por separado, comecemos com a pergunta: «Há nos sinais sensíveis algo de especial que devamos conhecer?»

Os sinais sensíveis – recordemos – são a forma escolhida por Deus para nos tratar de acordo com a natureza humana que temos: proporciona a sua graça invisível à nossa alma espiritual por meio de símbolos materiais que os nossos corpos materiais podem perceber – coisas, palavras, gestos. Nos sinais que constituem a parte material de um sacramento, os teólogos distinguem dois elementos. O primeiro é a «coisa» que se utiliza, que denominam *matéria do sacramento*, como por exemplo derramar água na cabeça daquele que é batizado.

Logo se vê que esta ação, em si, não teria significado se o seu propósito não se manifestasse de algum modo. Seria o mesmo que dar um banho no batizado, molhar-lhe o cabelo antes de penteá-lo ou pregar-lhe uma boa peça. Têm que acompanhá-la algumas palavras ou gestos que lhe deem *significado*. Este segundo elemento do sacramento – as palavras ou gestos que dão significado à ação que se realiza – chama-se a *forma do sacramento*. No sacramento do Batismo, a aplicação da água é a *matéria*; as palavras: «Eu te batizo em nome do Pai e do Filho e do Espírito Santo» são a sua *forma*. E as duas juntas constituem o *sinal sensível*.

Sabemos que não há poder humano – nem sequer o poder da Igreja que, embora humanamente exercido, é divinamente guiado – que possa ligar a graça interior a um sinal externo. Isso é algo que somente Deus pode fazer, e que nos leva ao segundo elemento da definição de sacramento: «instituído por Jesus Cristo». No período compreendido entre o começo da vida pública e a sua ascensão aos céus, Jesus instituiu os sete sacramentos. A ascensão do Senhor pôs ponto final à instituição dos sacramentos. Assim, a Igreja não pode criar novos sacramentos; e não pode haver nunca nem mais nem menos que sete, os sete que Jesus nos deu: Batismo, Confirmação, Eucaristia, Penitência, Unção dos Enfermos (antes chamada Extrema-unção), Ordem e Matrimônio.

Ainda que Jesus tenha especificado completamente a matéria e a forma de alguns sacramentos – em particular, os do Batismo e da Eucaristia –, isso não quer dizer que Ele tivesse fixado necessariamente a matéria e a forma de todos os sacramentos até os últimos detalhes. Provavelmente, em alguns deles deixou à sua Igreja – depositária e dispensadora dos sacramentos – a tarefa de fixar os detalhes da matéria e forma que lhes marcou.

Voltando a nossa atenção para o terceiro dos elementos da definição de sacramento, vemos que o seu escopo essencial é *dar graça*. Se não dessem graça por si, como instrumentos escolhidos pelo poder divino, esses sinais sensíveis não seriam sacramentos, ainda que tivessem sido instituídos por Jesus Cristo em pessoa. Um exemplo disso está no chamado *mandatum,* o lava-pés da Quinta-feira Santa. É uma cerimônia instituída pelo próprio Cristo na Última Ceia, mas não dá graça por si; e, por isso, é um sacramental, mas não um sacramento.

Que espécie de graça nos dão os sacramentos? Em primeiro lugar, o principal: dão a *graça santificante*. Essa graça, conforme já sabemos, é aquela maravilhosa vida sobrenatural, aquele partilhar da própria vida de Deus, que provém da inabitação do Espírito Santo, Amor Divino, na nossa alma. À alma separada de Deus pelo pecado original, o Batismo traz a graça santificante pela primeira vez; abre-a ao fluxo do amor de Deus e estabelece a união entre ela e Deus. À alma separada de Deus pelo pecado mortal, o sacramento da Penitência devolve a graça sobrenatural que havia perdido; remove a barreira que impedia a entrada do Espírito Santo e permite outra vez o acesso ao Amor de Deus, que dá a Vida. Estes sacramentos, como podem ser recebidos com a alma espiritualmente sem vida, são por vezes chamados «sacramentos de mortos».

Os outro cinco sacramentos – como também a Penitência, se é recebida em estado de graça – *aumentam* a graça santificante, isto é, aprofundam e intensificam a vida espiritual da graça santificante que já palpitava na nossa alma. Cada vez que se recebe um novo sacramento (ou se repete, se o sacramento o permite), o nível de vitalidade espiritual eleva-se na nossa alma, como a intensidade da luz cresce a cada volta que damos ao reostato. Não é que o *amor* de Deus em si cresça, pois, para começar, é infinito. Mas cresce a capacidade da alma para absorvê-lo, do mesmo modo que a vitalidade de uma criança aumenta com cada alimento que assimila. Estes cinco sacramentos, uma vez que só podem ser recebidos com dignidade e proveito pela alma que já estiver na posse do estado de graça santificante, denominam-se «sacramentos de vivos».

Sete sacramentos, por quê?

Se cada sacramento dá (ou aumenta) a graça santificante à alma, por que Jesus instituiu sete? Não teria bastado instituir um só, que receberíamos conforme necessitássemos?

Assim seria se a graça santificante fosse a única espécie de graça que Deus tivesse querido dar-nos, e se a vida espiritual que a graça santificante institui fosse a única ajuda que Deus tivesse querido dar-nos. Mas Deus, de quem procede toda a paternidade, não determinou prover-nos de vida espiritual e depois deixar-nos entregues à nossa sorte. Os pais não dizem ao filho recém-nascido: «Nós demos a vida a você, mas não haverá alimento quando você tiver fome, nem remédios quando adoecer, nem

284 OS SACRAMENTOS

o apoio de um braço quando se sentir fraco. Portanto, arranje-se e viva como puder».

Deus dá-nos a vida espiritual, que é a graça santificante; e, depois, provê-nos de tudo aquilo de que necessitamos para que essa vida seja atuante em nós – sem nos privar da nossa liberdade –, para que cresça e se conserve. Em consequência, além da graça santificante, que é comum a todos os sacramentos, há outras ajudas especiais que Deus nos dá, ajudas adequadas às nossas necessidades particulares ou ao nosso estado de vida. A ajuda especial que, neste sentido, cada sacramento dá, chama-se a *graça sacramental* de cada um dos sete sacramentos.

Seria muito interessante fazer agora uma pausa e perguntar-nos: «Se Deus tivesse deixado ao meu critério a decisão sobre o número dos sacramentos que deveria haver, quantos teria eu estabelecido?» Poderíamos ter decidido que fossem três, ou cinco, ou dez, ou qualquer outro número; mas, se estudássemos as nossas necessidades espirituais à luz das necessidades naturais, é muito provável que também chegássemos à mesma conclusão que Deus, acabando por decidir que os sacramentos teriam que ser sete.

Na ordem natural, a primeira coisa que acontece é nascermos. No nascimento, recebemos não só a vida, mas também o poder de *renová-la,* a faculdade de repor e reparar as células corporais, faculdade necessária para que a vida se mantenha. Parecer-nos-ia, pois, sumamente oportuno contar com um sacramento que nos desse não só a vida espiritual (a graça santificante), mas também o poder de conservar e renovar incessantemente essa vida. Assim, não surpreende que Deus nos tenha dado esse sacramento – o *Batismo* – pelo qual recebemos a graça santificante, bem como uma cadeia ininterrupta de, graças que nos permitem conservar e aumentar essa graça com a prática das virtudes da fé, esperança e caridade.

Depois de nascer, há outra coisa importante que nos acontece na ordem física: crescemos, amadurecemos. Não será, pois, conveniente que exista um sacramento que nos confira a maturidade espiritual e nos livre dos temores e fraquezas da infância, tornando-nos fortes, intrépidos e apostólicos na confissão e no exercício da nossa fé? Em resposta a essa linha de raciocínio, temos o sacramento da *Confirmação* (ou *Crisma*), que não só aumenta a nossa vitalidade básica (a graça santificante), mas estabelece também um depósito de graças atuais (a graça sacramental), das quais podemos valer-nos para nos fazermos fortes, ativos e *frutíferos* exemplos de vida cristã.

Depois do nascimento e da maturidade, o terceiro grande fenômeno do nosso ser físico é a morte: nascemos, crescemos e morremos. A fim de nos prepararmos para enfrentar com confiança o terrível momento da nossa dissolução física, contamos com o sacramento da *Unção dos Enfermos* e a sua graça especial própria, que nos conforta no sofrimento e nos sustém perante as tentações finais que possam assaltar-nos, preparando-nos para entrar com gozo na eternidade.

Independentemente dos seus três grandes períodos, a vida precisa satisfazer duas grandes necessidades: a do alimento, para podermos crescer e conservar-nos saudáveis; e a dos remédios, que nos curam das enfermidades e nos vacinam contra as infecções. Correspondentemente, temos dois sacramentos que são para a alma o que o alimento e os remédios são para o corpo: o sacramento da *Eucaristia,* cuja graça sacramental específica é o crescimento da caridade sobrenatural (o amor de Deus e do próximo); e o sacramento da *Penitência,* que nos vacina contra o pecado e cuja graça sacramental é curar as enfermidades espirituais do pecado e ajudar-nos a vencer as tentações.

Depois das três grandes etapas e das duas necessidades essenciais da vida, temos os dois grandes *estados,* que impõem grave responsabilidade pela alma dos outros: o sacerdócio e o matrimônio. Por isso, não nos causa surpresa descobrir que há dois sacramentos – a *Ordem* e o *Matrimônio* – que conferem a quem os recebe a sua própria graça sacramental para que os sacerdotes e os esposos possam enfrentar fácil e meritoriamente perante Deus as cargas, por vezes pesadas, das suas obrigações de estado.

Como vemos, a «graça sacramental» de um sacramento não é algo que recebamos de uma vez. Trata-se antes de uma espécie de garantia moral da ajuda divina (algo semelhante ao que se passa se dispomos de um talão de cheques com uma conta bancária) para qualquer necessidade que se nos depare e *consoante e quando se nos deparar,* para cumprirmos o fim específico desse sacramento particular. Dá-nos direito a uma *corrente* de graças atuais. Essa corrente de graças será longa ou curta, conforme se trate de um sacramento que possamos receber uma vez (ou raras vezes) ou com muita frequência.

286
OS SACRAMENTOS

Se você molha um dedo na água benta e faz o sinal da cruz, receberá uma graça, uma graça atual, se não levanta obstáculos; e também um incremento da graça santificante, se realiza a ação livre já do pecado mortal e com devoção. A água benta é um *sacramental,* e os sacramentais devem a sua eficácia principalmente às orações que a Igreja oferece (por exemplo, na cerimônia da bênção da água) por aqueles que os usam. A prece da Igreja é o que torna um sacramental veículo de graça. O sinal externo de um sacramental – a água, no caso da água benta –, por si e em si, não tem a faculdade de conferir graça.

No caso dos sacramentos, trata-se de algo muito diferente. Um sacramento dá graça *por si e em si, pelo seu próprio poder,* e isso é assim porque Jesus uniu a sua graça ao sinal externo, de modo que, por assim dizer, o sinal sensível e a graça andam sempre juntos. Isto não quer dizer que a nossa disposição não faça diferença. Podemos, evidentemente, impedir por um ato positivo da vontade que a graça penetre na nossa alma; por exemplo, por não querermos expressamente recebê-la ou por não nos arrependermos sinceramente do pecado mortal. Mas, se não se põe uma barreira direta, ao recebermos um sacramento, recebemos graça. O próprio sacramento *dá* graça.

As nossas *disposições interiores,* no entanto, afetam a quantidade de graça que recebemos. Quanto mais perfeita for a nossa contrição no sacramento da Penitência; quanto mais ardente o nosso amor ao recebermos o sacramento da Eucaristia; quanto mais viva a nossa fé ao recebermos a Confirmação – tanto maior será a graça recebida. As nossas disposições não causam a graça; simplesmente, removem os obstáculos à sua recepção e, em certo sentido, aumentam a capacidade da nossa alma para recebê-la. Poderíamos ilustrar esta afirmação dizendo que, quanto mais areia tirarmos do balde, mais água poderá ele conter.

As disposições de quem administra o sacramento não influem no seu efeito. É uma grande desordem que um sacerdote administre um sacramento com a sua alma em pecado mortal; mas isso não diminui a graça que o sacramento confere. Quem receber esse sacramento obterá a mesma quantidade de graça, independentemente de que o sacerdote seja pecador ou santo. O essencial na administração de um sacramento é ter o *poder* de administrá-lo, ou seja, o poder sacerdotal (exceto no Batismo e no Matrimônio); ter *intenção* de administrá-lo (a intenção de fazer o que a Igreja faz); realizar as cerimônias essenciais a esse sacramento (como derramar a água e pronunciar a fórmula do Batismo). Se aquele que o recebe não põe obstáculos à graça e aquele que o administra é um sacerdote com faculdades para isso, o sacramento confere graça sempre e infalivelmente.

Além do efeito de distribuir graça (santificante e sacramental), temos que mencionar outro, que é peculiar a três sacramentos: o *caráter* que o Batismo, a Confirmação e a Ordem imprimem na alma. Ainda que, às vezes, ao ensinarmos o catecismo às crianças, digamos que, com estes sacramentos, Deus imprime uma «marca» na alma, bem sabemos que a alma é espírito e não pode ser marcada como se marca um papel com um carimbo de borracha. A marca própria dos sacramentos do Batismo, da Confirmação e da Ordem é definida pelos teólogos como uma «qualidade» que confere à alma umas faculdades que antes não tinha. É uma qualidade *permanente* da alma, uma alteração para sempre visível aos olhos de Deus, dos anjos e dos santos.

«Qualidade» é um termo bastante vago, algo mais fácil de entender do que de definir. Se dizemos: «a qualidade da luz solar é diferente da elétrica», todos sabem a que nos referimos. Mas se nos perguntam: «Que quer você dizer com essa palavra?», põem-nos em apuros. E só podemos balbuciar: «Bem, que não são iguais».

Poderia ser-nos útil comparar os caracteres destes três sacramentos – que se recebem uma só vez na vida (porque, sendo o seu efeito permanente, só podem ser recebidos uma vez) – com os talentos. Consideremos alguém com talento para a pintura, alguém capaz de pintar belos quadros. Não passa todo o tempo a pintar, mas o seu talento está sempre com ele. Ainda que perdesse as mãos num acidente e não pudesse mais pintar, continuaria a possuir esse talento. Claramente, essa pessoa possui algo que os outros não têm, uma *qualidade* que é real, permanente e que lhe concede uma faculdade não possuída por quem dela não tiver sido dotado.

O caráter do Batismo é, pois, um «talento» sobrenatural que nos dá a faculdade de absorver a graça dos outros seis sacramentos e de participar da Missa. O caráter da Confirmação dá-nos a faculdade de professar valentemente a nossa fé e difundi-la. O sacramento da Ordem dá ao sacerdote a faculdade de celebrar a Missa e de administrar os restantes sacramentos.

Capítulo XXIV

O Batismo

O início da vida

Um bebê recém-nascido vem a este mundo com a alma sobrenatural-mente morta. Possui plenamente a vida natural: tem todas as faculdades e poderes (alguns ainda não desenvolvidos) que lhe pertencem estritamente como ser humano: a faculdade de ver, ouvir e sentir; o poder de raciocinar, recordar e querer. Tem tudo o que é próprio da natureza humana, mas *nada mais*.

A razão de não possuir «nada mais» está no fracasso do nosso pai Adão em conservar aquele «algo mais» que Deus nos queria dar. Deus, ao criar Adão, além da vida natural, concedeu-lhe uma vida *sobrenatural*. Deus habitava na alma de Adão, fazendo-o participar da sua própria vida divina; de certa maneira, era como a mãe que compartilha a sua vida com o filho que traz nas entranhas. Todas as ações de Adão tinham um valor sobrenatural, além do valor natural. Quando Adão terminasse a sua vida neste mundo, não entraria numa vida sem fim de mera felicidade natural no limbo; estava destinado a passar da união com Deus invisível à união com Deus visível, a participar do êxtase inefável da eterna felicidade divina.

Essa vida sobrenatural de que Adão gozou – uma vitalidade espiritual outorgada pela inabitação divina na alma – é chamada pelos teólogos *graça santificante*. Segundo o desígnio divino, a graça sobrenatural ia ser a herança que Adão transmitiria à sua posteridade. Para assegurá-la para si e para os seus descendentes, uma só coisa era necessária: que obedecesse à ordem que Deus lhe tinha dado no Paraíso.

O que aconteceu depois é conhecido de todos. Adão recusou-se a prestar a Deus esse ato de obediência. Escolheu a si mesmo em vez de preferir Deus. Aceitou a sugestão diabólica: «Sereis como deuses». Cometeu o primeiro pecado da humanidade, o *pecado original.* Rechaçando Deus, rechaçou a sua união com Ele. Extinguiu na alma a vida sobrenatural com que Deus o havia dotado; perdeu a graça santificante, não só para si, mas também para os seus descendentes e para sempre. Como Adão *era o* gênero humano quando o pecado foi cometido, todos os homens estavam presentes nele. E a graça santificante – recordemo-lo – é algo a que o homem, por natureza, não tem direito. Era (e é) um dom absolutamente imerecido, um espantoso presente que Deus oferecia à humanidade por meio de Adão, um presente que este desprezou, dando um safanão à mão que Deus lhe estendia.

No seu amor sem medida, Deus dignou-se conceder a cada indivíduo a oportunidade de recuperar o dom que Adão havia falhado em conseguir para o gênero humano como um todo. O próprio Deus, na Pessoa de Jesus Cristo, ofereceu a reparação infinita pela infinita malícia da ingratidão de Adão. Sendo Deus e Homem, Jesus eliminou o abismo entre a humanidade e a divindade. Conseguiu (como só Deus poderia fazê-lo) pagar uma satisfação adequada por uma dívida humana que era impagável: reparou o pecado original. (Aqui nos vem à mente a figura de um pai bom, que tira dinheiro da sua própria conta no banco para pagar a dívida do filho transviado).

Mas, voltando ao nosso recém-nascido, podemos agora compreender por que vem ao mundo apenas com as faculdades *naturais* próprias da natureza humana. A vida sobrenatural, efeito da inabitação pessoal e íntima de Deus na alma, está ausente dessa alma. De um menino assim, dizemos que está em «estado de pecado original». O pecado original não é, em sentido estrito, uma «mancha» na alma, nem, para falar com propriedade, uma «coisa». É a *ausência* de algo que devia estar ali. É a escuridão onde devia haver luz.

Para restaurar na alma da criança (uma alma saída das mãos de seu Pai e objeto do amor do Pai) essa herança perdida, Jesus instituiu o *sacramento do Batismo.* O Batismo é o meio instituído por Jesus para aplicar a cada alma individual a reparação do pecado original que Ele nos obteve na cruz. Jesus não nos força a receber o seu dom, esse dom de vida sobrenatural que Ele nos conseguiu. Oferece-o com todo o interesse, mas cada um tem que aceitá-lo livremente. E essa aceitação realiza-se quando recebemos o sacramento do Batismo.

Para quem «nasce na fé» e é batizado em criança, a aceitação é passiva. Poderíamos dizer que Deus, movido pelo seu ardente desejo de morar na nossa alma, presume essa aceitação; se bem que os pais em primeiro lugar e os padrinhos, em nome da criança, aceitam formalmente a vida sobrenatural. Mas, quer se trate da aceitação passiva da criança, quer da explícita do adulto, em sendo administrado o sacramento do Batismo esse vazio espiritual a que chamamos pecado original desaparece, e Deus torna-se presente na alma. A alma passa a participar da própria vida de Deus, e a essa participação chamamos graça santificante.

Às vezes, um casal que não pode ter filhos adota uma ou mais crianças. Quando a autoridade competente autentica os papéis de adoção, a criança torna-se – real e verdadeiramente, para todos os efeitos legais – um filho da própria carne e sangue dos pais adotivos. Com efeito, se estes pudessem, dariam com todo o gosto a sua carne e o seu sangue a cada um dos filhos adotados. Se encontrassem maneira de consegui-lo, fá-los-iam partilhar da sua própria natureza, para que pudessem ser uma verdadeira imagem deles mesmos.

Mas, infelizmente, isso não é possível. Por pequeno que seja o filho adotado, não podem metê-lo no seio da sua nova mãe para que ali adquira as características físicas da mãe e do pai adotivos. Tampouco a ciência médica achou o modo de injetar os genes dos pais legais no corpo da criança para modelá-lo física e mentalmente segundo as características dos novos pais.

Mas o que os homens não podem fazer pelos seus filhos adotivos, Deus pode fazê-lo pelos seus e o faz. O sacramento do Batismo, como aprendemos nas aulas de catecismo e facilmente recordaremos, *confere a primeira graça santificante, pela qual é perdoado o pecado original e também os atuais, se os redime toda a pena por eles devida; imprime o caráter de cristão; faz-nos filhos de Deus, membros da Igreja e herdeiros da glória do céu; e habilita-nos a receber os demais sacramentos.* Quando Deus desce à nossa alma no Batismo, a nova vida (a chamada graça santificante) que Ele imprime à alma é *real e verdadeiramente* uma *participação na própria vida divina.* Agora, como nunca antes. Deus pode amar essa alma, porque apresenta pela pri-

292   O BATISMO

meira vez um aspecto realmente digno do seu amor; é o reflexo, como num espelho, dEle mesmo.

Há também uma diferença entre os direitos de herança dos filhos adotivos de Deus e os da adoção humana. Legalmente, um filho adotivo converte-se em herdeiro dos seus pais legais. E a não ser que seja expressamente deserdado por um testamento desfavorável, será chamado a aceitar a herança de seus pais quando estes falecerem. Mas não *antes* de falecerem. Ora, o filho adotivo de Deus recebe a herança no próprio momento da sua adoção, no instante do seu batismo. A sua herança é a união eterna com Deus, que recebe *já*. Ninguém pode despojá-lo dela, nem mesmo Deus, pois Ele se vincula irrevogavelmente às suas promessas e jamais se desdiz. Só o herdeiro pode repudiar esses direitos – cometendo um pecado mortal –, e ninguém mais pode privá-lo deles, de maneira alguma.

A natureza dessa herança pode ser ilustrada com o exemplo dos pais legais que cedem todos os seus bens ao filho adotivo ao legalizarem a sua adoção. Ainda que não entre na plena posse desses bens até a maioridade, ou talvez até o falecimento dos seus novos pais, a propriedade, não obstante, é dele, com todos os seus dividendos e rendimentos.

Do mesmo modo, nós, ao sermos batizados, entramos na posse imediata da nossa herança. A glória do céu será nossa porque estamos já em união com Deus. O pleno gozo dessa herança – a visão de Deus face a face – virá com a nossa morte física. Mas, entretanto, todas as graças que recebemos e todos os méritos que adquirimos são dividendos e rendimentos acrescentados à nossa herança. Um ponto em que temos que fazer finca-pé e não esquecer jamais é que, ao sermos batizados, estamos já potencialmente no céu.

E temos que fazer finca-pé nisso porque, para muitos, o Batismo é algo negativo: «apaga o pecado original». O Batismo perdoa o pecado original, não há dúvida. E, se quem se batiza é adulto, perdoa também todos os pecados mortais e veniais que o batizado tenha cometido, se estiver arrependido deles. Além disso, apaga toda a pena devida por eles, a pena eterna do pecado mortal e a pena temporal (seja aqui ou no purgatório) que, devido à imperfeição da nossa contrição, ainda ficamos devendo depois de os nossos pecados terem sido perdoados. Também se apaga a pena temporal devida pelos pecados veniais, se aquele que se batiza os tiver cometido.

O Batismo é como passar um traço numa conta e começar outra nova.

Mas esse passar o traço não é fazer algo negativo, como quem esvazia a lata de lixo no carro do lixeiro. O pecado e as suas consequências desaparecem quando Deus vem à alma, como a escuridão se dissipa quando chega a luz. O pecado é um vazio espiritual que se preenche quando chega a graça.

O Batismo não restaura os dons *preternaturais* que Adão nos perdeu; não nos exime do sofrimento e da morte, da ignorância e das inclinações desordenadas das nossas paixões. Mas que diferença faz? É algo insignificante comparado com os dons *sobrenaturais* que nos são devolvidos. Eis uma alma recém-batizada, adornada de uma beleza que o artista mais inspirado jamais poderá imaginar, resplandecente com um resplendor que a torna admirada dos anjos e santos. Eis uma alma já preparada para o céu, de que a separa a trivial formalidade de uns poucos e breves anos, ainda que a sua vida dure um século. *Isto* é o que conta!

A marca do cristão

Ao sermos batizados, acontecem conosco duas grandes coisas: *recebemos a vida sobrenatural* – a graça santificante – que preenche o vazio espiritual do pecado original; e a nossa alma fica selada com uma qualidade permanente e distintiva a que chamamos o *caráter* ou *marca* do Batismo. Se depois de batizados pecamos mortalmente, cortamos a nossa união com Deus e o fluxo da sua graça, como a artéria seccionada corta o fluxo de sangue que o coração envia aos órgãos. Perdemos a graça santificante, mas *não* o caráter batismal, que transformou a nossa alma para sempre.

Precisamente por possuirmos esse *caráter batismal*, somos capazes de recuperar com facilidade a graça perdida. Ficamos com o direito de receber o sacramento da Penitência, que devolve a vida espiritual à nossa alma. Se não fosse esse caráter, seria a mesma coisa irmos confessar-nos uma vez ou cem; nada mudaria. O pecado mortal continuaria à espera de ser perdoado; a alma continuaria espiritualmente morta. O pecado mortal pode também ser perdoado mediante a contrição perfeita, mas isso é outra questão. No que diz respeito ao sacramento da Penitência, seria como se não existíssemos, como se não estivéssemos ali quando se pronunciassem as palavras da absolvição. E isso se aplica também aos outros cinco sacramentos. Nenhum deles produziria o menor efeito enquanto a alma não tivesse *capacidade* para recebê-los, isto é, enquanto não tivesse recebido o caráter batismal.

«O santo Batismo é o fundamento de toda a vida cristã, a porta da vida no Espírito (*"vitae spiritualis ianua"*) e a porta que abre o acesso aos demais sacramentos. Pelo Batismo somos libertados do pecado e regenerados como filhos de Deus, tornamo-nos membros de Cristo, somos incorporados à Igreja e feitos participantes de sua missão» (n. 1213).

Suponhamos que uma pessoa que ainda não tenha podido ser batizada (um converso, talvez, que ainda não tenha completado a sua instrução cristã) faz um ato perfeito de amor a Deus. Todos os seus pecados, incluído o pecado original, são perdoados imediatamente. É o que chamamos *batismo de desejo*. Mas essa pessoa não pode receber ainda nenhum outro sacramento. Se comete um pecado mortal, a confissão não a pode ajudar. Se comunga, a Eucaristia não lhe comunica graça alguma. A mudança que lhe habilita a alma para isso, essa mudança que só a atual recepção do sacramento do Batismo pode operar e a que chamamos *caráter batismal*, ainda não se produziu na sua alma. Sem esse caráter, a pessoa permanece tão impermeável às graças diretas dos sacramentos como alguém que estivesse exposto à chuva metido num saco de plástico.

A mesma coisa se pode dizer da assistência ao Santo Sacrifício da Missa. Não queremos dizer com isso que as preces dessa pessoa não sejam gratas a Deus ou que a fé com que presta culto a Deus não atraia a graça divina, ou que a Missa, que é oferecida pelo mundo inteiro, não lhe traga nenhum proveito. O que queremos dizer é que, sejam quais forem as graças que receba, estas não procederão da sua participação pessoal na Missa em si.

Isto se deve ao fato de o caráter atual do Batismo nos «revestir» de Cristo, conforme a expressão de São Paulo. É esse caráter que, segundo São Tomás, nos faz participar do seu sacerdócio eterno. O Batismo dá-nos o poder – e o dever – de participar com Cristo de tudo o que pertence ao culto de Deus: da Missa e dos sacramentos. Fazemo-nos co-ofertantes com Cristo do Santo Sacrifício. Não do mesmo modo, certamente, de quem recebeu a Ordem Sagrada: só o sacerdote ordenado pode *celebrar* uma Missa, pode consagrar. Mas, como membros do Corpo Místico de Cristo e partícipes do seu sacerdócio, compartilhamos a sua oferenda na Missa; pomos «algo» nessa Missa, algo impossível para quem não foi batizado. E participamos de um modo especial das graças de cada Missa que se celebra, até daquelas em que não estamos fisicamente presentes.

O que acabamos de ver é apenas uma pequena parte do que significa ter recebido a «marca» batismal. Além do aspecto *configurativo* desse caráter, acima mencionado, os teólogos falam do seu efeito *distintivo,* que distingue os membros da Igreja – do Corpo Místico de Cristo – daqueles que não o são. É sem dúvida a impressão desse caráter na alma que nos *faz* membros da Igreja.

Por último, o caráter batismal é sinal *obrigatório,* impõe-nos a obrigação de cumprir os deveres que decorrem do fato de sermos cristãos, de pertencermos à Igreja de Cristo. Isto significa que devemos levar uma vida de acordo com o modelo que Cristo nos deixou, que temos de obedecer aos representantes de Cristo, especialmente ao Santo Padre, o Papa.

Convém frisar que *todos* os batizados são *membros* da Igreja enquanto não romperem o vínculo de união pela heresia, pelo cisma ou pelas formas extremas da excomunhão. Mas mesmo neste caso continuam a ser súditos de Cristo (como todos os homens) e da sua Igreja (como todos os batizados). A menos que sejam expressamente dispensados disso (como a Igreja pode fazer com os batizados não católicos em relação a certas leis), continuam sujeitos às leis da Igreja. Para um católico excomungado, por exemplo, continua a ser pecado mortal comer carne em dia de abstinência.

Se alguém lhe perguntasse: «Qual é a coisa mais importante da vida para todos sem exceção?», será que você responderia adequadamente, imediatamente, sem vacilar? Penso que sim: se a sua formação católica for sólida, não terá problemas. Responderá imediatamente: «O Batismo!»

Sabemos que, se um ser humano é privado de alimento, bebida ou oxigênio por um certo tempo, morre fisicamente. Mas, se está batizado, entra na vida eterna. A morte física é um mal, mas principalmente para os outros que continuam vivos. Para aquele que morre, significa simplesmente que chega antes ao céu, supondo que não tenha cometido o suicídio espiritual de morrer em pecado mortal.

Por outro lado, uma pessoa pode viver um século inteiro, cheia de saúde, riquezas e triunfos; mas, se morre sem se batizar, desperdiçou os seus cem anos de vida. De que lhe serviu tudo isso, se não alcançou o único fim da sua existência, se perde a união eterna com Deus?

Não há como fugir a esta necessidade absoluta do Batismo. *Quem não renascer da água e do Espírito Santo, não poderá entrar no reino de Deus,* disse Jesus a Nicodemos (Jo 3, 5). E ordenou aos seus Apóstolos: *Ide por*

todo o mundo e pregai o Evangelho a toda a criatura. Quem crer e for bati-
zado será salvo, mas quem não crer (e, por indiferença, não se batizar) *será*
condenado (Mc 16, 15-16). A afirmação é absoluta, sem paliativos. Não
há modo de mitigá-la.

Torna-se pois, muito fácil ver a razão da insistência da Igreja em que
se *batizem as crianças* quanto antes, logo que seja possível levá-las à igreja
sem riscos. É dogma de fé que quem morre em estado de pecado original
não pode entrar no céu, não pode ver a Deus.

No entanto, a Igreja nunca ensinou oficialmente que as almas das
crianças que morrem sem batismo não possam alcançar a visão beatífica;
pode ser que Deus tenha previsto alguma maneira de compensá-las do
fato de não terem sido batizadas. Mas, se assim é, Ele não no-lo revelou. A
maioria dos teólogos pensa que as almas das crianças não batizadas gozam
de um alto grau de felicidade *natural* (a que dão o nome de «limbo»), mas
não a felicidade suprema e sobrenatural da visão de Deus. Em qualquer
caso, a nossa obrigação é seguir a via mais segura e *jamais* permitir que por
culpa nossa uma alma entre na eternidade sem ter sido batizada.

> «Quanto às *crianças mortas sem Batismo*, a Igreja só pode confiá-las à miseri-
> córdia de Deus, como o faz no rito das exéquias por elas. Com efeito, a grande
> misericórdia de Deus, "que quer que todos os homens se salvem" (1 Tm 2, 4), e
> a ternura de Jesus para com as crianças, que o levou a dizer: *"Deixai as crianças*
> *virem a mim, não as impeçais"* (Mc 10, 14), nos permitem esperar que haja um
> caminho de salvação para as crianças mortas sem Batismo» (n. 1261).

Isto significa que os pais *nunca devem adiar* indevidamente o batismo
de um filho recém-nascido: os laços que o prendem à vida são demasiado
frágeis, o risco de uma doença e morte súbita demasiado sério, para adiar
o seu batismo desnecessariamente.

Os pais que demoram ou descuram injustificadamente o batismo de
um filho por muito tempo – e alguns teólogos sustentam que, neste caso,
um mês é «muito tempo» – tornam-se culpados de pecado mortal. Seria
um grave erro, por exemplo, adiar o batismo simplesmente porque o tio
Jorge virá visitar-nos no próximo mês e nós gostaríamos muito de que
fosse ele o padrinho da criatura. A criança necessita agora do Batismo
muito mais que do tio Jorge, que, aliás, pode ser padrinho por meio de um
representante. Muito mais grave seria dilatar o prazo de um batismo até o

próximo «13° salário», para poder dar uma festa. A grande festa da criança é com Deus, com os anjos e os santos na pia batismal, e nenhum deles está interessado em celebrá-la com um barril de vinho.

Pode-se batizar uma criança nascida fora do casamento religioso? A resposta é sim. A Igreja não penaliza o filho pelos pecados de seus pais. *Toda* criança pode ser batizada na Igreja Católica sob uma única condição: que o sacerdote tenha provas razoáveis de que será educada na fé. Como se trata de um assunto de critério, o pároco deve avaliar cada caso particular e as suas circunstâncias.

Se a situação anômala dos pais pode ser corrigida facilmente, o pároco provavelmente insistirá em que seja regularizada antes de autorizar o batismo da criança. O motivo é que as probabilidades que essa criança tem de ser educada na fé serão pequenas se a fé dos pais for tão fraca que eles *deliberadamente* persistam em não regularizar a sua situação matrimonial, sem haver razões de peso.

Se as circunstâncias não permitem que a situação seja regularizada – como, por exemplo, no caso de um dos progenitores estar já previamente casado –, mas um dos pais ou os dois continuam a assistir à Missa nos dias de preceito e dão provas de conservar a sua fé católica, a criança pode ser batizada.

As perguntas a que o pároco deve receber respostas plenamente satisfatórias são: «Há possibilidades de que esta criança se eduque na fé católica? Quer dizer, há possibilidades de que frequente uma escola católica ou, pelo menos, receba aulas de catecismo? Haverá modo de que receba a primeira comunhão e de que seja crismada? Ser-lhe-á inculcado o hábito de ir à Missa nos dias de preceito? Há alguém na família que lhe possa dar exemplo de vida cristã?» Se a resposta for sim – ainda que um sim com ressalvas –, essa criança pode ser batizada.

O batizado da criança

Quando uma pessoa se batiza na Igreja Católica, torna-se um personagem histórico; o seu nome e outros dados pertinentes são inscritos no registro batismal da paróquia e cuidadosamente guardados. Se não sobrevier nenhuma catástrofe – incêndio, inundação ou bombardeio –, esse registro permanecerá até o fim do mundo. É fácil, por exemplo, encontrar as atas de batismo de famosas figuras da história de há muitos séculos atrás.

Talvez você não esteja muito interessado em que o seu filho passe a ser um personagem histórico, mas não há dúvida de que *está interessado* no futuro desenvolvimento da sua vida católica e, para isso, o registro batismal é essencial. Uma vez que nenhum dos demais sacramentos é válido se não se recebeu previamente o batismo, um católico deve provar esse fato em cada escalão do seu progresso espiritual.

Quando for fazer a primeira comunhão, ser-lhe-á pedido que mostre uma cópia da certidão batismal. Quando chegar a hora de ser crismado, deverá apresentá-la outra vez. Quando for com a noiva ver o pároco para contrair matrimônio, os dois terão que voltar a exibi-la. Se um jovem resolve ingressar num seminário e uma jovem num convento, um e outra deverão apresentar-se providos da correspondente certidão de batismo. O Batismo tem uma importância tão absoluta que a Igreja o comprova em cada etapa da vida para ter a certeza de que não houve falhas nessa questão capital.

Tudo isto nos leva a indicar de passagem qual é o primeiro passo a dar ao planejar o batizado de um recém-nascido. O mais cedo possível após o nascimento, e mesmo antes, o pai (ou algum membro adulto da família) deve ir à paróquia para fixar a data da cerimônia e fornecer os dados requeridos para o registro batismal. O sacerdote perguntará os nomes e sobrenomes da criança e dos pais, a data do nascimento e os nomes do padrinho e da madrinha. Estes dados constarão do registro batismal.

> «Os pais têm obrigação de que os filhos sejam batizados *nas primeiras semanas de vida*. Logo depois do nascimento, e mesmo antes, devem recorrer ao pároco a fim de pedirem o sacramento para o filho e prepararem-se devidamente» (CDC, cân. 867).

Em princípio, a paróquia competente é a da residência dos pais. Salvo os casos de emergência, nenhum outro sacerdote a não ser o pároco dos pais – ou o sacerdote delegado pelo pároco – tem o direito de administrar o sacramento do Batismo a uma criança. Isto é assim para assegurar a boa ordem na Igreja e para que cada pastor possa conhecer as suas ovelhas. Ordinariamente, nenhum outro sacerdote batizará a criança, a não ser que o pároco dos pais autorize a fazê-lo em outro lugar.

Os pais cristãos quererão, naturalmente, que o seu filho tenha um nome cristão. O mais provável é que o nome da criança tenha sido tema de muitas conversas nas semanas anteriores ao nascimento. Um dos nomes pelo menos deve ser o de um santo, para que a criança tenha um protetor no céu, cujas virtudes possa imitar e a quem possa pedir inspiração e ajuda. Um bom livro sobre o calendário cristão contém os nomes e breves biografias de muitos santos. Satisfeito este requisito, os pais podem dar ao filho outros nomes que não sejam de santos, como o de personagens literários ou históricos, se assim o desejarem.

Ser *padrinho de batismo* é uma grande honra. Quando os pais de um recém-nascido pedem a um parente ou amigo que seja padrinho do seu filho, o que na realidade pedem é: «Se alguma coisa nos acontecer, não há ninguém no mundo a quem quereríamos confiar a criança mais que a você». Ou, pelo menos, assim deveriam pensar os pais. Os deveres dos padrinhos não terminam ao saírem da igreja, depois da cerimônia: assumiram uma responsabilidade por toda a vida para com o bem espiritual do afilhado ou da afilhada.

Na maioria dos casos, esta responsabilidade cumpre-se rezando pelos afilhados nas orações diárias e dando-lhes bom exemplo de vida cristã. Mas, se alguma coisa acontece aos pais (e, pelo que lemos nos jornais, não há semana em que não tenhamos notícias de pais que perderam a vida num acidente de trânsito), compete aos padrinhos assegurar os meios para que o afilhado ou a afilhada recebam uma sólida formação na fé.

Se os pais negligenciaram a formação católica do filho, torna-se dever para o padrinho ou a madrinha fazer tudo o que esteja ao seu alcance para suprir essa negligência. É uma situação delicada, que requer muito tato. Se os padrinhos não forem prudentes, os pais podem taxá-los de intrometidos. Mas, se chega o momento em que a Susana chegou à idade da razão e não há indícios de estar sendo preparada para a primeira comunhão, então a madrinha deve abordar a mãe e dizer-lhe mais ou menos assim: «Já sei, querida, que você está muito ocupada; importa-se de que eu passe aos sábados por aqui e leve a Susana às aulas de catecismo?»

Portanto, é evidente que a primeira condição que os padrinhos devem preencher é serem bons católicos. Um velho adágio diz que ninguém dá o que não tem, e esse dar inclui a religião. Pode ser uma tentação pedir ao tio Jorge que seja padrinho porque é rico. Sabemos que vai à igreja somente para as Missas de sétimo dia, mas talvez se lembre do afilhado no testamento. Se não esquecermos, porém, que todo o dinheiro do tio Jorge não lhe poderá comprar um bilhete para o céu, riscaremos o seu nome da lista de candidatos a padrinho.

É também evidente que um não católico não pode ser nomeado padrinho, o que às vezes pode representar um problema para os casais mistos. Os avós não católicos podem sentir-se menosprezados se não lhes pedem que apadrinhem o neto, nem sequer quando já é o sexto ou o sétimo dos irmãos. Mas se se lhes explica claramente que têm que fazer em nome da criança um ato de fé na Igreja Católica – que só um católico pode fazer –, normalmente esses parentes compreendem a nossa atitude. Além disso, as normas atuais da Igreja permitem que – por razões de parentesco ou amizade – um cristão não católico possa ser «testemunha» do batismo, ao lado do padrinho católico.

Como os padrinhos têm que substituir os pais em caso de necessidade, é natural que estes não sejam os padrinhos: não se podem substituir a si mesmos. Por uma razão parecida, também não pode ser padrinho o esposo ou esposa de uma pessoa adulta que vai batizar-se. Fora estas exceções, qualquer bom católico, maior de dezesseis anos, com a primeira comunhão feita e já crismado (cf. CDC, cân. 874) pode ser escolhido como padrinho de batismo, incluídos os irmãos e as irmãs. Pelo batismo, cria-se uma relação espiritual entre o afilhado e o padrinho, relação que é muito real e que constitui, portanto, um impedimento para o matrimônio entre ambos. Se quem vai batizar-se é uma pessoa adulta, o seu noivo ou noiva não deveria apadrinhá-lo porque, nesse caso, seria necessário obter mais tarde a dispensa para se poder celebrar o matrimônio.

Às vezes, acontece que os pais desejam que determinada pessoa seja padrinho do afilhado, mas a pessoa está impedida de assistir à cerimônia por estar de cama, viver em outra cidade ou estar cumprindo o serviço militar. Nessas circunstâncias, o ausente pode ser escolhido como padrinho e delegar a sua presença. Basta-lhe estar informado do batismo, dar o seu consentimento e concordar em que alguém o represente. Ainda que se encontre no estrangeiro, não há necessidade de adiar a data do batismo: pode enviar o seu consentimento por via aérea. O melhor é fazê-lo por escrito (mencionando o nome da pessoa que o representará), e o documento deverá ser apresentado ao sacerdote quando se marcar a cerimônia.

O ausente será o padrinho real e será dele o nome inscrito no registro batismal. É ele (ou ela) quem contrai a responsabilidade pelo afilhado.

Quem apadrinha obriga-se a manter um afetuoso interesse pelo afilhado durante toda a vida. Qualquer pessoa, incluídos os pais, pode fazer as suas vezes ao pé da pia batismal, mas quem atua em nome do padrinho não contrai nenhuma obrigação espiritual.

Antes e depois do nascimento

Agora que estamos examinando o tema do batismo, é oportuno chamar a atenção para duas belíssimas bênçãos que são tradicionais na Igreja, embora não sejam obrigatórias.

Há a «bênção antes do parto», que a futura mãe pode receber simplesmente entrando na sacristia num domingo depois da Missa e pedindo-a ao pároco. Ou, se está de cama, chamando por telefone um sacerdote para que este a venha dar. A ciência médica moderna tornou a gravidez relativamente segura, mas é sempre bom voltar-se para Deus e confiar no seu cuidado amoroso.

A outra bênção, já mais familiar, é a da mãe *depois* do parto. É um costume que foi muito popular em outros tempos, embora sugerisse certas conotações aborrecidas, como, por exemplo, que a mãe tivesse que purificar-se para poder voltar a frequentar a igreja. Esta ideia ligada à bênção após o parto é profundamente errada. Tem tão pouco a ver com o antigo rito judaico da purificação legal da mãe como a pia de água benta, à porta das nossas igrejas, com «a água de purificação» que costumava haver nos templos judeus. Talvez exista uma ligeira relação de origem, mas nada mais. Uma vez quebradas pela morte de Cristo as cadeias do pecado original, a purificação da mãe deixou de ter sentido.

Se a mãe se acha suficientemente bem para unir-se à comitiva batismal, ela e o filho podem receber essa bênção depois da cerimônia. Caso contrário, pode pedi-la mais tarde, quando estiver em condições de ir até à igreja com o filho.

Todos nós estivemos presentes num batizado pelo menos: o nosso. A não ser que nos tenhamos batizado já adultos, o mais provável é que fôssemos demasiado pequenos para saber o que se estava passando. Mas o mais certo é que a maioria de nós tenha presenciado algum batismo, além do nosso, na qualidade de pai, padrinho, amigo ou parente. No entanto, ainda que estejamos muito familiarizados com o rito batismal, penso que nos pode ser útil repassar as respectivas cerimônias com algum comentário ocasional sobre o seu significado.

Antes, porém, gostaria de fazer uma sugestão aos pais que prevejam algum batizado num futuro mais ou menos próximo. A certo momento do rito batismal, o oficiante coloca na criança uma veste branca, se a criança não a trazia já ao ser levada à igreja. É o que restou do costume de vestir o neófito com uma túnica batismal, como símbolo da inocência que acaba de recobrir a sua alma. Mais ainda: simboliza o fato de o batizado se ter vestido de Cristo, de se ter identificado com Cristo. De agora em diante, para onde quer que vá, levará Cristo consigo, viverá nEle e falará e agirá por Ele. É o que significam as palavras de São Paulo: *Todos que fostes batizados em Cristo, vos revestistes de Cristo* (Gal 3, 27).

Este costume faz-nos recuar aos próprios começos da Igreja. Os conversos eram batizados na véspera do Domingo da Ressurreição. Vestiam uma túnica batismal, que conservavam com alegria durante oito dias. No calendário antigo da Igreja, o Domingo que se segue à Páscoa chamava-se *Dominica in albis* – o domingo das vestes brancas –, porque nesse dia os cristãos tiravam a túnica batismal.

Tudo isto nos leva à sugestão que queria fazer. Não há razão para que o bebê não use uma veste batismal; desse modo se frisaria o simbolismo da cerimônia. Nos meses que precedem o nascimento, a mãe poderia fazer ou mandar fazer esse vestido para o batismo da criança.

Imediatamente depois do rito da veste batismal, os pais da criança ou os padrinhos acendem uma vela na chama do círio pascal, que o celebrante lhes apresenta dizendo: «Recebei a luz de Cristo». Esta vela é símbolo da fé, a luz de Cristo, e significa que os pais e os padrinhos se responsabilizam por ajudar as crianças a caminharem na vida como «filhos da luz», como cristãos. Também aqui poderia ser oportuno que os pais adquirissem o costume de proporcionar a vela para essa cerimônia, com o fim de levá-la depois para casa e guardá-la. Em alguns países, nos lares católicos onde se compreende e aprecia a importância do Batismo como nascimento espiritual, essa data é celebrada com muito mais alegria que o aniversário do nascimento. Em cada aniversário de batismo, convidam-se os padrinhos a almoçar ou jantar e, no centro da mesa, brilha, acesa, a chama da vela batismal.

O nascimento de uma alma

O rito do Batismo está cheio de riqueza e simbolismo espiritual. Sempre que possível, é celebrado no domingo, dia em que a Igreja comemora o mistério da Ressurreição de Cristo e que, portanto, é muito apropriado para o nascimento espiritual de uma alma que, nas águas batismais, vai – como diz São Paulo – ressuscitar com Cristo e nascer para uma vida nova.

> «O significado e a graça do sacramento do Batismo aparecem com clareza nos ritos de sua celebração. É acompanhando, com uma participação atenta, os gestos e as palavras desta celebração que os fiéis são iniciados nas riquezas que este sacramento significa e realiza em cada novo batizado» (n. 1234; cf. também os ns. 1235-1245).

Acompanhados pelos padrinhos, o pai e a mãe apresentam o filho à Igreja e solicitam o batismo, que é a porta de ingresso na Igreja. O sacerdote (ou o diácono) que vai administrar o batismo dirige-se então ao encontro dos pais e dos padrinhos, à porta ou no local da igreja onde estes se encontram reunidos e, depois de saudá-los, recorda-lhes a alegria de acolher os filhos como dom de Deus, desse Deus que é a fonte de toda a vida e quer dar agora ao novo ser a sua própria Vida: a graça santificante e a filiação divina.

O celebrante inicia então o rito com um breve diálogo, em que lhes pergunta, além do nome escolhido para a criança, o que pedem à Igreja para ela: A resposta dos pais pode ser: «O Batismo», ou «a fé», «a graça de Cristo», «a entrada na Igreja», «a vida eterna»... Qualquer dessas respostas exprime bem a consciência da grandeza do momento e dos frutos sobrenaturais do santo Batismo.

A seguir, o celebrante lembra o compromisso que pais e padrinhos assumem em relação à criança e convida-os a traçar, juntamente com ele, o sinal da cruz na fronte da criança. É o sinal do cristão, que deverá marcar-lhe os passos da vida e acompanhá-la sempre.

Como acontece na celebração de todos os sacramentos, antes de se iniciar o rito sacramental propriamente dito, tem lugar a Liturgia da Palavra, que consta de algumas leituras bíblicas relacionadas com o batismo. A homilia que se segue à leitura tem como finalidade, além de comentar os textos lidos, preparar todos os presentes para entenderem melhor a profundidade do mistério do Batismo e assumirem com alegria as obrigações que dele decorrem, especialmente quanto aos pais e aos padrinhos.

A Liturgia da Palavra encerra-se com a oração dos fiéis, a invocação dos santos e uma bela oração pedindo a Deus que faça com «que estas crianças, livres da mancha original, se tornem um templo vivo pela presença do Espírito Santo»; e, por último, com a unção pré-batismal.

Esta primeira unção é feita pelo celebrante no peito de cada criança com o óleo dos catecúmenos, ao mesmo tempo que diz: «O Cristo Salvador vos dê a sua força. Que ela penetre em vossas vidas como este óleo no vosso peito». O óleo dos catecúmenos é um dos três óleos que o bispo da diocese consagra todos os anos na Quinta-feira Santa. Os outros dois são o Santo Crisma e o óleo dos enfermos. A unção no peito da criança representa a «couraça» espiritual com que o Batismo a recobre. O seu significado encontra-se nas palavras de São Paulo, que diz (Ef 6, 13-16): *Tomai, portanto, a armadura de Deus* [...], *vestido com a couraça da justiça* [...] *com que possais apagar todos os dardos inflamados do Maligno*. E de novo: *Tomemos por couraça a fé e a caridade* (1 Tess 5, 8).

Logo após, todos se dirigem ao batistério e, quando se encontram junto da pia batismal, o celebrante recorda o admirável plano de Deus, que pela água quis santificar o homem. Está a começar a Liturgia Sacramental, que tem como primeiro passo uma oração sobre a água, que o celebrante toca com a mão enquanto pede que venha sobre ela a força do Espírito Santo, para que todos os que forem batizados ressuscitem com Cristo para a Vida.

Depois, chega o momento de fazer as promessas do Batismo, que serão pronunciadas pelos pais e padrinhos. O celebrante pergunta-lhes: «Renunciais a Satanás?», e eles respondem: «Renuncio». «E a todas as suas obras?» «Renuncio». «E a todas as suas seduções?» «Renuncio». Uma vez formuladas as promessas, o celebrante recebe a profissão de fé dos pais e padrinhos, perguntando-lhes: «Credes em Deus Pai todo-poderoso, criador do céu e da terra?» «Credes em Jesus Cristo, seu único Filho, Nosso Senhor, que nasceu da Virgem Maria, padeceu e foi sepultado, ressuscitou dos mortos e subiu ao Céu?» «Credes no Espírito Santo, na Santa Igreja Católica, na Comunhão dos Santos, na remissão dos pecados, na ressurreição da carne e na vida eterna?» A cada uma destas três perguntas, os pais e padrinhos respondem: «Creio».

Todos os anos, na liturgia da Vigília Pascal, os batizados renovam solenemente estas promessas e esta profissão da nossa fé. Em alguns países, as famílias que celebram o aniversário do batismo têm a prática admirável de renovar as promessas do Batismo antes de se sentarem à mesa para a refeição da festa; é o pai quem pergunta, e todos respondem em uníssono.

Chega, por fim, o momento central da cerimônia. O sacerdote (ou o diácono) vai administrar o batismo à criança. Primeiro, o celebrante convida a família a aproximar-se da pia batismal. Citando o nome da criança, pergunta aos pais e padrinhos se querem que seja batizada na mesma fé da Igreja que acabam de professar, e logo a seguir batiza a criança dizendo as palavras sacramentais: «N..., eu te batizo em nome do Pai, do Filho e do Espírito Santo».

Ao mencionar o nome de cada uma das três Pessoas divinas, mergulha três vezes a criança na água (batismo por imersão) ou derrama-a três vezes sobre a sua cabeça (batismo por infusão). Na prática, a forma que se segue normalmente é a do batismo por infusão e, neste caso, o pai ou a mãe seguram a criança sobre a pia batismal. Onde for tradicional que a segurem o padrinho ou a madrinha, conserva-se essa tradição. É muito conveniente manter a criança com a cabeça ligeiramente inclinada para baixo, de modo que a água possa correr-lhe sobre a fronte sem entrar nos olhos.

Para mim, que já batizei tantas crianças, este é sempre um momento de solenidade máxima. Imagino a milícia celestial congregada em torno da fonte batismal, em ansiosa espera de que um novo membro se incorpore ao Corpo Místico de Cristo e à Comunhão dos Santos. Penso no próprio Deus todo-poderoso, que aguarda com um olhar de amor impaciente o momento de tomar posse daquela alma. Penso no espantoso milagre da graça que está para acontecer, e quase posso sentir o calor da presença do Espírito Santo. (E pensar que, entre nós, muitas vezes, damos tão pouca importância a isso! «Sim, tivemos batizado no domingo»).

Com os olhos da fé, podemos ver as águas da salvação envolverem a criança, enterrando para sempre a antiga carga de pecado do homem, para que a criança possa surgir delas convertida num homem novo em Cristo. Este especial simbolismo do Batismo torna-se mais expressivo quando o batismo é administrado por imersão completa. Mas o batismo por infusão conserva também o mesmo significado.

Uma vez transcorrido este momento culminante, a cerimônia vai chegando rapidamente ao fim. A criança é agora um filho de Deus, um príncipe da família real dos céus. Participa também do sacerdócio eterno de Cristo. E assim como os reis e sacerdotes dos tempos antigos eram ungidos, a criança é agora ungida também, na cabeça, com o óleo santo. Antes da unção, o celebrante pede a Deus: «Que Ele te consagre com o óleo santo para que, como membro de Cristo, sacerdote, profeta e rei, continues no seu Povo até a vida eterna».

É agora que tem lugar o breve rito da veste branca; se a criança não estiver de branco, é revestida com uma pequena túnica ou véu branco. O celebrante recorda: «Agora nasceste de novo e te revestiste de Cristo; por isso trazes esta veste branca. Que os teus pais e amigos te ajudem pela sua palavra e exemplo a conservar a dignidade de filho de Deus até a vida eterna».

Acabada esta oração, o sacerdote apresenta o círio pascal e diz: «Recebe a luz de Cristo». E os pais ou os padrinhos acendem no círio pascal a vela da criança, que tem um belo simbolismo, expresso nas palavras que o celebrante lhes dirige: «Pais e padrinhos, esta luz vos é entregue para que a alimenteis. Por isso, esforçai-vos para que esta criança caminhe na vida iluminada por Cristo, como filho da luz. Perseverando na fé, possa com todos os santos ir ao encontro do Senhor quando Ele vier». A seguir, o celebrante pode tocar os ouvidos e a boca da criança, dizendo: «Que o Senhor Jesus, que fez os surdos ouvirem e os mudos falarem, te conceda que possas logo ouvir a sua palavra e professar a fé para louvor e glória de Deus Pai».

Vem agora a conclusão do rito do Batismo. De pé, diante do altar, o celebrante dirige aos presentes uma exortação, para que preparem os novos batizados para a recepção dos Sacramentos da Crisma e da Eucaristia, quando chegar o momento, e todos juntos rezam o Pai-nosso. Dá uma bênção às mães, aos pais e a todos os presentes, e encerra o rito com uma bênção final e a despedida.

Os pais ofereceram o seu filho a Deus. Deus devolve-lhes um santo.

Quem pode batizar?

Em caso de emergência, você saberia administrar o sacramento do Batismo? Provavelmente sim. Há poucos católicos que, tendo recebido aulas de catecismo, ainda que sejam apenas as preparatórias para a primeira comunhão, não tenham bem inculcada a importância de saber como batizar em caso de necessidade. Ordinariamente, quem administra o batismo é o sacerdote (ou o diácono), e seria muito mau que um leigo o fizesse em seu lugar sem uma razão grave. Por sua vez, é essencial não permitir que ninguém com condições para receber o batismo morra sem ele: é um requisito imprescindível para se entrar no céu.

Por esta razão, Nosso Senhor Jesus Cristo deixou as portas desse sacramento abertas de par em par em caso de necessidade urgente. Quando um não batizado está, pois, em perigo de morte, e reúne as condições para receber o sacramento, não havendo sacerdote ou diácono disponível, *qualquer* pessoa pode batizá-lo. Mesmo um não católico ou um ateu pode administrar validamente o batismo, desde que tenha a intenção pelo menos de «fazer o que faz a Igreja» nessa cerimônia e siga corretamente o ritual prescrito.

> «São ministros ordinários do Batismo o Bispo e o presbítero, e, na Igreja latina, também o diácono. Em caso de necessidade, qualquer pessoa, mesmo não batizada, que tenha a intenção exigida, pode batizar, utilizando a fórmula batismal trinitária. A intenção requerida é querer fazer o que a Igreja faz quando batiza. A Igreja vê a razão desta possibilidade na vontade salvífica universal de Deus e na necessidade do Batismo para a salvação» (n. 1256).

O que se tem a fazer é extremamente simples. Basta derramar água da torneira na fronte do batizado e, ao mesmo tempo, pronunciar audivelmente (*enquanto a água escorre*) as palavras: «Eu te batizo em nome do Pai, do Filho e do Espírito Santo». Estas palavras deveriam ser tão familiares a um batizado como o seu próprio nome. Pode apresentar-se uma ocasião em que a salvação eterna de uma alma dependa de conhecê-las. No batismo solene, que se administra na igreja, a água que se utiliza é a batismal, especialmente benzida na Vigília Pascal. Mas, num batismo privado, basta a água corrente, que é até preferível à água benta.

É muito frequente administrar-se o batismo privado em maternidades, quando se torna duvidosa a sobrevivência do recém-nascido. Se o hospital é bem atendido por pessoal católico, os pais não têm razão para preocupar-se: haverá uma freira ou enfermeira que se encarregará de administrar o batismo se a vida da criança estiver em perigo. Mas se a futura mãe vai para um hospital que não oferece garantias nesse aspecto, deve tomar as medidas necessárias para que seu filho seja batizado em caso de necessidade, levando até a fórmula do batismo escrita num papel. Chegada a hora do parto, dará o papel ao médico (ou à enfermeira) e dirá: «Doutor, se a vida do meu filho correr perigo, por favor, derrame um pouco de água sobre a sua cabeça e diga ao mesmo tempo essas palavras em voz alta, com a intenção de fazer o que a Igreja Católica quer fazer no batismo».

Se a criança estiver em casa e adoecer repentinamente antes de ser batizada, *qualquer membro da família pode (e deve) batizá-la*. Os laços que prendem um bebê à vida são frágeis e, às vezes, a margem entre a vida e a morte é muito tênue. Nesses casos, não se deve esperar pelo sacerdote. O batismo terá a mesma eficácia, independentemente de quem o administre. E terá que ser administrado incondicionalmente, quer dizer, sem *restrições* nem *acréscimos*. Quer sobreviva ou não, a criança foi batizada e não poderá voltar a sê-lo.

Mas se a criança batizada privadamente sobrevive, deve-se *dar notícia do batismo ao pároco* – informá-lo da data e de quem o administrou – para que se possa inscrevê-lo no registro batismal: lembremo-nos de que essa criança necessitará mais tarde de uma certidão de batismo para poder fazer a primeira comunhão e receber os demais sacramentos. Depois de a criança se recuperar, os pais devem combinar com o pároco a data para lhe serem administradas as restantes cerimônias do batismo solene, exceto a infusão da água, a menos que haja motivos para suspeitar que isso não foi feito adequadamente.

Quando se batiza uma criança privadamente, é conveniente que haja padrinhos (pelo menos um), e escolhê-los talvez entre os vizinhos ou parentes que o queiram. A única coisa necessária é que tenham a intenção de ser padrinhos. Em casos assim, esse mesmo casal (se lhe for possível) deve acompanhar a criança à igreja para a administração das restantes cerimônias. Na prática, raras vezes se podem conseguir padrinhos para um batismo privado, especialmente nos hospitais. Nesse caso, pode intervir como padrinho suplente qualquer pessoa a quem os pais o peçam.

É pouco provável que tenhamos ocasião de administrar privadamente o batismo a um adulto, mas pode acontecer. Um possível converso pode ficar gravemente doente antes de ser recebido na Igreja. Ou um amigo não batizado pode manifestar o desejo de ser batizado no leito de morte e ter a fé necessária para isso: fé na Santíssima Trindade, que premia os justos e castiga os pecadores, e em Jesus Cristo, como Filho de Deus e nosso Redentor; e a vontade de aceitar tudo o que a Igreja Católica ensina. Talvez não se apresente nunca semelhante ocasião, mas é de capital importância estarmos preparados para ela.

Se o Batismo é absolutamente necessário para ir para o céu (e é), o que acontece com toda a gente que morre sem oportunidade de recebê-lo e que talvez nem sequer sabia que existe? Perderão o céu, sem culpa alguma da sua parte?

Ninguém que tenha chegado ao uso da razão perde o céu a não ser por culpa própria. É um artigo da fé cristã – definido pela Igreja – que Deus dá a cada alma que cria a graça suficiente para se salvar. Ninguém poderá jamais dizer: «Não pude alcançar o céu porque não tive meios para isso».

Para os que não têm ocasião de receber o batismo, o caminho até Deus é um caminho de amor. Uma pessoa que ama a Deus sobre todas as coisas e quer fazer tudo o que Deus quer tem o *batismo de desejo*. Se as circunstâncias a impedem de receber o batismo sacramental, bastará o seu batismo de desejo para lhe serem abertas as portas do céu. Do mesmo modo que um ato de supremo amor a Deus perdoa todos os pecados, mesmo mortais, à alma que não pôde apresentar-se à Confissão, um ato de supremo amor a Deus apagará todos os pecados, tanto o original como os atuais, da alma que não pôde receber o batismo.

Quando alguém que ama a Deus conhece o Batismo e quer recebê-lo, chamamos a essa disposição batismo de desejo *explícito*. Quando alguém que desconhece o Batismo ama a Deus e quer fazer a sua vontade em tudo, possui o batismo de desejo *implícito*. Por outras palavras, o desejo do batismo está contido implicitamente no desejo de cumprir a Vontade de Deus. Se essa pessoa conhecesse o Batismo e soubesse que Deus deseja que o receba, batizar-se-ia porque quer o que Deus quer.

Uma pessoa preparada para receber o batismo e que o deseje ardentemente tem já o batismo de desejo explícito se a sua fé é acompanhada pelo amor a Deus por Deus mesmo. Um judeu piedoso, com supremo amor a Deus, pode muito bem estar de posse do batismo de desejo *implícito*.

A forma mais elevada de substituir o batismo sacramental ou o de desejo é aquela que chamamos *batismo de sangue. Ninguém tem maior amor*

O BATISMO

do que aquele que dá a sua vida por seus amigos (Jo 15, 13). Mesmo sem batismo, qualquer pessoa que sofra o martírio por Cristo tem a certeza de alcançar a recompensa eterna. Mártir é todo aquele que «sofre por motivo sobrenatural a morte ou uma ferida mortal infligida por ódio a Cristo, à sua religião ou a uma virtude cristã».

O termo «mártir» reserva-se oficialmente para os que sofrem morte violenta ou derramam o seu sangue por Cristo. Nos dias em que a Igreja formulava a sua definição de martírio, a morte às mãos dos seus inimigos era geralmente rápida. Ficavam reservados para a nossa época, «civilizada» e moderna, os métodos de tortura em que a morte pode ser prolongada por muitos anos e se pode matar um homem sem deixar sinais no seu corpo. Há hoje muitas almas em prisões e campos de trabalho que sofrem o que Fulton Sheen chamou «um martírio a seco». Não restam dúvidas sobre a realidade de tais martírios. A agonia de mente e corpo pode durar anos. Morram de disenteria ou de outra doença contraída nas prisões, levarão a palma do martírio por toda a eternidade e, sem dúvida, muitos deles são catecúmenos que não tiveram oportunidade de receber o batismo antes de serem presos.

CAPÍTULO XXV

A Confirmação

O sacramento da Confirmação

Nascer e crescer são dois acontecimentos inconfundíveis na vida de uma pessoa, reconhecidos por todos. Também reconhecemos que há entre eles uma dependência íntima: é evidente que ninguém pode crescer se antes não nasceu. É quase tão evidente que o fim do nascimento se frustra até certo ponto se não é seguido pelo crescimento. Um anão causa pena porque o seu desenvolvimento físico completo foi impedido por um defeito glandular. Compadecemo-nos de alguém cujo crescimento mental parou por um defeito nas células cerebrais. Nascemos para crescer e, ao crescer, aperfeiçoamos o nosso nascimento.

Estes aspectos patentes da vida física podem ajudar-nos a compreender a íntima relação que há na nossa vida espiritual entre os sacramentos do Batismo e da Confirmação. Ainda que a *Confirmação* seja por direito próprio um sacramento diferente e completo, tem por fim aperfeiçoar o que o Batismo iniciou em nós. Poderíamos dizer que, de certo modo, somos batizados para sermos confirmados.

«Juntamente com o Batismo e a Eucaristia, o sacramento da Confirmação constitui o conjunto dos "sacramentos da iniciação cristã" cuja unidade deve ser salvaguardada» (n. 1285).

Nascemos espiritualmente no momento em que somos batizados; a partir desse momento, passamos a participar da vida divina da Santíssima Trindade e começamos a viver a vida sobrenatural. Ao praticarmos as virtudes da fé, da esperança e da caridade, e ao unirmo-nos a Cristo na sua Igreja para prestar culto a Deus, crescemos também em graça e bondade. Mas nessa etapa da vida espiritual, como na vida de uma criança, concentramo-nos principalmente em nós mesmos. Tendemos a estar preocupados com as necessidades da nossa própria alma, com os nossos esforços por «sermos bons». É claro que não podemos concentrar-nos exclusivamente em nós mesmos; não, se entendemos o que significa ser membro do Corpo Místico de Cristo; não, se entendemos o significado da Missa como um ato *comum* de culto, e a Sagrada Comunhão como um laço de união com o nosso próximo. Mas, em geral, a nossa vida religiosa nesse período gira em torno do nosso eu.

E recebemos a Confirmação ou Crisma. Com ela, chega-nos uma graça que aprofunda e robustece a nossa fé, para que seja suficientemente forte não só para as necessidades próprias, como também para as dos outros, com os quais procuraremos compartilhá-la. Com o despertar da adolescência, uma criança começa a assumir, paulatina e progressivamente, as responsabilidades da idade adulta. Começa a ver o seu lugar no quadro completo da família, e também no da sociedade. De forma parecida, o cristão crismado começa a ver cada vez com maior clareza (ou *deveria* fazê-lo) a sua responsabilidade para com Cristo e o seu próximo. Compromete-se profundamente (ou *deveria* fazê-lo) com o bem de Cristo-no--mundo, que é a Igreja, com o bem de Cristo-no-próximo. Neste sentido, a Confirmação é um crescimento espiritual.

Para que possamos assumir essa responsabilidade para com a Igreja e para com o próximo, tanto por ações como pelos sentimentos, o sacramento da Confirmação ou Crisma confere-nos uma graça e um poder especiais. Assim como a «marca» do Batismo nos faz participar na função sacerdotal de Cristo e nos dá o poder de nos unirmos a Cristo na sua homenagem a Deus, a Confirmação vincula-nos «mais perfeitamente à Igreja, enriquecidos com a especial força do Espírito Santo, e torna-nos mais estritamente obrigados à fé que, como verdadeiras testemunhas de Cristo, devemos difundir e defender tanto por palavras como por obras» (*Lumen gentium,* n. 11).

Agora compartilhamos com Cristo a sua missão de estender o Reino, de adicionar novas almas ao Corpo Místico de Cristo. As nossas palavras e atos já não se dirigem meramente à santificação pessoal, mas vão, além disso, fazer com que a verdade de Cristo se torne real e viva para aqueles que nos rodeiam.

O Catecismo da Igreja Católica define a Confirmação como um sacramento que «*aperfeiçoa a graça batismal; [...] dá o Espírito Santo para enraizar-nos mais profundamente na filiação divina, incorporar-nos mais firmemente a Cristo, tornar mais sólida a nossa vinculação com a Igreja, associar-nos mais à sua missão e ajudar-nos a dar testemunho da fé cristã pela palavra, acompanhada das obras*» (n. 1316). Esta definição não alude à analogia pela qual até há pouco tempo se comparava o cristão confirmado a um soldado. No entanto, se a compreendermos adequadamente, é uma analogia cheia de significado. O cristão confirmado guarda uma lealdade inalterável para com o Rei cuja causa serve; está disposto a suportar qualquer sofrimento e a serviço do seu Rei, a combater o mal – e a própria morte – onde quer que se encontre; a fazer tudo o que estiver ao seu alcance para dilatar o reino do seu Soberano.

É de lamentar que muitos católicos encarem o seu papel de soldados de um ponto de vista negativo. Veem-se na defensiva, dispostos a lutar pela sua fé se lhes trouxerem a luta à sua porta. Ou veem talvez o reino de Cristo – e a si mesmos – como que em estado de sítio, cercados pelo inimigo, lutando pela mera sobrevivência.

Mas não é essa, de maneira nenhuma, a verdadeira e dinâmica concepção da graça e do poder da Confirmação. O cristão confirmado lança-se jubilosamente ao cumprimento da sua vocação. Forte na fé e cheio de um amor ardente pelas almas – que nasce do seu amor a Cristo –, sente uma preocupação constante pelos outros. Experimenta uma inquieta insatisfação se não faz pelos outros algo que valha a pena, algo que contribua para lhes aliviar as cargas da vida, algo que contribua para lhes assegurar a promessa da vida eterna. Seus atos e palavras proclamam aos que o rodeiam: «Cristo *vive* e vive para *ti*». A graça para agir assim é a que Jesus prometeu aos seus Apóstolos (e a nós) quando disse: *descerá sobre vós o Espírito Santo e vos dará força; e sereis minhas testemunhas [...] até os confins do mundo.* (At 1, 8).

314 A CONFIRMAÇÃO

Não sabemos exatamente quando foi que Jesus, na sua vida pública, instituiu o sacramento da Confirmação. É uma das «muitas coisas que Jesus fez» de que nos fala São João e que não estão escritas nos Evangelhos (cf. Jo 21, 25). Sabemos da sua existência pela Tradição da Igreja, isto é, pela doutrina da Igreja transmitida até nós desde os tempos do Senhor por meio dos Apóstolos, inspirados pelo Espírito Santo. E a Tradição tem a mesma autoridade que a Sagrada Escritura, como fonte da verdade divina. Se um amigo nosso, partidário de que «unicamente a Bíblia é a fonte da revelação» torce o nariz e nos diz: «Diga-me onde é que isso está escrito na Bíblia para que eu creia», não cairemos na armadilha. Bastará responder--lhe com toda a suavidade: «Mostre-me onde se diz na Bíblia que devemos crer só no que ali aparece escrito».

Mas a Sagrada Escritura fala-nos da Confirmação. Não com esse nome, é claro, pois, à exceção do Batismo, os nomes dos sacramentos foram inventados pelos primeiros teólogos da Igreja. O primitivo nome da Confirmação era «imposição das mãos». Esse é o nome que a Sagrada Escritura utiliza nesta passagem dos Atos dos Apóstolos: *Os apóstolos que se achavam em Jerusalém, tendo ouvido que a Samaria recebera a palavra de Deus, enviaram-lhe Pedro e João. Estes, assim que chegaram, fizeram oração pelos novos fiéis, a fim de receberem o Espírito Santo, visto que não havia descido ainda sobre nenhum deles, mas tinham sido somente batizados em nome do Senhor Jesus. Então os dois apóstolos lhes impuseram as mãos e receberam o Espírito Santo. Quando Simão viu que se dava o Espírito Santo por meio da imposição das mãos dos apóstolos, ofereceu-lhes dinheiro, dizendo: Dai-me também este poder, para que todo aquele a quem impuser as mãos receba o Espírito Santo* (At 8, 14-19).

É desta passagem – que relata a tentativa de Simão, o mago, de comprar o poder de conferir a Confirmação – que veio a resultar a palavra «simonia», nome que se dá ao pecado de comprar ou vender coisas sagradas. Mas trata-se de um ponto de menos importância. A verdadeira importância da passagem está em que nos fala do sacramento da Confirmação. Diz-nos que, embora seja um *complemento* do Batismo, que completa o que este iniciou, é um sacramento *diferente* do Batismo. Os samaritanos já tinham sido batizados, mas ainda era necessário que «lhes impusessem as mãos». A passagem conta ainda como se administrava esse sacramento: pondo as mãos sobre a cabeça daquele que ia ser confirmado e dizendo ao mesmo tempo uma oração para que este recebesse o Espírito Santo.

Fixemo-nos por ora num aspecto que a passagem nos conta claramente: que eram os Apóstolos – isto é, os *bispos* – quem confirmava. Fosse quem fosse que tivesse batizado os samaritanos, é evidente que não tinha poder para «impor-lhes as mãos» e comunicar-lhes o Espírito Santo. Dois dos Apóstolos, Pedro e João, tiveram que deslocar-se de Jerusalém à Samaria para administrar a Confirmação a esses novos cristãos.

Como era no princípio, assim é agora. Geralmente, só o bispo é que confirma. Em alguns casos, porém, pode fazê-lo um sacerdote, por concessão do direito geral – por exemplo, em perigo de morte – ou por indulto ou delegação especial[13]. Desde tempos remotos, têm também esta autorização os sacerdotes das Igrejas Católicas Orientais. Nesse ramo da Igreja, o sacerdote que batiza uma criança confere-lhe também a Confirmação logo depois. No rito latino, como sabemos, não se dá essa prática.

O Papa Pio XII, que tanto lutou por tornar os sacramentos mais acessíveis ao povo, concedeu em 1947 uma autorização muito paternal. Autorizou os párocos de qualquer lugar – sempre que o bispo não estivesse disponível – a administrar a Confirmação, como ministro extraordinário, a qualquer batizado da sua paróquia que não estivesse confirmado e se encontrasse em perigo de morte por doença, acidente ou idade avançada. E o atual Código de Direito Canônico (cân. 883, par. 3º) prevê que não só o pároco mas qualquer presbítero administre este sacramento a quem se encontre em perigo de morte.

Portanto, ainda que a Confirmação na Igreja Católica de rito latino seja administrada normalmente só aos batizados que tenham alcançado o uso da razão e possuam suficiente maturidade, essa limitação não é válida para os que estão em perigo de morte. Contanto que a criança tenha sido batizada, tem direito à Confirmação se corre o risco de morrer. Portanto, os pais devem informar o pároco com presteza se se dão essas circunstâncias na família. Se Deus levar a criança, esta entrará no céu com o caráter da Confirmação – além do caráter batismal – impresso na alma.

---

(13) Cf. CDC, cânon 883, 2º par.

O significado da Confirmação

Provavelmente, muitos de nós já presenciamos a administração da Confirmação ou Crisma várias vezes, talvez como confirmandos, pais ou padrinhos.

No rito atual[14], costuma haver junto do bispo um ou vários sacerdotes concelebrantes. Depois da saudação do bispo – «A paz esteja convosco» – e de uma oração pedindo o dom do Espírito Santo, tem lugar a celebração da palavra de Deus, com uma ou várias leituras da Sagrada Escritura. Após essas leituras os confirmandos são chamados pelo nome e permanecem diante do bispo, que lhes dirige umas palavras, comentando a grandeza e o significado do sacramento.

Depois de se vincar a relação da Confirmação com o Batismo pela renovação das promessas batismais, vem a parte essencial da cerimônia, que consta da imposição das mãos e da unção com o santo crisma.

O bispo – como também os sacerdotes concelebrantes – impõe as mãos sobre todos os confirmandos e diz: «Deus todo-poderoso, Pai de Nosso Senhor Jesus Cristo, que, pela água e pelo Espírito Santo, fizestes renascer estes vossos servos, libertando-os do pecado, enviai-lhes o Espírito Santo Paráclito; dai-lhes, Senhor, o espírito de sabedoria e inteligência, o espírito de conselho e fortaleza, o espírito de ciência e piedade, e enchei-os do espírito do vosso temor. Por Nosso Senhor Jesus Cristo, vosso Filho, na unidade do Espírito Santo».

A unção com o crisma, que se faz a seguir, é a parte essencial do rito. É nesse momento, como dizia Paulo VI na Constituição *Divinum consortium naturae,* que se confere o sacramento da Confirmação. A própria unção com o crisma é a imposição de mãos sacramental.

Cada confirmando aproxima-se do bispo. Colocando a mão direita sobre o ombro do confirmando, a pessoa que o apresentou diz o nome deste ao bispo. Também pode declará-lo o próprio confirmando. O bispo mergulha o polegar no crisma e marca o confirmando na fronte com o sinal da cruz, dizendo: «N., recebe, por este sinal, o Dom do Espírito Santo». E o confirmando responde: «Amém». Após todos os crismandos

---

(14) Cf. ns. 1298-1301.

receberem a Confirmação, e caso o rito esteja se dando dentro da Santa Missa, segue-se a liturgia eucarística segundo o Ordinário, com algumas exceções pontuais.

Vale a pena determo-nos um pouco a comentar o significado deste rito sacramental.

O *crisma* é um dos três óleos que o bispo benze todos os anos na sua Missa de Quinta-feira Santa. Os outros dois são: o óleo dos catecúmenos (usado no Batismo) e o óleo dos enfermos (usado na Unção dos Enfermos). Todos os santos óleos são de azeite puro de oliveira. Já desde a Antiguidade o azeite de oliveira era considerado como uma substância fortificante, tanto que muitos atletas costumavam untar o corpo com ele, antes de participarem de um certame atlético. O significado dos santos óleos que são utilizados na administração dos sacramentos é, pois, patente: o azeite significa o efeito fortificante da graça de Deus. Além da bênção especial e diferente que cada óleo recebe, o crisma tem outra particularidade: é misturado com bálsamo, uma substância aromática que se extrai dessa árvore. No crisma, o bálsamo simboliza a «fragrância» da virtude, o bom odor, a *atração* que deverá desprender-se da vida daquele que põe em movimento as graças da Confirmação.

A cruz que se traça sobre a fronte do confirmando é outro símbolo poderoso, se realmente o entendemos e pomos em prática. É muito fácil sabê-lo. Basta perguntar-nos: «Vivo de verdade como se trouxesse uma cruz visível gravada na minha fronte, que me marca como homem ou mulher de Cristo? Na minha vida diária, dou testemunho de Cristo? Nas minhas atitudes e no meu relacionamento com os que me rodeiam, em todas as minhas ações, proclamo: Isto é o que significa ser cristão, isto é o que quer dizer viver segundo o Evangelho?» Se a resposta for não, é prova de que desperdiçamos um caudal de graças: a graça especial da Confirmação. É uma graça que tenho abundantemente à minha disposição, se quiser utilizá-la: a graça de vencer a minha mesquinhez humana, a minha covardia ante os respeitos humanos, a minha repugnância em face do sacrifício.

Sem o Batismo, não podemos ir para o céu. Sem a Confirmação sim, mas o nosso caminho até ele será mais difícil. Na verdade, sem a Confirmação, é muito fácil extraviar-se por completo, muito fácil perder a fé. Esta é a razão pela qual todo o batizado tem a *obrigação* de receber também a Confirmação logo que tiver essa oportunidade. Sabemos que Jesus não instituiu nenhum dos sacramentos só «pelo gosto de fazê-lo»: Jesus instituiu cada sacramento porque, na sua infinita sabedoria, previu que precisaríamos de graças especiais para determinadas circunstâncias.

Entre outras coisas, previu os perigos a que estaria exposta a nossa fé. Alguns, internos, quando as paixões ou o egoísmo entram em choque com a nossa fé. Se desejamos seguir um caminho que a nossa fé nos proíbe, mas, por outro lado, não podemos viver em permanente conflito conosco, e queremos ter paz interior, um dos lados tem que ceder. Se pudéssemos convencer-nos de que a nossa fé é errada, ficaríamos de mãos livres para seguir os nossos desejos e conservar essa paz. É nessas circunstâncias que a graça da Confirmação vem em nossa ajuda, se a deixamos agir, e faz retroceder de maneira irresistível os apetites do egoísmo para que triunfe a fé. A paz que então encontramos é uma paz *real*.

Outras vezes, o perigo vem de fora. A situação de perigo em que se encontra todo aquele que é ativamente perseguido, preso ou torturado por causa da fé é algo evidente. Nesses casos, podemos apreciar claramente a necessidade da graça da Confirmação. A situação de perigo dos que vivem numa atmosfera de indiferentismo religioso não é tão evidente, mas é muito real. O perigo de nos deixarmos arrastar pelo ambiente, de querermos ser «boas pessoas», mas medíocres, está sempre presente. A tentação de amortecer a fé, de não tomá-la muito a sério, é quase inevitável. A graça da Confirmação virá em nossa ajuda para preservar a nossa escala de valores e manter o bom rumo.

Há um perigo externo que ameaça especialmente os católicos que fazem um curso superior, sobretudo se frequentam uma universidade de orientação não cristã. Esses católicos têm de enfrentar o peso dos *erros* de alguns eclesiásticos do passado, dos erros humanos cometidos por este ou aquele agente humano de Cristo, o lastro de papas indignos e prelados extravagantes, da condenação de Galileu e dos excessos da Inquisição. Tende-se a esquecer que divinos não são os agentes de Cristo na sua Igreja, mas sim Ele mesmo nela, e o católico começa a adotar uma atitude defensiva e a sentir-se um pouco envergonhado.

Depara com o desprezo maldisfarçado de alguns professores para com a religião em geral e a católica em particular, apresentada como coisa superada, própria de mentalidades rudes e sem formação. O nosso católico passa então de um ligeiro sentimento de vergonha para um claro ressentimento contra a fé, que o torna objeto de irrisão de pessoas a quem admira pela sua erudição e prestígio. De novo a graça da Confirmação acode em sua ajuda para fazê-lo superar a dificuldade. Esse católico com estudos superiores lembra-se então de que a sabedoria humana de hoje é a humana estultícia de amanhã, ao passo que as verdades de Deus permanecem inalteráveis. Forte na fé, ouve sem se perturbar as explicações de tais professores.

Sim, todos temos necessidade da graça da Confirmação. Tanto que é pecado não receber este sacramento se há ocasião disso, um pecado que seria mortal se a recusa se devesse ao desprezo por esse sacramento. Os pais que, por descuido, impedem que os seus filhos sejam confirmados cometem um sério pecado de negligência.

Enquanto na Igreja oriental é costume confirmar as crianças quando são batizadas, a tradição da Igreja latina requer que a pessoa esteja *devidamente preparada* para renovar as promessas do batismo e possa «melhor assumir as responsabilidades apostólicas da vida cristã» (cf. n. 1309). Os adultos que não tenham sido confirmados podem sê-lo com facilidade falando com o pároco. Tanto no caso dos jovens como no dos adultos, é necessário um padrinho, ou madrinha, indiferentemente, contanto que não seja pai ou mãe do confirmando, que tenha feito dezesseis anos, seja católico praticante e confirmado, e esteja disposto a fazer tudo quanto esteja ao seu alcance para que o afilhado chegue a uma vida católica plena. O Catecismo da Igreja Católica recomenda que seja o mesmo padrinho do Batismo, «para marcar bem a unidade dos dois sacramentos» (n. 1311).

A especial *graça sacramental* da Confirmação é, como vimos, um *fortalecimento* da fé. Sob o aspecto negativo, torna-nos fortes contra as tentações e a perseguição; do ponto de vista positivo, aumenta as nossas forças para chegarmos a ser testemunhas ativas de Cristo. A Confirmação produz também na nossa alma um aumento dessa fonte de vida básica que é a *graça santificante*. Deus não pode aumentar o que não está presente; por isso, quem vai receber o sacramento da Confirmação deve fazê-lo em estado de graça. Receber a Confirmação em pecado mortal seria abusar do sacramento: seria cometer o grave pecado de sacrilégio. No entanto, a recepção do sacramento seria válida. No momento em que essa pessoa recebesse a absolvição dos seus pecados, as graças latentes da Confirmação reviveriam nela.

Capítulo XXVI

A Eucaristia

O maior dos sacramentos

Agora que nos dispomos a estudar o sacramento da Sagrada Eucaristia, vamos passar por uma situação semelhante à do viajante que torna a percorrer uma região bem conhecida. Encontraremos muitas paisagens familiares – neste caso, verdades já vistas anteriormente. Mas, nas verdades que vamos recordar, confiamos em que haveremos de notar aspectos de interesse que antes nos passaram despercebidos. Podemos também confiar em descobrir outras paisagens – outras verdades – que escaparam totalmente à nossa observação em viagens anteriores por essa região amada e familiar, que é o tema do maior dos sacramentos.

Quando dizemos que a Sagrada Eucaristia é o maior dos sacramentos, afirmamos algo evidente. O Batismo é, sem dúvida, o sacramento mais *necessário*; sem ele, não podemos ir para o céu. No entanto, apesar das maravilhas que o Batismo e os outros cinco sacramentos produzem na alma, não são senão instrumentos de que Deus se serve para nos dar a sua graça; mas na Sagrada Eucaristia não temos apenas um instrumento que nos comunica as graças divinas: é-nos dado o próprio *Dador da graça,* Jesus Cristo Nosso Senhor, real e verdadeiramente presente.

«A Eucaristia é "fonte e ápice de toda a vida cristã" (LG 11). "Os demais sacramentos, assim como todos os ministérios eclesiásticos e tarefas apostólicas, se ligam à sagrada Eucaristia e a ela se ordenam. Pois a santíssima Eucaristia contém todo o bem espiritual da Igreja, a saber, o próprio Cristo, nossa Páscoa" (PO 5)» (n. 1324).

O sacramento do Corpo e do Sangue de Cristo tem tido muitos nomes ao longo da história cristã: Pão dos Anjos, Ceia do Senhor, Sacramento do altar e outros que nos são bem conhecidos. Mas o nome que permaneceu desde o princípio, o nome que a Igreja dá oficialmente a este sacramento é Sagrada Eucaristia. Provém do Novo Testamento. Os quatro escritores sagrados – Mateus, Marcos, Lucas e Paulo – que nos narram a Última Ceia dizem-nos que Jesus tomou o pão e o vinho em suas mãos e «deu graças». E assim, da palavra grega *eucharistia,* que significa «ação de graças», resultou o nome do nosso sacramento: *Sagrada Eucaristia.*

O Catecismo ensina-nos que a Eucaristia é ao mesmo tempo *sacrifício* e *sacramento.* Como *sacrifício*, a Eucaristia é a Missa, a ação divina em que Jesus, por meio de um sacerdote humano, transforma o pão e o vinho no seu próprio corpo e sangue e continua no tempo o oferecimento que fez a Deus no Calvário, o oferecimento de Si próprio em favor dos homens.

> «A santa Eucaristia conclui a iniciação cristã. Os que foram elevados à dignidade do sacerdócio régio pelo Batismo e configurados mais profundamente a Cristo pela Confirmação, estes, por meio da Eucaristia, participam com toda a comunidade do próprio sacrifício do Senhor. [...] A Eucaristia é o memorial da Páscoa de Cristo, a atualização e a oferta sacramental de seu único sacrifício na liturgia da Igreja, que é o corpo dele» (ns. 1322 e 1362).

O *sacramento* da Sagrada Eucaristia adquire o seu ser (ou é «confeccionado», como dizem os teólogos) na Consagração da Missa; nesse momento, Jesus torna-se presente sob as aparências do pão e do vinho. E enquanto essas aparências permanecerem, Jesus continua a estar presente e o sacramento da Sagrada Eucaristia continua a existir nelas. O ato pelo qual se *recebe* a Sagrada Eucaristia chama-se *Sagrada Comunhão.* Podemos dizer que a Missa é a «confecção» da Sagrada Eucaristia e que a comunhão é a sua recepção. Entre uma e outra, o sacramento continua a existir (como no sacrário), quer o recebamos, quer não.

Ao tratarmos de aprofundar no conhecimento deste sacramento, não temos melhor maneira de fazê-lo do que começando por onde Jesus começou: por aquele dia na cidade de Cafarnaum em que fez a mais incrível das promessas, a de dar a sua carne e o seu sangue como alimento da nossa alma.

> «O milagre da multiplicação dos pães, quando o Senhor proferiu a bênção, partiu e distribuiu os pães a seus discípulos para alimentar a multidão, prefigura a superabundância deste único pão de sua Eucaristia» (n. 1335).

Na véspera, Jesus tinha lançado os alicerces da sua promessa. Sabendo que ia fazer uma tremenda exigência à fé dos seus ouvintes, preparou-os para ela. Sentado numa ladeira, do outro lado do mar de Tiberíades, tinha pregado a uma grande multidão que O havia seguido até ali e agora, já ao cair da tarde, prepara-se para despedi-los. Mas, movido de compaixão e como preparação para a sua promessa do dia seguinte, faz o milagre dos pães e dos peixes. Alimenta a multidão – só os homens eram cinco mil – com cinco pães e dois peixes; e, depois de todos se terem saciado, os seus discípulos recolhem doze cestos de sobra. Esse milagre haveria de estar presente no dia seguinte (ou deveria estar) na mente dos que o escutaram.

Tendo despedido os que o tinham seguido, subiu monte acima, a fim de orar em solidão como era seu costume. Mas não era muito fácil separar-se daquela multidão, que queria ver mais milagres e ouvir mais palavras de sabedoria de Jesus de Nazaré: acamparam por ali para passar a noite e viram os discípulos embarcarem (sem Jesus) rumo a Cafarnaum, na única barca que havia. Nessa noite, depois de terminar a oração, Jesus atravessou andando as águas tormentosas do lago e juntou-se aos seus discípulos na barca, e assim chegou com eles a Cafarnaum.

Na manhã seguinte, a turba não conseguia encontrar Jesus. Quando chegaram outras barcas de Tiberíades, desistiram de procurá-lO e embarcaram para Cafarnaum. Qual não foi o seu assombro ao encontrarem de novo Jesus, que havia chegado antes deles, sem ter subido à barca que partira na noite anterior! Foi outro portento, outro milagre que Jesus fez para fortalecer a fé daquela gente (e dos seus discípulos), pois ia pô-la à prova pouco depois.

Os discípulos e os que conseguiram entrar aglomeraram-se a seu redor na sinagoga de Cafarnaum. Foi ali e então que Jesus fez a promessa que hoje nos enche de fortaleza e vida: prometeu a sua Carne e o seu Sangue como alimento; prometeu a Sagrada Eucaristia.

Se tinha poder para multiplicar cinco pães e com eles alimentar cinco mil homens, como não havia de tê-lo para alimentar toda a humanidade com um pão celestial feito por Ele?! Se tinha poder para andar sobre as águas como se fosse terra firme, como não havia de tê-lo para ordenar aos elementos do pão e do vinho que lhe emprestassem a sua aparência e para utilizá-la como capa para a sua Pessoa?! Jesus tinha preparado bem os seus ouvintes e, como veremos, eles tinham necessidade disso.

Se você tem um exemplar do Novo Testamento à mão, será muito bom que leia inteiro o capítulo sexto do Evangelho de São João. Só assim poderá captar todo o ambiente, as circunstâncias e o desenrolar dos acontecimentos na sinagoga de Cafarnaum. Vou citar somente as linhas mais pertinentes, que começam no versículo 51 e acabam no 66.

Disse Jesus: *Eu sou o pão vivo que desceu do céu. Quem comer deste pão viverá eternamente. E o pão, que eu hei de dar, é a minha carne para a salvação do mundo. A essas palavras, os judeus começaram a discutir, dizendo: Como pode este homem dar-nos de comer a sua carne? Então Jesus lhes disse: Em verdade, em verdade vos digo: se não comerdes a carne do Filho do Homem, e não beberdes o seu sangue, não tereis a vida em vós mesmos. Quem come a minha carne e bebe o meu sangue tem a vida eterna; e eu o ressuscitarei no último dia. Pois a minha carne é verdadeiramente uma comida e o meu sangue, verdadeiramente uma bebida. [...] Este é o pão que desceu do céu. Não como o maná que vossos pais comeram e morreram. Quem come deste pão viverá eternamente. [...] Muitos dos seus discípulos, ouvindo-o, disseram: Isto é muito duro! Quem o pode admitir? Sabendo Jesus que os discípulos murmuravam por isso, disse-lhes: [...] As palavras que vos tenho dito são espírito e vida. Mas há alguns entre vós que não creem... [...] Desde então, muitos dos seus discípulos se retiraram e já não andavam com ele.*

Este breve extrato do capítulo sexto de São João contém os dois pontos que mais nos interessam agora: os dois pontos que nos dizem, meses antes da Última Ceia, que na Sagrada Eucaristia estarão presentes *o verdadeiro Corpo e o verdadeiro Sangue de Jesus*. Lutero rejeitou a doutrina da *presença verdadeira e substancial* de Jesus na Eucaristia, doutrina que havia sido seguida firmemente por todos os cristãos durante mil e quinhentos anos. Lutero aceitava certa espécie de presença de Cristo, ao menos no momento em que se recebesse a comunhão. Mas no terreno adubado por Lutero brotaram outras confissões protestantes que foram recusando mais e mais a crença na presença real. Na maioria das confissões protestantes de hoje, o «serviço da comunhão» não passa de um simples rito comemorativo da morte do Senhor; o pão continua a ser pão e o vinho continua a ser vinho.

Nos seus esforços por eludir a doutrina da presença real, teólogos protestantes procuraram mitigar as palavras de Jesus, afirmando que Ele não pretendia que as tomassem no seu sentido literal, mas apenas espiritual ou simbolicamente. Mas é evidente que não se podem diluir as palavras de Cristo sem violentar o seu sentido claro e rotundo. Jesus não poderia ter sido mais enfático: *A minha carne é verdadeiramente uma comida e o meu sangue, verdadeiramente uma bebida.* Não há forma de dizê-lo com mais clareza. No original grego, que é a língua em que São João escreveu o seu Evangelho, a palavra do versículo 54 que traduzimos por «comer» estaria mais próxima do seu sentido original se a traduzíssemos por «mastigar» ou «comer mastigando».

Tentar explicar as palavras de Jesus como simples modo de expressar-se levar-nos-ia a outro beco sem saída. Entre os judeus, que eram aqueles a quem Jesus se dirigia, a única ocasião em que a frase «comer a carne de alguém» se utilizava figurativamente era para significar ódio a determinada pessoa ou perseguir alguém com furor. De modo parecido, «beber o sangue de alguém» queria indicar que esse alguém seria castigado com penas severas. Nenhum desses significados – os únicos que os judeus conheciam – se revela coerente se os aplicarmos às palavras de Jesus.

Outra prova de peso, que confirma que Jesus quis verdadeiramente dizer o que disse – que o seu corpo e o seu sangue estariam realmente presentes na Eucaristia – está em que alguns dos seus discípulos o abandonaram por terem achado a ideia de comê-lO demasiado repulsiva. Não tiveram fé suficiente para compreender que, se Jesus lhes ia dar a sua Carne e o seu Sangue em alimento, o faria de forma a não causar repugnância à natureza humana. Por isso o abandonaram, «e já não andavam com ele».

> «O primeiro anúncio da Eucaristia dividiu os discípulos, assim como o anúncio da paixão os escandalizou: *"Essa palavra é dura! Quem pode escutá-la?"* (Jo 6,60). A Eucaristia e a cruz são pedras de tropeço. É o mesmo mistério, e ele não cessa de ser ocasião de divisão. *"Vós também quereis ir embora?"* (Jo 6, 67). Esta pergunta do Senhor ressoa através dos séculos como convite de seu amor a descobrir que só Ele tem *"as palavras da vida eterna"* (Jo 6, 68) e que acolher na fé o dom de sua Eucaristia é acolher a Ele mesmo» (n. 1336).

326 A EUCARISTIA

Jesus nunca os teria deixado ir-se embora se essa deserção fosse simples resultado de um mal-entendido. Muitas vezes antes tinha-se dado ao trabalho de esclarecer as suas palavras quando eram mal compreendidas. Por exemplo, quando disse a Nicodemos que era preciso nascer de novo, e este lhe perguntou como é que um adulto podia entrar de novo no ventre de sua mãe (cf. Jo 3, 3 e segs.); pacientemente, Jesus esclareceu-lhe as suas palavras sobre o Batismo. Mas agora, em Cafarnaum, Jesus não esboça o menor gesto para impedir que os seus discípulos o abandonem nem para lhes dizer que o haviam entendido mal. Não pode fazê-lo pela simples razão de que o tinham entendido perfeitamente e por isso o deixavam. O que lhes faltou foi fé, e Jesus, tristemente, teve que resignar-se a vê-los partir.

Tudo isto faz com que a afirmação da doutrina da presença real esteja ineludivelmente contida na promessa de Cristo, porque, se não fosse assim, as suas palavras não teriam sentido, e Jesus não falava por enigmas indecifráveis.

Jesus mantém a sua promessa

Na sinagoga de Cafarnaum, quase um ano antes da sua morte, Jesus prometeu dar o seu próprio corpo e o seu próprio sangue como alimento para a salvação dos homens. Na Última Ceia, nas vésperas da sua crucifixão, cumpriu a sua promessa. Legou à Igreja e a cada um dos seus membros, não terras, casas ou dinheiro, mas um legado como só Deus nos podia dar: o dom da sua própria Pessoa viva.

No Novo Testamento, há quatro relatos da instituição da Eucaristia. São os de Mateus (26, 26-28), Marcos (14, 22-24), Lucas (22, 19-20) e Paulo (1 Cor 11, 23-29). São João, que é quem nos conta a promessa da Eucaristia, não se preocupa de repetir a história da instituição deste sacramento. Foi o último Apóstolo a escrever um Evangelho, e conhecia os outros relatos. Em seu lugar, decide transmitir-nos as belíssimas palavras finais de Jesus aos seus discípulos na Última Ceia.

Eis aqui o relato da instituição da Sagrada Eucaristia segundo nos conta São Paulo: *o Senhor Jesus, na noite em que foi traído, tomou o pão e, depois de ter dado graças, partiu-o e disse: Isto é o meu corpo, que é entregue por vós;*

fazei isto em memória de mim. Do mesmo modo, depois de haver ceado, tomou também o cálice, dizendo: Este cálice é a Nova Aliança no meu sangue; todas as vezes que o beberdes, fazei-o em memória de mim.

As suas palavras não podiam ser mais claras. «Isto» queria dizer «esta substância que tenho em minhas mãos e que agora que começo a falar é pão, e ao terminar não será já pão, mas o meu próprio corpo». «Este cálice» queria dizer «este cálice que agora que começo a falar contém vinho, e ao terminar não será mais vinho, mas o meu próprio sangue».

«Isto é o meu corpo» e «este cálice... é o meu sangue». Os Apóstolos tomaram as palavras de Jesus literalmente. Aceitaram como um fato (e que ato de fé, essa aceitação!) que a substância que ainda parecia pão era agora o Corpo de Jesus; e que a substância que continuava a parecer vinho era agora o Sangue de Cristo.

Essa foi a doutrina que os Apóstolos pregaram à Igreja nascente. Essa foi a crença universal dos cristãos durante mil anos. No século XI, um herege chamado Berengário pôs em dúvida a verdade da presença real, e ensinava que Jesus tinha falado apenas em sentido figurado e, assim, o pão e o vinho consagrados não eram *realmente* o seu corpo e o seu sangue. A heresia de Berengário foi condenada por três concílios, e Berengário retratou-se do seu erro e voltou ao redil. A doutrina da presença real permaneceu indiscutida por outros quinhentos anos.

No século XVI, chegaram Lutero e a reforma protestante. O próprio Lutero não negou inteiramente a presença real de Jesus na Eucaristia. Admitia que as palavras de Jesus eram demasiado terminantes para que fosse possível explicá-las de outro modo. Mas Lutero queria abolir a Missa, bem como a adoração de Jesus presente no altar. Por isso, tratou de resolver o seu dilema ensinando que, embora o pão continuasse a ser pão e o vinho, vinho, Jesus se faz presente juntamente com as substâncias do pão e do vinho; mas sustentava que Jesus está presente apenas no momento em que se recebe o pão e o vinho; não antes nem depois.

Outros reformadores protestantes foram mais longe que Lutero e acabaram por negar completamente a presença real. Tanto eles como os teólogos protestantes que lhes sucederam sustentaram que, quando Jesus disse: «Isto é o meu corpo» e «Isto é o meu sangue», lançou mão de um recurso de linguagem, e que o que queria dizer era: «Isto *representa* o meu corpo» ou «Isto é um *símbolo* do meu sangue». Na sua tentativa de alterar as palavras de Cristo, tiveram que valer-se de todo o tipo de interpretações inverossímeis, mas deixaram sem resposta as razões realmente sólidas que provam que Jesus disse o que queria dizer e que quis dizer o que disse.

A primeira delas reside na solenidade da ocasião: a noite anterior à sua morte. Nela, Jesus faz o seu testamento, deixa-nos a sua última vontade. Um testamento não é um documento apropriado para empregar uma linguagem figurada; mesmo nas circunstâncias mais favoráveis, os tabeliães têm, às vezes, dificuldade em interpretar as intenções do testador, quanto mais se este emprega uma linguagem simbólica.

Mais ainda: sendo Deus, Jesus sabia que, em consequência das palavras que ia pronunciar naquela noite, milhões e milhões de pessoas lhe prestariam culto sob a aparência de pão. Se não tivesse querido estar realmente sob essas aparências, os adoradores prestariam culto a um simples pedaço de pão e incorreriam no pecado de idolatria, e isto, certamente, não é coisa a que o próprio Deus quisesse induzir-nos, preparando o cenário e utilizando obscuros modos de falar.

Que os Apóstolos tomaram literalmente as palavras de Jesus é evidente, pois os cristãos creram desde os primórdios na presença real de Jesus na Eucaristia. De ninguém mais, além dos Apóstolos, poderiam ter obtido essa crença. E quem melhor do que estes nos poderia dizer o que Cristo quis dizer? Os Apóstolos estavam lá; podiam ter perguntado a Jesus – e certamente o fizeram – todas as questões que lhes ocorressem sobre o significado das palavras que acabavam de ouvir. Às vezes, tendemos a esquecer que os Evangelhos registram apenas uma pequena parte do que se passou entre Jesus e os Apóstolos. Compilar três anos de diálogo, de perguntas e respostas, de ensinamentos requereria um montão de livros.

Quando, na noite da Quinta-feira Santa, Jesus pronunciou as palavras: «Isto é o meu corpo» sobre o pão, e «Isto é o meu sangue» sobre o vinho, os Apóstolos tomaram essas palavras ao pé da letra, como se prova claramente pela sua conduta posterior. Se Jesus lançou mão de uma metáfora, se o que na realidade quis dizer era: «Este pão é como que um símbolo do meu corpo e este vinho significa o meu sangue; portanto, cada vez que os meus seguidores se reunirem e participarem de um pão e um vinho como estes, honrar-me-ão e representarão a minha morte»; se foi isto o que Jesus quis dizer, então todos os Apóstolos o entenderam mal. E, através da sua interpretação errônea, toda a cristandade – até que chegaram os protestantes – passou a adorar um pedaço de pão como se fosse Deus.

É totalmente insensato pensar que Jesus pudesse permitir que os seus discípulos caíssem num erro tão grave. Em outras ocasiões, em muitíssimas outras ocasiões, e tratando-se de matérias muito menos importantes que esta, Jesus corrige os seus Apóstolos quando o interpretam mal. Para citar um só exemplo, no Evangelho de São Mateus (16, 6-12), Jesus diz aos seus Apóstolos que estejam prevenidos contra o fermento dos fariseus e dos saduceus. Eles pensam que lhes está falando de pão real, e cochicham entre si que não têm pão. Pacientemente, Jesus esclarece-lhes que se refere aos *ensinamentos* dos fariseus e saduceus, não ao pão que se come. Em outras ocasiões, quando Jesus se serve de metáforas, o próprio escritor sagrado nos esclarece o respectivo significado, como na ocasião em que Jesus disse: *Destruí vós este templo, e eu o reerguerei em três dias,* e João explica imediatamente que Ele se referia ao templo do seu corpo (cf. Jo 2, 19-22). Encontramos incidentes parecidos em grande abundância nos Evangelhos e, no entanto, querem agora fazer-nos crer que, no momento solene da Última Ceia, Jesus utilizou modos de dizer novos e estranhos, sem se dar ao trabalho de explicar qual era o seu significado.

Porque *são* modos de dizer novos e estranhos. Nem o pão é um símbolo natural do corpo humano, nem o vinho um símbolo natural do sangue. Se alguém cortasse uma fatia de pão e a oferecesse a outro comensal, dizendo-lhe: «Isto é o meu corpo», este pensaria logo que estava diante de um gozador ou de um louco varrido. E é blasfemo tratar de aplicar a Jesus qualquer das duas hipóteses.

Como recurso literário, só é válido lançar mão de um modo de dizer quando o seu significado é claro. Esta clareza pode resultar da natureza da afirmação, como quando mostro uma fotografia e digo: «É a minha mãe», ou aponto um menino irrequieto e digo: «É uma máquina de movimento contínuo», ou digo de um cavalo veloz: «É um raio»; ou quando me ponho a explicar o sentido da metáfora; por exemplo, quando coloco uns fósforos sobre a mesa e digo: «Esta é a minha casa, e aqui está a sala de jantar». Mas nem pela natureza da afirmação nem por explicações dadas as palavras «Isto é o meu corpo» fazem sentido como metáfora.

A ideia de que Jesus teria falado em metáforas na Última Ceia torna-se ainda mais incrível se tivermos em conta que se dirigia a homens que, na sua maioria, eram uns pobres e incultos pescadores. Não tinham sido educados nas sutilezas da retórica. Mais ainda, antes de o Espírito Santo ter descido sobre eles, assombram-nos pelo seu lento entendimento das coisas. Temos um exemplo na passagem da ressurreição de Lázaro. Lemos em São João (11, 11-14) que, quando Jesus disse: *Lázaro, nosso amigo, dorme, mas vou despertá-lo*, os discípulos replicaram: *Senhor, se ele dorme, há de sarar*. Então Jesus disse-lhes claramente: *Lázaro morreu*. Eram mentalidades difíceis para lhes falar em metáforas!

Outra indicação de que Jesus não falava em metáforas ao instituir a Eucaristia, achamo-la nas palavras com que São Paulo conclui o seu relato da Última Ceia (1 Cor 11, 27-29): *Portanto, todo aquele que comer o pão ou beber o cálice do Senhor indignamente será culpável do corpo e do sangue do Senhor. Que cada um se examine a si mesmo, e assim coma desse pão e beba desse cálice. Aquele que o come e o bebe sem distinguir o corpo do Senhor, come e bebe a sua própria condenação.* É duro dizer que um homem se torna réu do Corpo e do Sangue do Senhor, que come e bebe a sua própria condenação, se o pão não é mais do que pão, mesmo que seja pão bento, e o vinho não é senão vinho, mesmo que seja um vinho sobre o qual se tenham pronunciado umas orações.

Nós, certamente, não necessitamos de provas como as que aqui se esquematizaram para crer na presença real de Jesus Cristo na Sagrada Eucaristia. Cremos nessa verdade não por provas racionais, mas, primordialmente, porque a Igreja de Cristo, que não pode errar em matérias de fé e moral, assim no-lo diz. Mas sempre é útil conhecer as dificuldades com que tropeçam os que procuram interpretações pessoais nas palavras de Nosso Senhor.

Nós preferimos seguir a regra da sensatez que diz que, para conhecer o significado de uma coisa que se disse, não há melhor caminho do que perguntar a quem a ouviu ou que estava lá. Os Apóstolos estavam lá; os primeiros cristãos, os que escutaram a pregação dos Apóstolos, em certo sentido estavam lá. Mesmo nós, que herdamos uma tradição ininterrupta, em certo sentido estávamos lá. Independentemente de ser um dogma definido pela Igreja, preferimos crer nos ensinamentos dos Apóstolos e na crença unânime dos cristãos durante mil e quinhentos anos, em vez de prestar ouvidos aos ensinamentos desencontrados dos reformadores protestantes. Homens como Lutero, Karlstadt, Zwingli ou Calvino exigem demasiado quando nos pedem para crer que durante quinze séculos os cristãos permaneceram no erro e que, de repente, eles, os reformadores protestantes, encontraram a resposta certa.

Já não é pão

Que aconteceu exatamente quando Jesus disse na Última Ceia (e os sacerdotes esta manhã na Missa): «Isto é o meu corpo» sobre o pão, e «Este é o cálice do meu sangue» sobre o vinho? Cremos que a substância do pão deixou de existir completa e totalmente, e que a substância do próprio Corpo de Cristo substituiu a substância do pão, que ficou aniquilada. Cremos também que Jesus, pelo seu poder onipotente como Deus, preservou as aparências do pão e do vinho, apesar de as respectivas substâncias terem desaparecido.

Por «aparências» de pão e de vinho entendemos todas as formas externas e acidentais que de um modo ou de outro podem ser percebidas pelos sentidos da vista, do tato, do paladar, do ouvido e do olfato. A Sagrada Eucaristia ainda parece pão e vinho, ainda tem o sabor do pão e do vinho e cheira a pão e vinho, ainda é sensível ao tato como pão e vinho e, se a partíssemos ou derramássemos, espalhar-se-ia como o pão e o vinho. Mesmo que fizéssemos um exame microscópico, eletrônico ou radiológico, só poderíamos perceber nela as qualidades do pão e do vinho. Com efeito, a observação humana só pode obter a aparência externa de *qualquer* coisa. A sua configuração, a sua reação a determinadas circunstâncias, as leis físicas a que parece obedecer são as únicas questões que a ciência pode investigar. Mas a substância de uma coisa, o que lhe está subjacente, a substância *como* substância, está fora do alcance dos sentidos e dos instrumentos humanos.

Hoje em dia, a ciência da física nuclear teoriza que toda a matéria é uma forma de energia; que toda a matéria se compõe de partículas em movimento, carregadas eletricamente. A diferença entre um pedaço de madeira e um pedaço de ferro é simplesmente a diferença entre o número, a velocidade e a direção das partículas carregadas eletricamente que compóem os dois materiais. Mas, mesmo que um físico consiga fotografar com uma câmara eletrônica algumas dessas partículas, ainda continuará a manejar aparências. A substância *como* substância, aquilo que faz uma coisa ser o que é e não outra coisa, continua a estar fora do alcance dos cientistas.

Todo este tema da relação da *substância* (o que uma coisa é) com os *acidentes* (as qualidades perceptíveis de uma coisa) é uma questão filosófica, e não podemos estender-nos aqui na sua análise. Basta-nos saber, como sabemos, que, pelas palavras da Consagração, a substância do corpo de Cristo substitui a substância do vinho, ao mesmo tempo que permanecem as aparências do páo e do vinho.

Evidentemente, é um milagre; um milagre contínuo, realizado centenas de milhares de vezes por dia pelo poder infinito de Deus. A bem dizer, é um duplo milagre: é o milagre da transformação do páo e do vinho em Jesus Cristo; e o milagre adicional pelo qual Deus mantém as aparências do páo e do vinho ainda que a substância subjacente tenha desaparecido, como se o rosto de uma pessoa permanecesse num espelho depois de a pessoa se ter retirado.

A mudança operada pelas palavras da consagração é de um tipo especial, e a Igreja teve de cunhar um termo especial para a designar: *transubstanciação*, que, literalmente, significa a passagem de uma substância para outra; neste caso, é uma singular espécie de mudança.

> «O Concílio de Trento resume a fé católica ao declarar: "Por ter Cristo, nosso Redentor, dito que aquilo que oferecia sob a espécie do páo era verdadeiramente seu Corpo, sempre se teve na Igreja esta convicção, que o santo Concílio declara novamente: pela consagração do páo e do vinho opera-se a mudança de toda a substância do páo na substância do Corpo de Cristo Nosso Senhor e de toda a substância do vinho na substância do seu Sangue; esta mudança, a Igreja católica denominou-a com acerto e exatidão *transubstanciação*" (DS 1642)» (n. 1376).

Na vida ordinária, estamos acostumados a muitas espécies de mudanças. Às vezes, são mudanças apenas aparentes, externas, como quando a água congela e se torna sólida, ou um pedaço de barro é modelado e se torna um vaso. Vemos também mudanças que afetam tanto a substância como os acidentes, como quando o vinho se transforma em vinagre ou o carvão sob pressão se torna um diamante. Tem havido mudanças milagrosas deste gênero, como a que Jesus operou em Caná, mudando a água em vinho.

No entanto, em lugar nenhum da ordem natural e, pelo que conhecemos, também na ordem sobrenatural, se produzem mudanças semelhantes à que se opera no pão e no vinho pelas palavras da consagração: uma mudança de substância sem mudança de aparências. Por esta razão, a palavra «transubstanciação» aplica-se exclusivamente a esse milagre quotidiano.

Ainda que pelas palavras da consagração o corpo de Jesus se torne presente sob as aparências do pão, e o seu sangue sob as aparências do vinho, sabemos que a *Pessoa de Jesus*, ressuscitado dentre os mortos, *não pode ser dividida*. Onde está o seu corpo, deve estar também o seu sangue; e onde estão o seu corpo e o seu sangue, devem estar também a sua alma e a sua natureza divina, a que estão unidos o seu corpo e o seu sangue. Do mesmo modo, onde está o sangue de Jesus, deve estar Jesus inteiro. Em consequência, pelas palavras «Isto é o meu corpo», torna-se presente não só o corpo de Jesus, como também – pelo que os teólogos chamam «concomitância», quer dizer, por força da sua unidade de Pessoa – o seu sangue, alma e divindade. O mesmo acontece na consagração do vinho.

É por esta razão que não é necessário receber a Comunhão sob as duas espécies de pão e vinho, embora se possa fazê-lo nos casos previstos pelas normas litúrgicas. Se a recebemos sob qualquer das duas, seja pão, seja vinho, recebemos Jesus *todo*, completo e inteiro.

Jesus Cristo, todo e inteiro, está presente na Sagrada Eucaristia sob as aparências do pão e do vinho. Está presente simultaneamente em cada uma das hóstias consagradas de cada altar de todo o mundo e em cada cálice consagrado onde quer que se celebre a Santa Missa. Mais ainda, Jesus todo e inteiro está presente em cada partícula consagrada e em cada gota de vinho consagrado. Se a sagrada hóstia se divide – como o sacerdote faz durante a Missa –, Jesus está totalmente presente em cada uma das partes. Se caísse ao chão uma partícula da hóstia consagrada ou se se derramasse uma gota do cálice, Jesus estaria presente todo e inteiro nessa partícula e nessa gota.

É por isso que os panos de altar têm que ser lavados com a máxima reverência, porque pode haver aderida a eles uma partícula das Sagradas Espécies. Estes panos de altar compreendem o *corporal*, sobre o qual se coloca a patena com a hóstia e o cálice consagrados durante a Missa; a *pala*, o pano quadrado que cobre o cálice durante a Missa; e o *sanguíneo,* o pano com que o sacerdote enxuga os lábios depois de consumir o precioso Sangue e seca os dedos e o cálice depois de lavar o cálice com vinho e água, ou só com água. Jesus, evidentemente, não deixa o seu lugar no céu, «à direita do Pai», para se tornar presente na Sagrada Eucaristia. Permanece no céu e está no altar. Quem se faz presente sob as aparências do pão e do vinho é o corpo *glorificado* de Jesus, o seu corpo tal como está no céu.

A presença de Jesus na Eucaristia – sob dimensões tão pequenas e em tantos lugares ao mesmo tempo – parece suscitar duas aparentes dificuldades: Como pode um corpo humano estar presente num espaço tão pequeno? Como pode um corpo humano estar em vários lugares ao mesmo tempo? Estas dificuldades, é claro, são apenas aparentes. Deus assim o fez; portanto, pode ser feito. Deve-se recordar que Deus é o autor da natureza, o amo e o senhor da Criação. As leis físicas do universo foram estabelecidas por Ele, e Ele pode suspender a sua ação se assim o quiser, sem que o seu poder infinito tenha que fazer nenhum esforço.

É verdade que, segundo a experiência humana, um corpo deve ter determinada «extensão», isto é, deve ocupar determinado espaço. Segundo a nossa experiência, um corpo deve estar num só lugar de cada vez. A multilocação (estar em vários lugares ao mesmo tempo) é algo desconhecido para nós. Pode-se, pois, afirmar que um corpo sem extensão no espaço ou que ocupe vários lugares ao mesmo tempo é uma impossibilidade física; isto é, impossível para as leis físicas. Mas esses fenômenos não são impossíveis *metafisicamente;* quer dizer, não há contradição intrínseca na ideia de um corpo sem extensão ou na ideia da multilocação. Uma contradição intrínseca torná-los-ia absolutamente impossíveis; estaria neste caso, por exemplo, a ideia de um círculo quadrado, que é uma contradição nos seus próprios termos.

Talvez isto nos arraste excessivamente para o campo da filosofia. Mas os pontos que nos interessa deixar claros são: primeiro, que Jesus não está presente na Eucaristia em miniatura. Está ali na plenitude da sua Pessoa glorificada, de uma maneira espiritualizada, sem extensão nem espaço. Não tem altura, largura ou espessura.

O segundo ponto é que Jesus não se multiplica: não passa a haver muitos Jesus; também não se divide entre as diferentes hóstias. Há um só Jesus, completo e indiviso. A sua multilocação não é resultado de multiplicações e ou divisões, mas da suspensão da lei do espaço relativamente ao seu corpo sagrado. É como se estivesse num lugar, e todas as partes do espaço fossem atraídas para Ele. É fácil ver a razão pela qual a Eucaristia é chamada – e é – o sacramento da unidade. Quando comungamos – nós e os nossos companheiros de comunhão do mundo inteiro –, estamos onde Ele está. O espaço dissolveu-se para nós, e todos juntos somos um em Cristo.

Quanto tempo permanece Jesus na Sagrada Eucaristia? O tempo em que permanecem as espécies do pão e do vinho. Se um fogo repentino destruísse as hóstias consagradas do sacrário, Jesus não se queimaria. As aparências do pão e do vinho transformar-se-iam em cinzas, mas Jesus já não estaria lá. Quando, depois de comungarmos, o nosso processo digestivo destrói as aparências do pão, Jesus já não permanece corporalmente em nós; só fica a sua graça.

O pão, o vinho e o sacerdote

Na Última Ceia, Jesus transformou o pão e o vinho no seu próprio corpo e sangue. Ao mesmo tempo, mandou os seus Apóstolos repetirem a mesma ação sagrada no futuro. «Fazei isto em memória de mim», foi o encargo solene que lhes deu. Evidentemente, Jesus não manda coisas impossíveis e, portanto, juntamente com esse mandato conferiu-lhes o poder necessário para transformarem o pão e o vinho no seu corpo e sangue. Com as palavras «Fazei isto em memória de mim», Jesus converteu os seus Apóstolos em sacerdotes.

O poder de transformar o pão e o vinho no corpo e no sangue do Salvador foi transmitido pelos Apóstolos aos homens que deveriam perpetuar o seu trabalho e partilhar da sua missão quando eles se fossem embora. E estes, por sua vez, confeririam esse poder sacerdotal a outros. E assim, de geração em geração, durante estes dois mil anos, o poder do sacerdócio

336 · A EUCARISTIA

foi-se transmitindo por meio do sacramento da *Ordem Sagrada*. De bispo em bispo, chegou até os sacerdotes de hoje.

A *ação litúrgica* pela qual o pão e o vinho transformam-se no corpo e no sangue do Senhor é a Santa Missa. A palavra «Missa» deriva do latim *Missa*, que significa «despedida». Por força de um costume da primitiva cristandade, este vocábulo passou a ser o nome da ação pela qual Jesus se torna presente na Eucaristia. À exceção dos batizados, ninguém estava autorizado a assistir ao Sacrifício eucarístico. Os futuros cristãos (chamados catecúmenos) tinham que deixar o recinto ao terminar a leitura do Evangelho e o sermão. Tanto a estes após o sermão, como ao resto da assembleia ao terminar a ação sagrada, o sacerdote dirigia a advertência oficial: «Ide, é a despedida», em latim *Ite Missa est*. Pelo uso, a palavra «Missa». passou a designar o Sacrifício eucarístico completo.

Teremos ocasião de estudar mais adiante a Missa como sacrifício. Aqui queremos apenas indicar que é nela que o pão e o vinho são transformados no corpo e no sangue de Cristo, mudança que tem lugar quando o sacerdote, fazendo-se instrumento livre e voluntário de Cristo, pronuncia sobre essas espécies as palavras do Senhor «Isto é o meu Corpo» e «Este é o cálice do meu Sangue». De pé no altar, como representante visível de Jesus, o sacerdote humano «aciona» o poder infinito de Cristo, e Cristo, pela força do Espírito Santo, torna-se presente no mesmo instante sob as aparências do pão e do vinho.

Nessas palavras – que são chamadas palavras da *Consagração* – está a essência da Missa, e só elas, e não as demais orações e cerimônias (à exceção da comunhão do sacerdote, que completa a Missa), *são* a Missa. Isto requer, naturalmente, que o sacerdote tenha a *intenção* de consagrar o pão e o vinho. Se, por exemplo, almoçando a uma mesa em que houvesse pão e vinho, um sacerdote se pusesse a narrar a Última Ceia aos demais comensais, e ao fazê-lo pronunciasse as palavras da consagração, é evidente que não haveria consagração, porque o sacerdote não teria essa intenção.

Só o pão feito de trigo se pode converter no corpo de Cristo, visto Jesus ter utilizado pão de trigo na Última Ceia. Se as palavras da consagração fossem pronunciadas sobre pão feito de outra espécie de grão, como aveia, centeio ou milho, por exemplo, não haveria transubstanciação.

Qualquer pão de farinha de trigo serve. No entanto, a Igreja de rito latino requer que só se utilize pão ázimo, quer dizer, sem fermento. Esta antiquíssima lei da Igreja de rito latino baseia-se em que, com toda a probabilidade, Jesus utilizou pão ázimo, visto ter celebrado a Última Ceia «no primeiro dia dos ázimos», um período de sete dias em que os judeus só comiam pão sem fermento.

Não obstante, a Igreja Católica de rito grego, como a maioria das igrejas orientais, usa pão com fermento para a Missa, e é tão Missa como a nossa. Mas, quer tenha fermento quer não, o pão deve ser de trigo.

Como Jesus utilizou vinho de uva na Última Ceia, só se deve usar vinho de uva para a Missa. Se as palavras da consagração se pronunciassem sobre vinho feito de outra fruta (como vinho de cerejas ou de ameixas), não produziriam efeito. O corpo e o sangue do Senhor não se fariam presentes. Só o sumo puro fermentado de uva pode ser utilizado na Missa.

Uma vez que o pão e o vinho se tenham transformado no corpo e no sangue de Cristo, o nosso Salvador permanece presente enquanto as aparências do pão e do vinho se conservarem intactas. Por outras palavras, Jesus está presente na Sagrada Eucaristia não somente durante a Missa, mas enquanto as hóstias consagradas na Missa continuarem a manter as aparências de pão. Isto quer dizer que devemos à Eucaristia a adoração que se deve a Deus, já que a Sagrada Eucaristia contém o próprio Filho de Deus. Adoramos a Eucaristia com culto de *latria*, que é o culto reservado exclusivamente a Deus.

Na Igreja primitiva, a adoração a Jesus sacramentado era praticada apenas dentro da Missa. A devoção ao Santíssimo Sacramento fora dela – tão familiar nos nossos dias – desenvolveu-se lenta e gradualmente. Parece que os cristãos demoraram bastante tempo a perceber plenamente o tesouro que tinham na Eucaristia. Só no século XII é que nasceu o costume de reservar a Sagrada Eucaristia para a adoração dos cristãos fora da Missa. A partir daí, a devoção ao Santíssimo Sacramento desenvolveu-se rapidamente.

> «A santa reserva (tabernáculo) era primeiro destinada a guardar dignamente a Eucaristia para que pudesse ser levada, fora da Missa, aos doentes e aos ausentes. Pelo aprofundamento da fé na presença real de Cristo em sua Eucaristia, a Igreja tomou consciência do sentido da adoração silenciosa do Senhor presente sob as espécies eucarísticas. É por isso que o tabernáculo deve ser colocado em

338 A EUCARISTIA

um local particularmente digno da igreja; deve ser construído de tal forma que sublinhe e manifeste a verdade da presença real de Cristo no santo sacramento» (n. 1379; cf. também os ns. 1378 e 1380-1).

Hoje, em cada igreja católica, há um tabernáculo, um *sacrário*. Esse tabernáculo (do latim *tabernaculum,* que significa «tenda») é uma caixa coberta normalmente com um véu, que se identifica por uma luz que arde na lamparina do sacrário. Dentro dela, Jesus está presente, tanto na hóstia grande que se usa na bênção solene, e que se guarda numa caixa de metal, como nas hóstias pequenas, guardadas numa copa – o cibório –, que é utilizada para distribuir a comunhão aos fiéis.

A partir do momento em que se começou a estender a devoção à Sagrada Eucaristia fora da Missa, três práticas devotas se tornaram universais: a festa e procissão do *Corpus Christi*, a exposição e bênção com o Santíssimo Sacramento e a devoção das Quarenta Horas.

A festa do *Corpus Christi,* do Corpo de Cristo, originou-se na diocese de Liège, na Bélgica, no ano de 1246, e dezoito anos mais tarde o Papa Urbano IV estendeu-a a toda a Igreja. O *Corpus Christi* é celebrado sempre na quinta-feira seguinte ao domingo da Santíssima Trindade. Parte da celebração consiste na procissão do Corpus, que pode ser nesse dia ou no domingo seguinte, se houver razões para isso. Nessa procissão, a Sagrada Eucaristia é levada na chamada *custódia* ou *ostensório,* que significa literalmente «caixa para mostrar». O ostensório é uma caixa circular de ouro, prata ou metal, montada sobre um suporte. Nas procissões e nas bênçãos solenes, a *lúnula* que contém a Sagrada Hóstia é inserida no ostensório, para que todos os participantes a possam ver.

O rito eucarístico a que chamamos *bênção com o Santíssimo Sacramento* foi introduzido gradualmente a partir da instituição da festa do *Corpus Christi*. Tornou-se costume expor o Santíssimo Sacramento para adoração dos fiéis, e logo houve um desenvolvimento adicional desse costume, concluindo-se o ato com a bênção dos assistentes, que o sacerdote dá com o Santíssimo. O rito da bênção, tal como hoje o conhecemos, remonta ao século XIV. Consiste num breve período de exposição e adoração, em que se medita a Sagrada Escritura, se cantam hinos, se dizem orações, se adora e reza em silêncio, terminando com a bênção que o sacerdote dá com o ostensório ou o cibório. É a bênção do próprio Jesus na Sagrada Eucaristia.

A devoção das *Quarentas Horas* foi iniciada em Milão, no século XVI. Originariamente, consistia em 40 horas ininterruptas de adoração ao Santíssimo Sacramento exposto, em comemoração das quarenta horas em que o corpo de Jesus permaneceu no sepulcro. O bispo, se o julgar oportuno, pode fixar a cada paróquia e comunidade religiosa certas datas para que cada semana, em algum lugar da diocese (a não ser que esta seja muito pequena), se assegure a prática dessa devoção e assim se ofereça a Jesus sacramentado uma adoração perpétua.

Capítulo XXVII
A Missa

Começamos a Missa

No capítulo anterior, estudamos a Sagrada Eucaristia como sacramento, o sacramento pelo qual Jesus Cristo nutre a nossa alma com a sua própria carne e sangue. Nesse estudo, referimo-nos ligeiramente à Missa, mencionando apenas que é a ação sagrada pela qual Jesus se torna presente sob as aparências do pão e do vinho. De passagem, vimos que o nome que os primeiros cristãos davam à Missa era «ação de graças» ou também «fração do pão», expressões tomadas da narração da Última Ceia, em que se nos diz que Jesus, tendo tomado o pão, *depois de ter dado graças, partiu-o e deu-lho, dizendo: Isto é o meu corpo, que é dado por vós; fazei isto em memória de mim* (Lc 22, 19).

É o momento de considerarmos a Missa com mais detalhe. Seria um grande erro pensar que a Missa não passa de um instrumento necessário para podermos receber a Sagrada Comunhão. A Missa é mais, muito mais do que isso. É verdade que é na Missa que o pão se transforma no corpo de Cristo, mas deveríamos vê-la como um grande todo, do qual a nossa união com Jesus na comunhão é uma parte maravilhosa.

Mesmo quando recebemos a Sagrada Comunhão fora da Missa, deveríamos considerar essa comunhão como um prolongamento até nós da Missa em que foi consagrada a hóstia que agora recebemos. Nos alvores da Igreja (quando as comunidades de fiéis eram muito pequenas), era cos-

342 A MISSA

tume o sacerdote, logo após a Missa, levar a Sagrada Comunhão aos que não tivessem podido estar presentes[15]. A esses irmãos ausentes, a Sagrada Comunhão levava a graça sacramental, mas estabelecia também um laço de união com Cristo na Missa que havia sido oferecida e com os irmãos que tinham comido do mesmo santo Pão. Quando as circunstâncias nos obrigarem a comungar fora da Missa, devemos ver a nossa comunhão a essa luz.

Bem, se a Missa não é simplesmente a cerimônia preparatória da comunhão, o que é então?

Antes de mais nada, é um *memorial de Nosso Senhor*. «Fazei isto em memória de mim», disse Jesus ao ordenar sacerdotes os seus Apóstolos. É inerente ao coração humano o desejo de conservar viva a lembrança das pessoas que se amou ou se admirou. Quer se trate de um retrato desbotado dos nossos falecidos pais, ou de um monumento a um herói nacional, o mundo está semeado de memoriais. Nosso Senhor Jesus, que tanto nos ama e que tanto deseja o nosso amor, deixou-nos um memorial de Si mesmo como só Deus o podia conceber. Não é um quadro, um monumento, uma estátua; é a presença viva de Si mesmo, que vem diariamente a nós na Missa.

Na Missa, temos o próprio Corpo e o próprio Sangue de Jesus imolado na Cruz. Nela, Jesus continua através do tempo o oferecimento de Si no Calvário, aplicando à nossa alma os méritos que nos ganhou no Gólgota. Não é apenas a sua morte que recordamos na Missa, mas também a sua ressurreição, pela qual Jesus nos arrebatou das garras da morte, de uma vez para sempre; e também a sua Ascensão aos céus, à glória para a qual nos predestinou, e que um dia partilhará conosco, se nós o quisermos.

Além de ser uma recordação de Nosso Senhor, a Missa é um *banquete sagrado*. À sua mesa, Jesus alimenta-nos com o seu próprio corpo e sangue. Já examinamos com certo vagar este aspecto da Sagrada Eucaristia, mas pode ter interesse histórico verificar como os primeiros cristãos seguiam o exemplo de Jesus ao inserirem a celebração da Eucaristia numa ceia.

Era um tipo especial de ceia, um «ágape», palavra grega que significa «festa da amizade». A comunidade cristã reunia-se na casa de algum dos seus membros, pois, naturalmente, ainda não havia templos. Cada um

---

(15) Cf. n. 1379.

trazia a sua própria comida e bebida, de acordo com as suas posses; uns muita, outros pouca ou nenhuma. A comida era repartida entre todos, como manifestação de amor mútuo. No fim da ceia, quem presidia, isto é, o bispo, celebrava a Eucaristia, segundo o exemplo de Cristo.

Mas começaram a introduzir-se abusos nesse costume. Alguns cristãos ricos começaram a comer a sua própria comida, sem reparti-la com os irmãos mais pobres, e alguns chegaram a beber em excesso. Por esses abusos, São Paulo repreende os Coríntios na primeira carta que lhes dirige (11, 20-22): *Desse modo, quando vos reunis, já não é para comer a ceia do Senhor, porquanto, mal vos pondes à mesa, cada um se apressa a tomar sua própria refeição; e enquanto uns têm fome, outros se fartam. Porventura não tendes casa onde comer e beber? Ou menosprezais a Igreja de Deus, e quereis envergonhar aqueles que nada têm? Que vos direi? Devo louvar-vos? Não! Nisto não vos louvo...*

Por causa desses abusos, a «fração do pão» cedo se desligou da ceia chamada «ágape», passando a celebrar-se de manhã, enquanto o ágape se tomava ao anoitecer. Na metade do século II, ficou fixado o costume de comungar em jejum, e duzentos anos depois o costume do ágape tinha cessado por completo. No entanto, a lição que o ágape nos dá – a necessidade de praticar a caridade como preparação contínua para a comunhão – jamais deve ser esquecida.

A Missa é um memorial do Senhor Jesus. É um memorial perfeito, em que a sua Presença viva nos mantém vividamente conscientes dEle. É também um banquete divino, em que Deus provê a mesa com o seu próprio corpo e o seu próprio sangue. Mas é mais do que um memorial e mais do que um banquete. É sobretudo um *sacrifício.*

> «A Missa é ao mesmo tempo e inseparavelmente o memorial sacrificial no qual se perpetua o sacrifício da cruz, e o banquete sagrado da comunhão no Corpo e no Sangue do Senhor. Mas a celebração do Sacrifício Eucarístico está toda orientada para a união íntima dos fiéis com Cristo pela comunhão. Comungar é receber o próprio Cristo que se ofereceu por nós» (n. 1382).
> «Por ser memorial da páscoa de Cristo, *a Eucaristia é também um sacrifício.* O caráter sacrificial da Eucaristia é manifestado nas próprias palavras da instituição: "Isto é o meu Corpo que será entregue por vós", e "Este cálice é a nova aliança em meu Sangue, que vai ser derramado por vós" (Lc 22, 19-20). Na Eucaristia,

344   A MISSA

Cristo dá este mesmo corpo que entregou por nós na cruz, o próprio sangue que *"derramou por muitos para remissão dos pecados"* (Mt 26, 28)» (n. 1365).

Com o transcorrer dos séculos, a palavra *sacrifício* perdeu grande parte do seu significado exato, e passou a indicar antes algo doloroso e, por isso, desagradável: *a renúncia a alguma coisa que gostaríamos de ter ou de fazer*. Originariamente, no entanto, essa palavra tinha um só significado: aplicava-se à *ação pela qual se oferece a Deus um dom,* e esse é ainda hoje o seu sentido estrito e mais apropriado. Deriva de duas palavras latinas: *sacrum,* sagrado, e *facere,* fazer. Fazia-se sagrada uma coisa subtraindo-a à posse e ao uso humanos, e oferecendo-a a Deus por um ato simbólico de doação.

O desejo de oferecer dádivas a Deus parece estar profundamente arraigado no coração humano. Os primeiros sacrifícios de que se tem notícia são os que ofereciam os filhos de Adão, Caim e Abel. Que Deus queria ser honrado com dons oferecidos pelas suas criaturas, é sem dúvida uma verdade que Adão e Eva levaram consigo do Paraíso. No entanto, mesmo prescindindo da revelação divina, tudo leva a concluir que a humanidade sempre experimentou um instinto irresistível de oferecer sacrifícios. Em toda a história, não se encontram povos ou tribos que não tenham oferecido sacrifícios. Às vezes, povos sumidos na ignorância de Deus renderam culto a muitos deuses falsos; outras, essa ignorância chegou a tal extremo que os levou a buscar o beneplácito divino mediante sacrifícios humanos. Mas, sempre e por toda a parte, o homem sentiu a necessidade de oferecer dons a Deus ou aos deuses.

Entre os povos que adoraram o verdadeiro Deus, distinguimos três períodos históricos. No período que vai de Adão a Moisés – a época patriarcal –, o povo de Deus tendia a viver em tribos unidas por laços de sangue e governadas por um patriarca, que era o progenitor mais velho ainda vivo, de quem descendiam os membros da tribo. Noé, por exemplo, foi um patriarca, como o foi Abraão. O patriarca era também o sacerdote da família (ou tribo) e presidia a oferenda dos sacrifícios a Deus.

Quando Deus suscitou Moisés para conduzir o seu povo do Egito até a Terra Prometida, introduziu algumas mudanças: especificou detalhadamente que sacrifícios lhe deviam ser oferecidos daí por diante; e, ao mesmo tempo, constituiu um sacerdócio oficial e hereditário. A partir desse momento, seria Aarão (o irmão de Moisés) e seus descendentes varões quem ofereceria os sacrifícios por toda a nação judaica, e assim continuaria a ser até que se iniciasse, com a vinda de Cristo, o período final da história religiosa. Este período, que vai de Moisés até o advento do Messias, chama-se idade mosaica.

Com a vinda de Cristo, começou uma nova era, a era cristã, em que vivemos você e eu. Tudo o que antes dela aconteceu era preparação para a etapa final do plano divino para a salvação dos homens. As idades patriarcal e mosaica estiveram cheias de profecias e figuras que, como postes indicadores numa estrada, apontavam para Cristo, a sua «boa-nova» e o seu perfeito sacrifício.

Basta-nos recordar Melquisedeque, sacerdote da idade patriarcal, que ofereceu ao Senhor pão e vinho (cf. Gen 14, 18-20). E mais tarde, na idade mosaica, as profecias do Salmista sobre Jesus: *Tu és sacerdote para sempre, segundo a ordem de Melquisedeque* (Sal 109, 4). Ou então o profeta Malaquias, que prediz o dia em que já não agradarão a Deus os sacrifícios de cordeiros e bois, *porque do nascente ao poente, meu nome é grande entre as nações, em todo lugar se oferecem ao meu nome o incenso, sacrifícios e oblações puras. Sim, grande é o meu nome entre as nações – diz o Senhor dos exércitos* (Mal 1, 11).

Mas voltemos a nossa atenção para as razões pelas quais se afirma que a Missa é o *sacrifício perfeito*. Todos os sacrifícios anteriores à Missa tinham um grande defeito: para Deus, os dons oferecidos não tinham, em si, valor nenhum. Simplesmente devolviam a Deus as coisas que Ele mesmo havia criado: touros, ovelhas, pão e vinho. Mesmo todo o ouro que é guardado nos bancos do mundo, em si, não teria valor nenhum para Deus. O Senhor comprazia-se nas oferendas porque se dignava a fazê-lo; aceitava graciosamente os nossos insignificantes dons por serem expressão do amor dos homens.

Mas, no Sacrifício da Missa, irrompe um elemento novo e maravilhoso: pela primeira vez e todos os dias, a humanidade pode já oferecer a Deus um dom digno dEle: o dom do seu próprio Filho, um dom de valor infinito, digno de Deus infinito. Aqui temos um dom que Deus não só se digna a aceitar, mas (atrevemo-nos a dizer) tem que aceitar, um dom que Deus não pode recusar, um dom precioso aos seus olhos porque é um dom de Deus a Deus.

A Missa é as três coisas: memorial, banquete, sacrifício; mas, acima de tudo, é sacrifício. É *o* sacrifício, que durará enquanto o tempo durar.

Que constitui um sacrifício?

«Pelé sacrificou o seu prestígio pessoal na jogada e passou a bola ao centroavante, que marcou o primeiro gol da partida», lemos numa crônica esportiva. O uso do termo «sacrifício» para descrever uma jogada de futebol dá-nos uma ideia de como se pode deteriorar o significado de uma palavra com o correr dos anos.

346 A MISSA

Sabemos que, no seu sentido original, *sacrifício é um dom feito a Deus.* No entanto, nem todos os dons oferecidos a Deus são sacrifícios. O dinheiro com que contribuímos para as despesas da paróquia ou o par de calças velhas que damos às Conferências vicentinas, ainda que ambos sejam dons oferecidos a Deus (se a nossa intenção é reta), não constituem um sacrifício no sentido estrito da palavra.

Num autêntico sacrifício, a oferenda é subtraída ao uso humano e de alguma maneira *destruída,* para significar que é um dom que se faz a Deus. Nos sacrifícios pré-cristãos, se se oferecia um animal, este era morto sobre o altar e, frequentemente, consumido pelo fogo. Se se oferecia vinho, este era derramado no chão, diante do altar. Essa destruição do dom («nós o devolvemos a Ti, ó Deus!») era e é essencial à ideia de sacrifício.

Há um nome especial para o dom que se oferece a Deus em sacrifício: *vítima.* A palavra é outra das que tiveram alterado o seu significado com o transcorrer dos séculos. Hoje em dia, falamos da vítima de um acidente ou de um estelionato. Mas, inicialmente, a palavra latina *victima* significava especificamente o dom que se oferecia a Deus em sacrifício. E o mesmo sentido que «vítima» tem a palavra *hóstia.*

Outro ponto a sublinhar é que o sacrifício *não é um ato de piedade individual.* A oferenda de um sacrifício é um ato de culto social, quer dizer, de grupo. Isto significa que quem oferece um sacrifício não o faz em nome próprio, como indivíduo particular. Oferece-o em nome do grupo que representa, do qual ele é o porta-voz. Nos tempos pré-cristãos, o patriarca oferecia o sacrifício em nome da sua tribo ou família; o rei, em nome dos seus súditos; os filhos de Aarão, em nome dos israelitas.

E isto revela-nos o último requisito de um sacrifício genuíno: deve haver um *sacerdote.* Quem oferece um sacrifício deve ter o direito de representar o grupo em cujo nome faz a oferenda. Seja patriarca-sacerdote, rei-sacerdote ou aaronita-sacerdote, deve ter o direito de se dirigir a Deus em nome do povo de Deus. É curioso observar que a palavra «sacerdote» é uma das que não adquiriram significados diferentes. Ainda hoje, quando se usa literalmente, *sacerdote* tem um sentido específico: o homem que oferece sacrifício. Por essa razão, não se chama «sacerdotes» aos ministros das seitas protestantes; eles não oferecem sacrifícios, pois não creem neles.

Passo a passo, fomos construindo a definição de sacrifício. Podemos agora descrevê-lo como *a oferenda de um dom (chamado vítima) que um grupo faz a Deus, e a destruição dessa vítima para indicar que é um dom feito a Deus, realizado por alguém (chamado sacerdote) que tem o direito de representar esse grupo.*

Devemos ter ideias claras sobre a razão pela qual chamamos à Missa o *Santo Sacrifício*. Tem todos os elementos essenciais a um verdadeiro sacrifício. O primeiro e o principal é que há a oferenda de um dom infinitamente precioso, da vítima infinitamente perfeita: o próprio Filho de Deus. Há o grupo pelo qual o dom é oferecido: todos os cristãos batizados em união com o Vigário de Cristo na terra, o Papa; quer dizer, o Corpo Místico de Cristo. Há também o sacerdote: o homem que, por meio do sacramento da Ordem Sagrada, recebeu de Deus não só o mandato, mas também o *poder* necessário para oferecer a Deus esse dom sublime, o poder de mudar o pão e o vinho no Corpo e no Sangue de Cristo.

O sacerdote humano, no entanto, não passa de uma figura secundária. É *o próprio Jesus Cristo* quem representa *realmente* o povo de Deus, um povo que Ele comprou com o seu sangue. É o próprio Cristo o sacerdote real de cada Missa: é Cristo-sacerdote quem oferece Cristo-Vítima a Deus por todos nós. O sacerdote humano é simplesmente o «instrumento vivo de Cristo-Sacerdote», como nos lembra o Concílio Vaticano II. Pelo sacramento da Ordem Sagrada, Jesus designou esse homem e deu-lhe poderes para ser seu agente livre e cooperante, para dizer as palavras pelas quais Ele mesmo, num ponto determinado do tempo e do espaço, renova a oferenda de Si feita na cruz.

E é aqui que se dá a destruição da Vítima. Cada Missa não é um novo sacrifício em que Jesus morra outra vez, mas a continuação e prolongamento – no tempo – da morte, realizada de uma vez por todas, de Jesus na cruz. Usando uma expressão moderna, poderíamos dizer que Jesus nos «reativa» o sacrifício do Calvário. A Missa torna-nos presente e eficaz, aqui e agora, a Vítima oferecida no altar da cruz. A morte de Jesus é muito mais que um fato histórico. É um sacrifício *eterno*. Não há ontem para Deus. Na sua mente infinita, para a qual todas as coisas passadas são presente, Jesus pende eternamente da cruz.

Não é uma verdade fácil de captar, mas é a verdade: na Missa, o tempo e a distância são aniquilados num sentido místico, e você e eu nos encon-

348 A MISSA

tramos ao pé da cruz na qual o Filho de Deus se oferece em reparação pelos nossos pecados.

Na Missa, *Jesus Cristo Sacerdote, Vítima perfeita e Dom infinitamente precioso, oferece-se a si próprio a Deus, por nós*. Por quê? Com que fim?

A Missa tem um fim quádruplo, e esses quatro objetivos dizem respeito à relação que existe entre Deus e nós. Deus é o Dono e Senhor de toda a criação. Tudo o que existe, foi Ele que o fez. Somos criaturas de Deus, propriedade de Deus; pertencemos-lhe em corpo e alma. Da própria natureza da relação entre criatura e Criador surgem certas obrigações ineludíveis.

A primeira de todas é reconhecer essa própria relação: reconhecer o infinito poder, sabedoria e bondade de Deus, reconhecer que Ele é tudo e nós não somos nada comparados com Ele. O próprio fim da nossa existência, a razão pela qual Deus nos fez, é dar-lhe glória. Abaixo do nível humano, as coisas criadas dão glória a Deus simplesmente por existirem. Os minerais, as plantas e os animais dão testemunho da grandeza de Deus simplesmente sendo o que são. Mas o caso do homem é diferente, e dele se espera mais. Com a sua alma imortal, com o seu livre-arbítrio e a sua capacidade de pensar e falar, o homem não pode ser um mero testemunho mudo da glória divina. Com a sua liberdade, que é seu privilégio exclusivo, o homem deve dar glória a Deus livremente, deve cantar livremente os louvores divinos.

Em resumo, o homem deve *adorar a Deus*. Adorar a Deus é o primeiro dos seus deveres, o elemento mais essencial da sua oração, o fim primordial de todos os seus sacrifícios. Em consequência, a adoração é o fim primordial da Missa. Na Missa, pela primeira vez, a humanidade pôde adorar a Deus *adequadamente*, na pessoa do próprio Filho de Deus, que nos representa.

Depois da adoração, o segundo dos nossos deveres para com Deus é a gratidão. Sendo Deus a fonte de todo o bem, sabemos que tudo o que somos, temos ou esperamos vem dEle. Nem sequer poderíamos continuar a existir se Ele nos deixasse fora da sua mente por um simples instante. A vida física e a vida espiritual, as graças que continuamente recebemos todos os dias, o amor e a amizade, as ondas da televisão e a água que sai da torneira: tudo, absolutamente tudo, é de Deus e a Ele devemos agradecer. Dar graças é, pois, o segundo elemento essencial de toda a oração e sacrifício verdadeiros.

É o segundo fim da Missa. Nela, Jesus Cristo oferece a Deus, em nosso nome, uma *ação de graças* que sobrepuja os dons que recebemos, uma ação de graças infinita, que a própria infinita bondade de Deus não pode superar.

> «A Eucaristia, sacramento de nossa salvação realizada por Cristo na cruz, é também um sacrifício de louvor em ação de graças pela obra da criação. No sacrifício eucarístico, toda a criação amada por Deus é apresentada ao Pai por meio da Morte e da Ressurreição de Cristo. Por Cristo, a Igreja pode oferecer o sacrifício de louvor em ação de graças por tudo o que Deus fez de bom, de belo e de justo na criação e na humanidade.
>
> «A Eucaristia é um sacrifício de ação de graças ao Pai, uma bênção pela qual a Igreja exprime seu reconhecimento a Deus por todos os seus benefícios, por tudo o que ele realizou por meio da criação, da redenção e da santificação. Eucaristia significa, primeiramente, "ação de graças".
>
> «A Eucaristia é também o sacrifício de louvor por meio do qual a Igreja canta a glória de Deus em toda a criação. Este sacrifício de louvor só é possível através de Cristo: Ele une os fiéis à sua pessoa, ao seu louvor e à sua intercessão, de sorte que o sacrifício de louvor ao Pai é oferecido *por* Cristo e *com* ele para ser aceito *nele*» (ns. 1359-1361).

Além de adorar e dar graças, a nossa relação com Deus impõe-nos outro dever: o de pedir-lhe as graças de que nós e os demais homens necessitamos para alcançar o céu. Dotando-nos de uma vontade livre, Deus fez com que a nossa salvação dependesse da nossa livre cooperação; Ele não nos força a aceitar umas graças que não queremos. Mostramos a nossa disposição de cooperar quando pedimos a Deus as graças de que necessitamos.

Deus fez também com que, em certo grau, a nossa salvação dependesse dos outros. Jesus Cristo dignou-se fazer-nos participar do seu trabalho redentor; as nossas orações beneficiam os outros, do mesmo modo que as dos outros nos beneficiam. Uma vez que é lei de Deus que amemos os outros como a nós mesmos, é lógico que tenhamos que rezar por eles – pelas graças de que necessitam –, como rezamos por nós. Naturalmente, rezamos pelos que estão ligados a nós por laços de sangue, de dever ou de afeto; mas as nossas orações devem ir mais longe e abranger todos os homens. Se queremos, podemos pedir favores temporais – e Deus compraz-se nos

350 A MISSA

nossos pedidos –, mas *devemos* pedir pelas nossas necessidades espirituais e pelas do próximo. A *petição* é o terceiro fim pelo qual se oferece a Missa, e é o próprio Jesus Cristo quem nela intercede conosco e por nós.

Além de adorar, dar graças e pedir, devemos a Deus reparação pelos nossos pecados. Pela própria natureza da nossa relação com Deus – a de uma criatura com o seu Criador –, devemos obediência absoluta à vontade divina. Rebelar-nos pelo pecado contra esse Deus que nos fez é um ato de injustiça infinita e ao mesmo tempo uma ingratidão monstruosa. Se assim nos rebelamos, é nossa obrigação restaurar a balança da justiça reparando o nosso pecado. Mais ainda, dada a unidade do gênero humano e a interdependência entre todos, é também necessário que ofereçamos reparação pelos pecados alheios. Devemos recordar de novo que Deus quer que participemos da obra redentora do seu Filho.

Nenhum de nós pode oferecer uma satisfação adequada pelo pecado; só Jesus podia fazê-lo, e foi o que fez na cruz e o que continua a fazer todos os dias, tirando-a daquele depósito inesgotável. O valor infinito da satisfação de Cristo pelo pecado não dispensa, evidentemente, a nossa reparação pessoal. É precisamente pela infinita satisfação pelo pecado, oferecido por Jesus na cruz, que os nossos atos de reparação, oferecidos em união com os de Cristo, ganham valor aos olhos de Deus. Este é o quarto dos fins pelos quais se oferece a Missa: *reparação a Deus pelos pecados dos homens*.

Adorar a Deus, dar-lhe graças, pedir a sua graça e reparar o pecado: ao assistirmos à Missa, esses quatro fins devem ter preferência nas nossas intenções. No nosso apreço pela Missa, a glória de Deus deve ter precedência sobre as graças que ela nos consegue.

Cada Missa é a nossa Missa

O fim primordial da Missa é dar honra e glória a Deus. No entanto, os efeitos da Missa não se detêm aí; oferecendo a sua infinita homenagem a Deus, Jesus Cristo também alcança grandes graças para nós. As graças que Deus, pelos méritos do seu Filho, nos concede na Missa chamam-se «frutos» da Missa.

Os teólogos distinguem três espécies de *frutos* na Missa. O primeiro é o *fruto geral*. Em consonância com a intenção de Nosso Senhor e da sua Igreja, o sacerdote oferece em cada Missa o Santo Sacrifício pelos presentes; pela Igreja, pelo Papa e pelo bispo da diocese; por todos os fiéis cristãos, vivos e defuntos, e pela salvação de todos os homens. Por vontade de Cristo e da sua Igreja, estas intenções estão presentes em cada Missa, e o sacerdote que a oferece não pode excluí-las nem que queira. As graças que resultam dessa intenção são as que poderíamos chamar «graças comuns» da Missa.

O grau em que cada alma a recebe dependerá em grande parte da união com que participe da Missa e das suas próprias disposições interiores. O altar irradia essas graças comuns como ondas que abrangerão o mundo inteiro, mas elas encontram melhor acolhida nos corações mais bem dispostos e crescem especialmente nas pessoas unidas em espírito a todas as Missas que se oferecem em toda parte: aí está uma intenção que deveríamos fazer nossa todos os dias, nas orações da manhã. Nalgum lugar, em qualquer momento das vinte e quatro horas do dia, está-se oferecendo uma Missa; deveríamos ter o desejo de participar em cada uma delas.

É evidente que a aplicação do fruto geral da Missa não depende inteiramente das disposições daqueles por quem é oferecida. Se assim fosse, a Missa não produziria efeito nos pecadores ou descrentes por quem se oferece. A aplicação das graças da Missa depende da Vontade de Deus, tanto como das disposições pessoais. Que a Missa causa a conversão de almas endurecidas e empedernidas, é uma verdade que todos experimentamos.

Além do fruto geral da Missa, temos o *fruto especial*, que se aplica à pessoa ou às pessoas (vivas ou mortas) por quem a Missa é oferecida pelo celebrante. Quando damos uma *espórtula* para que se celebre uma Missa, esse fruto especial aplica-se às pessoas por quem se oferece a intenção da Missa, isto é, a nós ou a terceiros. Todos, sem dúvida, sabemos que o antigo costume de dar uma espórtula ao solicitar uma Missa tem a sua origem nas palavras de São Paulo (cf. 1 Cor 9, 13-14) que dizem que aquele que serve o altar deve participar do altar. Não se deve perguntar nunca: «Quanto custa uma Missa?» A Missa tem valor infinito e não se pode fixar--lhe um preço. A espórtula não é um preço que pagamos, é uma oferenda que fazemos. E quando o sacerdote a aceita, é obrigado em consciência,

352 A MISSA

sob pena de pecado mortal, a procurar que essa Missa seja oferecida de acordo com as intenções do doador.

O costume de dar uma espórtula é, no fundo, uma grande vantagem para os fiéis. Poderia um sacerdote prometer dizer uma Missa por alguém e depois esquecer a sua promessa ou mudar de opinião. Mas, uma vez que aceitou a espórtula, não se permitirá esquecê-la ou mudar de opinião.

Este fruto especial da Missa é simultaneamente – como dizem os teólogos – *impetratório* e *propiciatório*. «Impetratório» (do latim *impetrare*, pedir ou alcançar) significa simplesmente o poder de conseguir de Deus as graças e benefícios que pedimos. «Propiciatório» significa o poder de propiciar, de reparar pelos pecados. Como sabemos, as almas do purgatório têm uma só necessidade: a de serem libertadas do castigo temporal devido pelos seus pecados; compreende-se, pois, que o fruto especial da Missa seja inteiramente propiciatório quando é oferecida pelos mortos.

Não temos maneira de saber que parte do fruto propiciatório de uma Missa se aplica a determinada alma; por isso, seguimos o reto instinto de oferecer mais de uma Missa pela alma que desejamos ajudar. Também não temos maneira de saber quando termina o purgatório para certa alma; por conseguinte, é uma ideia boa ter uma intenção secundária ao oferecermos uma Missa por um defunto: «Senhor, se esta alma já está no céu, rogo-te que apliques o fruto desta Missa a esta ou àquela intenção».

Além dos frutos geral e especial da Missa, há um terceiro: as graças que resultam da participação pessoal do sacerdote celebrante, e que contribuirão para a sua própria santificação e reparação dos seus pecados. Este fruto é chamado *fruto pessoal* da Missa.

Uma Missa que se oferece por uma pessoa falecida não tem que ser necessariamente *de defuntos*. Normalmente, a Missa exequial – de corpo presente, de sétimo dia – será de réquiem, e se o calendário litúrgico o permite, a Missa de trigésimo dia e as de aniversário serão também de defuntos. No entanto, há muitos dias de festa no calendário da Igreja que não permitem que se digam Missas de defuntos, mas isto não deve criar problemas àqueles que as solicitam. O fruto especial dessa Missa aplicar-se-á igualmente à pessoa falecida, quer seja Missa de réquiem ou a própria do dia litúrgico.

Isto dá pé para outra questão que podemos comentar de passagem: o costume de oferecer Missas *em honra da nossa Mãe Santa Maria e dos santos*. É uma prática que remonta aos primeiros tempos da Igreja, quando se ofereciam Missas pelos mártires, nos aniversários da sua morte. Sabemos perfeitamente que não se pode oferecer a Missa *a* um santo; só a Deus pode ser oferecida. Mas é grato a Deus que honremos os seus amigos, os santos, comemorando-os especialmente no dia da sua festa. O princípio é o mesmo de qualquer devoção aos santos: dar glória a Deus honrando as obras-primas da sua graça, os seus santos. Quando oferecemos uma Missa em honra de um santo, pedimos a esse santo que se una a nós para dar glória a Deus, e pedimos a Deus que nos conceda as graças que solicitamos por intercessão desse santo. Por conseguinte, podemos oferecer uma Missa em honra da Santíssima Virgem ou de algum santo, e, ao mesmo tempo, aplicar o seu fruto especial a uma alma ou almas do purgatório.

A Missa tem história

Ao lermos no Evangelho a descrição da Última Ceia e compararmos a sua simplicidade com as Missas que hoje se oferecem em nossas igrejas, percebemos que o cerimonial do Santo Sacrifício experimentou um grande desenvolvimento nestes quase dois mil anos. É um desenvolvimento que é muito fácil de entender.

O Sacrifício eucarístico que Jesus Cristo instituiu na noite de Quinta-feira Santa é uma pedra preciosa que Ele ofereceu à sua Igreja. Era uma joia perfeita, sem impureza nenhuma, mas, como toda a joia, necessitava de um engaste apropriado para que a sua grandeza e formosura ressaltassem aos olhos de todos. Não é de surpreender, pois, que a Igreja, ao longo dos séculos, tenha modelado e embelezado o engaste que é o cerimonial da Missa que hoje conhecemos.

Eis aqui a descrição da Última Ceia segundo São Mateus (26, 26--28): *Enquanto comiam, Jesus tomou o pão, abençoou-o, partiu-o e deu-o aos seus discípulos, dizendo: Tomai e comei; isto é o meu corpo. E, tomando um cálice, deu graças, e deu-lho, dizendo: Bebei dele todos. Porque isto é o meu sangue, o sangue da nova aliança, que será derramado por muitos para remissão dos pecados.*

Temos já o Santo Sacrifício em essência, em básica simplicidade: a Consagração e a Comunhão. Além destes elementos essenciais do sacrifício, há outras circunstâncias incidentais que nos interessam. Vemos que Jesus «deu graças». As palavras da sua ação de graças não foram recolhidas pelos evangelistas, mas estão bem refletidas na Oração Eucarística das Missas de hoje e especialmente no Prefácio com que se inicia. Sabemos também pelo Evangelho de São João (13, 4-10) que Jesus colocou antes da Última Ceia a lavagem dos pés dos seus Apóstolos, um rito simbólico de purificação cujo eco encontramos no ato penitencial do começo da Missa. É também São João (13, 14-17) quem nos transmite as belíssimas palavras de Jesus aos seus Apóstolos na Última Ceia, de que é reflexo o sermão ou homilia que integra a liturgia das nossas Missas, especialmente das Missas dominicais.

As primitivas comunidades cristãs, quando se reuniam para a «fração do pão», seguiam muito de perto o singelo cerimonial da Última Ceia. Mas os primeiros cristãos eram judeus e, a princípio, não perceberam como devia ser completa a ruptura com a antiga religião do Antigo Testamento (abolida por Deus). Continuavam a assistir e a participar das cerimônias da sinagoga e reuniam-se privadamente em grupos pequenos para a «fração do pão».

Quando foram expulsos da sinagoga pelos seus irmãos judeus, os cristãos começaram a antepor à «fração do pão» umas orações moldadas segundo as cerimônias da sinagoga. Essas cerimônias consistiam basicamente em duas leituras, uma do livro de Moisés e outra tomada dos demais profetas, seguidas de um sermão, e tudo entremeado de diferentes orações. Ao adotarem o modelo das sinagogas, os cristãos «batizaram-no»: começaram a usar leituras do Novo Testamento juntamente com outras do Antigo. E assim se originou a primeira parte da nossa Missa de hoje (leituras do Antigo e Novo Testamento, Evangelho, homilia e outras orações). Na realidade, tratava-se de uma preparação para a Missa propriamente dita, que se chama Liturgia da Palavra e outrora era designada com o nome de Missa dos catecúmenos, porque, nos primeiros tempos da Igreja, era essa a única parte a que podiam assistir os possíveis conversos: enquanto não fossem batizados, não os deixavam assistir à Missa inteira.

A *elaboração das cerimônias* da Missa desenvolveu-se muito rapidamente. O esquema da Missa que hoje oferecemos ficou praticamente estabelecido no ano 150. Um escritor cristão desse tempo, São Justino Mártir, descreve-nos assim a Missa que então se oferecia: «Num dia cujo nome se toma do sol, os que moram na cidade e os do campo reúnem-se e então, quando há tempo, leem-se as memórias dos Apóstolos (quer dizer, os Evangelhos) e os escritos dos profetas. Terminadas as leituras, o presidente (quer dizer, o sacerdote) dirige-nos um discurso (quer dizer, um sermão), em que nos pede encarecidamente que pratiquemos as belas lições que acabamos de ouvir». Esta era a Liturgia da Palavra, como hoje a chamamos. São Justino descreve-nos em seguida a parte mais essencial da Missa, isto é, a Liturgia Eucarística.

«Então, leva-se pão e um cálice com água e vinho ao presidente dos irmãos, que os recebe e oferece louvores ao Pai de todos, em nome do Filho e do Espírito Santo, e depois prossegue com certa detenção, recitando uma prece de ação de graças (a que hoje chamamos Oração Eucarística ou Cânon da Missa, em que se inclui a consagração), porque Ele nos fez dignos de participar desses dons. Quando termina as orações e a ação de graças, todo o povo presente responde: Amém. (Este é o grande Amém da nossa Missa, que se diz depois do «Por Cristo, com Cristo, em Cristo», logo antes do Pai-nosso).

«Depois da ação de graças do presidente e da resposta do povo, os diáconos, como se chamam entre nós, distribuem o pão e o vinho entre os que pronunciaram a ação de graças [...] e não os tomamos como alimento e bebida comuns; do mesmo modo como nos foi ensinado que, pela palavra de Deus, Jesus Cristo Nosso Senhor se encarnou, assim também esses alimentos, para os que tenham pronunciado as palavras de petição e ação de graças, são a verdadeira carne e sangue daquele Jesus que se fez homem e que entra na nossa carne e sangue quando o recebemos» (*Primeira Apologia*, caps. 65-67). Vemos aqui a Missa já muito perto da sua forma final.

No ano 150, estava, pois, estabelecida a estrutura fundamental da Missa. No entanto, as orações nela contidas continuaram a desenvolver-se durante mais quatro séculos e meio. Nos tempos do Papa São Gregório Magno, que morreu no ano 604, o desenvolvimento da Missa tinha chegado a um esquema muito parecido com o atual.

Durante o período que vai de São Justino a São Gregório, foi acrescentado um elemento de oração ao elemento de instrução que constituía a Missa dos catecúmenos, parte inicial da Missa. Nos tempos de São Justino, havia duas leituras, uma do Antigo Testamento e outra dos Evangelhos, e a homilia (sermão). Nos de São Gregório, incluíam-se nessa parte, junto com as leituras e o sermão, o *Introito* ou canto de entrada, o *Kyrie* ou «Senhor, tende piedade de nós», o *Glória* e a *Oração* (Coleta).

Já desde a sua origem, o *Introito* foi um hino processional, que consistia num salmo escolhido para expressar o espírito da Missa do dia, gozosa, penitente ou triunfante. Cantavam-no o povo e o coro, enquanto o celebrante e os seus ajudantes saíam da sacristia (situada então perto da

356 A MISSA

porta de entrada da igreja), a caminho do altar. Vemos agora onde é que o Introito (do latim *introitus*, que significa «entrada») obteve o seu nome. No começo, era um salmo completo, mas, no século VIII, essas procissões solenes de entrada caíram pouco a pouco em desuso, e o Introito tomou-se cada vez mais curto.

A procissão do Introito é uma das quatro de que constava a Missa já em tempos remotos. As outras três eram a procissão do Evangelho, que atravessava a igreja até o *gradus* ou degrau em que o diácono cantava o Evangelho; a procissão do Ofertório, em que alguns membros da comunidade dos fiéis traziam ao altar as oferendas de pão e vinho e outros dons; e a procissão da Comunhão, em que os presentes se aproximavam em filas ordenadas para receber a comunhão. Em cada uma dessas procissões, o coro e o povo cantavam um salmo apropriado. Felizmente, três dessas procissões – a do Introito, a do Ofertório e a da Comunhão – foram restauradas pela reforma litúrgica realizada pelo Concílio Vaticano II.

Depois do Introito vem o *Kyrie, eleison* («Senhor, tende piedade de nós»). Esta súplica à misericórdia divina, que antes se dizia em língua grega, vem dos dias (antes do século IV) em que o grego era a língua litúrgica de Roma. O *Kyrie* é um vestígio de um antiquíssimo costume romano. O povo congregava-se numa igreja (a igreja da assembleia), onde se reunia com o Papa ou outro bispo e os seus acompanhantes. De lá iam todos em procissão a outra igreja (chamada estacional) para a celebração da Missa. Durante essa procissão, todos juntos entoavam uma ladainha de aclamações a Deus. Quando essas procissões caíram em desuso (por volta do século VI), conservou-se uma versão abreviada como parte da Missa: o «Senhor, tende piedade de nós» e o «Cristo, tende piedade de nós», que se mantêm na Missa atual.

Não sabemos exatamente quando é que o *Glória* veio a fazer parte da Missa. Sabemos que, na sua origem, era cantado apenas na Missa da noite de Natal e, no século VI, na Missa dos domingos e em certas festas, mas unicamente pelo Papa. Aos sacerdotes comuns era permitido o canto do Glória só na Missa da Páscoa. Estas restrições só foram levantadas no século XII, quando o Glória passou a fazer parte das Missas de caráter gozoso.

A oração que o sacerdote recita na Missa logo após o Glória (ou o *Kyrie,* se não há *Glória),* chama-se *Coleta,* ou simplesmente Oração. O nome *collecta* vem de que, na época das Missas estacionais, essa oração era recitada pelo Papa ou por um bispo na igreja da assembleia ou reunião *(ecclesia collecta),* antes de a procissão partir para a igreja estacional. Quando essas procissões cessaram, a Coleta passou a fazer parte integrante da Missa.

Para terminar a história desta primeira parte da Missa, resta apenas explicar como surgiram o Credo e a Oração dos fiéis.

O *Credo,* embora fosse recitado algumas vezes durante a Missa dos primeiros séculos, somente foi estabelecido como parte oficial da liturgia no ano 1014, pelo papa Bento VIII. Depois de ouvir a palavra de Deus nas leituras, o Evangelho e o sermão, vemos como é próprio fazer uma declaração da nossa fé, recitando o Credo antes de se proceder à sagrada ação da Missa.

A *Oração dos fiéis,* tradicional nas liturgias dos primeiros séculos, consistia numa enumeração das intenções pelas quais se oferecia o Santo Sacrifício, cuja parte essencial começava a seguir. Foi suprimida na época de São Gregório Magno, provavelmente por terem sido incorporadas ao Cânon orações de intercessão que cumpriam a mesma finalidade. Recentemente, o Concílio Vaticano II quis restaurá-la. Na Oração dos fiéis, «exercendo a sua função sacerdotal, o povo suplica por todos os homens». Reza-se «pela Santa Igreja, pelos governantes, pelos que padecem necessidade, por todos os homens e pela salvação de todo o mundo» (Instrução Geral do Missal Romano, n. 45).

A Liturgia Eucarística

Seria preciso um livro extenso para descrever em detalhe o desenvolvimento histórico da Liturgia Eucarística[16]. Aqui apenas podemos mencionar alguns pontos de maior relevância. A *Liturgia da Palavra* é a primeira das duas grandes partes da Missa, que nos prepara com leituras, orações e instrução para a grande ação da Missa. Nos ritos, no ato penitencial, no *Kyrie,* no *Glória* e na oração inicial da Missa, dirigimo-nos a Deus. Nas leituras e nas homilias, Deus dirige-se a nós com palavras de instrução e admoestação.

Agora estamos prontos para começar o Sacrifício. Na Igreja primitiva, chegado este momento, os catecúmenos e os penitentes públicos deviam abandonar a assembleia; só os batizados que não estivessem sob interdito permaneceriam para a Eucaristia, a Ação de Graças, a Missa. Foi por essa

---

(16) Cf. Federico Suárez, *O Sacrifício do Altar,* Prumo-Rei dos Livros, Lisboa, 1990.

358 A MISSA

razão que esta parte da Missa passou a chamar-se a Missa dos Fiéis, hoje designada pelo nome de *Liturgia Eucarística.*

A Liturgia Eucarística tem três partes. A primeira costuma chamar-se *Ofertório.* Começa com a apresentação das oferendas – acompanhada às vezes por um canto – e acaba com a oração sobre as oferendas; em seguida, vem a *Oração Eucarística,* coração e centro da Missa, que começa com o Prefácio e termina com a chamada doxologia final: «Por Cristo, com Cristo, em Cristo...»; e, finalmente, temos a *Comunhão,* que começa com o Pai-nosso e termina com a bênção e despedida finais.

No *Ofertório,* apresentamos as nossas oferendas, o nosso amor, o nosso ser (representados pelo pão e pelo vinho); unimo-nos a Cristo, que está prestes a oferecer-se, como oferenda perfeita, à Santíssima Trindade. Na Oração Eucarística, Jesus consagra a nossa oferenda e leva-nos consigo, dom infinitamente perfeito, até Deus. Na Comunhão da Missa, tendo aceitado a nossa oferenda e depois de transformá-la na Pessoa infinitamente preciosa do seu Filho, Deus devolve-nos esse dom. No Ofertório, unimo-nos a Jesus em espírito; na Comunhão, unimo-nos a Ele realmente, a fim de crescermos e vivermos para a vida eterna. Podemos representar a Missa como um triângulo. Por um lado, subimos com Cristo até Deus. No vértice do triângulo, está a Consagração da Missa, a aceitação de Deus e a transformação. Pelo outro lado, Deus desce até nós em Cristo.

Na Igreja primitiva, o Ofertório era mais uma ação do povo que uma série de orações recitadas pelo sacerdote. Depois da Missa dos catecúmenos, os fiéis aproximavam-se do presbítero em procissão, trazendo as suas oferendas. Traziam pão e vinho, dos quais uma parte seria utilizada para confeccionar a Eucaristia. Mas também traziam outras dádivas, como frutas, mel, azeite, queijo ou leite. Estas últimas eram para o Corpo Místico de Cristo, para ajudar os pobres e para manter o clero. Fosse qual fosse a oferenda, o seu simbolismo era o mesmo; esses donativos representavam o doador que colocava a *si mesmo* na Missa.

Um diácono recebia as oferendas e colocava-as sobre uma mesa perto do altar, esvaziando as vasilhas de vinho num recipiente maior e dispondo os pães sobre um pano de linho. Durante a procissão do Ofertório, a comunidade dos fiéis e o coro alternavam-se no canto de alguns salmos apropriados.

Terminada a oferenda, o diácono levava ao altar o pão e o vinho que iam ser necessários para o Santo Sacrifício, incluídos os que seriam devolvidos aos fiéis como dom de Deus sob a forma de Sagrada Comunhão. Depois de ter aceitado e disposto as oferendas sobre o altar, os que as haviam manejado lavavam as mãos; esta é a origem do lavabo que o sacerdote faz hoje na Missa. Então, o celebrante dizia uma oração sobre o pão e o vinho destinados ao Sacrifício, a única oração do Ofertório que era dita pelo sacerdote. Esta aparece na nossa Missa atual, como *oração sobre as oferendas,* oração que se diz logo antes do Prefácio.

O Ofertório termina com a oração do sacerdote sobre as oferendas. E agora vamos entrar na parte mais solene do Santo Sacrifício: a *Oração Eucarística,* que se inicia com um hino de louvor chamado *Prefácio;* um hino que canta a glória do Rei que está prestes a chegar e a subir ao seu trono, a cruz.

A palavra «cânon» – tradicional na Igreja para designar a Oração Eucarística – significa regra. Na língua grega, cânon significa tanto régua de carpinteiro como regra de conduta. Esta parte central da Missa chamou-se Cânon porque é fixa – nos seus diversos formulários – e imutável, no sentido de que o celebrante não pode acrescentar-lhe ou tirar-lhe nada.

Nos primeiros tempos da Igreja, não era assim. A *Eucharistia* ou Ação de graças – que assim se chamava o Cânon – consistia numa oração improvisada na sua maior parte pelo sacerdote, em que se agradecia em detalhe a Deus os seus muitos benefícios e bondades; e alcançava o seu ponto culminante na descrição do maravilhoso dom da carne e do sangue de Cristo.

Gradualmente, algumas dessas orações (provavelmente, as compostas por bispos especialmente venerados) foram sendo adotadas de modo geral, e mais tarde tornou-se costume usar apenas uma delas: o Cânon Romano (a atual Oração Eucarística I), que desde o ano 600 até os nossos dias permaneceu substancialmente inalterada. Atualmente, o novo Missal Romano contém quatro Orações Eucarísticas – o sacerdote escolhe uma ou outra, conforme as circunstâncias –, restabelecendo assim o uso de algumas daquelas antigas fórmulas.

É interessante notar que os primeiros cristãos consideravam a Oração Eucarística inteira como a oração da *Consagração.* Hoje temos plena consciência de que o pão e o vinho se convertem no Corpo e no Sangue do Senhor apenas no momento em que o sacerdote pronuncia as palavras «Isto é o meu Corpo» e «Este é o cálice do meu Sangue». Na primitiva cristandade, no entanto, os cristãos não tinham a noção exata de que esse preciso momento era *o* momento. Para eles, toda esta parte da Missa era uma ação única, a Ação do Sacrifício, e não tinham a mesma consciência que nós da diferença entre as suas partes. Por essa razão, a Igreja terminava a Ação com a elevação da Sagrada Hóstia e do Cálice, exatamente antes do Pai-nosso, para que o povo pudesse adorá-los.

360 A MISSA

Durante um milênio, esta foi a única elevação da Missa. A elevação das espécies consagradas imediatamente após a Consagração só se introduziu no século XI. A primitiva elevação ainda conserva a sua importância na Missa, quando o sacerdote diz «Por Cristo, com Cristo, em Cristo» – e eleva a patena e o cálice ante o povo, enquanto este diz em uníssono o Grande «Amém».

Com o Pai-nosso começa o rito da *Comunhão*, a terceira das partes que compõem a Liturgia Eucarística. Como as outras, esta também se desenvolveu gradualmente através dos séculos. Deve-se notar que, nos tempos antigos, até bem avançada a Idade Média, tinha-se por certo que todos os que assistiam à Missa receberiam também a Sagrada Comunhão. Durante os primeiros mil anos de história cristã, o povo tinha a plena compreensão de que cada Missa é «a nossa Missa». Todos participavam da Missa da maneira mais completa possível, o que supunha participarem da Vítima do Sacrifício, recebendo de Deus, transformado, o dom que lhe haviam oferecido; por outras palavras, indo comungar.

Na Idade Média, este sentido de participação ativa parece ter diminuído e, em consequência, o povo desleixou-se em receber a Sagrada Eucaristia. Desde os tempos dos papas São Pio X e Pio XII, a Igreja empenhou-se sobremaneira em restaurar o conceito da Comunhão como parte integrante do Santo Sacrifício, animando-nos a todos a estar em estado de graça – confessando-nos, se preciso – e com as devidas disposições, a fim de podermos comungar em todas as Missas a que assistimos.

Historicamente, o rito da Comunhão era muito simples na sua origem. Com efeito, a primitiva Igreja nem sequer via a Comunhão como parte separada da Missa: simplesmente, completava o Sacrifício. Quando os primeiros cristãos se sentavam ou se reclinavam à mesa para o Sacrifício Eucarístico, o santo Pão e o santo Cálice eram passados de um para outro. Quando aumentou o número de pessoas, fez-se necessário que os fiéis avançassem para receber a Comunhão das mãos do celebrante ou dos diáconos que o assistem.

Enquanto se aproximava em procissão da mesa situada perto do altar, o povo cantava uma antífona, um salmo adequado ao espírito do tempo litúrgico ou da festa. Atualmente, podem cantar-se, durante a Comunhão, não apenas salmos, mas também outros cânticos, aprovados pela autoridade eclesiástica, que favoreçam o recolhimento e a alegria convenientes a esta parte da Missa. Quando não há canto, recita-se uma antífona.

O *Pai-nosso* (a oração dominical que o próprio Senhor compôs) apareceu pela primeira vez na Missa por volta do ano 350. O *Cordeiro de Deus* foi acrescentado por volta do ano 700, a fim de preencher o tempo que o celebrante demorava a fraccionar as hóstias grandes em pedaços pequenos, para dar a Comunhão aos fiéis. A oração depois da Comunhão, que o sacerdote recita ou canta no final da Missa, é uma antiga oração litúrgica. As demais orações que aparecem entre o Pai-nosso e a bênção final são de origem muito posterior; algumas só começaram a tornar-se parte fixa da Missa no século XVI. Tem uma especial significação a oração pela paz que se lhe segue, e que exprime a íntima fraternidade entre os que vão participar da Mesa do Senhor.

Até o século XVI, na Igreja Católica de rito latino, distribuía-se a Sagrada Comunhão aos fiéis sob as duas espécies de pão e de vinho, prática ainda em uso, habitualmente, na Igreja de rito oriental. No entanto, sabemos que Jesus está presente, todo e inteiro, em cada uma das duas espécies; para receber a Sagrada Comunhão, basta uma delas. Esta tem sido a prática geral da Igreja de rito latino, muito embora a recente legislação tenha restaurado a recepção da Comunhão sob ambas as formas em determinadas ocasiões especiais, como, por exemplo, nas Missas de casamento, em que os nubentes podem comungar sob as duas espécies, se o desejarem.

Por que vestir paramentos?

«Os olhos são as janelas da alma», diz um antigo aforismo que nos recorda que somos homens, não anjos. Todo o conhecimento nos vem pelos sentidos. Se fosse possível alguém nascer e viver sem possuir os sentidos de percepção – sem poder ver, ouvir, cheirar, saborear ou tocar –, a sua mente estaria absolutamente em branco, independentemente da boa conformação física que tivesse o seu cérebro. Estaria nele a alma espiritual, mas todos os seus acessos ao conhecimento estariam fechados. Dos sentidos corporais dependem não só os conhecimentos, mas também as emoções e as atitudes interiores. Queremos música suave nos nossos momentos sentimentais e marchas garbosas nos nossos desfiles militares. Queremos luzes difusas no descanso e brilhantes nos divertimentos.

Não nos surpreende, pois, que os acessórios externos tenham importância na nossa vida religiosa e nos nossos atos de culto. Se as insígnias e os barretes dão solenidade a uma cerimônia universitária, e os uniformes e as bandeiras a um desfile militar, e os trajes de etiqueta e os vestidos de gala a um baile de sociedade, não se deve estranhar que um modo especial de vestir fomente em nós o sentido do respeito a Deus no culto que lhe prestamos. Ninguém sabe disto melhor do que o próprio Deus que nos criou. Por isso, no Antigo Testamento, Deus prescreveu expressamente certas vestes que deveriam ser usadas no sacerdócio mosaico. Por isso, a Igreja de Deus, sob essa orientação, prescreveu no Novo Testamento vestes especiais que os sacerdotes devem usar no cumprimento dos seus sagrados deveres, em especial ao celebrarem o Sacrifício da Missa.

Durante os primeiros trezentos ou quatrocentos anos da história cristã, quando os fiéis se reuniam para a celebração da Eucaristia, o sacerdote usava vestes comuns, uma espécie de toga romana. Quando, até fins do século IV, as tribos bárbaras do Norte conquistaram o Império romano, o estilo da roupa masculina começou a mudar, mas os sacerdotes continuaram a vestir a túnica comprida ao celebrarem a Missa. Assim, o mais antigo dos paramentos da Missa é a *alva* (que significa «branca»), essa túnica que o sacerdote põe sobre a batina (o traje eclesiástico que é a sua veste diária). A alva simboliza a pureza de coração e, com ela, o sacerdote expressa a sua renúncia às coisas do mundo, exigida para se oferecer o Cordeiro de Deus. Em tempos antigos, a toga romana era cingida por um cordão ou cinto, que ainda continua a utilizar-se, se é necessário, e conserva o mesmo nome romano: *cíngulo*. É feito de linho ou lã, e significa a castidade, o domínio dos desejos carnais.

Ao longo do século VIII, tomou-se costume que o sacerdote se dirigisse ao altar com a cabeça coberta com um capuz. Esse capuz foi-se estilizando até se tornar o paramento a que chamamos *amito* (do latim *amictus*, que significa «coberto»). É um lenço branco de forma oblonga ou retangular, com compridas fitas cosidas a dois dos seus ângulos. Em algumas ordens religiosas, ainda se usa o amito em forma de capuz sobre a cabeça. Mas, para os demais sacerdotes, o prescrito é utilizá-lo por baixo da alva, quando esta não encobre completamente as vestes comuns que circundam o pescoço. A Igreja fez do amito um símbolo do «capacete de salvação» de que nos fala São Paulo, que protege a cabeça contra os ataques de Satanás.

A segunda peça importante vestida pelo sacerdote, depois da alva ou túnica, é a *estola:* uma longa faixa de cor, que se coloca sobre os ombros e se deixa pender diante do peito. O uso da estola foi introduzido no século IV, e parece derivar da roupagem oficial que os juízes romanos vestiam no tribunal. A Igreja adotou-o como símbolo da autoridade sacerdotal. A roupagem do princípio foi evoluindo até adquirir a forma de hoje. Na sua liturgia, a Igreja compara a estola à «roupa de imortalidade» que recobre a alma cristã. Eventualmente, a própria estola pode fazer as vezes da casula. Assim, para o Brasil, a Santa Sé aprovou a possibilidade – se o sacerdote assim o desejar – de se substituir o conjunto alva e casula por uma túnica ampla, de cor neutra, com uma estola da cor do tempo ou da festa.

O último paramento de que o sacerdote se reveste é a *casula*. A casula é uma vestidura ampla, comumente com adornos, que pende dos ombros do sacerdote, pela frente e pelas costas. Do fato de envolver o sacerdote derivou o nome latino *casula*, que significa «casa pequena». No simbolismo cristão denota o jugo de Cristo, a responsabilidade do celebrante como cristão e como sacerdote. Há dois estilos de casulas: a mais ampla, que pende dos braços aos lados, e se chama gótica; e a atualmente menos usada, recortada nos lados para deixar os braços livres, chamada romana. A casula não é senão uma adaptação da capa que os homens vestiam nos primeiros séculos da história cristã.

Interessa-nos olhar agora para o celebrante detidamente, quando sai da sacristia já paramentado, pronto para começar a Missa.

Notamos logo que os paramentos exteriores do sacerdote são de cor, uma cor que não é a mesma todos os dias. Há cinco cores que dão variedade à liturgia: o *branco*, o *vermelho*, o *verde*, o *roxo* (ou violeta) e, eventualmente, o *preto*. O branco é símbolo de pureza e santidade, e também expressa alegria. É a cor das festas de Nosso Senhor, da Santíssima Virgem, dos santos que não são mártires, e utiliza-se também na Páscoa. O vermelho é a cor do fogo e do sangue. Significa o fogo ardente do amor, e por isso é a cor usada nas festas do Espírito Santo, que no dia de Pentecostes desceu sobre os Apóstolos em forma de línguas de fogo. É também a cor das festas dos mártires, esses santos que provaram o seu amor a Cristo derramando o seu sangue por Ele. Por maioria de razão, emprega-se no Domingo da Paixão (Ramos) e na Sexta-feira Santa, quando se celebra a morte dAquele que é – como dizia Santo Agostinho – a «Cabeça dos Mártires». O verde é a cor que cobre a terra quando a natureza desperta do seu letargo invernal. É, por conseguinte, a cor da esperança, e expressa a nossa confiança em alcançar a vida eterna. É a cor que se utiliza nos domingos do Tempo Comum, quando a Missa não é de um santo ou outra festa. A cor roxa evoca a preparação e a paciência e, por isso, é usada nos domingos e dias de semana no Advento e na Quaresma, quando não se comemora outra festa. A cor roxa é ainda utilizada nas Missas de defuntos, que podem ser celebradas também com casula de cor preta.

Podemos aproveitar o ensejo para passar brevemente em revista os principais objetos sagrados necessários para a celebração da Missa. Entre eles distinguem-se os vasos sagrados: especialmente o *cálice* e a *patena.* No cálice, o vinho é consagrado e transforma-se no Sangue de Nosso Senhor, que é oferecido por nós. E na patena – que tem a forma de uma pequena bandeja – o pão converte-se no Corpo de Jesus, que igualmente se oferece ao Pai em sacrifício pelos nossos pecados. Por isso, esses vasos sagrados sempre são de material nobre, sólido e incorruptível. O normal é que sejam metálicos e, nesse caso, convém que recebam o revestimento de um banho de ouro no seu interior, que estará em contato com o Preciosíssimo Sangue ou o Sagrado Corpo de Cristo. Este banho é logicamente desnecessário quando se trata de um cálice ou de uma patena de ouro. Também pode suprimir-se quando se utilizam outros metais nobres inoxidáveis.

Há também outro vaso sagrado: o *cibório,* que, como o seu próprio nome indica (*ciborium* em latim quer dizer recipiente do pão), é uma copa que contém as hóstias pequenas com as quais os fiéis comungam. Valem a respeito da sua confecção as mesmas observações que fizemos a propósito do cálice e da patena. Quando o número de comungantes não é muito elevado, pode-se prescindir do cibório, utilizando a própria patena.

Além dos vasos sagrados, são importantes vários outros objetos para a celebração da Eucaristia. São as *toalhas,* o *corporal,* o *sanguíneo* e a *pala,* todos eles de pano branco, e, finalmente, as *velas.* As toalhas cobrem o altar. Deve haver pelo menos uma. O corporal é uma peça quadrada de pano branco, que se estende sobre a toalha. Sobre o corporal descansarão – no cálice e na patena – o Corpo e o Sangue de Jesus; daí o seu nome. O sanguíneo é um pano de linho fino que serve para enxugar o cálice no fim da Missa. A pala é um pequeno quadrado de pano rígido, com o qual se pode cobrir o cálice durante a celebração, para impedir que caia poeira ou qualquer impureza no Sangue de Cristo. Sobre as velas que ardem no altar ou diante dele (Cristo, Luz do mundo), basta dizer que se utilizam pelo menos duas. Em dias de festa, são quatro ou seis. Também vemos, no altar ou junto dele, um crucifixo, que recorda constantemente ao sacerdote que está a oferecer o Sacrifício do Calvário.

O Missal Romano

Todas as orações fixas que se recitam ou se cantam nas Missas de rito latino estão contidas num livro chamado *Missal romano.* Este livro contém também as instruções detalhadas das cerimônias que a Igreja prescreve para a celebração da Missa. No Missal latino, os textos que devem ser lidos costumam estar impressos em preto, ao passo que as instruções vão em vermelho. Por esta razão, são chamadas *rubricas* da Missa, do latim *ruber,* que significa «vermelho». Note-se que as leituras estão reunidas em vários volumes independentes, chamados Lecionários. Depois da última reforma litúrgica, a riqueza das leituras é muito grande.

O nosso livro de altar chama-se Missal Romano, para distingui-lo dos utilizados pela Igreja Católica de ritos orientais. Devemos recordar que, mesmo antes da reforma realizada pelo Concílio Vaticano II, que autoriza as Missas em língua vernácula, o latim não era a única língua em que se celebrava a Missa, nem as cerimônias de rito latino as únicas na sua celebração. O latim passou a ser a língua dominante na Igreja Católica devido ao que poderíamos chamar uma circunstância histórica. Durante os primeiros trezentos anos da história cristã, a língua oficial do culto, mesmo em Roma, era a grega. No século IV, a Igreja adotou o latim, que tinha deslocado o grego como língua do povo, para que este participasse mais ativamente do Santo Sacrifício. Por essa mesma razão, agora se empregam línguas vernáculas.

Enquanto em Roma as cerimônias da Missa se desenvolviam segundo as linhas que nos são tão conhecidas, as comunidades cristãs de Jerusalém, Antioquia (Síria), Alexandria (Egito) e Constantinopla (Grécia) desenvolviam outras orações e cerimônias para a Missa. Poderíamos dizer que estavam desenhando outros estilos de engaste para a joia preciosa que Jesus nos doou na Última Ceia. Das liturgias dessas comunidades orientais nasceram as orações e cerimônias da Missa que hoje conhecemos por ritos orientais. Diversos bispos adaptaram uma ou outra dessas liturgias orientais à linguagem do seu povo, o que levou a uma diversidade ainda maior. Como resultado, temos os ritos bizantino (ou grego), o sírio, o caldeu, o armênio, para mencionar alguns.

O que surpreende os católicos de rito latino é que alguns bispos de rito oriental tenham rompido a sua união com o bispo de Roma, o Papa. Isto deu origem às igrejas orientais separadas, quer dizer, igrejas que cortaram o vínculo de unidade com o bispo de Roma, o Papa.

Não podemos expor aqui em detalhe as razões históricas da ruptura com Roma. Basta observar que as igrejas orientais que romperam com Roma são chamadas comumente *Igrejas Ortodoxas*, ao passo que aquelas que permaneceram fiéis se chamam *Uniatas* (quer dizer, unidas). Em consequência, deparamos com divisões tais como a Igreja Católica de rito oriental, a Igreja Ortodoxa Grega, a Igreja Católica de rito armênio e a Igreja Ortodoxa Armênia, etc. O último Concílio, e depois os Papas, têm-se esforçado por procurar os caminhos da união das Igrejas orientais separadas com a Igreja Católica. Mas devemos sublinhar que, enquanto Deus não se dignar a conceder-nos a alegria desta nova união, os *católicos* dos ritos orientais são tão católicos como nós. Reconhecem o Papa como cabeça espiritual suprema, têm verdadeira Missa e verdadeiros sacramentos, ainda que as cerimônias da sua liturgia sejam diferentes e possuam tradição própria. E temos absoluta liberdade para assistir à Missa nas suas igrejas, como eles a têm para assistir às nossas.

Na verdade, se tivermos oportunidade, não será má ideia comparecer alguma vez a uma igreja católica de rito oriental. Servirá para entendermos melhor o que significa a palavra católico, quer dizer, universal, que abraça todos os homens e se adapta a qualquer cultura. Veremos também que o que realmente importa é o que se passa na Missa: a oferenda de cada um em união com Cristo, a Hóstia perfeita, e não a língua em que se celebra ou os gestos que se fazem.

Podem-se encontrar igrejas católicas de rito oriental nas grandes cidades, mas, antes de entrarmos nelas, devemos certificar-nos de que se trata de uma igreja *católica*, uniata. As igrejas ortodoxas não são católicas e, por isso, os católicos não devem ir a elas a não ser que, no lugar onde se encontram, não haja uma igreja católica ou existam outras razões para o fazer assim. Embora separadas, as igrejas ortodoxas têm verdadeiro sacerdócio e verdadeiros sacramentos.

Dissemos que foi um simples acidente histórico o que fez do rito latino o mais estendido na Igreja. Mas esta afirmação, se cremos na providência de Deus, não é estritamente certa. Por inspiração divina, é um fato histórico que as novas e vigorosas nações pagãs do Ocidente foram evangelizadas por missionários de rito latino, que Roma enviava, e não por missionários de Constantinopla. Devemos a santos como Patrício, Bonifácio, Agostinho, Cirilo e Metódio o fato de o Missal Romano ter sido o livro de Missa da grande maioria dos católicos através dos tempos.

A propósito do Missal, queríamos, finalmente, observar que o novo Missal Romano se encontra em muitos países traduzido para as respectivas línguas vernáculas, pelo menos nas partes relativas às Missas dos domingos e das solenidades. Embora não seja indispensável, é muito útil possuir um, para acompanhar melhor todas as orações e leituras da Missa e para poder a qualquer momento meditar nos seus belos textos.

Participar da Missa

Qual é a melhor maneira de participarmos da Missa? No que diz respeito à nossa atitude, não há discussão possível desde a «Constituição sobre liturgia» do Concílio Vaticano II, e as subsequentes Instruções que aplicam a reforma litúrgica. A Missa é o sacrifício, o culto perfeito tributado a Deus Pai pelo próprio Cristo e, com Ele, pela Igreja inteira, o Corpo Místico de Cristo. Por isso, todo o povo presente deve participar dela, de modo ativo e consciente. A Missa não é lugar apropriado para recitarmos orações privadas, por mais excelentes que sejam, como o terço.

Na Missa, cumprimos o nosso importante papel de *membros do Povo de Deus* – incorporados ao Corpo Místico de Cristo pelo Batismo – rezando ou cantando em comum. Escutamos Jesus que nos fala nas leituras, no Evangelho e na homilia da Missa. Nos momentos de silêncio, unimo-nos ao sacerdote nas orações que recita. A participação ativa na Missa adquire uma significação renovada como supremo ato de culto que nós e os nossos irmãos coparticipantes oferecemos em união com Cristo. O uso da nossa própria língua na Missa ajuda-nos a ganhar uma consciência muito viva do que se passa no altar.

Mas é essencial recordar que a nossa participação na Missa é muito mais que a mera conformidade externa com umas orações e cerimônias; a Missa é sobretudo o oferecimento do sacrifício do Calvário, que realizamos com Jesus.

Pelo ministério visível do seu sacerdote ordenado, Jesus oferece à Santíssima Trindade um ato de adoração que é digno de Deus, porque é oferecido pelo próprio Filho de Deus. É um ato de adoração que se expressa num ato de amor infinito, amor que, por sua vez, adquiriu o seu valor pela obediência infinitamente perfeita de Jesus à Vontade de seu Pai. Na Missa, Jesus *congrega-nos em torno dEle*. Aceita do coração de cada um de nós a oferenda do nosso amor a Deus e dá-lhe um valor eterno unindo-a ao seu próprio amor infinito. Juntos, Jesus e nós, aproximamo-nos de Deus em unidade. Constituímos assim uma só Vítima, uma só Hóstia, depositada ao pé do trono divino. Podemos ser dez ou dez mil, mas, olhe o Pai para onde olhar, é o seu Filho quem Ele vê. E, enquanto o amor de Deus flui para Jesus, este amor do Pai pelo seu Filho derrama-se sobre cada um de nós.

É, pois, evidente que a nossa *atitude* – a disposição e a atitude da nossa mente e do nosso coração – é mais importante que todas as palavras que possamos pronunciar. O sacerdote tem que falar, porque deve realizar o sinal externo que tornará presente a ação do Calvário, aqui e agora. Nós *teríamos* que falar ou cantar – nos momentos apropriados –, para expressar a nossa identificação com o que está acontecendo. Mas não esqueçamos que cumpriríamos, poderíamos cumprir a nossa parte na Missa, mesmo que fôssemos surdos-mudos. Cumprimo-la quando realmente nos fazemos um com Jesus; um com Ele no seu ato de amor. Um com Ele na sua função de Vítima.

Que significa *fazer-se vítima?* Significa entregar-se no altar da Vontade de Deus. Significa dizer ao Senhor do fundo do coração: «Toma-me, Senhor, sou teu sem condições. Faz comigo o que quiseres. Viver e trabalhar, sofrer ou morrer: o que Tu quiseres é o que eu quero; faça-se em mim a tua Vontade. Faz-me instrumento para entender o teu reino; ajusta-me ao teu plano sobre mim, ainda que tenhas que bater-me com força para que eu encaixe no meu lugar».

O pensamento de uma entrega tão incondicional no altar talvez nos cause um pouco de medo. Talvez tenhamos que admitir que não nos sentimos capazes de dizer, com sinceridade absoluta, palavras de entrega tão completa. Então, que pelo menos *queiramos* poder dizê-las. Em vez de dizer: «Toma-me, Senhor, sou teu sem condições», teremos que nos contentar com dizer: «Toma-me, Senhor, e dá-me a generosidade de querer ser teu sem condições». Entregar-se parcialmente como vítima é melhor do que não se entregar absolutamente. Deus terá paciência com a nossa atual frouxidão, descobrirá em nós algum traço do seu Filho e, com a sua graça, elevar-nos-á ao nível de fortaleza que agora não temos.

Além da nossa identificação com Cristo na sua função de Vítima, que temos de fazer sem reservas, há outro aspecto da nossa participação na Santa Missa que é de capital importância. É continuarmos no tempo, pelos laços da caridade, a identificação com Jesus que fizemos na Missa. A nossa entrega como vítimas seria um gesto vazio se a negássemos com as obras, se com a nossa conduta faltássemos à caridade com os nossos irmãos, os homens.

Se na verdade somos um em Cristo, veremos os outros com os olhos de Cristo, vê-los-emos como almas que temos de amar, de salvar, por pouco atraente que nos pareça o seu aspecto externo. Se odiarmos de verdade uma só alma, teremos destruído a nossa união com Jesus, ter-nos-emos separado de qualquer participação real na Missa. Se, sem chegar ao ódio, abrigarmos algum rancor, por menor que seja, ter-nos-emos situado numa zona marginal, separados dos *muitos feitos um* que têm o direito de aclamar na Missa: «Santo, santo, santo, Senhor Deus do universo!»

Dar-se a Deus sem reservas e praticar a caridade com todos: estas são as disposições que nos fazem participar ativamente da Missa. Alegra-nos muito que o Concílio Vaticano II tenha permitido que a Missa se diga na nossa língua, porque se tornou mais fácil a nossa participação externa e interna. Mas, sempre, o essencial da nossa participação na Missa, diga-se em latim, português ou inglês, continua a ser a sua raiz no interior da nossa alma.

Há mil e quinhentos anos, o latim era a língua vulgar do povo no Império Romano. Quando as pessoas iam à Missa, entendiam o que se fazia e, mais ainda, contribuíam para o que se fazia. Oravam com o sacerdote e com ele cantavam, e faziam-no com plena compreensão porque a Missa se dizia na sua língua habitual. Nas procissões do Ofertório e da Comunhão, dirigiam-se ao altar para levar os seus dons e receber o dom divino. Com uma participação tão ativa na Missa, era-lhes fácil perceber que formava uma comunidade, a comunidade cristã, consagrada com Cristo, sua Cabeça, à tarefa de reconciliar o homem com Deus.

Mas das terras não civilizadas do norte da Europa irromperam as tribos bárbaras. Esses pagãos invadiram o Império romano, trazendo consigo as suas próprias línguas, das quais surgiram muitos dos idiomas modernos da Europa atual. Pouco a pouco, o latim sofreu transformações sucessivas, deixando de ser a língua do povo. Tornou-se uma língua «morta», que ninguém além das pessoas cultas falava. Gradualmente, o povo foi ficando para trás no oferecimento do Santo Sacrifício, até este se tornar um trabalho exclusivo do sacerdote, do sacerdote assistido por uns poucos ajudantes e por um coro profissional. Já não era tão patente que a Missa é a ação de *todo o Corpo Místico de Cristo*. Para o povo inculto, a Missa convertia-se assim num espetáculo: algo a que devia assistir e que devia ver, mas em que não tinha parte.

Com isso, porém, a Missa não perdeu nada dos seus valores essenciais. Nela, Jesus Cristo continuava a oferecer-se a Deus, pelo ministério do sacerdote, como Oferenda perfeita, como Sacrifício perfeito. A Missa era – e é – a Grande Ação, a Grande Obra de Cristo na sua Igreja: adorar a Deus e redimir o homem. Mas, quando o povo deixou de tomar parte ativa na Missa, esta perdeu grande parte do seu valor secundário: do seu valor como monitora da vida cristã e modeladora da mente cristã.

Quando o povo participava ativamente da Missa, esta lhe recordava constantemente a sua unidade com Cristo e de uns com os outros. Enquanto recitavam ou cantavam as orações, os fiéis viviam com Cristo a sua paixão, morte e ressurreição. A sua religião estava impregnada de

370 A MISSA

alegria, porque lhes recordava vivamente que Cristo os havia resgatado do pecado e da morte e, pela sua ressurreição, lhes havia dado o penhor da vida eterna. Era também uma religião centrada em Cristo; saíam da igreja conscientes da sua obrigação de participar da obra redentora de Cristo e da sua responsabilidade para com o próximo.

Quando os fiéis deixaram de participar de forma inteligível na *liturgia* («liturgia» é uma palavra grega que significa «obra», «tarefa»), a sua vida espiritual foi sofrendo uma mudança gradual. Por um lado, centrava-se menos em Cristo e mais nas pessoas, que se preocupavam mais com a sua alma e menos com a do próximo e com as suas necessidades. Na sua mente, pensavam mais como indivíduos que como membros interdependentes do único Corpo Místico. A religião perdeu parte do seu caráter gozoso à medida que os cristãos foram perdendo parte da alegre confiança na eficácia da redenção de Cristo aplicada a si mesmos. Começaram a ficar mais preocupados com a inclinação pessoal para o pecado e, em consequência, passaram a encarar a «virtude» primordialmente como preservação do pecado. Não há dúvida de que preservar-se do pecado é imprescindível, mas não é senão o começo. Não devemos esforçar-nos apenas por permanecer sem pecado; devemos trabalhar com Jesus para aumentar a nossa caridade, o nosso amor.

A perda da íntima participação do povo na liturgia teve outra consequência. Com o obscurecimento do sentido da Missa, começaram a florescer as devoções privadas de todos os gêneros. O desejo humano de participar do culto empurrou os fiéis para as novenas e para outras formas de piedade não litúrgicas. Nenhuma delas era má – qualquer forma de oração é boa e agradável a Deus –, mas, com muita frequência, essas devoções privadas tornaram-se mais importantes do que a própria Missa; e o que está em primeiro lugar deve ocupar o primeiro lugar.

Devemos estar agradecidos ao Concílio Vaticano II e aos recentes Papas por terem posto tanto empenho em devolver à liturgia o lugar que lhe corresponde: como centro da vida e do culto cristãos. O século XX passará à história cristã como a era em que, graças a esta renovação, a liturgia reviveu como ponto focal da piedade e da vida cristã. Por isso, é dever de cada um de nós se aprofundar no conhecimento do significado da Missa e aumentar o seu amor por ela. Temos que tornar mais completa a entrega de nós mesmos que, em união com Cristo, fazemos na Santa Missa, unir-nos mais estreitamente aos nossos irmãos pelos laços da comum fraternidade e viver a Missa levando a nossa entrega pessoal e o amor fraterno a todas as atividades de cada dia.

Capítulo XXVIII
A Sagrada Comunhão

Tão perto de Cristo

Na augusta Ação a que chamamos Santa Missa, o pão e o vinho transformam-se no Corpo e no Sangue de Jesus. Mas seria um grave erro supor que a Missa não é senão o meio ou instrumento para confeccionar a Sagrada Eucaristia. A Missa tem um fim próprio: é um Sacrifício que constantemente renova no tempo o Sacrifício da Cruz. E é um tema tão grandioso que foi preciso dedicarmos a ele um estudo à parte. Agora vamos ver a Eucaristia como *Sacramento*.

Ao chegarmos a este ponto, surgem-nos naturalmente algumas perguntas: Que fim tem o sacramento da Eucaristia? Que efeitos produz na alma? Sabemos que cada sacramento produz o seu efeito ou efeitos próprios. Se o fim de todos os sacramentos fosse simplesmente dar-nos a mesma espécie de graça, teria bastado que houvesse um só; não haveria necessidade de Jesus Cristo ter instituído sete.

O sacramento da Sagrada Eucaristia foi instituído como alimento espiritual. Por isso, o sinal externo desse sacramento são as aparências do pão e do vinho, sinais de alimento, como o sinal externo do Batismo, a água, é sinal de limpeza. A ação pela qual nós, como indivíduos, recebemos a Sagrada Eucaristia é uma ação de comer: ingerimos as aparências do pão

372 A SAGRADA COMUNHÃO

e do vinho sob as quais Jesus está realmente presente. Esta ação chama-se Comunhão. Se a Eucaristia é um alimento espiritual, é de supor-se que produza na alma efeitos semelhantes aos que o alimento material produz no corpo. E assim é.

> «O que o alimento material produz em nossa vida corporal, a comunhão o realiza de maneira admirável em nossa vida espiritual. A comunhão da Carne de Cristo ressuscitado, "vivificado pelo Espírito Santo e vivificante" (PO 5), conserva, *aumenta* e *renova* a vida da graça recebida no Batismo. Este crescimento da vida cristã precisa ser alimentado pela Comunhão Eucarística, pão da nossa peregrinação, até o momento da morte, quando nos será dado como viático» (n. 1392).

O primeiro e o mais importante dos efeitos do alimento material é tornar-se uma só coisa com quem o come; transforma-se na substância da pessoa que o ingere e torna-se parte dela. Na Sagrada Comunhão, passa-se espiritualmente algo de parecido, mas com uma grande diferença. Opera-se uma união entre a pessoa e o alimento, mas, neste caso, é o indivíduo quem se une ao alimento, mais do que o alimento ao indivíduo. O inferior une-se ao superior: *tornamo-nos uma só coisa com Deus*.

A nossa união sacramental com Cristo não consiste na mera união física entre o nosso corpo e a Sagrada Hóstia que recebemos. É antes a união mística e espiritual da alma com Jesus, operada pela divina virtude do amor mediante contato físico com o sagrado Corpo de Jesus. Este efeito – a incorporação mística da alma a Jesus por meio da caridade – produz-se *ex opere operato*, como dizem os teólogos. Quer dizer, produz-se pela virtude do próprio sacramento, sem esforço da nossa parte. Se não opomos barreiras à sua ação – como seriam as barreiras da falta de fé ou do pecado –, ao recebermos a comunhão unimo-nos infalivelmente de um modo íntimo a Jesus pelo laço da caridade.

Esta maravilhosa fusão da alma com Jesus é de um tipo muito especial. Evidentemente, não nos tornamos «parte de Deus», não nos unimos a Jesus por uma união hipostática como a que existe entre a sagrada Humanidade de Cristo e a sua Natureza divina. A união com Jesus que a Sagrada Comunhão opera em nós é de um tipo único na sua espécie. É muito mais que a união «ordinária» com Deus que o Espírito Santo estabelece em nós pela graça santificante, mas é menos que a união final e da máxima intimidade de que gozaremos no céu com a visão beatífica. A união não é nem hipostática nem beatífica: é muito simplesmente *Comunhão*.

> «Receber a Eucaristia na comunhão traz como fruto principal a união íntima com Cristo Jesus. Pois o Senhor diz: *"Quem come a minha Came e bebe o meu Sangue permanece em mim e eu nele"* (Jo 6, 56). A vida em Cristo tem seu fundamento no banquete eucarístico: *"Assim como o Pai, que vive, me enviou e eu vivo pelo Pai, também aquele que de mim se alimenta viverá por mim"* (Jo 6, 57)» (n. 1391).

Ao unirmo-nos a Cristo nessa união íntima e pessoal, uma união tão particular, *unimo-nos também a todos os que estão «em» Cristo*, aos outros membros do seu Corpo Místico. A união com Cristo na Sagrada Comunhão é o laço de caridade que nos faz uma só coisa com o próximo. Não podemos experimentar um crescimento no amor a Deus, que a nossa união com Deus nos comunica, sem experimentar ao mesmo tempo um crescimento no amor ao próximo. E o fruto das nossas comunhões torna-se suspeito se continuamos a manter preconceitos de nação ou de raça, se guardamos rancor ao próximo, se não vemos melhorar a nossa afabilidade, compaixão, paciência e compreensão para com os outros.

> «Diante da grandeza deste mistério, Sto. Agostinho exclama: *"Ó sacramento da piedade! Ó sacramento da unidade! Ó vínculo da caridade!"* (Ev, Jo 26, 6, 13). Quanto mais dolorosas se fazem sentir as divisões da Igreja que rompem a participação comum à mesa do Senhor, tanto mais prementes são as orações ao Senhor para que voltem os dias da unidade completa de todos os que nele creem» (n. 1398).

O próprio sinal desse sacramento simboliza a nossa absoluta unidade com Cristo. Muitos grãos de trigo se juntaram no pão que se converterá no Corpo de Cristo. Muitos grãos de uva foram espremidos juntos para encher o cálice que conterá o Sangue de Cristo. Somos muitos num. E esse Um é Cristo. *E o pão, que partimos, não é a comunhão do corpo de Cristo? Uma vez que há um único pão, nós, embora sendo muitos, formamos um só corpo, porque todos nós comungamos do mesmo pão* (1 Cor 10, 16-17).

Pode ser oportuno fazer aqui uma observação. O amor a Deus e ao próximo de que vimos falando não é um amor sentimental nem, necessariamente, emocional. Podemos crescer em amor a Deus e ao próximo sem «sentir» a emoção que se sente nas relações humanas de afeto. Aliás, a emoção é um guia de pouca confiança. Não devemos preocupar-nos se a nossa emotividade permanece inalterada; devemos medir a eficácia das nossas comunhões frequentes pela melhora do nosso modo de ser e de agir.

Quando o organismo se alimenta e transforma o alimento na sua própria substância, qual é o resultado? Nas primeiras etapas da vida, o efeito mais notável é o *crescimento:* ganhamos em força e estatura. Outro dos efeitos é *conservar a vida:* o alimento repara constantemente as células desgastadas e consumidas do corpo e proporciona-lhe os elementos de defesa contra as infecções. O alimento tem também um valor *medicinal:* muitos doentes não precisam de outra medicação além de um regime equilibrado de comida para recuperarem a saúde. Já fizemos notar que o processo de união entre o alimento e aquele que o toma atua em sentido contrário na Sagrada Eucaristia: neste caso, quem o toma une-se ao alimento. Desta união única e íntima derivam outras consequências.

A primeira é o *crescimento espiritual* que se produz pelos repetidos incrementos de graça santificante que a Sagrada Comunhão comunica. É próprio de cada sacramento dar ou aumentar a graça santificante. No entanto, cada um dos outros sacramentos tem um fim específico próprio, além de conferir a graça santificante. O Batismo apaga o pecado original, a Penitência perdoa o pecado atual, a Confirmação fortalece a fé, o Matrimônio santifica os esposos, e assim por diante. Mas a Sagrada Eucaristia é um sacramento cujo *fim especial* é aumentar a graça santificante, repetida e frequentemente, por meio da união pessoal com o próprio Autor da graça. Esta é a razão pela qual a Eucaristia é o sacramento por excelência do crescimento espiritual: aumenta-nos a estatura e a força espirituais.

Esta é também a razão pela qual devemos estar já em estado de graça santificante ao comungarmos. O alimento material não pode beneficiar um corpo morto e a Sagrada Eucaristia não pode beneficiar uma alma morta. É evidente, além disso, que a pessoa que comungasse sabendo estar em pecado mortal acrescentaria uma nova dimensão de culpa ao seu estado pecaminoso: cometeria o gravíssimo pecado de sacrilégio. No mesmo ato em que se oferecesse externamente a Jesus, na união de amor que é a essência da Comunhão, opor-se-ia a Ele pelo «não» a Deus que o estado de pecado mortal acarreta implicitamente.

O alimento material não devolve a vida a um corpo morto, mas devolve a saúde a um corpo debilitado. De modo análogo, a recepção da Sagrada Eucaristia não perdoa o pecado mortal, mas *perdoa os pecados veniais*, sempre que (como é evidente) quem comunga esteja arrependido desses pecados. Outra vez opera aqui o amor. O que poderíamos chamar a «injeção» de amor que Jesus lança na alma no momento da união pessoal tem tal força purificadora que limpa a alma das suas infidelidades menores. Seja qual for a montanha de pecados veniais que embarace a alma, dissolve-se e aniquila-se (se há arrependimento) quando Cristo entra em contato com ela.

> «Como o alimento corporal serve para restaurar a perda das forças, a Eucaristia fortalece a caridade que, na vida diária, tende a arrefecer; e esta caridade vivificada *apaga os pecados veniais*. Ao dar-se a nós, Cristo reaviva nosso amor e nos torna capazes de romper as amarras desordenadas com as criaturas e de enraizar-nos nele» (n. 1394).

O alimento não restaura a vida, mas preserva-a. Outro dos efeitos da Sagrada Comunhão é, portanto, *preservar a alma da morte espiritual*, do pecado mortal. Já se deu um passo nessa direção ao ficarem perdoados os pecados veniais, pois estes formam a vertente que leva gradualmente à queda brusca e repentina do pecado mortal.

> «Pela mesma caridade que acende em nós, a Eucaristia nos *preserva dos pecados mortais* futuros. Quanto mais participarmos da vida de Cristo e quanto mais progredirmos em sua amizade, tanto mais difícil de ele separar-nos pelo pecado mortal. A Eucaristia não é destinada a perdoar pecados mortais. Isso é próprio do sacramento da reconciliação. É próprio da Eucaristia ser o sacramento daqueles que estão na comunhão plena da Igreja» (n. 1395).

Mas a Sagrada Comunhão tem um efeito adicional que ajuda a preservar-nos do pecado mortal. Atua sobre o que os teólogos denominam «a proclividade para a concupiscência». A concupiscência é essa tendência para o pecado que é herança comum de todo o gênero humano em resultado da queda de Adão. É a atração das paixões desordenadas que puxam para baixo, é o embate dos impulsos rebeldes que controlamos inadequadamente, é a tendência para a soberba da vontade, que quer seguir o seu caminho sem contar com Deus.

376

A SAGRADA COMUNHÃO

Esta concupiscência, esta inclinação para o pecado, debilita-se em nós quando recebemos o sacramento da Sagrada Eucaristia. Quando uma nave espacial sai da atmosfera terrestre, a atração da força de gravidade da terra vai-se debilitando à medida que a nave se aproxima do sol, e chega um ponto em que essa força de gravidade fica completamente anulada e os corpos flutuam livremente no espaço. De modo parecido, quando nos aproximamos mais e mais de Jesus pela comunhão frequente, notamos que *a força de atração da concupiscência diminui e o poder da tentação se debilita*. Não é apenas que fiquemos mais fortes (ainda que fiquemos, é claro), mas, além disso, o pecado começa a perder em boa parte o seu atrativo e aos poucos passamos a ver os nossos apegamentos de ontem como são na realidade: bugigangas sem valor. Não é fácil alcançar nesta vida esse ponto de não gravidade, mas podemos chegar muito perto dele.

Finalmente, como toda boa alimentação, *anima-nos a trabalhar*. Quem comunga com frequência, bem preparado e com fruto, não pode ficar encerrado em si mesmo. O seu horizonte espiritual vai-se abrindo mais e mais ao amor de Deus, e sente a urgência de *fazer* coisas por Cristo e com Cristo; fortalecido pelas graças da Sagrada Comunhão, converte-se num cristão apóstolo.

Quem pode comungar?

Todo o católico que tenha alcançado o uso da razão e possua o necessário conhecimento *pode* e *deve* receber o sacramento da Sagrada Eucaristia.

Considera-se que uma criança chegou ao *uso da razão* quando é capaz de distinguir (pelo menos até certo ponto) a diferença entre o bem e o mal morais. Uma criança de quatro anos pode saber que uma ação é «má» porque desagrada a seus pais, e «boa» porque a louvam por ela. Mas é incapaz de perceber que certas ações são boas ou más porque correspondem ao que Deus quer ou não; não chega a captar as ideias abstratas de virtude e pecado. Como regra «a olho», aceita-se que, comumente, uma criança entra no uso da razão aos sete anos de idade. Mas são poucas as crianças «comuns». Tanto mental como fisicamente, umas se desenvolvem mais depressa ou mais devagar que outras. Cada criança tem a sua medida pessoal de desenvolvimento. É responsabilidade dos pais e educadores determinar quando a criança atingiu idade suficiente para receber o sacramento da Sagrada Eucaristia.

Os *doentes mentais* que tenham perdido por completo o contato com a realidade não podem comungar. Se têm períodos de lucidez, em que raciocinam com coerência, podem receber a Sagrada Comunhão nesses intervalos. Também podem fazê-lo se a doença é apenas parcial e ainda são capazes de distinguir a Sagrada Eucaristia do pão comum.

A *profundidade de conhecimento* requerida para receber a Sagrada Comunhão dependerá da capacidade mental de cada indivíduo. Evidentemente, uma criança de sete anos não captará a natureza da Sagrada Eucaristia tão plenamente como um adulto, e um analfabeto pode não compreender as verdades da fé tão claramente como um universitário. Como mínimo, quem vai comungar deve saber (e crer) as verdades divinas que são imprescindíveis para a salvação: o conhecimento de Deus Uno e Deus Trino, que premia a virtude e castiga o pecado; e de Jesus Cristo, Deus e homem, nosso Redentor.

Na prática, quando as crianças são preparadas para a primeira comunhão, recebem, naturalmente, muito mais doutrina que esse mínimo. Não obstante, convém que os pais saibam que, quando uma criança está em perigo de morte, pode e deve receber a Sagrada Comunhão, mesmo que não haja feito a primeira comunhão, sempre que tenha idade suficiente para distinguir a Sagrada Eucaristia do pão comum. Nestes casos, os pais devem consultar o pároco com a máxima diligência.

Que outros requisitos são necessários para comungar dignamente? O primeiro é *não estar em pecado mortal*. A Sagrada Eucaristia é o sacramento do crescimento espiritual, não o sacramento do nascimento espiritual ou da medicina espiritual. Isto pressupõe que quem o recebe possua já a vida da graça. A Sagrada Eucaristia é o sacramento da união amorosa de Cristo com a alma; seria monstruoso tentar essa união quando a alma está em inimizade com Deus por um pecado grave não perdoado. Receber a comunhão sabendo que se está em pecado mortal é, em si, um novo pecado mortal: é, como vimos, um grave pecado de sacrilégio, porque é um abuso do mais precioso dom de Deus aos homens, o dom de Si mesmo.

Se cometemos um pecado mortal, *não basta* um ato de perfeita contrição para podermos receber a Sagrada Comunhão. É verdade que um ato de contrição perfeito (dor do pecado por amor a Deus) devolve à alma o estado de graça. No entanto, para nos protegermos do perigo de nos enganarmos a nós mesmos em matéria tão importante, e para proteger a Sagrada Eucaristia do perigo da profanação, a Igreja exige explicitamente que, se sabemos ter cometido um pecado mortal, recorramos ao sacramento da Penitência antes de comungar. *E essa lei obriga-nos mesmo que sinceramente julguemos ter uma contrição perfeita por esse pecado.*

Isto não significa que, de cada vez que vamos comungar, tenhamos que passar antes pela confissão. A confissão regular e frequente é uma prática excelente e muito desejável. Mas, enquanto tivermos consciência de estar livres de pecado mortal, podemos continuar comungando todo o tempo que queiramos, sem necessidade de nos confessarmos antes.

Devemos também esclarecer que a confissão antes da comunhão só é necessária quando temos toda a certeza de estar em pecado mortal. Pode acontecer que cometamos um pecado e depois tenhamos sinceras dúvidas sobre se foi mortal ou venial. Podemos, por exemplo, deixar-nos levar por um ataque de ira e, depois, duvidar se foi plenamente consciente ou deliberado, ou suficientemente grave para constituir um pecado mortal. Esta mesma dúvida pode assaltar-nos no caso de fortes tentações contra a castidade ou outra virtude qualquer. Se a dúvida é sincera e não uma clara manobra para nos enganarmos a nós mesmos, podemos fazer um ato de perfeita contrição e comungar sem passar antes pela confissão. É evidente que ninguém pode estar nunca *absolutamente* certo de ter uma contrição perfeita; mas, em casos como os mencionados, basta uma certeza razoável.

Em termos estritos, nenhum ser humano (com exceção da Santíssima Virgem) pode ser genuinamente digno de receber a Sagrada Comunhão. Ser verdadeiramente digno de tão íntima união com o Deus feito homem exigiria uma santidade angélica, fora do alcance dos mortais. Quando falamos de uma comunhão *digna,* usamos o conceito de dignidade em sentido relativo; falamos do mínimo grau de dignidade que Jesus Cristo e a sua Igreja estabeleceram como necessário para comungar com fruto. É o nível de disposição fora do qual o sacramento da Sagrada Eucaristia não pode infundir a sua graça na nossa alma.

Não devemos exigir de nós mais condições que as que o próprio Jesus nos impõe. Sempre que se possuam os requisitos mínimos para comungar dignamente, será um grande erro abster-se da comunhão ou da comunhão frequente, por causa de um sentimento exagerado de indignidade. Devemos ter presente que Jesus não nos pede que sejamos santos para podermos comungar frequentemente. O que nos pede é que comunguemos frequentemente para podermos ser santos.

Há cerca de trezentos anos, surgiu na Igreja uma heresia chamada jansenismo. Tomou o nome de um bispo holandês, Jansen, que escreveu um livro sobre o tema da graça, extremamente rigoroso nas suas exigências. A heresia jansenista sustentava que só os muito santos podiam receber a Sagrada Comunhão frequentemente, e que ninguém deveria ousar aproximar-se da Santa Mesa sem uma preparação profunda e uma longa e intensa prática da virtude. E apesar de ter sido condenada por vários Papas, essa heresia difundiu-se por toda a Igreja e perdurou em certa medida até o nosso próprio século. Só recebeu o golpe de morte quando o Papa São Pio X promulgou o seu famoso decreto sobre a Comunhão frequente.

O Papa disse muito claramente que, além de se estar livre de pecado mortal, a outra única condição necessária para comungar diariamente é fazê-lo com intenção reta. A intenção mais perfeita é um ardente desejo de nos unirmos a Jesus por causa do nosso grande amor por Ele. Pode ser que não tenhamos alcançado ainda esse grau de perfeição nas nossas disposições: o de uma verdadeira *fome* dEle. No entanto, mesmo que a disposição não seja perfeita, continua a ser *reta*. Comungar pelo desejo de vencer as tentações e de livrar-se do pecado é uma intenção reta. Comungar por querer crescer em graça; comungar porque Jesus promete o céu aos que o comem no seu Sacramento, comungar por espírito de obediência, simplesmente por sabermos que Ele o quer, são naturalmente intenções retas. Todas essas intenções – ou qualquer delas – nos tornam aptos para a Sagrada Comunhão.

Já vemos, pois, que é uma solene idiotice abstermo-nos da Sagrada Eucaristia com a desculpa de não estarmos «com vontade» para as coisas espirituais ou de não «sentirmos nada» ao comungar. As nossas emoções são um índice irrelevante das nossas disposições para a comunhão. Recebemos a Sagrada Eucaristia pelo menos porque Jesus o quer, e isso basta para compreendermos que o estado atual das nossas emoções não tem nada a ver com o assunto. Podemos alcançar um grau elevado de vida interior sem sentir palpitações cardíacas, sem lágrimas ou doces arroubos. A pedra de toque do nosso amor a Jesus Cristo é o que estamos dispostos a fazer por Ele, não o que sentimos por Ele.

É evidente que alguns podem querer comungar *por motivos indignos*. Receber a Sagrada Comunhão simples e exclusivamente porque toda a gente o faz (como na Páscoa ou numa Missa comunitária, por exemplo) e por ser o que toda a gente espera que façamos, quer dizer, comungar sem o desejo sincero de receber a graça, sem ter consciência do que fazemos, não é uma intenção reta. Receber a Sagrada Comunhão resistindo interiormente, recebê-la só porque alguém nos repreenderia se não comungássemos, não é uma intenção reta. Receber a Sagrada Comunhão para causar boa impressão em alguém (nos pais, mestres ou até na noiva ou no chefe) e por nenhum outro motivo é uma intenção claramente torta. Receber a Sagrada Comunhão para exibir uma piedade externa é um pecado de hipocrisia.

Mas deve-se notar que a ausência de uma intenção reta não significa necessariamente um pecado de sacrilégio, a não ser, é claro, que se comungue em estado de pecado mortal. A falta total de intenção reta faz com que não se receba a graça do Sacramento ou, se a intenção é claramente indigna (como comungar para exibir uma piedade externa), não só não se receba a graça, como se cometa um pecado de irreverência.

Se comungamos movidos por uma intenção reta, de um tipo ou de outro, e com a alma livre de pecado mortal, recebemos infalivelmente a graça do sacramento. A quantidade de graça recebida dependerá da perfeição das nossas disposições. Quanto mais ardente for o nosso amor por Jesus Cristo, quanto menos pecados veniais (sem arrependimento) tivermos, e quanto mais incondicional for a nossa entrega a Deus, maior será a graça que receberemos.

O jejum eucarístico

Durante muitas centenas de anos, era lei da Igreja que qualquer pessoa que desejasse receber a Sagrada Comunhão deveria abster-se de qualquer alimento e bebida desde a meia-noite anterior. Excetuavam-se dessa lei geral os enfermos e os moribundos.

As razões dessa lei eram as mesmas que ditam as atuais leis do jejum eucarístico, e são tanto de índole espiritual como prática. A razão espiritual reside no desejo da Igreja de que manifestemos uma especial reverência a Jesus sacramentado, e que a manifestemos por um ato de mortificação, abstendo-nos de alimento e bebida por um tempo determinado antes de participarmos do Corpo de Cristo. A razão prática consiste em guardar-mo-nos de possíveis irreverências à Sagrada Eucaristia, irreverências que poderiam ocorrer se fôssemos comungar com o estômago cheio de comida e bebida, especialmente de álcool.

O Papa Pio XII deu o primeiro passo na mitigação da lei multissecular que fixava o tempo de jejum da meia-noite em diante, e em 1964 o Papa Paulo VI facilitou-a ainda mais. A lei básica atual é esta: quando vamos comungar (seja numa Missa matutina, vespertina ou à noite), devemos *abster-nos de qualquer alimento e bebida uma hora antes de recebermos a Sagrada Comunhão*. (A água natural não quebra o jejum, e pode-se tomá-la sem limite de tempo). Deve-se notar que a lei especifica que seja uma hora antes de comungar, e não uma hora antes da Missa. Assim, se uma pessoa pensa comungar na Missa das sete da tarde, e sabe que a Sagrada Comunhão não será distribuída antes das sete e quinze, pode comer e beber até as seis e quinze.

Este tempo deve ser medido estritamente. Seria um grande erro raciocinar: «Bom, faltam apenas dois ou três minutos, e isso não tem importância; portanto, vou comungar». Não podemos ser demasiado indulgentes nesta matéria do jejum eucarístico. Se o sacerdote acaba de dar a Sagrada Comunhão quando ainda nos faltam dois ou três minutos para completar a hora desde que comemos ou bebemos alguma coisa (excluída a água), é melhor abstermo-nos de comungar nessa altura. Evidentemente, neste tema vigora também o princípio da dúvida. Se nos esquecemos de olhar o relógio quando tomamos o último pedaço e agora não temos a certeza de ter sido há uma hora exata, podemos conceder-nos o benefício da dúvida e receber a Sagrada Comunhão. Além disso, o atual Código de Direito Canônico estabelece que «as pessoas idosas ou enfermas, bem como as que delas cuidam, podem receber a Santíssima Eucaristia mesmo tendo tomado algo na hora imediatamente anterior» (cân. 919, par. 3).

Quando se diz que uma pessoa doente pode tomar *remédios* sem limite de tempo, não se está pensando apenas em doenças graves. Uma aguda dor de cabeça justifica que tomemos uma aspirina antes de irmos à

Missa; uma tosse rebelde autoriza a tomar um xarope medicinal; uma afecção cardíaca crônica permite o uso dos comprimidos prescritos.

Para aplicarmos estas especiais concessões aos doentes, não é necessário obtermos autorização de um sacerdote. Se estamos doentes, podemos utilizar sem outras condições os privilégios concedidos aos enfermos. E, visto a lei não estabelecer um especial grau de doença, podemos utilizar esses privilégios mesmo que a nossa enfermidade seja leve. A lei sobre a recepção da Sagrada Comunhão em perigo de morte não mudou. Uma pessoa em perigo de morte pode comungar sem necessidade de jejum de qualquer tipo.

Conselhos práticos para comungar

Os requisitos para recebermos dignamente a Sagrada Eucaristia já nos são conhecidos: não estar em pecado mortal, ter uma intenção reta e guardar o jejum eucarístico aplicável ao nosso caso. Se cumprirmos estas condições, de cada vez que comungarmos receberemos infalivelmente um aumento de graça santificante, juntamente com muitas graças atuais.

Não é preciso dizer que o nosso *aspecto externo* deve estar de acordo com as adequadas disposições interiores. A mais elementar cortesia exige que, quando nos aproximamos da Comunhão, estejamos limpos de corpo e de roupa. Não é necessário irmos solenemente vestidos: Nosso Senhor acolherá sem dúvida com carinho o operário que se detém no seu percurso até à fábrica para assistir à Missa e comungar com a roupa de trabalho, ou o pobre homem que não tem outro remédio senão usar a sua roupa remendada e cerzida. Mas a limpeza e o asseio estão ao alcance de todos.

O mesmo ocorre com a *modéstia no vestir*. Os que querem visitar a rainha da Inglaterra devem submeter-se a um protocolo rígido; e ninguém sonharia, nem sequer no país mais democrático do mundo, em entrevistar-se com o presidente da República vestido de calças curtas e camisa esporte. O Rei dos reis tem incomparavelmente mais direito às manifestações externas de reverência e respeito. Não é pedantismo nem beatice, mas piedade da mais elementar, a que proíbe as sumárias peças esportivas e os vestidos decotados para nos aproximarmos da Comunhão.

Pode ser útil mencionar aqui o especial afeto e agradecimento que despertam no sacerdote aqueles que, ao comungarem – ajoelhados ou de pé –, inclinam a cabeça ligeiramente para trás, abrem suficientemente a boca e põem a língua por cima dos bordos do lábio inferior. Felizmente, a maioria dos que comungam fazem isso. Mas surpreende ver com que frequência o sacerdote tem que transpor obstáculos tais como cabeças inclinadas para a frente, dentes semicerrados ou línguas que não se decidem a sair. Se alguém tem alguma dúvida sobre o seu espírito de colaboração nesta matéria, dê uma espiada no espelho e tire as conclusões.

Onde está autorizada a prática de receber a comunhão na mão, os que desejam recebê-la assim devem apresentar a mão esquerda com a palma aberta sobre a palma da mão direita. Ali será depositada a Sagrada Hóstia, que deverá ser tomada com a máxima reverência com o indicador e o polegar da mão direita, e levada à boca antes de sair do lugar. As normas vigentes não permitem em caso algum que o próprio fiel tome diretamente a Hóstia do cibório ou do altar ou que a receba com os dedos em pinça. E a Igreja estabeleceu que, mesmo nos lugares onde se dá legitimamente a comunhão na mão, qualquer fiel tem o direito – que deve ser respeitado pelo sacerdote – de receber a Sagrada Comunhão na boca.

Alguns preocupam-se desnecessariamente com a possibilidade de que a Sagrada Hóstia lhes toque os dentes, coisa que é absolutamente irrelevante. Pode-se até mastigar a Hóstia, como se mastigam os alimentos, pois afinal é alimento espiritual. Embora isto quase nunca seja necessário.

Quer mastiguemos a Sagrada Hóstia ou não, o que devemos garantir é que a *engulamos,* já que a Sagrada Eucaristia é alimento espiritual e, para recebê-lo, temos de comê-la. Se quiséssemos que a Sagrada Hóstia se dissolvesse completamente na boca, de modo que já não conservasse as aparências de pão, não receberíamos a Sagrada Comunhão nem as graças que esse sacramento nos confere. Devemos, pois, manter a Sagrada Hóstia na boca apenas o tempo suficiente para que se umedeça e a possamos ingerir.

Seria um erro sério recebermos a Sagrada Comunhão quando sofremos de indisposições digestivas que possam facilmente produzir vômitos. Se alguém sofre um ataque repentino de náusea e vomita a Sagrada Hóstia, deve recolhê-la num pano e entregá-la ao sacerdote para que disponha dela. Se o sacerdote não se encontra perto ou se se têm dúvidas de que as aparências de pão ainda subsistem, os vômitos devem ser envolvidos num pano e queimados.

Voltando a temas mais agradáveis e mais práticos, propomos uma tríplice questão: «Com que frequência me é permitido comungar? Com que frequência tenho obrigação de comungar? Com que frequência deveria comungar?»

A norma geral autoriza a comungar até mais de uma vez por dia; só precisa que, «quem já recebeu a Santíssima Eucaristia, pode recebê-la de novo no mesmo dia unicamente dentro da celebração eucarística na qual participe» (CDC, cân. 917).

Temos *obrigação* de comungar uma vez por ano pela Páscoa (desde a Quarta-feira de Cinzas até o domingo de Pentecostes[17]) e em perigo de morte. Omitir deliberadamente a comunhão em qualquer desses casos é pecado grave.

Deveria comungar com a frequência que me fosse possível; o ideal seria que fosse diariamente. A Sagrada Eucaristia é o nosso alimento espiritual e, pelo menos, deveríamos ter tanto interesse em alimentar a nossa alma como em alimentar o nosso corpo; ora, ninguém passa muito tempo sem tomar uma refeição. A Sagrada Eucaristia é também garantia de felicidade eterna, se a recebemos regularmente e com razoável frequência, todos os dias, se pudermos. Jesus prometeu: *Quem come deste pão viverá eternamente* (Jo 6, 58). Com os privilégios que a Igreja concedeu aos que têm dificuldades para jejuar, deveríamos fazer o propósito de *receber a Sagrada Comunhão em todas as Missas a que assistamos,* como faziam os primeiros cristãos.

Suponhamos que estamos preparados por dentro e por fora para fazer uma comunhão digna. Podemos perguntar-nos: «Quantas graças poderei receber quando comungar?»

Já ouvimos dizer que uma só comunhão contém um *depósito inesgotável* de graças, que uma só comunhão seria suficiente para tornar santa

---

(17) O Código precisa que «este preceito deve cumprir-se durante o tempo pascal. Por um motivo justo, porém, poderá ser cumprido em outro tempo dentro do ano» (cân. 920, par. 2°).

uma pessoa. Já ouvimos estas e outras afirmações parecidas, e podemos sentir-nos um pouco desanimados ao ver que, apesar das nossas comunhões frequentes, ainda parece que nos movemos em níveis de santidade demasiado medíocres.

Não há dúvida de que cada comunhão contém um depósito inesgotável de graças: quem está presente na Sagrada Eucaristia é Jesus Cristo, e Jesus Cristo é Deus, e Deus é infinito, e pode conceder graças infinitas. Mas o total de graças que cada indivíduo recebe numa comunhão depende da *capacidade* que esse indivíduo tenha.

Há muita água no Oceano Atlântico, mas uma garrafa de um litro só poderá conter um litro dessa água, mesmo que a mergulhemos até o fundo. De forma parecida, a nossa alma tem uma capacidade limitada para a graça. Como criatura finita que é, nenhuma alma humana pode ter capacidade infinita para a graça, nenhuma alma está em condições de absorver toda a graça que uma comunhão põe à sua disposição.

Mas isto não quer dizer que em cada uma das nossas comunhões estejamos conseguindo toda a graça que nos é possível. Não quer dizer que não possamos aumentar a nossa capacidade de adquirir graça. Se a garrafa que mergulhamos no oceano não está vazia, mas cheia de areia até três quartos, não tiraremos um litro de água, mas apenas um quarto da sua capacidade total. Só Deus sabe qual é a capacidade máxima de graça de uma alma. Mas todos podemos ter a certeza de ainda não a havermos alcançado.

Aumentamos a nossa capacidade de graça quando retiramos a areia da garrafa, quando tiramos os obstáculos à graça que embaraçam a nossa alma. O primeiro e o maior deles é o *apego ao pecado venial* (uma comunhão digna pressupõe ausência de pecado mortal). Enquanto houver um só pecado venial que não queiramos abandonar (um rancor contra o chefe, a intemperança no uso do álcool, uns comentários maliciosos com laivos de murmuração), estaremos reduzindo a capacidade de graça da nossa alma.

Uma vez livres do pecado venial, ainda resta a luta contra as *imperfeições,* essas falhas que mostram que o nosso amor a Deus não é ainda de todo o coração. Pode haver em nós desleixo ou desinteresse na nossa oração, resistência egoísta em ajudar o próximo, falta de esforço para vencer a nossa irritabilidade ou impaciência, certa vaidade infantil nas nossas atitudes ou nos nossos talentos. Sejam quais forem, essas imperfeições são provavelmente muitos gráos de areia na nossa garrafa.

Que podemos fazer com esses pecados e imperfeições? Pôr um pouco mais de esforço e receber a Sagrada Comunhão com maior frequência. Um efeito maravilhoso da graça da comunhão é que nos purifica e fortalece contra as mesmas coisas que a impedem de agir. Com um pequeno esforço da nossa parte, cada Sagrada Comunhão prepara o caminho para maiores graças na seguinte. Cada comunhão edifica sobre a anterior.

Este fato esclarece também a afirmação de que «uma só comunhão é suficiente para fazer um santo». É verdade que o Senhor podia, por um milagre da sua graça, fazer de um pecador um santo com uma só comunhão. Mas, normalmente, permite que o crescimento na santidade seja um crescimento orgânico, gradual e estável como o de uma criança, que mal se percebe de um dia para o outro. De novo aqui uma graça edifica sobre a anterior. É melhor para a nossa humildade não conhecermos claramente o progresso que fazemos.

A única conclusão que devemos tirar de tudo o que acabamos de ver é que nos importa muito que cada comunhão nos leve o mais longe possível. Isso exige uma *preparação imediata* de cada comunhão, que estimule os nossos sentimentos de arrependimento, fé, amor e gratidão, que nos arraste a uma entrega autêntica, para identificarmos a nossa vontade com a de Deus. E é evidente que cumprimos tudo isto se nos unimos com sinceridade e recolhimento ao oferecimento da Missa.

Depois, temos esses preciosos minutos após a comunhão, em que Nosso Senhor Jesus nos tem, poderíamos dizer, abraçados. A *ação de graças* da comunhão significa renovarmos as nossas promessas de amor e gratidão, significa perguntarmo-nos valentemente: «Senhor, que queres que eu faça?», e escutarmos com mais valentia ainda a resposta que virá. Se a bênção final da Missa nos apanha já com um pé no corredor, preparados para empreender uma veloz corrida para casa em busca do nosso café com leite, é que estamos malbaratando lastimavelmente muitas graças que Jesus ainda não acabara de nos dar. Fora alguma circunstância excepcional, deveríamos ter por norma permanecer na igreja por mais dez minutos, dando graças pela comunhão.

Há um ponto final (e muito consolador) que convém ter presente: podemos comungar com muita frequência; podemos preparar-nos adequadamente para a comunhão e depois dar graças com generosidade; podemos estar tratando sinceramente, de comunhão em comunhão, de pôr em prática os nossos propósitos e, apesar de tudo isso (ou talvez por causa disso), sentirmo-nos insatisfeitos conosco próprios. Então, não nos limitemos a exclamar: «Com tantas comunhões, como devia ser melhor!» Perguntemo-nos também: «Sem tantas comunhões, que seria de mim?»

CAPÍTULO XXIX

A Penitência

O Sacramento da Penitência

É um estranho paradoxo. Frequentemente, os conversos dizem que uma das coisas mais duras para se fazerem católicos é o pensamento de terem de «ir confessar-se». E, no entanto, para nós, que crescemos na Igreja, o sacramento da Penitência é provavelmente o que, à parte o Batismo, menos quereríamos deixar. A paz de mente e de alma que o sacramento da Penitência nos dá não tem sucedâneo. É uma paz que brota da certeza – não de uma esperança insegura – de que os nossos pecados foram perdoados, de que estamos em amizade com Deus. Evidentemente, também o converso aprende a amar o sacramento da Penitência logo que supera os seus vagos temores, causados pela ignorância do que este sacramento é na realidade.

A palavra «penitência» tem dois significados. Em primeiro lugar, temos a *virtude da penitência*, a virtude sobrenatural que nos leva a detestar os nossos pecados por um motivo que a fé nos dá a conhecer, e ao propósito consequente de não ofender mais a Deus e de desagravá-lO por isso. Neste sentido, o termo «penitência» é sinônimo de «arrependimento». Antes de Cristo, a virtude da penitência era o único meio pelo qual os homens podiam alcançar o perdão dos seus pecados. Mesmo hoje, para os que estão fora da Igreja de boa fé e não dispõem do sacramento da Penitência, ela é o único meio de alcançar o perdão dos pecados.

390 A PENITÊNCIA

Além de ser uma virtude, a Penitência é um sacramento. Define-se como *o sacramento instituído por Jesus Cristo para perdoar os pecados cometidos depois do batismo*. Ou, para dar uma definição mais longa e descritiva, podemos dizer que a Penitência é «o sacramento pelo qual o sacerdote, como instrumento vivo de Deus, perdoa os pecados cometidos depois do batismo, quando o pecador está sinceramente arrependido, diz as suas faltas em confissão ao sacerdote e se submete à satisfação ou pena que este lhe impõe».

> «"Aqueles que se aproximam do sacramento da Penitência obtêm da misericórdia divina o perdão da ofensa feita a Deus e ao mesmo tempo são reconciliados com a Igreja que feriram pecando, e a qual colabora para sua conversão com caridade, exemplo e orações" (LG 11)» (n. 1422).

Pela sua morte na cruz, Jesus Cristo redimiu o homem do pecado e das consequências do pecado, especialmente da morte eterna, que é seu efeito. Não é, pois, de surpreender que Jesus tenha instituído no mesmo dia em que ressuscitou dentre os mortos o sacramento pelo qual os pecados podem ser perdoados.

Ao entardecer do Domingo da Ressurreição, Jesus aparece aos Apóstolos, reunidos na sala alta onde tinham celebrado a Última Ceia. Estes retrocedem assombrados, com uma mistura de temor e esperança incipiente, enquanto Jesus lhes fala para tranquilizá-los. Mas deixemos que seja São João quem o conte (20, 19-23): *Jesus veio e pôs-se no meio deles. Disse-lhes ele: A paz esteja convosco! Dito isso, mostrou-lhes as mãos e o lado. Os discípulos alegraram-se ao ver o Senhor. Disse-lhes outra vez: A paz esteja convosco! Como o Pai me enviou, assim também eu vos envio a vós. Depois dessas palavras, soprou sobre eles dizendo-lhes: Recebei o Espírito Santo. Àqueles a quem perdoardes os pecados, ser-lhes-ão perdoados; àqueles a quem os retiverdes, ser-lhes-ão retidos.*

Parafraseando estas palavras de Jesus numa linguagem mais moderna, o que Jesus disse foi: «Como Deus, tenho o poder de perdoar os pecados. Agora vos transmito o uso desse poder. Sereis meus representantes. Quaisquer pecados que perdoardes, Eu os perdoarei. Quaisquer pecados que não perdoardes, Eu não os perdoarei». Jesus sabia bem que muitos de nós esqueceríamos as valentes promessas do Batismo e cometeríamos pecados graves depois. Sabia que muitos de nós perderíamos a graça, a participação na própria vida divina que nos foi dada no Batismo. Sendo infinita e inesgotável a misericórdia de Deus, era inevitável, digamos assim, que Ele desse uma segunda oportunidade (e uma terceira, e uma quarta, e uma centésima, se necessário) aos que recaíssem no pecado.

Era lógico que, com a morte dos Apóstolos, não se interrompesse o poder que Jesus lhes deu de perdoar os pecados, bem como o de mudar o pão e o vinho no seu Corpo e Sangue. Jesus não veio à terra para salvar apenas um minúsculo punhado de almas escolhidas. Não veio para salvar unicamente os contemporâneos dos seus Apóstolos. Jesus veio para salvar *todos* os homens que quisessem salvar-se, até o fim dos tempos. Quando morria na cruz, tinha-nos presentes a você e a mim, tanto como a Timóteo e a Tito.

É evidente que o poder de perdoar os pecados é parte do poder sacerdotal e, portanto, tinha que se transmitir de geração em geração por meio do sacramento da Ordem Sagrada. É um poder que cada sacerdote exerce quando estende as mãos sobre o pecador contrito e diz: «Eu te absolvo dos teus pecados, em nome do Pai, e do Filho, e do Espírito Santo». Temos ouvido estas palavras muitas vezes. São «a fórmula da absolvição».

> Todo sacerdote tem o *poder* de perdoar os pecados. Mas, na prática, precisa de algo mais. Precisa do que se chama «jurisdição». O sacramento da Penitência assemelha-se a um processo judicial: o sacerdote escuta a declaração, e o sacerdote pronuncia a sentença. Sabemos que, na ordem da lei civil, o juiz de uma comarca judicial não pode julgar as causas de outra comarca a não ser que seja nomeado pela autoridade. Sem essa nomeação, nenhum juiz tem jurisdição fora da sua comarca.
>
> Da mesma maneira, um sacerdote não pode exercer o seu poder de juiz espiritual no tribunal da Penitência a não ser que tenha autorização do seu Ordinário (normalmente do seu bispo) para fazê-lo. O atual Código de Direito Canônico determina, porém, que «aqueles que têm faculdade de ouvir confissões, tanto por ofício como por concessão do Ordinário do lugar da incardinação, podem exercer a mesma faculdade em qualquer lugar» (cân. 967, par. 2).

Pode acontecer vez por outra que o sacramento da Penitência nos pareça uma carga. Talvez até tenhamos chegado a exclamar nalguma ocasião: «Quem me dera não ter de ir confessar-me!» Mas também não há dúvida de que, em momentos de serenidade, teremos compreendido o amor que devemos a este sacramento e como não quereríamos passar sem ele. Basta pensar um pouco em tudo o que o sacramento da Penitência faz por nós!

Em primeiro lugar, se uma pessoa se separou de Deus por um ato grave e deliberado de desobediência (quer dizer, por um pecado mortal), o sacramento da Penitência *reconcilia essa alma com Deus*; a graça santificante volta a essa alma. Ao mesmo tempo, os pecados são perdoados. Do mesmo modo que a escuridão desaparece de um quarto mal se acende a luz, o pecado desaparece da alma assim que chega a graça santificante.

> «"Toda a força da Penitência reside no fato de ela nos reconstituir na graça de Deus e de nos unir a Ele com a máxima amizade" (Cat. Rom. 2, 5, 18). O fim e o efeito deste sacramento são, pois, a *reconciliação com Deus*. Para aqueles que recebem o sacramento da Penitência com coração contrito e disposição religiosa, este sacramento "é seguido da paz e da tranquilidade da consciência, acompanhadas duma grande consolação espiritual" (Conc. de Trento: DS 1674). Com efeito, o sacramento da reconciliação com Deus leva a uma verdadeira "ressurreição espiritual", à restituição da dignidade e dos bens próprios da vida dos filhos de Deus, o mais precioso dos quais é a amizade do mesmo Deus (cf. Lc 15, 32)» (n. 1468; cf. também os ns. 1469 e 1470).

Se alguém vai confessar-se *sem pecado mortal*, nem por isso o sacramento é recebido em vão. Neste caso, a alma recebe um *incremento de graça santificante*, o que significa que se aprofunda e se fortalece nela aquela participação da vida divina pela qual está unida a Deus. E quer se esteja ou não em pecado mortal, são sempre perdoados todos os pecados veniais que o penitente tenha cometido e de que esteja arrependido. Trata-se desses pecados leves e mais comuns que não nos separam de Deus, mas dificultam a plena irradiação da sua graça na nossa alma, como as nuvens dificultam a irradiação solar.

Além de restaurar ou aumentar a graça santificante e de perdoar os pecados mortais e veniais, que outras vantagens nos proporciona este sacramento?

Se se trata de pecados mortais, é cancelado pela Penitência o *castigo eterno* que deles resulta inevitavelmente. Sabemos que quem rejeita Deus pelo pecado mortal e entra na eternidade impenitente separa-se dEle para sempre; vai para o inferno. Mas quando Deus, no sacramento da Penitência, une outra vez essa alma a Si e a absolve do pecado mortal, elimina também o perigo de desastre eterno a que essa alma estava destinada.

Ao mesmo tempo que perdoa o castigo eterno devido pelo pecado mortal, o sacramento da Penitência perdoa pelo menos parte da *pena temporal* devida pelo pecado. Esta pena temporal nasce da dívida de satisfação que contraio com Deus pelos meus pecados, mesmo depois de terem sido perdoados. Trata-se de «consertar os estragos», poderíamos dizer.

Vejamo-lo por um exemplo caseiro: um rapaz deixa-se arrebatar por um momento de ira e dá um pontapé numa mesinha, derrubando e quebrando um objeto de cerâmica. «Sinto muito, mamãe – diz ele, arrependido. – Não deveria tê-lo feito». «Bem – diz a mãe –; se você está arrependido, não o castigarei. Mas terá que recolher os pedaços quebrados e, além disso, espero que compre um objeto novo com as suas economias». A mãe perdoa a desobediência e absolve o filho do castigo, mas espera que ele ofereça uma *satisfação* pela sua rebeldia.

Esta é a satisfação que devemos a Deus por havê-lO ofendido, e a que chamamos «pena temporal devida pelo pecado». E ou pagamos essa pena com orações, mortificações e outras boas ações feitas em estado de graça nesta vida, ou teremos que pagá-la no purgatório. Esta é a dívida que o sacramento da Penitência reduz, ao menos em parte, proporcionalmente ao grau do nosso arrependimento. Quanto mais fervorosas forem as nossas disposições, mais se reduzirá a satisfação temporal que devemos.

Outro efeito do sacramento da Penitência é devolver-nos os *méritos das boas obras* que tenhamos feito e que se tenham perdido pelo pecado mortal. Como sabemos, toda a boa ação que realizamos em estado de graça santificante, com a intenção de agradar a Deus, é uma ação *meritória*, isto é, merece-nos um aumento de graça nesta vida e de glória no céu. Mesmo as ações mais simples – uma palavra amável, um gesto de cortesia –, feitas com amor de Deus, causam esse efeito; muito mais as orações, Missas e sacramentos. No entanto, o pecado mortal cancela todos esses méritos acumulados, como uma jogada insensata na roleta pode fazer perder as economias de toda uma vida. Ao perdoar-nos o pecado mortal, Deus podia, em perfeita justiça, deixar que os nossos méritos passados continuassem perdidos para sempre. Mas, na sua bondade infinita, não o faz, não nos obriga a começar outra vez do princípio: o sacramento da Penitência não só perdoa os nossos pecados, como nos devolve também os méritos que tínhamos perdido voluntariamente.

Finalmente, além de todos esses benefícios, o sacramento da Penitência dá-nos direito a quaisquer *graças atuais* de que possamos necessitar – e na medida em que delas necessitemos – para podermos satisfazer os nossos pecados passados e vencer as nossas tentações futuras. Esta é a «graça sacramental» especial da Penitência, que nos fortifica contra as recaídas no pecado. É o remédio espiritual que fortalece e ao mesmo tempo cura. Esta é a razão pela qual toda pessoa desejosa de ter verdadeira vida interior sente necessidade de confessar-se com frequência. A confissão frequente é uma das melhores defesas contra o pecado mortal. Seria, pois, o cúmulo da estupidez dizer: «Eu não preciso confessar-me porque não cometi nenhum pecado mortal».

Todos estes efeitos do sacramento da Penitência – a restauração ou o aumento da graça santificante, o perdão dos pecados, a remissão da pena, a devolução do mérito e a graça para vencer as tentações – são possíveis graças aos infinitos méritos de Jesus Cristo que este sacramento imprime na nossa alma. Jesus Cristo na cruz realizou já a sua obra por nós; no sacramento da Penitência, damos a Deus simplesmente a oportunidade de partilhar conosco os infinitos méritos do seu Filho.

Preparação da Confissão

Provavelmente, muitos de nós recebemos o sacramento da Penitência com razoável frequência. E, sem dúvida, quando somos severamente tentados, ou de algum modo temos o espírito atribulado, encontramos nesse sacramento uma fonte abundante de fortaleza e paz. Agradecemos a Deus por nos ter dado essa oportunidade tão à mão de obtermos orientação e conselho espiritual, além das graças que a Penitência nos dá. Se somos sensatos, procuraremos o mesmo confessor regularmente, para que possa conhecer melhor as nossas necessidades.

Não obstante, pode ser que muitos de nós – sem grandes tentações nem problemas de peso – recebamos o sacramento da Penitência rotineiramente. Vamos confessar-nos com frequência porque damos crédito à afirmação de que é bom para a nossa alma. Dizemos os nossos pecados e cumprimos depois a penitência, e não passamos disso. Não sentimos sensação alguma de renovação ao sairmos do confessionário; não nos vemos melhorar apreciavelmente de confissão para confissão. Qual pode ser a causa desta espécie de apatia? Que está faltando da nossa parte para nos confessarmos com fruto?

Costumam-se mencionar cinco condições para recebermos dignamente o sacramento da Penitência: o *exame da nossa consciência*, a *contrição pelos nossos pecados*, o *firme propósito de não pecar daí por diante*, a *confissão dos nossos pecados ao sacerdote* e a vontade de *cumprir a penitência* que o confessor nos impõe. Omitir qualquer destes pontos pode ocasionar, no pior dos casos, uma confissão completamente indigna, uma confissão sacrílega; e, no melhor, uma confissão com menos fruto, em que a nossa alma receba muito pouca graça.

Consideremos em primeiro lugar o *exame de consciência*. Define-se como o esforço sincero por recordar todos os pecados cometidos desde a última confissão válida. Devemos cumprir essa tarefa antes de nos aproximarmos do confessionário. Se alguém tem dificuldade em examinar a sua consciência – por exemplo, por estar afastado da confissão há muito tempo ou por ter pouca formação religiosa –, o sacerdote o ajudará com gosto a fazê-lo, se lhe falar disso. Mas o normal é ter os pecados antecipadamente preparados para desfilarem em revista perante o sacerdote, logo que este nos possa ouvir.

A questão é saber se o nosso exame de consciência tem a profundidade e a serenidade que deveria ter. É fácil, especialmente se nos confessamos com frequência, descurar este ponto. «O mesmo que da última vez», dizemos. «Descuidei as orações, usei o nome de Deus com pouca reverência, perdi a paciência uma vez e disse duas ou três mentiras pequenas». E com essa olhada rápida julgamos estar preparados para a confissão. Parece que esquecemos que o que vamos receber é nada menos que um *sacramento*, um sacramento por cuja eficácia Cristo morreu após uma longa agonia. O nosso exame de consciência deveria ser uma preparação pausada e cuidadosa: caso contrário, não nos deve surpreender que a nossa quota de graça seja pequena.

«Convém preparar a recepção deste sacramento fazendo um *exame de consciência* à luz da Palavra de Deus. Os textos mais adaptados a esse fim devem ser procurados na catequese moral dos evangelhos e das cartas apostólicas: Sermão da Montanha, ensinamentos apostólicos» (n. 1454).

396 A PENITÊNCIA

Antes de mais nada, o nosso exame deve começar com uma oração fervorosa, pedindo ao Espírito Santo luzes para podermos reconhecer os nossos pecados claramente, confessá-los adequadamente e arrepender-nos sinceramente. Só depois nos dedicaremos a inventariá-los. Sem pressas nem nervosismos (deixando que outros passem à nossa frente no confessionário, se chega a nossa vez e ainda não estamos preparados), repassaremos os mandamentos da lei de Deus e da Igreja e os nossos deveres particulares de estado, aplicando-os à nossa pessoa. Devemos preocupar-nos de recordar os *pecados mortais* se, infelizmente, existem. Cada pecado mortal deveria doer-nos como a proverbial punhalada. Mas, como pretendemos fazer uma confissão *muito frutífera*, buscaremos também os nossos *pecados veniais*, aquelas coisas que impedem o nosso pleno amor a Deus.

> «Apesar de não ser estritamente necessária, a confissão das faltas cotidianas (pecados veniais) é vivamente recomendada pela Igreja. Com efeito, a confissão regular de nossos pecados veniais nos ajuda a formar a consciência, a lutar contra nossas más tendências, a deixar-nos curar por Cristo, a progredir na vida do Espírito. Recebendo mais frequentemente, por meio deste sacramento, o dom da misericórdia do Pai, somos levados a ser misericordiosos como ele» (n. 1458).

Podemos sentir a inclinação de despachar um ou outro mandamento demasiado depressa. Dizemos: «O primeiro mandamento? Não adorei nenhum deus falso». Não, evidentemente. Mas que acontece com as irreverências na igreja, com as distrações na oração, com um pouco de superstição talvez? «O quinto mandamento? Não matei ninguém». Não; mas que acontece com as repreensões em casa, quando começo a gritar e deixo todo mundo ressentido? Que dizer sobre o rancor que guardo contra fulano e sicrano? Que dizer sobre a minha secreta esperança de que fulano «se meta na enrascada que andava procurando»? «O sexto? Não cometi adultério ou fornicação». Não, mas que dizer desse olhar curioso na praia, dessas piadas pesadas no ambiente de trabalho? «O oitavo? Ah, sim! Disse uma ou duas mentirinhas certa vez». Sim? E que dizer daquela murmuração daninha que soprei, daquelas reticências e preconceitos contra essa pessoa de outro país ou raça? Quando *de verdade* começarmos a examinar-nos sobre a virtude da caridade, surpreender-nos-á ver que necessitamos de mais tempo do que pensávamos.

E que acontece com a honestidade da nossa conduta em assuntos de dinheiro, com a justiça com os subordinados, com a nossa generosidade em repartir com os menos afortunados os nossos bens materiais? Que acontece com a nossa plena aceitação de tudo o que a Igreja ensina? E com a temperança e a sobriedade na comida e, sobretudo, nas bebidas? (Ou teremos que embebedar-nos para perceber que não somos comedidos?) E com o exemplo de vida cristã que devemos dar aos que nos rodeiam?

Não é necessário continuar aqui a lista. Uma fraqueza a que nos inclinamos é comparar-nos com o vizinho da frente ou com a vizinha do lado, e concluir que, depois de tudo, não somos tão maus assim. Esquecemos que o único com quem temos o direito de comparar-nos é Jesus Cristo. *Ele é* o nosso modelo, ninguém mais.

Antes de recebermos o sacramento da Penitência, é importante examinarmos bem a consciência; mas é mais importante ainda assegurarmo--nos de que temos dor sincera dos nossos pecados. Podemos esquecer-nos involuntariamente de confessar um pecado – até mortal – e mesmo assim fazer uma boa confissão, receber o perdão dos nossos pecados. Mas também podemos confessar todos os nossos pecados com a máxima precisão e, no entanto, sair do confessionário com eles ainda na nossa alma, se não temos uma *contrição sincera.*

Que é, pois, essa contrição tão essencial para recebermos validamente o sacramento da Penitência? A palavra «contrição» deriva do latim e significa «moer», «pulverizar». A ideia de reduzir a pó o «eu» é a que nos leva a apresentar-nos diante de Deus com profunda humildade. O Concílio de Trento, que tratou amplamente do sacramento da Penitência, diz que a contrição é *um pesar de coração e detestação do pecado cometido, com o propósito de nunca mais cometê-lo.*

É fácil compreender a necessidade da contrição como condição para o perdão. Se ofendemos alguém, seria uma loucura pensar que essa pessoa nos perdoará mesmo que não sintamos dor da ofensa cometida nem lho façamos saber. Não é de surpreender, pois, que Deus, a quem ofendemos com uma desobediência deliberada aos seus mandamentos, exija que nos arrependamos das nossas ofensas para sermos absolvidos da culpa. Deus não perdoa *nenhum pecado,* mortal ou venial, se não estamos arrependidos.

Mas também temos a outra cara da moeda, muito mais consoladora. Nos assuntos humanos, deparamos às vezes com gente rancorosa e vingativa, que nunca nos perdoa um insulto, por mais que nos doa o mal cometido e nos desculpemos. Deus não é assim. Deus perdoa *todas* as ofensas, por odiosas que sejam, se o pecador tem verdadeira contrição.

Temos que distinguir duas espécies de contrição: a *perfeita* e a *imperfeita*. A diferença entre elas baseia-se nos motivos que as produzem, nos «porquês» do nosso arrependimento. A *contrição perfeita é* a dor dos pecados que nasce de um perfeito amor a Deus. Ama-se a Deus sobre todas as coisas por Ele mesmo, simplesmente por ser infinitamente bom e merecedor da nossa lealdade absoluta, e essa consideração nos leva ao pesar de O termos ofendido. Esta é a contrição perfeita.

> «Quando brota do amor de Deus, amado acima de tudo, a contrição é "perfeita" (contrição de caridade). Esta contrição perdoa as faltas veniais e obtém também o perdão dos pecados mortais, se incluir a firme resolução de recorrer, quando possível, à confissão sacramental» (n. 1452).

Deve-se notar que este «amor a Deus sobre todas as coisas por Ele mesmo» não implica necessariamente um sentimento de amor à maneira humana, emocional. É fácil sentirmos um amor mais ardente por certas pessoas que por Deus; mas isto não quer dizer que *prefiramos* essas pessoas a Deus. Santa Branca, mãe de São Luís (o rei Luís IX da França), dá-nos um bom exemplo disso. Não se pode duvidar do ardente amor materno que sentia por esse filho e, no entanto, disse-lhe certa vez: «Preferiria ver-te morto aos meus pés a ver-te cometer um só pecado mortal!» Se formos capazes de dizer a mesma coisa sinceramente, se estivermos dispostos a renunciar por Deus a qualquer pessoa ou coisa antes que ofendê-lO, então teremos um perfeito amor de Deus. E se for este o amor que inspira a nossa dor pelos pecados, então teremos uma contrição perfeita.

De passagem, diremos que uma contrição perfeita *perdoa o pecado mortal imediatamente*, sempre que tenhamos a intenção de nos acusarmos dele na nossa próxima confissão. Isto deveria levar-nos a incluir um ato de perfeito amor a Deus nas nossas orações diárias, para nos recordarmos de que Deus é o mais importante da nossa vida, não só pelo que fez por nós, mas pelo que é. Se nos mantemos «em forma» desta maneira, temos melhores possibilidades de fazer um ato de perfeita contrição, caso venhamos a precisar dela, contando sempre com a graça de Deus.

A *contrição imperfeita* é uma espécie de dor mais egoísta, mas deve ficar claro que não é uma *má* espécie de dor. Embora não tenha o poder de perdoar o pecado mortal fora da confissão, é uma dor suficientemente sincera para nos conseguir o perdão no sacramento da Penitência.

> «A contrição chamada "imperfeita" (ou "atrição") também é um dom de Deus, um impulso do Espírito Santo. Nasce da consideração do peso do pecado ou do temor da condenação eterna e de outras penas que ameaçam o pecador (contrição por temor). Este abalo da consciência pode ser o início de uma evolução interior que será concluída sob a ação da graça, pela absolvição sacramental. Por si mesma, porém, a contrição imperfeita não obtém o perdão dos pecados graves, mas predispõe a obtê-lo no sacramento da penitência» (n. 1453).

Os motivos que inspiram a contrição imperfeita são o ódio ao pecado por ser essencialmente um mal, ou o temor à justiça divina: à perda do céu e ao desterro eterno no inferno. A dor que brota de um ou de ambos os motivos constitui a contrição imperfeita. Para a contrição imperfeita, não é suficiente o medo ao inferno como o maior dos males, compatível com a ideia explícita de que, se não houvesse inferno, pecaria com gosto. Este é o tipo de temor que tem o cachorro quando vê o chicote nas mãos do seu amo; é um temor completamente egoísta, de escravos. O nosso temor a Deus deve nascer da consideração de que Ele é o nosso máximo bem, deve ser como o de uma criança para com um pai amoroso, não como o de um escravo para com um capataz severo.

Ambas as espécies de contrição, a perfeita e a imperfeita, devem incluir, evidentemente, o *firme propósito de não pecar* daí para a frente. É óbvio que não estamos contritos de um pecado se continuamos dispostos a cometê-lo novamente, quando tivermos ocasião. Este propósito de não mais pecar deve, além disso, abranger *todos* os pecados mortais, não só os que se confessaram; e deve incluir todos os pecados veniais que confiamos nos sejam perdoados.

Ao pensarmos na contrição perfeita, é conveniente lembrarmo-nos de que, embora apague o pecado mortal *imediatamente,* não nos dispensa de cumprir o expresso preceito que nos proíbe de receber a Sagrada Comunhão enquanto não o tenhamos confessado no sacramento da Penitência.

> «Aquele que tem consciência de ter cometido um pecado mortal não deve receber a Sagrada Comunhão, mesmo que esteja profundamente contrito, sem

receber previamente a absolvição sacramental, a menos que tenha um motivo grave para comungar e lhe seja impossível chegar a um confessor. As crianças devem confessar-se antes de receber a Primeira Eucaristia» (n. 1457).

Capítulo XXX

A contrição

Quando a dor é real?

Às vezes, damos um encontrão em alguém na rua ou no ônibus e dizemos: «Sinto muito». Dizemo-lo por cortesia, ainda que não o sintamos de maneira nenhuma. Por dentro, temos vontade de exclamar: «Por que esse indivíduo não olha por onde anda?» Ou se alguém se aborrece por algo que dissemos com toda a inocência, dizemos: «Sinto muito», ainda que por dentro estejamos comentando: «Por que será que este homem é tão suscetível?»

É muito fácil multiplicar os exemplos de ocasiões em que as pessoas dizem «sinto muito» sem sentir nada. Mas, quando se trata, como é o caso, de nos prepararmos para receber o sacramento da Penitência, ou a nossa contrição é cem por cento sincera ou é melhor não nos confessarmos. Receber o sacramento da Penitência sem dor verdadeira é fazer uma confissão indigna, e o sacramento seria inválido e infrutífero. Se não temos contrição autêntica, Deus não nos perdoará os pecados.

Como podemos, pois, saber se a nossa contrição é autêntica ou não? Quais os requisitos essenciais de um ato de contrição genuíno? Os teólogos enumeram *quatro condições* para isso.

O primeiro e o mais evidente dos requisitos é que a contrição seja *inte-*

rior. Quando dizemos a Deus: «Sinto muito haver-Vos ofendido», não fazemos um mero ato de cortesia nem apresentamos a obrigatória desculpa cortês. O nosso coração deve estar nas nossas palavras. Simplesmente devemos *querer dizer* o que dizemos. Mas isto não significa necessariamente que devamos sentir uma *dor emocional.* Como o amor, a dor é um ato da vontade, não um golpe de emoção. Assim como podemos amar a Deus sem experimentar sensações, podemos ter uma profunda dor dos nossos pecados sem sentir reação emocional alguma. Se com toda a sinceridade nos determinamos a evitar tudo o que possa ofender a Deus, com a ajuda da sua graça, então temos contrição interior.

> «A penitência interior é uma reorientação radical de toda a vida, um retorno, uma conversão para Deus de todo nosso coração, uma ruptura com o pecado, uma aversão ao mal e uma repugnância às más obras que cometemos. Ao mesmo tempo, é o desejo e a resolução de mudar de vida com a esperança da misericórdia divina e a confiança na ajuda de sua graça. Esta conversão do coração vem acompanhada de uma dor e uma tristeza salutares, chamadas pelos Padres de *"animi cruciatus* (aflição do espírito)", *"compunctio cordis* (arrependimento do coração)"» (n. 1431; cf. também os ns. 1430, 1432 e 1433).

Além de interior, a nossa contrição deve ser *sobrenatural.* O motivo baseia-se no «porquê» da nossa contrição. Se um homem se arrepende de embebedar-se porque depois fica com uma ressaca tremenda, essa dor é natural. Se uma mulher se lamenta de ter falado mal, murmurado maliciosamente, porque isso lhe fez perder a sua melhor amiga, essa dor é natural. Se um menino lamenta a sua desobediência porque por isso lhe darão uma surra, a sua dor é natural. Essa dor natural não tem nada a ver com Deus, com a alma ou com motivos sobrenaturais. Não é que essa dor seja má, mas é insuficiente em relação a Deus.

A nossa dor é sobrenatural quando *nasce de considerações sobrenaturais;* quer dizer, quando o seu «porquê» se baseia na fé em algumas verdades que Deus ensinou. Por exemplo, Deus disse-nos que devemos amá-lO sobre todas as coisas e que pecar é negar-lhe esse amor. Deus disse-nos que um pecado mortal causa a perda do céu e nos faz merecedores do inferno, e que o pecado venial deve ser reparado no purgatório. Disse-nos que o pecado é a causa de que Jesus tenha morrido na cruz e que é uma ofensa à bondade infinita de Deus. Disse-nos que o pecado é odioso por sua própria natureza. Quando a nossa dor se baseia nestas verdades que Deus revelou, é dor sobrenatural. Elevou-se acima de meras considerações naturais.

Em terceiro lugar, a nossa dor deve ser *suprema*. Quer dizer, devemos encarar realmente o mal moral do pecado como o máximo mal que existe, maior que qualquer mal físico ou meramente natural que nos possa ocorrer. Significa que, quando dizemos a Deus que nos arrependemos dos nossos pecados, estamos dispostos, com a ajuda da sua graça, a sofrer *qualquer coisa* antes que ofendê-lO outra vez. A frase «com a ajuda da sua graça» é muito importante. A dor suprema não exclui um sincero temor de pecar outra vez, se fazemos depender a vitória apenas das nossas forças humanas. Pelo contrário, devemos desconfiar de nós e da nossa autossuficiência; devemos reconhecer que dependemos da graça divina.

Ao mesmo tempo, sabemos que nunca nos faltará a graça de Deus, se fizermos o que está ao nosso alcance. Seria um grande erro tentar verificar se a nossa dor é ou não suprema imaginando tentações extraordinárias. Por exemplo, não faz nenhum sentido que um homem se pergunte: «Permaneceria casto se me fechassem num quarto com uma mulher nua e sedutora?» Sem culpa nossa, Deus jamais permitirá que tenhamos que enfrentar tentações que superem a nossa capacidade de resistência; e se Ele permitisse tentações extraordinárias, podemos ter a certeza absoluta de que nos daria todas as graças extraordinárias de que necessitaríamos para vencê-las.

Por último, a nossa dor – interior, sobrenatural e suprema – deve ser também *universal*. Isto significa que devemos arrepender-nos de *todos* os pecados mortais sem exceção. Um só pecado mortal nos separaria de Deus e nos privaria da graça santificante. Ou nos arrependemos de todos ou não poderemos recuperar a graça de Deus. Ou todos são perdoados ou nenhum. Se déssemos quatro bofetadas a um amigo, seria ridículo dizer-lhe: «Arrependo-me de três delas, mas não da quarta».

Deve-se notar que essas quatro condições se aplicam tanto à contrição perfeita como à imperfeita. Especialmente quanto à segunda condição, as pessoas têm às vezes uma noção errada, e confundem a dor *natural* com a contrição *imperfeita*, quando não são de maneira nenhuma a mesma coisa. Também a contrição imperfeita deve ser sobrenatural nos seus motivos; deve basear-se num motivo conhecido pela fé, como a crença no céu e no inferno ou na fealdade essencial do pecado. Uma simples dor natural não é contrição nenhuma, nem mesmo imperfeita.

Suponhamos que ofendi um amigo espalhando uma calúnia acerca dele. Quero agora recuperar a sua amizade e peço-lhe desculpas dizendo: «Arrependo-me do que fiz, Pedro, mas reservo-me o direito de fazê-lo outra vez se me der vontade». Não é preciso ser professor de psicologia para adivinhar que Pedro continuará magoado, e com razão. A minha pretensa desculpa não o é absolutamente. Se de verdade lamento havê-lo ofendido, propor-me-ei com toda a firmeza não ofendê-lo outra vez.

Passa-se o mesmo com as ofensas a Deus. Não há ato de contrição verdadeiro se não se fizer acompanhar do *propósito de emenda*. Este propósito não é outra coisa senão a simples e sincera determinação de *evitar o pecado no futuro*, bem como as *ocasiões próximas de pecado*, tanto quanto nos seja possível. Sem esse propósito, não pode haver perdão dos pecados, nem mesmo dos veniais.

Ocasião próxima de pecado é qualquer circunstância que nos possa levar a ele. Algumas ocasiões de pecado são próximas por sua própria natureza: livros e revistas declaradamente obscenos, por exemplo. Outras podem ser ocasiões próximas só para determinados indivíduos. Assim, um bar pode ser ocasião de pecado para quem tenha dificuldade de beber com moderação; estacionar o carro à noite à luz da lua pode ser ocasião de pecado para os jovens namorados que viajam nele. Em geral, as experiências do passado podem dizer-nos perfeitamente quais são para nós as ocasiões próximas de pecado. Ao fazermos o ato de contrição, devemos renunciar resolutamente a todas essas ameaças ao nosso bem espiritual, quer provenham de pessoas, de lugares, de coisas ou de certas atividades.

Deve-se notar que o nosso propósito de emenda – a nossa resolução de evitar o pecado e as ocasiões próximas de pecado – deve abranger não só os pecados mortais que tenhamos cometido, mas *todos* os pecados mortais possíveis sem exceção. Sem esta *resolução universal*, nenhum pecado mortal pode ser perdoado.

A situação é diferente com relação ao pecado venial. O pecado venial não nos separa de Deus, não extingue a sua graça na nossa alma. Por conseguinte, é possível obter o perdão de determinado pecado venial, mesmo que os outros fiquem por perdoar. Isto significa que o nosso propósito de emenda *deve* estender-se a todos os pecados veniais que esperamos nos sejam perdoados, mas não necessariamente a todos os pecados veniais cometidos. Agarrar-se a algum pecado venial enquanto se renuncia a outros, denota, evidentemente, um nível muito baixo de amor a Deus, mas aqui não estamos falando do que é *melhor*, mas do *mínimo* necessário.

Sem dor não pode haver perdão, e sem propósito de emenda não pode haver dor genuína. É um princípio evidente e, no entanto, é possível que algumas pessoas, que se horrorizariam ante o pensamento de fazer uma má confissão ocultando um pecado mortal, não sintam o mesmo horror ante uma confissão inválida por falta de um propósito firme de emenda. Se alguém é culpado de pecados mortais, não basta que os diga ao confessor ou recite um ato de contrição rotineiro. Se não está sincera e firmemente resolvido a não tornar a cometer um pecado mortal, a sua confissão é um ato de hipocrisia; é uma confissão tão má como a daquele que ocultasse conscientemente um ou mais pecados mortais ao confessor.

No entanto, ao ganharmos consciência da necessidade de fazer um propósito de emenda sincero, não devemos cair no erro de confundir o *momento atual* com as *possibilidades do futuro*. Uma pessoa pode muito bem experimentar sentimentos como este: «Arrependo-me sinceramente dos meus pecados mortais, e real e verdadeiramente não quero cometer nenhum pecado mortal outra vez. Mas conheço a minha fraqueza e sei como, sob pressão, tenho quebrado os meus bons propósitos no passado. Já antes me propus não cair outra vez, mas caí. Como posso, pois, estar certo de que o meu propósito de agora é firme?»

Podemos estar certos de ter um firme propósito de emenda *agora,* se mantivermos a nossa mente no agora, sem procurar complicações imaginando um futuro hipotético. Ainda que no passado tenhamos falhado doze vezes, cem vezes, isso não significa que estejamos condenados a falhar sempre. Esta pode ser a vez em que saltemos o fosso. Precisamente esta pode ser a vez em que, com a paciente graça de Deus, alcancemos o triunfo.

Ainda que seja um axioma avalizado por um longo uso, *não* é verdade que o inferno esteja cheio de boas intenções. O que está cheio de boas intenções é o caminho do céu; o do inferno está cheio de desânimos e desespero. Como podemos triunfar nalguma coisa se não tentamos uma vez, e outra, e outra ainda, sem desanimar? Quem escala uma montanha pode avançar três passos e retroceder dois; mas, se é bastante tenaz, bastante forte, chegará a alcançar o cume.

Uma pessoa que tenha a desgraça de cair num hábito de pecado – seja de impureza, de ira, contra a caridade ou qualquer outra virtude – precisa de ter ideias absolutamente claras acerca do verdadeiro propósito de emenda: *o que conta na confissão é este momento de agora e esta intenção de agora*. Pode ser que depois haja mais tropeços e mais quedas, antes da vitória final. Mas o único pecador que é derrotado é aquele que deixa de lutar.

Agradecer a Deus pela confissão

Os que não compreendem a fé católica afirmam com certa frequência: «Eu nunca poderei acreditar na confissão. Se erro, direi a Deus na intimidade da minha alma que sinto muito, e Deus me perdoará. Não tenho por que dizer os meus pecados a um simples homem para que Deus me perdoe». Parece uma afirmação razoável, não é verdade? E, no entanto, está tão cheia de falácias como uma rede de pescador de buracos.

Em primeiro lugar, a questão não é saber se eu *gosto* da confissão ou se prefiro que se perdoem os meus pecados de outro modo. A questão é saber como *Deus* quer que se perdoem os pecados. Se Jesus Cristo, verdadeiro Deus, ao instituir o sacramento da Penitência como meio necessário para o perdão dos pecados cometidos depois do batismo, fez da confissão dos pecados ao sacerdote parte essencial do sacramento, então esse é o modo de fazê-lo. Nós não temos a liberdade de escolher e de recusar, quando Deus já se pronunciou. Não podemos dizer: «Eu gostaria mais que fosse de outra maneira».

Jesus quis que a *acusação dos pecados* fosse parte essencial do sacramento da Penitência. Ao conferir aos seus sacerdotes no Domingo da Ressurreição o poder de perdoar os pecados, Ele disse: *Àqueles a quem perdoardes os pecados, ser-lhes-ão perdoados; àqueles a quem os retiverdes, ser-lhes-ão retidos* (Jo 20, 23). E, com a infinita sabedoria de Deus, Jesus não disse essas palavras levianamente; e essas palavras não têm sentido a não ser que pressuponham a acusação dos pecados. Como é que os Apóstolos e os sacerdotes que os sucederiam poderiam saber que pecados perdoar e que pecados não perdoar se não soubessem que pecados eram esses? E como é que poderiam conhecer esses pecados se não fosse o próprio pecador a manifestá-los?

A história da Igreja confirma o significado patente dessas palavras do Senhor. Os escritos primitivos dizem-nos que, já desde o começo da Igreja, só se concedia o perdão aos penitentes depois de confessarem os seus pecados. A principal diferença entre os primeiros séculos e os nossos dias é que, quando a Igreja estava na sua infância, o perdão dos pecados não era concedido sem mais nem menos. Se o pecado era do conhecimento público – como a idolatria, o adultério ou o assassinato – o pecador devia submeter-se a uma penitência que durava toda a vida, e só lhe era concedido o sacramento da Penitência no leito de morte.

O que os críticos da confissão (e de outras doutrinas da Igreja) esquecem é que nem todas as palavras de Jesus estão registradas nos Evangelhos. Quando consideramos que Jesus pregou e ensinou durante um período de quase três anos, percebemos como é pouco o que as poucas páginas dos quatro evangelistas registram em comparação com tudo o que Jesus deve ter ensinado. Podemos estar certos, por exemplo, de que, na noite do Domingo da Ressurreição, os Apóstolos aproveitaram a fundo a ocasião para perguntar a Jesus qual o significado exato das suas palavras: «Àqueles a quem perdoardes os pecados...» e sobre as condições que teriam que exigir para esse perdão.

A história mostra-nos que a manifestação dos pecados para obter o perdão é tão antiga como a Igreja Católica. Em consequência, o sectário que afirma que «a confissão é uma invenção dos padres para ter as pessoas na mão» está exibindo a sua ignorância religiosa tanto quanto os seus preconceitos. A réplica evidente a esse crítico é perguntar-lhe: «Bem, se os padres inventaram a confissão, então por que não se eximiram eles próprios da obrigação de confessar-se?» O Papa tem que confessar-se, os bispos têm que confessar-se, os padres têm que confessar-se, tal como todos os demais católicos.

«No curso dos séculos, a forma concreta segundo a qual a Igreja exerceu este poder recebido do Senhor variou muito. Nos primeiros séculos, a reconciliação dos cristãos que haviam cometido pecados particularmente graves depois do Batismo (por exemplo, a idolatria, o homicídio ou o adultério) estava ligada a uma disciplina bastante rigorosa, segundo a qual os penitentes deviam fazer penitência pública por seus pecados, muitas vezes durante longos anos, antes de receber a reconciliação. A esta "ordem dos penitentes" (que incluía apenas certos pecados graves) só se era admitido raramente e, em certas regiões, apenas uma vez na vida. No século VII, inspirados na tradição monástica do Oriente, os missionários irlandeses trouxeram para a Europa continental a prática "privada" da penitência que não mais exigia a prática pública e prolongada de obras de penitência antes de receber a reconciliação com a Igreja. O sacramento se realiza daí em diante de uma forma mais secreta entre o penitente e o presbítero. Esta nova prática previa a possi-

408 A CONTRIÇÃO

bilidade da repetição, abrindo assim o caminho para uma frequência regular a este sacramento. Permitia integrar numa única celebração sacramental o perdão dos pecados graves e dos pecados veniais. Em linhas gerais, é essa a forma de penitência praticada na Igreja até hoje» (n. 1447).

Todas essas objeções à confissão que ouvimos de vez em quando baseiam-se na suposição de que o sacramento da Penitência é um horrível suplício que devemos temer e evitar tanto quanto possível. Nós, os católicos praticantes, sabemos que não é assim, que essa suposição é uma grande mentira. *Sabemos* que o sacramento da Penitência é um dos maiores presentes que Deus nos fez, um presente sem o qual não poderíamos passar e que sempre teremos de agradecer.

Em primeiro lugar, ao requerer a explícita confissão dos nossos pecados, Deus nos protege contra a *universal fraqueza humana,* que nos leva a justificar-nos. Está muito bem dizer: «Na intimidade da minha alma, direi a Deus que me arrependo, e Deus me perdoará». Se nos fosse pedido somente isso, seria muito fácil enganarmo-nos, pensando que estávamos arrependidos, quando, na realidade, continuaríamos apegados aos nossos pecados e os tornaríamos a cometer com a maior sem-cerimônia. Mas quando temos que trazê-los à luz, quando temos que pôr-nos de joelhos e manifestá-los de viva voz, então temos que enfrentar a verdade. Já não é tão fácil que nos enganemos. Deus, que nos fez e sabe com que facilidade nos enganamos, proporcionou-nos um bendito meio para não nos iludirmos.

Outro dos benefícios da confissão, digno de ser levado em conta como parte do sacramento da Penitência, é que nos *proporciona um conselho autorizado* para as nossas necessidades espirituais. Assim como um médico nos ajuda com a sua ciência a curar e prevenir as doenças físicas, na confissão encontramos um perito nos males da alma, que nos prescreve os remédios e as salvaguardas necessárias para conservarmos a saúde espiritual e crescermos em santidade.

Também não é desprezível a *ajuda psicológica* que obtemos na confissão, tal como a sensação de alívio que se segue à manifestação dos nossos pecados, a paz e o júbilo interiores que acompanham a *certeza* de termos sido perdoados, a libertação dos sentimentos de culpa que nos perturbavam e desalentavam. Não nos surpreende que um eminente psiquiatra (não católico) tenha dito: «Se todas as religiões tivessem a confissão, haveria muito menos pacientes nos nossos manicômios». Não nos surpreende também que aquele que conhece os benefícios deste sacramento exclame: «Obrigado, meu Deus, pela Confissão!»

> «A confissão dos pecados (acusação), mesmo do ponto de vista simplesmente humano, nos liberta e facilita nossa reconciliação com os outros. Pela acusação, o homem encara de frente os pecados dos quais se tornou culpado: assume a responsabilidade deles e, assim, abre-se de novo a Deus e à comunhão da Igreja, a fim de tornar possível um futuro novo» (n. 1455).

Depois de termos sido batizados, há uma só coisa que nos pode separar de Deus: o pecado mortal, o repúdio consciente e deliberado da vontade de Deus em matéria grave. O principal fim do sacramento da Penitência é restaurar na alma do pecador a vida divina (a graça santificante) que havia perdido. Por conseguinte, os pecados que *devemos* dizer na confissão são *todos os pecados mortais* cometidos depois do batismo e não confessados previamente.

Já que o *pecado venial* não extingue em nós a vida da graça, não somos obrigados a mencioná-los na confissão. Mas é muito proveitoso fazê-lo, ainda que não seja obrigatório: nada nos pode dar maior certeza de terem sido perdoados do que submetê-los à absolvição de um sacerdote; além disso, no sacramento da Penitência recebemos graças especiais, que nos dão forças para evitar esses pecados no futuro. Mas é verdade que o pecado venial pode ser perdoado fora da confissão por um ato de contrição sincero (ao menos se for uma contrição perfeita) e um propósito de emenda.

Também não há obrigação de confessar os pecados mortais *duvidosos*. Mas, novamente, é mais prudente manifestar esses pecados na confissão para o bem da nossa paz interior e por causa da graça que recebemos contra as recaídas. No entanto, não é imprescindível confessar os pecados mortais duvidosos para se fazer uma boa confissão. Se o fazemos, devemos mencionar as nossas dúvidas ao sacerdote e confessá-los depois «como estiverem na presença de Deus». Um exemplo de pecado mortal duvidoso seria um acesso de ira vingativa, que desperta em nós a dúvida de saber se essa ira foi plenamente deliberada ou não. Outro exemplo poderia ser o dos pensamentos impuros, com a dúvida posterior de saber se consentimos ou resistimos com a prontidão suficiente.

Não é necessário sublinhar que devemos ter muito cuidado em não nos enganarmos nesta matéria. Devemos fugir de nos procurarmos convencer de que um pecado mortal é duvidoso quando há indícios razoáveis do contrário.

Ao confessarmos os nossos pecados mortais, temos obrigação de dizer o *número de vezes* que cometemos cada pecado. Para um católico praticante que se confessa frequentemente, não há nenhum problema nisso. Quem não se tenha confessado há muito tempo pode ver-se em dificuldades. Deve lembrar-se então de que Deus não pede a ninguém o impossível. Se não puder recordar o número exato de vezes que cometeu certo pecado, basta que faça uma estimativa sincera. Um modo prático de proceder nesses casos é fazer o cálculo com base no número de pecados cometidos por semana ou por mês.

Ao referirmos os nossos pecados na confissão, temos que indicar a *espécie* de pecados que cometemos. Não basta dizer: «Pequei contra o segundo mandamento». Devemos mencionar (supondo que o pecado foi mortal) se pecamos por blasfêmia, falso juramento, maldição ou profanação. Não basta dizer: «Pequei contra a justiça». Temos que distinguir se foi roubo, fraude, dano à propriedade ou à reputação alheia. A maioria dos devocionários proporciona uma relação de possíveis pecados que pode ajudar o penitente a enumerá-los e classificá-los.

Mas não convém sobrecarregar a confissão com pormenores desnecessários das faltas cometidas. Os incidentes que nos tenham levado a odiar o cunhado e as consequências que daí resultaram para a vida do lar, o modo como conseguimos aquele contrato que agora vemos que foi «leonino», não são normalmente coisas que digam respeito à confissão. No entanto, deve-se mencionar *qualquer circunstância que mude a espécie do pecado*, isto é, qualquer circunstância que realmente acrescente ao pecado uma nova malícia. Assim, dizer que se roubou um copo dourado não basta se porventura esse copo é o cálice da paróquia; neste caso, ao pecado de roubo acrescenta-se o pecado de sacrilégio. Não basta dizer que se jurou falso se o juramento causou um grave prejuízo a um terceiro nos seus bens ou na sua fama; neste caso, acrescenta-se a injustiça ao perjúrio.

Para fazer uma boa confissão, é importante não só dizer os pecados, mas também dizê-los de *modo* adequado. Se todo o espírito do sacramento da Penitência é de arrependimento pelo erro reconhecido, é evidente que devemos ir à confissão com uma profunda *humildade de coração*. Atitudes como as daquele que diz: «Bem, afinal de contas, não sou tão mau assim», ou: «Imagino que sou como todo o mundo», ou: «Todos fazem coisas assim; não deve ser um pecado tão terrível», seriam fatais para se fazer uma boa confissão.

A *sinceridade* é outra das condições exigidas pelo sacramento da Penitência. Isto significa nada mais (e nada menos) que devemos manifestar os nossos pecados com sinceridade e franqueza totais, sem intenção alguma de ocultá-los ou desfigurá-los. A nossa confissão seria insincera se tentássemos fazê-la usando frases vagas ou ambíguas, na esperança de que o confessor não perceba de que é que estamos falando, se andássemos por aí buscando um sacerdote meio surdo a quem escapassem as nossas palavras atropeladas ou sussurradas; se intercalássemos desculpas e álibis com a intenção de salvar o nosso amor-próprio.

Mencionamos estes defeitos não porque sejam prática comum, mas para que compreendamos melhor a essência de uma boa confissão. A grande maioria dos católicos recebe frequentemente e com agradecimento o sacramento da Penitência: são um exemplo constante de como fazer uma boa confissão, e a sinceridade e humildade com que o fazem são fonte inesgotável de edificação para os sacerdotes que os atendem.

Capítulo XXXI

A confissão

Acusação dos pecados

«A *acusação espontânea* feita ao sacerdote constitui uma parte essencial do sacramento da Penitência: "Os penitentes devem, na confissão, enumerar todos os pecados mortais de que têm consciência, após se terem seriamente examinado, mesmo que tais pecados sejam de todo secretos e cometidos apenas contra os dois últimos preceitos do Decálogo; porque, por vezes, estes pecados ferem mais gravemente a alma e são mais perigosos que os cometidos à vista de todos" (Conc. de Trento: DS 1680)» (n. 1456).

Nosso Senhor Jesus Cristo quis que o sacramento da Penitência fosse também um *ato de penitência*, um ato de humildade, mas não que se tornasse um peso intolerável para os membros do seu rebanho. É verdade que todos os pecados mortais cometidos depois do batismo devem ser *explicitamente* confessados, e este princípio é válido mesmo quando, por necessidade urgente, é preciso adiar temporariamente a confissão explícita. Mas uma pessoa gravemente doente, que esteja tão fraca que não possa especificar os seus pecados, pode receber o sacramento da Penitência simplesmente manifestando que pecou e que se arrepende dos pecados cometidos. Pode-se absolver um grupo numeroso de soldados, à hora de entrarem em combate, se manifestam em termos gerais a sua culpa e ao mesmo tempo a

414

A CONFISSÃO

sua contrição; mas, em *casos de emergência* como esses ou outros análogos, previstos pelas leis da Igreja, o pecador continua obrigado a manifestar em detalhe os pecados mortais da próxima vez que for confessar-se. Se alguém recebesse uma absolvição coletiva – nos casos muito especiais previstos pela Igreja – e não tivesse o propósito de confessar individualmente, numa próxima confissão individual, os pecados mortais não acusados, não receberia o sacramento da Penitência. Teria feito um ato inválido.

> «Em casos de *necessidade grave,* pode-se recorrer à *celebração comunitária da reconciliação com confissão e absolvição gerais.* Esta necessidade grave pode apresentar-se quando há um perigo iminente de morte sem que o ou os sacerdotes tenham tempo suficiente para ouvir a confissão de cada penitente. A necessidade grave pode também apresentar-se quando, tendo-se em vista o número dos penitentes, não havendo confessores suficientes para ouvir devidamente as confissões individuais num tempo razoável, de modo que os penitentes, sem culpa de sua parte, se veriam privados durante muito tempo da graça sacramental ou da sagrada Eucaristia. Nesse caso os fiéis devem ter, para a validade da absolvição, o propósito de confessar individualmente seus pecados graves no devido tempo. Cabe ao Bispo diocesano julgar se os requisitos para a absolvição geral existem. Um grande concurso de fiéis por ocasião das grandes festas ou de peregrinação não constitui caso de tal necessidade grave» (n. 1483).

Aplica-se o mesmo princípio quando alguém *se esquece* de mencionar na confissão um ou mais pecados mortais que tenha cometido. Se depois se recorda desse pecado, deve mencioná-lo na próxima confissão, mas não é necessário que corra imediatamente ao confessor e, entretanto, pode aproximar-se da comunhão. Devido à contrição universal do penitente, o pecado por ele esquecido já foi indiretamente perdoado; fica apenas a obrigação de mencioná-lo, se o recorda, na confissão seguinte, para que seja diretamente perdoado.

Seria de uma grande insensatez angustiar-se indevidamente à hora de preparar a confissão ou inquietar-se por medo de esquecer acidentalmente algum pecado. Mais insensato ainda seria deixar-se perturbar por vagas inquietações acerca de confissões passadas. Deus é justo juiz, mas não um juiz tirano. Tudo o que nos pede é que usemos dos meios razoáveis para fazer uma boa confissão. Não nos pedirá contas das inevitáveis fragilidades humanas, tais como a má memória.

Uma só coisa pode viciar a nossa confissão e torná-la «má» ou sacrílega: *omitir consciente e deliberadamente* a manifestação de um pecado que temos a certeza de ser mortal e que deveríamos confessar. Proceder assim é não querer cumprir uma das condições que Deus nos pede para nos conceder o seu perdão. Se não nos «abrimos» a Deus, Deus não abrirá o seu tribunal ao perdão.

O trágico de uma má confissão é que produz uma reação em cadeia de pecados. A não ser que – e até que – retifiquemos a confissão inválida, cada confissão e cada comunhão posteriores serão um novo sacrilégio, e um novo pecado se acrescentará ao anterior. Com o passar do tempo, a consciência poderá insensibilizar-se, mas nunca poderá ter verdadeira paz.

Felizmente, uma má confissão pode ser corrigida com facilidade, desde que o penitente decida emendar-se. Basta que diga ao sacerdote: «Certa vez fiz uma má confissão e agora quero corrigi-la». O confessor tomará esta declaração como ponto de partida e, interrogando com compreensão, ajudará o pecador a descarregar-se do seu pecado.

É necessário sublinhar a frase «interrogando com compreensão». A nossa relutância em confessar uma ação vergonhosa será muito menor se tivermos presente que aquele a quem nos dirigimos *está* cheio de compreensão e afeto. O sacerdote sentado do outro lado da grade do confessionário não está cheio de si nem disposto a franzir o sobrolho a cada falta que lhe comuniquemos. Ele também é humano. Ele também se confessa. Em vez de nos desprezar pelo que temos a dizer-lhe, admirará a humildade com que estaremos vencendo a nossa vergonha. Quanto maior for o nosso pecado, mais alegria daremos ao sacerdote com o nosso arrependimento. Se o sacerdote chegasse a saber quem é o penitente, o seu apreço por ele não diminuiria; ao contrário, aumentaria pela sinceridade e confiança depositada no confessor.

À parte estas considerações, sabemos – e é algo reconfortante para todos – que os pecados que dizemos em confissão estão cobertos pelo mais estrito vínculo de segredo que existe na terra. Este vínculo de segredo – o *sigilo sacramental* – proíbe o sacerdote de revelar *por qualquer motivo, sem exceção alguma*, o que lhe foi dito em confissão. O penitente é o único que pode dispensar o sacerdote deste sigilo. Nem mesmo ao próprio penitente pode o sacerdote mencionar fora da confissão as faltas de que tomou conhecimento, a não ser que o penitente assim o deseje e declare. Menos

416 A CONFISSÃO

ainda pode, pois, aludir a esses temas diante de terceiras pessoas, parentes, amigos ou colegas.

O sacerdote está decidido a enfrentar a morte ou, o que é pior, as acusações falsas e a desonra, antes que violar o sigilo da confissão. No decorrer da história, muitos sacerdotes se viram obrigados a agir assim. Um sacerdote não pode revelar o que lhe disseram na confissão sacramental nem mesmo para salvar o mundo inteiro da destruição. Se porventura violasse o sigilo sacramental, seria condenado com o mais estrito tipo de excomunhão que a Igreja pode infligir.

De passagem, diremos que esta obrigação afeta também os leigos. Se alguém chega a ouvir algo que um penitente esteja dizendo na confissão, é obrigado a não revelar jamais e em hipótese nenhuma aquilo que ouviu. Fazê-lo seria um pecado grave. Nem mesmo pode mencioná-lo à pessoa a quem ouviu confessar-se. O penitente é o único que não está preso ao sigilo da confissão; mas mesmo ele deve abster-se de comentar com outros o que disse em confissão, a menos que seja necessário.

É fácil ver que são raros os casos de *confissões sacrílegas*, quer por se ocultar um pecado mortal, quer por não haver verdadeiro arrependimento. É difícil que alguém se dedique a perder o tempo fazendo algo que sabe ser pior do que não confessar-se, além de ser inútil.

Também é fácil verificar que a maioria das pessoas que recebem com frequência o sacramento da Penitência não costumam ter pecados mortais a confessar. A graça especial deste sacramento fortalece-nos contra as tentações e cria as resistências da alma ao pecado, muito mais do que as vitaminas em relação às infecções do corpo. Seria um grande erro negligenciar a confissão frequente sob o pretexto de que não temos pecados mortais de que acusar-nos: precisamente essa confissão frequente faz com que recebamos as graças necessárias para evitar o pecado mortal com maior segurança. Mais ainda, o sacramento da Penitência confere à alma que está livre de pecado mortal um aumento de graça santificante, um crescimento em vida interior que não podemos desprezar.

No entanto, para se poder receber este sacramento, é necessário confessar *algum* pecado atual, porque o sacramento da Penitência foi instituído para perdoar os pecados cometidos depois do batismo. A pessoa que não tivesse cometido absolutamente nenhum pecado não poderia receber o sacramento da Penitência, pois não haveria matéria sobre a qual o sacramento pudesse atuar, e é crença comum que somente a Virgem Maria foi o ser humano adulto que jamais cometeu o mais leve pecado venial. (Evidentemente, Jesus Cristo, como homem, esteve também livre de pecado).

Se não temos pecados mortais a confessar, acusar-nos de um ou mais pecados veniais – de que estejamos verdadeiramente arrependidos – dar-nos-á condições para receber o sacramento da Penitência e as graças correspondentes. Se não pudermos recordar-nos sequer de um pecado venial cometido depois da última confissão, então podemos voltar a confessar algum pecado da nossa vida passada.

Pode ser um pecado confessado e absolvido há muito tempo; mas aqui e agora tornamos a recordá-lo e renovamos a nossa dor de coração por tê-lo cometido. O pecado passado mais a contrição presente dar-nos-ão condições para receber a absolvição e as graças do sacramento. Neste caso, a nossa confissão será mais ou menos assim: «Abençoe-me, padre, porque pequei. Confessei-me há uma semana. Não me recordo de ter cometido nenhum pecado desde então, mas arrependo-me dos pecados que possa ter esquecido e de todos os pecados da minha vida passada, especialmente dos meus pecados de ira» (por exemplo).

Com efeito, essa é a *fórmula adequada* para qualquer confissão: começar com a *saudação* e o *sinal da cruz* e, depois de se ter recebido a *bênção do sacerdote*, mencionar o *tempo* transcorrido desde a última confissão, e terminar com a *inclusão dos pecados da vida passada* de que se esteja particularmente contrito. Assim, se acontece que os pecados mencionados nesse momento não são realmente pecados, mas apenas imperfeições, a inclusão de algum pecado do passado habilita o sacerdote a dar a absolvição e o penitente pode receber as graças do sacramento. Se o penitente se confessa de ter esquecido as orações da manhã duas vezes, de ter perdido a Missa do domingo por doença e de ter conversado três vezes na igreja, e não acrescenta mais nada, o sacerdote não pode dar-lhe a absolvição, pelo menos sem fazer algumas perguntas. Numa confissão assim, não há evidência real de pecado. Não é pecado esquecer as orações da manhã; mais ainda, é evidente que não se pode cometer pecado algum se realmente houve esquecimento. Para que uma coisa seja pecado, é preciso que a má ação seja conhecida e intencional. Também não é pecado omitir a assistência à Missa de domingo por doença ou por outra razão grave. Como não é necessariamente pecado conversar na igreja, se não há uma deliberada falta de reverência.

Na prática, nem sequer é necessário mencionar esses «não pecados» na confissão; não há razão para «incharmos» a nossa lista a fim de que pareça maior do que é. Se adquirimos o hábito de terminar sempre a nossa confissão com uma referência aos pecados da vida passada, haverá matéria suficiente para que a nossa contrição encontre terreno em que apoiar-se. O confessor não pensará que lhe fazemos perder tempo por não podermos recordar nenhum pecado desde a nossa última confissão. Não obstante, nesses casos, devemos certificar-nos de não termos feito superficialmente o nosso exame de consciência. Não devemos ir à confissão sem antes dedicar um tempo razoável a examinar a consciência e a suscitar em nós um genuíno arrependimento dos nossos pecados. Esse é também o momento apropriado para rezarmos um ato de contrição formal: *antes* de nos dirigirmos ao confessionário.

Poderá ser útil incluir aqui outras recomendações relativas à confissão:

1. Ao enunciarmos os pecados, falar ao confessor clara e *distintamente*, mas *em voz muito baixa*. Pouco poderá ajudar-nos o sigilo da confissão se dissermos os nossos pecados com um vozeirão tal que os ouçam todos os que estão na igreja. As pessoas que ouvem mal podem pedir para confessar-se na sacristia. As pessoas que têm um sério impedimento para falar, podem levar a sua confissão previamente escrita num papel e entregá-lo ao sacerdote, que o destruirá depois de o ter lido.

2. Nunca mencionemos os *pecados dos outros* (por exemplo, do marido ou da sogra) e, especialmente, nunca digamos nomes.

3. A não ser que seja necessário para reparar uma confissão mal feita, não queiramos fazer uma *confissão geral* (que abranja toda ou a maior parte da nossa vida) sem consultar previamente o confessor. Uma confissão geral rara vez é aconselhável, exceto talvez em ocasiões decisivas da vida, tais como o casamento, a ordenação ou a profissão religiosa.

4. *Escutemos atentamente* o sacerdote quando nos impõe a penitência, bem como os conselhos que nos possa dar. Se não os ouvimos bem, devemos dizê-lo. Se ficamos com alguma dúvida ou temos um conselho a pedir, não hesitemos em dizê-lo.

5. Continuemos a escutar atentamente o sacerdote enquanto pronuncia as palavras da *absolvição*. Já nos doemos dos nossos pecados e essa dor permanece na alma. Não é correto recitar verbalmente um ato de contrição enquanto o sacerdote pronuncia as palavras da absolvição.

6. Finalmente, devemos permanecer alguns minutos na igreja depois de nos termos confessado, para *agradecer a Deus* as graças que acaba de conceder-nos e *cumprir também a penitência* que o confessor nos impôs, se esta consiste em algumas orações.

Pecado e castigo

O pecado e o castigo andam juntos. Falando do pecado, poderíamos dizer que o castigo é o seu «estabilizador incorporado», pelo qual se satisfazem as exigências da justiça divina. Deus é infinitamente misericordioso, rápido em perdoar o pecador contrito. Mas, ao mesmo tempo, é infinitamente justo; não pode permanecer indiferente ante o mal moral. A Ele não pode «dar na mesma» o que cada homem faz com a sua liberdade. Se não houvesse castigo para o pecado, o bem e o mal poderiam colocar-se um junto ao outro em pé de igualdade; a justiça seria uma palavra vã.

Por outro lado, Deus é um Deus *justo,* mas não *vingativo*. Nos assuntos humanos, a aplicação do castigo resulta muitas vezes não tanto da caridade como do ressentimento. O castigo é frequentemente imposto mais para salvar o amor-próprio ofendido do que a alma de quem ofende. Com Deus passa-se o contrário. Se, por um lado, a sua justiça exige que o pecado seja reparado com uma compensação adequada, por outro, o que Deus procura não é essa compensação em si; o seu objetivo é sempre a salvação de quem o ofende: antes do pecado, tornando o seu preço demasiado elevado; depois do pecado, tornando dolorosas as suas consequências.

E para falar com propriedade, nem sequer se pode dizer que é Deus quem castiga o pecador. É antes o pecador quem castiga a si mesmo. É ele quem escolhe livremente o pecado e, portanto, o castigo que lhe é inerente. Quem comete um pecado mortal opta livremente por viver separado de Deus para sempre (o inferno), em troca de fazer agora a sua própria vontade. Quem comete um pecado venial aceita antecipadamente o pur-

A CONFISSÃO

gatório, em troca de uma insignificante satisfação atual. Esta escolha é um pouco parecida à do bêbado que aceita a ressaca de amanhã em troca dos seus excessos de hoje.

O pecado mortal provoca duas espécies de castigo. Em primeiro lugar, o castigo *eterno,* a perda de Deus para sempre, que é a sua sequela inevitável. Perdoada a *culpa* do pecado, seja pelo batismo, seja no sacramento da Penitência, fica perdoado esse castigo eterno.

Além do castigo eterno, há também um castigo *temporal* (quer dizer, por um certo período de tempo), que podemos dever a Deus mesmo depois de o pecado mortal ter sido perdoado, e que o pecado venial também merece. Este castigo temporal é a reparação que devemos oferecer a Deus (pelos méritos de Cristo) por termos violado a sua justiça, mesmo depois de perdoado o pecado; é a satisfação que oferecemos a Deus pelas nossas insuficiências na intensidade da dor pelos nossos pecados. Pagamos este débito com os sofrimentos do purgatório, a não ser que o cancelemos nesta vida (como facilmente está ao nosso alcance) mediante adequadas obras de penitência.

Há uma diferença notável entre os sacramentos do Batismo e da Penitência quanto aos respectivos efeitos sobre o castigo temporal. O Batismo é um renascimento espiritual, um começar a vida outra vez. Quando um adulto é batizado, não só se apagam os pecados mortais, juntamente com o pecado original e o castigo eterno por eles devido, como também todo o castigo temporal por eles merecido. Quem morresse imediatamente depois do batismo iria para o céu nesse mesmo instante. E isso seria assim, mesmo que a dor dos pecados cometidos antes do batismo fosse imperfeita.

Mas a pessoa que morresse logo depois de se confessar, não iria necessariamente para o céu de maneira imediata. Enquanto o castigo eterno devido pelo pecado é perdoado por completo no sacramento da Penitência, a porção do castigo temporal cancelada *dependerá da perfeição da dor* que o penitente tiver tido. Quanto mais ardente tenha sido a sua contrição, menor satisfação lhe restará por oferecer aqui ou no purgatório.

Uma historieta (não da vida real, é claro) ilustrará este ponto. Conta-se de um homem que foi confessar-se depois de viver muitos anos afastado de Deus. Em penitência, o sacerdote prescreveu-lhe que rezasse um terço todos os dias durante um mês. O penitente exclamou: «Como é possível, se fui ingrato com Deus tantos anos! Com certeza absoluta tenho que fazer muito mais do que isso!» «Se você está tão arrependido – respondeu-lhe o sacerdote –, talvez um terço diário durante uma semana seja suficiente». Então o penitente, comovido, começou a chorar: «Quanto Deus me amou, quanto suportou a minha ingratidão e os meus pecados! Não há nada que eu não fizesse por Ele agora». «Se está *tão* arrependido – replicou o sacerdote –, basta que reze cinco pai-nossos e cinco ave-marias uma só vez».

Esta história realça a importância das nossas disposições interiores na recepção do sacramento da Penitência. Quanto mais profunda for a nossa dor e mais nos sentirmos movidos por um desinteressado amor a Deus, menos *relíquias* do pecado restarão; menos dívidas de castigo temporal nos ficarão, sem dúvida, por satisfazer com satisfação penitencial.

Quanto mais intensa for a nossa dor ao confessar-nos, menos teremos que pagar a Deus depois, como castigo temporal. Mas nem o nosso confessor nem nós mesmos podemos avaliar adequadamente esta intensidade. Só Deus pode ver o coração humano e só Ele sabe num determinado momento qual a nossa dívida para com Ele. Por isso o sacerdote impõe--nos sempre uma *penitência* para ser cumprida depois da confissão: rezar certas orações ou praticar certas obras. Para que a nossa confissão seja boa, devemos aceitar a penitência que o sacerdote nos prescreve e ter a intenção de cumpri-la no tempo que ele nos fixar.

A medida da penitência dependerá da gravidade dos pecados confessados; quanto maior for o número e a gravidade dos pecados cometidos, será lógico esperar uma penitência maior. Mas o confessor não deseja impor uma penitência que supere a capacidade do penitente. Se alguma vez nos é prescrita uma penitência que nos parece impossível de cumprir, seja por que motivo for, devemos dizê-lo ao sacerdote, e ele a ajustará convenientemente.

> «A *penitência* imposta pelo confessor deve levar em conta a situação pessoal do penitente e procurar seu bem espiritual. Deve corresponder, na medida do possível, à gravidade e à natureza dos pecados cometidos. Pode consistir na oração, numa oferta, em obras de misericórdia, no serviço do próximo, em privações voluntárias, em sacrifícios e principalmente na aceitação paciente da cruz

que devemos carregar. Essas penitências nos ajudam a configurar-nos com Cristo, que, sozinho, expiou nossos pecados uma vez por todas. Permitem-nos também tornar-nos coerdeiros de Cristo ressuscitado, *"pois sofremos com ele"* (Rm 8, 17)» (n. 1460).

Uma vez prescrita a penitência, temos obrigação em consciência de *cumpri-la* e de cumpri-la do modo que nos foi prescrita. Por exemplo, se me foi dito que fizesse um ato de fé, esperança e caridade uma vez ao dia durante uma semana, não seria correto «liquidar» o assunto rezando os sete atos de uma vez.

Negligenciar *deliberadamente* o cumprimento da penitência seria pecado mortal, se se tratasse de uma penitência grave imposta por pecados graves. Negligenciar uma penitência leve seria um pecado venial. É claro que esquecer-se dela não é pecado, pois ninguém pode pecar por ter memória fraca. Se nos esquecemos de cumprir a penitência, acontece simplesmente que a dívida temporal, da qual a penitência nos teria absolvido, permanece ainda em nosso débito. Por esta razão, deveríamos acostumar-nos a cumpri-la imediatamente após a confissão, a não ser que o confessor nos indique outra ocasião para fazê-lo.

Deve-se recordar que a penitência prescrita na confissão tem uma eficácia especial para pagar a dívida de castigo temporal, por ser *parte do sacramento da Penitência*. Devemos, claro está, fazer voluntariamente outros atos de penitência. Todas as nossas obras meritórias podem ser oferecidas – e é conveniente fazê-lo assim – em satisfação dos nossos pecados; e não somente as orações que rezamos, as Missas que oferecemos ou os atos de religião ou de caridade que praticamos, mas todas e cada uma das nossas ações praticadas no decorrer da nossa jornada centrada em Cristo; quer dizer, todas as ações (exceto as más, evidentemente) realizadas em estado de graça e com um sentido de oferenda a Deus. Estas ações ganham-nos méritos para o céu e ao mesmo tempo são aceitas como satisfação pelos nossos pecados.

> «A *penitência interior* do cristão pode ter expressões bem variadas. A escritura e os padres insistem principalmente em três formas: *o jejum, a oração e a esmola*, que exprimem a conversão com relação a si mesmo, a Deus e aos outros. Ao lado da purificação radical operada pelo batismo ou pelo martírio, citam, como meio de obter o perdão dos pecados, os esforços empreendidos para reconciliar-se com

o próximo, as lágrimas de penitência, a preocupação com a salvação do próximo, a intercessão dos santos e a prática da caridade, *"que cobre uma multidão de pecados"* (1 Pe 4, 8).

«A conversão se realiza na vida cotidiana por meio de gestos de reconciliação, do cuidado dos pobres, do exercício e da defesa da justiça e do direito, pela confissão das faltas aos irmãos, pela correção fraterna, pela revisão de vida, pelo exame de consciência, pela direção espiritual, pela aceitação dos sofrimentos, pela firmeza na perseguição por causa da justiça. Tomar sua cruz, cada dia, e seguir a Jesus é o caminho mais seguro da penitência» (ns. 1434-1435).

Não obstante, oração por oração e obra por obra, nada nos pode dar maior certeza de estarmos cumprindo a satisfação pelos nossos pecados do que a penitência que nos é imposta na confissão. Estas penitências oficiais têm uma eficácia sacramental, um poder de reparação que nenhuma penitência espontânea pode igualar.

Aliás, é oportuno recordar que *nenhuma* das nossas obras de penitência teria valor algum diante de Deus se Jesus Cristo já não tivesse pago pelos nossos pecados. A reparação oferecida por Jesus Cristo na Cruz é infinita, mais do que suficiente para pagar a totalidade da dívida espiritual de toda a humanidade. Mas Deus, por um desígnio expresso, quer que partilhemos com Cristo a sua obra de satisfação pelos pecados. Deus aplica os méritos de Cristo à nossa dívida de castigo temporal na medida da nossa disposição de fazer penitência. O valor real das nossas penitências pessoais é insignificante aos olhos de Deus, mas esse valor torna-se enorme quando unido aos méritos de Jesus Cristo.

É por isso que as nossas orações, boas obras e sofrimentos podem também ser oferecidos em satisfação pelos *pecados dos outros*, além dos nossos. Deus quer que participemos na obra de redenção. É parte do privilégio de sermos membros do Corpo Místico de Cristo podermos satisfazer com Ele o castigo temporal devido pelos pecados dos outros. Conscientes desta possibilidade, devemos aproveitar as oportunidades. Em cada doença (mesmo nessa ligeira dor de cabeça de hoje), em cada frustração, em cada contrariedade, saberemos ver a matéria-prima da qual temos que tirar satisfação pelos pecados e salvar almas. E nunca nos assaltará a tentação (rara certamente) de pensar que o confessor nos impôs uma penitência muito grande. Se nós não necessitamos dela, em algum lugar existe uma alma que dela precisa.

Capítulo XXXII
A pena temporal e as indulgências

As indulgências

As *indulgências* proporcionam-nos um modo acessível e proveitoso de podermos satisfazer pelo castigo temporal que ficamos devendo depois de os nossos pecados terem sido perdoados. Podemos ganhar indulgências todos os dias, e sempre será bom ter presente que abreviam o nosso purgatório. O Catecismo da Igreja Católica define-as assim: «Indulgência é a remissão, diante de Deus, da pena temporal devida pelos pecados cuja culpa já foi perdoada, remissão que o fiel bem disposto obtém em certas e determinadas condições pela intervenção da Igreja que, como dispensadora da redenção, distribui e aplica por sua autoridade o tesouro das satisfações de Cristo e dos santos» (n. 1471).

Mas você já tentou explicar a doutrina das indulgências a um amigo não católico? Saberá então por experiência que não é tarefa fácil. Em primeiro lugar, há todo um emaranhado de mal-entendidos por esclarecer. A própria palavra «indulgência» veio a adquirir nos nossos tempos uma conotação ligeiramente desfavorável: uma mãe indulgente parece ser aquela que deixa os filhos fazerem o que lhes apetece; uma pessoa indulgente consigo própria será aquela que se abandona aos instintos, que despreza as motivações mais nobres. Em resumo, a palavra «indulgência» significa hoje certo relaxamento moral, certa degradação dos ideais.

Por isso, normalmente temos de começar por explicar as indulgências dizendo o que elas *não são*. É evidente que uma indulgência *não é* nenhuma licença para pecar, como não é nenhum perdão dos pecados cometidos. Na verdade, as indulgências dizem respeito unicamente à pena temporal que devemos a Deus *depois* de os nossos pecados terem sido perdoados no sacramento da Penitência (ou por um ato de contrição perfeita). É preciso frisar, pois, que só pode ganhar uma indulgência quem estiver em estado de graça santificante.

Uma vez esclarecida essa ideia errônea, vejamos em termos positivos qual a natureza das indulgências. Um primeiro passo consistirá em demonstrar o *direito* que a Igreja tem de remir o castigo temporal que devemos a Deus pelos nossos pecados perdoados. Para isso, basta recordarmos as palavras de Cristo a São Pedro e aos sucessores de São Pedro, os Papas: *tudo o que ligares na terra será ligado nos céus, e tudo o que desligares na terra será desligado nos céus* (Mt 16, 19); e recordarmos também quase as mesmas palavras repetidas numa ocasião posterior a todos os Apóstolos, bem como aos seus sucessores, os bispos da Igreja Católica (cf. Mt 18, 18). Jesus pronunciou essas palavras sem acrescentar condições ou exceções, quer dizer, deu à sua Igreja o poder de tirar da alma dos homens qualquer impedimento que dificultasse a sua entrada no céu. Esse poder inclui, portanto, não só o de perdoar os pecados, que se realiza pelo sacramento da Penitência, como também o de remir a pena temporal, que se obtém por meio das indulgências.

A Igreja exerceu o poder de *remir a pena temporal* desde os primórdios da história cristã. Nesses primeiros tempos, em que os cristãos tinham um horror ao pecado muito maior do que atualmente, os pecadores arrependidos tinham de cumprir grandes penitências antes de serem readmitidos na comunidade cristã. Havia pecadores que podiam ter de fazer penitência pública durante quarenta dias, três anos ou mesmo por toda a vida, conforme a gravidade do pecado e do escândalo ocasionado. As penitências podiam consistir, por exemplo, em vestir-se de saco e cobrir-se de cinzas, jejuar, autoflagelar-se, retirar-se para um convento, ajoelhar-se à porta de uma igreja para suplicar as orações dos que nela entrassem, ou vagar pelos campos vivendo de esmolas.

Na era dos mártires, quando milhares e milhares de cristãos eram presos e mortos pela sua fé, tornou-se costume entre os penitentes recorrerem à intercessão desses mártires, isto é, dos cristãos que estavam encarcerados à espera do dia da execução. Um mártir encarcerado redigia então um pedido de perdão dirigido ao bispo, e entregava-o ao penitente. Esses escritos chamavam-se «cartas de paz». Quando o penitente apresentava a sua carta ao bispo, este absolvia-o da árdua penitência pública que o confessor lhe impusera, e não só da penitência pública, mas também da dívida para com Deus, isto é, do castigo temporal que a penitência visava satisfazer. Conseguia-se esse efeito transferindo para o pecador arrependido o valor satisfatório dos sofrimentos do mártir.

Assim começou na Igreja a prática das indulgências. Essa é também a origem do «sistema de medição das indulgências» que a Igreja utilizou durante séculos (simplificado pela Constituição *Indulgentiarum doctrina*, do Papa Paulo VI). Uma indulgência de trezentos dias, por exemplo, *não* queria dizer trezentos dias menos no purgatório. Queria dizer que esse ato de piedade reduzia tanta pena temporal quanta a que seria remida se a pessoa, segundo a antiga disciplina da Igreja, fizesse trezentos dias de penitência pública.

No plano salvífico de Deus, nem uma só oração, nem uma lágrima de arrependimento, nem uma picada de dor se perdem: até o menor mérito satisfatório que uma pessoa possa ganhar e de que não precise para os seus próprios pecados junta-se ao tesouro de méritos de que a Igreja pode dispor para atender às necessidades espirituais dos seus filhos, intimamente unidos uns aos outros pelo vínculo da Comunhão dos Santos. Este grande depósito de satisfação acumulada está à nossa disposição para pagarmos as penas temporais devidas pelos nossos pecados. É o chamado *tesouro espiritual* da Igreja, que a Igreja conserva e distribui.

> «Esses bens espirituais da comunhão dos santos também são chamados o *tesouro da Igreja,* "que não é uma soma de bens comparáveis às riquezas materiais acumuladas no decorrer dos séculos, mas é o valor infinito e inesgotável que têm junto a Deus as expiações e os méritos de Cristo, nosso Senhor, oferecidos para que a humanidade toda seja libertada do pecado e chegue à comunhão com o Pai. É em Cristo, nosso redentor, que se encontram em abundância as satisfações e os méritos de sua redenção" (Paulo VI, Const. apost. *Indulgentiarum doctrina,* 5)» (n. 1476).

A base desse tesouro espiritual da Igreja encontra-se nos *méritos infinitamente satisfatórios do próprio Cristo.* Sendo Deus, tudo o que Ele fez e sofreu tinha um valor infinito. Com a sua vida e morte, Jesus constituiu um depósito inesgotável de méritos, suficiente para atender às necessidades de toda a humanidade até o fim dos tempos. A esse tesouro somam-se os méritos de Maria, nossa Santíssima Mãe (que não necessitou desses méritos para si), os dos santos que fizeram boas obras muito além das suas necessidades, e as satisfações excedentes de todos os membros do Corpo Místico de Cristo.

A Igreja concede as indulgências tirando-as do tesouro espiritual de méritos satisfatórios de Cristo e dos santos. Vejamos como atua uma indulgência: a Igreja diz que concede indulgência parcial a qualquer oração legítima com que façamos um ato de fé (e também de esperança, caridade e contrição). Com isso, a Igreja declara: «Se você está sem pecado mortal e recita um ato de fé com atenção e devoção, eu, sua Mãe, a Igreja, ofereço a Deus, do meu tesouro espiritual, os méritos que forem necessários para satisfazer o castigo temporal devido pelos seus pecados, pelo mesmo valor meritório que teria o seu ato de fé independentemente da indulgência».

Com efeito, na disciplina atual da Igreja, «ao fiel que, ao menos contrito de coração, realiza uma obra enriquecida com uma indulgência parcial, é concedida pela Igreja uma remissão de pena temporal igual à que ele mesmo obtém por sua ação». Isto quer dizer que a Igreja, em virtude do poder que lhe foi conferido por Cristo, *duplica o valor satisfatório da boa obra realizada.*

Qualquer oração ou boa obra a que foram concedidas indulgências é como um cheque que a Igreja nos põe nas mãos. Podemos descontá-lo da conta do banco espiritual das superabundantes satisfações de Cristo e dos santos, e assim pagar a nossa própria dívida para com Deus. Esta dívida é paga em maior ou menor grau – no caso das *indulgências parciais* – segundo o amor com que fizermos a obra enriquecida com indulgências.

Às vezes, no entanto, a Igreja dá-nos, por assim dizer, um cheque em branco contra o seu tesouro espiritual: é o que chamamos *indulgência plenária*. Neste caso, é como se a Igreja nos dissesse: «Cumpra estas condições que estabeleci – com todas as disposições devidas – e eu, sua Mãe, a Igreja, tirarei do meu tesouro espiritual toda a satisfação que for necessária para apagar inteiramente as suas dívidas de pena temporal». Se ganhássemos uma indulgência plenária e morrêssemos logo após, reunir-nos-íamos a Deus no céu imediatamente, sem ter que satisfazer pelos nossos pecados no purgatório.

Na prática, é muito difícil ter a certeza de se ter ganho uma indulgência plenária. Para consegui-la, é necessário estar absolutamente desprendido de todo o pecado deliberado, o que exige uma dor sincera de todos os pecados, tanto veniais como mortais, e o propósito de evitar daí por diante até o menor pecado. Nem sempre podemos ter a certeza de que a nossa renúncia ao pecado é tão total como se exige. A Igreja, no entanto, ao conceder uma indulgência plenária, concede-a com a ideia de que, se não estamos devidamente preparados para lucrá-la, ao menos ganhemos a indulgência parcialmente, segundo a maior ou menor perfeição das nossas disposições.

Para ganhar cada uma das indulgências plenárias, além da condição mencionada, são requeridas outras três: confissão sacramental, comunhão eucarística e oração pelas intenções do Sumo Pontífice. As três condições podem ser preenchidas em dias diversos, antes ou após a realização da obra prescrita; mas convém que a comunhão e a oração pelas intenções do Soberano Pontífice se façam no mesmo dia em que se pratica a obra.

Já dissemos que o primeiro requisito essencial é *possuir o estado de graça santificante* no momento em que se pode ganhar a indulgência. Isto significa que uma pessoa pode *começar* a ganhar uma indulgência mesmo com um pecado mortal na alma, mas deve estar em estado de graça ao terminar a obra a que se concederam indulgências. Por exemplo, se se podem ganhar indulgências visitando um santuário, desde que também nos confessemos e comunguemos, podemos estar em pecado mortal no momento em que realizamos a visita, e ainda ganhar a indulgência se recebermos dignamente os sacramentos da Penitência e da Eucaristia e rezarmos pelas intenções do Santo Padre. Para este último ponto, é suficiente rezar um Pai-nosso e uma Ave-Maria.

Além disso, é necessário ter ao menos *a intenção geral de lucrar a indulgência*, visto que a Igreja não nos força a aceitá-la. Para isso, basta a intenção *geral*. Assim, se cada domingo formulo esta intenção: «Deus misericordioso, quero ganhar todas as indulgências que puder nesta semana e sempre», então ganharei quaisquer indulgências que tenham sido concedidas às orações e boas obras que diga ou faça durante essa semana, mesmo que não me lembre disso no momento de realizá-las, e mesmo que ignore se tal ação ou oração goza de indulgências concedidas pela Igreja. Melhor ainda que expressar essa intenção uma vez por semana, é a prática de fazê--lo cada dia, como parte das nossas orações da manhã.

Não é preciso dizer que, para ganhar determinada indulgência, é preciso, por último, *realizar exatamente no tempo, lugar e modo prescritos* todos os requisitos que a Igreja tenha estabelecido para se ganhar essa indulgência.

Indulgências plenárias

Quando consideramos o grande número de indulgências plenárias que a Igreja pôs à nossa disposição, torna-se evidente que, se tivermos de sofrer no purgatório antes de entrar no céu, será duplamente por culpa nossa. As indulgências plenárias são tão numerosas e as obras prescritas para lucrá-las tão fáceis, que só a mais irresponsável das preguiças espirituais nos pode levar a descurá-las ou ignorá-las.

A indulgência plenária só pode ser lucrada *uma vez por dia*. Exce-tua-se apenas a indulgência plenária que a Igreja concede em perigo de morte, que pode ser ganha mesmo que, nesse dia, o moribundo já tenha lucrado outra indulgência plenária. Nisto diferem as plenárias das parciais, que podem ser ganhas tantas vezes quantas se realizem as obras prescritas. Assim, quando rezo com devoção a Salve-Rainha, ganho uma indulgência parcial e, se a disser cem vezes nesse dia, ganharei cem vezes essa indulgência.

Convém ter em conta que as indulgências plenárias que ganhemos não podem ser aplicadas a outras pessoas vivas. Nesta matéria, cada qual tem que enfrentar o seu próprio débito. Mas *podemos* aplicar todas as indulgências – plenárias ou parciais – às *almas do purgatório*.

Como a Igreja tem autoridade direta sobre os seus membros vivos, podemos ter a certeza dos efeitos das indulgências que ganhamos para nós, sempre que cumpramos as condições necessárias. Este é o ensinamento comum de um considerável número de teólogos. Mas a Igreja não tem autoridade direta sobre as almas do purgatório. As indulgências que oferecemos por elas são a título de sufrágio, isto é, têm o valor de petição a Deus, para que as aplique à pessoa por quem se oferece. Se essa indulgência é realmente aplicada ou não, depende da misericórdia de Deus. Devemos confiar em que essa alma receberá a indulgência que ganhamos para ela; mas, como não há maneira de sabê-lo com certeza, a Igreja permite que ofereçamos mais de uma indulgência plenária pela alma do mesmo defunto.

Podemos estar bem certos de que a maioria de nós incorre constantemente em dívida com Deus. Não somos anjos que levam uma vida sem pecado. E mesmo que os nossos pecados não sejam muito grandes, temos que fazer penitência por eles, aqui ou no mais além. E ninguém senão nós terá a culpa se nos apresentarmos no outro mundo carregados dessa dívida. Mencionamos a seguir algumas das indulgências que podem ser facilmente ganhas no dia a dia, mantendo assim a nossa conta em zero.

As indulgências outorgadas à *recitação do terço* são tão numerosas como seria de esperar de uma devoção cujo centro é Aquela que é «o refúgio dos pecadores». Ao recitarmos as cinco dezenas do terço, a Igreja concede uma indulgência parcial, mesmo que as contas do terço não estejam bentas. Se essa recitação for feita em família ou numa igreja, pode-se ganhar indulgência plenária, desde que se rezem cinco dezenas sem interrupção, em voz alta e meditando cada mistério. Também foi concedida indulgência parcial ao uso devoto de um terço devidamente bento.

A *Via-Sacra* é outro fácil atalho para o céu. Todas as vezes que a fazemos diante de estações legitimamente erigidas, ganhamos indulgência plenária. É muito fácil compreender por quê. Ninguém que siga devotamente o Senhor no seu caminho de agonia poderá deixar de sentir uma dor mais profunda dos seus pecados, que foram a causa desses sofrimentos, e renovar os seus propósitos de emenda. Por isso, a Igreja concede também indulgência plenária aos que – estando impedidos de ir a uma igreja ou capela para fazer a Via-Sacra – dedicam pelo menos meia hora à leitura e meditação da paixão e morte de Cristo.

Para ganhar a indulgência da Via-Sacra, o que se requer é que vamos de estação em estação – costumam ser cruzes, quadros ou relevos – *meditando* nos sofrimentos de Cristo. Isto quer dizer que devemos considerar o significado do que Jesus quis sofrer por nós e tirar disso alguma conclusão prática. Por exemplo, se meditarmos que Jesus foi despojado da última coisa que lhe restava – as suas vestes –, sentir-nos-emos envergonhados das nossas ânsias de possuir sempre mais e da nossa cegueira em relação às necessidades do próximo.

Podemos fazer a Via-Sacra em poucos minutos ou numa hora. Desde que percorramos as estações meditando sobre a Paixão de Nosso Senhor Jesus Cristo, ganharemos a indulgência. Quando a Via-Sacra é feita publicamente por um grupo (como na paróquia, durante a Quaresma), basta que um dos presentes vá de estação em estação, mas todos têm que fazer a sua meditação pessoal.

O *Enchiridion indulgentiarum* contém uma longa relação de indulgências, que são manifestação da solicitude maternal da Igreja para com os seus filhos. Todas elas constituem, além disso, um incentivo para vivermos uma vida cristã mais intensa e para santificarmos os deveres cotidianos. Assim, por exemplo, estão enriquecidas com indulgência parcial as seguintes práticas piedosas: fazer o sinal da Cruz, dizendo «Em nome do Pai...»; a visita ao Santíssimo Sacramento para adorá-lo (se se prolonga por meia hora, a indulgência é plenária); dizer uma comunhão espiritual; fazer oração mental; visitar um cemitério e lá rezar, pelo menos mentalmente, pelos defuntos (esta indulgência aplica-se às almas do Purgatório, e é plenária se a visita se faz entre os dia 1º e 8 de novembro); ler a Bíblia (a indulgência é plenária se a leitura se faz durante meia hora); ensinar ou aprender a doutrina cristã; participar de um recolhimento mensal, etc.

E, ao lado dessas práticas espirituais, há três concessões gerais de indulgências, com as quais a Igreja quer ajudar os fiéis a impregnar de espírito cristão a vida diária: 1ª) concede-se indulgência parcial ao fiel cristão que, ao cumprir os seus deveres e aceitar os sacrifícios da vida, levanta o coração a Deus com confiança humilde, acrescentando – mesmo que seja só mentalmente – uma jaculatória; 2ª) também se concede indulgência parcial ao fiel cristão que, com fé e espírito de caridade, se dedica – mediante um esforço pessoal ou com os seus bens materiais – a servir os irmãos que padecem necessidade; 3ª) por último, concede-se indulgência parcial àqueles que, com espírito de penitência, se abstêm espontaneamente de alguma coisa lícita que lhes seja agradável.

Capítulo XXXIII

A Unção dos Enfermos

O Sacramento dos Enfermos

Nos seus esforços misericordiosos por levar-nos para o céu e unir-nos a Ele, Deus chega até os últimos limites. Jesus deu-nos o sacramento do Batismo, com o qual nos limpa do pecado original e de todos os pecados cometidos antes do Batismo. Conhecendo a nossa fraqueza, deu-nos também o sacramento da Penitência, pelo qual se perdoam os pecados cometidos depois do batismo. Como se o impacientasse ver uma alma demorar-se um só instante a entrar no céu, Jesus deu à sua Igreja o poder de remir a pena temporal devida pelo pecado, mediante a concessão de indulgências. Finalmente, como que para ter toda a certeza de que ninguém perderá o céu ou sofrerá no purgatório, a não ser por culpa própria, Jesus instituiu o sacramento da Extrema-unção ou Unção dos Enfermos. Podemos defini-la como *um sacramento instituído para alívio espiritual e mesmo temporal dos fiéis que correm risco de morte por doença ou velhice.*

O antigo nome deste sacramento, «Extrema-unção», começou a ser usado nos fins do século XII. Nos séculos anteriores, era conhecido como «Unção dos Enfermos», tal como nos nossos dias. O termo «Extrema-unção» tinha um significado puramente litúrgico. Indicava que, geralmente, se tratava da última das quatro unções que um cristão podia receber: o Batismo, a Confirmação, a Ordem Sagrada e, finalmente, a Extrema-unção. Mas o povo entendia erroneamente que se tratava da unção *última* e que, depois de recebê-la, o mais provável era que a pessoa morresse. Foi, pois, oportuno que o Concílio Vaticano II tivesse dado preferência ao termo «Unção dos Enfermos» sobre o de «Extrema-unção».

«"Pela sagrada Unção dos Enfermos e pela oração dos presbíteros, a Igreja toda entrega os doentes aos cuidados do Senhor sofredor e glorificado, para que os alivie e salve. Exorta os mesmos a que livremente se associem à paixão e à morte de Cristo e contribuam para o bem do povo de Deus" (LG 11)» (n. 1499).

O Evangelho de São Marcos (6, 12-13) dá-nos notícia deste sacramento dos enfermos ao dizer que os Apóstolos *partiram e pregaram a penitência. Expeliam numerosos demônios, ungiam com óleo a muitos enfermos e os curavam*. Mas a descrição clássica que as Escrituras nos dão deste sacramento encontra-se na Epístola de São Tiago (5, 14-15): *Está alguém enfermo? Chame os sacerdotes da Igreja, e estes façam oração sobre ele, ungindo-o com óleo em nome do Senhor. A oração da fé salvará o enfermo e o Senhor o restabelecerá. Se ele cometeu pecados, ser-lhe-ão perdoados.*

O óleo que se usa na administração deste sacramento é chamado *óleo dos enfermos*. É um dos três óleos que o bispo da diocese abençoa na sua catedral na manhã de Quinta-feira Santa; os outros dois são o Santo Crisma e o óleo dos catecúmenos, que é utilizado no Batismo. Os santos óleos são de azeite puro de oliveira – ou de outro óleo extraído de plantas –, bento pelo bispo, sem adição nenhuma. É matéria muito adequada para manifestar parte do sinal externo do sacramento, se considerarmos os efeitos medicinais e fortalecedores que são atribuídos ao óleo. Em casos urgentes, o óleo pode ser bento pelo próprio sacerdote ao realizar o rito da Unção dos Enfermos.

Na *administração do sacramento* da Unção dos Enfermos, há certas leituras e orações – anteriores e subsequentes –, que o sacerdote diz quando há tempo suficiente. Mas a *essência do sacramento* está na própria unção e na breve oração que a acompanha. Ao administrar este sacramento, o sacerdote unge com o óleo a fronte e as mãos do enfermo. Em caso de necessidade, basta que realize uma única unção na fronte ou, segundo as condições do doente, na parte mais apropriada do corpo.

Enquanto faz as unções, recita a seguinte oração: «Por esta santa unção e por sua piíssima misericórdia, o Senhor venha em teu auxílio com a graça do Espírito Santo, para que, liberto dos teus pecados, Ele te salve e, na sua bondade, alivie os teus sofrimentos».

Quando chega o momento de ter que enfrentar o risco da morte, por doença ou velhice, experimenta-se normalmente uma sensação de grande angústia, o que é natural. Deus dotou a natureza humana de um forte apego à vida – o chamado «instinto de conservação» –, precisamente para garantir que concedamos ao nosso bem físico o cuidado necessário e não exponhamos a vida a perigos desnecessários.

> «A enfermidade e o sofrimento sempre estiveram entre os problemas mais graves da vida humana. Na doença, o homem experimenta sua impotência, seus limites e sua finitude. Toda doença pode fazer-nos entrever a morte. A enfermidade pode levar a pessoa à angústia, a fechar-se sobre si mesma e, às vezes, ao desespero e à revolta contra Deus. Mas também pode tornar a pessoa mais madura, ajudá-la a discernir em sua vida o que não é essencial, para voltar-se àquilo que é essencial. Não raro, a doença provoca uma busca de Deus, um retorno a Ele» (ns. 1500-1501).

Não há razão para nos envergonharmos ou para pensar que nos falta fé se nos assustamos ao sentir que começa a pairar sobre nós a sombra da morte. Para combater esse medo à morte e para tirar *toda* a causa de temor, Deus outorgou-nos o sacramento da Unção dos Enfermos. É um sacramento que nos confere a graça do Espírito Santo, neste caso um *aumento* de graça santificante, pois o sacramento da Unção dos Enfermos requer que a pessoa que o recebe já esteja livre de pecado mortal. Assim se robustece na alma essa vida sobrenatural, essa união com Deus, que é a raiz de toda a fortaleza e a medida da nossa capacidade para a felicidade do céu.

A Unção dos Enfermos, além de aumentar em nós a graça santificante, dá-nos a sua específica graça *sacramental*. O principal objeto dessa graça do Espírito Santo é *confortar e fortalecer a alma do enfermo*, «reanimado pela confiança em Deus e fortalecido contra as tentações do maligno e as aflições da morte», como diz o novo Ritual. É a graça que alivia a angústia e dissipa o medo. É a graça que permite ao enfermo abraçar a Vontade de Deus e enfrentar sem apreensões a possibilidade da morte. É a graça que dá forças à alma para vencer as tentações de dúvida, para desapegar-se das coisas desta vida e mesmo para enfrentar o desespero que pode causar o último esforço de Satanás por arrebatar essa alma a Deus. Sem dúvida, alguns dos que me leem já devem ter recebido alguma vez a Unção dos

Enfermos, se não mais de uma. Se é assim, sabem por experiência, como o sabe quem escreve estas linhas, que é grande a paz e a confiança em Deus que este sacramento outorga.

A serenidade e a fortaleza espirituais são aumentadas ainda mais pelo segundo efeito deste sacramento: *preparar a alma para entrar imediatamente no céu,* concedendo-lhe o perdão dos pecados veniais e purificando-a dos resíduos do pecado. Se tivermos a grande felicidade de poder receber este sacramento quando começarmos a correr o risco da morte, poderemos ter a confiança quase absoluta de entrar na bem-aventurança do céu logo depois de expirarmos. Esperamos que os nossos parentes continuem a rezar por nós após a nossa morte, pois nunca poderemos estar certos da qualidade das nossas disposições ao recebermos este sacramento, e, de qualquer maneira, se não necessitamos dessas orações, alguém se beneficiará delas. Mas podemos ter uma grande confiança em que, uma vez recebida a Unção dos Enfermos, veremos a face de Deus logo depois de a nossa alma deixar o corpo. A alma purificou-se de tudo o que poderia afastá-la dessa união: dos pecados veniais e da pena temporal devida pelos pecados.

Os resíduos do pecado que este sacramento purifica incluem a fraqueza moral da alma que resulta dos pecados, tanto do original como dos pessoais. Esta fraqueza – que chega até à indiferença moral – pode assaltar facilmente na hora da morte quem foi um pecador habitual. Mais uma vez, porém, a alma do enfermo é agora fortalecida e preparada para repelir os embates do mundo, do demônio e da carne.

Como a Penitência é o sacramento que Deus estabeleceu para o perdão dos pecados mortais, o enfermo que estiver em pecado deverá confessar-se antes de receber a Unção dos Enfermos. No entanto, é consolador saber que a Extrema-unção perdoa também o pecado mortal, se o enfermo não estiver em condições de se confessar. É o que pode suceder, por exemplo, quando a Unção é administrada a uma pessoa que está inconsciente e, antes de perder a consciência, faz um ato de contrição imperfeito.

Não há dúvida de que o fim principal do sacramento da Unção dos Enfermos é espiritual: preparar a alma para a morte, se esta chegar. Mas produz também um *efeito secundário* e condicional: devolver a saúde corporal ao enfermo ou a quem está com um ferimento grave. O novo Ritual – repetindo a doutrina tradicional da Igreja – indica qual é a condição para que se possa esperar este efeito: «quando for conveniente à salvação espiritual». Por outras palavras: se for *espiritualmente* bom para o enfermo recuperar a saúde, então pode-se certamente esperar que se cure.

Mas não será uma cura súbita e miraculosa. Deus não multiplica os seus prodígios desnecessariamente. Sempre que possível, atua por meio de causas naturais. Neste caso, a cura será o resultado das forças naturais estimuladas pelas graças do sacramento. Na medida em que elimina a angústia, tira o medo, inspira confiança em Deus e leva a aceitar a sua Vontade, a Unção dos Enfermos atua sobre os processos corporais, suscitando a melhora física do paciente. É evidente que não temos o direito de esperar esta melhora se o sacerdote só for chamado quando o enfermo já estiver desenganado e sem esperança.

Mas «sem esperança» não é uma boa expressão. Qualquer sacerdote que tenha experiência nesta matéria poderá relatar algumas curas surpreendentes e inesperadas que se sucederam à administração da Unção dos Enfermos.

Quando devemos chamar o sacerdote

Qualquer católico que tenha atingido o uso da razão pode e deve receber o sacramento da Unção dos Enfermos quando estiver em *perigo de morte* por doença, acidente ou velhice. Este sacramento pode ser repetido se o doente convalescer após ter recebido a Unção, ou também se, perdurando a mesma doença, vier a encontrar-se em situação mais grave. Também pode ser administrado antes de uma operação cirúrgica, se a causa da intervenção for uma doença grave. Como o fim deste sacramento é confortar a alma nas suas angústias, eliminar os efeitos do pecado e proteger-nos contra os seus assaltos, é evidente que este sacramento só pode ser conferido às crianças sempre que tenham atingido tal uso de razão que possam encontrar conforto nele. Pode ser dada a Unção aos doentes privados dos sentidos ou do uso da razão, desde que haja base para pensar que provavelmente a pediriam se estivessem no pleno gozo das suas faculdades.

438

A UNÇÃO DOS ENFERMOS

> «A Unção dos Enfermos "não é um sacramento só daqueles que se encontram às portas da morte. Portanto, tempo oportuno para receber a Unção dos Enfermos é certamente o momento em que o fiel começa a correr perigo de morte por motivo de doença, debilitação física ou velhice" (SC 73).
>
> «Se um enfermo que recebeu a Unção dos Enfermos recobrar a saúde, pode, em caso de recair em doença grave, receber de novo este sacramento. No decurso da mesma doença, este sacramento pode ser repetido se a doença se agrava. Permite-se receber a Unção dos Enfermos antes de uma cirurgia de alto risco. O mesmo vale também para as pessoas de idade avançada, cuja fragilidade se acentua» (ns. 1514-1515).

O perigo de morte deve estar no corpo da pessoa, quer em consequência de uma doença, de um ferimento ou da velhice. Neste último caso, deve tratar-se de pessoas de idade, cujas forças se encontrem sensivelmente debilitadas, mesmo que não sofram de uma enfermidade grave. A Unção dos Enfermos não pode, pois, ser administrada aos soldados antes de entrarem em combate, mesmo que, como é lógico, corram o risco de ser mortos. Também não pode ser administrada a um criminoso antes de ser executado. O perigo de morte devido a causas externas não habilita ninguém a receber este sacramento.

Infelizmente, há às vezes pessoas que têm todo o direito de receber a Unção dos Enfermos e que morrem sem recebê-la pelo descuido ou por um carinho errôneo dos que as assistem. É o que se passa quando se desconhecem ou se conhecem mal os fins deste sacramento. A Unção dos Enfermos não é apenas para os que estão prestes a exalar o último suspiro. É para todos aqueles cujo estado permita pensar que estão em perigo de morte; para qualquer tipo de doença, ferimento ou operação que um médico diagnostique como crítico; até mesmo para qualquer estado físico que alguns médicos considerem simplesmente sério. Nessas circunstâncias, deve-se conceder ao enfermo o benefício da dúvida. Por exemplo, se a vítima de um acidente parece estar gravemente ferida, o sacerdote não deve esperar pelo resultado das radiografias e demais reconhecimentos para administrar-lhe o sacramento.

Um princípio basilar que a família, os amigos ou qualquer pessoa responsável por um enfermo deveriam seguir é *chamar o sacerdote a tempo*. A tempo quer dizer com a antecedência suficiente para que a Unção dos Enfermos produza no paciente todos os seus efeitos, tanto espirituais como físicos. A que é que isso leva? Uma regra geral é que, se uma pessoa se encontra doente a ponto de precisar de um médico, deve também estar doente a ponto de ser necessário avisar o pároco, pois normalmente não se chama o médico por qualquer doença sem importância.

Ao ser avisado, o próprio sacerdote se encarregará de fazer as perguntas suficientes para saber se é ou não necessária a unção imediata. Talvez resolva que não, mas, como bom pastor que é, gostará de saber quem está doente ou acamado na sua paróquia, e quererá visitar os membros enfermos da sua grei, nem que seja para lhes dar a sua bênção e levar-lhes umas palavras de afeto. Mesmo nos casos em que não lhe pareça conveniente administrar a Unção dos Enfermos, desejará levar a Sagrada Comunhão aos que se encontrem recluídos em casa por algum tempo. Nunca devemos ter receio de aborrecer um sacerdote chamando-o para atender uma pessoa doente da nossa família, mesmo que a doença não seja de morte.

Tão desastrado como demorar a Unção dos Enfermos por ignorância é fazê-lo por um afeto mal entendido. É o que se dá quando os parentes mais próximos do enfermo temem que a visita do sacerdote cause um «trauma» ao doente. «Não queríamos assustar a mamãe dizendo-lhe que estava muito mal». Em mais de uma ocasião o sacerdote terá que conter a sua pressão sanguínea ao ouvir explicações desse jaez, às três da madrugada, junto ao corpo inconsciente de uma pessoa que deveria ter recebido a Unção dos Enfermos uma semana antes.

Para nos darmos conta da falta de caridade que isso representa, basta perguntarmo-nos a nós mesmos: «Se estivesse em perigo de morte, quereria ser avisado ou não?» De cem, noventa e nove responderiam que sim. Por muito cristã que seja a vida que levemos, sabemos que poderíamos pôr um pouco mais de intensidade nas nossas orações se soubéssemos que o nosso Juízo estava próximo.

E a verdade é que não vamos morrer *por termos recebido* o sacramento da Extrema-unção. Qualquer inquietação que possamos sentir ao sabermos do nosso estado será rapidamente acalmada e mais que acalmada pelas graças do sacramento. O medo à Unção dos Enfermos como arauto da morte é uma superstição que remonta à Idade Média; era tal a ideia errada que se fazia deste sacramento que a pessoa que se recuperava depois de ter sido ungida era tratada como se, literalmente, tivesse regressado da sepultura. Se era casada, não lhe era permitido continuar as relações conjugais; não podia prestar juramento; legalmente, tinha morrido.

Há outro ponto digno de menção a respeito do momento em que se deve chamar o sacerdote: é que a Unção dos Enfermos só produz os seus efeitos espirituais se a alma, ainda presente no corpo, estiver em estado de graça ou tiver feito um ato de contrição antes de perder a consciência. Não sabemos em que momento a alma abandona o corpo. O fato de o coração não bater e de ter cessado a respiração não é garantia de que a alma já não esteja no corpo. É por isso que a Igreja autoriza os sacerdotes a administrar o sacramento se ainda houver dúvida quanto à morte. Em caso de morte repentina, como um acidente ou um ataque cardíaco, também se deve chamar o sacerdote. A não ser que e até que já tenha começado a decomposição, a alma ainda pode estar presente no corpo. O sacerdote ainda pode administrar o sacramento de forma condicional.

Um membro da sua família está doente. A doença parece séria, ou, pelo menos, deixará a pessoa incapacitada por longo tempo (como uma fratura da bacia). Você informa o pároco e o pároco diz-lhe que irá visitá-la. Que *preparativos* são necessários?

Evidentemente, se a visita não for senão uma visita de amigo, porque a doença não parece grave («Passarei por aí esta tarde para ver a vovó»), não haverá necessidade de preparar nada. Mas se o sacerdote disser: «Irei amanhã cedo, depois da Missa das oito, para levar-lhe a Sagrada Comunhão», serão necessários alguns preparativos.

Nesse caso, deve-se colocar uma mesinha junto à cama ou à cadeira do enfermo. Se você não a tem, basta a parte superior da cômoda. Cobre-se a mesinha (ou o que fizer as suas vezes) com um *pano branco e limpo*. Coloca-se em cima um *crucifixo* ladeado por *duas velas* de cera. Deve haver também um *aspersório* de água benta ou, se não se dispõe dele, um pratinho cheio de água com um raminho, que o sacerdote poderá usar como aspersório depois de benzer a água. Convém que haja também um copo com água da torneira, para o sacerdote poder purificar os dedos após a comunhão, e um paninho ou guardanapo limpo.

As velas devem ser acesas antes de a ação começar. Ao entrar, o sacerdote diz: «A paz esteja nesta casa e com todos os seus habitantes» ou outra fórmula litúrgica de saudação. A seguir, em silêncio, ajoelha-se e coloca sobre a mesinha a bolsa que contém a Sagrada Hóstia; depois levanta-se e asperge o quarto com a água benta. Os parentes e demais pessoas que estiverem no quarto ajoelham-se à entrada do sacerdote. Após a aspersão e a oração que a acompanha, o sacerdote faz sinal às pessoas que estão no quarto para que saiam, se tiver que ouvir a confissão do enfermo.

Terminada a confissão, o sacerdote chama de novo a família, que, ao entrar, se ajoelha outra vez. Se o doente não for confessar-se ou se houver no quarto outras pessoas que desejam comungar, recitará o ato penitencial e, depois de uma leitura do Novo Testamento, rezará com todos o Pai-Nosso. Depois de dar a comunhão ao enfermo, limpará a *teca* (a caixinha metálica que continha a Sagrada Hóstia) e purificará os dedos com água. Como essa água não pode ser jogada na pia, agradecerá que haja no quarto um vaso de flores para derramar a água na terra da planta.

Se tiver que levar a comunhão a outros doentes, o sacerdote não fará essa operação, porque ainda conservará Hóstias consagradas na teca. Nesse caso, antes de sair, fará o sinal da Cruz sobre o enfermo, com a bolsa que contém o Santíssimo Sacramento. A seguir, será acompanhado em silêncio até a porta.

Em casos de enfermidades longas, em que o sacerdote tem que levar os sacramentos com frequência, recomenda-se à família que adquira um exemplar do Ritual dos Sacramentos. Esse livreto contém as orações que se utilizam na comunhão dos enfermos, e com ele qualquer membro da família pode responder adequadamente às orações, em vez de obrigar o próprio sacerdote a fazê-lo.

Quando há grave perigo de morte, o doente recebe – além da Penitência e da Unção – a *Eucaristia* em forma de *Viático*. É útil recordar que, como a Igreja ensina, todos os fiéis em perigo de morte, seja qual for a causa, têm obrigação de receber a Sagrada Comunhão. Se o bispo autoriza, pode-se celebrar a Missa na casa do doente e, dentro dela, administrar-se-lhe o Viático.

«Recebida neste momento de passagem para o Pai, a comunhão do Corpo e Sangue de Cristo tem significado e importância particulares. É semente de vida eterna e poder de ressurreição, segundo as palavras do Senhor: "*Quem come a minha carne e bebe o meu sangue tem a vida eterna, e eu o ressuscitarei no último dia* (Jo

6,54). Sacramento de Cristo morto e ressuscitado, a Eucaristia é aqui sacramento da passagem da morte para a vida, deste mundo para o Pai» (n. 1524).

«Viático» é uma palavra latina que significa «provisão de viagem». O Santo Viático é, por isso, simplesmente, a Sagrada Comunhão administrada a quem está em perigo de morte. Ao administrar o Santo Viático, o sacerdote segue um rito análogo ao da comunhão dos doentes, mas, ao dar a partícula consagrada, depois de dizer «O Corpo de Cristo», acrescenta imediatamente – ou depois de ter dado a comunhão: «Que Ele te guarde e te conduza à vida eterna!»

Como Viático, a Sagrada Comunhão pode ser dada a qualquer hora do dia ou da noite, mesmo que o enfermo já tenha recebido a comunhão nesse dia como ato de devoção, e sem levar em conta o tempo decorrido desde a última vez que tomou alimento.

Evidentemente, em casos de extrema urgência, não devemos demorar--nos a chamar o sacerdote por não termos preparado o quarto do enfermo. A sua presença imediata é mais importante do que as velas e a água benta. O sacerdote não se queixará por não encontrar as coisas bem preparadas.

CAPÍTULO XXXIV

As Ordens Sagradas

O que é um sacerdote?

Para saber o que é um sacerdote, é preciso saber primeiro o que é um sacrifício. Hoje em dia, a palavra «sacrifício» é usada em muitos sentidos. Mas, no seu significado estrito e original, é a oferenda de um dom a Deus, feita por determinado grupo, por intermédio de alguém que tenha o direito de representar esse grupo.

O propósito da oferenda é prestar culto *coletivo* a Deus; quer dizer, reconhecer o supremo domínio de Deus sobre os homens, agradecer-lhe as suas mercês, satisfazer pelos pecados do homem e pedir-lhe os seus benefícios. Deus não *necessita* dos nossos dons, pois tudo o que existe foi Ele que o fez. Mesmo que lhe oferecêssemos uma montanha de diamantes, estes em si não teriam nenhum valor aos olhos de Deus. Antes de Jesus se ter dado a nós como oferenda perfeita no Sacrifício da Missa, o homem nada tinha a oferecer a Deus que fosse realmente digno dEle.

Não obstante, desde o começo da história humana, foi do agrado de Deus que o homem lhe manifestasse os seus sentimentos por meio de sacrifícios. De tudo o que Ele nos desse, tomaríamos o melhor (fossem cordeiros, bois, frutas ou grãos) e lho restituiríamos, destruindo-o no altar como símbolo da nossa oferenda. Essas oferendas não podiam ser senão um gesto simbólico, como a gravata com que um joão-ninguém presen-

444 AS ORDENS SAGRADAS

teia o seu tio rico e generoso pelo Natal. Mas expressavam melhor que as palavras os profundos sentimentos do coração humano para com Deus: «Deus onipotente – quereria dizer o ofertante –, sei que Tu me deste tudo o que tenho. Dou-te graças pela tua bondade. Peço-te perdão por não te servir melhor. Por favor, mostra-te bom e misericordioso para comigo». Um sacrifício é uma oração em ação. É a oração em ação de um grupo. E aquele que oferece o sacrifício em nome do grupo – como ministro de Deus – é o sacerdote.

Como os homens ofereceram sacrifícios a Deus desde o começo da raça humana, desde o começo houve sacerdotes. No primeiro período da história bíblica – a era dos patriarcas –, o sacerdote era o próprio chefe de família. Era ele quem oferecia os sacrifícios a Deus por si e pela família. Adão foi o sacerdote da sua família, assim como Noé, Abraão e os demais patriarcas o foram das suas. Mas, nos tempos de Moisés, Deus dispôs que o sacerdote do seu povo escolhido, os judeus, pertencesse à família de Aarão, da tribo de Levi. O primogênito de cada geração dos descendentes de Aarão seria o sumo-sacerdote, e os demais levitas seus ajudantes.

Quando se estabeleceu a Nova Lei de Cristo, terminou a Lei Antiga e com ela o sacerdócio que lhe era próprio. A Nova Lei do amor teria um sacrifício e um sacerdócio novos. Na Última Ceia, Jesus instituiu o Santo Sacrifício da Missa, em que o dom oferecido a Deus não seria mais uma simples oferenda simbólica de ovelhas ou bois, de pão ou vinho. Pela primeira vez e para sempre, seria um dom digno de Deus; seria o dom do próprio Filho de Deus; um dom de valor infinito, tanto como o próprio Deus é infinito. Na Santa Missa, sob as aparências de pão e de vinho, Jesus renovaria incessantemente o oferecimento que, de uma vez para sempre, fez na cruz, imolando-se a Si próprio. Na Santa Missa, dar-nos-ia a cada um de nós, seus membros batizados, a oportunidade de nos unirmos a Ele nesse oferecimento.

Mas quem seria o sacerdote humano que estaria diante do altar, o homem cujos lábios e mãos Cristo usaria para a oferenda de Si? Quem seria o sacerdote humano a quem Cristo daria o poder de tornar Deus-Homem presente no altar, sob as aparências de pão e de vinho? Para começar, havia onze sacerdotes (não há a certeza de que Judas estivesse presente no momento em que os Apóstolos foram feitos sacerdotes). Na Última Ceia, como sabemos, Jesus conferiu o sacerdócio aos seus Apóstolos quando lhes mandou: *Fazei isto em memória de mim* (Lc 22, 19); e, ao mandá-lo, lhes deu o poder de fazer o que Ele acabara de fazer.

Foi esse poder, o poder de oferecer sacrifícios em nome de Cristo e no do Corpo Místico, a Igreja (o que significa em nome dos que estão unidos a Cristo pelo batismo, isto é, no seu nome e no meu), que tornou os Apóstolos sacerdotes. A esse poder de mudar o pão e o vinho no seu Corpo e Sangue, Jesus acrescentou, na noite do Domingo da Ressurreição, o poder de perdoar os pecados em seu nome, quando disse: *Àqueles a quem perdoardes os pecados, ser-lhes-ão perdoados: àqueles a quem os retiverdes, ser-lhes-ão retidos* (Jo 20, 23). Além desses poderes, Cristo conferiu aos Apóstolos o poder de evangelizar – anunciando em nome de Cristo a Boa Nova – e o de reger como Pastores o povo de Deus.

Esse poder sacerdotal que Jesus conferiu aos seus Apóstolos não era para morrer com eles. Jesus veio salvar as almas de *todos* os homens, até o fim do mundo. Por conseguinte, os Apóstolos transmitiram esse poder a outros homens na cerimônia que hoje chamamos o *sacramento da Ordem Sagrada*. No livro dos Atos dos Apóstolos, vemos relatada uma das primeiras (se não a primeira) das ordenações conferidas pelos Apóstolos: *Este parecer* [de ordenar sete diáconos] *agradou a toda a reunião. Escolheram Estêvão, homem cheio de fé e do Espírito Santo, Filipe, Prócoro, Nicanor, Timão, Pármenas e Nicolau, prosélito de Antioquia. Apresentaram-nos aos apóstolos, e estes, orando, impuseram-lhes as mãos* (At 6, 5-6).

Esses homens foram ordenados diáconos, não sacerdotes. Mas a cena permite-nos ver os Apóstolos compartilhando e transmitindo o sagrado poder que Cristo lhes outorgara. Com o decorrer do tempo, os Apóstolos consagraram bispos, para que estes prosseguissem a sua missão. Esses bispos, por sua vez, ordenaram mais bispos e presbíteros, e estes últimos bispos, *por sua vez,* outros mais. De tal modo que o sacerdote católico de hoje pode dizer, na verdade, que o seu poder sacerdotal, recebido pelo sacramento da Sagrada Ordem, lhe foi dado pelo próprio Cristo, numa cadeia ininterrupta que remonta até Ele.

Quase dois mil anos transcorreram desde aquela ocasião em que Jesus Cristo elevou os onze Apóstolos ao sacerdócio, na noite da Páscoa, quando se reuniu com eles para celebrá-la. Desde então, talvez tenha havido alguma ocasião na história da Igreja em que se contasse com suficiente número de sacerdotes para atender às necessidades do Povo de Deus, mas não é certamente o que acontece nos nossos dias. São precisos sacerdotes, sacerdotes e mais sacerdotes; é uma das necessidades mais urgentes de hoje.

446 AS ORDENS SAGRADAS

São precisos sacerdotes fiéis e piedosos no nosso próprio país, onde tantas paróquias estão insuficientemente dotadas e muitas almas são parcamente atendidas. A necessidade é ainda maior em terras de missão, onde povos inteiros clamam por um sacerdote, e não há sacerdotes para enviar. Podemos estar certos de que Deus, cujo interesse na salvação das almas é absoluto, não tem a culpa deste estado das coisas. Podemos estar certos de que Ele chama continuamente ao sacerdócio muitos jovens que, por uma razão ou por outra, não prestam ouvidos à sua voz.

Nenhum jovem deveria escolher o seu estado na vida sem antes se perguntar: «Não será que Deus me quer sacerdote?» Note-se que a pergunta não é: «Gostaria eu de ser sacerdote?», mas sim: «Deus quer que eu seja sacerdote?» É uma pergunta que se deveria formular e ponderar na oração por um período de tempo razoavelmente longo. É evidente que Deus não quer que todos os jovens se façam sacerdotes: há outras vocações a cumprir, especialmente a da paternidade. Mas todos os homens serão mais felizes no seu matrimônio cristão e na sua paternidade se antes se certificarem de que não fecharam os ouvidos à chamada de Deus para uma paternidade espiritual.

Quais são os *sinais da vocação* para o sacerdócio? Na verdade, a vocação é uma chamada do bispo. Quando um bispo comunica a um jovem, ao término dos estudos do seminário, que deve preparar-se para receber o sacramento da Ordem Sagrada, *esse é o* fator essencial da vocação. Para responder a essa chamada, é necessário que o jovem esteja em estado de graça e tenha um caráter excepcionalmente sólido. É imprescindível que tenha concluído os necessários estudos de filosofia e teologia.

É necessário também, conforme o novo Código de Direito Canônico, que tenha *25 anos* feitos; sem dispensa, não se pode administrar o sacramento da Ordem a jovens de menos idade. É necessário que seja *filho de pais católicos* validamente casados. A Igreja confia muito na formação que o candidato ao sacerdócio recebeu num lar cabalmente católico, no espírito de fé e amor a Deus em que cresceu, porque moldam decisivamente o caráter do homem que virá depois. Mas a Igreja dispensa desta condição o filho de um matrimônio misto, e até um filho ilegítimo, se os demais fatores para o sacerdócio forem favoráveis. Finalmente, o candidato à Ordem Sagrada deve ter *reta intenção:* a intenção de se dedicar ao serviço de Deus no sacerdócio, para santificar a sua alma e santificar os outros. No seu coração não deve haver nenhum outro motivo além desse, quando se ajoelha para receber o sacramento da Ordem Sagrada.

Estamos, porém, falando do *fim* do caminho para o sacerdócio. O que é que se passa com o seu começo? Como é que um rapaz pode conhecer esse caminho e começar a segui-lo? Em primeiro lugar, não se deve esperar nenhuma revelação especial, pois, pelo menos, não é isso o normal. Deus não dará um piparote no rapaz e lhe dirá: «Ei, você. Quero que seja sacerdote!» Deus deu-nos cabeça e quer que a utilizemos. Ele iluminará a nossa razão e guiar-nos-á suavemente, se lhe dermos essa oportunidade na nossa oração pessoal, mas espera também que sigamos os sinais indicadores, já que os pôs para isso.

Deixemos que o rapaz pergunte a si mesmo: «Tenho boa saúde?» Não é necessário que seja um super-homem, mas uma constituição enfermiça não é o que mais ajuda a perseverar nos longos anos de estudo. Depois, deve perguntar-se: «Tenho uma capacidade razoável para estudar e para aprender?» Não precisa ser um gênio, mas, em geral, os estudos que se requerem são mais exigentes que em outras instituições docentes. É muito provável que, se habitualmente tem notas más, tudo aponte numa direção oposta ao sacerdócio.

As perguntas continuam: «Confesso-me regularmente e comungo com frequência?» Se a resposta for «não», aí está um defeito que pode ser facilmente reparado: basta começar nesse momento. Finalmente, o jovem deve interrogar-se: «Vivo habitualmente em estado de graça, evito o pecado mortal?» Se a resposta for negativa, isso também se pode remediar facilmente com a ajuda da graça e dos sacramentos. Para que um jovem pense no sacerdócio, não é necessário que seja um santo. Se fosse assim, haveria muito poucos sacerdotes ou até nenhum. Antes, porém, é preciso que queira ser melhor. *Boa saúde, inteligência* e *virtude*: são dons da natureza e da graça que constituem os pré-requisitos para o sacerdócio.

Se um jovem está em condições de responder afirmativamente às quatro perguntas anteriores e encontra no seu coração a generosidade suficiente para se entregar a Deus e ao serviço dos seus irmãos, então convém que *fale logo com o seu pároco ou o diretor espiritual* sobre a possibilidade de ir para o seminário. E quando revelar as suas intenções aos pais, estes devem dar-lhe toda a espécie de ânimos. Não têm por que empurrá-lo, mas sim animá-lo. Mais de uma vocação se perdeu pela falsa prudência de alguns pais que diziam: «Espera até terminares o secundário», «Espera até o fim do curso». Como se pudesse haver esperas quando Deus chama! Não há perigo de que o jovem seja coagido a perseverar no seminário. Pelo contrário, até chegar ao final, deverá provar continuamente que possui as condições necessárias.

> «Ninguém tem o *direito* de receber o sacramento da ordem. De fato, ninguém pode arrogar-se a si mesmo este encargo. A pessoa é chamada por Deus para esta honra. Aquele que crê verificar em si os sinais do chamado divino ao ministério ordenado deve submeter humildemente seu desejo à autoridade da Igreja, à qual cabe a responsabilidade e o direito de convocar alguém para receber as ordens. Como toda graça, esse sacramento não pode ser *recebido* a não ser como um dom imerecido» (n. 1578).

> «Todos os ministros ordenados da Igreja latina, com exceção dos diáconos permanentes, normalmente são escolhidos entre os homens fiéis que

448 AS ORDENS SAGRADAS

vivem como celibatários e querem guardar o celibato *"por causa do Reino dos Céus"* (Mt 19, 12). Chamados a consagrar-se com indiviso coração ao Senhor e a "cuidar das coisas do Senhor", entregam-se inteiramente a Deus e aos homens. O celibato é um sinal desta vida nova a serviço da qual o ministro da Igreja é consagrado; aceito com coração alegre, ele anuncia de modo radiante o Reino de Deus» (n. 1579).

Isto é o que um jovem e seus pais podem fazer. Mas o que *todos* devemos fazer é pedir todos os dias em nossas orações e em nossas Missas pela santidade dos sacerdotes e dos seminaristas, com uma súplica especial para que muitos jovens ouçam a voz de Deus e se encaminhem para o altar.

Os graus da Ordem Sagrada

O sacramento da Ordem difere dos outros sacramentos por existirem nele *três graus.*

O primeiro grau são os *bispos* que, como sucessores dos Apóstolos, têm a plenitude do sacramento da Ordem e participam do Sacerdócio de Cristo, sumo e eterno Sacerdote e Cabeça da Igreja, «presidindo no lugar de Deus o rebanho do qual são pastores, como mestres da doutrina, sacerdotes do culto sagrado e ministros do governo» (LG, n. 20).

O segundo grau é constituído pelos *presbíteros* – os sacerdotes –, que estão unidos aos bispos na dignidade sacerdotal, embora só o bispo possua a plenitude do sacerdócio e o presbítero o possua em grau subordinado, como cooperador da Ordem episcopal. «Em virtude do sacramento da Ordem, segundo a imagem de Cristo, sumo e eterno Sacerdote, eles são consagrados para pregar o Evangelho, apascentar os fiéis e celebrar o culto divino, de maneira que são verdadeiros sacerdotes do Novo Testamento» (*LG*, n. 28).

O terceiro grau é constituído pelos *diáconos*. Não possuem o sacerdócio, mas um ministério sagrado para que, «fortalecidos com a graça sacramental, sirvam o Povo de Deus no serviço da Liturgia, da palavra e da caridade, em comunhão com o bispo e seu presbitério» (LG, n. 29).

«A doutrina católica, expressa na liturgia, no magistério e na prática constante da Igreja, reconhece que existem dois graus de participação ministerial no sacerdócio de Cristo: o episcopado e o presbiterado. O diaconato se destina a ajudá-los e a servi-los. Por isso, o termo *"sacerdos"* designa, na prática atual, os bispos e os sacerdotes, mas não os diáconos. Não obstante, ensina a doutrina católica que os graus de participação sacerdotal (episcopado e presbiterado) e o de serviço (diaconato) são conferidos por um ato sacramental chamado "ordenação", isto é, pelo sacramento da Ordem» (n. 1554).

Diáconos, presbíteros e bispos: eis os três graus da Ordem Sagrada instituída por Jesus Cristo. Cada um deles, como cada sacramento, aumenta a graça santificante. Cada grau imprime um caráter na alma; cada grau ascendente, como um sol gradativamente mais brilhante, envolve e contém o caráter do que o havia precedido. É nesse caráter que se enraíza e se fundamenta o direito e o poder próprios da Ordem que se recebe: para o diácono, o de batizar, pregar, administrar a Sagrada Comunhão, assistir ao matrimônio e abençoá-lo, etc.; para o presbítero, o de mudar o pão e o vinho no Corpo e Sangue de Cristo e o de perdoar os pecados; para o bispo, o único que tem a plenitude do sacerdócio, o de confirmar e o de ordenar, isto é, o de transmitir a outros o sacerdócio por meio do sacramento da Ordem Sagrada. E além do aumento da graça santificante e do caráter sacerdotal, o ordenado recebe a graça especial do sacramento, que clama a Deus em seu favor para que receba todas as graças atuais de que possa necessitar para o fiel cumprimento da sua missão.

Nos primeiros tempos do cristianismo, a ordem do *diaconato* era uma meta em si, e os diáconos eram importantes auxiliares dos bispos e dos sacerdotes. Em séculos mais recentes, o diaconato caiu em desuso como «ordem» ativa, e converteu-se em mero passo para o sacerdócio. Assim, só se podiam encontrar diáconos nos seminários, e um diácono permanecia nessa condição por poucos meses, até receber a ordenação sacerdotal. Felizmente, o Concílio Vaticano II restaurou a primitiva concepção do diaconato. Os seminaristas continuarão a receber a Ordem do diaconato antes da ordenação sacerdotal, mas procura-se que haja outros homens (mesmo casados) que sejam ordenados diáconos com o propósito de permanecerem nessa condição. Ajudarão os bispos e os sacerdotes, batizando, pregando, distribuindo a Sagrada Comunhão, assistindo e abençoando o matrimônio, instruindo o povo, presidindo às orações dos fiéis e a certos atos de culto, oficiando enterros e exéquias, dedicando-se a ofícios de caridade e administração. Na verdade, farão quase tudo o que faz um sacerdote, a não ser celebrar a Santa Missa e confessar.

450 AS ORDENS SAGRADAS

«Desde o Concílio Vaticano II, a Igreja latina restabeleceu o diaconato "como grau próprio e permanente da hierarquia" (LG 29), ao passo que as Igrejas do Oriente sempre o mantiveram. Este *diaconato permanente,* que pode ser conferido a homens casados, constitui um importante enriquecimento para a missão da Igreja. De fato, será útil e apropriado que aqueles que cumprem na Igreja um ministério verdadeiramente diaconal, quer na vida litúrgica e pastoral, quer nas obras sociais e caritativas, "sejam corroborados e mais intimamente ligados ao altar pela imposição das mãos, tradição que nos vem desde os apóstolos. Destarte mais eficazmente o seu ministério mediante a graça sacramental do diaconato" (AG 16)» (n. 1571).

No entanto, a maioria dos que recebem o diaconato fazem-no como passo para se tornarem sacerdotes, *presbíteros.* Este segundo passo do sacramento da Ordem Sagrada será para eles o definitivo – exceto para os que venham a ser bispos – e ninguém poderá sonhar ou desejar uma dignidade maior: ao inclinar-se cada manhã sobre o pão e o vinho e pronunciar as palavras de Cristo: «Isto é o meu Corpo... Isto é o meu Sangue», o sacerdote sentir-se-á aniquilado pelo sentimento da sua própria indignidade, pela consciência da sua humana fraqueza. E, certamente, seria *aniquilado* se não fosse sustentado pela graça do sacramento da Ordem Sagrada, que Deus concede infalivelmente a quem a pede com humildade.

«Em virtude do sacramento da Ordem, os presbíteros participam das dimensões universais da missão confiada por Cristo aos Apóstolos. O dom espiritual que receberam na ordenação prepara-os não para uma missão limitada e restrita, "mas para a missão amplíssima e universal da salvação até aos confins da terra" (PO 10)» (n. 1565; cf. também os ns. 1562-1564 e 1566-1568).

Evidentemente, este poder de oferecer o sacrifício da Hóstia Perfeita a Deus, como instrumento vivo de Cristo Sacerdote e em nome de todo o povo de Deus, é o que distingue um sacerdote de um ministro ou pastor protestante. Não seria incorreto chamar ministro ou pastor a um sacerdote, pois é ministro do altar, servidor de Cristo e do rebanho de Cristo. É também pregador, e poder-se-ia chamá-lo assim, pois nos prega a mensagem da salvação.

Mas, se é correto chamar a um sacerdote ministro ou pregador, é incorreto chamar sacerdote a um ministro ou pregador protestante. O ministro protestante não tem o poder de oferecer sacrifícios, que é precisamente o que torna sacerdote um sacerdote. Aliás, os ministros protestantes – com exceção dos membros da Alta Igreja Anglicana ou Episcopaliana – nem sequer acreditam nesse poder. Alguns ministros episcopalianos ou anglicanos consideram-se a si mesmos sacerdotes, mas infelizmente estão enganados. Não têm quem lhes possa conferir o poder sacerdotal.

A linha de sucessão pela qual o poder sacerdotal chegou até nós, de Cristo para os Apóstolos, de bispo para bispo, neles quebrou-se há séculos, quando a Igreja Anglicana repudiou totalmente a ideia da Santa Missa e de um sacerdote sacrificial. Em tempos mais modernos, alguns membros da Alta Igreja Anglicana reviveram a ideia da Missa, mas não têm bispos que sejam verdadeiros sucessores dos Apóstolos, nem bispos que possuam qualquer dos poderes que o sacramento da Ordem Sagrada confere. Não mencionamos este fato com espírito de altivo desdém, mas como um triste fato histórico; devemos sentir-nos mais motivados a renovar a nossa oração pelos irmãos separados, para que voltem ao autêntico e único rebanho de Cristo.

Os bispos e outras dignidades

O terceiro e o mais elevado passo do sacramento da Ordem Sagrada é o *episcopal*. Quando se necessita de um novo bispo para presidir a uma diocese ou para alguma missão importante dentro da Igreja, o Papa, como sucessor de Pedro, designa o sacerdote que deve ser elevado à ordem episcopal. Esse sacerdote recebe então a terceira «imposição de mãos» de outro bispo (as duas anteriores foram no diaconato e no presbiterato) e, por sua vez, converte-se em bispo. Ao poder de oferecer a Santa Missa e de perdoar os pecados junta-se agora o de administrar a Confirmação por direito próprio e o poder exclusivo dos bispos de administrar o sacramento da Ordem Sagrada, de poder ordenar outros sacerdotes e de consagrar outros bispos.

«"Entre aqueles vários ministérios, que desde os primeiros tempos são exercidos na Igreja, conforme atesta a Tradição, o lugar principal é ocupado pelo múnus daqueles que, constituídos no episcopado, conservam a semente apostólica por uma sucessão que vem ininterrupta desde o começo" (LG 20).

«Para desempenhar sua missão, "os Apóstolos foram enriquecidos por Cristo com uma especial efusão do Espírito Santo, que desceu sobre eles. E eles mesmos transmitiram a seus colaboradores, mediante a imposição das mãos, este dom espiritual que chegou até nós pela sagração episcopal» (LG 21).

«O Concílio Vaticano II "ensina, pois, que pela sagração episcopal se confere *a plenitude do sacramento da Ordem*, que, tanto pelo costume litúrgico da Igreja como pela voz dos Santos Padres, é chamada o sumo sacerdócio, a realidade total ('summa') do ministério sagrado" (*Ibid.*)» (ns. 1555-1557; cf. também os ns. 1558-1561).

452 AS ORDENS SAGRADAS

Com esta terceira imposição de mãos do bispo consagrante (habitualmente acompanhado por outros bispos, chamados coconsagrantes), o novo bispo recebeu o Espírito Santo pela última vez. O Espírito Santo desceu sobre ele pela primeira vez quando recebeu o batismo, e deu-lhe o poder de participar com Cristo da sua oferenda sacrificial e de receber a graça dos demais sacramentos. O Espírito Santo desceu outra vez sobre ele na Confirmação, e conferiu-lhe o poder de participar com Cristo no seu ofício profético: o poder de propagar a fé com a palavra e com as obras. O Espírito Santo veio mais uma vez, com novos poderes e graças, no diaconato e no presbiterato. E, agora, ao ser ordenado bispo, o Espírito Santo desce sobre ele pela última vez: já não há novos poderes que Deus possa conferir ao homem. Pela última vez, a sua alma ficará marcada com um caráter – o pleno e completo caráter do sacramento da Ordem Sagrada –, o caráter episcopal.

A *essência* da ordem episcopal reside no poder de o bispo se perpetuar a si mesmo, no *poder de ordenar sacerdotes e de consagrar outros bispos*, isto é, no poder de ele, sucessor dos Apóstolos, perpetuar essa sucessão apostólica. É um poder que jamais se poderá perder. Assim como um sacerdote nunca perde o poder de converter o pão e o vinho no Corpo e Sangue do Senhor, mesmo que apostate e abandone a Igreja Católica, um bispo jamais poderá perder o seu poder de ordenar outros sacerdotes e bispos, nem mesmo se abandonar a Igreja Católica.

Aqui se encontra a principal diferença entre a Igreja Católica e as diversas confissões protestantes. Como já vimos, os protestantes não creem na Santa Missa nem num sacerdócio que inclua o poder de oferecer o Santo Sacrifício e, por conseguinte, não creem no sacramento da Ordem Sagrada. Fez-se notar que os membros da Alta Igreja Anglicana e Episcopaliana creem na Missa e no sacerdócio, mas deixaram de ter bispos e sacerdotes reais no século XVI. Os que estavam então à testa da Igreja na Inglaterra eliminaram da cerimônia da ordenação toda a referência à Missa e ao poder de oferecer o Santo Sacrifício. Sem a intenção de ordenar sacerdotes sacrificiais, o sacramento da Ordem é inválido, *não há* tal sacramento. Ocorre o mesmo com qualquer sacramento: faltando a intenção, falta o sacramento. Se um sacerdote pronuncia as palavras da Consagração tendo diante de si pão e vinho (por exemplo, no almoço), o pão e o vinho não ficarão consagrados se o sacerdote não teve a *intenção* de fazê-lo. Seja quem for que administre um sacramento, deve ter a intenção de fazer o que o sacramento pretende fazer, ou então o sacramento será inválido. Foi por isso que se extinguiram os bispos e os sacerdotes na Igreja Anglicana: ao suprimirem na cerimônia da ordenação a intenção de ordenar sacerdotes e bispos que oferecessem o Sacrifício, suprimiram os seus bispos e sacerdotes.

As coisas são muito diferentes com as chamadas Igrejas Ortodoxas, como a Grega, a Russa, a Romena, a Armênia e as demais. Há uns mil anos, quando todo o mundo cristão era católico, os hierarcas eclesiásticos de alguns países separaram-se de Roma, rompendo a sua comunhão hierárquica com o Papa. Não obstante, continuaram a crer nas verdades que a Igreja Católica ensinava; os seus bispos continuaram a ser bispos, e continuam a ordenar sacerdotes validamente e a consagrar os seus sucessores. Com o poder sacerdotal assim transmitido através dos séculos, as igrejas ortodoxas possuem ainda hoje a Missa e os sacramentos. E por isso, nos casos de necessidade previstos pelas leis da Igreja, um católico pode assistir a uma Missa numa igreja ortodoxa, e – nos lugares onde não há um sacerdote católico – poderia até confessar-se com um padre ortodoxo e receber a comunhão e a Unção dos Enfermos. No total, há dezesseis ramos da Igreja Ortodoxa.

As igrejas ortodoxas não devem ser confundidas com os membros da Igreja *Católica* que pertencem aos ritos orientais. Quase todos nós somos católicos de rito latino. Mas há grandes grupos de católicos em alguns países, sobretudo na Europa oriental e na Ásia, que já desde os começos da Igreja tiveram a Santa Missa e os sacramentos na sua própria língua; assim, por exemplo, os católicos gregos ou os católicos armênios. Muitas das suas cerimônias são diferentes das nossas. Mas creem no Papa como cabeça da Igreja e são tão verdadeiros católicos como você e como eu. Os católicos de rito latino podem perfeitamente assistir à Missa, sempre que o desejarem, numa igreja católica de rito oriental – como a maronita ou a melquita – e receber nela a Sagrada Comunhão. Orientais ou ocidentais, somos um em Cristo.

Diácono, sacerdote, bispo; os três graus do sacramento da Ordem. Acima do bispo não existe poder maior que Deus dê aos homens. Então... que acontece com o *Papa?* Não tem mais poder que os bispos ordinários? E que se passa com os cardeais e os arcebispos? Onde é que entram e que fazem?

Não. O Papa não tem um poder espiritual maior que o dos demais bispos. Tem mais *autoridade*, uma jurisdição mais extensa que a de qualquer outro bispo. Por ser bispo de Roma, sucessor de São Pedro, tem autoridade sobre toda a Igreja. Estabelece leis para toda a Igreja. Designa os sacerdotes que serão bispos e atribui dioceses a esses bispos. Goza também de um privilégio muito especial, que Jesus deu a São Pedro e aos seus sucessores: o privilégio da infalibilidade. Por este privilégio divino, Deus preserva o Papa do erro quando se pronuncia definitivamente, para a Igre-

454 AS ORDENS SAGRADAS

ja universal, sobre matérias de fé ou de moral, usando da plenitude da sua autoridade docente. Mas o poder essencial do Santo Padre, ao ser eleito Papa, não se torna maior do que quando o consagraram bispo.

«O *Papa,* Bispo de Roma e sucessor de S. Pedro, "é o perpétuo e visível princípio e fundamento da unidade, quer dos Bispos, quer da multidão dos fiéis" (LG 23). "Com efeito, o Pontífice Romano, em virtude de seu múnus de Vigário de Cristo e de Pastor de toda a Igreja, possui na Igreja poder pleno, supremo e universal. E ele pode exercer sempre livremente este seu poder" (LG 22).

«"O *colégio ou corpo episcopal* não tem autoridade se nele não se considerar incluído, como chefe, o Romano Pontífice". Como tal, este colégio é "também ele detentor do poder supremo e pleno sobre a Igreja inteira. Todavia, este poder não pode ser exercido senão com o consentimento do Romano Pontífice" (LG 22)» (ns. 882-883).

O ofício de *cardeal* não tem absolutamente nada a ver com o poder sacerdotal. O cardinalato é um posto honorífico, inteiramente à margem do sacramento da Ordem Sagrada. Os cardeais não são senão conselheiros do Papa, colaboradores especiais em altos cargos do governo da Igreja, e formam o colégio eleitoral que escolhe um novo Papa. Teoricamente, um cardeal nem sequer teria que ser sacerdote. Atualmente, não se costuma nomear cardeais que não sejam sacerdotes ou bispos, mas houve um tempo na Igreja em que também eram nomeados entre os leigos. O título de cardeal é muito antigo na Igreja, mas foi o papa Nicolau II que no ano de 1059 organizou o colégio cardinalício de forma muito semelhante à que conhecemos hoje, e deu aos cardeais o direito de elegerem o novo Papa quando a Santa Sé fica vacante.

Para entendermos o ofício de *arcebispo,* devemos conhecer um pouco da composição física da Igreja. O mundo divide-se em *dioceses* ou *circunscrições* equivalentes. Deve haver mais de duas mil divisões dessas na Igreja de hoje. Cada diocese ou prelazia territorial tem limites geográficos bem precisos, como os têm as nações e as províncias. Só algumas circunscrições – como os vicariatos militares e as prelazias pessoais – não têm território, e abrangem um grupo de pessoas – por exemplo, os militares – de um determinado país. Cada pessoa domiciliada dentro dos limites de uma diocese pertence a essa diocese. Cada diocese divide-se em paróquias que, por sua vez – fora os casos de paróquias pessoais, como paróquias para grupos de imigrantes, para universitários, etc. – têm limites geográficos bem definidos, e qualquer pessoa domiciliada dentro desses limites pertence a essa paróquia, esteja ou não «registrada». Os únicos que podem dizer verdadeiramente que não pertencem a nenhuma paróquia são os errantes permanentes, aqueles que não têm domicílio fixo em nenhum lugar.

À frente de cada diocese há um bispo. O bispo que governa uma diocese chama-se o *Ordinário* dessa diocese. O título de Ordinário distingue o bispo que governa uma diocese dos bispos *Titulares*, que são os que não têm diocese própria. Quando são consagrados bispos, pode-se dar a estes o título de uma diocese extinta, geralmente o de uma cidade da África ou da Ásia que deixou de existir como diocese séculos atrás. Um bispo titular pode ser designado para ajudar o Ordinário de uma diocese grande, e nesse caso é chamado bispo *auxiliar*. Ou pode também ocupar-se de algum trabalho diocesano ou interdiocesano, como ser reitor de uma universidade católica ou delegado papal.

Várias dioceses adjacentes agrupam-se para formar uma *província* da Igreja. A diocese principal da província chama-se *arquidiocese*, e o seu Ordinário, *arcebispo*. Este não é o «chefe» das dioceses da província, pois cada bispo governa a sua própria diocese. Mas tem a precedência de honra e o dever de convocar os bispos da província e de presidir às suas reuniões. E, assim como há bispos titulares, há também arcebispos titulares, que não estão à frente de nenhuma arquidiocese. O Papa deu-lhes esse tratamento como uma dignidade em reconhecimento pelo importante trabalho de que se ocupam ou pelo meritórios serviços que prestaram.

Capítulo XXXV

O matrimônio

O matrimônio foi feito por Deus

O ser vivo mais simples é a célula. Uma célula viva reproduz-se por um processo de fissão, de divisão. Começa a crescer de tamanho e depois divide-se em duas células vivas. À medida que as células crescem e se multiplicam, o processo repete-se continuamente.

Ao planejar a raça humana, Deus poderia ter decretado que ela se propagasse de maneira semelhante. Sob tal desígnio, um homem poderia começar a dilatar-se mais e mais, até formar gradualmente um duplicado dos seus órgãos originais e, no momento preciso, separarem-se as duas metades e constituírem duas pessoas em vez de uma.

Isto é uma quimera, é claro, mas serve para compreendermos que Deus *não tinha* por que ter feito a humanidade composta de homens e mulheres. Deus *não tinha* por que ter compartilhado o seu poder criador com as criaturas e fazer depender o começo de uma nova vida da livre cooperação de um homem e uma mulher com Ele. Há um número ilimitado de maneiras diferentes que Deus poderia ter escolhido para a multiplicação dos seres humanos, se o tivesse querido.

Mas Deus quis precisamente como é: dividiu os seres humanos em homens e mulheres, e deu-lhes o poder de produzirem novas vidas humanas em união com Ele. Pela íntima união a que chamamos ato sexual, o homem e a mulher produzem uma imagem física deles mesmos, e nesse novo corpo, tão maravilhosamente começado, Deus infunde uma alma espiritual e imortal. Foi Deus quem concedeu aos homens a faculdade de procriar, que é como se chama a faculdade sexual. Foi Deus quem planejou e deu ao homem e à mulher os órgãos genitais. Foi Ele quem – para garantir a perpetuação do gênero humano – uniu ao uso desses órgãos um grau muito elevado de prazer físico. Por Deus ser o autor do sexo e tudo o que Ele faz ser bom, o sexo é algo bom. E não somente é bom, mas santo e sagrado.

> «Deus, que criou o homem por amor, também o chamou para o amor, vocação fundamental e inata de todo ser humano. Pois o homem foi criado à imagem e semelhança de Deus, que é Amor. Tendo-os Deus criado homem e mulher, seu amor mútuo se torna uma imagem do amor absoluto e indefectível de Deus pelo homem. Esse amor é bom, muito bom, aos olhos do Criador, que "é amor" (1 Jo 4, 8.16). E esse amor abençoado por Deus é destinado a ser fecundo e a realizar-se na obra comum de preservação da criação: *"Deus os abençoou e lhes disse: Sede fecundos, multiplicai-vos, enchei a terra e submetei-a"* (Gen 1, 28)» (n. 1604; cf. também os ns. 1603 e 1605).

Tocamos um ponto que merece ser salientado: a *santidade* básica do sexo. Quando se perde o sentido da sacralidade do sexo, a santidade é esquecida e o sexo converte-se num brinquedo, num instrumento excitante de prazer, deixando de ser instrumento de Deus. A infidelidade conjugal e a prostituição, o divórcio fácil e as uniões casuais são alguns dos males que surgem quando se violenta o sexo, arrancando-o da ordem divina das coisas.

Deus, para assegurar o reto uso do poder procriador, fundou a *instituição matrimonial, a união indissolúvel, por toda a vida, de um homem com uma mulher*. A necessidade dessa união é evidente, pois não só é necessário que nasçam filhos, mas também que sejam cuidados e criados com amor pelo pai e pela mãe que os trouxeram ao mundo. Os juizados de menores e os manicômios dão testemunho diário dos males que se produzem quando se quebra a unidade e a permanência do matrimônio.

Mas Deus não instituiu o matrimônio com o fim exclusivo de povoar a terra. «Não é bom que o homem esteja só», disse Deus quando Adão dormia no Éden. «Dar-lhe-ei uma companheira semelhante a ele». É desígnio divino que o homem e a mulher *se completem um ao outro*, que se apoiem um no outro, que contribuam para o mútuo crescimento espiritual. Nessa união por toda a vida de um homem e uma mulher, tanto as suas mentes e corações como os seus corpos se fundem numa unidade nova e mais rica, cumprindo assim o fim estabelecido por Deus. Deus estabeleceu essa união única e irrevogável do matrimônio quando, no Paraíso, fez de Eva a companheira de Adão.

Esta unidade e indissolubilidade foi estritamente confirmada por Deus ao longo de toda a história bíblica, com duas exceções. Depois do Dilúvio, Deus permitiu aos patriarcas como Abraão e Jacó que tomassem mais de uma esposa a fim de que a terra se repovoasse mais rapidamente. Mais tarde, quando os judeus se libertaram da escravidão do Egito, permitiu-lhes o divórcio e um novo matrimônio em casos de adultério comprovado, embora, como lhes fez notar mais tarde, tenha afrouxado a lei estrita até esse ponto por causa da «dureza de seus corações».

> «A consciência moral concernente à unidade e indissolubilidade do Matrimônio desenvolveu-se sob a pedagogia da lei antiga. A poligamia dos patriarcas e dos reis ainda não fora explicitamente rejeitada. Entretanto, a lei dada a Moisés visava proteger a mulher contra o arbítrio da dominação pelo homem, apesar de também trazer, segundo a palavra do Senhor, os traços da "dureza do coração" do homem, em razão da qual Moisés permitiu o repúdio da mulher (cf. Mt 19, 8)» (n. 1610).

Com a vinda de Jesus, cessaram essas exceções à unidade e à permanência do vínculo matrimonial. Até os tempos de Cristo, o matrimônio, ainda que união sagrada, era apenas um contrato civil entre um homem e uma mulher. Mas Jesus assumiu esse contrato – a troca de consentimentos maritais entre um homem e uma mulher – e fez dele canal da graça, transformou-o num sacramento para os cristãos. Define-se o matrimônio como *um sacramento que estabelece uma santa e indissolúvel união entre um homem e uma mulher e lhes dá graças para se amarem um ao outro santamente e educarem cristãmente os filhos.*

> «No limiar de sua vida pública, Jesus opera seu primeiro sinal – a pedido de sua Mãe – por ocasião de uma festa de casamento. A Igreja atribui grande importância à presença de Jesus nas núpcias de Caná. Vê nela a confirmação de que o casamento é uma realidade boa e o anúncio de que, daí em diante, será ele um sinal eficaz da presença de Cristo. [...]
> «Como Jesus veio para restabelecer a ordem inicial da criação perturbada

pelo pecado, ele mesmo dá a força e a graça para viver o casamento na nova dimensão do Reino de Deus. É seguindo a Cristo, renunciando a si mesmos e tomando cada um sua cruz que os esposos poderão "compreender" o sentido original do casamento e vivê-lo com a ajuda de Cristo. Esta graça do matrimônio cristão é um fruto da Cruz de Cristo, fonte de toda vida cristã» (ns. 1613 e 1615; cf. também os ns. 1612, 1614, 1616-1617).

Não é difícil compreender a razão pela qual Jesus Cristo fez do matrimônio um sacramento. Já desde o começo da humanidade o matrimônio era uma união sagrada. Era o instrumento divino para gerar, criar e educar as sucessivas gerações de seres humanos. Era «obrigatório», poderíamos dizê-lo, que fosse elevado à categoria de sacramento. Fora do sacerdócio, não há estado na vida que *clame* com tanta força pela concessão da graça como o matrimônio.

Independentemente de que se queiram bem, é muito difícil que duas pessoas possam viver juntas dia após dia, ano após ano, com as inevitáveis falhas e defeitos das suas personalidades chocando-se entre si; que possam ajudar-se mutuamente a crescer em bondade e perfeição apesar dessas faltas – ajustando-se pouco a pouco uma à outra, de modo que os defeitos de uma se «encaixem» nas virtudes da outra, e da sua própria diferença surja a unidade. Não é tarefa fácil. É uma maravilhosa evolução – como a da borboleta que sai da crisálida –, mas muito custosa.

Além disso, no novo plano que Jesus Cristo tinha para a humanidade, havia uma necessidade adicional de graça: Jesus dependeria dos pais para o contínuo crescimento do seu Corpo Místico, dessa união na graça pela qual todos os batizados são um em Cristo. Daí em diante, não bastaria que os pais católicos gerassem, criassem e educassem a prole para a vida natural: Jesus confiava-lhes essa tarefa também para a vida de santidade. Sem a orientação e a fortaleza da graça, os homens estariam perante uma tarefa impossível.

Não é de surpreender, pois, que Jesus Cristo elevasse o matrimônio à categoria de sacramento. O *momento* preciso em que isso sucedeu, não o sabemos. Alguns pensam que pode ter sido nas bodas de Caná. Outros dizem que foi quando esclarecia aos fariseus: *Não lestes que o Criador, no começo, fez o homem e a mulher e disse: Por isso, o homem deixará seu pai e sua mãe e se unirá à sua mulher; e os dois formarão uma só carne? Assim, já não são dois, mas uma só carne. Portanto, não separe o homem o que Deus uniu* (Mt 19, 4-6). Mas as especulações sobre o momento preciso em que Jesus Cristo converteu o matrimônio em sacramento são inúteis. Basta-nos saber, pela constante e ininterrupta tradição da Igreja, que Jesus operou essa transformação do vínculo matrimonial.

Como sabemos, um sacramento é um sinal externo que confere uma graça interna, No matrimônio, o sinal externo é a *troca de consentimentos maritais* entre um homem e uma mulher batizados. Por outras palavras, o homem e a mulher que vão contrair matrimônio administram o sacramento um ao outro. Não é correto dizer (embora se diga frequentemente) que «João e Maria foram casados pelo padre Pio». O correto é dizer: «João e Maria casaram-se na presença do padre Pio». O sacerdote não pode administrar o sacramento do matrimônio: os únicos que podem fazê-lo são os nubentes. O sacerdote ou o diácono não são senão a testemunha oficial que representa Cristo e a sua Igreja. Ordinariamente, a *presença do ministro,* sacerdote ou diácono, é essencial; sem ele, não haveria sacramento nem matrimônio. Mas não é ele quem o administra.

O caso raro em que não é necessária a presença de um sacerdote ou diácono para o sacramento do matrimônio não nos diz respeito, mas é interessante conhecê-lo. Se um homem e uma mulher batizados desejam casar-se, mas lhes é impossível conseguir a presença de um sacerdote dentro de trinta dias ou mais, então a Igreja estabelece que, para haver sacramento, basta prestarem o mútuo consentimento marital perante duas testemunhas. São casos que se podem dar, por exemplo, em países onde a religião é perseguida ou em países de missão em que rara vez se vê um sacerdote. Se algum dos nubentes estiver em perigo de morte, nem sequer é preciso esperar os trinta dias: se não se pode conseguir a presença de um sacerdote, os noivos poderão casar-se prestando o mútuo consentimento perante duas testemunhas, e receberão sem dúvida o sacramento do matrimônio.

Excetuados estes casos, um católico não pode casar-se validamente a não ser na presença de um sacerdote ou de outra testemunha qualificada, designada pela autoridade eclesiástica competente. Para presidir ao casamento, tem competência o sacerdote que esteja à frente da paróquia em que se celebra a cerimônia, ou o bispo da diocese, ou o sacerdote delegado pelo pároco ou pelo bispo. O católico que pretenda casar-se perante um magistrado civil (um juiz civil ou um juiz de paz) não estará casado de maneira nenhuma e cometerá um pecado mortal habitual durante todo o tempo em que os dois estiverem vivendo juntos. Dois não católicos que se casam perante um pastor protestante ou um magistrado civil estão autenticamente casados. Se não são batizados, o matrimônio é puramente «natural», como os que se davam antes de Jesus Cristo ter instituído o sacramento do Matrimônio. Mas se os dois não católicos vierem a receber o batismo, então o seu matrimônio é sacramento. Para um católico, portanto, não há outro modo de se casar validamente a não ser recebendo o sacramento do Matrimônio. Quando Jesus instituiu os sacramentos, foi para que os seus seguidores os utilizassem.

O matrimônio encerra graças especiais

Se o esposo (ou a esposa) tiver tido um dia mau e estiver talvez desanimado pela pressão de um problema doméstico sério, sentindo-se tentado a autocompadecer-se e a pensar que foi um erro casar-se, *esse é* o momento de recordar que o matrimônio é um sacramento. É o momento de recordar que tem *absoluto direito* a qualquer graça de que possa necessitar nessa situação; a qualquer graça de que possa necessitar para fortalecer a sua humana fraqueza e chegar à solução do problema. Aos esposos que fazem tudo o que está em suas mãos para que o seu matrimônio seja verdadeiramente cristão, Deus comprometeu-se a dar todas as graças de que necessitam e quando as necessitem, e Deus é sempre fiel aos seus compromissos.

> «"Em seu estado de vida e função, (os esposos cristãos) têm um dom especial dentro do povo de Deus" (LG 11). Esta graça própria do sacramento do Matrimônio se destina a aperfeiçoar o amor dos cônjuges, a fortificar sua unidade indissolúvel. Por esta graça "eles se ajudam mutuamente a santificar-se na vida conjugal, como também na aceitação e educação dos filhos" (LG 11).
> «*Cristo é a fonte desta graça.* [...] Permanece com eles, concede-lhes a força de segui-lo levando sua cruz e de levantar-se depois da queda, perdoar-se mutuamente, carregar o fardo uns dos outros, "*submeter-se uns aos outros no temor de Cristo*" (Ef 5,21) e amar-se com um amor sobrenatural, delicado e fecundo. Nas alegrias de seu amor e de sua vida familiar, Ele lhes dá, aqui na terra, um antegozo do festim de núpcias do Cordeiro» (ns. 1641-1642).

Sendo um sacramento, o matrimônio confere graça e, como qualquer sacramento, confere dois gêneros de graça. Em primeiro lugar, no próprio momento em que é recebido, infunde um aumento de *graça santificante*. Quando os noivos se voltam para descer os degraus do altar, as suas almas são espiritualmente mais fortes e mais belas do que quando, minutos antes, subiram ao altar.

É essencial, claro está, que se apresentem a receber o sacramento com a alma *em estado de graça*. O fim do sacramento do Matrimônio não é perdoar os pecados, e a pessoa que o recebesse em pecado mortal cometeria um sacrilégio, um pecado grave. O casamento seria real e válido, mas não se pode conceber um início mais infeliz do que esse para uma obra que supõe a mais íntima colaboração de Deus.

Além do aumento da graça santificante – todos os sacramentos de vivos a conferem –, o matrimônio confere também a sua própria graça especial, a *graça sacramental*, que consiste no direito de receber de Deus as graças atuais de que os esposos possam necessitar através dos anos para assegurarem uma união feliz e frutuosa. Para que possa produzir plenamente os seus efeitos, esta graça necessita da cooperação de ambos os cônjuges. A graça destina-se a essa entidade singular, a esse «um em dois» que o matrimônio operou. Mas se uma das partes falta ao cumprimento dos seus deveres cristãos, o outro cônjuge poderá contar ainda com graças excepcionais de fortaleza e sabedoria.

Concretizando mais, a graça sacramental do matrimônio *aperfeiçoa o amor natural* entre marido e mulher, elevando-o a um nível sobrenatural que ultrapassa indizivelmente a mera compatibilidade mental e física. Dá ao amor conjugal uma qualidade *santificante* que o torna instrumento e caminho para crescer e alcançar a santidade. Confere, além disso, *generosidade* e *responsabilidade* para gerar e criar os filhos, *prudência* e *discernimento* para enfrentar os inúmeros problemas que a vida familiar traz consigo. Ajuda os esposos a adaptarem-se aos *defeitos* um do outro e a desculpá-los. E tudo isto é apenas uma parte do que a graça do matrimônio pode fazer por aqueles que, com a sua cooperação, dão a Deus ocasião de mostrar o seu poder.

Há uns quatrocentos anos, ao propor a doutrina católica sobre o matrimônio, o Concílio de Trento declarava: «A graça que aperfeiçoa o amor natural (de marido e mulher), que confirma a união indissolúvel e santifica os esposos, é a que o próprio Cristo nos mereceu pela sua Paixão, como indica o Apóstolo São Paulo quando diz: "Esposos, amai as vossas esposas, como Cristo amou a sua Igreja"». Considerar que Jesus Cristo, quando sofria a sua Paixão, pensava nos esposos cristãos, aperceber-se de que um dos fins pelos quais Jesus morreu na cruz foi ganhar as graças de que eles necessitariam no matrimônio, parece-me um pensamento maravilhosamente fecundo para os esposos católicos. Igualmente fecundo será meditar que o Espírito Santo inspirou São Paulo a comparar o estado matrimonial à união e à comunicação, repletas de frutos e de graças, que existem entre Cristo e a sua Esposa, a Igreja.

Além de conferir graça, o sacramento do Matrimônio é a forja do *vínculo matrimonial*, desse intercâmbio moral que se efetua na alma dos cônjuges. Há apenas três sacramentos que, por terem por objeto diretamente a Deus e ao seu culto – o Batismo, a Confirmação e a Ordem Sagrada –, imprimem na alma esse sinal espiritual e indelével a que chamamos «caráter» do sacramento. Esses três sacramentos fazem-nos participar de diversas maneiras no sacerdócio de Cristo. Não obstante, os teólogos não vacilam em comparar o vínculo matrimonial a esses caracteres sacramentais, e mesmo a denominá-lo um *quase-caráter*.

Desse «quase-caráter», desse vínculo matrimonial, surgem as duas propriedades do matrimônio: a *unidade* e a *indissolubilidade*.

A *unidade* do matrimônio significa que um homem só pode ter uma esposa, e uma mulher um só marido. A unidade do matrimônio opõe-se à poligamia (várias esposas) e à poliandria (vários maridos). Desde a vinda de Cristo, a monogamia (um marido com uma mulher) tornou-se a regra sem exceção.

A *indissolubilidade* do matrimônio significa que é uma união *permanente*. Uma vez que um homem e uma mulher se tenham unido num matrimônio cristão consumado, não há poder na terra, nem sequer o do Papa, que possa dissolver esse vínculo. *Não separe o homem o que Deus uniu* (Mt 19, 6). Sob circunstâncias muito especiais, a Igreja tem poder para dissolver um matrimônio que não seja o sacramental (por exemplo, o de duas pessoas não batizadas, quando uma das partes recebe o batismo mais tarde) e para dissolver o matrimônio sacramental que nunca foi consumado. Mas mesmo o matrimônio entre dois protestantes validamente batizados é uma união sacramental e, uma vez consumado, nem a própria Igreja pode dissolvê-lo. As leis civis poderão permitir o divórcio e um novo casamento civil, mas nem um nem outro valem absolutamente nada diante de Deus. A pessoa divorciada que se casa outra vez e o seu novo companheiro vivem em adultério habitual, se o matrimônio anterior foi válido; é um adultério legalizado, mas adultério apesar de tudo.

Há ocasiões em que a indissolubilidade do vínculo matrimonial parece de uma dureza excessiva. Pensamos em casos como o do marido cuja esposa perde a razão. É declarada incurável, e nunca sairá do manicômio em que foi internada. O marido fica com várias crianças nas mãos e, não obstante, não poderá casar-se outra vez enquanto a esposa viver. Ou podemos pensar também na esposa que, para garantir a segurança dos filhos e a sua própria, é obrigada a separar-se de um marido bêbado e brutal. As crianças necessitam de um pai, mas ela não pode contrair novo matrimônio enquanto o marido viver. Ou podemos pensar ainda no cônjuge cujo marido ou mulher é claramente «um mau caráter» e a parte inocente é deixada sozinha para levar adiante a família ou se vê condenada a viver uma vida de solidão e frustração. Não pode haver novo matrimônio enquanto o desertor viver.

É lícito, evidentemente, obter a separação civil, se for necessário para o marido ou a mulher se protegerem do cônjuge malvado ou desertor. Mas a separação e o divórcio civis não poderão quebrar o vínculo matrimonial. Se a pessoa em questão contraísse matrimônio civil com um novo esposo, separar-se-ia da graça de Deus para viver em pecado habitual. Trocaria a sua felicidade eterna pelos poucos anos de consolo e companhia que espera encontrar no seu segundo «matrimônio». Mas mesmo esse consolo estaria minado pela certeza de se ter afastado de Deus.

> «São numerosos hoje, em muitos países, os católicos que recorrem ao *divórcio* segundo as leis civis e que contraem civilmente uma nova união. A Igreja, por fidelidade à palavra de Jesus Cristo [...], afirma que não pode reconhecer como válida uma nova união, se o primeiro casamento foi válido. Se os divorciados tornam a casar-se no civil, ficam numa situação que contraria objetivamente a lei de Deus. Portanto, não podem ter acesso à comunhão eucarística enquanto perdurar esta situação. Pela mesma razão não podem exercer certas responsabilidades eclesiais. A reconciliação pelo sacramento da Penitência só pode ser concedida aos que se mostram arrependidos por haver violado o sinal da aliança e da fidelidade a Cristo e se comprometem a viver em continência completa» (n. 1650).

Sentimos uma grande compaixão pelas pessoas que se veem a braços com essa alternativa, e tenta-nos a revolta: «Por que Deus tem de ser tão intransigente em não desfazer o vínculo matrimonial? Por que não prevê alguma saída para casos de injustiça tão flagrante?»

A resposta é que, tendo Deus decidido criar o gênero humano composto de homem e mulher, e tendo estabelecido que os dois juntos cooperassem para povoar a terra e também o céu, viu-se obrigado a fazer do matrimônio uma união permanente, a fim de assegurar o cumprimento dos seus fins (quando dizemos «decidido» e «obrigado», estamos falando de Deus em termos puramente humanos). Se os *filhos* tinham de alcançar a idade adulta na plenitude da nobreza que Deus quis que tivessem – de filhos de Deus, feitos à imagem e semelhança –, era essencial que tivessem a estabilidade emocional, mental e espiritual que só se pode alcançar crescendo junto dos pais.

Mais ainda. Mesmo que não houvesse filhos a levar em conta, o fim secundário do matrimônio continuaria a exigir uma união permanente. Esse fim secundário é a *mútua complementação* que um homem e uma mulher estão destinados a alcançar um no outro, o enriquecimento e o amadurecimento que resultam de fundirem as suas vidas numa unidade nova. É um fim que jamais se poderia alcançar se o vínculo matrimonial fosse temporário ou rescindível.

Estas razões levam-nos a afirmar que a indissolubilidade do vínculo matrimonial está baseada na *lei natural,* a qual seria obrigatória mesmo que não existisse nenhum decreto positivo da parte de Deus, porque nasce da própria natureza do homem tal como é.

Podia-se argumentar: «Sim, tudo isso está muito bem. Mas não poderia haver uma dispensa para os casos excepcionalmente difíceis?» Infelizmente, se os planos de Deus têm que se cumprir, não pode haver exceções. Quando um homem e uma mulher sabem que *têm* que aceitar-se um ao outro «até que a morte os separe», então, noventa e nove de cada cem casos conseguirão levar em frente a sua vida matrimonial. Se o adultério, ou a brutalidade, ou a deserção fossem razão suficiente para quebrar o vínculo e dar o direito de casar-se outra vez, como seria fácil arrumar esses motivos! Para confirmá-lo, basta observar esses países com grandes facilidades para o divórcio, cujos índices, juntamente com os de novos matrimônios, sobem continuamente de forma alarmante. Não; trata-se de um caso em que Deus não poderá ceder nem um pouco, se não quiser que se perca a sua causa.

É um dos casos em que um indivíduo (por exemplo, uma mãe inocente abandonada) tem que sofrer pelo bem comum. Os que dizem que os inocentes nunca deveriam sofrer, o que na realidade querem dizer é que a virtude deveria ser praticada só quando fosse fácil fazê-lo. Por esse princípio, seria perfeitamente aceitável que um católico preso num país comunista negasse a sua fé, se com isso se livrasse da prisão. Por esse princípio, os mártires teriam sido uns pobres tolos, e a virtude dependeria simplesmente do pouco que de nós se exigisse.

E quanto à esposa abandonada e ao marido solitário, Deus conhece os seus problemas melhor que ninguém, e podemos estar certos de que Ele lhes dará o valor, a fortaleza e a ajuda necessárias, se o deixarem intervir. A criança abandonada necessita de um pai, sim, e por essa razão Deus será duplamente Pai para ela. Tenhamos a confiança de saber que Deus se preocupa com elas pelo menos tanto como nós.

> «A respeito dos cristãos que vivem nesta situação e geralmente conservam a fé e desejam educar cristãmente seus filhos, os sacerdotes e toda a comunidade devem dar provas de uma solicitude atenta, a fim de não se considerarem separados da Igreja, pois, como batizados, podem e devem participar da vida da Igreja: "Sejam exortados a ouvir a Palavra de Deus, a frequentar o sacrifício da Missa, a perseverar na oração, a dar sua contribuição às obras de caridade e às iniciativas da comunidade em favor da justiça, a educar os filhos na fé cristã, a cultivar o espírito e as obras de penitência para assim implorar, dia a dia, a graça de Deus" (FC 84)» (n. 1651).

Uma conclusão prática deriva de tudo isto: a de que um católico de reta consciência jamais deverá sair frequentemente com um marido ou uma mulher separados ou divorciados. Normalmente, essa companhia é já de per si um pecado grave, mesmo que ninguém esteja pensando em casamento. A ocasião de pecado, o perigo de apego, estão sempre presentes.

É útil repetir aqui que o casamento de dois não católicos perante um juiz civil ou um ministro de outra confissão ou religião é um matrimônio verdadeiro e válido, uma união *permanente*. O não católico divorciado pode pensar que é livre para contrair novas núpcias, mas os decretos de Deus são diferentes.

A previsão forja matrimônios felizes

É triste ver que, às vezes, algumas pessoas põem mais cuidado na escolha de um carro ou da casa que na do marido ou da esposa, apesar de se tratar de uma união por toda a vida, indissolúvel, para as horas boas ou as horas más. Mais ainda, o que os noivos estão escolhendo é uma *vocação* divina, um estado de vida de que dependerá a sua própria salvação e, em parte, a dos filhos.

Antes de pronunciar o seu compromisso de celibato e de aceitar a sua chamada para o sacerdócio, um jovem pensa e reza durante muitos anos, sob a orientação de um diretor espiritual competente. E, apesar de o compromisso matrimonial ser tão permanente e tão absoluto como o do celibato, um jovem e uma moça decidem, às vezes, pronunciá-lo depois de poucos meses (ou mesmo semanas) de conhecimento, baseados talvez, como única recomendação, na mútua atração física. Quando esta desaparece, não restam senão cinzas.

Para a pessoa prudente, que sabe que o matrimônio é a sua vocação, quais são os passos preliminares para a escolha do futuro cônjuge? A primeira e a mais elementar das precauções há de ser namorar alguém que seja católico, e católico praticante. Quando marido e mulher sabem que não poderão ajoelhar-se diante do altar para comungar juntos, nem viver sob um código de princípios morais comum, nem rezar as mesmas orações em companhia dos filhos que virão, dão começo à sua vida de casados com uma desvantagem terrível. E a única maneira de garantir que alguém se casará com um bom católico é namorar quem o seja. Isto traz à nossa consideração o problema dos matrimônios mistos: «Caso-me com este rapaz protestante, que é melhor que muitos católicos que conheço». Muito bem. Mas quem disse que é uma boa ideia querer casar-se com um mau católico?

O princípio moral básico que rege a situação que se origina quando um rapaz e uma moça saem frequentemente juntos é que essa assiduidade só se justifica quando é parte da procura de um companheiro para o sacramento do Matrimônio. A constante e amistosa relação entre duas pessoas de sexo oposto ocasiona perigos morais, que são muito reais e que não desculpam os namoros «para divertir-se» e nada mais. Isto não quer dizer que um jovem deva casar-se com a primeira moça com que saia ou que uma moça deva contrair matrimônio com o seu primeiro acompanhante. Todo o propósito do namoro é conhecerem-se um ao outro o suficiente para que cada uma das partes possa responder adequadamente a esta pergunta: «Poderia eu viver feliz e santamente com esta pessoa, em matrimônio cristão, para sempre?» É bem possível que seja preciso descartar muitos candidatos antes de encontrar o adequado.

O que o princípio fundamental do namoro aconselha é que um moço e uma moça não saiam juntos a não ser que ambos sejam livres e queiram e possam contrair matrimônio, se assim o decidirem. Este princípio, evidentemente, proscreve os encontros regulares entre adolescentes, como já dissemos. Não se pode pretender que jovens ainda no ginásio possam casar-se antes de passados muitos anos. Pôr-se injustificadamente em ocasião de pecado grave «por saírem juntos» é, com toda a objetividade, um pecado grave. Não existe rapaz tão forte nem moça tão ajuizada que eliminem o perigo do pecado.

Para a maioria das pessoas, a adolescência é um período de conflitos emocionais porque os adolescentes se encontram em «terra de ninguém»: já não são crianças e ainda não chegaram a homens. Estão divididos entre o desejo de independência pessoal, próprio da maturidade, e a relutância em abandonar a segurança da meninice. Veem-se perturbados por sentimentos recém-despertados e por ânsias prementes do seu desenvolvimento glandular. Os pais que acrescentam a essas tensões uma nova pressão, animando ou aceitando complacentemente os namoros dos seus filhos, estão-lhes causando um verdadeiro mal. João e Maria podem formar um lindo par, viver um romance inocente, encantador, angelical, mas, se continuam a sair juntos, em breve isso deixará de ser tão angelical como imaginavam.

Quando chega a idade de casar-se, o pai e a mãe não têm que fazer a escolha em lugar do filho ou da filha. É o filho ou filha quem terá de viver com o cônjuge escolhido, e devem ser eles a tomar a decisão.

Não obstante, a não ser que sejam uns tolos integrais, o pai e a mãe terão aprendido bastante da natureza humana com o transcorrer dos anos, e aos quarenta ou cinquenta saberão atravessar a máscara do encanto superficial de uma pessoa e chegar ao seu ser real muito mais facilmente que um jovem de vinte.

470 O MATRIMÔNIO

Jovem sensato é aquele que fala destas coisas com o pai ou a mãe antes de contrair um compromisso sério de casar-se. Insensato é o filho ou a filha que acolhe qualquer manifestação de reserva dos pais com um magoado: «Bom, eu gosto dele (ou dela) e isso é o que interessa». É verdade que os pais podem ter preconceitos: é difícil que um pai admita que fulaninho é suficientemente bom para lhe levar a filha; é difícil que uma mãe admita que essa moça cuidará tão bem do seu filho como ela o faz. Mas, em geral, os pais conhecem os seus próprios preconceitos e esforçam-se por ser objetivos nas suas apreciações. E muito mais quando o filho ou a filha parecem estar sinceramente apaixonados.

Se a atitude paterna parecer totalmente irrazoável, há um terceiro árbitro objetivo a quem o jovem pode recorrer para obter um bom conselho: o diretor espiritual. Tendo em conta que o matrimônio é uma vocação para toda a vida, com tão importantes e duradouras consequências, parece de elementar senso comum consultar sobre essa decisão quem o possa aconselhar bem: o diretor espiritual.

Além de pedir conselho e de refletir, o jovem sinceramente católico deve impregnar a sua decisão de uma contínua oração. Os pais podem enganar-se, o diretor espiritual pode enganar-se, mas Deus nunca se engana. Pedir luzes a Deus para fazer a escolha adequada em matéria tão delicada e ouvir a sua resposta nos momentos de íntima oração diante do sacrário são passos elementares do noivado.

A confissão e a comunhão frequentes farão parte desse programa de oração. Tendo por meta um lar feliz e cristão, os noivos procurarão fazer o que estiver ao seu alcance para merecer as bênçãos divinas para a sua futura união. Mesmo com a melhor das intenções, a constante companhia que os noivos fazem um ao outro apresenta certo perigo para a virtude da castidade. Com isto, não queremos semear nenhuma sombra de dúvida sobre a virtude dos jovens. Simplesmente, queremos dizer que a natureza decaída é a natureza decaída e que é um insensato todo aquele que se vangloria de que a sua virtude não tem ponto de ruptura. Para duas pessoas que estão noivas, a confissão frequente e a Sagrada Comunhão são a melhor garantia de que não começarão a burlar os preceitos divinos, a melhor garantia de que não empanarão a beleza e a santidade do matrimônio tomando liberdades pré-matrimoniais a que não têm direito. Os noivos que realmente queiram que o seu matrimônio seja feliz irão ao altar com a segurança de saber que foram felizes em guardar-se um para o outro sob o controle da razão e da graça. Só depois que a sua união se tiver realizado com a participação de Deus, ao contraírem o matrimônio, é que buscarão essa unidade de corpos mediante o ato nobre e santo que é parte do plano criador de Deus, e que se converte num desafio irreverente a Deus quando se realiza à margem da sua Vontade.

Aconselhar-se prudentemente, orar, guardar a pureza pré-matrimonial e procurar um cônjuge católico: estes são os alicerces sobre os quais se constrói um matrimônio feliz, seguro e fecundo[18].

Se possível, o casamento celebrar-se-á dentro da Missa. Essa Missa nupcial não é essencial para que se celebre o sacramento, que é recebido quando os noivos prestam mútuo consentimento diante do sacerdote e de outras testemunhas. Mas não há noivos que, desejando conseguir toda a graça que lhes seja possível para cumprir a sua vocação, não solicitem que se celebre a Missa de casamento. Tanto mais que a Igreja recomenda a celebração do matrimônio dentro da Missa. Há na liturgia uma Missa especial de Ordenação para quando alguém se oferece a Deus no sacerdócio; há uma Missa especial de Consagração quando se oferece a Deus uma igreja nova, um novo edifício; não é de surpreender, pois, que haja uma Missa para os nubentes que se vão dedicar a Deus como cooperadores da sua obra de Criação e Redenção, como uma pequena igreja dentro da sua Igreja. Esta é a importância que a Igreja concede ao sacramento do Matrimônio.

Os esposos católicos que encarem a sua união como uma vocação divina receberão o sacramento do Matrimônio depois de um noivado casto, em que se conservaram perto de Deus pela oração e pelos sacramentos, e se ajoelharão juntos para receber a Sagrada Comunhão durante a Missa de casamento: aqui está um matrimônio em que tanto os noivos como as pessoas que os amam poderão apoiar-se, inteiramente seguros de que não lhes faltará solidez.

---

(18) Para aprofundar neste tema, deve-se ler Rafael Llano Cifuentes, *270 perguntas e respostas sobre sexo e amor*, e Cormac Burke, *Amor e casamento*, 2ª ed., Quadrante, São Paulo, 2017.

472   O MATRIMÔNIO

Paternidade responsável

Nestes últimos tempos, fala-se muito de *paternidade responsável*. São comentários que se inspiram em dois fatores. Um, o perigo imaginado por alguns demógrafos de que a terra se povoará a tal ponto que não haverá alimento suficiente para todos. O outro, o custo crescente do atendimento médico, da educação e formação cultural de que os filhos necessitam para integrar-se com êxito na vida do mundo moderno.

A paternidade responsável significa que os pais devem viver a prudência cristã ao gerarem os seus filhos. Generosos e realistas, devem considerar as suas circunstâncias atuais e agir em consequência.

Nisto não há nada de anticristão. Deus dotou-nos de inteligência, e espera que os esposos saibam usá-la à hora de cooperarem na continuidade da obra divina da Criação.

A questão crucial surge quando se consideram os meios para conseguir essa paternidade responsável. Abster-se dos atos próprios do matrimônio por consentimento mútuo e livre, tanto periodicamente como por longas temporadas é, certamente, um direito legítimo dos esposos. Prevenir a concepção por meios mecânicos ou químicos já é doutrina contrária à lei natural e, portanto, gravemente pecaminosa. De acordo com os ensinamentos da Igreja, só em determinadas circunstâncias pode ser lícita a limitação da natalidade mediante o recurso à continência periódica. «Se, para espaçar os nascimentos existem motivos sérios, derivados das condições físicas ou psicológicas dos cônjuges ou de circunstâncias exteriores, a Igreja ensina que então é lícito ter em conta os ritmos naturais, imanentes às funções geradoras, para usar do matrimônio só nos períodos infecundos» (Paulo VI, *Humanae vitae*, n. 16).

Mas não se há de esquecer que devem existir causas proporcionalmente graves para adotar essa conduta (diversos documentos do Magistério empregam as expressões «motivos sérios e proporcionados», «graves razões pessoais», «motivos morais suficientes e seguros», «justas causas»...): se não fosse assim, «só o fato de os cônjuges não atacarem a natureza do ato e estarem também dispostos a aceitar o filho que, não obstante as suas precauções, venha à luz, não basta por si só para garantir a retidão da intenção e a moralidade irrepreensível dos próprios motivos» (Pio XII, *Alocução*, 29-X-1951). Portanto, trata-se de ver em cada caso se concorrem as circunstâncias que permitem seguir esse caminho. É uma situação delicada, que não se deve resolver sem recorrer à oração e aos sacramentos, e à orientação de um confessor de reto critério.

> «Por justas razões, os esposos podem querer espaçar o nascimento dos seus filhos. Cabe à sua consciência verificar se tal desejo não procede do egoísmo, antes é conforme à justa generosidade duma paternidade responsável. Além disso, regularão o seu comportamento segundo os critérios objetivos da moralidade.
>
> «O Estado é responsável pelo bem-estar dos cidadãos. A tal título, é legítimo que intervenha para orientar a demografia da população. Pode fazê-lo mediante uma informação objetiva e respeitosa, não porém por via autoritária e obrigatória. O Estado não pode legitimamente substituir-se à iniciativa dos esposos, primeiros responsáveis da procriação e educação de seus filhos; nem está autorizado a fomentar meios de regulação demográfica contrários à moral» (ns. 2368 e 2372).

Capítulo XXXVI

Os sacramentais

Agentes da graça

A palavra *sacramental* assemelha-se muito à palavra *sacramento*, e com razão, pois «sacramental» significa: «algo semelhante a um sacramento», embora haja uma grande diferença entre um e outro. Um sacramento é um sinal externo instituído por Jesus Cristo com o fim de dar a graça às nossas almas. Um sacramental é também um sinal externo, mas os sacramentais foram instituídos pela Igreja e não dão a graça por si, antes nos *preparam* para a graça, despertando em nós sentimentos de fé e de amor; intercedem diante de Deus para que nos conceda a sua graça. Qualquer graça que possamos obter pelo uso dos sacramentais vem das nossas disposições interiores e do poder da oração da Igreja, que garante os sacramentais.

> «"A santa mãe Igreja instituiu os sacramentais, que são sinais sagrados pelos quais, à imitação dos sacramentos, são significados efeitos principalmente espirituais, obtidos pela impetração da Igreja. Pelos sacramentais os homens se dispõem a receber o efeito principal dos sacramentos e são santificadas as diversas circunstâncias da vida" (SC 60)» (n. 1667).

Vemos tudo isto mais claramente se examinarmos um dos sacramentais que nos é mais familiar: a água benta. A água benta é pura água da torneira, que a Igreja, por meio do sacerdote, abençoa.

Ao abençoá-la, o sacerdote dirige-se a Deus com a seguinte oração: «Bendito sois, Senhor, Deus todo-poderoso, que vos dignastes abençoar-

-nos em Cristo, água viva da nossa salvação, e reformar-nos interiormente; concedei-nos, junto com a aspersão e o uso desta água, renovar a juventude da nossa alma e sempre poder caminhar na vida pela graça do Espírito Santo».

Isto é a água benta. A Igreja tomou um elemento comum da vida cotidiana e converteu-o em instrumento da graça, embora não dispensador da graça, não portador direto da graça como são os sacramentos, pois só o poder pessoal de Jesus pode fazê-lo. Com todo o poder que lhe é próprio como Corpo Místico de Cristo, a Igreja dirige a Deus uma súplica que se estende a todos os que devotamente utilizem essa água benta em nome de Cristo.

Quando usamos a água benta com devoção, refugiamo-nos sob a ampla oração da Igreja como as crianças procuram proteger-se da chuva refugiando-se debaixo do guarda-chuva aberto pela mãe. Uma fé interior na amorosa Providência divina e a consciência da nossa total dependência de Deus são as disposições pessoais que tornarão a oração da Igreja eficaz em nós. Esta é a dupla raiz da eficácia dos sacramentais: a oração da Igreja e as disposições interiores de quem os usa.

Alguns sacramentais são *coisas*, outros *ações*. Além da água benta, há muitas coisas que a Igreja abençoa e que, com essa bênção, destina a usos religiosos. Entre elas estão os que chamamos artigos de devoção: velas, cinzas, palmas, crucifixos, medalhas, terços, escapulários, imagens do Senhor, da Virgem e dos santos.

Os sacramentais que são *ações* compreendem diferentes *bênçãos* e *exorcismos* que a Igreja concede por meio dos seus bispos e sacerdotes. Algumas destas bênçãos têm por fim dedicar alguma coisa ao culto divino, como um cálice, um altar, paramentos litúrgicos, etc. Outras destinam-se simplesmente a invocar a misericórdia e a proteção de Deus sobre a coisa ou pessoa que se benze, como um lar, um automóvel, campos e colheitas, crianças ou doentes. Pouca gente conhece a grande abundância de bênçãos com que a Igreja proveu o seu depósito de sacramentais. Há uma bênção, quer dizer, uma oração oficial, com todo o poder de Cristo apoiando a sua Igreja, para praticamente cada necessidade ou instrumento de importância na vida humana.

Um sacramental de um gênero muito especial é o *exorcismo,* pelo qual a Igreja, em nome de Cristo, manda ao demônio que abandone o corpo de uma pessoa de quem se tenha apossado. Antes da morte de Jesus na cruz, o poder de Satanás sobre o homem e a natureza era muito maior que agora. Por isso a possessão diabólica era muito mais frequente antes do Calvário do que hoje em dia. Pela sua morte, Jesus redimiu o homem e anulou o domínio de Satanás. Raras vezes agora – e para alcançar um bem que só Ele conhece – Deus permite a possessão diabólica.

Por esta razão, antes de permitir um exorcismo oficial, a Igreja é muito cuidadosa em verificar se se trata de um caso de possessão real ou de um simples desequilíbrio mental. Só o sacerdote nomeado pelo bispo pode realizar um exorcismo solenemente. Quando têm lugar, é muito difícil ter notícia desses exorcismos, pois a Igreja estabelece com muito rigor que se guarde segredo total por parte de todos os que neles participam.

Alguns dos sacramentais mais usados num lar católico são o crucifixo, a água benta e os círios ou velas bentas. O mais usado pelas pessoas é o escapulário do Carmo ou, em sua substituição, a medalha-escapulário.

Nos lares dos católicos que procuram ter na fé o motor da sua vida, o *crucifixo* ocupa um lugar proeminente. É colocado numa parede ou sobre um móvel ou peanha da sala mais digna da casa, e também nos quartos de dormir. O valor de um crucifixo como ajuda para a oração e para a vida cristã é evidente; não há símbolo que nos lembre tão vivamente o infinito amor de Deus pelo homem como essa imagem do próprio Filho de Deus pregado na cruz por amor de nós, para que possamos alcançar a vida eterna. Nada pode incitar-nos mais ao arrependimento dos nossos pecados do que essa representação de Jesus crucificado por nossas culpas. Nada pode ser melhor âncora nas nossas tribulações e contrariedades de cada dia do que essa imagem de Cristo agonizante, que dá sentido e valor ao nosso sofrimento.

Num lar católico, é bom que haja também *água benta*. A água, elemento universal de limpeza, não requer explicações complicadas como símbolo do poder purificador da graça de Deus. Já se expôs atrás o valor da água benta como sacramental. É surpreendente que não se vejam mais católicos encher os seus frasquinhos com a água benta que lhes podem facilitar em todas as igrejas.

Em muitos lares católicos, há também alguns círios ou velas bentas, guardados num lugar de fácil acesso ou colocados em dois candelabros

478 OS SACRAMENTAIS

ao lado da imagem do Crucificado. O uso de lamparinas ou velas como elemento acessório do culto religioso parece ter sido uma prática universal na história do homem.

Mesmo entre os pagãos e, evidentemente, entre os antigos judeus, as velas tinham por expresso desígnio de Deus um papel importante nas cerimônias religiosas. Na primitiva Igreja, as velas e outras luzes eram necessárias porque o Santo Sacrifício se oferecia na escuridão da madrugada ou nas trevas das catacumbas. Aliás, não é de estranhar que o uso das velas tenha acudido à imaginação dos primeiros cristãos como símbolo de Cristo, Luz do mundo (cf. Lc 1, 78-79).

A Igreja apressou-se a santificar esse simbolismo ao prescrever expressamente o uso de velas no culto divino: devem arder duas ou mais velas na Santa Missa e na administração da maioria dos sacramentos e em muitas outras cerimônias religiosas. Se um sacerdote leva a Sagrada Comunhão a um enfermo, as velas ardem também na mesinha onde se coloca a Hóstia. Nalguns países, acendem-se velas bentas dos dois lados de um crucifixo enquanto os membros da família se ajoelham para rezar juntos as orações diárias ou o terço.

À exceção das contas bentas do rosário, o sacramental mais usado pelas pessoas é possivelmente o *escapulário do Carmo*. Consiste em duas peças retangulares de lã marrom (as estampas que trazem não são essenciais), unidas por duas fitas ou cordões levados sobre os ombros. A maioria de nós recebeu o escapulário quando se preparava para a primeira comunhão, provavelmente sem perceber bem do que se tratava.

O costume de usar o escapulário data da Idade Média. Naquela época, era frequente permitir-se aos leigos ingressarem nas ordens religiosas como «oblatos» ou membros associados. Esses oblatos participavam das orações e boas obras dos monges, e era-lhes permitido usar o escapulário monástico. Esse escapulário (da palavra latina *scapula*, que significa «ombro») era uma longa peça de pano que se enfiava pela cabeça do monge, cobrindo-lhe a frente e as costas, sobre a túnica. Para ficarem mais práticos, os escapulários usados pelos membros leigos das ordens religiosas começaram a diminuir de tamanho, até chegarem às pequenas dimensões dos escapulários de hoje.

Nos nossos dias, há um total de dezoito tipos de escapulários difundidos entre os católicos, cada um originado numa ordem religiosa diferente. Mas o mais usado é o escapulário marrom da Ordem Carmelita, cuja especial padroeira é a Virgem do Carmo. A popularidade do escapulário marrom é devida, em parte, a uma visão atribuída a São Simão Stock, um carmelita do século XIII. Afirma-se que a Santíssima Virgem Maria prometeu a São Simão que ninguém morreria em pecado mortal se usasse o seu escapulário.

A visão de São Simão Stock é uma tradição piedosa e não matéria de fé; não é algo em que devamos crer necessariamente. Mas, quer creiamos ou não na autenticidade da visão, devemos ter presente que muitos Papas fomentaram o uso do escapulário do Carmo e concederam-lhe indulgências, como devoção grata a Santa Maria que é: ao usá-lo, ficamos sob o seu amparo maternal; e aqueles a quem foi colocado pelo sacerdote participam das Missas, orações e boas obras da Ordem Carmelita.

Uma vez colocado, pode-se substituí-lo por uma medalha-escapulário que se traz constantemente sobre o corpo, como uma etiqueta ou selo que nos lembra a cada momento a nossa dedicação à Mãe de Deus e Mãe nossa.

Capítulo XXXVII

A oração

Que é a oração e por que orar?

Talvez não nos tenhamos apercebido suficientemente do grande privilégio que é podermos falar com Deus na oração. É duro imaginar como teria sido a nossa vida se Deus tivesse optado por agasalhar-se sob o manto da sua majestade, deixando que os homens se arranjassem como pudessem. Se não houvesse comunicação possível entre Deus e nós, seríamos como barcos sem leme nem rádio, à deriva no meio do oceano, sem direção, nem guia, nem esperança.

A *oração* define-se como *a elevação da mente e do coração a Deus*. Elevamos a nossa mente a Deus quando concentramos nEle a nossa atenção, como quando nos dirigimos a uma pessoa a quem temos uma importante mensagem a comunicar e estamos verdadeiramente empenhados em consegui-lo; como quando concentramos a nossa atenção em quem tem algo de importante a dizer-nos e não queremos perdê-lo. Elevamos o nosso coração a Deus quando deixamos que a nossa vontade seja arrebatada por um ato de amor; como o marido que, por cima do jornal aberto, contempla a mulher e o filho pequeno, e é arrastado a um ato de amor por eles, talvez sem pronunciar uma palavra sequer.

«"A oração é a elevação da alma para Deus ou o pedido feito a Deus de bens que nos são convenientes" (S. João Damasceno, *F. o.* 3, 24). De onde é que falamos, ao orar? Das alturas do nosso orgulho e da nossa vontade própria, ou das

482 A ORAÇÃO

profundezas (Sl 129, 14) dum coração humilde e contrito? Aquele que se humilha é que é elevado. A *humildade* é a base da oração. *Não sabemos que pedir nas nossas orações* (Rom 8, 26). A humildade é a disposição (necessária) para receber gratuitamente o dom da oração: "O homem é um mendigo de Deus"» (n. 2559).

A *necessidade de orar* (e sem oração não há salvação) está enraizada na própria natureza do homem, que é criatura de Deus e beneficiário das suas mercês. Foi Deus quem nos fez, no corpo e na alma. Somos seus cem por cento. Todo o bem que temos vem-nos de Deus; dependemos dEle até para o ar que respiramos. Por esta relação que temos com Deus, *devemos-lhe* a *obrigação de orar*. A oração é um ato de justiça, não um voluntário ato de piedade; é um dever que temos de cumprir, não um gesto amável que, graciosamente, nos dignamos a fazer.

Em primeiro lugar, devemos reconhecer a infinita majestade de Deus, o seu supremo poder como Amo e Senhor de toda a Criação: este é o primeiro e o principal fim da oração. Oferecer a Deus uma *adoração* digna dEle era a primeira das intenções de Jesus ao entregar-se na cruz, e também a primeira intenção na oração que Ele compôs e nos deu: «Santificado seja o vosso nome». Também deve ser a primeira das nossas intenções ao orar.

Devemos, além disso, reconhecer a infinita bondade de Deus e agradecer-lhe os inumeráveis favores e benefícios que nos concedeu. Por cada graça que recebemos da mão de Deus na nossa vida, há dez mil mais que só conheceremos na eternidade, quando se desdobrar ante os nossos olhos o plano completo de Deus para nós. Somos como crianças pequenas que se dão conta do amor de sua mãe quando esta lhes sacia a fome e lhes cura as feridas; e reconhecem o amor do pai quando este lhes dá presentes e brinca com elas; mas não têm a menor consciência das precauções e cuidados, das previsões e planos, das preocupações e sacrifícios que se derramaram sobre esses seres pequenos e despreocupados. Assim devemos a Deus mais gratidão pelos dons que não conhecemos do que por aqueles que conhecemos. E este é o segundo fim da oração: *agradecer a Deus* os seus benefícios, *mesmo desconhecidos*.

Como pertencemos a Deus até a última fração do último milímetro do nosso ser, devemos-lhe uma lealdade absoluta. Somos obra das suas mãos, muito mais do que um relógio é obra do relojoeiro que o construiu. Não há nada que Ele não tenha direito a pedir-nos. Se optarmos por desobedecer-lhe, a malícia do nosso ato será muito superior à do filho desnaturado que levanta a mão para ferir a mãe mais amorosa e sacrificada. Se os anjos tivessem corpo, tremeriam ante o abismo de ingratidão que um pecado representa. Daí o terceiro dos fins da oração: *pedir perdão* pelas nossas rebeliões e reparar (melhor aqui do que no mais além) a pena que tenhamos merecido.

Em último lugar – e muito em último lugar –, o fim da oração é *pedir as graças e os favores* de que necessitamos, para nós ou para os outros. Se ignoramos os demais fins da oração e a encaramos simplesmente como um meio de forçar Deus a dar-nos o que queremos, a nossa oração dificilmente será oração: não devemos surpreender-nos se retorna à terra como o foguete que falha no seu lançamento e cai sem ter alcançado o objetivo. É melhor, sem dúvida, fazer oração de petição do que não orar nunca. Há nesta oração um mínimo de adoração porque, ao fazermos um pedido, reconhecemos que as mercês nos vêm de Deus. Contudo, se todas as nossas orações fossem do tipo «dá-me, Senhor», estaríamos falhando lamentavelmente em dar *a Deus* o que lhe é devido.

Quando elevamos o nosso coração a Deus, suplicando-lhe que atenda às nossas necessidades, é evidente que não lhe contamos nada que Ele já não saiba. Deus sabe o que nos faz falta muito melhor que nós mesmos: conhece as nossas necessidades desde toda a eternidade. Uma oração de petição por nós concentra-nos a atenção na nossa indigência e mantém viva a consciência da bondade de Deus; na oração pelos outros, dá-se-nos a oportunidade de realizarmos atos de caridade sem fim. É por estes motivos que Deus quer que façamos oração de petição, e não para que com ela tratemos de refrescar-lhe a memória: Ele sabe muito bem de que coisas necessitamos, mas quer que nós também o saibamos e que estejamos tão empenhados nelas que as peçamos.

Adoração, agradecimento, reparação, petição: são estes os quatro fins da oração.

É preciso considerar que, quando rezamos à Santíssima Virgem ou aos santos, estamos *adorando a Deus*. Honramo-lO quando honramos a sua Mãe e os seus amigos mais queridos. Louvamo-lO quando reverenciamos essas obras-primas da graça divina. Comprazemo-lO quando pedimos o auxílio desses membros do Corpo Místico de Cristo, agora triunfantes no

484

A ORAÇÃO

céu. É Vontade de Deus que reconheçamos a nossa unidade em Cristo, nossa Cabeça, a interdependência de uns para com os outros na terra, e a nossa dependência da Mãe e dos irmãos do céu.

> «Maria é a Orante perfeita, figura da Igreja. Quando rezamos a ela, aderimos com ela ao plano do Pai, que envia seu Filho para salvar todos os homens. Como o discípulo bem-amado, acolhemos em nossa casa a Mãe de Jesus, que se tornou a mãe de todos os vivos. Podemos rezar com ela e a ela. A oração da Igreja é acompanhada pela oração de Maria, que lhe está unida na esperança» (n. 2679).

Não somos anjos. Somos criaturas compostas de uma alma espiritual e de um corpo físico. É o homem *completo* – alma e corpo – quem deve adorar a Deus. Como era, pois, de esperar, a forma mais elementar de oração é a que chamamos *oração vocal,* na qual a mente, o coração e as cordas vocais se unem para oferecer a Deus a adoração, a gratidão, a dor e a súplica que lhe são devidas.

A oração vocal não deve ser necessariamente uma oração *audível.* Podemos – e assim o fazemos frequentemente – orar em silêncio, mexendo somente «os lábios da mente». Mas se, para rezar, usamos palavras, ainda que as digamos silenciosamente, essa oração é oração vocal. Às vezes, os gestos assumem o lugar das palavras na oração. Ajoelhar reverentemente diante de Jesus no Santíssimo Sacramento, por exemplo, ou persignar-se sem pronunciar palavra alguma, ou fazer uma inclinação respeitosa ao ouvir o nome de Deus são formas corporais de oração, e entram na classificação de oração vocal, mesmo que não se emitam sons.

Mas a oração vocal deve ser necessariamente audível quando for um grupo que reza. Deus não fez dos homens seres solitários, destinados a viver separados uns dos outros. Fez-nos entes *sociais,* membros de grupos, dependentes uns dos outros, primeiro do grupo da família e, depois, do grupo maior composto por muitas famílias: a comunidade.

A oração em grupo ou *em comum* é especialmente grata a Deus. Já desde a origem do homem, a oração em comum exprimiu a nossa unidade em Deus, os laços de caridade fraterna que deveriam unir todos os homens de boa vontade. Para nós, católicos, representa além disso a nossa unidade no Corpo Místico de Cristo. É esta unidade que dá à oração de um grupo muito mais força que a mera soma das orações dos indivíduos que o compõem. Neste sentido, a oração em comum é a oração de Cristo de um modo especial, *porque onde dois ou três estão reunidos em meu nome, aí estou eu no meio deles* (Mt 18, 20). É o que faz com que as orações de uma família que reza unida ou de um grupo que reza junto sejam tão eficazes e tão gratas a Deus.

Muitas orações como o terço ou as novenas recitadas em comum são orações de um grupo não oficial e, por isso, são chamadas *orações privadas*. Mas quando o Corpo Místico de Cristo, a sua Igreja, ora oficialmente em seu nome, temos a chamada oração *litúrgica* ou *pública*. A Santa Missa é oração litúrgica. A Liturgia das Horas, que todos os sacerdotes têm o dever de recitar diariamente, é oração litúrgica. Os sacramentos, consagrações e bênçãos oficiais concedidas pela Igreja são oração litúrgica. A oração litúrgica é sempre oração pública, mesmo que seja recitada por uma só pessoa – como, por exemplo, quando um sacerdote reza a Liturgia das Horas –, porque, na oração litúrgica, é toda a Igreja que ora. É Cristo no seu Corpo Místico (o que nos inclui a você e a mim) quem ora, ainda que o faça através de um único indivíduo, designado seu representante.

Além da oração vocal, há outra forma de oração a que chamamos *oração mental*. A forma de oração mental mais comum é a chamada *meditação*. Na oração mental, como o próprio nome indica, são a mente e o coração que fazem todo o trabalho, sem que intervenham os órgãos da palavra ou as próprias palavras. Não é o mesmo que oração silenciosa, na qual as palavras têm ainda a sua função. Poderíamos dizer que a essência da oração mental está em deixarmos que Deus nos fale, em vez de lhe estarmos nós falando o tempo todo, como na oração vocal.

Na forma de oração mental denominada meditação, o que fazemos, simplesmente, é meditar (isto é, pensar, «ruminar»), falando com Deus sobre uma verdade de fé ou um episódio da vida do Senhor ou dos seus santos. E fazemo-lo não para aumentar os nossos conhecimentos, o que seria estudo, mas para aumentar a nossa fé, a nossa esperança e o nosso amor, tratando de aplicar a nós, de um modo prático, a verdade ou o episódio que consideramos. O Evangelho é a ajuda ideal para a nossa meditação, ainda que quase todos os bons livros de espiritualidade possam proporcionar-nos um bom trampolim para alcançá-la. Todos praticamos a oração mental em algum grau, quando meditamos os mistérios do Rosário ou os sofrimentos do Senhor ao fazermos a Via-Sacra. Mas, para crescermos realmente em santidade e obtermos luzes divinas em todas as nossas necessidades, teríamos que dedicar todos os dias um tempo fixo à oração mental; talvez quinze ou vinte minutos no recolhimento da nossa casa ou diante de Jesus no sacrário.

> «Os métodos de meditação são tão diversos quanto os mestres espirituais. Um cristão deve querer meditar regularmente. Caso contrário, assemelha-se aos três primeiros terrenos da parábola do semeador. Mas um método é apenas um guia; o importante é avançar, com o Espírito Santo, pelo único caminho da oração: Jesus Cristo.
>
> «A meditação mobiliza o pensamento, a imaginação, a emoção e o desejo. Essa mobilização é necessária para aprofundar as convicções de fé, suscitar a conversão do coração e fortificar a vontade de seguir a Cristo» (ns. 2707-2708).

Além da meditação, há uma forma mais elevada de oração mental: a *oração de contemplação*, em que a mente cessa a sua atividade e simplesmente, por um ato de amor, «vê» a Deus na sua infinita amabilidade e deixa que seja Ele a fazer na alma o que quiser fazer. Se você pensa que este tipo de oração está fora do seu alcance, basta que se lembre daquela vez em que se ajoelhou numa igreja sem fazer outra coisa senão olhar para o sacrário, com a mente em quietude. Sem palavras nem esforços para ordenar os pensamentos, você sentiu uma grande sensação de paz, de alegria, e uma nova fortaleza: fez uma oração contemplativa.

> «A contemplação é *olhar* de fé fito em Jesus. "Eu olho para Ele e Ele olha para mim", dizia, no tempo de seu santo pároco, o camponês de Ars em oração diante do Tabernáculo. Essa atenção a Ele é renúncia ao "eu". Seu olhar purifica o coração. A luz do olhar de Jesus ilumina os olhos de nosso coração; ensina-nos a ver tudo na luz de sua verdade e de sua compaixão por todos os homens. A contemplação considera também os mistérios da vida de Cristo, proporcionando-nos "o conhecimento íntimo do Senhor", para mais O amar e seguir» (n. 2715).

A verdade é que a maioria de nós fala excessivamente *a Deus;* não lhe damos suficientes oportunidades para que seja Ele quem fale *a nós.*

A oração que chega a Deus

Não acho que muitos de nós tenhamos o privilégio de conseguir uma entrevista pessoal com um chefe de Estado ou uma audiência privada com o Papa. Mas não é difícil imaginar como estaríamos atentos ao que iríamos dizer, atentos a cada palavra que esse ilustre personagem nos dissesse, se se apresentasse essa ocasião. Portanto, quando nos dispomos a falar com o Augusto Personagem que é Deus, nem sequer é necessário mencionar que a primeira das condições para fazê-lo é o recolhimento, a atenção, se quisermos que a nossa oração seja algo mais que uma ficção.

Não há nenhuma magia especial nas palavras, por muito que as alonguemos ou multipliquemos. Ao ensinar-nos a sua própria oração, o Pai-Nosso, Jesus disse-nos: *Nas vossas orações, não multipliqueis as palavras, como fazem os pagãos que julgam que serão ouvidos à força de palavras. Não os imiteis, porque vosso Pai sabe o que vos é necessário, antes que vós lho peçais* (Mt 6, 7-8). Nosso Senhor não desaconselha a quantidade na oração; o que condena é a quantidade a expensas da qualidade. Uma dezena do terço, rezada com devoção, vale mais que um terço completo rezado a uma velocidade de metralhadora, sem parar para pensar no que se está dizendo. É perfeitamente possível cair numa neurose compulsiva em matéria de oração: a de pensar que certas orações ou determinado número delas *têm* que chegar a Deus, ainda que o tempo de que dispomos não nos permita fazê-lo com atenção e piedade interior.

Temos, pois, que começar a nossa oração *recolhendo-nos* em Deus, formulando o propósito de rezar bem, de manter a atenção, se não no que dizemos, ao menos nAquele a quem o dizemos. É importante começar com esta intenção, porque, a não ser que estejamos com uma disposição espiritual excepcional, a nossa mente se perderá em divagações pouco depois de termos começado a orar. Orar é trabalho duro. A mente humana não aceita facilmente uma concentração intensa. A dificuldade de manter uma atenção constante piora se a nossa mente estiver perturbada por preocupações ou ansiedades, enfraquecida pela doença ou pelo cansaço. E, evidentemente, podemos também estar certos de que o diabo fará os maiores esforços para desviar a nossa atenção para outras coisas, enquanto procuramos orar.

Mas nada disto nos deve inquietar se começamos com o sincero propósito de nos mantermos recolhidos e atentos, se estendemos a mão para agarrar a mente de cada vez que a pilhamos vagabundeando. É somente quando as nossas distrações são voluntárias, quando nascem da indiferença ou do desinteresse pelo que fazemos, que a nossa oração deixa de ser oração. Deus só nos pede que façamos o possível; conhece as nossas dificuldades e não levará em conta o que não for culpa nossa.

Mais ainda. Quanto mais importunados formos pelas *distrações involuntárias*, tanto mais a nossa oração será agradável a Deus pelo maior esforço que requereu. Uma ação trabalhosa feita por Deus é sempre mais meritória que a mesma ação feita com facilidade. Esta é, diremos de passagem, a resposta às pessoas que se desculpam de não fazer oração com o pretexto de que não *sentem* nada, de que não têm vontade. Quanto menos vontade se tenha, mais agradável a Deus será a oração que lhe oferecermos com essa dificuldade. A nossa oração não deve depender do nosso estado de ânimo. É um dever que temos para com Deus, não um entretenimento a que nos entregamos para passar uns bons momentos.

Além do recolhimento necessário para orar com atenção, devemos manter na oração um *espírito de humildade*, a consciência da nossa total dependência de Deus, do nosso absoluto desamparo sem Ele. Oração e orgulho são termos que se excluem mutuamente: não podem coexistir. A oração torna-se muito difícil para o soberbo, para aquele que se julga autossuficiente e não quer dever nada a ninguém. Abaixar a cabeça e dobrar o joelho para reconhecer o próprio nada diante de Deus é um gesto muito doloroso para uma pessoa assim. Isto explica por que a soberba leva tantas vezes à perda da fé.

Um terceiro requisito da nossa oração é que, quando pedimos, devemos ter um *profundo e sincero desejo* de conseguir as graças que pedimos. E de temer que, algumas vezes, peçamos essas graças levados simplesmente pelo sentido do dever, mas sem querê-las realmente. Nesses casos, a nossa oração pretende amordaçar-nos a consciência; não é oração mental de maneira nenhuma. Assim, um bêbado pode estar pedindo a graça da temperança, mas sem querer de coração deixar de beber. O jovem impuro pode rezar pedindo a castidade, mas sem querer realmente deixar o seu vício ou, o que vem a ser o mesmo, sem lançar mão dos meios necessários para evitar as ocasiões de pecado. Não temos o direito de pedir a Deus as suas graças se não estamos decididos a fazer o que estiver ao nosso alcance para, ao menos, tirar os obstáculos que possam estorvar a ação da graça.

Como exemplo final, citaremos o da pessoa que pede a Deus que lhe aumente a caridade, sem querer de verdade abandonar o prazer da murmuração maliciosa, sem querer realmente fazer as pazes «com essa pessoa impossível» do escritório ou da oficina, sem querer ver no próximo menos educado ou de diferente classe social um irmão igual a ele diante de Deus.

Juntamente com a soberba (da qual é aliada), a falta de caridade é um obstáculo terrível para obtermos fruto da nossa oração. Não podemos esperar que Deus acolha a nossa oração se olhamos com desdém ou rancor para alguma alma que Ele criou e pela qual Cristo morreu na cruz. Uma oração que carregue o lastro das faltas habituais de caridade tem pouca oportunidade de chegar até Deus.

Numa aula de catecismo, um sacerdote perguntou certa vez a um menino: «Deus sempre responde às nossas orações?» O menino respondeu: «Sim, padre». O sacerdote insistiu: «Então, por que não conseguimos sempre o que pedimos?» Após um instante de perplexidade, o menino respondeu: «Deus sempre responde às nossas orações; o que acontece é que umas vezes responde sim, e outras vezes responde não».

O jovem teólogo merecia nota máxima pelo seu esforço, embora a sua resposta não tenha sido completa. Deus nunca responde a uma oração – isto é, a uma oração *verdadeira* – com um simples não. Às vezes, responde: «Não, não te darei isso que me pedes, porque, em vez de ajudar-te no teu caminho para o céu, seria para ti um obstáculo. Em vez disso, dar-te-ei uma coisa muito melhor». A comum sabedoria dos homens segue também essa linha. Quando o Carlinhos, que tem três anos, se embeiça de repente pela faca brilhante que mamãe tem na mão, esta não lha dará, por muito que ele a peça. Mas, se for uma mãe prudente, dar-lhe-á em troca uma colher, para que brinque com ela. Talvez o Carlinhos se sinta «levado na conversa», mas, se pudesse entender as razões, bendiria a sua mãe.

Às vezes, nós, os homens, pedimos coisas que achamos que seriam boas para nós; um trabalho mais bem remunerado, mais saúde, a bênção de um filho num lar estéril. Mas Deus pode pensar de maneira diferente. Na sua infinita sabedoria, Ele vê até o último detalhe as consequências da menor mudança nas nossas circunstâncias, tanto no que diz respeito a nós como aos outros. Um trabalho mais bem remunerado pode causar-nos mais tarde um abrandamento na virtude. Uma saúde mais robusta pode privar-nos dessa abundância de gloriosos méritos que os outros e nós estamos ganhando com a nossa doença. Um filho que venha a nascer nesse lar estéril talvez possa ocasionar um dia a perda de uma alma. Seja o que for que peçamos, Deus não no-lo dará se não contribuir de algum modo para o nosso verdadeiro bem, se não nos levar ao fim para que Deus nos criou: a eterna felicidade com Ele no céu.

E isto estende-se também aos favores espirituais que pedimos: podemos ver-nos assaltados por ferozes tentações de um tipo ou de outro, tentações que parecem pôr-nos em perigo imediato de pecar e vêm minando as nossas energias espirituais. Pensamos: «Se conseguisse livrar-me delas, se achasse paz interior, como rezaria melhor, como viveria melhor a minha fé!» E assim, pedimos a Deus a graça da castidade, da temperança ou da paciência. Mas, nos planos de Deus, o meu caminho para a santidade e para o céu deve passar por uma senda empinada, cheia de lutas e vitórias enfrentadas dia a dia. Peço a Deus que me livre da tentação, e a sua resposta é dar-me a graça de que necessito para vencê-la no momento em que aparecer.

Essa foi a experiência de São Paulo, e não nos devemos surpreender se for também a nossa. São Paulo diz-nos (2 Cor 12, 7-9): *para que a grandeza das revelações não me levasse ao orgulho, foi-me dado um espinho na carne, um anjo de Satanás para me esbofetear e me livrar do perigo da vaidade. Três vezes roguei ao Senhor que o apartasse de mim. Mas ele me disse: Basta-te minha graça, porque é na fraqueza que se revela totalmente a minha força. Portanto, prefiro gloriar-me das minhas fraquezas, para que habite em mim a força de Cristo.* Se nós não temos forças para gloriar-nos de boa vontade nas nossas fraquezas, ao menos será Vontade de Deus que as aceitemos com paciência até o fim.

Chegamos, pois, à quarta condição que deve caracterizar a nossa oração. Devemos rezar não somente com recolhimento, com a consciência da nossa pobreza interior e da nossa total dependência de Deus, com o desejo sincero de conseguir dEle o que pedimos, como também com uma *confiança cheia de amor* na bondade de Deus. Isto requer que oremos com a confiança de uma criança, absolutamente certos de que Deus ouvirá as nossas petições e lhes dará uma resposta. A esta confiança estará ligado o sentimento de total submissão à superior sabedoria de Deus. Ele nos ama e quer para nós o melhor. Se o que lhe pedimos é inconveniente, deixamos em suas mãos a decisão de substituir essa graça que pedimos por outra que Ele queira. *Mas cremos firmemente que Deus sempre nos escuta e nos responde.* Se não cremos nisto de todo o nosso coração, a nossa oração não é oração de maneira nenhuma.

Há uma petição que sempre podemos fazer sem reservas: a das graças necessárias para alcançarmos o céu. Quando o conteúdo da nossa oração é esse, sabemos que o que queremos coincide absolutamente com o que Deus quer. A sua Vontade e a nossa identificam-se. Uma oração assim é sempre atendida, desde que se faça acompanhar pela quinta e última condição: a perseverança. O homem que nunca cessa de pedir a graça da sua salvação tem a certeza de que irá para o céu.

A *perseverança* é essencial a toda a oração. Nunca desanimaremos se recordarmos que Deus faz tudo à sua maneira e a seu tempo. Podemos estar pedindo o arrependimento ou a conversão de um ser querido, e sentir-nos tentados a desanimar por não vermos mudança nenhuma nessa pessoa. Devemos então lembrar-nos de que o que realmente importa é a sua salvação, não necessariamente um sinal externo de conversão que nos sirva de consolo. Se Deus resolve responder à nossa oração dando a essa pessoa a graça para fazer um ato de contrição perfeita no último segundo da sua vida, muito bem, faça-se, meu Deus, a vossa Vontade. Embora Deus não nos tenha dado a mesma certeza de atender às orações pelos outros como atenderá àquelas em que pedimos por nós mesmos, a nossa confiança deve permanecer inalterável.

Enquanto não chegarmos ao céu, não conheceremos com certeza tudo o que Deus fez, todos os dons e graças que nos concedeu em resposta às orações que aparentemente não escutava. Às vezes, podemos ver aqui e agora a resposta que substitui a nossa petição, mas, frequentemente, não é assim.

Por quem devemos orar?

Em primeiro lugar e antes de tudo, cada um deve rezar por si mesmo, para alcançar a graça de viver e morrer em estado de graça. Parece uma atitude egoísta? Não o é. É o *reto* amor de si mesmo, o tipo de «amor-próprio» que Deus quer que tenhamos. Subordinado a Deus, cada um é o guardião da sua própria alma, com a primordial responsabilidade de alcançar a união eterna com Ele. Se falharmos nesta responsabilidade, teremos falhado em tudo. Todas as demais petições se perdem na insignificância quando as comparamos com a importância de pedir uma morte feliz, de pedir a graça «da perseverança final», como é denominada. Não deveríamos começar nenhuma jornada sem esta súplica: «Dai-me, Senhor, as graças de que necessito para cumprir a vossa Vontade aqui e ser feliz em união convosco na eternidade».

O verdadeiro amor de si mesmo – o desejo de viver e morrer na graça de Deus – é também a medida do nosso amor ao próximo: «Ama o próximo como a ti mesmo». Em consequência, as orações pelo bem espiritual do próximo têm preferência sobre os pedidos de favores temporais para nós mesmos. À pergunta: «E quem é o meu próximo?» o próprio Jesus respondeu claramente. Meu próximo é qualquer pessoa que passe por uma necessidade que eu possa remediar. Em assuntos espirituais, essa resposta deve abranger o mundo inteiro e as almas do purgatório.

Deve-se levar em conta, não obstante, que existem diferentes graus de obrigação nas orações que devemos ao próximo. A nossa primeira obrigação estende-se às pessoas que estão mais perto de nós: os esposos devem rezar um pelo outro; os pais pelos filhos, os filhos por seus pais e irmãos. Num grau mais abaixo, também devemos rezar pelos nossos parentes e amigos, e muito especialmente pelos nossos inimigos, se tivermos algum. A gratidão obriga-nos a rezar pelos nossos benfeitores, especialmente pelos benfeitores espirituais: o Papa, o nosso bispo, o pároco e demais sacerdotes da paróquia.

No nosso esforço por orar segundo a mente de Cristo, devemos ter muito presente a sua Igreja, todos os bispos, sacerdotes e religiosos, que devem dar um testemunho especial da presença de Cristo na terra.

Devemos rezar pelo nosso país e pelas autoridades que o governam, para que dirijam os destinos pátrios com prudência e segundo a Vontade de Deus. Se a nossa consciência tiver um pouco de sensibilidade, rezaremos também por aqueles a quem tenhamos feito sofrer, em especial por aqueles a quem tenhamos feito sofrer espiritualmente com o nosso mau exemplo, com a nossa negligência ou as nossas faltas de caridade: «Meu Deus, que ninguém sofra ou se perca por minha culpa», é uma súplica que deveríamos colocar entre as mais apreciadas que digamos. E, evidentemente, devemos rezar pelas almas do purgatório, esse próximo que sofre e que depende de nós tão completamente.

Há tantas pessoas por quem rezar! Os missionários, os pecadores, os descrentes, além daqueles que já mencionamos! Uma sugestão prática é fazer uma lista de todas as pessoas que queiramos recomendar a Deus, e dar-lhe uma rápida vista de olhos cada dia, ao fazermos as nossas orações da manhã. Se não tivermos tempo, um «pela minha lista» bastará.

Certa ocasião, contaram-me o que se passou com João e a sua mulher. Voltavam para casa depois de terem ido às compras. Ao passarem diante de uma igreja, a esposa sugeriu: «João, entremos um momento para fazer uma visita». João respondeu: «Agora? Impossível! Não trouxemos os devocionários». Esta história não deve ser verdadeira. Parece impossível que um católico adulto possa ser tão ingênuo que pense que não pode dirigir-se a Deus com palavras próprias. Algumas das nossas melhores orações têm sido aquelas que nos saíram do coração espontaneamente, indo diretas a Deus, sem pensar um só segundo nas esquisitices da retórica. Mais ainda, algumas das nossas melhores orações são essas em que não utilizamos palavras, em que fixamos a nossa atenção cheia de amor em Deus e lhe pedimos que nos fale.

Mas há algumas orações básicas que deveríamos saber de cor. Quando nos ajoelhamos pela manhã, ainda com os olhos pesados de sono, é bom recitar umas palavras que nos sejam familiares, que nos subam com facilidade aos lábios. Também à noite são ótimas essas orações que sabemos de cor e que não exigem nenhum esforço do nosso cérebro cansado.

Da mesma maneira, quando andamos pela rua ou dirigimos o carro, quando executamos uma tarefa monótona, podemos recitar frequentemente algumas orações aprendidas de cor, sem por isso distrair a nossa atenção do trabalho que tenhamos entre mãos.

Nesses casos, livres do esforço de ter que pensar como dizer as palavras, poderemos dirigir a nossa atenção para o significado do que dizemos. Mas deve-se notar que, mesmo quando fazemos uso de orações aprendidas de cor, não é essencial fixar a atenção no significado de todas e cada uma das palavras que usamos. Ocupamos os nossos órgãos vocais no serviço de Deus e, para fazermos uma boa oração, é suficiente que a nossa mente consciente se dirija a Deus com toda a simplicidade, com sentimentos de fé, confiança e amor.

As orações básicas que todo o católico deve conhecer são o Pai-nosso, a Ave-Maria, o Credo dos Apóstolos, o Confesso a Deus Todo-Poderoso, o Glória ao Pai, os atos de Fé, Esperança, Caridade e de Contrição. O *Pai-nosso* é a oração perfeitamente formulada que o próprio Jesus Cristo nos deu quando os discípulos lhe pediram: «Senhor, ensina-nos a orar». A maior parte da *Ave-Maria* vem também das páginas inspiradas dos Evangelhos; não há melhor maneira de podermos saudar Maria do que empregando as palavras que o próprio Deus escolheu para fazê-lo, por meio do Arcanjo São Gabriel e de Santa Isabel.

O *Credo* ou *Símbolo dos Apóstolos*, pelo qual renovamos a nossa adesão aos principais mistérios da fé cristã, remonta aos começos da Igreja, e é uma das nossas orações mais antigas. O *Confiteor* ou *Confesso a Deus Todo-Poderoso* é uma oração com a qual, ao mesmo tempo que confessamos as nossas culpas, pedimos a intercessão dos anjos e dos santos: a Igreja usa-a frequentemente na sua liturgia, em especial como preparação para a Santa Missa e para a Sagrada Comunhão, e é uma boa oração para qualquer ocasião. O valor do *Glória ao Pai*, uma singela oração de adoração e louvor à Santíssima Trindade, é evidente. Evidente é também a necessidade de fazermos *atos de fé, esperança e caridade*, as três virtudes teologais que nos infundiram no batismo. O ato de contrição – que pode expressar-se em muitas fórmulas diferentes – é necessário para tornarmos explícita a compunção pelos nossos pecados e o pedido do perdão divino.

Como nada do que fazemos tem qualquer valor eterno a não ser que Deus atue conosco, é costume começar e acabar todas as nossas orações com o sinal da Cruz. O *sinal da Cruz* é como um pedido a Deus para que veja nas nossas orações um ato de fé em duas das verdades mais importantes da religião: a Santíssima Trindade e a Redenção. Quando dizemos «em nome» (no singular, não no plural), expressamos a nossa fé na unidade de Deus. Quando dizemos «do Pai, do Filho e do Espírito Santo», declaramos a nossa fé na Trindade, no Deus Uno em três Pessoas Divinas. Enquanto traçamos uma cruz da fronte ao peito e de ombro a ombro, confessamos a nossa convicção de que, pela sua morte na Cruz, Jesus Cristo redimiu a Humanidade.

Aprendemos em crianças, nas nossas aulas de catecismo, que devemos rezar pela manhã, ao acordar, e à noite, ao deitar-nos, antes e depois das refeições, e à hora da tentação. A manhã, a noite e as refeições são boas auxiliares para a nossa memória, bons cabides onde pendurarmos o nosso dever de oração. Mas a verdadeira resposta à pergunta «Quando devo orar?» é: «Sempre». O próprio Jesus nos deu essa resposta: dizia que *é necessário orar sempre sem jamais deixar de fazê-lo* (Lc 18, 1), e os Apóstolos nas suas Epístolas repetiram muitas vezes essa resposta. Rezamos sempre quando dedicamos toda a nossa jornada a Deus, e cada momento a cumprir a sua Vontade. Nenhum dia deveria começar sem oferecermos a jornada a Deus.

Este oferecimento poderá ser feito com palavras próprias: «Meu Deus, tudo o que hoje vou fazer, dizer, pensar e aceitar, quero fazê-lo, dizê-lo, pensá-lo e sofrê-lo por amor de Ti». Depois teremos que prosseguir no nosso esforço por tornar esse dia aceitável a Deus, um esforço real por identificar a nossa vontade com a dEle. Podemos renovar muitas vezes ao dia o oferecimento da manhã, especialmente em momentos de dificuldade, pronunciando em voz alta ou interiormente alguma oração que nos recorde que «faço isto por Deus», o que aliviará a nossa carga quando começar a pesar-nos.

Não é pecado omitir as orações da manhã, mas, se as omitirmos, estaremos perdendo algo que jamais poderemos recuperar: deixaremos escapar um dia sem havê-lo oferecido a Deus.

Capítulo XXXVIII

O Pai-nosso

A melhor oração

Se quisermos aprender bem uma coisa, sempre que pudermos, interrogaremos um perito na matéria. A pergunta que certa vez um dos discípulos fez a Jesus estava, pois, cheia de senso comum: «Senhor, ensina-nos a orar». E Cristo respondeu, dirigindo-se não só a quem o interrogava, mas a todos os homens, a você e a mim. A sua resposta foi a oração que conhecemos por Pai-nosso, e que encontramos inteira no Evangelho de São Mateus (cf. Mt 6, 9-13).

O Pai-nosso é chamado com razão a oração dominical, pois nos foi dada pelo próprio Senhor – *Dominus,* em latim –, que é Deus. Quem melhor que Deus pode saber o tipo de oração que deseja escutar? Não é de surpreender, pois, que a Igreja faça um uso tão frequente da oração dominical, tanto na Santa Missa como em outros ritos. Não é de surpreender que o Pai-nosso seja a oração favorita dos cristãos em toda a parte. E já que a usamos tão frequentemente, é importante perscrutar a riqueza de significado que as suas palavras encerram.

> «A Oração dominical é a mais perfeita das orações [...]. Nela, não só pedimos tudo quanto podemos desejar corretamente, mas ainda segundo a ordem em que convém desejá-lo. De modo que esta oração não só nos ensina a pedir, mas ordena também todos os nossos afetos (São Tomás de Aquino, *Summa Theol.,* 2-2, 83, 9)» (n. 2763; cf. também os ns. 2759-2762 e 2764-2856).

Começamos dizendo: *Pai nosso que estais nos céus.* Estas poucas palavras contêm um mundo de pensamentos e sentimentos. Nelas se contém o esmagador privilégio de nos podermos dirigir a Deus, ao infinitamente Grande e Santo, ao Senhor da Criação, com o título familiar de Pai. Nelas está o pensamento do seu amor por nós, por cada um de nós individualmente. Ele criou-me porque me amava, porque desde toda a eternidade amou a minha imagem na sua mente divina e quis que me unisse a Ele no céu. Nessas palavras está esse amor por mim que o levou a atrair-me a Si pela graça santificante, e que fez de mim, não seu servidor, mas um filho muito querido.

Nessas palavras contém-se esse amor por mim que o leva a guardar-me continuamente, precedendo-me e seguindo-me com a sua graça, cuidando por todos os meios possíveis – exceto o de tirar-me a liberdade – de levar-me com segurança até Ele no céu. Às vezes, tendemos a esquecer quão *pessoal* é o interesse que Deus tem por nós. Sem nos darmos conta, caímos em maneiras humanas de imaginar Deus. Há mais de seis bilhões de habitantes sobre a terra, e podemos sentir-nos inclinados a pensar que a atenção que Deus me dedica tem que se dividir de algum modo e que, com tanta gente, tem que ser muito superficial. Ao pensarmos assim, esquecemos que Deus é infinito e que os números nada significam para Ele. Mesmo que eu fosse o único homem sobre a terra, Deus não poderia amar-me e interessar-se por mim mais do que o faz agora. É isto o que recordo quando digo: «Pai nosso que estais nos céus».

A palavra «nosso» também é importante. A oração dominical é uma oração de perfeita caridade: de amor a Deus, a quem nos oferecemos sem reservas; de amor ao nosso próximo, aos homens, para quem pedimos as graças e favores que pedimos para nós mesmos. É uma oração de unidade cristã, de unidade sob Deus, uma oração cujo tema repetido – o «nosso», o «nós» – nos recorda sem cessar que é uma oração que não podemos recitar com o coração centrado em nós mesmos.

Santificado seja o vosso nome, prosseguimos, cumprindo o dever primário de qualquer oração: a adoração e o louvor a Deus. A nossa existência tem por único motivo darmos glória a Deus como obra das suas mãos e testemunhas vivas da sua bondade, misericórdia e poder. À voz muda das criaturas inanimadas e irracionais, que dão glória a Deus só com a sua existência, acrescentamos o mais nobre louvor de línguas e corações. Há aqui alguma coisa mais que um simples eco do cântico dos anjos na noite de Natal: «Glória a Deus nas alturas».

Mas não nos satisfaz o louvor que Deus recebe: o nosso amor por Ele não ficará satisfeito enquanto todos os homens de toda a terra não forem seus fiéis servidores e juntarem as suas vozes num contínuo hino de louvor a Deus. Assim rezamos quando dizemos: *Venha a nós o vosso reino*. Rezamos para que a graça de Deus encontre morada em todos os corações e estabeleça neles o domínio do seu amor. Rezamos para que se realizem as palavras de Cristo: que «haja um só rebanho e um só pastor»; que o reino visível de Cristo na terra, a sua Igreja, seja porto de salvação para todos os homens. Rezamos também pelo advento do seu reino celestial: para que todos aqueles por quem Jesus morreu reinem com Ele na sua eterna glória. Os corações e as mãos dos missionários, espalhados pelo mundo inteiro, sentem-se fortalecidos quando milhões de pessoas rezam todos os dias: «Venha a nós o vosso reino».

Seja feita a vossa Vontade assim na terra como no céu: que todo o mundo sobre a terra lhe obedeça com a prontidão e a alegria com que o fazem os anjos e os santos do céu. São palavras muito fáceis de pronunciar, principalmente quando pensamos na obediência total dos outros. Mas quando se trata da pessoa que mais diretamente podemos controlar – isto é, de nós mesmos –, vemos que exigem mais esforços para serem postas em prática. Evidentemente, as palavras «seja feita a vossa Vontade» seriam vazias se não contivessem um propósito: cumpri-las efetivamente na nossa vida pessoal, pôr um ponto final às nossas queixas, lamentos e autocompaixões. Exigem que enchamos o peito e levantemos o queixo para enfrentar com generosidade as incontáveis contrariedades e aborrecimentos de cada jornada, que tantas vezes nos têm feito vacilar. «Seja feita a vossa Vontade» quer dizer: «Tudo o que Vós quiserdes, meu Deus, eu também o quero, ainda que me custe. Confio na vossa graça para aceitar bem a vossa Vontade até o fim».

Como qualquer boa oração, o Pai-nosso começa pondo em primeiro lugar o que é devido a Deus: a sua glória e louvor, essa glória que os homens lhe tributam especialmente quando cumprem a sua Vontade em tudo. Depois, e só depois, é que podemos pensar nas nossas necessidades.

Os bons pais conhecem as necessidades que os seus filhos têm de alimento, roupa, casa, brinquedos, livros, férias, etc... Mas agrada aos pais que os filhos conheçam a origem de todas essas coisas que lhes chegam com tanta facilidade. Agrada aos pais que os filhos lhes peçam essas coisas, mesmo que sejam algo já decidido de antemão. Com esses sentimentos, os pais refletem o amor paternal de Deus, de que são exemplo e agentes humanos.

Não é de estranhar, pois, que a segunda parte da Oração do Senhor se ocupe das necessidades de quem ora. E com que maravilhosa simplicidade Jesus as menciona! Abandonados a nós mesmos, teríamos caído facilmente num palavreado interminável. «Rogo-vos, meu Deus, que nos deis bastante alimento e roupa decente, uma casa acolhedora e um carro razoável, e boa saúde, e êxito no novo trabalho, e umas férias agradáveis, e... ah, sim!, as graças para levarmos uma vida honesta e, em especial, para vencer este meu temperamento endiabrado... e...»

Poderíamos compor uma ladainha muito longa. Mas Jesus corta caminho tranquilamente e concentra tudo em oito palavras: *O pão nosso de cada dia nos dai hoje.* A palavra «pão» simboliza aqui todas as nossas necessidades, tanto materiais como espirituais. Podemos acrescentar a nossa ladainha particular, se o desejarmos. A nossa lista detalhada não será senão um continuarmos a reconhecer a nossa total dependência de Deus, coisa que, portanto, lhe será grata. Mas quando dizemos «o pão nosso de cada dia», na realidade já dissemos tudo.

As palavras «de cada dia» são aqui a chave, e têm por contraponto a palavra «hoje». É como se Jesus quisesse lembrar-nos, sempre que recitamos o Pai-nosso, aquela bela passagem do seu Sermão da Montanha: *não vos preocupeis por vossa vida, pelo que comereis, nem por vosso corpo, pelo que vestireis. A vida não é mais do que o alimento e o corpo não é mais que as vestes? Olhai as aves do céu: não semeiam nem ceifam, nem recolhem nos celeiros e vosso Pai celeste as alimenta. Não valeis vós muito mais que elas? Qual de vós, por mais que se esforce, pode acrescentar um só côvado à duração de sua vida? E por que vos inquietais com as vestes? Considerai como crescem os lírios do campo; não trabalham nem fiam. Entretanto, eu vos digo que o próprio Salomão no auge de sua glória não se vestiu como um deles. Se Deus veste assim a erva dos campos, que hoje cresce e amanhã será lançada ao fogo, quanto mais a vós, homens de pouca fé?* (Mt 6, 25-30).

«Não vos preocupeis», é a mensagem que Jesus encerra na frase «o pão nosso de cada dia». «Não te preocupes cismando se a chuva estragará a tua festa da semana que vem, se perderás o teu trabalho no fim do mês, se essa dorzinha pode ser um câncer. Não compreendes que Deus conhece todo esse assunto, que se interessa por ele, que estará ao teu lado, aconteça o que acontecer, e que, com Ele, as coisas nunca serão tão duras como tu as imaginas? Bastam-te os trabalhos de hoje: pede só o que precisas hoje; do amanhã, haveis de ocupar-vos, tu e Deus, quando chegar».

A seguir, vem a parte mais dura do Pai-nosso: *Perdoai-nos as nossas ofensas assim como nós perdoamos a quem nos tem ofendido*. Não nos custa pedir a Deus que perdoe os nossos pecados, mas fazer depender esse perdão da generosidade com que perdoamos aos que nos têm ofendido é às vezes muito duro: especialmente quando sofremos uma injúria verdadeira às mãos de outro, se aquele que pensávamos ser nosso amigo nos trai, se o colega em quem confiávamos espalha difamações sobre nós, prejudicando a nossa reputação, se somos tratados injustamente pelo nosso chefe.

Temos que perdoar se esperamos ser perdoados: *Porque, se perdoardes aos homens as suas ofensas, vosso Pai celeste também vos perdoará. Mas se não perdoardes aos homens, tampouco o vosso Pai vos perdoará* (Mt 6, 14-15). Estamos tocando o centro nevrálgico da vida e da prática cristãs quando somos capazes de amar o pecador e, ao mesmo tempo, detestar o pecado. Cristo disse noutro lugar: *Eu, porém, vos digo: amai vossos inimigos, fazei bem aos que vos odeiam, orai pelos que vos maltratam e perseguem. Deste modo sereis os filhos de vosso Pai do céu, pois ele faz nascer o sol tanto sobre os maus como sobre os bons, e faz chover sobre os justos e sobre os injustos* (Mt 5, 44-45). Este é o sinal de que pertencemos a Cristo. Isto é o que na vida interior distingue os homens das crianças.

A dificuldade de praticar esta caridade total para com todos, também para com os inimigos, deve convencer-nos de como é necessário apoiar--nos na graça de Deus, se quisermos vencer as nossas tentações. E assim Jesus põe em nossos lábios a petição final da sua oração: *Não nos deixeis cair em tentação, mas livrai-nos do mal.*

«Não nos deixeis cair em tentação» é uma forma de dizer tomada da antiga língua hebraica, que poderíamos parafrasear assim: «Livrai-nos de toda a tentação que seja demasiado forte para as nossas forças, e dai-nos a vossa fortaleza para vencer qualquer tentação que nos assalte». Porque

Deus, é claro, não induz ninguém à tentação. Às vezes, diz-se que Deus tentou uma pessoa, como a Abraão ao mandar-lhe que sacrificasse o seu filho Isaac; mas nestes casos a palavra «tentação» significa prova, não uma indução ao pecado. São Tiago adverte-nos: *Ninguém, quando for tentado, diga: É Deus quem me tenta. Deus é inacessível ao mal e não tenta a ninguém* (1, 13).

«Mas livrai-nos do mal». Pai, protegei-nos de todo o mal; do mal físico, na medida em que for da vossa Vontade, mas especialmente do mal espiritual que possa roçar a nossa alma. E com esta conclusão, recitamos uma oração perfeita.

Capítulo XXXIX

A Bíblia

Você lê a Bíblia?

Podemos chegar ao céu sem ler a Bíblia. Se não fosse assim, os analfabetos não teriam esperança. Se a leitura da Bíblia fosse necessária para ir para o céu, a maioria das pessoas que viveram antes da invenção da imprensa (uns 500 anos atrás) se teriam visto num grave apuro para chegar ao céu.

Sabemos que Deus não fez depender a nossa salvação das nossas possibilidades de ler ou ter uma Bíblia. Jesus não ordenou aos seus Apóstolos: «Ide e escrevei tudo o que vos disse para que todos o possam ler». O que disse foi: «Ide e *pregai!* Ide e ensinai!» As suas verdades iam difundir-se (como se fez antes de a imprensa ter sido inventada), principalmente, por meio da palavra falada. É certo que alguns dos Apóstolos e dos seus companheiros, como Marcos e Lucas, escreveram muitas coisas a respeito da vida e da doutrina de Nosso Senhor. Mas os ensinamentos orais dos Apóstolos eram tão palavras de Deus como os ensinamentos que encontramos no Novo Testamento.

Os ensinamentos orais dos Apóstolos foram transmitidos de geração em geração por meio dos Papas e bispos da Igreja Católica. A palavra latina *traditio* designa algo que se entrega e, por isso, os ensinamentos

504 A BÍBLIA

orais que os Apóstolos entregaram para serem transmitidos chamam-
-se a *Tradição da Igreja*. A Tradição que se baseia em Jesus e nos seus
Apóstolos é uma fonte das verdades divinas de igual categoria à da Bíblia. Mais ainda, muitas partes da Bíblia seriam muito difíceis de serem
entendidas adequadamente se não tivéssemos a Tradição para guiar a
nossa interpretação.

> «A *Sagrada Escritura* é a Palavra de Deus enquanto redigida sob a moção do
> Espírito Santo. Quanto à *Sagrada Tradição*, ela "transmite integralmente aos
> sucessores dos apóstolos a Palavra de Deus confiada por Cristo Senhor e pelo
> Espírito Santo aos apóstolos, para que, sob a luz do Espírito de verdade, eles, por
> sua pregação, fielmente a conservem, exponham e difundam» (n. 81).

Os ensinamentos orais dos Apóstolos foram em grande parte regis-
trados por escrito pelos escritores cristãos dos primeiros tempos, a quem
chamamos Padres da Igreja. Grande parte da Tradição foi canonizada
pelos decretos dos Concílios da Igreja e pelas declarações solenes – *ex
cathedra* – dos Papas. Em última instância, quem pode separar o grão
da palha e dizer quais as verdades que *são* parte da Tradição, é somente
a Igreja: a Igreja representada pela pessoa do Papa, ou por um concílio
ecumênico (de todos os bispos do mundo) presidido pelo Papa, ou pelos
bispos que, em comunhão com o Papa, ensinam nas suas dioceses do
mundo inteiro.

A Bíblia e a Tradição não são duas fontes separadas da verdade cristã.
Para nós, como para os nossos irmãos separados – os protestantes –, a
Bíblia é a regra da fé. Mas para nós é a Bíblia tal como é interpretada
pela ininterrupta Tradição da comunidade cristã, a Igreja. Nas confissões protestantes, a Bíblia é interpretada por cada indivíduo conforme as
suas luzes pessoais. Há um ditado que diz que quem trata de se curar a
si mesmo tem um tolo por médico. Com maior razão poderíamos dizer
que aquele que se erige a si mesmo como seu próprio papa tem um tolo
por guia espiritual. O ignorante, o inescrupuloso, o egoísta, podem tor-
cer as palavras da Escritura Santa e fazê-las dizer quase tudo o que lhes
passe pela cabeça. A própria Bíblia chama a atenção para esse perigo. São
Pedro, na sua segunda epístola (3, 16), falando dos escritos de São Paulo,
diz: «Há neles alguns pontos difíceis de entender, que homens incultos

e inconstantes adulteram, não menos que as demais Escrituras, para sua própria perdição».

O ponto que queria deixar claro – o de que a Tradição tem importância essencial, e que temos necessidade da voz viva de Cristo na sua Igreja para que nos interprete as Sagradas Escrituras – era uma simples introdução à verdadeira questão: lemos a Bíblia? Só porque a Bíblia não é o único caminho de salvação, como acabamos de ver, não devemos concluir que não há lugar para ela na nossa vida espiritual. A Bíblia não é tudo, mas é um grande Algo que nenhum católico interessado no seu progresso espiritual pode permitir-se ignorar.

Alimentamos a nossa alma com a Palavra Encarnada de Deus, Nosso Senhor Jesus Cristo, presente na Sagrada Eucaristia. E também nutrimos a nossa mente e o nosso coração com a palavra de Deus que nos foi entregue pelos patriarcas, profetas e Apóstolos que escreveram os livros da Bíblia. O que eles nos dão *é* palavra de Deus. Ainda que não tivessem necessariamente que perceber o que ocorria, Deus inspirou os autores dos livros bíblicos para que escrevessem o que escreveram. E, ao escrevê--lo, Deus preservou-os do erro por um ato especial da sua providência. Depois, por um novo ato da sua providência, fez que os livros escritos sob a sua inspiração se conservassem através de milhares de anos e de gerações sucessivas. Finalmente, pela infalível autoridade da sua Igreja, indicou quais, dentre todos os livros aparentemente sagrados, foram os únicos realmente inspirados por Ele.

> «Foi a Tradição apostólica que fez a Igreja discernir que escritos deviam ser enumerados na lista dos Livros Sagrados. Esta lista completa é denominada "Cânon" das Escrituras. Ela comporta 46 (45, se contarmos Jr e Lm juntos) escritos para o Antigo Testamento e 27 para o Novo» (n. 120; cf. também os ns. 121-127).

Esta é a *Bíblia* (da palavra grega *biblion*, que significa «o livro»). Contém setenta e três divisões ou «livros», conforme são chamados, alguns dos quais são omitidos em certas edições protestantes da Bíblia. Escrita por autores diferentes (todos inspirados por Deus), a Bíblia começa pelo livro do Gênesis, atribuído ao patriarca Moisés, e termina com o livro do Apocalipse, escrito pelo Apóstolo São João. Poderíamos dizer que

Deus teve muito trabalho para nos dar a Bíblia e, naturalmente, espera que a leiamos.

Se alguma organização, dessas que existem para pesquisar a opinião pública, fizesse um levantamento entre as famílias católicas para saber quantas têm e quantas usam a Bíblia, os resultados poderiam ser surpreendentes. Já que não se fez tal pesquisa (pelo menos que eu saiba), só podemos fazer conjeturas: penso que são bem poucos os lares católicos em que há uma Bíblia, e que são menos ainda aqueles em que é lida.

A Igreja faz um uso muito amplo da Bíblia na sua liturgia. Muitas partes da Santa Missa e do ritual dos sacramentos, grande parte da Liturgia das Horas e de outros ritos oficiais foram tirados da Bíblia. A Bíblia é também um livro precioso para a pregação sacerdotal: a maioria dos sermóes ou homílias não são senáo comentários a alguma verdade básica contida na Sagrada Escritura.

À vista de todos estes fatos – mas especialmente tendo em conta que a Bíblia é a palavra inspirada por Deus – é de estranhar que não haja mais católicos que leiam a Bíblia regularmente, para seu enriquecimento pessoal e para seu progresso espiritual.

Não nos admira muito que os protestantes nos superem na propagação e no uso da Bíblia: para o protestante, a Bíblia é tudo; para nós, é apenas uma parte do nosso ambiente religioso, mas é uma parte muitíssimo importante, de modo que, se a descuramos, perdemos uma grande riqueza espiritual.

Dizemos – e assim cremos – que a essência da vida cristã está no esforço por reproduzirmos em nós a imagem de Cristo. O nosso fim é fazermo-nos semelhantes a Cristo. Queremos aprender a ver a vida como Ele a vê, e não viver os nossos dias de um modo fragmentário, com a vida de família, o trabalho que nos obtém o pão, o descanso, as responsabilidades sociais e as relaçóes pessoais frequentemente em conflito entre si. A nossa semelhança com Cristo dar-nos-á a chave para alcançarmos essa unidade de vida, para vivermos uma vida coerente, que faça sentido. Isto significa pensar como Cristo pensa, julgar como Cristo julga, falar e agir como Cristo falaria e agiria. Esta semelhança com Cristo preencherá o nosso molde pessoal e modificar-se-á de acordo com as nossas características individuais, numa gloriosa diversidade de formas; mas o princípio fundamental e unificador será sempre a semelhança com Cristo, que jamais se poderá deixar de notar.

Não podemos moldar-nos segundo a imagem de Cristo se não o conhecemos bem. Para conhecê-lO, o melhor caminho é o Evangelho. Melhor que a imagem de segunda mão que possamos extrair de sermões e livros de espiritualidade é a imagem sem aditivos que dEle nos dão os quatro evangelistas. Depois, nas epístolas de Paulo, Pedro, Judas Tadeu, Tiago e João encontraremos os ensinamentos de Cristo desenvolvidos, especialmente a doutrina sobre a lei da caridade.

Voltando ao Antigo Testamento, encontraremos nos seus livros históricos o grandioso plano de Deus para a salvação do homem, que veremos manifestar-se lentamente ao longo de muitos séculos. Nos livros proféticos, veremos Cristo vir até nós como uma sombra que se projeta sobre a parede de uma casa. Nos livros sapienciais, acharemos os princípios de uma conduta e uma vida virtuosas que Deus incutiu na humanidade através de longos períodos de experiência humana. Tudo isto e mais encontraremos na Bíblia, se a lermos regularmente, na atitude de reverência e oração que a palavra de Deus exige.

Devemos, evidentemente, ler uma versão autorizada da Bíblia. Não é que haja duas Bíblias, a «católica» e a «protestante», a «boa» e a «má». Há uma só Bíblia, a que Deus inspirou e foi escrita livro após livro, século após século, em hebraico antigo e em grego. Os frágeis manuscritos originais pereceram há muito, mas ainda se conservam cópias manuscritas que remontam aos primeiros tempos do cristianismo. Desses manuscritos, ou da famosa tradução para o latim de São Jerônimo (a chamada «Vulgata»), derivam as traduções modernas para as línguas da atualidade. São as *versões* em língua vernácula da Bíblia.

Se for traduzida para uma língua moderna por um perito ou peritos bíblicos, e depois aprovada pelo Papa e pelos bispos de um país como tradução adequada, então essa tradução chama-se versão *aprovada* ou autorizada. Isto significa que essa versão está livre de erros na medida em que as coisas humanas o podem estar. *Um católico só pode ler essas versões aprovadas.* Mesmo uma tradução da Bíblia feita por um escriturista católico só pode ser utilizada pelos católicos depois de uma aprovação oficial da Igreja. Vemos, pois, que, à hora de escolhermos uma Bíblia, não se trata de optar por uma católica contra outra protestante, mas por uma versão aprovada contra outra que não tem aprovação. Convém, por isso, certificar-se de que se trata de uma versão aprovada, antes de comprá-la.

Mas interessa muito que a tenhamos e leiamos. Se ainda não o fizemos, comecemos hoje.

Índice analítico

ABORTO. 92, **244-5**.

ABSOLVIÇÃO. 101, 144, 176, 294, 319, 391, 399-400, 409, **414**, 417, 419.

ABSTINÊNCIA. 68, 137, **273-4**, 295.

AÇÃO DE GRAÇAS. 100, 322, 341, **349**, 353-5, 357-8, 386.

ACÍDIA. 74, **215**.

ADÃO E EVA. 21, 40, 51, **53-62**, 65, 76--7, 82, 101-3, 145, 148, 184, 202, 217, 289-90, 293, 344, 375, 444, 458-9.

ADORAÇÃO. 40, 45, 81, 152, 220, 231, 327, 337-9, 348, 365, **482-4**, 494, 498.

ADULTÉRIO. 69-70, 189, 197, 202, **254**, 256, 396, 407, 459, **465**, 466.

ALEGRIA. 21, 67, 71, 92, 109, **133**, 135, 143, 192, 235, 238, 301-3, 359, 362, 364, 368, 415, 486, 499.

ALMA. 13, 20, 27, 35, 38-9, 41, 44, 47, **49-50-1**, 53, 55-6, 58-60, **65-6**, 71, 75-8, 89, 90-1, 95, **97**, 100, 102-8, 111-6, 118--9, 120, 124-8, 130-1, 133, 143-5, 148--50, 170-3, 175-84, 189-90, 193, 196, 199, 203, 207-8, 211, 227-8, 237, 242, 244, 249, 252, 272-3, 280-1, 283, 285-7, 289, 290-6, 301-2, 305, 307-8, 312, 315, 319, 321, 323, 333, 341-2, 348, 351-3, 360-1, 367-8, 371-2, 374-5, 377-8, 380, 384-5, 389, 392, 394-5, 397, 402, 404, 406, 408-9, 413, 416, 419, 423, 426, 429, 431, 433, 435-7, 440, 446, 449, 452, 458, 463-4, 476, 481-2, 484, 486, 489, 491, 502, 505.

ALTAR. 117, 159, 227, 233, 253, 306, 322, 327, 333-4, 336, 346-7, 351, 355, 358-9, **361-3**, 365-7, 383, 443-4, 448, 450, 463, 468, 470, 476.

AMOR. 12-20, 28, 33-5, 39, 43, 45, 51, 55-7, 59-60, 62-3, 65-7, 72-3, 77, 80, 83-5, 88, 95-9, 106, 109-10, 112, 115--7, 119-20, **124-30**, 132, 134, 143, 145, 147, 151, 164, 172-5, 178-9, 181-3, 188--98, 204, 207, 211, 213-5, 217, 224, 231, 234-5, 237, 239-42, 249, 251-2, 257, 265, 274, 279, 283, 285-6, 290, 292,

ÍNDICE ANALÍTICO

294, 305, 308-9, 313, 325, 342-3, 345, 348, 357, 362, 365-6, 368-9, 372-6, 378--80, 385-6, 391, 393, 396, 398, 402, 405, 411, 419, 421, 428, 444, 446, 458, 462-3, 471, 475, 477, 481-2, 485-6, 490-3, 495, 498-500.

ANJOS. 26, **37-42**, **44-5**, 49, 57, 82, 101, 112, 129, 179, 220, 287, 293, 297, 360, 431, 483-4, 494, 498-9.

ANTICONCEPCIONAIS. 42, 71, 160, 213, 253.

ANUNCIAÇÃO. 60, **75**.

APOSTASIA. **206-8**, 216.

APOSTOLICIDADE DA IGREJA. **156**, 164-5.

APÓSTOLOS. 20-3, 85, 88, 91-3, 95, 146-8, 151-3, 156-7, 159, 164-5, 167-8, 171-2, 179-80, 206, 271, 273, 279, 296, 313-5, 326-30, 335, 342, 354, 362, 376, 390-1, 406-7, 426, 434, 444-5, 448, 450--2, 464, 494-5, 503-5.

APROPRIAÇÃO. **99**, 103, 145.

ASCENSÃO. **92-3**, 146, 148, 272, 282, 342.

ASSUNÇÃO. 22, **78**, **182**, 273.

AUTORIDADE. 93, 122-3, 144-9, 153, 156-7, 159, 166-8, 195, 207, 226, 237, 241-2, 244, 271, 275, 291, 314, 359, 361, 391, 425, 430, 447, 453-4, 461, 505.

AVAREZA. **73-4**, 88.

BATISMO. 19, 21, 59, 65, 81, 84, 102--4, 108, 111, 113-4, 120, 122, 124-5, 127-8, 130, 133, 143, 145, 150-2, 154, 171, 184, 203, 274, 276, **282-4**, 286-7, **289-309**, 311-2, 314, 316-7, 319, 321--2, 326, 365, 371-2, 374, 389-91, 406-7, 409, 413, 416, 420, 422, 433-4, 445, 452, 462, 464, 494.

BEM-AVENTURANÇAS. **138-9**.

BÍBLIA. 22-3, 39, 44, 52, **109**, 126, 158, 181, 217, 232, 314, 432, **503-8**.

BISPOS. 23, 85, 145-9, 152-3, 159, 165--7, 273, 315, 358, 363, 407, 426, 445, **448-55**, 476, 492, 503-4, 507.

BLASFÊMIA. 70, 88-9, 180, **229-30**, 410.

BONDADE. 11-4, 28, 33, 67, 100-1, 120-1, 125-6, 128-35, 158, 190, 203, 231, 238, 252, 257, 312, 348-9, 393, 402, 434, 444, 460, 482-3, 490, 498.

CÁLICE. 218, 253, 327, 330-1, 333-4, 336, 343, 353-4, 358-9, **362-3**, 373, 410, 476.

CALÚNIA. 73, **265**, 266-7, 269, 404.

CARDEAL. 121, 136-7, **454**.

CARIDADE. 19, 65, 114, 117, **119-20**, 125, 127-30, 133, 135, 138, 151, 161, 174, 192-3, 199, 202-3, 209-10, 213-5, 228, 236, 242, 246, 265, 267, 269, 273, 284-5, 303, 312, 343, 366-8, 372-3, 375, 390, 396, 398, 406, 419, 422-3, 428, 432, 439, 448-9, 467, 483-4, 488-9, 492, 494, 498, 501, 507.

CASTIDADE. 73, 76, 133-5, 138, 140, 152, 158, 191, 197-9, 202, 226-7, **254-6**, 361, 378, 470, 488, 490.

CASTIGO. 63, 180, 352, 392-3, **419-28**.

CÉU. 14-21, 30, 32, 35, 39-41, 45, 55, 57, 66, 78, 82-3, 85, 89, 91-2, 102, 104-

-6, 115, 118, 123-7, 129, 134, 137, 139-
-40, 146, 155-6, 164, 169, 172-3, 175,
178-9, 181-3, 190, 194, 197, 207, 211-2,
214, 220, 229, 257, 273-4, 280, 291-3,
296, 299, 304, 306, 308, 315, 317, 321,
324, 334, 349, 352, 373, 379, 393, 399,
402-3, 405, 420, 422, 426, 429-31, 433,
435-6, 466, 484, 489-91, 498-501, 503.

CIBÓRIO. 338, **362**, 383.

CIÊNCIA. 31, **52**, 82, 99, 100, 131-2,
247, 279, 291, 301, 316, 331, 408.

CISMA. **145**, 150, 295.

COMUNHÃO. 43, 51, 83, 106, 112-3,
145, 157, 163, 179, 209, 234, 239, 257,
274, 297-300, 306-7, 312, 322, 324-5,
333, 335-6, 338, 341-3, 353, 355, 357-
-60, 367, **371-87**, 399, 409, 414-5, 427,
429, 432, 439-42, 448-9, 453, 465, 470-
-1, 478, 494, 504.

COMUNHÃO DOS SANTOS. **171-4**,
184, 196, 304-5, 427.

CONFIRMAÇÃO. 152, 154, 282, **284**,
286-7, **311-9**, 322, 374, 433, 451-2, 459,
464.

CONFISSÃO. 26, 43, 69, 111, 115, 124,
162-3, 169, 202, 218, 224, 239, 266, 274,
284, 294, 308, 378, 390, 394-9, 401,
405-11, **413-23**, 429, 441, 467, 470.

CONSELHO. 87, 131-2, 194-5, 241,
316, 394, 408, 418, 470.

CONSELHOS EVANGÉLICOS. 191,
197-9, 226.

CONTEMPLAÇÃO. 110-1, 255, **486**.

CONTINÊNCIA. 133-5, 198, 253, 465,
472.

CONTRIÇÃO. 63, 105-6, 115, 143,
213, 274, 286, 293-4, 377-8, 395, 397-9,
401-11, 414, 417-20, 426, 428, 436, 440,
491, 494.

CRUCIFIXÃO. **326**.

CRUCIFIXO. 110, 221, 363, 440, **477-
-8**.

CULTO. 67-8, 96, 121, 148, 151, 157,
159, 191, 201-5, 209-11, 214, 216-20,
225, 230, 232-5, 242, 294-5, 312, 328,
337, 344, 346, 360, 363, 365, 369, 443,
448-9, 464, 476, 478.

DEFEITOS. **72**, 132, 135, 193-4, 196,
218, 261, 266, 411, 460, 463.

DEFESA PRÓPRIA. 243, 245.

DEMÔNIO. **40-5**, 219, 436, 477.

DESESPERO. 73, 120, **212-3**, 405, 435.

DESOBEDIÊNCIA. 57-8, **62**, 66, 84,
229, 241, 392-3, 397, 402.

DEUS. 11-23, 25-35, 37-45, 49-72, 74-
-85, 88-93, 95-132, 134-5, 137-40, 143-
-6, 148-9, 151-5, 157-60, 162, 164-9,
172-3, 175-80, 182-3, 187-92, 194-220,
223-35, 237-40, 242-4, 246-9, 251-7,
259, 261-2, 267, 271-3, 275-6, 279-85,
287, 289-97, 301-6, 308-9, 312, 314-7,
319, 321-2, 326, 328-9, 331-2, 334, 337,
342-61, 364-9, 372-8, 380, 385-6, 389-
-99, 401-6, 408-10, 414-5, 419-23, 425-
-29, 431-7, 443-50, 452-3, 457-67, 470-
-2, 475-9, 481-95, 497-507.

DIÁCONO. 227, 275, 302, 304, 306,
355, 358, **449**, 453, 461.

DIAS DE PRECEITO. 67, 74, 233, **272**,
297-8.

DIOCESE. 148, 227, 275, 303, 338-9, 351, 434, 451, **453-5**, 461, 505.

DIVÓRCIO. 458-9, **464-6**.

DOGMA. 22, 60, 208, **272**, 296, 330.

DOMINGOS. 17, 67, 74, 80, 191, 206, 232-3, 234-6, 271-2, 356, 362, 364.

DONS DO ESPÍRITO SANTO. **130-1**.

DONS PRETERNATURAIS. **54-6**, **59**, 293.

EMOÇÃO. 50, **224**, 373-4, 402, 486.

ENCARNAÇÃO. **75-85**, 95, 98.

EPIFANIA. **81**, 272.

ESCÂNDALO. 85, 215, 224, 246, **249**, 256, 426.

ESCAPULÁRIO. 218, **476-9**.

ESCRITURA. 38, 40, 50, 52, 58, 67, 77, 90, 100, 121, 126, 179-80, 254, 314, 316, 338, **503-8**.

ESPERANÇA. 13, 62, 88, 103, 119-20, **124-30**, 139-40, 151, 203, 210-3, 284, 312, 362, 389, 390, 396, 402, 411, 422, 428, 437, 481, 484-5, 494, 503.

ESPIRITISMO. **219**.

ESPÍRITO CRISTÃO. **138**, 140, 432.

ESPÍRITO SANTO. 20-1, 23, 31, 33-5, 51, 55, 65, 77, 92, **95-141**, 143, 145-6, 148-50, 156, 160, 165, 170-2, 180, 183--4, 231-2, 282-3, 296, 303-5, 307, 312--6, 330, 336, 354, 362, 372, 390-1, 396, 399, 434-5, 445, 451-2, 464, 476, 486, 494, 504.

ESTERILIZAÇÃO. **248**.

EUCARISTIA. 111-3, 123, 163, 189, 217-8, 233, 272, 274, 282, **285-6**, 294,

306, 311, **321-39**, 341-3, 349, 357, 359--60, 362, 371-9, 381-5, 400, 414, 429, 441-2, 505.

EUTANÁSIA. **248**.

EVOLUÇÃO. 25, **52**, 399, 460.

EXAME DE CONSCIÊNCIA. **395**, 418, 423.

EXCOMUNHÃO. **145**, 150, 244, 295, 416.

EXISTÊNCIA. **11**, 15, 21, 25-6, 32-4, 38, 45, 54, 60, 67, 82, 96, 158, 163, 177, 188, 244, 247, 296, 314, 348, 498.

EXORCISMO. **44**, 477.

EXTREMA-UNÇÃO. 282, **433-42**.

FÉ. 15, **21-6**, 29, 32, 34, 38, 45, 51-4, 60-1, 73, 75, 77-8, 80, 85, 91-2, 95, 106, 119-24, 126-31, 145-6, 149, 151-3, 157--60, 162-3, 165-70, 187, 195, **201-21**, 229, 238-9, 272, 276, 279, 284, 286-7, 291, 294, 296-7, 299, 300, 302-5, 308-9, 312-3, 317-9, 323, 325-7, 330, 332, 337, 356, 372, 374, 377, 386, 389, 402-3, 406, 422, 426, 428, 432, 434-5, 445-6, 452, 454, 467, 475-7, 479, 485-6, 488, 490, 493-4, 500, 504.

FELICIDADE. **12-6**, 18-20, 28, 54-5, 83, 89-90, 102, 104, 116, 119, 124-5, 127, 139-40, 155, 158, 172, 175, 177-80, 188-90, 194, 201, 263, 276, 289, 296, 384, 435-6, 465, 490.

FIM DOS TEMPOS. 20, 159-60, 168, 391, 428.

FORNICAÇÃO. **254**, 396.

FORTALEZA. 39, 111, 121, 125, 131--2, **136-7**, 139, 153, 187, 199, 255, 316,

323, 366, 394, 435-6, 460, 463, 467, 486, 501.

FRAUDE. 73, 254, **260-3**, 410.

«FRUTOS» DA MISSA. **350**.

FRUTOS DO ESPÍRITO SANTO. **133**.

FURTOS E ROUBO. **260-2**.

GRAÇA. 19, 28, 43, 51, 55-6, 58-60, 65-
-6, 71, 76-7, 82-3, 92, **95-118**, 119-22,
124-6, 128-31, 133-5, 140, 143-5, 148,
152-3, 164, 167, 169, 171-3, 176-7, 182,
194, 198, 200, 203, 206-8, 211-2, 220,
238, 256-7, 261, 275, 279-87, 289-94,
302, 305, 308, 312-3, 317-9, 321, 335,
342, 350, 353, 359, 366, 371-2, 374, 377-
-80, 382, 385-6, 390, 392-5, 398-9, 402-
-5, 409, 414, 416, 422, 426, 429, 434-5,
440, 446-50, 452, 459-65, 467, 471, 475-
-7, 482-3, 488, 490-2, 498-9, 501.

GUERRA. 127, 231, **242**, 245-6.

GULA. **73-4**.

HERESIA. 22, 145, 150, **208-9**, 216,
229, 295, 327, 379.

HOMEM. 11, 13, 17-8, 27-8, 30, 35, 38,
40-1, **47-64**, 67, 69-70, 75-7, 79-85, 88-
-9, 92-3, 96, 98, 100, 102-3, 106, 113-4,
116-8, 121-2, 125, 127, 131, 135-7, 139,
145, 148, 158, 164-5, 167, 172, 175-7,
179, 181-3, 188-90, 198, 201-3, 206-8,
212, 227-8, 230-3, 240, 242, 244-5, 247-
-8, 255-6, 265, 274, 279-80, 290, 303,
305, 309, 317, 324, 330, 344, 346-8,
367-8, 377-8, 382, 390, 401-3, 406, 409,
417, 419-20, 435, 443-7, 452, 457-61,
464, 466, 477-8, 482, 484, 491, 498, 507.

HÓSTIA. **333-4**, 338, 341, 346, 359,
364-5, 372, 383, 441, 450, 478.

IDOLATRIA. **202-3**, 328, 407.

IGREJA. 11, 18, 20-1, 23, 27, 38, 44-5,
53-4, 60, 67-8, 77-8, 81, 85, 88, 92-3,
98, 100, 102, 109-11, 124, 133, **143-70**,
171-4, 176-8, 180-2, 184, 191-2, 196,
198, 202-4, 206-9, 217-8, 225-6, 232-
-5, 238, 242-4, 246, 252, 256, 266, **271-
-6**, 279, 281-2, 286, 291, 294-302, 304,
306-9, 312-5, 318-9, 322, 326-7, 330,
332, 336-8, 341, 343, 349, 351-4, 356-
-61, 363-5, 368, 373, 375, 378-81, 383-
-4, 386, 389-90, 396-7, 407-9, 414, 416,
417-9, 425-34, 437, 440-1, **443-55**, 459,
461, 464-5, 467, 471-2, 475-8, 484-6,
492-4, 497, 499, 503-7.

IGREJAS ORTODOXAS. **364**, 453.

IMACULADA CONCEIÇÃO. **60**, 208,
272.

INDEFECTIBILIDADE DA IGREJA.
168.

INDIFERENTISMO. **209**, 318.

INDULGÊNCIAS. 173, 178, **425-32**,
479.

INFALIBILIDADE. 146, **167-8**, 208,
453.

INFERNO. 17, 40-2, 44, 66, 89-90, 105,
115, 123, 147, 156, 162, 168-9, 177-80,
182-3, 190, 209, 211, 227, 392, 399, 402,
404-5, 419.

INFINITO. 12, 14, **26-7**, 29-31, 33-5,
37, 43, 61-2, 75, 82, 84, 96-7, 99, 112,
118, 120, 125-6, 172, 178, 280, 283,
332, 334, 336, 345, 348, 350-1, 365, 385,
427-8, 444, 477, 498.

ÍNDICE ANALÍTICO

INTENÇÃO. 12, 69-71, 115, 117-8, 173, 224, 226, 235, 248, 256, 260, 263, 286, 306-8, 336, 346, 350-2, 379-80, 382, 393, 398, 406, 411, 421, 429-30, 446, 452-3, 472, 482, 487.

INVEJA. 73-4, 215.

JANSENISMO. **379**.

JESUS CRISTO. 20-2, 39-40, 43-4, 60, 62, 75, 78-9, **80-5**, 87, 96, 98-9, 101, 103, 112, 134, 144, 146, 149, 156-7, 159-61, 163-4, 167, 169, 174, 179, 183, 190, 224, 279, 281-2, 290, 304, 306, 308, 316, 321, 330, 332-3, 341, 347-50, 353, 355, 368, 371, 377-8, 380, 385, 390, 394, 397, 406, 413, 417, 423, 432, 445, 449, 460-2, 464-5, 475, 486, 494, 505.

JOSÉ. 42, **76-7**, 82-3, 273.

JUDAS ISCARIOTES. **88**, 213.

JUÍZO. 54, 102, 105, 108, 131-2, 136, 158, 168, 172, 176-80, 182-4, 189, 192, 225, 248, 266, 439.

JURAMENTO. 63, **224-6**, 230, 267, 410, 440.

JUSTIÇA. 30, 38, 56, 58-9, 66, 89, 101, 106, 119, 121, 127, 132, **136-7**, 140, 176, 182-3, 202, 242, 252, **260-2**, 264--5, 303, 350, 393, 397, 399, 410, 419-20, 423, 467, 482.

LAICATO. **151**.

LATRIA. 220, **337**.

LEI. 56, 63, 65, 67, 69, 76, 81, 83, 85, 88, 93, 128, 155, 187-91, 202, 219, 231-2, 243-5, 247-8, 254, 259, 271, 274-5, 279, 335, 337, 349, 378, 380-2, 391, 396, 444, 459, 465-6, 472, 507.

LEIS DA IGREJA. 191, **271-2**, 275-6, 295, 414, 453.

LEITURAS. 132, 207, 216, 239, 255, 303, 316, 354-7, 363-5, 434.

LITURGIA. 77, 234, 303-4, 322, 354, 356-7, 359, 361-2, 364-5, 368-9, 448, 471, 485, 494, 506.

LONGANIMIDADE. **133-5**.

LUXÚRIA. **73-4**.

LUZ DA GLÓRIA. 19, 51, **103-4**.

MAL. 20, 28-9, 41-2, 45, 51, 57, 61, 63-4, 67, 69-70, 73, 88, 105, 107, 119, 127, 129-30, 132-4, 136, 163, 203-4, 213, 215, 217, 227-9, 238-40, 243, 245--9, 251, 253, 266, 268-9, 280, 295, 313, 318, 326, 329, 343, 376, 386, 392, 398--9, 402-3, 418-9, 425, 438-9, 469, 501-2.

MALDIÇÃO. **227-8**, 410.

MANDAMENTOS. 68-9, 128, 185, **187-276**, 279, 396-7.

MANSIDÃO. **133**, 134-5.

MATRIMÔNIO. 238, **252-4**, 272, **275--6**, 282, **285-6**, 298, 300, 374, 446, 449, **457-73**.

MEDITAÇÃO. 22, **110**, 236, 431-2, **485-6**.

MENTIRA. 40, 63, 68, 70-1, 213, 225, **267-8**, 408.

MÉRITO. 43, 70, **113-8**, 129, 135, 139, 189, 193-5, 214, 394, 427.

MILAGRES. **85**, 88, 323.

MILENARISMO. **181**.

MINISTROS. 210, 306, 346, 447, **450**.

MISSA. 67, 69, 74, 80, 101, 108-9, **111--13**, 118, 150-1, 159, 163, 169-70, 191, 206-8, 210, 229, 231-5, 239-40, 257, 271-2, 287, 294-5, 297-8, 301-2, 312, 317, 322, 327, 331, 333-4, 336-8, **341--69**, 371, 380-2, 386, 417-8, 440-1, 443--4, 449, 451-3, 467, 471, 478, 485, 494, 497, 506.

MISSAL. 356, 358, **363-4**.

MISTÉRIOS. 32, 34, 75, 89, 95, 238, 485-6, 494.

MODÉSTIA. 119, 133-5, **255-6**, 382.

MONOGAMIA. **464**.

MORTE. **175-9**, 433-9.

MUTILAÇÃO. **247-8**.

OBEDIÊNCIA. 18, 30, 39, 57, 62, 66-7, 77, 84, **138**, 152, 189, 191, 197-9, 226-7, 231, 237-8, 242, 290, 350, 365, 379, 499.

OBRAS DE MISERICÓRDIA. 174, 191-4, 235, 421.

ÓDIO. 40-1, 43, 62, 66, 73, 88, 177, **214-5**, 217, 228-9, 246, 248, 267, 309, 325, 367, 399.

ONIPRESENTE. **29**.

ORAÇÃO. 21, 43, 74, 107-11, 113, 116, 125-6, 146, 150-1, 156, 172, 174, 179, 181, 197, 207, 215, 229, 231, 273, 277, 280, 303, 305, 314-6, 323, 348-9, 353--60, 369, 385, 396, 421-3, 427-30, 432, 434, 441, 444, 446-7, 451, 467, 470-1, 473, 475-7, **481-95**, 497-502, 507.

ORDEM. 38, 42, 54-5, 57, 60, 91, 131, **147-8**, 153, 157, 165, 199, 226-7, 242, 282, **284-7**, 290, 295, 299, 333, 336,

345, 347, 391, 407, 433, **443-55**, 458-9, 464, 478-9, 497.

PACIÊNCIA. 30, 37, 110, 121, **133-5**, 138, 140, 194, 196, 241, 362, 366, 373, 395, 490.

PADRINHOS. 225, 243, 291, **299-306**, 308, 316.

PAI-NOSSO. 306, 355, 357, 359-60, 421, 441, 487, 493-4, **497-502**.

PAIS. 25, 40, 51, 53-4, 62, 67-9, 71, 76--7, 83, 101, 132, 138, 166, 189, 193, 195, 197, 199, 201, 204, 210, 213, 215, 228--9, 237-41, 244-5, 251-3, 256, 266, 276, 283, 291-2, 296-308, 315-6, 319, 324, 342, 376-7, 380, 446-8, 460, 466, 469--70, 472, 492, 499-500.

PARAMENTOS. 208, 217, **360-1**, 476.

PATRIOTISMO. **138**, 242.

PAZ. 111, **133-5**, 140, 144, 179, 181, 195, 199, 215, 228, 238, 316, 318, 360, 389-90, 392, 394, 408-9, 415, 427, 436, 440, 461, 486, 490.

PECADO. 17, 20, 28, 30, 40-3, 56-74, 76-7, 83-4, 89, 95, 101-5, 108, 111, 114--5, 118-20, 125, 127-8, 130-2, 134-5, 143, 150, 163, 172, 176-9, 182, 188, 192, 195, 202-3, 206-9, 212-3, 215, 217-21, 223-30, 232-6, 241-4, 246, 248-9, 253-6, 259-63, 265-69, 271-4, 280, 283, 285-6, 290-7, 301, 305, 314, 316, 319, 328, 350, 352, 368, 372, 374-80, 3-82, 384-5, 390--4, 396-9, 402-7, 409-11, 414-8, **419-23**, 426-9, 431, 433, 435-7, 447, 460, 462-3, 465, 467, 469, 479, 483, 488, 495, 501-2.

PENA TEMPORAL. 178, 293, 393, **425-32**, 433, 436.

PENITÊNCIA. 63, 106, 108, 111-2, 144, 163, 172, 179, 263, **273-4**, 280, 282-3, **285-6**, 293-4, 374, 378, **389-400**, 401-2, 406-9, 411, 413-4, 416-23, 426-7, 429, 431-4, 436, 441, 465, 467.

PENTECOSTES. 21, **148**, 162-4, 184, 362, 384.

PERJÚRIO. 63, 70, 202, **225**, 410.

PETIÇÃO. **350**, 355, 431, 483, 491, 501.

PIEDADE. **131-2**, 134, 138, 174, 236, 239, 273, 316, 346, 355-6, 369, 373, 380, 382, 427, 482, 487.

PIEDADE FILIAL. **138**.

POBREZA. 60, 131, 139, 152, 175, **191**, 192, 194, 197, 199, 207, 226-7, 236, 490.

PRAGMATISMO. **158**.

PREGUIÇA. **74**, 166, 206, 215, 430.

PRESENÇA REAL. 163, 272, **325-8**, 330, 337-8.

PRESUNÇÃO. **212-3**.

PROCRIAÇÃO. **253**, 473.

PROMESSA. 62, 76, 81, 92, 109, 147, 167, 211, **226**, 269, 313, 323, 326, 352.

PROVIDÊNCIA. 43, 105, 124, **126-7**, 147, 183, 238, 248, 252, 364, 476, 505.

PRUDÊNCIA. **121**, **136**, 165, 195-6, 261, 447, 463, 472, 492.

PURGATÓRIO. 63, 71, 115, 129, 172--3, 180-1, 263, 293, 352-3, 393, 402, 419-20, 425, 427, 429-30, 432-3, 492.

QUARESMA. 273, 275, 362, 432.

RAZÃO. 12-3, 20-1, 26, 32, 50-1, 56-7, 67, 69-70, 91, 95, 99, 102, 115, 120-1, 123-5, 128, 134, 136, 143, 157, **165-70**, 173, 178, 180, 189, 194-5, 201, 204-5, 208, 210, 217-9, 225, 230, 232, 234-5, 239, 242-4, 253, 255-6, 269, 272, 276, 280, 289, 296, 299-301, 306-8, 315, 317, 326, 333, 335, 346-8, 357, 359, 362-3, 374, 376, 381, 394, 404, 418, 422, 435, 437, 446-7, 459-60, 465-7, 471, 475, 477, 497, 504.

REDENÇÃO. 60, 77, 84, **87-93**, 99, 151, 179, 272, 349, 368, 423, 425, 427, 471, 494.

REINO DE DEUS. 40, 43, **85**, 88, 127, 146, 153, 296, 448, 460.

RELIGIÃO. 17, 85, 87, 116, 119, 121, 134, 136-7, 141, 157, 174, 179, 192, 198-9, 202-4, 206-9, 226-7, 230, 232, 235, 279, 299, 309, 318, 354, 368, 422, 461, 467, 494.

RELIGIOSOS. 88, 116, 152, 168, 198, 209, 216-8, 227, 476, 492.

RELÍQUIAS. 178, **221**, 421.

REPARAÇÃO. 61-2, 178, 230, 269, 280, 290-1, 348, **350**, 352, 420, 423, 483.

RESSURREIÇÃO. 20, 29, 38, **90-2**, 138, 151, 175, **179-84**, 272, 301-2, 304, 330, 342, 349, 368, 390, 392, 406-7, 441, 445.

RESTITUIÇÃO. 259, **262-4**, 392.

REVELAÇÃO. 21-3, 26, 90, 95, 144, 158, 269, 314, 344, 447.

SACERDÓCIO. 92, 151-3, 227, 285, 294-5, 305, 322, 335, 344, 360, 364, 444-9, 451-2, 460, 464, 468, 471.

SACRAMENTAIS. 219, 286, 304, 464, **475-7.**

SACRAMENTOS. 100, 108, 111, 113, 144-6, 151, 153, 157, 159, 163, 167, 170, 178, 207, 212, 215, 217, **275-9**, 280-87, 292, 294-5, 298, 303, 306-7, 311, 314-5, 317, 319, 321, 364, 371, 374, 393, 420, 429, 441, 447-8, 452-3, 462-4, 471, 473, 475-6, 478, 485, 506.

SACRIFÍCIO. 44, 61, 84, 112, 114, 137, 145, 151, 182, 189, 217, 232-3, 294-5, 317, 322, 336, 343-7, 349, 351, 353, 356-60, 362-3, 365-8, 371, 443-4, 450, 452-3, 467, 478.

SACRILÉGIO. **216-21**, **319**, 374, 377, 380, 410, 415, 463.

SALVAÇÃO. 77-8, 81, 101, 108, 124, 126, 144, 153-4, 162, 164, 167, 169-70, 183, 192-3, 196, 214-5, 228, 232, 240, 243, 274, 280, 296, 305-7, 324, 326, 344, 349, 351, 356, 361, 377, 419, 423, 437, 446, 450, 468, 476, 482, 491, 499, 503, 505, 507.

SANTIDADE. 27, 30, 43, 58, 74, 97, 113, 117, 131, 133, 136, 156, 160-2, 173, 190-1, 195, 197-8, 235, 362, 378, 385-6, 408, 448, 458, 460, 463, 470, 486, 490.

SANTÍSSIMA TRINDADE. 32-5, 75, 78, 95-9, 112, 145, 151, 183, 234, 272, 308, 312, 338, 357, 365, 494.

SANTOS. 22, 43, 45, 61, 93, 109-10, 115, 129, 131, 139, 156, 160-1, 171-4, 179-80, 184, 196, 199, 220-1, 224, 272--4, 287, 293, 297, 299, 303-5, 353, 362, 364, 379, 423, 425, 427-8, 434, 451, 476, 483, 485, 494, 499.

SERMÃO DA MONTANHA. **138**, 395, 500.

SEXO. 134, 198, 245, **251-7**, **458**, 468.

SIGILO DA CONFISSÃO. **415-6**, 418.

SOBERBA. 34, 42, 57, 66, 72-4, 207, 375, 488-9.

SUBORNO. **261**.

SUCESSÃO APOSTÓLICA. 157, **162**, 452.

SUICÍDIO. 196, **243**, 296.

SUPERSTIÇÃO. 42, **216-21**, 396, 439.

TEMPERANÇA. **121**, 136, **137**, 138, 236, 397, 488, 490.

TENTAÇÕES. **42-3**, 63, 107, 121, 137, 205, 212, 214, 257, 285, 319, 378-9, 394, 403, 416, 435, 490, 501.

TERÇO. 365, 421, **431**, 478, 485, 487.

TIBIEZA. **215**.

TRADIÇÃO. **23**, 38, 133, 180, 232, 254, 304, 314, 319, 330, 364, 407, 450-1, 461, 479, **504-5**.

TRANSUBSTANCIAÇÃO. **332-3**, 336.

UNÇÃO DOS ENFERMOS. 163, 176, 178, 282, **285**, 317, **433-42**, 453.

UNIÃO COM DEUS. 55, 59-60, 65-6, 93, 115, **180**, 289, 292-3, 373, 435.

UNIÃO HIPOSTÁTICA. **75-78**, 372.

UNIDADE. 20, 35, 49, 79, 96-8, 140, 147, 150, 156-9, 162, 178, 276, 311, 316, 319, 333, 335, 350, 364-5, 368, 373, 454,

458-60, 462, 464, 466, 471, 484, 494, 498, 506.

VERDADE. 12-4, 16, 18, 21-2, 27, 31, 35, 38, 42, 52-3, 60-1, 67, 69, 79, 95-6, 102, 106-7, 110-2, 119-20, 122-3, 126, 128, 134, 140, 144, 146, 151-2, 156, 158, 160, 163-6, 168, 170, 180, 187, 193-6, 205-6, 208-10, 221, 223-6, 229, 231-3, 242, **265-9**, 271, 280, 313-4, 317, 324, 327, 330, 334, 338, 341, 344, 347, 351, 364, 367, 377, 386, 396, 404-6, 408-9, 413, 426, 439, 445-6, 449, 470, 485-6, 488, 504, 506.

VIA-SACRA. 89, **431-2**, 486.

VIÁTICO. 372, **441-2**.

VÍCIO. **72-3**, 488.

VIRGEM MARIA. 27, 60, **77-80**, 139, 182, 224, 273, 304, 417, 479.

VIRTUDES. 38, 72, 76, 84, 118, **119--41**, 151, 161, 183, 202, 254-5, 284, 299, 312, 460, 494.

VISÃO BEATÍFICA. 54, **103-4**, 106, **178**, 296, 373.

VOCAÇÃO. 60, 132, 138, 151, 153, 168, 191, 195, 197, 199, 203, 227, 239, 272, 313, **446-7**, 458, 468, 470-1.

VONTADE. 18-9, 23, 33-4, 38-43, 45, 51, 55-7, 62, 67-8, 70-1, 77, 83, 93, 102, 105-7, 109-10, 116-7, 127, 129, 132, 135-8, 140, 144, 155, 162, 169, 179, 187-8, 191, 198, 210-1, 213, 215, 217, 219-20, 234, 243, 247-8, 252-3, 260, 266, 280, 286, 306, 308-9, 328, 349-51, 365-6, 375, 379, 386, 395, 401-2, 404, 409, 419, 435, 437, 471, 481, 484, 486, 488, 490-2, 495, 499, 502.

Direção geral
Renata Ferlin Sugai

Direção editorial
Hugo Langone

Produção editorial
Juliana Amato
Gabriela Haeitmann
Ronaldo Vasconcelos
Roberto Martins

Capa
Provazi Design

Diagramação
Sérgio Ramalho

ESTE LIVRO ACABOU DE SE IMPRIMIR
A 24 DE OUTUBRO DE 2024,
EM PAPEL IVORY SLIM 65 g/m².